汤一介 李中华 主编 ——两汉卷——

许抗生 聂保平 聂清 著

中國儒學史

北京大学出版社

图书在版编目（CIP）数据

中国儒学史. 两汉卷/许抗生，聂保平，聂清著. —北京：北京大学出版社，2011.6
ISBN 978-7-301-18926-9

Ⅰ. ①中⋯　Ⅱ. ①许⋯　②聂⋯　③聂⋯　Ⅲ. ①儒家－思想史－研究－中国－汉代　Ⅳ. ①B222.05

中国版本图书馆 CIP 数据核字（2011）第 093054 号

书　　　　名：	中国儒学史・两汉卷
著作责任者：	许抗生　聂保平　聂清　著
责 任 编 辑：	武　芳　吴冰妮
标 准 书 号：	ISBN 978-7-301-18926-9
出 版 发 行：	北京大学出版社
地　　　　址：	北京市海淀区成府路 205 号　100871
网　　　　址：	http://www.pup.cn
电 子 邮 箱：	编辑部 dj@pup.cn　　总编室 zpup@pup.cn
电　　　　话：	邮购部 62752015　发行部 62750672　编辑部 62756694　出版部 62754962
印 　刷 　者：	北京中科印刷有限公司
经 　销 　者：	新华书店
	787 毫米×1092 毫米　16 开本　42.75 印张　484 千字
	2011 年 6 月第 1 版　2025 年 5 月第 3 次印刷
定　　　　价：	86.00 元

未经许可，不得以任何方式复制或抄袭本书之部分或全部内容。
版权所有，侵权必究　举报电话：010－62752024
　　　　　　　　　　　电子邮箱：fd@pup.cn

总　序

一、儒学与中华民族的复兴

(一) 儒学的"反本开新"

我们为什么要编著一部《中国儒学史》,这是由于中华民族正处在伟大民族复兴的进程之中。民族的复兴必然与民族文化的复兴相关联,而"儒学"在我国的历史上曾居于主流地位,影响着我国社会生活的方方面面。因此,儒学的复兴和中华民族的复兴是分不开的,这是由历史原因形成的。儒学自孔子起就自觉地继承着夏、商、周三代的文化,从历史上看它曾是中华民族发育、成长的根,我们没有可能把这个根子斩断。如果我们人为地把中华民族曾经赖以生存和发展的根子斩断,那么中华民族的复兴就没有希望了。因此,我们只能适时地在传承这个文化命脉的基础上,使之更新。就目前我国发展的实际情况看,我估计在二十一世纪儒学作为一种精神文化在中国、甚至在世界(特别是在东亚地区)将会有新的发展。为什么儒学会有一个新的发展?原因当然是多方面的,有政治的、经济的原因,更与"西学"(主要指作为精神文化的西方哲学等等)对中国传统文化(特别是儒学)所进行的全方位的冲击有着更密切的关系。回顾百多年来中国的历史,在相当长的时期里,中国文化("中学")在与西方文化("西学")的搏击中节节败退,"全盘西化"(或"全盘苏化")占尽上风,甚至"打倒孔家店"成为某些中国知识分子标榜"进步"的口号。可是在这样艰难的"中学"日衰的形势下,中国仍然有一代又一代的学人,一方面坚忍地传承着中国文化的优秀传统,另一方面又以广阔的胸怀融合着"西学"的精华。他们深信"中学",特别是"儒学"不会断绝,自觉地承担着中国传统文化"存亡继绝"和复兴中国文化的使命。因此,正是由于"西学"对中国文化的冲击,使得我国学者得到了对自身文化传统进行自我反省的机会。我们逐渐知道,在我们的文化传统中应该发扬什么、应该抛弃什么,以及应该吸收什么。因而在长达一百多年中,我们中国人在努力学习、吸收和消化"西学",这为儒学从传统走向现代奠定了基础。新的现代儒学必须是能为中华民族的复兴、能为当今人类社会"和平与发展"的前景提供有意义的精神力量的儒学;应该是有益于促进各民族结成团结、友好、互信、互助、和睦相处的大家庭的儒学;新的现代儒学该是"反本开新"的儒学。"反本"才能"开新","反本"更重要的是为了"开新"。"反本"必须要对儒学的源头有深刻的了悟,坚持自身文化的主体性。我们对儒学的来源及其发展了解得越深入,它才会越有对新世纪的强大生命力。"开新"要求我们全面、系统地了解当今人类社会所面临的亟待解决的生存和发展的重大问题和思想文化发展的总趋势,这必须对儒学作出适时的、合乎时代的新解释。"反本"和"开新"是不能分割的,只有深入发掘儒家思想的真精神,我们才可能适时地开拓儒学发展的新局面;只有敢于面对当前人类社会存在的新问题,才能使儒学的真精神得以发扬和更新,使儒家在二十一世纪的"反本开新"中"重新燃起火焰",以贡献于人类社会。

(二) 儒学与"新轴心时代"

当今世界处于全球化的形势下,人类社会面临着的是一个大变动的时代,正因为在这人类社会处于全球化的时代,使得各国、各民族在政治、经济、文化诸多方面处在错综复杂、矛盾重重的关系之中。人类社会如何从这种复杂的矛盾关系之中找出一条出路? 在进入第三个千年之际,世界各地的思想界出现了对"新轴心时代"的呼唤,这就要求我们更加重视对古代思想智慧的温习与发掘。回顾我们文化发展的源头,希望从人类的历史文化智慧中找出一条能使世界走上健康合理的"和平与发展"道路,这无疑是各国人民所希望的前景。"轴心时代"的概念是由德国哲学家雅斯贝尔斯(1883—1969)提出的。他认为,在公元前500年前后,在古希腊、以色列、印度、中国、古波斯都出现了伟大的思想家。在古希腊有苏格拉底、柏拉图,以色列有犹太教的先知,印度有释迦牟尼,中国有老子、孔子,古波斯有索罗亚斯特,等等,形成了不同的文化传统。这些文化起初并没有互相影响,都是独立发展起来的。这些文化传统经过两千多年的发展,在相互影响中已成为人类文明的共同精神财富。雅斯贝尔斯说:"人类一直靠轴心时代所产生、思考和创造的一切而生存,每一次新的飞跃都回顾这一时期,并被它重新燃起火焰。自那以后,情况就是这样。轴心期潜力的苏醒和对轴心期潜力的回忆,或曰复兴,总是提供了精神力量。对这一开端的复归,是中国、印度和西方不断发生的事情。"①例如,我们知道,欧洲的文艺复兴就是把其目光投向其文化的源头古希腊,而使欧洲文明重新燃起新的光辉,并对世界产生重大影响。中国的宋明理学(新儒学)在印度佛教文化的冲击后,充分吸收和消化了佛教文化,再

---

① 〔德〕卡尔·雅斯贝尔斯:《历史的起源与目标》,魏楚雄、俞新天译,华夏出版社,1989年,第14页。

次回归先秦孔孟,把中国儒学提高到一个新的水平,并对朝鲜半岛、日本、越南的文化发生过重大影响。

在人类社会进入新千年之际,人类文化是否会有新的飞跃?雅斯贝尔斯为什么特别提到中国、印度和西方对轴心期的回忆,或曰"复兴"的问题?这是不是意味着,中华文化又有一次"复兴"的机会?我认为,答案应是肯定的。当前,中华民族正处在民族复兴的进程之中,而民族的复兴要以民族文化的复兴为精神支柱。毋庸讳言,"国学热"的兴起,可以说预示着我们正在从传统中找寻精神力量,以便创造新的中华文化,以"和谐"的观念贡献于人类社会。我们可以看出,自上个世纪末,我国学术界出现了对中国传统文化研究重视的趋势;而进入二十一世纪则逐渐成为一种社会潮流,"读经"、"读古典诗词",恢复优良的道德修养传统,蔚然成风,不少中小学设有读《三字经》、《弟子规》、《论语》、《老子》等等的有关课程内容。社会各阶层、团体、社区也办起了读古代经典的讲习班和讲座等等。这一潮流,也影响着我国的高层领导人。胡锦涛总书记在十七大的报告中提出"弘扬中华文化,建设中华民族共有精神家园",将对有力地推动中华文化的发展产生重要影响。我们应特别注意的是,中国一批知识分子在深入研究中国自身文化传统的同时,对当今世界文化发展的总趋势更加关注,并已有较深的研究。他们知道,中国文化必须在传承中更新,这样中国文化才能得以真正的"复兴",而"重新燃起新的火焰"。我们还可以看到,世界各国人民对中国文化的重新认识和欢迎,两百多所"孔子学院"的建立,儒学经典将要被译成外国的八种文字,这无疑可以说是儒学在"新轴心时代"得以"复兴"的明证。我认为,中国文化必须在坚持自身文化的主体性中"复兴",必须在吸收其他各民族文化、特别是西方先进文化的优秀成果中"复兴",必须在深入发掘中国文化的特殊价值以贡献于人类社会中复兴,当然也必须在努力寻求我们民族文化中具有"普世价值"意义的资源中"复兴"。因此,我们期待着和各国的学者一起，为建设全球化形势下文化的"新轴心时代"而努力。在欧洲，经过解构性的后现代主义对"现代性"思潮的批判之后，出现了以过程哲学为基础的"建构性的后现代主义"，他们认为："建设性的后现代主义对解构性的后现代主义的立场持批判态度，……以建构一个所有生命共同福祉都得到重视和关心的后现代世界。"①建构性的后现代主义还认为，在崭新的时代，每个人的权利都获得尊重，如果说第一次启蒙的口号是"解放自我"，那么新世纪的第二次启蒙的口号则是尊重他者，尊重差别，他们提出"人和自然是一生命共同体"的宇宙有机整体观，以此反对"现代二元论的科学主义和工具理性"。里夫金在他的《欧洲梦》中强调，在崭新的时代，每个人的权利都获得尊重，文化的差异受到欢迎，每个人都在地球可以维持的范围内享受着高质量生活（不是奢侈生活），而人类生活在安定与和谐之中。②因此，他们认为，必须对自身前现代传统的某些观念加以重视，要重视两千多年前哲人的智慧。印度在1947年取得了独立。在争取独立的过程中，许多民族运动的领袖都把印度的传统思想作为一种精神武器。国大党的领袖甘地采取把印度教和民族运动结合在一起的策略，因此国大党在指导思想和人员构成上都有明显的印度教特征。③二十世纪中期印度思想家戈尔瓦卡就提出：印度必须建立强大的印度教国家，他特别强调"印度的文明是印度教的文明"。④他们认为，只有把印度人民的宗教热忱和宗教精神注入到政治中，才是印度觉醒和复兴的必要条件。因此，印度民族的复兴必须依靠其自身印度教的思想文化传统。印度人民党同样崇奉印度教，它是一种以"印度文化为核心的民族主义或者

---

① 《为了共同福祉——约翰·科布访谈》（王晓华访问记），上海：《社会科学报》，2002年6月13日。
② 参见〔美〕杰里米·里夫金：《欧洲梦》序言，杨治宜译，重庆出版社，2006年，第8页。
③ 参见丁浩：《浅析印度国大党的教派主义倾向及其影响》，见于《重庆科技学院学报（社会科学版）》，2007年第1期。
④ 参见汝信总主编：《世界文明大系·印度文明卷》，中国社会科学出版社，2004年，第554页。

称为'印度教特性'"。他们认为,"可将印度现在同过去的光辉连接起来","以印度教意识和认同来重建印度"。① 人民党的思想家乌帕迪雅耶提出的"达磨之治论",就是要把印度教"种姓达磨"观念与现代人道主义思想结合起来,其目的是要用这种学说来捍卫印度教的传统文明和精神,抵御西方文化的侵袭和影响。国大党和人民党交替执政,就说明印度教在印度的复兴。② 这有力地说明印度正是"新轴心时代"兴起的一个重镇。这是不是可以说,在全球化的情况下,中国、印度和欧洲都处在一个新的变革时期,他们都将再一次得到"复兴"的机会?我认为,雅斯贝尔斯的看法是有远见的。这里,我必须说明,我并没有要否定其他民族文化也同样将会得到"复兴"的机会,如拉美文化、中东北非地区的伊斯兰文化等等。但是,无论如何,中国、印度、欧洲(欧盟)的"复兴"很可能预示着"新轴心时代"的到来。

(三) 儒学的三个视角

在这可能即将出现的"新轴心时代",面对着的与两千多年前的那个"轴心时代"的形势是完全不同了。全球化已把世界连成一片,任何国家、任何民族所要解决的不仅是其自身社会的问题,而且要面向全世界。因此,世界各国、各民族理应将会出现为人类社会走出困境的大思想家或跨国大思想家集团。实际上,各国各民族的有些思想家已在思考和反省人类社会如何走出当前的困局、迎接一个新时代的种种问题。在此情况下,各国、各民族的历史文化经验和智慧,无疑是十分重要的。因此,对影响中国社会两千多年历史的主流文化"儒学"应有一总体的认识和态度是很必要的。

由于儒学是历史的产物,又有两千多年的历史,对它有种种不同的看法应说是很自然的。在今天全球化、现代化的时代,我们应该或

---

① 参见曹小冰:《印度特色的政党和政党政治》,当代中国出版社,2005年,第237页。
② 参见汝信总主编:《世界文明大系·印度文明卷》,第555—558页。

可能怎样看儒学,我认为也许可以从三个不同的角度来考察儒学:一是政统的儒学,二是道统的儒学,三是学统的儒学。(一)政统的儒学:政治化的儒学曾长期与中国历代专制政治结合,所提倡的"三纲六纪"无疑对专制统治起过重要作用。儒家特别重视道德教化,因而对中国社会在一定程度上起着稳定的作用。但是,把道德教化的作用夸大,使中国重"人治"而轻"法治",而且很容易使政治道德化,从而美化政治统治;又使道德政治化,使道德成为为政治服务的工具。当然,在专制政治统治的压迫下,儒家的"以德抗位"、"治国平天下"的"王道"理想也并非完全丧失。不过总的说来,政治的儒学层面对当今的社会而言可继承的东西并不太多,它存在着较多的问题。(二)道统的儒学:任何一个成系统有历史传承的学术派别,必有其传统,西方是如此,中国也是如此。从中国历史上看,儒、道、释三家都有其传统。儒家以传承夏、商、周三代文化为己任,并且对其他学术有着较多的包容性,他们主张"万物并育而不相害,道并行而不相悖"。但既成学派难免就会有排他性。因此,对"道统"的过分强调就可能形成对其他学术文化的排斥,而形成对异端思想的压制。在历史上某些异端思想的出现,恰恰是对主流思想的冲击,甚至颠覆,这将为新的思想发展开辟道路。(三)"学统的儒学"是指其学术思想的传统,包括它的世界观、思维方法和对真、善、美境界的追求等等。虽不能说儒学可以解决人类社会存在的一切问题,但儒学在诸多方面可为人类社会提供有意义的、较为丰厚的资源是无可否认的,应为我们特别重视。我这样区分,并不是说这三者在历史上没有关系,甚至可以说在历史上往往是密不可分的,只是为了讨论方便,为了说明我们应该更重视哪一个方面。基于此,我认为,当前甚至以后,儒学的研究不必政治意识形态化,让学术归学术;而且儒学应更具有"海纳百川"的气度,在与各种文化的广泛对话中发展和更新自己。

既然我们对儒学要特别重视的是其"学统",那么我们应该如何从

"学统"的角度来看儒学,我有以下四点看法:(一)要有文化上的主体意识。任何一个民族的生存与发展必须植根于自身文化土壤之中,必须有文化上的自觉,只有对自身文化有充分的理解与认识,保护和发扬,它才能适应自身社会合理、健康发展的要求,它才有吸收和消化其他民族文化的能力。一个没有能力坚持自身文化的自主性的民族,也就没有能力吸收和融化其他民族的文化以丰富和发展其自身文化,它将或被消灭,或被同化。(二)任何文化要在历史长河中不断发展,必须不断地吸收其他民族文化,在相互交流与对话中才能得到适时的发展和更新。罗素说得对:"不同文明的接触,以往常常成为人类进步里程碑。"①在历史上,中华文化有着吸收和融化外来印度佛教文化的宝贵经验,应该受到重视。在今天全球化的时代,面对西方的强势文化,我们应更加善于吸收和融合西方文化和其他各民族的优秀文化,以使中华文化更具有世界意义。(三)社会在不断发展,思想文化在不断更新,但古代思想家提出和思考的文化(哲学)问题,他们的思想的智慧之光,并不因此就会过时,有些他们思考的问题和路子以及理念可能是万古常新的。雅斯贝尔斯认为:在科学方法的运用上,我们可以说我们所处的时代是超过了亚里士多德,但就哲学本身而言,我们很难再达到苏格拉底和柏拉图的水准。哲学历史的某些发展是显而易见的,但我们并不能由此得出结论说,后代的哲学家就一定超过前代。②(四)任何历史上的思想体系,甚至现实存在的思想体系,没有完全正确的,没有放之四海而皆准的绝对真理的学说,它必然有其局限性,其体系往往包含着某些内在矛盾,即使其中具有普遍意义(价值)的精粹部分也往往要给以合理的现代诠释。恩格斯在《反杜林论》草稿片断中说:"在黑格尔以后,体系说不可能再有了。十分明显,世

---

① 《中西文明的对比》,见罗素:《中国问题》,学林出版社,1996年,第146页。
② 参见《论雅斯贝尔斯的世界哲学及世界哲学史的观念——代"译序"》,载〔德〕雅斯贝尔斯:《大哲学家》,李雪涛等译,社会科学文献出版社,2005年,第12页。

界构成一个统一的体系,即有联系的整体。但是对这个系统的认识是以对整个自然界和历史的认识为前提的,而这一点是人们永远也达不到的。因而,谁要想建立体系,谁就得用自己的虚构来填补无数的空白,即是说,进行不合理的幻想,而成为一个观念论者。"[1]这里所说的"体系"是指那种无所不包的、自以为是放之四海而皆准的"绝对真理"。"绝对真理"往往都是谬误之论。罗素在其《西方哲学史》中说:"不能自圆其说的哲学决不会完全正确,但是自圆其说的哲学满可以全盘错误。最富有结果的各派哲学向来包含着显眼的自相矛盾,但是正为了这个缘故才部分正确。"[2]我认为这两段话对我们研究思想文化都很有意义。因为任何思想文化都是在一定历史条件下产生的,它不可能完全解决人类社会今天和明天的全部问题,就儒学来说也是一样的。正因为儒学是在历史中的一种学说,才有历代各种不同诠释和批评,而今后仍然会不断出现新的诠释,新的发展方向,新的批评,还会有儒家学者对其自身存在的内在矛盾的揭示。在人类社会进入全球化的时代,不断反思儒学存在的问题(内在矛盾),不断给儒学新的诠释,不断发掘儒学的真精神中所具有的普遍性意义和特有的理论价值,遵循我们老祖宗的古训"日日新,又日新",自觉地适时发展和更新其自身,才是儒学得以复兴的生命线。

(四) 儒学与"忧患意识"

"儒学"在中国传统文化中相对于佛道有一特点,即它的"入世"精神,并基于此"入世"精神而抱有较为强烈的忧患意识。《周易·系辞

---

[1] 〔德〕恩格斯:《世界是有联系的整体·对世界的认识》,载《恩格斯著〈反杜林论〉参考资料》附录,北京大学哲学系编,1962年,第137页。

[2] 〔英〕罗素:《西方哲学史》下册,马元德译,商务印书馆,1963年,第143页。

下》中说:"作《易》者,其有忧患乎?"①自孔子以来,从中国历史上看,儒家学者多对社会政治抱有"以天下为己任"的忧患意识。儒家的这种"忧患意识"也许可以说是儒家不同于现代知识分子的一种对社会政治的中国士大夫特有的批判精神。它是由于儒家始终抱有的对天下国家一种不可推卸的社会责任感和历史使命感而产生的。孔子生活在"天下无道"的春秋时代,《说苑·建本篇》说:"公扈子曰:春秋,国之鉴也。春秋之中,弑君三十六,亡国五十二。"孔子对此"礼坏乐崩"的局面有着深刻的"忧患意识",我们查《论语》,有多处讲到"忧"(忧虑,忧患),其中"君子忧道不忧贫"可说是代表着孔子的精神。"道"是什么?就是孔子行"仁道"的理想社会,其他富贵贫贱等等对孔子是无所谓的。《论语·阳货》中有一段表现孔子"忧国忧民"的抱负:"公山弗扰以费畔,召,子欲往,子路不悦,曰:'末之也,已,何必公山氏之之也!'子曰:'夫召我者,而岂徒哉!如有用我者,吾其为东周乎!'"孔子认为,假若有人用他治世,他将使周文王、武王之道在东方复兴。可见,孔子所考虑的问题是使"天下无道"的社会变成"天下有道"的社会。在《礼记·檀弓下》有一则孔子说"苛政猛于虎"的故事,这深刻地表现着他"忧国忧民"的"忧患意识"。这种"忧患意识"体现着孔子"仁民"的人道精神,同时也表现了他对"苛政"的批判意识。孟子有句常为人们所称道的"名言":"生于忧患而死于安乐",这种"忧患意识"正是因为他要"以天下为己任",而批判那些"入则无法家拂士,出则无敌国外患"的诸侯君王。我们读《孟子》也许只有十分深切地感受到中国士大夫所有的"富贵不能淫,贫贱不能移,威武不能屈"的精神,才能真正地立于天地之间而无愧。我认为,这不能不说是中国儒者特有的批判精神。有这种精神,就可以抵制和批判一切邪恶,甚至可以"大义灭亲"、

---

① 《周易·系辞下》中还说:"君子安而不忘危,存而不忘亡,治而不忘乱,是以身安而国家可保也。"司马迁《报任安君书》中说:"盖西伯拘而演《周易》,……大氐圣贤发愤之所为作也。"周文王演《周易》正是基于其"忧患意识"。

"弑父弑君"。① 周公不是为了国家百姓杀了他的亲兄弟吗？② 管仲不是初助公子纠，后又相桓公，孔子还说他"如其仁，如其仁"吗？③ 当齐宣王问孟子："汤放桀，武王伐纣，有诸？"孟子回答说：那些残害"仁义"的君王之被杀只是杀了个"独夫"吧！④

在中国古代的传统社会中，君王对社会政治无疑起着极大的作用，因此臣下能对君王有所规劝是非常重要的。《郭店楚简·鲁穆公问子思》一条：

> 鲁穆公问于子思曰："何如而可谓忠臣？"子思曰："恒称其君之恶者，可谓忠臣矣。"公不悦，揖而退之。成孙弋见，公曰："向者吾问忠臣于子思，子思曰：'恒称其君之恶者，可谓忠臣矣。'寡人惑焉，而未之得也。"成孙弋曰："噫，善哉言乎！夫为其君之故杀其身者，尝有之矣。恒称其君之恶，未之有也。夫为其君之故杀其身者，效禄爵者也。恒称其君之恶者，远禄爵者也。为义而远禄爵，非子思，吾恶闻之矣。"

这段故事说明，历史上有些儒者总是抱着一种"居安思危"的情怀，为天下忧。子思认为能经常批评君王的臣子才是"忠臣"，成孙弋为此解释说：只有像子思这样的士君子敢于对君王提出批评意见，这正因为他们是不追求利禄和爵位（金钱与权力）的。中国历史上确有一些儒学者基于"忧国忧民"的"忧患意识"而能持守此种精神。汉初，虽有文景之治，天下稍安，而有贾谊上《陈政事疏》谓："进言者皆曰天下已安已治矣，臣独以为未也。曰安且治者，非愚则谀，皆非事实知治乱之体者也。"贾谊此《疏》义同子思。盖他认为，治国有"礼治"和"法治"两套，"夫礼者禁于将然之前，而法者禁于已然之后，是故法之所用

---

① 事见《左传》隐公四年。
② 事见《史记·管蔡世家》。
③ 见《论语·宪问》，又见《左传》庄公八年和九年。
④ 见《孟子·梁惠王下》。

易见,而礼之所为生难知也。"他并认为此"礼治"和"法治"两套对于治国者是不可或缺。此"礼法合治"之议影响中国历朝历代之政治制度甚深。在中国历史上有"谏官"之设,《辞源》"谏官"条说:"掌谏诤之官员。汉班固《白虎通·谏诤》:'君至尊,故设辅弼置谏官。'谏官之设,历代不一,如汉唐有谏议大夫,唐又有补阙、拾遗,宋有左右谏议大夫、司谏、正言等。"按:在中国历史上的"皇权"社会中,"谏官"大多虚设,但也有少数士大夫以"忧患意识"之情怀而规劝帝王者,其"直谏"或多或少起了点对社会政治的批判作用。此或应作专门之研究,在此不赘述。

宋范仲淹有《岳阳楼记》一篇,其末段如下:

> 嗟夫!予尝求古仁人之心,或异二者之为,何哉?不以物喜,不以己悲;居庙堂之高则忧其民,处江湖之远则忧其君。是进亦忧,退亦忧。然则何时而乐耶?其必曰"先天下之忧而忧,后天下之乐而乐"乎。噫!微斯人,吾谁与归!

这段话可说是表达出大儒学者之心声。盖在"皇权"统治的专制社会中,儒学之志士仁人无时不能不忧,其"忧民"是其"仁政"、"王道"理想之所求,而此理想在那专制制度下,是无法实现的,故不能不忧。其"忧君",则表现了儒家思想之局限,仅靠"人治"是靠不住的。在"皇权"的专制制度下,仁人志士之"忧"虽表现其内在超越之境界,但终难突破历史之限度。儒学者可以"杀身成仁"、"舍生取义",但不仅不能动摇"皇权"专制,反而可能在某种程度上帮助巩固了皇权统治。这或是历史之必然,不应责怪这些抱有善良理想良知之大儒,他们的主观愿望是可歌可涕的。个人的善良愿望必须建立在变革这专制制度上才可能有一定程度上之实现。

儒家的"忧患意识"虽说对"皇权"专制有一定的批判作用,但它毕竟不同于现代社会中知识分子的"批判意识"。这是因为现代知识分子的"批判意识"是建立在"人人平等"的基础之上。现代知识分子的"批判意识"不仅仅是对某个个人批判,而必须是根据理性对某种制度的批判。面对今日中国社会风气败坏、信仰缺失之现实,必须把儒家原有的具有一定程度批判精神的"忧患意识",提升至对社会政治制度的批判,而不能与非真理或半真理妥协,因此它应当是得到"自由"和"民主"保障的有独立精神的批判。① 可是话又要说回来,无论如何,儒家这种"居安思危"的"忧患意识"中包含的某种程度的批判精神和勇气,仍然是我们要在继承的基础上认真总结,并把它提高到现代知识分子的批判精神上来的。在中华民族伟大复兴的过程之中,儒家基于社会责任感和历史使命感的"忧患意识"在我们给以新的诠释的情况下,将使我民族能够不断地反省,努力地进取,并使儒学得以日日新,又日新,中华民族得以常盛不衰。

(五) 儒学与"和谐社会"建设

在二十一世纪初,我国提出建设"和谐社会"的要求,这将对人类发展的前景十分重要,并会对人类社会健康合理生存产生深远影响。我们知道,"和谐"是儒学的核心概念,在我国传统儒学中包含着"和谐社会"的理想以及可以为建设"和谐社会"提供的大量有意义的思想资源。《礼记·礼运》中的"大同"思想可以说已为中华民族勾画出一幅"和谐社会"的理想蓝图。《论语》中的"礼之用,和为贵",将会对调节

---

① 参见拙作《五四运动的反传统与学术自由》,台湾联经出版事业公司,1989年。该文中有如下两段:"中国知识分子大都对社会有着强烈的社会责任感和历史使命感;'天下兴亡,匹夫有责',他们为了尽社会责任和完成历史使命可以'杀身成仁'、'舍生取义'。中国知识分子这种对国家和民族命运的关怀,无疑是十分可贵的。但是也正因为这种过分强烈的社会责任感和历史使命感,而使他们陷于'急功近利',而要直接参与政治,去从政做官了。我不知道这对中国社会是'幸'还是'不幸',不过我私以为'不幸'的成分为多。照我看,知识分子应该是以创造知识和传播知识为谋生手段。他们对政治的意义在于批判、议论,他们应有不与非真理和半真理妥协的良心。""中国知识分子由于超强的社会责任感和历史使命感往往由'不治而议'走向'治而不议',把'做官'看成是他们最重要的使命,从而失去他们对社会政治的批判功能,并且很可能成为政治权利的附庸。"

人们社会生活之间的关系有着重要的意义;"和而不同",又可以为不同民族和民族之间的"和平共处"提供某种理据。《中庸》中的"中和"思想,要求在各种关系之间掌握适合的度,以达到万事万物之"和谐"的根本。特别是《周易》中的"太和"①观念经过历代儒学思想家的阐发,已具有"普遍和谐"的意义。"普遍和谐"包含着"人与自然"、"人与人"(人与社会、国家与国家、民族与民族)、"人的自我身心内外"等诸多方面"和谐"的意义,所以王夫之说"太和"是"和之至",意即"太和"是最完美的"和谐"。所有这些包含在儒家经典中的"和谐"思想,为中国哲学提供了一种对人类社会极有价值的世界观和思维方式。

复兴儒学要有"问题意识"。当前我国社会遇到了什么问题,全世界又遇到了什么问题,都是复兴儒学必须考虑的问题。对"问题"有自觉性的思考,对"问题"有提出解决的思路,由此而形成的理论才是有真价值的理论。当前,我国以及全世界究竟遇到些什么重大问题?近一二百年来,由于对自然界的无量开发,残酷掠夺,造成了生态环境的严重破坏。由于人们片面物质利益的追求和权力欲望的无限膨胀,造成了人与人之间以及国家与国家之间的矛盾与冲突,以至于残酷的战争。由于过分注重金钱和感官享受,致使身心失调,人格分裂,造成自我身心的扭曲,吸毒、自杀、杀人,已成为一种社会病。因此,当前人类社会需要解决,甚至今后还要长期不断解决的"人与自然"、"人与人"(人与社会、国与国、民族与民族)、"人自我身心"之间的种种矛盾问题,无疑是人类要面对的最大课题。其中"人"的问题是关键。

针对上面提出的三个方面的问题,我认为,儒学可以为当今人类社会提供若干有益的思想资源。

(一)儒家"天人合一"(合天人)的观念将会为解决"人与自然"之间的矛盾提供某些有意义的思想资源。1992年世界一千五百七十五

---

① 《周易·乾卦·彖辞》:"乾道变化,各正性命,保合太和,乃利贞。"

名科学家发表的《世界科学家对人类的警告》说:"人类和自然正走上一条相互抵触的道路。"造成这种情况不能说与西方哲学曾长期存在"天人二分"的思维模式没有关系。罗素在《西方哲学史》中说:"笛卡尔的哲学,……它完成了、或者说极近乎完成了由柏拉图开端而主要因为宗教上的理由经基督教哲学发展起来的精神、物质二元论……笛卡尔体系提出来精神界和物质界两个平行而彼此独立的世界,研究其中之一能够不牵涉另一个。"①这就是说,在西方哲学中长期把"天"和"人"看成是相互独立的,研究"天"可以不牵涉"人";研究"人"也可以不牵涉"天",这可以说是一种"天人二分"的思维模式(但进入二十世纪,西方哲学有了很大变化,已有西方哲学家打破"天人二分"的定式,如怀德海②)。而中国"天人合一"是说在"天"和"人"之间存在着相即不离的内在关系,研究其中一个必然要牵涉另外一个。《周易》是我国一部最古老重要的大书,它是中国哲学的源头。《郭店楚简·语丛一》:"易,所以会天道人道也。"《周易》是一部会通天道、人道所以然的道理的书。也就是说它是一部讲"天人合一"的书。对如何了解"天人合一"思想,朱熹有段话很重要,他说:"天即人,人即天。人之始生,得于天也;既生此人,则天又在人矣。"③"天"离不开"人","人"也离不开"天"。人初产生时,虽然得之于天,但是一旦有了人,"天"的道理就要由"人"来彰显,即"人"对"天"就有了责任。"天人合一"作为一种世界观和思维模式,它要求人们不能把"人"看成是和"天"对立的,这是由

---

① 〔英〕罗素:《西方哲学史》下册,马元德译,商务印书馆,1988年,第91页。
② 《怀德海的〈过程哲学〉》(刊于2002年8月15日上海《社会科学报》)中说:"(怀德海)的过程哲学(process philosophy)把环境、资源、人类视为自然中构成密切相连的生命共同体,认为应该把环境理解为不以人为中心的生命共同体。这种新型生态伦理,对于解决当前的生态危机具有重要的现实意义。过程哲学是生态女性主义的思想之根,因为生态女性主义的哲学基础是彻底的非二元论,是对现代二元思维方式的批判,而怀德海有机整体观念,正好为它提供了进行这种批判的理论根据。"可见,现代一些西方哲学家已经对"天人二分"的二元对立的思维模式作出反思,并且提出了"自然"与"人"构成"密切相连的生命共同体"。
③ 《朱子语类》,中华书局,1986年,第387页。

于"人"是"天"的一部分,破坏"天"就是对"人"自身的破坏,"人"就要受到惩罚。因此,"天人合一"学说认为,"知天"(认识自然,以便合理地利用自然)和"畏天"(对"自然"应有所敬畏,要把保护自然作为一种神圣的责任)是统一的。① "知天"而不"畏天",就会把"天"看成一死物,不了解"天"乃是有机的生生不息的刚健大流行,所以《周易·乾·象》中说:"天行健,君子以自强不息。"这即是说"天"与"人"为持续发展着的"生命的共同体"。"畏天"而不"知天",就会把"天"看成外在于"人"的神秘力量,而使人不能真正得到"天"(自然)的恩惠。所以"天人合一"思想要求"人"应担当起合理利用自然,又负责任地保护自然的使命。"天人合一"这种思维模式和理念应该说可以为解决当前"生态危机"提供某些有意义的思想资源。

（二）"人我合一"（同人我）的观念将会为解决"人与人（社会）"之间的矛盾提供某些有意义的思想资源。"人我合一"是说在"自我"和"他人"之间存在着一种相即不离的内在关系。为什么"自我"和"他人"之间存在着相即不离的内在关系？《郭店楚简·性自命出》中说："道始于情。"人世间的道理（人道）是由情感开始的,这正是孔子"仁学"的出发点。孔子的弟子樊迟问"仁",孔子回答说"爱人"。这种爱人的品质由何而来呢？《中庸》引孔子的话说："仁者,人也,亲亲为大。""仁爱"的品德是人本身所具有的,爱自己的亲人是最根本的。但孔子的儒家认为"仁爱"不能停留在只是爱自己的亲人,而应该由"亲亲"扩大到"仁民"以及"爱物"。孟子说："亲亲而仁民,仁民而爱物。"②

---

① 康德的墓志铭上写着："有两样东西,我们愈经常愈持久地加以思索,它们愈使心灵充满不断增长的仰慕和敬畏：在我们之上的星空和我心中的道德法则。"是不是说,康德也认为应对"天"有所敬畏呢？这和孔子的"畏天命"是不是有相通之处呢？
② 见《孟子·尽心上》。《中庸》中说："唯天下至诚,为能尽其性；能尽其性,则能尽人之性；能尽人之性,则能尽物之性；能尽物之性,则可以赞天地之化育；可以赞天地之化育,则可以与天地参矣。"此可以为孟子"亲亲而仁民,仁民而爱物"之开展。因此,孔孟之"仁爱"学说,不仅可以为解决"人与人"之间关系,也可以为解决"人与自然"之间关系,提供有意义的思想资源。

所以《郭店楚简》中说:"孝之𢜔,爱天下之民","亲而笃之,爱也;爱父其继爱人,仁也"。如果把爱自己的亲人扩大到爱他人,那么社会不就可以和谐了?如果一个国家、一个民族把爱自己国家、自己民族的"爱"扩大到对别的国家、别的民族的爱,那么世界不就可以和平了吗?把"亲亲"扩大到"仁民",就是要行"仁政"。在《论语》中虽然没有出现"仁政"两字,但其中却处处体现着"仁政"思想,如"博施于民,而能济众","举贤才","泛爱众","导之以德,齐之以礼"等等,都是讲的"仁政"。孔子的继承者孟子讲"仁政",意义也很广泛,我认为最重要的是他说:"民之为道也,有恒产者有恒心,无恒产者无恒心。"意思是说,对老百姓的道理,要使老百姓都有一定的固定产业,他们才能有一定的道德观念和行为准则。没有一定的固定产业,怎么能让他有相应的道德观念和行为准则呢!所以孟子说:"夫仁政,必自经界始。""仁政",首先要使老百姓有自己可以耕种的土地。我想,我们今天要建设"和谐社会",首要之事就是要使我们的老百姓都有自己的固定产业,过上安康幸福的生活。就全人类说,就是要使各国、各民族都能自主地拥有其应有的资源和财富,强国不能掠夺别国的资源和财富以推行强权政治。所以"人"与"人"、"国家"与"国家"之间的协调和相互爱护的"人我合一"思想对建设"和谐社会"、"和谐世界"应是有意义的。

(三)"身心合一"(一内外)将会为调节自我身心内外的矛盾提供某些有意义的思想资源。"身心合一"是说肉体生命与精神生命之间存在着一种相即不离的和谐关系。儒家认为达到"身心合一"要靠"修身"。《郭店楚简·性自命出》中说:"闻道反己,修身者也。"意思是说,知道了做人的道理,就应该反求诸己,这就是"修身"。所以《大学》认为,"修身"、"齐家"、"治国"、"平天下","自天子以至于庶人,壹是皆以修身为本,其本乱而末治者否矣。"《中庸》里面也说:"为政在人,取人以身,修身以道,修道以仁。"社会靠人来治理,让什么人来治理要看他自身的道德修养,修养是以符合不符合"道"为标准,做到使社会和谐就要有"仁爱"之心。这里,把个人的道德修养(修身)与"仁"联系起来,正说明儒家思想的一贯性。《郭店楚简·性自命出》中说:"修身近至仁"。修身是为达到实现"仁"的境界的必有过程。因此,儒家讲"修身"不是没有目标的,而是为了"齐家"、"治国"、"平天下",即希望建设"和谐社会"。《礼记·礼运》中所记载的"天下为公"的"大同"社会就是儒家理想和谐社会的蓝图。如果一个社会有了良好的制度,再加之以有道德修养的人来管理这个社会,社会上的人都能"以修身为本",那么这个社会也许就可以成为一个"和谐的社会",世界就可以成为一个"和谐的世界"吧!

冯友兰先生把"人生"分成四种"境界":自然境界,功利境界,道德境界,天地境界。所谓有"自然境界"是说人和动物一样,只是为活着,对于人生的目的没有什么了解(觉解)。所谓有"功利境界",是说一切为了"利益",为他自己的利益(私利)。所谓"道德境界"是说,他的行为是为了"行义",也就是为了"公利",也可以说他的行为是为了"奉献"。"天地境界"的人,他的行为也可以说是"奉献",但他不仅是"奉献"于社会,而且"奉献"于宇宙。如果人能达到"道德境界","天地境界",那么他不仅与"他人"(社会)和谐了,与宇宙和谐了,而且"自我身心内外"也和谐了。孔子有一段话,也许可以作为"修身"的座右铭,他说:"德之不修,学之不讲,闻义不能徙,不善不能改,是吾忧也。"意思是说,不修养道德,不讲求学问,听到合乎正义的话不能去身体力行(实践),犯了错误而不能改正,是孔子最大的忧虑。孔子这段话告诉我们的是做人的道理,"修德"并不容易,那就必须有崇高的理想,有为人类长远利益考虑的胸怀;"讲学"同样不容易,它要求人们天天提高自己的知识和能力,这样才可以负起增进社会福祉的责任;"徙义"是说人生在世,听到合乎道义的话应努力跟着做,应日日向着善的方向努力,把"公义"实现于社会生活之中;"改过",人总是会犯这样那样的错误,问题是要勇于改正,这样才可以成为合格的人。"修德"、"讲学"、"徙义"、"改过",是做人的道理,是使人自我身心内外和谐的路径。这就要求"修身",以求得一"安身立命"处。[①]

在儒家看,想要解决上述的种种矛盾,"人"是关键。因为,只有人才可以"为天地立心,为生民立命,为往圣继绝学,为万世开太平"。是不是我们可以说,当今人类社会遇到的问题,儒学可以为其提供某些有意义的思想资源?善于利用儒学的思想资源来解决当今人类社会存在的种种问题,是不是可以说为儒学的复兴提供了机会?当然,我们必须注意到,孔子的儒家思想并不是十全十美的,它并不能全盘解决当今人类社会存在的诸多复杂问题,它只能给我们提供思考的路子和有价值的理念(如世界观、人生观、价值观等等的理念),启发我们用儒学的思维方式和人生智慧,在给这些思想资源以适应现代社会和人类社会发展前途新诠释的基础上,为建设和谐的人类社会作出它可能作出的贡献。

司马迁说的"居今之世,志古之道,所以自镜也,未必尽同"是很有道理的名言。我们生活在今天,要了解自古以来治乱兴衰的道理,把它当作一面镜子,但是古今不一定都相同,需要以我们的智慧在传承前人有价值的思想中不断创新。因此,我们今天的任务是对自古以来的有价值的思想(包括儒家思想)进行现代诠释,创造适应现代社会需要的新学说、新理论。

二、儒学与"普遍价值"问题

如果说儒学能为解决"人与自然"、"人与人(社会)"、"人自身的身

[①] 朱熹《四书或问》说:"但能致中和于一身,则天下虽乱,而吾身之天地万物不害为安泰;其不能者,天下虽治,而吾身之天地万物不害为乖错。其间一家一国,莫不皆然,此又不可不知耳。"盖人生在世,必有一"安身立命"之原则和境界。黄珅校点,上海古籍出版社、安徽教育出版社,2001年,第56页。

心内外"的矛盾提供某些有意义的思想资源,那么我们能不能说这些思想资源针对某些特定的问题包含着"普遍价值"的意义呢?我认为,这应是肯定的。"价值论"是当今一种很流行的学说,①它涉及各个学科,如宗教、哲学、文学、艺术、政治、经济,甚至科学技术,等等,而其中"价值哲学"是讨论"价值问题"最重要的学科。"价值哲学"是一种什么样的学科呢?概括起来说,它是讨论某种哲学学说,如孔子的"仁学";某一哲学命题,如"天人合一"、"道法自然";某一哲学概念,如"忠恕"(朱熹说"尽己谓之忠"、"推己谓之恕")等等的价值问题。我认为,必须承认世界上各不同民族文化中都有某些"普遍价值"意义的因素。这是在当今全球化境域下,多元文化中寻求文化中的"普遍价值"的意义所要求的。当前,在我国学术界对文化(哲学)中的"价值"问题已不少讨论,而比较集中的是讨论文化(哲学)中是否存有"普遍价值"的问题,有些学者或政治家对文化(哲学)中存有"普遍价值"持否定的态度。我认为,这是大成问题的。这是因为,不承认在各个不同民族的文化中都具有"普遍价值"意义的因素,那么很可能走上文化的"相对主义",认为没有什么"真理"(哪怕是相对意义的"真理"),只能是"公说公有理"、"婆说婆有理",这样在不同文化之间很难形成对话,很难找到共同语言,很难对遇到的共同问题的解决达成"共识"。这种看法对当前世界全球化将是一种极为有害的消极力量,是不利于人类社会健康合理发展的。同时,如果我们不讲文化中具有"普遍价值",那么其他文化,特别是西方文化却大讲他们文化中的"普遍价值",这岂不是把我们讲"普遍价值"的权利给了西方文化,这将有助于西方某些学者和政客鼓吹有利于他们的"普遍主义"大行其道,而使他们具有了

---

① 冯平在《现代西方价值哲学经典》(北京师范大学出版社,2009年)的"序言"中说:"现代西方价值哲学是一场哲学运动,这场运动发轫于19世纪40年代,起始于新康德主义。"最早将现代西方价值哲学介绍到中国来的是张东荪先生。张东荪先生在1934年出版了以他在燕京大学的讲义为基础的《价值哲学》一书。

"话语霸权"。因此,发掘各个不同民族文化中的"普遍价值",对促进全世界各个民族、各个国家共同发展将是十分有意义的。

(一) 藉文化沟通与对话寻求共识

自上个世纪九十年代以来,在中国逐渐掀起了"国学热"的浪潮,相当多的学者,特别注意论证中国文化的民族特性和它的特殊价值之所在。为什么会发生这种情况,我认为这和世界文化发展的形势有关。因为自上世纪后半叶,西方殖民体系逐渐瓦解,原来的殖民地民族和受压迫民族为了建立或复兴自己的国家,有一个迫切的任务,他们必须从各方面自觉地确认自己的独立身份,而自己民族的特有文化(宗教、哲学、价值观等等)正是确认自己独立身份的最重要的因素。在这种情况下,正在复兴的中华民族强调应更多关注自身文化的主体性和特有价值,是完全合理的。但与此同时,西方一些国家已经成功地实现了现代化,而且许多发展中国家也正在走着西方国家已经完成的工业化和现代化的道路。因此,西方发达国家出现了一种"普遍主义"(universalism)的思潮,认为只有西方文化中的理念对现代社会才具有"普遍价值"(universal value)的意义,而其他各民族的文化并不具有"普遍价值"的意义,或者说甚少"普遍价值"的意义,或者说非西方的民族文化只有作为一种博物馆中展品被欣赏的价值。我们还可以看到,某些取得独立的民族或正在复兴的民族,也受到"普遍主义"的影响,为了强调他们自身文化的价值而认为他们的文化可以代替西方文化而成为主导世界的"普世"文化。例如,在中国就有少数学者认为,二十一世纪的人类文化将是"东风"压倒"西风",只有中国文化可以拯救世界,这无疑也是一种受到西方"普遍主义"思潮影响的表现,是十分错误而有害的。因此,当前在中国,在发展中国家,更多地关注各民族文化的特殊价值,各发展中国家更加关注自身文化的"主体性",以维护当今人类社会文化的多元发展,反对西方的"普遍主义",

反对"欧洲中心论",是理所当然的。当然也要防止在民族复兴中受西方"普遍主义"影响而形成的民族文化的"至上主义"或"原教旨主义"。

现在的问题是,我们反对"普遍主义",是不是就要否定各个民族文化中具有的"普遍价值"？所谓"普遍主义"可能有种种不同的解释。本文把"普遍主义"理解为:把某种思想观念(命题)认定为是绝对的、普遍的,是没有例外的,而其他民族的文化思想观念(命题)是没有普遍价值甚至是没有价值的。"普遍价值"是说:在不同民族文化之中可以有某些相同或相近的价值观念,而这些相同或相近的价值观念应具有"普遍价值"的意义,它可以为不同民族普遍地接受,而且这些具有"普遍价值"意义的观念又往往寓于特殊的不同民族文化的"价值观念"之中。正是具有"普遍价值"意义的思想往往是寓于某些不同民族文化的"特殊价值"之中,才需要我们去努力寻求其蕴含的"普遍价值"的意义。这在哲学上是"共相"与"殊相"的问题。在我看来,在各个不同民族文化中可以肯定地说存在着"普遍价值"的因素。所以我们必须把"普遍价值"与"普遍主义"区分开来。在强调各民族文化的特殊价值的同时,我们应努力寻求人类文化中的"普遍价值"的因素及其意义。当前人类社会虽然正处在经济全球化,科技一体化的形势下,但是由于二战后殖民体系的瓦解,"欧洲中心论"的消退,文化呈现着多元化的趋势。因此,要求在不同文化中寻求"普遍价值"必须通过不同文化间的沟通与对话,以致达成某种"共识",这大概是我们寻求不同文化间"普遍价值"的必由之路。

(二) 寻求不同文化间"普遍价值"的途径

为什么我们要寻求各民族文化的"普遍价值"？这是因为同为人类,必然会遇到需要共同解决的问题,在各种不同文化中都会有对解决人类社会遇到的问题有价值的资源。这些能解决人类社会所遇到的"共同问题"的有价值的思想资源,我认为就具有"普遍价值"的意义。

如何寻求人类文化中的"普遍价值",也许有多条不同的途径,我在这里提出三条可以考虑的途径供大家批评指正:

(一) 在各民族的文化中原来就有共同或者是相近的有益于人类生存和发展的理念,这些共同理念无疑是有"普遍价值"的意义。1993年在美国芝加哥召开的世界宗教大会,在寻求"全球伦理"问题的讨论中提出寻求伦理观念上的"最低限度的共识",或者叫做"底线伦理"。为此,在闭幕会上发表了一份《走向全球伦理宣言》,认为"己所不欲,勿施于人"在各民族文化中都有与此相同或相似的理念,它可以被视为"道德金律"。在《宣言》中特别举出佛经所说:"在我为不喜不悦者,在人亦如是,我何能以己之不喜不悦加诸他人?"佛经中这句话可以说十分深刻而精确地表述了具有"普遍价值"意义的"道德金律"。在《宣言》中还列举了一些宗教和思想家的思想中对"己所不欲,勿施于人"的各种表述,[①]因此认为它具有"普遍价值"的意义。又如,恩格斯在《反杜林论》中提出"勿盗窃"应具有"普遍价值"的意义。这类思想、理念在人类各种文化中是并不少见的。例如佛教的"五戒"中的"不盗、不邪淫、不妄语"和基督教《摩西十戒》中的"不可奸淫"、"不可偷盗"等等都有"普遍价值"的意义。

(二) 在各不同民族文化的不同理路中寻求"普遍价值"。例如中国儒家的"仁",西方基督教的"博爱",印度佛教的"慈悲",虽然形式不同,出发点不同,甚至理路中也有差异,但却都具有"普遍价值"的意义。

孔子的"仁",是把"亲亲"作为出发点,作为基础,樊迟问仁,孔子曰"爱人"。为什么要爱人,"爱人"的出发点是什么?《中庸》引孔子的话

[①] 在孔汉思和库舍尔合编、何光沪译的《全球伦理——世界宗教议会宣言》中《全球伦理普世宣言的原则》罗列了许多与孔子"己所不欲,勿施于人"相同或相近的话,如《圣经·利未记》:"要爱自己的人,像爱自己一样。"犹太教的主要创立者希勒尔说:"你不愿施诸自己的,就不要施诸别人。"《摩诃婆多》:"毗耶婆说:你自己不想经受的事,不要对别人做。"第149、150页。

"仁者,人也,亲亲为大"。① "仁爱"是人本身所具有的,爱自己的亲人是最根本的。但儒家认为,"亲亲"必须扩大到"仁民"以及于"爱物",②才是完满的真正的"仁"(仁爱),所以《郭店楚简》中说:"孝之蚤,爱天下之民。""爱而笃之,爱也;爱父其继爱人,仁也。"且儒家也有以"博爱"释"仁"者。③这就是说,孔子的"仁"虽是从爱自己的亲人出发,但它最终是要求爱天下老百姓,以实现其"治国平天下"的目标。因此,我们可不可以说,孔子的"仁"的理念具有某种"普遍价值"的意义。

基督教的"博爱",当然我们可以从多方面理解它的涵义,但它的基础是"在上帝面前人人平等",而由"在上帝面前人人平等",可以引发出来的"在法律面前人人平等",这对人类社会也应是具有"普遍价值"的意义,因为这样人类社会才能有公平和正义。"在法律面前人人平等"从表现形式上看是近代西方法律制度的一条重要原则,但其背后支撑的伦理精神理念则是"博爱",把所有的人都看成是上帝的儿子。④

佛教的"慈悲",《智度论》卷二十七中说:"大慈与一切众生乐,大悲拔一切众生苦",其出发点是要普度众生脱离苦海,使众生同乐在极乐世界。《佛教大辞典》的"普度众生"条谓:"佛谓视众生在世,营营扰扰,如在海中。本慈悲之旨,施宏大法力,悉救济之,使登彼岸也。"⑤由小乘的"自救"到大乘的"救他",这种"普度众生"的精神,我认为也是具有某种"普遍价值"的意义。

---

① 《郭店楚简》中的《性自命出》说:"道始于情。"人与人之间的关系开始是建立在"情感"的基础上。

② 《中庸》:"唯天下至诚,为能尽其性。能尽其性,则能尽人之性。能尽人之性,则能尽物之性。能尽物之性,则可以赞天地之化育。可以赞天地之化育,则可以与天地参矣。"

③ 《孝经·三才章》:"'君王'则天之明,因地之利,……是故先之以博爱,而民莫遗其亲。"如果能使"博爱"(即如天地一样及人、及物)成为社会伦理准则,那么就不会发生违背家庭伦理的事。

④ 《圣经·加拉太书》:"你们因信基督耶稣都是神的儿子。你们受洗归入基督的,都是披戴基督了。并不分犹太人和希腊人,自由人和奴隶,男人和女人,因为你们在基督里都成为一了。"《圣经·马太福音》记有耶稣的《登山教训》中说:"使人和睦的人有福了,因为他们必称为上帝的儿子。"

⑤ 丁福保编:《佛教大辞典》,文物出版社,1984年,第1046页。

孔子的"仁"、基督教的"博爱"、佛教的"慈悲"虽然出发点有异,理路也不大相同,而精神或有相近之处。故而是不是可以说有着某种共同的价值理念,这种共同价值的理念核心就是"爱人"。①"爱人"对人类社会来说无疑是有着极高的"普遍价值"的意义。

(三) 在各不同民族文化中创造出的某些特有的理念,往往也具有"普遍价值"的意义。

要在各民族文化的特有的理念中寻求"普遍价值"的意义,很可能有不同的看法。我想,这没有关系,因为我们仍然可以在"求同存异"中来找寻某些民族文化特有理念中的"普遍价值"的意义。因为我对其他民族文化的知识了解不在行,我只想举一两个中国儒家哲学中的某些理念谈谈我的一点想法。

在不同民族文化中存在着不同的思想观念(如宗教的、哲学的、风俗习惯的、价值观的等等),这是毫无疑义的,而且可能因文化的不同而引起矛盾和冲突,这不仅在历史上存在过,而且在当今世界范围内也存在着。在这种情况下,"和而不同"的观念是不是对消除"文明的冲突"会有"普遍价值"的意义?"不同"而能"和谐"将为我们提供可以通过对话和交谈的平台,在讨论中达到某种"共识",这是一个由"不同"达到某种程度的相互"认同",这种相互"认同"不是一方消灭另一方,也不是一方"同化"另一方,而是在两种不同文化中寻求交汇点,并在此基础上推动双方文化的提升,这正是"和"的作用。就此,我们是不是可以说"和而不同"对当今人类社会的"文明共存"具有某种"普遍价值"的意义?

前面我们曾引用过 1992 年世界一千五百七十五名科学家发表的一份《世界科学家对人类的警告》在开头的一句话:"人类和自然正走

---

① 在佛教的"十二因缘"中有"爱",但"十二因缘"中的"爱"是指"欲望"的意思,有"占有"义,而"慈悲"是一种无"占有欲"、无功利目的的"爱",是"普度众生"的"博爱"。这里可能有翻译问题。

上一条相互抵触的道路。"为什么会发生这种情况,就是因为人们对自然无序无量的开发,残暴的掠夺,无情的破坏,把"自然"看成是与"人"对立的两极。针对这种情况也许中国的"天人合一"的理论会对解决这种情况提供某些有意义的思想资源。王夫之《正蒙注·乾称上》中有一段话讲到"天人合一",大意是说:我考察自汉以来的学说,都只抓到先秦以来《周易》的外在表象,不知《周易》是"人道"的根本,只是到了宋朝周敦颐才开始提出了"太极图说",探讨了"天人合一"道理的根源,阐明了人之始生是"天道"变化的结果,是"天道"运动的实在表现。在"天道"的变化中把精粹部分给了人,使之成为"人"之"性",所以"人道"的日用事物当然之"理"与"天道"阴阳变化之秩序是一致的,是统一的,这个道理不能违背。王夫之这段话,可以说是对儒学"天人合一"思想,也是对"易,所以会天道人道也"很好的解释。"人道"本于"天道",讨论"人道"不能离开"天道",同样讨论"天道"也必须考虑到"人道",这是因为"天人合一"的道理既是"人道"的"日用事物当然之理",也是"天道"的"阴阳变化之秩序"。"人道"本于"天道","人道"是"天道"的显现,因此"人"对"天"有着不可推卸的责任。这样的思想理论对当前遭受惨重破坏的"自然界",可以说是很有意义的,因而也可以说它有"普遍价值"的意义。其实这种观点,在当今西方学术界也有,例如过程哲学的怀德海曾提出"人和自然是一生命共同体"这样的命题,这个命题深刻地揭示着人和自然之不可分的内在关系,人必须像爱自己的生命那样爱护自然界。这个理念应该说有着重要的"普遍价值"的意义。

《论语·颜渊》记载着孔子的一段话,他说:"克己复礼为仁。一日克己复礼,天下归仁焉。为仁由己,而由人乎哉?"这句话,在中国历朝历代就有着不同的诠释,而这种种"诠释"都是与诠释者所处时代和他个人的学养、境界息息相关的。那么,我们今天是否可以给它以一种新的诠释呢?费孝通先生对"克己复礼"有一新的诠释,他说:"克己才能复礼,复礼是取得进入社会、成为一个社会人的必要条件。扬己和克己也许正是东西文化的差别的一个关键。"①这样的诠释是有其特殊意义的。朱熹对"克己复礼为仁"的解释说:"克,胜也。己,谓身之私欲也。复,反也。礼者,天理之节文也。"这就是说,要克服自己的私欲,以便在进入社会的人际关系中很好地遵循合乎"天理"(宇宙大法)的礼仪制度。"仁"是人自身所具有的内在品德,"爱生于性","性自命出","命由天降",②"礼"是规范人的社会行为的外在礼仪制度,它的作用是为了调节人与人之间关系,使之和谐相处。"礼之用,和为贵。"要人们遵守合乎"天理"的礼仪制度必须是自觉地,出乎内在的爱人之心,它才合乎"仁"的要求,所以孔子说:"为仁由己,而由人乎哉?"仁爱之心是发自内心的,不是由外力来强迫而有的。因此,孔子认为有了追求"仁"的自觉要求,并把人们具有的"仁爱之心"按照合乎"天理"的规范实践于社会生活中,这样社会就会和谐安宁了。"一日克己复礼,天下归仁焉。"《论语·颜渊》中孔子所说的这段话是为"治国安邦"说,"治国安邦"归根结底就是要行"仁政"。"治国平天下"应该行"仁政",行"王道",不应行"苛政"、"霸权"。行"仁政"行"王道"才能使国泰民安,使不同民族、国家和睦相处,而共存共荣。孔子儒家的"仁政"对"现代化"是否也可以有所贡献呢?如果我们对此有所肯定,那是不是也可以说具有一定的"普遍价值"的意义呢?因此,如果各国学者一起努力发展各民族、各国家文化中存在的"普遍价值"的资源,而不要坚持唯我独尊的"普遍主义",那么世界和平就有希望了。实际上,在各民族、各国家的文化中都存在着"普遍价值"意义的因素,问题是需要我们去发掘它,并给以合理的诠释。这是因为各民族、各国家文化中所具有的"普遍价值"意义的因素往往是寓于其特殊理论体系的形式

---

① 费孝通:《文化论中人与自然关系的再认识》,见北京大学中国社会与发展中心、北京大学社会学系、北京大学社会学人类学研究所《ISA 工作论文》,2002 年。
② 见于《郭店楚简》中的《语丛》和《性自命出》。

之中，这就要我们善于从中揭示其有益于人类社会发展的内在价值资源。有责任感的学者应该是既能重视和保护自身的文化"普遍价值"，同时又能尊重和承认其他民族和国家文化中的"普遍价值"。"有容乃大"的精神也许是有活力的文化能得以不断发展的原则。

（三）"多元现代性"的核心价值

最后，我想谈谈"多元现代性"的问题。对"多元现代性"可能有多种说法，至少有两种很不相同的解释：一种是，现代性是多元的，不同民族有不同的"现代性"；另一种看法是，"多元现代性"就是"现代性"，有着共同的基本内涵，只是不同民族进入现代化的道路不同，形式有异，实现方法更可能千差万别。我个人的意见，也许第二种意见较为合理。我们知道，"现代性"就其根源性上说是源自西方，因为西方早已实现了现代化，而且现在许多发展中国家也正在走现代化的道路。因此，就"现代性"说必有其基本相同的核心价值。什么是作为根源性的"现代性"核心价值？这里我想借用严复的观点谈谈我的看法。

严复批评"中学为体，西学为用"，他认为，不能"牛体马用"，这是基于中国哲学的"体用一源"（"体"和"用"是统一的）而言。[1] 他基于此"体用一源"的理念，认为西方近现代社会是"自由为体，民主为用"的社会。[2] 我想，严复所说的"西方近现代社会"不仅仅是指"西方近现代社会"，而是说的人类社会的"近现代社会"。那么，我们能不能说"近现代社会"的特征是"自由为体，民主为用"的社会，而"自由"、"民主"从根源性上说是"现代性"的核心价值？我认为是可以这样说的。对现代社会而言，"自由"是一种精神（包括自由的市场经济和个体的

---

[1] 严复在《与〈外交报〉主人书》中说："善夫金匮裘可桴孝廉之言曰：体用者，即一物而言之也。有牛之体，则有负重之用；有马之体，则有致远之用。未闻以牛为体，以马为用者也。……故中学有中学之体用，西学有西学之体用，分之则并立，合之则两亡。"见《严复集》第三册，中华书局，1986年，第558—559页。

[2] 语见严复：《原强》，《严复集》第一册，中华书局，1986年，第11页。

"人"的"自由"发展,因为"自由"是创造力),而"民主"从权力和义务两个方面来使"自由"精神的价值得以实现。就这个意义上说,"自由"和"民主"虽源自西方,但它是有着"普遍价值"的意义。我们不能因为它源自西方就认为不具有"普遍价值"的意义。当然,如何进入"近现代社会",所走的道路,所采取的方法,所具有的形式可能是不同的。但它不可能是排除"自由"和"民主"的社会。

如果我们用中国哲学"体用一源"的思维模式来看世界历史,也许会有一个新的视角。我们可以把"现代社会"作为一个中间点,向上和向下延伸,我们可以把人类社会分成"前现代社会"、"现代社会"和"后现代社会",如果用中国的"体用一源"的观点看,我们是不是可以说"前现代社会"是以"专制为体,教化为用"类型的社会;"现代社会"是以"自由为体,民主为用"类型的社会;"后现代社会"是以"和谐为体,中庸为用"类型的社会。

人类社会在前现代时期,无论是中国的"皇权专制"或是西方中世纪的"王权专制"(或"神权专制"),虽然形式不同,但都是"专制"社会,要维持其"专制"就要用"教化"作为手段。中国在历史上自汉以来一直是"皇权专制",它把儒学政治化用来对社会进行"教化"以维持其统治。① 当前中国社会可以说正处在由"前现代"向"现代"过渡之中。其他许多发展中国家大概也都是如此。西方中世纪"王权或神权"的"专制"社会,他们用基督教伦理作为"教化"之手段,以维持他们的统治。② 因此,当时的世界是一个"多元的前现代性"的世界。关于"现代性"的价值问题上面已经说过,在这里再多说一点我的看法。"自由"是一种

---

① 《白虎通义·三纲六纪篇》说:"《含嘉文》曰:君为臣纲,父为子纲,夫为妻纲。又曰:敬诸父兄,六纪道行,诸舅有义,族人有序,昆弟有亲,师长有尊,朋友有旧。……所以疆理上下,整齐人道也。……是以纲纪为化,若罗网之有纪纲,而万目张也。"

② 恩格斯在《费尔巴哈与德国古典哲学的终结》中说:"在中世纪,随着封建制度的发展,基督教形成为与封建制度相适应的宗教,……中世纪把哲学、政治、法律等思想体系的一切囊括在神学之内,变成神学的分科。"张仲实译,人民出版社,1949年,第46页。

精神,"民主"应是一种维护"自由"得以实现的保证。但是,在现代社会中"自由"和"民主"也不是不可能产生种种弊病。因为任何思想体系都会在其自身体系中存在着矛盾。① 任何制度在一时期都只有相对性的好与坏,"自由"、"民主"等等也是一样。但无论如何"自由"和"民主"对于人类社会进入"现代"是有着根本性意义的。② 人们重视"自由",因为"自由"是一种极有意义的创造力。正因为有"自由经济"(自由的市场经济)才使得工业化以来人类社会的财富极大增长,使人们在物质生活上受益巨大。正因为有"自由思想",使得科学、文化日新月异。但不可讳言,"自由经济"却使贫富(包括国家与国家的、民族与民族的以至于同一国家、民族内部)两极分化日益严重;特别是自由经济如果不受到一定程度的控制,将会引起经济危机和社会混乱,近日发生的金融危机就是一明证。③ "科学主义"、"工具理性"的泛滥扼杀着"人文"精神,弱化了"价值理性"。"现代性"所推崇的"主体性"和主客对立哲学,使得"人和自然"的矛盾日益加深,因而出现了对"现代性"的解构思潮,这就是"后现代主义"。关于"后现代"问题,我没有多少研究,只能粗略地谈点看法。在上个世纪六十年代兴起的后现代主义是针对现代化在发展过程中的缺陷提出的,他们所作的,是对"现代"的解构,曾使一切权威性和宰制性都黯然失色,同时也使一切都零碎化、离散化、浮面化。因此,初期的后现代主义目的在于"解构",企图粉碎一切权威,这无疑是有意义的。但是它却并未提出新的建设性主张,也并未策划过一个新的时代。到二十世纪末,以"过程哲学"为

---

① 罗素:《西方哲学史》中说:"不能自圆其说的哲学决不会完全正确,但是自圆其说的哲学满可以全盘错误,最富有结果的各派哲学向来包含着显眼的自相矛盾,但正因为了这个缘故才部分正确。"见《西方哲学学》下册,第143页。罗素这段话应说对任何哲学都有意义。

② 《北京晚报》2007年3月16日刊温家宝总理答法国《世界报》记者问说:"民主、法制、自由、人权、平等、博爱,这不是资本主义所特有的,这是整个世界在漫长的历史过程中共同形成的文明成果,也是人类共同的追求的价值观。"

③ "自由主义既使人免于市场经济之前时代的束缚,也使人们承受着金融和社会灾难的危机。"见耶鲁大学教授保罗·肯尼迪:《资本主义形式会有所改变》,《参考消息》,2009年3月16日。

基础的"建构性后现代"提出将第一次启蒙的成绩与后现代主义整合起来,召唤"第二次启蒙"。例如,怀德海的过程哲学(process philosophy)认为,不应把"人"视为一切的中心,而应把人和自然视为密切相连的生命共同体。他并对现代西方社会的二元思维方式进行了批判,他提倡的有机整体观念,正好为他提供了批判现代二元论(科学主义)的理论基础。过程研究中心创会主任约翰·科布说:"建设性后现代主义对解构性的后现代主义的立场持批判态度,……我们明确地把生态主义维度引入后现代主义中,后现代是人与人,人与自然和谐相处的时代。这个时代将保留现代性中某些积极性的东西,但超越其二元论、人类中心主义、男权主义,以建构一个所有生命共同福祉都得到重视和关心的后现代世界。""今天我们认识到人是自然界的一部分,我们生活在生态共同体中,……"①这种观点,也许会使中国儒家的"天人合一"思想与之接轨。他们还认为,如果说第一次启蒙的口号是"解放自我",那么第二次启蒙的口号是尊重他者,尊重差别。例如里夫金在他的《欧洲梦》中强调,在崭新的时代,每个人的权利都获得尊重,文化的差异受到欢迎,每个人都在地球可维持的范围内享受着高质量的生活(不是奢侈生活),而人类能生活在安定与和谐之中。他们认为,有机整体系统观念"都关心和谐、完整和万物的互相影响"。② 上述观点,在某种程度上也许和中国儒家中的"和谐"观念有相通之处。过程哲学还认为,当个人用自己的"自由"专权削弱社会共同体的时候,其结果一定会削弱其自身的"自由"。因此,必须拒绝抽象自由观,走向有责任的深度自由,要把责任和义务观念引入自由中,揭示出"自由"与义务的内在联系。这与中国传统文化所强调的人只能在与他人

---

① 《为了共同的福祉——约翰·科布访谈》(王晓华访问记),上海《社会科学报》,2002年6月13日。
② 参见杰里米·里夫金:《欧洲梦》,第326页。

的关系中才能生存的观点有着某种相似之处。①因此,有见于建构性的后现代主义在西方逐渐发生影响,那么相对于"现代社会",后现代社会将可能是以"和谐为体,中庸为用"的社会。"和谐"作为一种理念它包含着"人与自然的和谐"、"人与人的和谐"(社会的和谐)、"人自我身心的和谐"等极富价值的意义。在这种种"和谐"中必须不断地寻求平衡度,这就要求由"中庸"来实现。如果中国社会能顺利地走完现代化过程,这当然是非常困难而且漫长的。但是由于在儒家文化中,有着丰富的关于"和谐"和"中庸"的思想资源,如果我们给这些有意义的思想资源以适应人类社会发展的新的诠释,②也许我国社会很可能比较容易进入"建构性的后现代社会"。正如科布所说:"中国传统思想对建设性后现代主义是非常有吸引力的,但我们不能简单的回到它。它需要通过认真对待科学和已经发生的变革的社会来更新自己。前现代传统要对后现代有所裨益,就必须批判地吸收启蒙运动的积极方

---

① 在中国传统文化的儒家思想中,特别是先秦儒家思想认为,人与人之间有着一种相互对应的关系,如"君仁臣忠"、"父慈子孝"、"兄友弟恭"等等。《礼记·礼运》:"何谓人义?父慈子孝,兄良弟弟,夫义妇听,长惠幼顺,君义臣忠,十者谓之人义。"《左传·昭公二十六年》:"君令臣共,父慈子孝,兄爱弟敬,夫和妻柔,姑慈妇听,礼也。"

② 关于"和谐"观念在中国典籍中论述颇多,如《周易·乾卦·彖辞》:"乾道变化,各正性命,保合太和,乃利贞。"(《张子正蒙注》:"太和,和之至。")《论语》中有"礼之用,和为贵";"和而不同"。《国语·郑语》:"夫和实生物,同则不继。"在西方,莱布尼兹哲学被称为是一种"和谐的体系"(system of Harmony),他的思想建立在所谓普遍的和谐(universal Harmony)之上,他的"单子论"是视宇宙整体为和谐系统的一种学说,而在分殊性中看出统一性来。关于"中庸"的观念,如《书经·大禹谟》:"允执厥中。"《论语》:"子曰:中庸之为德也,其至矣乎,民鲜久矣。"(朱熹《四书集注·论语集注》:"中者,不偏不倚无过不及之名,庸,平常也。")《中庸》中的"中和"("中也者,天下之大本也;和也者,天下之达道也。"),郑玄《礼记·中庸》题解:"名曰中庸者,以其记中和之用也。庸,用也。""执其两端,用其中于民。"西方哲学中有"mean"一词,我们把它译成"中庸"。亚里士多德把"中庸"和节制相联系,并提出一套系统的理论。他认为,万物皆有其中庸之道,如"10"这个数"5"居其中;人的心理状态、情感中,欲望过度是荒淫,不及则是禁欲,节制是适度。中庸有两种,自然界的中庸是绝对的,人事的中庸则是相对的。在伦理学上,人的一切行为都有过度、不及和适度三种状态,过度和不及都是恶行的特征,只有中庸才是美德的特征和道德的标准。美德是一种适中,是以居间者为目的。他还把这种中庸原则运用于政治国家学说。他认为,由中等阶级治理的国家最好,因为拥有适度的财产是最好的,最容易遵循合理的原则,最不会逃避治国的工作或拥有过分的野心,是国家中最安稳的公民阶级;由中等阶级的公民组成的城邦,是结构最好的和组织最好的,因此有希望把国家治理得很好。

面,比如对个体权利的关注和尊重。"①科布的这段话,对我们应该说是很有教益的。因而,寻求不同文化中的"普遍价值"必将成为当前学术界关注的一个重点。

让我们回到"多元现代性"的问题。前面我们已经说过,就"现代性"来说必有其基本相同的核心价值,但不同民族、不同国家如何进入"现代社会",它们所走的道路,所采取的方法,所具有的形式可能很不相同。为什么会出现这种情况,我认为这是由不同民族、不同国家的历史文化原因所造成的,不可能要求完全相同。因此,我们可以设想,中国的儒家思想是不是可以在接受"自由"、"民主"等现代性的核心价值的情况下,创造出不同于西方的道路,并为此补充某些新的内容,从而可以对消除"现代性"所带来的弊端起积极作用。

我认为,儒学的"民本"思想、"宽容"精神以及责任意识应可成为接引"自由"、"民主"、"人权"等现代精神进入中国社会的桥梁。儒家的"民本"思想虽不即是"民主",但它从本质上并不是反民主的,其根据就在于"民为邦本"。"民为邦本"虽仍是由"治人者"的角度出发的,但它却知道"民"作为国家根基的重要性,因此从理论上说"民主"进入中国社会应不太困难。又,儒学有着对其他文化较为宽容的精神,如它主张"道并行而不相悖",因此"自由"应比较容易被容纳。中国许多儒者都有着"居安思危"、"先天下忧而忧,后天下乐而乐"的社会责任感,这种特殊的批判精神和责任伦理引入"民主"、"人权"等现代意识应是有意义的。在历史上,中国接受印度佛教文化就是一例。如果我们能把儒学的"民本"思想,"宽容"、"责任"意识等精神融合在"自由"、"民主"、"人权"之中,那么是不是可以走出一条新的进入"自由为体,民主为用"的现代社会呢?我想,它也许是一条使中国较快而且较稳

---

① 《为了共同的福祉——约翰·科布访谈》(王晓华访问记),上海《社会科学报》,2002年6月13日。

妥实现现代化的路子。

西方现代社会发展到今天,它的种种弊病已经显现,而且如不改弦易辙,那么将使人类社会走向毁灭其自身的道路。因而在西方有"后现代主义"思潮的出现。如果我们从儒家学者所具有的社会责任感和历史使命感中总结出某种"责任伦理",这是不是可以减轻"现代化"所带来的弊病呢?如果"自由"、"民主"是一种负责任的"自由"、"民主",这样的社会也许是可以比较合理的发展。法国人类进步基金会的主席卡拉梅就提出过"责任伦理"的问题,并认为除"人权合约"之外,应有一"责任公约",这是很有见地的。① 同时,实际上中国的学者也已经注意到这个问题。我最近注意到西方的某些"中国学"专家已开始从儒家思想发掘有益于人类社会合理发展的思想因素。如法国当代大儒汪德迈在他的《编纂〈儒藏〉的意义》中说:"面对后现代化的挑战,……曾经带给世界完美的人权思想的西方人文主义面对近代社会的挑战,迄今无法给出一个正确答案。那么,为什么不思考一下儒家思想可能指引世界的道路,例如'天人合一'提出的尊重自然的思想,'远神近人'所提倡的拒绝宗教的完整主义以及'四海之内皆兄弟'的博爱精神呢?"② 美国学者安乐哲、郝大维在《通过孔子而思》一书中说:"我们要做的不只是研究中国传统,更是要设法使之成为丰富和改造我们自己世界观的一种文化资源。儒家从社会的角度来定义'人',这是否可用来修正和加强西方的自由主义模式?在一个以'礼'建构的社会中,我们能否发现可利用的资源,以帮助我们更好理解哲学根基不足却颇富实际价值的人权观念?"③ 法国索邦大学查·华德教授认为:"孔子思想中充满信仰、希望、慈悲,具有普遍性。在二十一世纪的

---

① 参见《建设一个协力、尽责、多元的世界》,《跨文化对话》第九集,上海文化出版社,2002年。
② 该文见于《光明日报》,2009年8月31日。
③ 〔美〕郝大维、安乐哲:《通过孔子而思》中译本序,何金俐译,北京大学出版社,2005年,第5页。

今天不仅有道德的示范作用,更有精神的辐射作用。"①"自由"、"民主"、"人权"等等是现代社会的财富,"责任"、"民本"、"宽容"等等同样是现代社会的财富。现在社会不能没有"自由"、"民主"、"人权"等等,这是"现代性"社会必具备的核心价值,否定它们就没有现代社会。但是,某些民族和国家的文化中不仅会有丰富"自由"、"民主"、"人权"的内涵的思想因素,甚至会存在着制约"自由"、"民主"、"人权"等等可能发生的负面作用的思想资源。正是因为有可能制约"自由"、"民主"、"人权"可能产生的弊病,也许在人类社会发展到后现代时,各个民族和国家文化中具有特殊价值的因素将会成为更重要的"普遍价值"的资源。

我们编著《中国儒学史》,其目的之一也是希望揭示中国儒学的特殊价值中所存在的对人类文化具有"普遍价值"意义的因素以贡献于世界。

三、儒学与经典诠释

《中国儒学史》是2003年教育部哲学社会科学研究重大课题攻关项目《〈儒藏〉编纂与研究》中的一个子项目,共分九册:先秦儒学,两汉儒学,魏晋南北朝儒学,隋唐儒学,宋元儒学,明代儒学,清代儒学,近代儒学和现代儒学。这部《中国儒学史》仍是把研究的重点放在儒家的哲学思想方面,但同时我们也多少注意到不要把"儒学"仅仅限在哲学思想方面,因此希望在写作中也力图扩大"儒学"的某些研究内容。当然,我们做得如何,有待读者的评论。在写作本书时,我们特别考虑到它应包含某些"经学"的内容。

---

① 《中法学者沪上共论孔子思想》,上海《文汇报》,2009年4月18日。

1938年,马一浮应浙江大学校长竺可桢约至该校为学生讲论"国学",后集为《泰和会语》。在《楷定国学名义(国学者六艺之学)》中说:"六艺者,即是《诗》、《书》、《礼》、《乐》、《易》、《春秋》也。此是孔子之教,吾国二千余年来普遍承认一切学术之原皆出于此,其余都是六艺之支流。故六艺可以该摄诸学,诸学不能该摄六艺。今楷定国学者,即是六艺之学,用此代表一切固有之学术,广大精微,无所不备。"①马一浮这个说法确有其独特见地。盖"六艺之学"即"六经",它为中国学术之源头,而其后之学皆原于此,并沿此之流向前行,是"源头"与"支流"的关系。正因在我国历史上"六艺之学"("经学")代有大儒发挥之,并吸取其他文化以营养之,故作为中华学术文化之源头的"六艺",其中必有其"普遍价值"之意义。任何民族的学术文化都是在特定的历史环境中形成的,都是有其特殊意义的学术文化,而学术文化的"普遍价值"往往寄寓其"特殊价值"之中。如孔子的"仁者,爱人",基督的"博爱",释迦的"慈悲",虽出发点不同、理路不同,但"爱人利物"则有着相同的"价值",而具有"普遍价值"的意义。既然学术文化之"普遍价值"往往寄寓"特殊价值"之中,那么马一浮所说"六艺不唯统摄中土一切学术,亦可统摄现在西方一切学术",应亦可解。盖因"人同此心,心同此理"也。人类所遇到的问题常是共同的,人类对解决这些问题的思考往往也是大同小异的。因此,我中华民族当然应由其自身学术文化中寻求有益于人类社会生活的"普遍价值",这并不妨碍在其他民族学术文化中寻求"普遍价值",古云"道并行而不相悖"也。所以马一浮说:弘扬"六艺之学"并不是狭义地保存国粹,也不是单独发挥自己的民族精神,是要使此种文化普遍地及于人类。

六十多年之后的2001年,著名学者、国学大师饶宗颐先生在北京大学的一次演讲中提出应重视"经学"的研究和经典的整理,他说:"经

---

① 马一浮:《马一浮集》第一册,浙江古籍出版社、浙江教育出版社,1996年,第10页。

书是我们的文化精华的宝库,是国民思维模式、知识涵蕴的基础;亦是先哲道德关怀与睿智的核心精义,不废江河的论著。重新认识经书的价值,在当前是有重要意义的。'经学'的重建,是一件繁重而具创辟性的文化事业,不应局限于文字上的校勘解释工作,更重要的是把过去经学的材料、经书构成的古代著作成果,重新做一次总检讨。'经'的重要性,由于讲的是常道,树立起真理标准,去衡量行事的正确与否,取古典的精华,用笃实的科学理解,使人的生活与自然相调协,使人与人的联系取得和谐的境界。"[1]现在我们编撰《中国儒学史》必须注意"经学"的研究,以期使"经学"能成为此书的重要部分。

如果我们把孔子看作是儒家的创始人,那么可以说,自孔子起就自觉地继承着夏、商、周三代的文化,而"六经"正是夏、商、周三代文化的结晶。("六经"又称"六艺"[2])虽然从文献考证的角度上说,"六经"(或"五经",因"乐经"早已失传)并非成书于夏、商、周三代之时,但"六经"所记却可被视为记载夏、商、周三代文化的基本传世文本。1993年于湖北出土的"楚简"中有一段关于"六经"的重要记载:

礼,交之行述也。

乐,或生或教者也。

书,□□□□者也。

诗,所以会古今之诗也。

易,所以会天道、人道也。

---

[1] 见于饶宗颐先生近日所写的《〈儒学〉与新经学及文艺复兴》一文,《光明日报》,2009年8月31日。

[2] "六艺"之名始见《史记》中《伯夷传》、《李斯传》等,后刘歆编纂《七略》,其一为《六艺略》。马一浮先生把"国学"定为"六艺之学"甚有道理。参见拙作《论马一浮的历史地位与思想价值》,见《儒学天地》,2009年1期。

春秋,所以会古今之事也。①

这段话说明了战国中期对"六经"的看法:《礼》,是人们(各阶层或谓各种人际关系)规范交往的行为规则的书;《乐》,是陶冶人的性情(生者,性也)和进行教化的书;《书》,因缺字,但据其他文献可知应是"记事"之书;《诗》,是把古今的诗会辑在一起的一部"诗集";《易》,是会通天道人道所以然的道理的书,即司马迁所说的"通天人之际"的书;《春秋》,是会通古今历史变迁之轨迹的书,即司马迁所说的"达古今之变"的书。从古代文献记载,可以说"六经"包括了夏、商、周三代的器物文化、制度文化、思想文化。《论语·述而》中说:"子曰:述而不作,信而好古,窃比于我老彭。"意思是说,孔子所"述"、所"好"是古代的典籍文献,即"六经"。《庄子·天运》:"孔子谓老聃曰:丘治《诗》、《书》、《礼》、《乐》、《易》、《春秋》六经,自以为久矣。"又,《论语·述而》:"子曰:加我数年,五十以学《易》,可以无大过矣。"②《孟子·滕文公下》:"孔子成《春秋》,而乱臣贼子惧。"这样的材料在先秦文献中还有多处,不一一详列。孔子把"六经"作为自己治学、为人、行事所依的典籍,同时也把"六经"作为教学的基本教材。③ 从今天看来,恐怕离开了"六经",我们很难了解中国文化的源头,更难了解儒学的精神。但到汉朝,《乐经》失传,而只有"五经"了。汉武帝"罢黜百家,独尊儒术",并于建元五年(前136年)设"五经博士",使《易》、《书》、《诗》、《礼》、《春秋》在我国确立了"经"的地位。此后的历史上虽有"七经"(或"六

---

① 《庄子·天下》:"《诗》以道志,《书》以道事,《礼》以道行,《乐》以道和,《易》以道阴阳,《春秋》以道名分。"《荀子·儒效篇》:"圣人也者道之管也。天下之道管是矣,百王之道一是矣,故《诗》、《书》、《礼》、《乐》之道归是矣。《诗》言是其志也,《书》言是其事也,《礼》言是其行也,《乐》言是其和也,《春秋》言是其微也。"
② 《史记·孔子世家》:"孔子五十而学《易》,韦编三绝。"
③ 《礼记·经解》:"孔子曰:入其国,其教可知也。其为人也,温柔敦厚,《诗》教也;疏通知远,《书》教也;广博易良,乐教也;絜静精微,《易》教也;恭俭庄敬,《礼》教也;属辞比事,《春秋》教也。"

经")、"九经"、"十经"、"十一经"、"十二经"以及"十三经"之设,①但其中《易》《书》《诗》《礼》《春秋》在儒学中的根本性地位是不言而喻的。

近几年来,"北京大学《儒藏》编纂与研究中心"承担着教育部《〈儒藏〉编纂与研究》重大攻关研究项目。"中心"已联合我国二十余所高校和研究院以及韩、日、越三国学者编纂《儒藏》精华编,并为以后编纂《儒藏》大全本作准备。《儒藏》精华编收书近五百种,按四部分类,其中"经部"有二百余种。另外尚专设"出土文献类"。《儒藏》精华编还有一特色,即我们还把日本、韩国、越南儒学者以汉文写作的儒学典籍有选择的收入,约有一百五十余种。预计2015年完成校点。同时组织我校各方面力量编辑《儒藏总目》,现在《总目·经部》已经完成,所著录者有一万四千余种之多。从中我们可以看到,历代儒学大家无不对"五经"的"注疏"、"论述"、"考订"等等方面用力甚勤。这次我们编著《中国儒学史》虽注意到"经学"方面,但很难说比较完满,因在这方面的研究成果不多,对此我们将会继续关注这个方面的新进展,以便再版时对这方面有所加强。学术研究是无止境的,从总体上说定是"日日新,又日新"地前进着。

儒家的"经书"不仅应包括已有的"五经"或"十三经",而且应包括自上个世纪末出土的儒家文献。饶宗颐先生在前面提到的演讲中说:"现在出土的简帛记录,把经典原型在秦汉以前的本来面目,活现在我们眼前,过去自宋迄清的学人千方百计求索梦想不到的东西,现在正如苏轼诗句'大千在掌握'之中,我们应该再做一番整理工夫,重新制订我们新时代的'圣经'(Bible)。"这是2001年饶先生说的一段话,意思是说新出土的先秦文献更能表现秦汉以前经典原型的本来面目。在2001年,我们能看到的重要出土文献主要是长沙马王堆出土的"帛

---

① 参见《中国儒学大观》,北京大学出版社,2001年,第24页。

书"和1993年在湖北荆门地区出土的《郭店楚简》；其后1994年，上海博物馆于海外购得战国竹简一千二百多支；2008年清华大学又由海外购得战国竹简两千余支，如此等等。这批简帛虽非全为儒家典籍，但可以说归属于儒家者占首位。这批归属于儒家的典籍其价值自不待言，应可与传世"五经"的地位相当，例如其中的《帛书周易》、上博《周易》、《五行篇》、《孔子诗论》以及与《尚书》的篇章等等有关的文献。这批文献又可补自孔子至孟子之间儒学之缺。因此，它是我们研究儒家思想要给以特别重视的。

　　我国历代儒家学者都十分重视对"五经"的诠释，因而可以说我们有着十分雄厚的诠释经典的资源。中国自古就是一个非常重视历史传统的国家，故有"六经皆史"的说法。孔子说他自己对"经典"是"述而不作，信而好古"。这就是说，孔子对三代经典（"六经"）只是作诠释，而不离开经典任意论说；对经典信奉而且爱好，以至于"不知老之将至"。孟子以"祖述尧舜"、"宪章文武"、"述仲尼之志"为己任。荀子认为"仁人"之务，"上则法尧舜之制，下则法仲尼、子弓之义"。实际上，孔、孟、荀及先秦儒学者所述严格地说都是对"六经"的诠释。如先秦之《易传》是对《易经》的诠释；《大学》中则多有对《书经》、《诗经》的诠释；上博《战国楚竹书》中的《孔子论诗》是对《诗经》的一种诠释（《中庸》和《五行》同样包含着对《诗经》的诠释）；《礼记》可说是对《礼经》的诠释；《春秋》三传是对《春秋》经的诠释。现试以《左传》对《春秋经》和《易传》对《易经》的解释为例说明先秦儒家对经书的诠解方式。

　　《左传》是对《春秋》的解释，相传是由左丘明作的，但近人杨伯峻考证说"我认为，《左传》作者不是左丘明"，"作者姓何名谁已不可考"，"其人可能受孔丘影响，但是儒家别派"。杨伯峻并认为："《左传》成书于公元前403年魏斯为侯之后，周安王十三年（前386年）以前。"这里我们暂且把杨伯峻先生的论断作为根据来讨论《左传》对《春秋》的解释问题。据杨伯峻推算《左传》成书的时间，我们可以说《左传》是目前知道的最早一部对《春秋经》进行全部诠释的书,或者也可以说是世界上现存最早的解释性的著作之一。这就说明中国的经典解释问题至少有着两千三四百年的历史了。

《春秋》隐公元年记载:"夏五月,郑伯克段于鄢。"《左传》对这句话有很长一段注释,现录于下:

> 初,郑武公娶于申,曰武姜,生庄公及共叔段。庄公寤生,惊姜氏,故名曰寤生,遂恶之。爱共叔段,欲立之。亟请于武公,公弗许。及庄公即位,为之请制。公曰:"制,岩邑也,虢叔死焉。佗邑唯命。"请京,使居之,谓之京城大叔。祭仲曰:"都,城过百雉,国之害也。先王之制,大都,不过参国之一;中,五之一;小,九之一。今京不度,非制也,君将不堪。"公对曰:"姜氏欲之,焉辟害?"对曰:"姜氏何厌之有?不如早为之所,无使滋蔓!蔓,难图也。蔓草犹不可除,况君之宠弟乎?"公曰:"多行不义,必自毙,子姑待之。"既而大叔命西鄙、北鄙贰于己。公子吕曰:"国不堪贰,君将若之何?欲与大叔,臣请事之;若弗与,则请除之,无生民心。"公曰:"无庸,将自及。"大叔又收贰以为己邑,至于廪延。子封曰:"可矣。厚将得众。"公曰:"不义,不暱。厚将崩。"大叔完聚,缮甲兵,具卒乘,将袭郑,夫人将启之。公闻其期,曰:"可矣。"命子封帅二百乘以伐京。京叛大叔段。段入于鄢。公伐诸鄢。五月辛丑,大叔出奔共。书曰:郑伯克段于鄢。段不弟,故不言弟;如二君,故曰克;称郑伯,讥失教也,谓之郑志。不言出奔,难之也。①

《左传》这样长长一段是对经文所记"郑伯克段于鄢"六个字的注释,它是对历史事件的一种叙述。它中间包含着事件的起始,事件的曲折过程,还有各种议论和讨论以及事件的结尾和评论等等,可以说是一相

---

① 杨伯峻:《春秋左传注》,中华书局,1981年,第1册,第10—14页。

当完整的叙述式的故事。《左传》这一段叙述如果不是对《春秋》经文的铺陈解释,它单独也可以成为一完整历史事件的叙述,但它确确实实又是对《春秋》经文的注释。如果说"郑伯克段于鄢"是事件的历史(但实际上也是一种叙述的历史),那么相对地说上引《左传》的那一段可以说是叙述的历史。叙述的历史和事件的历史总有其密切的关系,但严格说来几乎写的历史都是叙述的历史。叙述历史的作者在叙述历史事件时必然都和他处的时代、生活的环境、个人的道德学问,甚至个人的偶然机遇有关系,这就是说叙述的历史都是叙述者表现其对某一历史事件的"史观"。上引《左传》的那一段,其中最集中地表现作者"史观"的就是那句"多行不义,必自毙"和最后的几句评语。像《左传》这种对《春秋》的解释,对中国各种史书都有影响。我们知道中国有"二十四史",其中有许多"史"都有注释,例如《三国志》有裴松之注,如果《三国志》没有裴注,这部书就大大逊色了。裴注不专门注重训诂,其重点则放在事实的解释和增补上,就史料价值说是非常重要的。《三国志·张鲁传》裴注引《典略》"熹平中,妖贼大起,三辅有骆曜。光和中,东方有张角,汉中有张修。骆曜教民缅匿法,角为太平道,修为五斗米道"云云一长段,大大丰富了我们对汉末道教各派的了解。裴注之于陈寿《三国志》和《左传》之于《春秋》虽不尽相同,但是都是属同一类型,即都是对原典或原著的历史事件的叙述式解释。

《易经》本来是古代作为占卜用的经典,虽然我们可以从它的卦名、卦画、卦序的排列以及卦辞、爻辞等等中分析出某些极有价值的哲理,但我们大概还不能说它已是一较为完备的哲学体系,而《易传》中的《系辞》对《易经》所作的总体上的解释,则可以说已是较完备的哲学体系了。① 《系辞》把《易经》看成一个完整的整体性系统,对它作了整

---

① 《易传》中除《系辞》,还包含其他部分,都可作专门讨论,但限于篇幅,本文只讨论《系辞》对《易经》的解释问题。

体性的哲学解释,这种对古代经典作整体性的哲学解释,对后世有颇大影响,如王弼的《老子指略》是对《老子》所作的系统的整体性解释,《周易略例》则是对《周易》所作的系统的整体性解释。① 何晏有《道德论》和《无名论》都是对《老子》作的整体性解释,如此等等在中国历史上还有不少。② 《系辞》对《易经》的解释,当然有很多解释问题可以讨论,本文只就其中包含的本体论和宇宙生成论两大问题来略加探讨,而这两个不同的解释系统在实际上又是互相交叉着的。

《易经》的六十四卦是一个整体性的开放系统,它的结构形成为一个整体的宇宙架构模式。这个整体性的宇宙架构模式是一生生不息的有机架构模式,故曰:"生生之谓易。"世界上存在着的事事物物都可以在这个模式中找到它一一相当的位置,所以《系辞》中说:《易经》(或可称"易道")"范围天地之化而不过,曲成万物而不遗"。在宇宙中存在的天地万物其生成变化都在《易经》所包含的架构模式之中,"在天成象,在地成形,变化见矣。"天地万物之所以如此存在都可以在《易经》中的架构模式中找到其所以存在的道理,找到一一相当的根据,"天下之理得,而成位于其中。"因此,"易与天地准,故能弥纶天地之道。"《易经》所表现的宇宙架构模式可以成为实际存在的天地万物相应的准则,它既包含着已经实际存在的天地万物的道理,甚至它还包含着尚未实际存在而可能显现成为现实存在的一切事物的道理,"故神无方易无体","易"的变化是无方所的,也是不受现实存在的限制的。这就说明,《系辞》的作者认为,天地万物之所以如此存在着、变化着都可以从"易"这个系统中找到根据,"易"这个系统是一无所不包的宇宙模式。这个模式是形而上的"道",而世界上已经存在的或者还未

---

① 王弼大概还有专门对《系辞》作的玄学本体论解释,这不仅见于韩康伯《周易系辞注》中所引用的王弼对"大衍之义"的解释,还见于杨士勋《春秋穀梁传疏》中引用王弼的话。

② 《世说新语·文学篇》"裴成公作《崇有论》"条,注引"晋诸公赞曰:自魏太常夏侯玄、步兵校尉阮籍等皆著《道德论》"云云。

存在而可能存在的东西都能在此"易"的宇宙架构模式中找到其所以存在之理，所以《系辞》中说："形而上者谓之道，形而下者谓之器。"在中国哲学中，从现有的文献资料看，最早明确提出"形上"与"形下"分别的应说是《系辞》。我们借用冯友兰先生的说法，可以说"形而上"的是"真际"，"形而下"的是"实际"，"实际"是指实际存在的事物，而"真际"是实际存在事物之所以存在之"理"（或"道"，或"道理"）。① 这就是说，《系辞》已经注意到"形上"与"形下"的严格区别，它已建立起一种以"无体"之"易"为特征的形而上学体系。这种把《易经》解释为一宇宙架构模式，可以说是《系辞》对《易经》的形而上本体论的解释。

这种对《易经》本体论的解释模式对以后中国哲学的影响非常之大，如王弼对《系辞》"大衍之数"的解释，王弼《老子指略》对《老子》的解释。韩康伯《周易系辞注》"大衍之数五十，其用四十有九"条中说："王弼曰：演天地之数所赖者五十也，其用四十有九，则其一不用也。不用而用以之通，非数而数之以成，斯易之大极也。四十有九，数之极也，夫无不可以无明，必因于有，故常于有物之极，而必明其所由之宗也。""宗"者，体也。这里王弼实际上用"体"与"用"之关系说明"形上"与"形下"之关系，而使中国的本体论更具有其特色。②《老子指略》中说："夫物之所以生，功之所以成，必生乎无形，由乎无名。无形无名者，万物之宗也。"用"无"和"有"以说"体"和"用"之关系，以明"形上"与"形下"之关系，而对《老子》作一"以无为本"之本体论解释。

在《系辞》中还有一段对《易经》的非常重要的话："易有太极，是生两仪，两仪生四象，四象生八卦，……""易"包含着一个生成系统。这

---

① 冯友兰先生所用"真际"一概念，在佛教中已普遍使用，如《仁王经》上说："以诸法性即真际故，无来无去，无生无灭，同真际等法性。"《维摩经》说："非有相非无相，同真际法性。"丁福保《佛学大辞典》谓"真际"即至极之义。"道"虽不是实际存在的事物，但它并不是"虚无"，而是"不存在而有"（non-existence but being），这是借用金岳霖先生的意思。（参见冯友兰：《中国现代哲学史》，第217页，广东人民出版社，1999年）陆机《文赋》："课虚无以责有，叩寂寞而求音。"正是"不存在而有"的最佳表述。

② 《周易王韩注》第三十八章："万物虽贵，以无为用，不能舍无以为体也。"

个生成系统是说《易经》表现着宇宙的生生化化。宇宙是从混沌未分之"太极"(大一)发生出来的,而后有"阴"(--)"阳"(—),再由阴阳两种性质分化出太阴(==)、太阳(=)、少阴(==)少阳(==)等四象,四象分化而为八卦(☰、☷、☳、☴、☵、☲、☶、☱),这八种符号代表着万物不同的性质,据《说卦》说,这八种性质是:"乾,健也;坤,顺也;震,动也;巽,入也;坎,陷也;离,丽也;艮,止也;兑,说也。"这八种性质又可以用天、地、雷、风、水、火、山、泽的特征来表示。由八卦又可以组成六十四卦,但并非说至六十四卦这宇宙生化系统就完结了,实际上仍可展开,所以六十四卦最后两卦为"既济"和"未济",这就是说事物(不是指任何一种具体事物,但又可以是任何一种事物)发展到最后必然有一个终结,但此一终结又是另一新的开始,故《说卦》中说:"物不可穷也,故受之以未济终焉。"天下万物就是这样生化出来的。"易"这个系统是表现着宇宙的生化系统,是一个开放性的系统。《系辞》中还说:"天地絪缊,万物化醇,男女构精,万物化生。"《序卦》中说:"有天地,然后有万物;有万物,然后有男女;有男女,然后有夫妇;有夫妇,然后有父子;有父子,然后有君臣;有君臣,然后有上下;有上下,然后礼仪有所错。"这种把《易经》解释成为包含着宇宙的生化系统的理论,我们可以说是《系辞》对《易经》的宇宙生成论的解释。这里有一个问题需要作些分疏,照我看"太极生两仪……"仅是个符号系统,而"天地絪缊,化生万物……"和"有天地,然后有万物"就不是符号了,而是一个实际的宇宙生化过程,是作为实例来说明宇宙生化过程的。因此我们可以说,《系辞》所建立的是一种宇宙生化符号系统。这里我们又可以提出另一个中国哲学研究的新课题,这就是宇宙生成符号系统的问题。汉朝《易经》的象数之学中就包含宇宙生成的符号问题,而像"河图"、"洛书"等都应属于这一类。后来又有道教中的符箓派以及宋朝邵雍的"先天图"、周敦颐的"太极图"(据传周敦颐的"太极图"脱胎于道士陈抟的"无极图",此说尚有疑问,待考)。关于这一问题需另文讨论,非本文所应详论之范围。但是，我认为区分宇宙生成的符号系统与宇宙实际生成过程的描述是非常重要的。宇宙实际生成过程的描述往往是依据生活经验而提出的具体形态的事物（如天地、男女等等）发展过程，而宇宙生成的符号系统虽也可能是依据生活经验，但其所表述的宇宙生成过程并不是具体形态的事物，而是象征性的符号，这种符号或者有名称，但它并不限定于表示某种事物及其性质。因此，这种宇宙生成的符号系统就象代数学一样，它可以代入任何具体形态的事物及其性质。两仪（--和—）可以代表天地，也可以代表男女，也可代表刚健和柔顺等等。所以我认为，仅仅把《系辞》这一对《易经》的解释系统看成是某种宇宙实际生成过程的描述是不甚恰当的，而应了解为可以作为宇宙实际生成系统的模式，是一种宇宙代数学，我把这一系统称之为《系辞》对《易经》解释的宇宙生成论。像《系辞》这类以符号形式表现的宇宙生成论，并非仅此一家，而《老子》的"道生一，一生二，二生三，三生万物，万物负阴而抱阳，冲气以为和"，也是一种宇宙生成的符号系统，也是一种宇宙代数学，其中的数字可以代以任何具体事物。"一"可以代表"元气"，也可以代表"虚霩"（《淮南子·天文训》谓"道始于虚霩"，虚霩者尚未有时空分化之状态）。"二"可以代表"阴阳"，也可以代表"宇宙"（《天文训》谓"虚霩生宇宙"，即由未有时空分化之状态发展成有时空之状态）。"三"并不一定就指"天、地、人"，它可以解释为有了相对应性质的两事物就可以产生第三种事物，而任何具体事物都是由两种相对应性质的事物产生的,它的产生是由两种相对应事物交荡作用而生的合物。① 然而汉朝的宇宙生成论与《系辞》所建构的宇宙生成论不同,大都是对宇宙实际生成过程的描述,此是后话,当另文讨论。②

我们说《系辞》对《易经》的解释包括两个系统,即本体论系统和宇宙生成论系统,那是不是说《系辞》对《易经》的解释包含着矛盾？我想,不是的。也许这两个系统恰恰是互补的,并形成为中国哲学的两大系。宇宙本身,我们可把它作为一个平面开放系统来考察,宇宙从其广度说可以说是无穷的,郭象《庄子·庚桑楚》注:"宇者,有四方上下,而四方上下未有穷处。"同时我们又可以把它作为垂直延伸系统来考察,宇宙就其纵向说可以说是无极的,故郭象说:"宙者,有古今之长,而古今之长无极。"既然宇宙可以从两个方面来考察,那么"圣人"的哲学也就可以从两个方面来建构其解释宇宙的体系,所以"易与天地准"。"易道"是个开放性的宇宙整体性结构模式,因此"易道"是不可分割的,是"大全",宇宙的事物曾经存在的、现在仍然存在的或者将来可能存在的都可以在"易"这个系统中找到一一相当的根据。但"易道"又不是死寂的,而是一"生生不息"系统,故它必须显示为"阴"和"阳"(注意:但"阴"和"阳"絪缊而生变化,"阴阳不测谓之神")相互作

---

① 关于"三"的问题,庞朴同志提出"一分为三"以区别于"一分为二",这点很有意义。如果从哲学本体论方面来考虑,"一分为三"的解释或可解释为在相对应的"二"之上或之中的那个"三"可以是"本体",如"太极生两仪",合而为"三","太极"是"本体",而"两仪"是"本体"之体现。我在一篇文章中讨论过,儒家与道家在思想方法上有所不同,儒家往往是于两极中求"中极",如说"过犹不及"、"叩其两端"、"允执其中",而道家则是于"一极"求其对应的"一极",如"天下皆知美之为美,斯恶已"。(参见《论〈道德经〉建立哲学体系的方法》,《哲学研究》,1986年第一期)儒家于"两极"中求"中极",这"中极"并不是和"两极"平列的,而是高于"两极"之上的。就本体意义上说,这"中极"就是"中庸",就是"太极"。因此,就哲学上说,"一分为三"与"一分为二"都是同样有意义的哲学命题。就哲学意义上说"一分为三"实是以"一分为二"为基础。

② 例如《淮南子·天文训》中说:"道始于虚霩,虚霩生宇宙,宇宙生元气,元气有涯垠,清阳者薄靡而为天,重浊者凝滞而为地。"《孝经纬·钩命诀》:"天地未分之前,有太易、有太初、有太始、有太素、有太极,是为五运。形象未分,谓之太易。元气始萌,谓之太初。气形之端,谓之太始。形变有质,谓之太素。质形已具,谓之太极。五气渐变,谓之五运。"可见,汉朝的宇宙生成论大体上都是"元气论"。

用的两个符号(不是凝固的什么东西),这两个互相作用的符号代表着两种性质不同的势力。而这代表两种不同性质的符号是包含在"易道"之中的,"易道"是阴阳变化之根本,所以说"一阴一阳之谓道"。杨士勋《春秋穀梁传疏》中引用了一段王弼对"一阴一阳之谓道"的解释,文中说:"《系辞》云:一阴一阳之谓道。王弼云:一阴一阳者,或谓之阴或谓之阳,不可定名也。夫为阴则不能为阳,为柔则不能为刚。唯不阴不阳,然后为阴阳之宗;不柔不刚,然后为刚柔之主。故无方无体,非阴非阳,始得谓之道,始得谓之神。"阴和阳代表着两种不同的性质,此一方不能代表彼一方,只有"道"它既不是阴又不是阳,但它是阴阳变化之宗主(本体),故曰"神无方,易无体也"。就这点看,《系辞》把《易经》解释为一平面的开放体系和立体的延申体系的哲学,无疑是有相当深度的哲学智慧的。再说一下,《系辞》对《易经》的整体性哲学解释和《左传》对《春秋》的叙述事件型解释是两种很不相同的解释方式。

　　李零教授说:"汉代的古书传授有经、传、记、说、章句、解故之分。大体上讲,它们的区分主要是,'经'是原始文本,'传'是原始文本的载体和对原始文本的解说(类似后世所说的'旧注')。'经'多附'传'而行,'传'多依'经'而解,……'记'(也叫'传记')是学案性质的参考资料,'说'则可能是对'经传'的申说(可能类似于'疏'),它们是对'传'的补充(这些多偏重于义理)。'章句'是对既定文本,……所含各篇的解析,……'解故'(也叫作'故'),则关乎词句的解释。"李零教授说清了"经"与诠释"经"的"传"、"记"、"说"、"解"、"注"、"笺"、"疏"等等之间的关系。[①] 今天,我们要读懂"五经",是不能不借助历代儒学大家的注疏的。同时,在我国对经典的诠释中常需具备"训诂学"、"文字学"、"音韵学"、"考据学"、"版本学"、"目录学"等等的知识,也就是说具备这些方面的知识才能真正把握中国诠释经典的意义。

[①] 李零:《郭店楚简校读记》,北京大学出版社,2002年,第72页。

1998年,我曾提出"能否创建中国解释学"的问题,其后写了四篇文章讨论此问题。① 在中国,自先秦以来有着很长的诠释经典的历史,并且形成了种种不同的注释经典的方法与理论。而各朝各代诠释经典的理论与方法往往也有所不同。例如在汉朝有用所谓"章句"的方法注释经典,分章析句,一章一句甚至一个字一个字地详细解释。据《汉书·儒林传》说,当时儒家的经师对"五经"的注解,"一经之说,至百余万言。"儒师秦延君释"尧典"二字,十余万言;释"曰若稽古"四字,三万言。当时还有以"纬"(纬书)证"经"的方法,苏舆《释名疏证补》谓:"纬之为书,比傅于经,辗转牵合,以成其谊,今所传《易纬》、《诗纬》诸书,可得其大概,故云反复围绕以成经。"此种牵强附会的解释经典的方法又与"章句"的方法不同。至魏晋,有"玄学"出,其注释经典的方法为之一变,玄学家多排除汉朝繁琐甚至荒诞的注释方法,或采取"得意忘言",或采取"辨名析理"等简明带有思辨性的注释方法。王弼据《庄子·外物》以释《周易·系辞》"言不尽意,书不尽言",作《周易略例·明象章》,提出"得意忘言"的玄学方法,而开一代新风。② 此是一典型解释儒经的新方法。郭象继之而有"寄言出意"之说,其《庄子·逍遥游》第一条注说:

> 鹏鲲之实,吾所未详也。夫庄子之大意,在乎逍遥游放,无为而自得,故极大小之致,以明性分之适。达观之士,宜要其会归,而遗其所寄,不足事事曲与生说,自不害其弘旨,皆可略之。

这种"寄言出意"的注释方法自与汉人注释方法大不相同。《大慧普觉禅师语录》卷二十二中说:"曾见郭象注庄子,识者云:却是庄子注郭

---

① 此五篇论文均收入拙著《和而不同》一书中,辽宁人民出版社,2001年。
② 王弼《周易略例·明象》:"夫象者,出意者也;言者,明象者也。尽意莫若象,尽象莫若言。言生于象,故可寻言以观象;象生于意,故可寻象以观意。意以象尽,象以言著。故言者所以明象,得象而忘言;象者所以存意,得意而忘象。"参见汤用彤先生《魏晋玄学论稿》中之《言意之辩》。《汤用彤全集》第四卷,河北人民出版社,2000年,第22页。

象。"如果说汉人注经大体上是"我注六经",那么王弼、郭象则是"六经注我"了。

郭象注《庄子》还用了"辨名析理"的方法,这种方法和先秦"名家"颇有关系,盖魏晋时期"名家"思想对玄学产生有所影响。郭象《庄子·天下注》的最后一条谓:

> 昔吾未览《庄子》,尝闻论者争夫尺棰连环之意,而皆云庄生之言,遂以庄生为辨者之流。案此篇较评诸子,至于此章,则曰:其道舛驳,其言不中,乃知道听途说之伤实也。吾意亦谓,无经国体致,真所谓无用之谈也。然膏粱之子,均之戏豫,或倦于典言,而能辨名析理,以宣其气,以系其思,流于后世,使性不邪淫,不犹贤于博弈者!故存而不论,以贻好事也。

这里郭象把"辨名析理"作为一种解释方法提出来,自有其特殊意义,但"辨名析理"几乎是所有魏晋玄学家都采用的方法,所以有时也称魏晋玄学为"名理之学"。如王弼说:"夫不能辨名,则不可言理;不能定名,则不可以论实也。"嵇康《琴赋》谓:"非夫至精者,不能与之析理也。"就这点看,魏晋玄学家在注释经典上已有方法论上的自觉。至宋,有陆九渊提出"六经注我,我注六经"的问题,①实在魏晋时已开此问题之先河,不过当时并未把它作为一问题提出。至清,因考据之学盛,有杭世骏论诗而对"诠释"有一说:"诠释之学,较古昔作者为尤难,语必溯源,一也;事必数典,二也;学必贯三才而穷七略,三也。"②意思是说,诠释这门学问,就今人对诗文的诠释说比古昔作者更加困难,原因是首先应了解其原意,其次要知道所涉及的典故;再次是必学贯天、地、人三学而对"七略"知识有所了解。杭世骏所言之"诠释"虽非今日

---

① 陆九渊著,钟哲点校:《陆九渊集》,中华书局,1980年,第522页。《陆氏年谱》记载有杨简曾闻;"或谓陆先生云:'胡不注六经?'先生云:'六经当注我,我何注六经。'"
② 杭世骏:《李义山诗注序》,《道古堂全集·文集》卷八。

所说之西方"诠释学"(Hermeneutics)之"诠释",但也可看到自先秦两汉以来,我国学者在各学科中均意识到对著作之文本是需要通过解释来理解的。因此,对中国儒学的研究,必须注意历代对"经书"的注释,以使人们了解在我国的历史传统确有对"经典"诠释颇为丰富的理论与方法的资源。通过《中国儒学史》的撰写,对儒家经典的诠释历史加以梳理,总结出若干有意义的理论与方法,也许对创建"中国诠释学"大有益处。①

四、儒学与外来文化的传入

罗素说:"不同文明的接触,以往常常成为人类进步里程碑。"②在两千多年的儒学发展史中,我们可以清楚地看到,"儒学"的每一次发展除其自身内在自觉地更新外,都是在与我国国内存在的各学派交流中得到发展的,汉儒吸收了道家、法家、阴阳家的学说而有"两汉经学";魏晋南北朝时期,诸多玄学家均有注儒家经典者,而"以儒道为一"。③儒学在我国历史上与我国原有各学派之间的相互影响无疑是在研究儒学史时应予注意的。这方面已有论述较多,兹不详述。也许更应关注的是外来文化传入对儒学发生重大影响的问题。

在儒学发展史上,可以说有两次重大的外来文化传入对我国儒学

---

① 参见拙作《论创建中国解释学问题》,《中国哲学》第二十五辑,辽宁教育出版社,2004年。
② 《中西文明的对比》,见罗素:《中国问题》,第146页。
③ "向子期(秀)以儒道为一。"(谢灵运《辨宗论》),汤用彤《王弼之〈周易〉、〈论语〉新义》说:"陈寿《魏志》无王弼传,仅于《钟会传》尾附叙数语,实太简陋。然其称弼'好论儒道','注《易》及《老子》',孔老并列,未言偏重,……盖世人多以玄学为老、庄之附庸,而忘其亦系儒学之蜕变。"汤著《向郭义之庄周与孔子》中说:"郭序曰,《庄子》之书'明内圣外王之道'。向、郭之所以尊孔抑庄者,盖由此也。"其时有王(弼)韩(康伯)《周易注》、何晏《论语集解》、王弼《论语释疑》、向秀《周易注》、郭象《论语体略》《论语隐》、皇侃《论语义疏》等等。

产生过重大影响,第一次是自公元一世纪以下,印度佛教文化的传入,它成为宋明理学(道学)产生的重要原因之一。如果不算唐朝传入的景教和在元朝曾发生过一定影响的也里可温教,因为这两次外来文化的传入都因种种原因而中断了。第二次文化外来是西方文化大规模的进入中国。自十六世纪末,特别是自十九世纪中叶西方文化全方位的传入,大大地影响和改变了儒学在中国社会生活中的地位。那么,我们需要问,今天应该如何看儒学与西学的关系? 我想,这也许涉及到文化发展中"源"与"流"的关系问题。

我们知道,任何历史悠久且仍然有着生命力的民族文化必有其发生发展的源头,也就是说有其发源地,它可被称为该民族文化之"源"。例如今日欧洲文化的源头可以说主要是源自古希腊,印度文化的发源地在南亚的恒河流域。中华文化源远流长,有五千年的历史,它的源头在东亚的黄河、长江流域。在这些有长久历史的民族文化发展过程中总是在不断吸收着其他地区民族文化以滋养其自身,而被吸收的种种文化对吸收方说则是"流"。一个有长久历史仍然有着生命力的文化就像一条不断流着的大江大河,它必有一个源头,它在流动之中往往会有一些江河汇入,这些汇入主干流的江河常被称为"支流",甚至某些支流在一定情况下其流量比来自源头的流量要大,但"源"仍然是"源","流"仍然是"流"。因此,我们在讨论一种文化的发展时必须注意处理好文化的"源"与"流"的关系。

(一) 儒学与印度佛教的传入

儒学自孔子起就自觉地继承着源自中华大地的夏、商、周三代的文化,在长达两千多年的历史中曾是中华文化的主体,因而也可以说它的学说是来自中华大地文化的源头。印度佛教文化在一世纪传入中国之后曾对中国社会的宗教、哲学、文学、艺术、建筑、医学等等诸多方面有着重大影响,这一事实是中外学界所公认的。但是,上述的所有学科在历史上仍然体现着中华文化内在的精神面貌。因此,中国固有文化仍然是"源",而印度佛教文化只是"流"。佛教传入中国的历史很长,在魏晋时有着广泛的影响,然就其与"魏晋玄学"的关系说,并非因佛教的传入而有"玄学",而恰恰相反,是因有"玄学"而佛教才得以在我国比较顺利地流行。印度佛教对魏晋南北朝时期中国的思想文化起着重大作用,但它只是一个"助因",并不能改变中国思想文化的根本性质和发展方向。"玄学是从中国固有学术自然的演进,从过去思想中随时演进的'新义',渐成系统,玄学的产生与印度佛教没有必然关系。易而言之,佛教非玄学生长之正因。反之,佛教倒是先受玄学的洗礼,这种外来思想才能为我国所接受。所以从一个方面讲,魏晋时代的佛学也可以说是玄学。但佛学对玄学为推波助澜的助因是不可抹杀的。"① 例如在中国有影响的佛教学说僧肇和道生所讨论的许多问题仍是中国原本在"玄学"中所讨论的问题,如僧肇四论:动静、有无、知与无知、圣人人格等问题都是自王弼、郭象以来玄学讨论的主题,可以说《肇论》是接着"玄学"讲的。而道生之顿悟,"实是中印学术两者调和之论,一扫当时学界两大传统冲突之说,而开伊川谓'学'乃以至圣人学说之先河。"② 到隋时,据《隋书·经籍志》记载:当时"民间佛经,多于六经数十百倍",但也未能改变儒学在社会上的正统地位。因而至隋唐,在我国出现了若干受我国固有的儒、道学术文化影响的佛教宗派,其中在我国最有影响的天台、华严、禅宗实是中国化的佛教宗派。另虽有玄奘大师提倡的唯识宗,流行三十余年后则渐衰。天台、华严、禅宗所讨论的重要问题是心性问题。"心性问题"本来是中国儒家思想所讨论的问题(近期出土文献对此问题讨论甚多)。天台有所

---

① 参见汤用彤:《魏晋玄学的发展》,见《汤用彤全集》第四卷,河北人民出版社,2000年,第112页。

② 参见:汤用彤《谢灵运〈辨宗论〉书后》,《汤用彤全集》第四卷,第96—102页。

谓"心生万法";①华严宗有融"佛性"于"真心";禅宗则更认为"佛性"即人之"本心"(本性)。由于佛教的中国化,使得中国化的佛教宗派、特别是禅宗大大改变了印度佛教的原貌;佛教在中国从"出世"走向世俗化,认为在日常生活中就可以成佛,因而原来被佛教排斥的儒家"忠君"、"孝父母"②和道家的"顺自然"③等等思想也可以被容纳在禅宗里面。在世界历史上,文化也曾发生过异地发展之问题,印度佛教文化在中国的发展就是一例。公元八、九世纪佛教在印度已大衰落,然而在中国却大发展,而有天台、华严、禅宗等。中国佛教这些宗派直接影响着朝鲜半岛、日本等地。因此,我们可以说中国文化曾受惠于印度佛教,而印度佛教又在中国得到发扬光大。

至宋,理学兴起,一方面批评佛教,另一方面又吸收佛教。本来中国儒学是入世的"治国平天下"之道,而非如佛教的"出世"寻求"西方极乐世界",两者很不相同,但理学不仅吸收了华严宗"理事无碍"、"事事无碍"的思想,而有"人人一太极,物物一太极"和"理一分殊"等思想,有助于程颐、朱熹传承先秦孔孟的"心性"学说,而建立了以"理"为本的形而上学。④ 陆九渊、王阳明则更多地吸收禅宗的"明心见性"等思想,传承先秦儒家"尽心、知性、知天"的思想,而有"吾心便是宇宙"和"心外无物"等思想,建立了以"心"为体的形而上学。⑤ 程朱的"性即

---

① 智顗《修习止观坐禅法要》:"一切诸法,皆由心生。"
② 契嵩本《坛经·无相颂》:"恩则孝养父母,义则上下相邻。"宋宗杲大慧禅师说:"予虽学佛者,然爱君忧国之心,与忠义士大夫等。""学不至,不是学;学至而不用,不是学;学不能化物不是学。学到彻头处,文亦在其中,武亦在其中,事亦在其中,理亦在其中,忠义孝道乃至治身治人安国安邦之术无不在其中。"
③ 无门和尚《颂》:"春有百花秋有月,夏有凉风冬有雪,若无闲事挂心头,便是人间好时节。"
④ 《朱子语类》卷一中,朱子曰,"太极只是天地万物之理。在天地言,则天地中有太极,在万物言,则万物中各有太极。未有天地之先,毕竟是生有此理。""伊川说得好,曰'理一分殊'。合天地万物而言,只是一个理,及在人,则又各有一个理。"
⑤ 《陆九渊集》中《与曾宅之》写到:"盖心,一心也;理,一理也;至当归一,精义无二,此心此理,实不容二。"王阳明《传习录上》中说:"心即理也,天下又有心外之事,心外之理乎?……心即理也,此心无私欲之蔽,即是天理,不须外面添一分。"

理"和陆王的"心即理"虽理路不同,但都是要为"治国平天下"的理想找一形而上学的根据;这样就使宋明理学较之先秦儒学有了更加完善的理论体系。这一发展正是由于理学吸收、消化和融合了隋唐以来中国化的佛教宗派而形成的。但是,从根本上说,理学仍然是先秦以来儒家"心性"学说的发展,佛教只是助因。从这里我们也可以看出文化的"源"和"流"的关系。

(二) 儒学与"西学"的传入

在十九世纪末,由于西方列强的入侵,大大有利于西方文化(西学)在中国的传播。因此,引起了"中西古今之争",此"中西古今之争"一直延续至今。所谓"中西古今之争"无非是说中国文化面临着三个相互联系的问题:如何对待西方文化;如何看待我国本民族的固有文化;在现时代如何创建我国自身的新文化。一个多世纪以来,西方学术思想像潮水一般地涌入我国,最早有影响的西方学说是严复翻译的《天演论》,因而进化论思想影响着中国几代人。其后,继之而有叔本华哲学、尼采哲学、康德哲学、古希腊哲学、无政府主义、马克思主义,英国经验主义、欧洲大陆理性主义、十九世纪德国哲学、实用主义、实在论、分析哲学、现象学、存在主义、结构主义,解构主义、解构性后现代主义以至建构性后现代主义等等,先后进入我国。中国学界面对如此众多的学术派别(西学),我们如何接受,如何选择,无疑是个大难题。

我们是不是可以根据百多年来的历史,对"西学"输入中国作一些分析?照我看,从中国社会发展的情况看也许可以把"西学"对中国学术思想的影响分成:中国社会迫切需要的思想、有利于促进中国哲学更新和发展的思想,以及和中国哲学较相近,能对中国社会发生巨大影响的思想等几类。当然也还有其他西方学术派别影响着我国学术界,此处就不一一详谈了。

第一，中国社会迫切需要的思想：自鸦片战争以来，中国社会迫切需要的是如何改变我国落后、挨打的局面。为了自强图存，再守着过时的思想文化传统，提倡什么"奉天承运"、"三纲六纪"、"中学为体，西学为用"已经不行了，中国社会必须"进化"，于是西方的"进化论"思想自严复的《天演论》译出之后无疑成为影响中国社会的主要思潮。其时，中华民国的缔造者孙中山即是"进化论"的信徒。至于我国学术文化界，无论是激进派的，如陈独秀、鲁迅、郭沫若等等，自由主义派的，如张东荪、胡适、丁文江等等都接受了"进化论"思想，甚至保守派的，如梁漱溟、杜亚泉等也不反对"进化"。[1] 其后，尼采的"重新估价一切"的思想深深地影响中国学术界，这正适合中国社会急遽变化之需要。中国必须改变，因而需要对过去的一切进行重新评估。1904年，王国维介绍尼采时，指出尼采学说的目的是要"破坏旧文化而创造新文化"，为"弛其负担"而"图一切价值之颠覆"，并"肆其叛逆而不惮"，盛赞尼采的"强烈之意志而辅以极伟大之知力"。其后，鲁迅、陈独秀、沈雁冰（茅盾）、郭沫若等等无不要求以"强固的意志"去对旧传统"进行战斗"。特别是蔡元培在一次演讲中说："迨至尼采（原注：德国之大文学家），复发明强存弱亡之理，……弱者恐不能保存亦积极进行，以与强者相抵抗，如此世界始能日趋进化。"而傅斯年在《新潮》杂志上号召："我们须提着灯笼沿街找超人，拿着棍子沿街打魔鬼"，赞扬尼采是一个"极端破坏偶像家"。所以尼采思想在"五四运动"前后都有过重大影响。[2] 其他如无政府主义思想也曾发生过一定影响，盖因其反对"专制政权"甚激烈。

第二，有利于中国哲学得到更新和发展的思想：宋明理学在中国

---

[1] 杜亚泉《接续主义》中说："国家之接续主义，一方面含有开进之意味，一方面又含有保守之意味。盖接续云者：以旧业与新业相接续之谓。有保守而无开进，则拘墟旧业，复何用其接续乎！"

[2] 参见乐黛云：《尼采与中国现代文学》，收入《比较文学与中国现代文学》，北京大学出版社，1987年。

统治了近千年,这一学说日愈僵化,逐渐成为束缚人们思想的教条。因此,有了现代新儒学的出现。人们一向以自熊十力开创,而经牟宗三等发展,至今而有第三代如杜维明、刘述先等为现代新儒学的代表。但是,实际上在中国另外还有一些企图吸收"西学"来发展儒学的学派,例如以冯友兰为代表的"新理学"派和以贺麟为代表的"新心学"派。

熊十力的"新唯识论"体系虽颇有创见,但相对地说还是比较传统地继承着儒家哲学,不过我们已可以看出,他对"西学"确颇有认识,如他说:"西学以现象为变异,本体为真实,其失与佛法等。"同时熊先生也看到中国哲学在"认识论"有不重"思辨"之缺点,故"中国诚宜融摄西洋而自广",使两者结合而成"思修交尽之学"。[①] 可见,熊十力已注意到必须吸收西方哲学之长而为中国哲学开拓新的方面。其后,牟宗三则多吸收与融合康德哲学;而杜、刘等则以开放的心态面对西方哲学,而维护儒学传统则未变。

冯友兰的"新理学"之所以新正是在把柏拉图的"共相"与"殊相"和"新实在论"(如"潜在"的观念)引入中国哲学。他把世界分成"真际"(或称之为"理",或称之为"太极")和"实际",实际的事物依照所以然之理而成为其事物。冯先生之创建"新理学",其意图主要是使中国哲学中的"形上学"更加凸显,以说明宋明理学可发展为与西方哲学媲美的形上学。[②]

贺麟的"新心学"的思想也许可以说包含在《儒家思想的新开展》一文中。他认为:(1) 必须以西洋的哲学发挥儒家理学(此"理学"指"性理之学")。由于中国哲学特别重视的在于道德精神的建构,而并非一种注重学说知识体系建构的哲学,如能会合融贯、吸收借鉴西洋

---

① 参见《熊十力全集》第五卷,第 57、58、63 页,第四卷,第 105、111 页,湖北教育出版社,2001年。

② 可参见冯友兰:《三松堂全集》第四卷《新理学》,河南人民出版社,1986年。

哲学,不仅可作道德可能的理论基础,且可奠定科学可能的理论基础。(2)必须吸收基督教的精华以充实儒家的礼教。(3)必须领略西洋艺术而使新诗教、新乐教、新艺术与新儒学一起复兴。① 为什么贺麟要从这三个方面来讨论"儒家思想的新开展"？我认为,正是因为西方哲学一向重视对"真"、"善"、"美"问题的讨论,而贺麟正是希望在吸收西方文化的基础上发展"新儒学"。因此,他在《中国哲学与西洋哲学》中说:"今后中国哲学的新发展,有赖于对西洋哲学的吸收与融会,同时中国哲学家也有复兴中国文化、发扬中国哲学,以贡献于全世界人类的责任。"②

汤用彤先生为什么在写完《汉魏两晋南北朝佛教史》之后,就开始研究"魏晋玄学",主要是要梳理中国哲学自汉至魏晋南北朝之变化。他认为,中国哲学就思想上说自有其自身发展内在逻辑,印度佛教的传入虽对"玄学"的发展有推进作用,但它只是"助因",而非正因。③ 这也就是文化发展的"源"与"流"的问题吧！但这一研究的结果,却说明中国哲学自有其"本体之学",而其"本体论"或与西方哲学不同,④其"道"、"无"、"理"、"太极"等虽为"超越性"的,但它不离万事万物,而内在于万事万物,故"体用如一",⑤而其人生境界又是"即世间而出世

---

① 贺麟:《儒家思想的新开展》,见《文化与人生》,商务印书馆,1988年,第8—9页。
② 见贺麟《哲学与哲学史》,商务印书馆,1990年,第127页。
③ 参见《魏晋思想的发展》,《汤用彤全集》第四卷,第112页。
④ 汤用彤:《魏晋玄学流派略论》中指出,魏晋玄学与东汉有根本之不同,他说:"魏晋玄学已不复拘拘于宇宙运行之外用,进而论天地万物之本体。汉代寓天道于物理,魏晋黜天道而究本体,以寡御众,而归于玄极(王弼《易略例·明象章》);忘象得意,而游于物外(《易略例·明象章》)。于是脱离汉代宇宙论(Cosmology or Cosmogony)而留连于存存本之真(Ontology or Theory of Being)。"按:张东荪否认中国有"本体论"(参见张耀南:《张东荪知识论研究》,台湾洪叶文化事业有限公司,1995年)。又,俞宣孟教授也反对中国有本体论(参见上海《社会科学报》,2004年9月9日)。这是由于他们企图用西方本体论学说规范中国哲学之故。
⑤ 《周易注》引王弼曰:"演天地之数,所赖者五十也。其用四十有九,则其一不用也。不用而用以通,非数而数之以成,斯易之太极也。四十有九,数之极也。夫无不可以无明,必因于有,故于有物之极,而必明其所由之宗也。"郭象《庄子注》:"夫圣人虽身在庙堂之上,然其心无异于山林之中,世岂识之哉！"

间"的。

从以上几例可以看出,上个世纪中叶中国哲学的研究者们特别注意自身哲学研究所未展开的方面,如认识论、形上学(本体论)、宗教精神、纯艺术精神,从而努力吸收西方哲学"以自广"。

第三,和中国哲学较相近而对中国社会发生较大影响的思想:

中国哲学的创造者,无论儒、道还是先秦其他诸子,都是有社会关怀的"士",这一传统十分久远,我们从《尚书·说命》中"非知之艰,行之惟艰"就可以看到儒家的精神是入世的,要"明明德"于天下。要"明明德"于天下,就不仅是个理念问题,必须实践,必须身体力行,必须见之于事功。所以孔子说:"吾岂匏瓜也哉?焉能系而不食?"所以儒家哲学是一种"治国平天下"的实践的哲学。① 马克思《关于费尔巴哈的提纲》中说:"哲学家们只是用不同的方式解释世界,问题在于改变世界。""全部社会生活在本质上是实践的。"② 因此,他们在"实践"问题上可有相同之处。马克思主义自上个世纪以来一直影响着中国社会,除了中国社会确实需要一巨大的变革外,我认为这和儒家思想重视"实践"(道德修养的实践,社会政治生活的实践)有着密切的关系。毛泽东的《实践论》就是证明,这是大家都了解的。同时,儒学与马克思主义又都是带有理想主义的学派。儒学有其"大同"社会的理想;马克思

---

① 参见拙作《论知行合一》,收入《反本开新——汤一介自选集》中,首都师范大学出版社,2008年。

② 《马克思恩格斯全集》第三卷,人民出版社,1960年,第8页。

主义有其共产主义的理想。① 他们的理想主义或许带有某种"空想"成分,但无疑都有对人类社会发展前景的乐观主义的期盼,我们必须珍视。

中国学术界无疑都十分关心马克思主义中国化的问题,从哲学这个层面讲,我认为做得比较成功的应该是冯契同志。已故的冯契同志是一位有创造性的马克思主义者,他力图在充分吸收和融合中国传统哲学和西方分析哲学的基础上使马克思主义哲学成为中国化的马克思主义哲学。他的《智慧说三篇》可以说是把马克思主义的实践唯物辩证法、西方的分析哲学和中国传统哲学较好结合起来的尝试。② 冯契同志在他的《智慧说三篇·导论》中一开头就说:"本篇主旨在讲基于实践的认识过程的辩证法,特别是如何通过'转识成智'的飞跃,获得性与天道的认识。"冯契同志不是要用实践的唯物主义辩证法去解决西方哲学的基本问题,而是要用实践的唯物主义辩证法解决中国哲学的"性与天道"的问题;而如何获得"性与天道"的认识,又借用了佛教哲学中的"转识成智",以此来打通"天"与"人"的关系问题。他说:"通过实践基础上的认识世界与认识自己的交互作用,人与自然、性与天道在理论与实践的辩证统一中互相促进,经过凝道而成德、显性以宏道,终于达到转识成智,造成自由的德性,体验到相对中的绝对、有限中的无限。"接着冯契同志用分析哲学的方法,对"经验"、"主体"、"知

---

① 《礼记·礼运》:孔子曰:"大道之行也,与三代之英,丘未之逮也,而有志焉。大道之行也,天下为公,选贤与能,讲信修睦。故人不独亲其亲,不独子其子,使老有所终,壮有所用,幼有所长,矜、寡、孤、独、废、疾者皆有所养,男有分,女有归。货,恶其弃于地也,不必藏于己;力,恶其不出于身也,不必为己。是故谋闭而不兴,盗窃乱贼而不作,故外户而不闭。是谓大同。"《马克思、恩格斯、列宁、斯大林论共产主义社会》:"在共产主义社会高级阶段,迫使人们奴隶般的服从社会分工的现象已经消失,脑力劳动和体力劳动的对立也随之消失,劳动已不仅仅是谋生的手段,而且成了生活的第一需要,生产力已随着每个人的全面发展而增长,一切社会财富的资源都会充分地涌现出来,……只有在那时候,才能彻底打破资产阶级法权的狭隘观点,社会才能把'各尽其能、各取所需'写在自己的旗帜上。"(人民出版社,1958年,第11页)

② 参见拙作《读冯契同志〈智慧说三篇〉导论》,上海《学术月刊》1998年增刊。

识"、"智慧"、"道德"等等层层分析,得出如何在"认识世界和认识自己的过程中转识成智"。首先,冯契同志把金岳霖先生的"以经验之所得还治经验",扩充为"得之以现实之道还治现实",而这个"得之以现实之道还治现实"必须有一个主体,这个"主体"即"我"。我认为这点很重要,因为没有离开"主体"的"现实"("现实"已不是自在的,而是"为我之物"了),必须有一个主体,才可以在"认识世界和认识自己的过程中转识成智"。而"我"这个主体在现实生活中,必定是一"知识"的主体,又是一"道德"的主体。我想这里可能产生两个必须回答的问题:第一个问题是:"转识成智",即是由"知识"领域进入"智慧"领域(境界),也就是说要由"以物观之"进入到"以道观之"。由此就要超越这个作为主体的"我",这样,作为主体的"我"必须达到"与道同体"(王弼语)的境地,才是"以道观之"。第二个问题是:作为知识的主体(认识世界的主体)和自由道德人格的主体(认识自己的主体)在"转识成智"的过程中是同一的还是不同一的?如果是不同一的,"转识成智"将不可能,因为这样就不可能在"自证中体认道(天道、人道、认识过程之道)"。我认为,冯契同志正是运用实践唯物主义辩证法解决这两个问题的,也就是说用实践唯物主义辩证法来解决"性与天道"这一古老又常新的哲学问题。

  冯契同志有一非常重要的命题:"化理论为方法,化理论为德性。"他对这个命题解释说:"哲学理论一方面要化为思想方法,贯彻于自己的活动,自己的研究领域;另一方面又要通过自己的身体力行,化为自己的德性,具体化为有血有肉的人格。"而无论"化理论为方法",还是"化理论为德性",都离不开实践。照我的理解,"化理论为方法"不仅是取得"知识"的方法,而且也是达到"智慧"的方法。冯契同志说:"知识和智慧、名言之域和超名言之域的关系到底如何,便成为我一直关怀、经常思索的问题。""知识"的取得无疑离不开实践,而"智慧"是否也只能靠实践才能体证呢?冯契同志说:"在实践的基础上认识世界和认识自己的交互作用中如何转识成智,获得关于性与天道的认识?这样一种具体的认识是把握相对中的绝对,有限中的无限,有条件的东西中的无条件的东西。这里超名言之域,要通过转识成智,凭理性的直觉才能把握的。"这里可以注意的是:认识世界和认识自己都必须在实践的基础上实现。世界和自我都是一个实在的发展过程,人生活在这个过程之中离不开实践的活动,没有实践就没有人的"世界"和人的"自我",当然也就没有"性与天道"的问题;只有在实践中人才可以把"世界"和"自我"内化,而有"性与天道"的问题。对"性与天道"的证悟,是把握相对中的绝对、有限中的无限。当然,我们说"转识成智"这种具体的认识是把握"相对中的绝对、有限中的无限"也是具有相对性的。对于一个哲学家来说,他可以完成"转识成智",但是对于人类来说,由于只要有人类存在,人们的实践活动总是要继续下去的,而且要不断地使人们的认识在实践的基础上,由具体到抽象,再由抽象上升到具体。因此,实践的唯物主义辩证法作为一种方法,它不仅是取得"知识"的方法,而且也是体证"智慧"的方法。但是,正如冯契同志所说,"知识"和"智慧"不同,"知识"所及为可名言之域,而"智慧"所达为超名言之域,这就要"转识成智"。照冯契同志看,"转识成智"要"凭理性的直觉才能把握"。对这一点冯契同志也有一个解释:"哲学的理性的直觉的根本特点,就在于具体生动地领悟到无限的、绝对的东西,这样的领悟是理性思维和德性培养的飞跃。"(按:这有点像熊十力先生所提出希望建立"思修交尽"的"量论"那样)"理性的直觉"这一观念很重要,照我看,它是在逻辑分析基础上的"思辨的综合"而形成的一种飞跃。如果没有逻辑分析,就没有理论的说服力;不在逻辑分析基础上作"思辨的综合",就不可能形成新的哲学体系。因而,"理性的直觉"不是混沌状态的"悟道",而是清楚明白的自觉"得道"。我们从冯契同志许多论文中,特别是《导论》中,可以体会他运用逻辑分析和思辨综合的深厚功力,正由于此,实践唯物主义辩证法才更具有理论的力量,这也说明他研究的目的归根结底是为了用实践唯物辩证法来解决"性与天道"这一古老又常新的中国哲学问题,以贡献于世界。

前面我们已经讲到,冯契同志的"智慧"学说就是要解决"性与天道"问题的学说,他说:"关于道的真理性认识和人的自由发展内在地联系着,这就是智慧。"这里冯契同志非常注重"道的真理性的认识"和"人的自由发展"的内在联系。从这一点看,冯契同志的"智慧"学说也是颇具有中国哲学的特色的。"涵养须用敬,进学在致知"。前者是属于道德修养的问题,后者是属于知识学问的问题。在中国哲学史中,特别是在儒家哲学中,"道德"和"学问"是统一的,学以进德。朱熹说:"为学,须思所以超凡入圣。"①冯契同志认为,"转识成智"是在实践基础上认识世界和认识自己交互作用所达到的飞跃。我认为这里有两点很重要:第一是认识世界和认识自己都必须在实践的基础上才有可能实现;第二是认识世界与认识自我是一个统一的过程。只有在它们的交互作用中才能实现"转识成智"。对此,冯契同志把"德性之知"引入他的哲学体系。他特别申明:"我不赞成过去哲学家讲德性之智时所具有的先验论倾向,不过,克服了其先验论倾向,这个词还是可以用的。"在中国哲学史中,张载首先提出"德性之知",他说:"见闻之知,乃物交而知,非德性所知;德性所知,不萌于见闻。"②张载把"见闻之知"与"德性之知"割裂开来,因此确有先验论顷向。为什么在张载的哲学里会发生这样的问题呢?我认为,他没有认识到在实践的基础上"见闻之知"和"德性之知"可以统一起来。而冯契同志解决了这个问题,他说:"主体的德性自在而自为,是离不开化自在之物为我之物的客观实践活动过程的。"我认为冯契同志的这个看法是接着中国哲学的问题讲的,对中国哲学中关于"知识学问"与"德性修养"的关系给了更为

---

① 《朱子语类》,第135页。
② 《正蒙·大心篇》,《张载集》,中华书局,1978年,第24页。

合理的解决。

从中国哲学的传统看,"做学问"与"做人"应是统一的,一个人学问的高下往往是和他境界的高低相联系的。冯契同志认为,"做学问"首先要"真诚"。《中庸》说:"唯天下至诚,为能尽其性;能尽其性,则能尽人之性;能尽人之性,则能尽物之性;能尽物之性,则可以赞天地之化育;可以赞天地之化育,则可以与天地参矣。"学问要作到"转识成智",要达到"参天地,赞化育"的境界,必须有一至诚的心。"做学问"要"真诚","做人"同样要"真诚",真诚的人才可以作到"化理论为方法,化理论为德性"。这无疑是儒家理想的生活态度,也是马克思主义者理想的生活态度。冯契同志在这两方面都为我们作出了榜样,而且他的"智慧学说"之所以有其理论的力量也正在于此。

近半个世纪以来,要想作一个真正有创造性的哲学家是很难的,这点我们大家都有体会,正因为如此,《智慧说三篇》就更有其特殊的价值。我之所以用比较长的篇幅来讨论冯契同志的《智慧说三篇》,这是因马克思主义中国化对当前中国哲学的发展是个最重大的问题。司马迁作《史记》对自己有个要求,这就是要求他的书能"究天人之际,通古今之变,成一家之言",冯契同志的《智慧说三篇》不正也是一部努力追求"究天人之际,通古今之变,成一家之言"的智慧书吗?有真诚之心做学问的学者们多么希望有更为宽松的学术环境,使他们能充分发挥自己的才智,创作更多更好的体现我们这个时代的哲学著作来。

从印度佛教文化(哲学)的传入到西方文化(哲学)的传入毕竟有一个"源"与"流"的关系。我认为,从文化(哲学)发展的"源"与"流"的关系看,中国文化(哲学)的前景可以有两个不同的提法:一是新的中国文化(哲学)将沿着中国化的马克思主义发展;另一是新的中国文化将会是吸收马克思主义和其他各民族的优秀文化(哲学)的中国自身的文化(中国哲学)。说法或有差异,前者的重点是在马克思主义吸收了中国特有文化而成为新的中国文化;后者是说中国自身文化传统吸收了马克思主义而成为新的中国文化。我认为,这两个发展方向也许并不对立,或可互补?但是,中国文化毕竟应是中国自身的文化,这样才有"根",才是由其源头发展下来的中国文化。无论如何,建设新的中国哲学、新的儒家哲学是需要我们长期、深入不断研究的。

《中国儒学史》是由多位学者合力撰写的,在学术思想上不可能完全一致,甚至可能是很不一致,如何办?我认为,或许不一致并不是坏事,而是好事,因为这样可以留下继续讨论、更加深入研究的余地。我们只要求史料有根有据,论说"持之有故,言之成理",表达清楚明白,并有自己的创新见解,这样就可以了。也就是说,《中国儒学史》虽是一部书,但仍应可体现"百家争鸣"的精神。当然,在写作的"体例"上,我们希望能尽可能地一致。

这篇"总序"并不代表参与《中国儒学史》编撰的众多学者的看法,也没有经过大家讨论,因此它只是我个人的一些看法,所以不能算是一篇真正的"总序"。欢迎大家批评指正。

汤一介

2010 年 4 月 3 日完成

目 录

引 论 ……………………………………………………… 1

第一章 汉初儒学的复兴 ……………………………………… 31
  第一节 汉初儒学的复起 ………………………………… 34
  第二节 汉初儒家经学的兴起 …………………………… 67
  第三节 汉初儒学与黄老学的关系 ……………………… 78

第二章 董仲舒《春秋》公羊学的儒学思想体系 …………… 83
  第一节 生平略考 ………………………………………… 84
  第二节 公羊学统 ………………………………………… 89
  第三节 汉武帝、董仲舒与"独尊儒术" ………………… 91
  第四节 董仲舒《春秋》公羊学的儒学思想体系 ……… 103
  第五节 董仲舒儒学思想对汉代制度的影响 ………… 132
  第六节 董仲舒思想的历史地位 ……………………… 142

第三章 《盐铁论》：儒家与法家经济理念的冲突 ………… 145
  第一节 《盐铁论》的历史背景 ………………………… 146
  第二节 武帝时期法家经济政策的基本格局 ………… 148
  第三节 儒家对法家经济政策的批评 ………………… 152
  第四节 儒法财经理念的冲突 ………………………… 157
  第五节 儒法社会理念的差异 ………………………… 160

第四章 儒学统治地位的确立和儒学的发展 ………… 163
第一节 宣成时期的儒学发展及其统治地位的确立 ……… 164
第二节 石渠阁经学会议 ………………………………… 183
第三节 孟喜、京房的《易》学思想 …………………… 188
第四节 刘向的儒学思想 ………………………………… 219

第五章 两汉之际谶纬的盛行 ……………………………… 251
第一节 "图谶"在两汉之际的盛行 ……………………… 251
第二节 谶纬与汉代儒学 ………………………………… 263
第三节 《易纬》思想概述 ……………………………… 277

第六章 古文经学的形成及其与今文经学的纷争 ………… 301
第一节 古文经学的形成 ………………………………… 303
第二节 古文经学和今文经学的纷争 …………………… 327

第七章 扬雄、桓谭的儒学思想 …………………………… 371
第一节 扬雄的思想创构及其对儒学的弘扬 …………… 371
第二节 桓谭对儒学的反思 ……………………………… 393

第八章 白虎观经学会议与《白虎通》的儒学思想 ……… 400
第一节 白虎观会议与《白虎通》之书 ………………… 401
第二节 《白虎通》对汉代思想和制度的整合 ………… 405

第九章 王充的儒学思想及其对谶纬的批评 ……………… 429
第一节 对儒家神学思想的批评 ………………………… 431
第二节 王充的儒学思想 ………………………………… 436
第三节 王充思想中的矛盾 ……………………………… 441

第十章　东汉后期经学的发展 ………………………………… 445
第一节　今文经学的转衰与今古文经学的合流 ………… 446
第二节　今文经学的余辉——何休的公羊学 …………… 459
第三节　郑玄对汉代经学的总结 ………………………… 471

第十一章　汉末官方儒学的衰败与社会批判思潮的兴起 ……… 488
第一节　清、浊二流的斗争与官方儒学的衰败 ………… 489
第二节　王符融法于儒的批判思想 ……………………… 510
第三节　崔氏门风与崔寔"达权救弊"的思想 ………… 538
第四节　仲长统的社会批判和制度反思 ………………… 550
第五节　汉末士人的思想转向及其对玄学的影响 ……… 565

第十二章　汉代儒学对道教和佛教的影响 …………………… 584
第一节　《太平经》中的儒家思想 ……………………… 585
第二节　《理惑论》中的儒佛关系 ……………………… 592

结　语 …………………………………………………………… 599

后　记 …………………………………………………………… 611

引 论

汉代儒学继承和发展了先秦儒学的思想,在汉代赢得了独尊的地位,成为了官方哲学,统治的意识形态,在中国儒学史上,占有着十分重要的地位。汉代儒学思想十分丰富,它不仅直接继承和发扬了先秦的儒家学说,而且还吸收了先秦诸子百家的思想,形成了自己的新的儒学思想体系。它与昌盛于汉代的儒家经学有着十分密切的联系,并对汉代的谶纬神学的兴盛,我国道教的形成和刚从古印度传入的佛教,都产生了巨大的影响。从某种意义上说,汉代儒学奠定了整个两千年来的我国封建社会儒家统治地位和统治思想的基础。①

一、汉代的罢黜百家与独尊儒术

儒家自春秋末年孔子创建之后,在战国时期得到了很大的发展,成为两大显学——儒墨显学之一。就历史实际而言,儒家的影响要大

---

① 封建社会:"封建"本指西周的分封建国(诸侯国)而言,这种制度到战国时期逐渐为郡县制所代替。因此,"封建社会"这一用语并不能反映秦汉以来的中央集权的地主阶级统治的社会。这里仍用"封建社会",只是沿袭前人的惯用语而已。

大超过墨家。墨家只是在战国前中时期影响较大,其时之言"不归于杨,则归于墨",所以孟子以"辟杨墨为己任"。之后,战国中期道家的二号人物庄子,展开了对儒家的猛烈抨击。同时又有法家对儒家的批评,最后导演出了秦始皇的"焚书坑儒"事件。由此可见,不仅儒家思想在战国时期自身得到了发展,呈现出了"儒分为八"的繁荣景象,以及产生了孟子和荀子这样两位大儒,而且从来自其对立方的批评中,都可以看到儒家确是先秦时期的一大学派,它在思想界的影响远远超过其他各学派。然而儒家学说虽说在社会上、在思想界影响很大,但一直未能得到诸侯国官方的支持。虽说孔子、孟子也积极地宣扬自己的学说,乃至周游列国宣传自己的主张,但都以失败而告终。而各诸侯国在战国时期却前后采纳了法家政治,任用法家人物,推行法治,实行富国强兵的政策,如魏国、楚国、齐国、韩国等等,后起之秀的秦国则采用了商鞅的法治思想,进行了较为彻底的经济政治的改革(如实行土地私有制、中央集权的郡县制等等),从而使秦国走上了富强的道路,为以后的秦始皇统一全中国奠定了基础。而在意识形态上,法家则极力排斥儒家的仁义思想,否定道德教化的作用,以为儒家"仁义之不足以治天下",只能给国家带来削国亡国的危险,致使秦始皇闹出了"焚书坑儒"的事件,儒家落得了如此悲惨的命运。

然而自进入汉代之后,儒家的命运却有了转机。儒家学派不仅逐步地得到了恢复,而且在我国历史上第一次走上了繁荣昌盛时期,[①]在社会上赢得了统治地位,成为了官方的意识形态。之后,儒家在意识形态领域的这种统治地位,几乎延续了两千年之久,贯串于整个中央集权的封建社会之中。其发端就是从汉代"独尊儒术"开始的,同时也是由汉代的儒学为之奠定好思想基础的。在这里儒家的命运发生了一个根本性的转折。这种大落大起的情况,人们不禁要问,这种历史命运的变迁究竟是怎么发生的呢?这一历史变迁的根本原因究竟何

---

① 在我国历史上有两次儒家的繁荣昌盛时期:第一次在汉代,儒学得到了空前的发展,赢得了独尊的地位;第二次是宋明理学(新儒学)得到了空前的繁荣,程朱理学成为了官方的哲学。

在呢?这确实是我们应当值得思考的,在我国历史上带有根本性的一个大问题。对于这一问题,汉代的思想家讨论过,汉以后历代的思想家也讨论过,直至近现代思想家们还在讨论着。可见,这是一个历史上的古老的而又不可回避必须经常讨论的大问题。这一问题的解决,对于我们了解中国古代封建社会,加深理解中华民族的传统文化,皆有着重要的理论意义和现实意义。

先秦的儒学与汉代的儒学,之所以有着这样不同的命运,汉代儒家之所以能够成为汉代官方哲学,成为统治的思想,赢得独尊的地位,其根本原因,我们认为有两个:一是时代的不同,时代发生了变化的结果;二是由我国封建社会根本性质所决定的。没有这两大原因,儒家也就不可能在汉代,乃至整个封建社会中赢得独尊和统治的地位。

关于第一个原因,汉初的思想家已经讨论得很多了。汉代与先秦(主要指战国时代)确实时代发生了很大的变化,是两个不同的时代,有着不同的时代主题。先秦时代,尤其是战国时代,是一个战乱纷呈的年代,各诸侯国都在推行富国强兵的政策,尤其是那些较大的诸侯王国(所谓"战国七雄")皆在进行着兼并的战争,希望通过武力来统一全国。这是一个崇尚战争的时代("当今之世,争于气力")。而汉代继秦以后,已经实现了全国的统一,已经建立了中央王权的统治,是一个和平的时代,是一个巩固汉王朝政权的时代。简言之,一个是在战乱时期如何用武力得天下的时代,一个是怎样在和平时期安天下的时代。时代不同了,时代的主题变化了,因此政治方略也就不能不随之而发生变化。为此,汉初的政论家、思想家们都在总结秦王朝失败的教训:偌大的一个强盛的秦王朝,曾经用武力扫平了山东六国,统一了全中国,建立了一个强大的秦帝国,秦始皇以此认为,已经为自己建立了万代的帝业("朕为始皇帝,后世以计数,二世、三世、至千万世,传之无穷"[①])。然而好景太短了,强大的秦王朝不到十余年就彻底的土崩

---

① 《史记》卷六《秦始皇本纪》,中华书局,1959年,第236页。

瓦解了,如此悲惨的命运,究竟是怎么回事呢?对此,当时陆贾与汉高祖刘邦讨论了这一问题,《史记》记载说:"陆生时时前说称《诗》、《书》。高帝骂之曰:'乃公居马上而得之,安事《诗》、《书》!'陆生曰:'居马上得之,宁可以马上治之乎?且汤、武逆取而以顺守之,文武并用,长久之术也。昔者吴王夫差、智伯极武而亡;秦任刑法不变,卒灭赵氏。乡使秦已并天下,行仁义,法先圣,陛下安得而有之?'"①天下可以"马上"(指武力)得之,然而不可以"马上"(单凭武力)而治理之。汤武革命用武力而夺取天下,然后用文教来守成天下(巩固政权),在这里有一个逆取与顺守的不同。如果秦王朝在用武力夺取天下之后,推行仁义,效法儒家的圣人,那么秦王朝的政权也就能得到巩固而不会失败了。然而秦王朝不懂这个道理,继续用暴力(任刑法不变)一手来统治,最后只能落得很快地失败而告终。可见,时代变了,时代的主题变了,朝廷的政治方略也要随之变化,才能使自己立于不败之地,只有懂得逆取和顺守的不同,采用文武并用的政治方略,才是"长久之术也"。之后,年青有为的思想家贾谊,在他的著名论文《过秦论》中,又专门地阐说了这一问题。

贾谊说:"夫并兼者高诈力,安危者贵顺权。以此言之,取与、攻守不同术也。秦虽离战国而王天下,其道不易,其政不改,是以其所以取之也。"②兼并夺取与安定治理天下,其"术"是不同的,然而秦王朝夺取天下之后,"政不改",仍然用夺取天下时的武力来治理天下,这就不能不失败。可见,秦王朝之所以很快灭亡的原因,就在于"仁义不施而攻守之势异也"。这就是说,兼并而统一天下要靠法家崇尚的武力(法家崇尚法治,崇尚耕战),而守成天下,巩固政权,就得讲儒家的仁政德治,讲仁义的教化。汉代与先秦时代不同了,汉代已经统一天下,结束了战国战乱的局面,进入了和平建国时期,巩固封建政权的时期,因

---

① 《史记》卷九七《陆贾传》,第 2699 页。
② 贾谊:《新书校注》卷第一《过秦下》,中华书局,2000 年,第 14 页。

此,汉代社会就不能再用兼并战争时期的法家政治,而应当改变为尊崇儒术,重视仁义礼教的儒家学说,进入一个尊儒的时代。

至于第二个原因,儒家之所以赢得独尊的统治地位,更根本的还在于我国汉以来的封建社会的根本性质,而儒家思想则是这种封建社会制度要求的集中反映。那么我国秦汉以来达两千年的封建社会究竟是怎样的一个封建社会呢?我国的封建社会是一个以小农经济为基础的高度中央集权的保存了宗法家族制度的地主阶级统治的社会。这就是说,这个社会具有这样一些特性:(1)是以小农经济为基础的农业社会。这个社会基本上是一个小农与小手工业相结合的自给自足的自然经济社会,土地则实行私有制。(2)这种分散的小农经济,要求有高度中央集权(皇权)的政治统治,即至高无上的专制主义皇权统治。(3)我国封建社会是一个典型的宗法制的社会。我国西周社会的分封制度就是与宗法家族制度密切联系在一起的。自秦汉以来,虽说实行了郡县制,但宗法家族制度仍然在社会上沿袭了下来。宗法制度以嫡庶之分为中心,实行宗族等级制度,维护着宗法家长专制的统治。(4)我国封建社会存在着两大阶级——地主阶级和农民阶级,由于实行土地私有制,土地可以自由买卖,通过兼并,农民失去了土地,成为少地、无地阶级,大量土地集中到地主、尤其是大地主阶级手中,从而形成了地主阶级与农民阶级的矛盾与斗争。地主阶级占有了经济权,自然也控制着政治、文化、思想(包括哲学、宗教等)方面的统治权。整个封建社会成为了地主阶级统治的社会,至高无上的皇权实际就是整个地主阶级根本利益的集中代表。总之,我国的封建社会是一个以小农经济为基础的社会,是一个高度中央集权的君主专制主义的社会,是一个维护宗法制度家长专制主义的社会,是一个维护等级特权制度的社会,是一个维护地主阶级统治的社会。而儒家思想,尤其是以董仲舒为代表的汉代儒家思想,正是这种社会制度要求的集中反映。

自汉王朝建立以来,直到汉武帝登基的数十年时间中,汉朝基本上做了两件大事：一是恢复战乱之后的经济，发展了生产，出现了历史上所称道的"文景之治"；一是铲平了地方割据势力，消灭了反中央的异姓王和同姓王的力量，加强了中央集权（皇权）的统治。这两件事都是当时急需要解决的，具有明显的时段性、暂时性，并不是汉王朝的"长治久安之策"，更不是维护整个封建社会的根本大计、根本方略。一个强大的统一的中央集权的封建社会建立起来之后，怎么才能使这一社会得以持续的发展，得以"长治久安"呢？这除了建立起封建社会的经济制度和政治制度之外，还有一个重要的任务就是要建立一套与封建社会经济制度和政治制度相适应的上层建筑意识形态，即包括哲学、伦理、宗教等的一套思想体系，这就是我们当今所说的所谓"软力量"，如果没有这"软力量"的支撑，那么经济、政治、军事等"硬力量"也是不可能得到保障的，因此，也就不可能谈什么"长治久安"的问题。在这一点上，秦始皇、李斯、韩非等法家人物皆是没有认识到的。秦始皇、李斯等人在讨论"平定海内"之后，"安乐"的社会能否"传之万世"时，李斯说："五帝不相复，三代不相袭，各以治，非其相反，时变异也。今陛下创大业，建万世之功，固非愚儒所知。……异时诸侯并争，厚招游学。今天下已定，法令出一，百姓当家则力农工，士则学习法令辟禁。今诸生不师今而学古，以非当世，惑乱黔首。丞相臣斯昧死言：古者天下散乱，莫之能一，是以诸侯并作，语皆道古以害今，饰虚言以乱实，人善其所私学，以非上之所建立。今皇帝并有天下，别黑白而定一尊。私学而相与非法教，人闻令下，则各以其学议之，入则心非，出则巷议，夸主以为名，异取以为高，率群下以造谤。如此弗禁，则主势降乎上，党与成乎下。禁之便。"①由此可见，李斯他们不懂得做意识形态工作的意义，他们只知道"法令出一"的主旨，主张"以法为教"，"士则学习法令辟禁"，从而主张禁绝"私学"，燔烧《诗》、《书》，最后酿成了焚书坑儒的事件，也使得强大的秦王朝成为一个短命的王朝而为后人所

---

① 《史记》卷六《秦始皇本纪》，第254—255页。

嘲笑。这是一大历史教训。

与此相反,汉武帝与董仲舒等人吸取了秦王朝这一失败的教训。在经济、政治制度基本建立,"汉承秦制"的基础上,特别重视上层建筑意识形态的工作。他们懂得建立了大一统的中央集权的封建帝国之后,还必须建立起统一的意识形态,统一的指导思想,以维护这一统一帝国的巩固与持续的发展,这才是真正的长治久安之策。汉武帝即位后,即在举贤良文学之士的诏书中说:"朕获承至尊休德,传之亡穷,而施之罔极,任大而守重,是以夙夜不皇康宁,永惟万事之统,犹惧有阙。故广延四方之豪俊,郡国诸侯公选贤良修絜博习之士,欲闻大道之要,至论之极。"①云云。又说:"三代受命,其符安在?灾异之变,何缘何起?性命之情,或夭或寿,或仁或鄙,习闻其号,未烛厥理。"②等等。在此可见,汉武帝即位后,即考虑起了封建帝国的万年大计,讨论起了"大道之要,至德之极",即治国的根本指导思想,而不是一些具体的政策和措施,其主要内容包括天命问题、灾异问题、性命问题、天人关系问题、古今之变问题等等。所有这些问题,都是带有根本性的哲学问题、指导思想问题,是意识形态领域中的主要问题。为此,董仲舒在对策中,从儒家哲学立场出发,对上述问题一一作了解答,并提出了"独尊儒术,罢黜百家"的主张。他说:"道者,所繇适于治之路也,仁义礼乐皆其具也。故圣王已没,而子孙长久安宁数百岁,此皆礼乐教化之功也。"③由此可见,现在的任务就是要提倡儒学,尊崇儒学。董仲舒并加以论证说:"《春秋》大一统者,天地之常经,古今之通谊也。今师异道,人异论,百家殊方,指意不同,是以上亡以持一统。法制数变,下不知所守。臣愚以为诸不在六艺之科孔子之术者,皆绝其道,勿使并进,邪辟之说灭息,然后统纪可一而法度可明,民知所从矣。"④这就是董仲

---

① 《汉书》卷五六《董仲舒传》,中华书局,1962年,第2495页。
② 《汉书》卷五六《董仲舒传》,第2496页。
③ 《汉书》卷五六《董仲舒传》,第2499页。
④ 《汉书》卷五六《董仲舒传》,第2523页。

舒提出的有名的"罢黜百家,独尊儒术"的主张。汉武帝则采纳了这一建议,实行了一些尊儒的措施。正如《汉书》所说:"自武帝初立,魏其、武安侯为相而隆儒矣。及仲舒对册,推明孔氏,抑黜百家。立学校之官,州郡举茂材孝廉,皆自仲舒发之。"①之后,汉王朝开始走上了尊儒之路,至元成(元帝、成帝)之世更确立了儒学的统治地位,使儒学真正成为了官方的意识形态,统治了我国达两千年之久。

至于为什么说儒家思想是我国封建社会经济政治基本制度要求的最集中的反映呢?这就要从儒家的根本思想谈起。儒家的思想十分丰富,简单概括地说,儒家的基本思想就是仁与礼两大学说(孟子学派偏重于"仁",荀子学派则偏重于"礼")。就"仁"的思想而言,儒家的仁学是建立在我国封建社会宗法制度基础之上的,《论语·学而》引孔子弟子有若的话说:"君子务本,本立而道生。孝弟也者,其为仁之本与!"这里的"道"就是指"仁道",而仁道的根本则是孝弟。何谓孝弟(悌)?孝指孝顺父母,弟指敬爱兄长。可见,孝悌即是我国古代社会宗法制度的伦常道德要求。"孝弟也者,其为仁之本与!"这就是说,儒家的思想是建立在温情的以血缘为纽带的宗法制度之上的。儒家从亲情而推至爱人的仁道思想,是由宗法家庭的道德而推至社会道德,是由治家而推至治国的,由孝父而推至忠君的。可见,儒家思想的基础是宗法制度和宗法伦理。正如孟子所说"亲亲仁也","亲亲而仁民,仁民而爱物",②儒家仁学是由宗法亲亲而推至爱民及爱物的人类之爱的。至于儒家的"礼学",则是维护封建社会等级制度的各种社会规范,维护着当时社会"君君、臣臣、父父、子子"的等级秩序。所以说:"礼,经国家,定社稷,序民人,利后嗣者也。"③《礼记·曲礼》则说:"夫礼者,所以定亲疏,决嫌疑,别同异,明是非也。"可见"礼"是用来定贵

---

① 《汉书》卷五六《董仲舒传》,第2525页。
② 《孟子·尽心上》。
③ 《左传·隐公十一年》,《春秋左传注》,中华书局,1981年,第76页。

贱、尊卑、亲疏的等级秩序的。所以儒家讲的仁爱也要符合"礼"的要求，只有克己复礼才能为"仁"，仁爱是有亲疏、尊卑之分的，"爱"是有"差等"的。由此可见，儒家的"礼"学是直接为封建等级制度服务的，是这一制度的集中的反映。

秦汉以来，我国建立了大一统的中央集权的封建君主专制主义的国家。在这样的君主专制主义制度下，皇权是至高无上的最高权威，臣民们必须服从皇帝一人的命令。为此，与这种君主专制主义相应，董仲舒提出了"屈民而伸君，屈君而伸天"的思想。他认为这是按照《春秋》之法，"以人随君，以君随天"而得出的《春秋》之大义。① 这里即是说，臣民们必须随从君主，听命于君，而君则必须听命于天。这是因为"天子"本来就是"受命于天"的，为"天之子"。这显然是"君权神授"之说，以此老百姓应当听命于君，必须"屈民而伸君"。然而至高无上的皇帝，这个地主阶级的总代表，也应听从天的意志，而不能违背天，天的意志实际就是地主阶级根本利益的集中反映，即是反映封建社会根本制度的要求的。这些根本制度和根本利益的要求，董仲舒把它们归结为"三纲"和"五常"，尤其是以"三纲"思想更带有根本性。董仲舒说："王道之三纲，可求于天。"②在此他用阳尊阴卑的思想论证君为臣纲、父为子纲和夫为妻纲，从而证明"三纲"是天的意志。所谓"三纲"，实际是讲的君主专制主义，宗法制家长专制主义和夫权专制主义的思想，这是我国封建社会的根本制度和主义，是古代封建社会的四大权力，即政权、族权、夫权和神权（"可求于天"）的集中反映，皇帝应该维护这四种权力，而不能违背。然而皇帝的权力又是至高无上的，没有谁能监督他，所以董仲舒在这里只能求助于"天"了，用神圣的"天"来监督皇帝，这就是"屈君伸天"的真正含义了。皮锡瑞说："当时儒者以为人主至尊，无所畏惮，借天象以示敬，庶使其君有失德者犹知恐惧修

---

① 苏舆：《春秋繁露义证》卷第一《玉杯》，中华书局，1992年，第31页。
② 《春秋繁露义证》卷第一二《基义》，第351页。

省。此《春秋》以元统天,以天统君之义,亦《易》神道设教之旨。"①大概就是说的这个意思了。综上述可知,儒家思想,尤其是董仲舒所发挥的儒家思想,完全是符合我国封建社会的根本制度和根本主义的要求的,它集中地反映了我国封建社会君主专制主义,宗法制度和封建等级制度的要求,是我国古代封建社会中的四大权力,即政权、族权、夫权和神权的最集中的反映。所以,汉代乃至整个封建社会都把儒家定为官方哲学,作为统治思想,是有着充分的理由的,是有着内在的必然性的。在这方面,先秦的其他学派皆是不可与之比拟的。先秦的另一显学墨家,它反对儒家的"爱有差等"的思想,主张兼爱互利("兼相爱、交相利"),否定了贵贱亲疏的等级秩序,为此儒家大师荀子评论墨子"有见于齐,无见于畸(差等)"。②更在《非十二子》中批评墨家说:"不知壹天下,建国家之权称,上功用,大俭约而慢差等,曾不足以容辨异,县君臣;然而其持之有故,其言之成理,是以欺惑愚众。是墨翟、宋钘也。"在此,荀子抨击了墨家狭隘的功利主义和轻视君臣之间等级差别的思想。很显然,在森严的封建等级制度的社会中,墨家是行不通的,只能是一种小生产者的空想而已。在先秦和秦王朝中,最有力量的要数法家,他们能在诸侯国中实行变法,并能使后起的秦国强大起来,用武力统一了全中国,但正如上文所述,秦王朝的法家政治是短命的,不可能持续发展,因为它在"跛足"行路,只懂得强力的一手,而不懂得软的一手道德教化的作用("仁义不施")。所以它只能是走不远的,以惨痛的失败而告终。先秦诸子百家中,哲学理论上颇有创见的应数老庄为代表的道家。老子道家主张"道法自然",由天道而推人事,提倡君主无为而治,讲的是"君人南面之术",而他批评儒家礼和仁的思想,带有反专制的思想倾向,而缺乏一套维护宗法等级制的伦理价值学说,自然不能与儒家相比而赢得统治阶级的青睐,只是在特别的条件下,

---

① 皮锡瑞:《经学历史》,中华书局,1959年,第106页。
② 荀子:《荀子新注》第六《非十二子》,中华书局,1979年,第66页。

如汉初需要休养生息时才得到官方的一时支持。至于庄子的道家追求是个人的精神自由(逍遥游)和宁静,往往为失意的士人所喜欢,自然不能为朝廷所重视。其他诸如名家和阴阳五行家,都没能提出较完整的政治伦理思想,他们的一些思想只能为儒家、法家、道家所吸取,而自己在社会上、在朝廷上形成不了多大的气候。所以能赢得官方的支持,成为封建社会统治思想的只有儒家,其他各家皆莫属了。

二、汉代儒学的的基本特点

以董仲舒为代表的汉代的儒家,是由先秦儒家思想直接发展而来的,同时他又带有了自己时代(汉朝)的特点,因此,又有着不同于先秦时期儒家的地方。就这点而言,汉代儒家可称之为汉代的新儒家,它建立了不同于先秦儒家的一种新的儒家思想体系。按照一般的说法,以董仲舒为代表的汉代的儒学是一种宣扬"天人感应"的神学目的论体系,但这尚不能完全说明董仲舒儒家思想的全部特点。以董仲舒为代表的儒学思想特点是多方面的,他与先秦儒学和诸子之学有了很大的不同。这些特点概括起来说,我们认为至少有下列几点:

(一)董仲舒为代表的汉代儒学,最突出的特点自然是它的尊天神的宣扬"天人感应"的宗教神学思想。董仲舒儒学思想体系中最高的概念是"天"。对于"天",在先秦诸学派中,乃至在儒家内部的各分派中,皆有着不同的理解。这些不同的见解归结起来大致有这样三种不同的观点,即有意志的主宰之天(宗教神灵之天),道德义理之天和自然之天。墨子主张天是有意志的("天志")主宰之天说,道家主张天道无为的自然之天说,而儒家学派内部则十分复杂。孟子更多的是从道德义理之天来理解天的。如他说:"尽其心者,知其性也。知其性,则知天矣。存其心,养其性,所以事天也。"[①]这里讲的是尽心知性知天的天人合德思想,认为人性之开端就是来源于"天"的,把天视作为人性

---

① 《孟子·尽心上》。

善的根源。战国末期的大儒荀子则反对这一说法,主张天为自然物质之天。荀子说:"天行有常,不为尧存,不为桀亡。应之以治则吉,应之以乱则凶。"①又说:"强本而节用,则天不能贫;养备而动时,则天不能病;循道而不二,则天不能祸。"②可见,天道运行是有客观常规的,是不依人的意志所转移的,顺应天则吉,违背天则凶,天是无意志的自然物,它是不会干与人事的。为此,荀子提出了"明天人之分"的思想。对于先秦诸子百家中所有这三方面的思想,董仲舒的儒学皆有所吸取,把他们不同的观点综合到自己的天论之中。正如金春峰所说:"(董仲舒)讲的天,有三方面的意义,即神灵之天,道德之天和自然之天。这三个方面,他企图把它们加以统一,构造成一个体系。"③当然在这三方面的意义中,董仲舒最突出强调的是有意志的神学之天和道德之天,而自然之天只能是配角而已。但有意志的主宰之天,并不是人格神,而是说苍苍之天具有意志和主宰作用,这是西周以来就有的宗教神学思想,这种对"天"的信仰到了春秋时代发生了动摇和怀疑,出现了一股疑天的思潮。春秋末年,老子的天道无为思想就对传统尊天神思想提出了批评。惟独战国时期的墨子仍然高唱着"天志"的神学思想,但其"天志"内容已与传统尊天神思想不一样,强调的是人们之间的"兼爱互利",并且他还反对儒家天命论。战国中期兴起了庄子的道家思想和一批法家人物,皆对有意志的主宰天进行了抨击,从而出现了战国末年大儒家荀子的《天论》,较彻底的清算了传统的宗教神学天命论,提出了"明天人之分"与"制天命而用之"的无神论思想。这是当时时代思潮发展的结果。时至董仲舒时期,时代变了,如果说春秋战国时期是一个"变天"时期(翻天覆地的变化时代),所以传统的天神崇拜遭到唾弃和批判,而汉代则已经统一了全中国,结束了战乱纷争

---

① 《荀子新注》第一七《天论篇》,第 268 页。
② 《荀子新注》第一七《天论篇》,第 269 页。
③ 金春峰:《汉代思想史》,中国社会科学出版社,1987 年,第 147 页。

时期,由"攻取"天下,变成了"守成"天下的"守天"时期。要巩固大统一的地主阶级政权,为了维护大一统的封建君主专制的统治,重新召回尊天神的宗教神学就显得十分重要了。上天的绝对权威就是地上的至高无上的王权的投影,为了巩固王权就需要上天的神权来保障。为此,董仲舒走上了尊天神之路,重新宣扬起了有意志的主宰之天的思想。董仲舒说:"天者,百神之君也。"①"唯天子受命于天,天下受命于天子。"②"受命之君,天意之所予也。"③"王道之三纲,可求于天。"④等等。可见,董氏是用天的意志的宗教神权来保障封建政权(封建君主专制主义)、族权(宗法制家长专制主义)和夫权(封建男权专制主义),希望能使封建社会得以长治久安,永远存在下去("天不变,道亦不变")。董仲舒的尊天思想,可以说是对荀子的无神论思想自然之天的否定。这一否定又是对上古三代天神思想的重新肯定,当然这种肯定是在新的汉代思想基础上的肯定,并不是完全回复,而是实行一个否定之否定的圆圈,这大概也是人类思维规律的一种必然的产物吧!董仲舒一方面把"天"抬高到"百神之君"的至尊地位,另一方面又把儒家的仁义道德加到了"天"的身上,使儒家仁学神圣化。这自然是从孟子的思想那儿直接发展来的。董仲舒说:"仁之美者在于天。天,仁也。天覆育万物,既化而生之,有养而成之,事功无已,终而复始,凡举归之以奉人。察于天之意,无穷极之仁也。人之受命于天也,取仁于天而仁也。"⑤天之意,有着无穷极之仁,天有仁爱之心,覆育生养万物,人是受命于天的,所以人也有仁爱之心,有"父兄子弟之亲,有忠信慈惠之心,有礼仪廉让之行"⑥等等。然而董仲舒除了讲有意志的主宰天

---

① 《春秋繁露义证》卷第一五《郊义》,第402页。
② 《春秋繁露义证》卷第一一《为人者天》,第319页。
③ 《春秋繁露义证》卷第一〇《深察名号》,第286页。
④ 《春秋繁露义证》卷第一二《基义》,第351页。
⑤ 《春秋繁露义证》卷第一一《王道通三》,第329页。
⑥ 《春秋繁露义证》卷第一一《王道通三》,第330页。

和道德仁义之天外,也还讲述了天的自然性的一面。例如,他在阐述天地生万物的过程时说:"天地之气,合而为一,分为阴阳,判为四时,列为五行。"①在这里,阴阳、四时、五行之生,似乎是一种自然演化过程,并不需要有意志的"天"作用于其间。又,董仲舒在解释天气的变化、雷电风雹等现象时,皆由阴阳二气相互作用来解释。他说:"阴气胁阳气。天地之气……运动抑扬,更相动薄,……而风、雨、云、雾、雷、电、雪、雹生焉。气上薄为雨,下薄为雾;风其噫也,云其气也,雷其相击之声也,电其相击之光也。"②这些天气变化,莫不皆是自然现象,与主宰天神无任何关系,并没有什么神秘性。这就如荀子所说:"星坠木鸣,国人皆恐。曰:是何也?曰:无何也,是天地之变,阴阳之化。"③可见,董仲舒的天论中也有自然之天的成分。不过,这些思想并不是他思想体系中的主要内容,只是解释一些自然变化的现象时吸取了前人自然之天的思想,而在主要方面,在社会政治伦理等方面,他所强调的乃是有意志的主宰之天和道德义理之天的思想。

天人关系问题,是我国哲学史上的一大基本问题。古代哲学家谈"天"几乎都是为了解决人类的社会问题的。董仲舒的儒学思想体系也是如此,董氏哲学的根本问题,也是讨论天人关系问题。在先秦诸子哲学中,在天人关系的问题上,有主张天人合一说,也有主张天人相分说的。荀子明确提出天人相分的说法,认为天有天的本分,人有人的本分,天是无意志的自然物,它不能干预人事,然而大多数学者皆主天人合一说,如孔、孟、老、庄等人,但他们对天人关系问题有着不同的理解。自上古三代以来,传统的天人合一说具有宗教神学性,认为上帝或"天"能干预人事,能赏善罚恶,主宰人类的命运。孔子、孟子的儒家思想则更多的强调天人合德说,认为人的善端是天赋予的("知性而

---

① 《春秋繁露义证》卷第一三《五行相生》,第362页。
② 董仲舒:《雨雹对》,《春秋繁露 天人三策》,岳麓书社,1997年,第340—341页。
③ 《荀子新注》第一七《天论篇》,第275页。

知天")。老庄道家与儒家孔孟不同,主张天道自然无为说,认为人应法道而行,达到天人合一的境界("与道同体")。董仲舒在"天人之际"的问题上,也主张天人合一说。他主要继承传统的宗教神学的天神主宰人事的思想和孔孟儒家的天人合德思想,并提出了富有自己思想特色的宗教神学目的论的"天人感应说"。然而董仲舒的"感应说"也是既有自然感应说的成分,也有宗教神学的"感应"说的内容。而前者不过是为了服务后者。首先董仲舒提出了"同类相感"(或称"以类相动","以类相召")的思想,认为同一类的东西,是可以相互感应的。他说:"今平地注水,去燥就湿;均薪施火,去湿就燥。百物去其所与异,而从其所与同,故气同则会,声比则应,其验皦然也。试调琴瑟而错之,鼓其宫则他宫应之,鼓其商则他商应之,五音比而自鸣,非有神,期数然也。"①在这里,水就湿,火就燥,气同相会,声比则应,鼓宫而他宫应之,这种同类相应现象,董仲舒明确认为这是一种必然的自然现象,没有什么神灵在起作用。当然这一思想并不是董仲舒的创造,而是从荀子和《吕氏春秋》那儿分别继承而来的。荀子说:"均薪施火,火就燥;平地注水,水流湿。夫类之相从也,如此之著也。"②《吕氏春秋》讲的更为清楚:"类固相召,气同则合,声比则应。鼓宫而宫动,鼓角而角动。平地注水,水流湿;均薪施火,火就燥。"③同类相从也,同类相招,这是一种自然相应的现象,然而,人们把它推而广之,以"美事招美类,恶事招恶类"原则推之,提出了"国家将兴,必有祯祥;国家将亡,必有妖孽"的思想。④ 这些前人们的思想,董仲舒更把它与尊天神的宗教思想结合起来,提出了自己灾异谴告说的"天人感应"思想。董仲舒认为,人与天是同类的,"人副天数"而成,是"类于天"的。如"人有三百六十节,偶天之数也"。"天以终岁之数,成人之身,故小节三百六十

---

① 《春秋繁露义证》卷第一三《同类相动》,第358页。
② 《荀子新注》第二七《大略篇》,第468页。
③ 《吕氏春秋校释》卷第一三《有始览·应同》,学林出版社,1984年,第678页。
④ 《中庸》,《四书章句集注》,中华书局,1983年,第33页。

六,副日数也;大节十二分,副月数也;内有五脏,副五行数也;外有四肢,副四时数也",可见"天地之符,阴阳之副,常设于身,身犹天也"。①因此人的行为与天之间,亦宜以类相应,即人的行为可以感应上天。为此,董仲舒说:"天地之物有不常之变者,谓之异,小者谓之灾。灾常先至而异乃随之。灾者天之谴也,异者天之威也。谴之而不知,乃畏之以威,……凡灾异之本,尽生于国家之失。国家之失乃始萌芽,而天出灾害以谴告之,谴告之而不知变,乃见怪异以惊骇之,惊骇之尚不知畏恐,其殃咎乃至。以此见天意之仁而不欲陷人也。"②这就是著名的董仲舒的灾异谴告之说。这是一种宣扬宗教神学的天人感应说,表现了天神对人类的无限仁爱之心。天与人是同类,"为人者天也","天亦人之曾祖父也"。③"人之形体,化天数而成;人之血气,化天志而仁;人之德行,化天理而义;人之好恶,化天之暖清;人之喜怒,化天之寒暑……"④总之,人由天生,化天而成,所以"上类于天"。因此,天是最疼爱人的,而人亦是最类于天的。所以,天造出了万物,全是为了人。"五谷,食物之性也,天之所以为人赐也。"⑤"天生五谷以养人。……天意常在于利人。"⑥"天覆育万物,既化而生之,有养而成之,事功无已,终而复始,凡举归之以奉人。"⑦所有这些,皆是在宣扬天为人而造万物的神学目的论思想。在天人关系问题上,董仲舒的天人感应的灾异谴告说和神学目的论思想,最突出地表现出了以董仲舒为代表的汉代儒学的宗教神学的特色。之后,董仲舒的儒家神学思想,在整个汉代产生了巨大的影响,并演化成为泛滥一时的谶纬神学思想,笼罩了当时的社会。

---

① 《春秋繁露义证》卷第一三《人副天数》,第356—357页。
② 《春秋繁露义证》卷第八《必仁且智》,第259页。
③ 《春秋繁露义证》卷第一一《为人者天》,第318页。
④ 《春秋繁露义证》卷第一一《为人者天》,第318页。
⑤ 《春秋繁露义证》卷第一六《祭义》,第439页。
⑥ 《春秋繁露义证》卷第一六《止雨》,第438—439页。
⑦ 《春秋繁露义证》卷第一一《王道通三》,第329页。

(二)以董仲舒为代表的汉代儒学,较全面系统地总结出了我国封建专制等级制的地主社会的政治伦理思想的基本原则,即归结为"三纲五常"的思想,并把它视作为天经地义的永恒的法则,成为了我国整个封建社会的意识形态的主导思想。

"三纲"思想在我国历史上首先是由董仲舒正式揭出的。当然有关"三纲"的思想,早在春秋战国时期即有所涉及。"三纲"讲的是封建地主社会三种主要的人与人之间的道德关系,即君臣、父子、夫妇的伦理关系。战国时的孟子曾把封建社会的人伦关系归结成五伦,即"父子有亲,君臣有义,夫妇有别,长幼有叙,朋友有信",①但孟子并未提出封建专制主义的"三纲"说。突出君臣、父子、夫妇三伦的尊卑主从封建专制主义关系的倒是法家韩非。他说:"臣事君、子事父、妻事夫,三者顺则天下治,三者逆则天下乱,此天下之常道也,明君贤臣而弗易也。"②韩非特重五伦中的三伦,即君臣、父子、夫妻,这三伦却是封建地主宗法社会中最主要的三伦,代表着封建地主社会的政权、族权、夫权的三大权利。韩非并把这三种权利说成是永远不可改变的"常道"。《礼记·乐记》中则谈到"纪纲"的思想。《乐记》引子夏的话说:"夫古者天地顺而四时当,民有德而五谷昌。……然后圣人作为父子君臣以为纪纲。纪纲既正,天下大定。"《乐记》把父子、君臣关系的端正,当做治理社会的根本("纪纲")。这思想显然是从孔子那里来的。《论语·颜渊》记载说:"齐景公问政于孔子,孔子对曰:'君君、臣臣、父父、子子。'公曰:'善哉!信如君不君,臣不臣,父不父,子不子,虽有粟,吾得而食诸?'"端正好君臣、父子的等级名分,社会才能得以治理,国家才能安宁。但在孔子儒家那里尚没有浓厚的封建专制主义的思想,君臣之间还没有绝对的从属关系。如《论语·八佾》记载说:"定公问:'君使臣,臣事君,如之何?'孔子对曰:'君使臣以礼,臣事君以忠'。"在这

---

① 《孟子·滕文公上》。
② 韩非:《韩非子集释》卷二〇《忠孝》,上海人民出版社,1974年,第1107页。

里君臣之间尚有一些平等的关系存在,并不强调"臣事君"是天经地义的绝对从属的关系。

董仲舒的"三纲"说,既继承和发展了先秦儒家的思想,又汲取了先秦法家韩非的思想,提出了一个较完整的维护封建专制主义的"三纲"学说。董仲舒用自己的尊天神的宗教神学和阴阳学说对"三纲"思想加以论证说:"天为君而覆露之,地为臣而持载之。阳为夫而生之,阴为妇而助之。春为父而生之,夏为子而养之。……王道之三纲,可求于天。"①天尊地卑,故君贵臣贱;阳尊阴卑,故夫贵妇贱(夫生之,妇助之);春为父,夏为子(春为木,夏为火,木生火),故父贵子贱(父生子养)。可见,王道之"三纲",是阳尊阴卑的表现。所以说,"王道之三纲,可求与天。"董仲舒认为,要实现儒家思想的王道之治,关键在于维护住天的意志的体现"三纲",即维护住封建专制主义的政权(君权)、族权(父权)、夫权和神权(天)。这四大权利,正是我国封建社会的上层建筑的集中体现,维护这四大权利,就能使我国封建社会得以长治久安。为此,董仲舒的"三纲"思想,成为了而后封建社会的基本的政治伦理原则。汉代起来响应董仲舒这一思想的是纬书的作者。《礼纬·含文嘉》说:"君为臣纲、父为子纲、夫为妻纲。"这是把董仲舒的三纲思想十分明确的提了出来。之后《白虎通义·三纲六纪》又作了总结说:"三纲者何谓也?谓君臣、父子、夫妇也。……君为臣纲、父为子纲、夫为妻纲。"又说:"何谓纲纪?纲者,张也。纪者,理也。大者为纲,小者为纪。所以张理天下,整齐人道也。人皆怀五常之性,有亲爱之心,是以纲纪为化,若罗网之有纪纲而万目张也。"②"三纲"即是"君为臣刚、父为子纲、夫为妻纲",是维护封建社会的三大纲领,所谓"纲纪",即是罗网上的纲纪(大绳索、小绳索)一样,纲举则目张。《白虎通义·三纲六纪》还用阴阳学说来论证"三纲"说:"君臣、父子、夫妇,六

---

① 《春秋繁露义证》卷第一二《基义》,第351页。
② 班固:《白虎通疏证》卷八《三纲六纪》,中华书局,1994年,第374页。

人也,所以称三纲何?'一阴一阳谓之道'。阳得阴而成,阴得阳而序,刚柔相配,故六人为三纲。"这里讲的是阳尊阴卑(阳得阴的配合而成,阴只有得到阳才有自己的序位)、阴阳相配,故有君为臣纲、父为子纲、夫为妻纲的道理。可见"三纲"是效法天地阴阳而来,是自然永恒的法则。

至于仁、义、礼、智、信的"五常"思想,也是由董仲舒明确揭出的。在春秋战国时代,尤其在儒家的孟子学派那里早已有"五行"与"四端"之说。在楚墓中出土的古佚书《五行》中已把仁、义、礼、智、圣称为"五行",孟子则提出了人性有仁、义、礼、智四端之说。董仲舒在前人的思想基础上,提出了"五常"说。他在《举贤良对策》中说:"夫仁、谊、礼、知、信五常之道,王者所当修饰也;五者修饰,故受天之祐而享鬼神之灵,德施于方外,延及群生也。"①

这是说,仁、义、礼、智、信为"五常之道",即为五种永恒的道德观念,是天的意志的表现,所以王者应修五常之德。董仲舒还用五行五方的学说来论证"五常"的思想。他说:东方属木,农之本,司农尚仁;南方属火,司马尚智,尽贤圣之事;中央属土,君官也,司营尚信;西方属金,大理司徒也,司徒尚义;北方属水,执法司寇也,司寇尚礼。② 这样又把"五常"与五行五方所主使的不同官职结合了起来。总之,仁、义、礼、智、信五常是出于自然的五行(木、火、土、金、水)的要求,是不可改变的"常德"。这样又把儒家所宣扬的封建社会的"五常"道德原则永恒化、合理化了。在这里,我们应该看到"五常"与"三纲"有所不同:三纲主要是维护封建专制主义的,而五常则带有人与人之间的普遍性的道德原则,直至今日我们还可以批判继承的。

(三)汉代儒家还有个很明显的特点,即是汉代儒家思想以经学的形式出现,用解经注经的方式来阐明自己的思想。相传古代流传下来

---

① 《汉书》卷五六《董仲舒传》,第2505页。
② 参见《春秋繁露义证》卷第一三《五行相生》,第362—366页。

的经典有六部,即《诗》、《书》、《礼》、《乐》、《易》、《春秋》,亦称为"六艺"。孔子曾经整理和研究过这六种著作。之后,六经也就成了儒家的主要经典,这些经典后来由孔门弟子加以传播,所以太史公说:"中国言六艺者折中于夫子(孔子)。"①汉代的儒家以解经注经的形式出现,自有其历史上的原因。先秦时的孔子就在解释和整理六经,尤其对《诗经》和《易经》最为重视,楚墓中出土的古佚书中,已经有孔子和其弟子的讨论《诗》、《易》的记载文字,阐说了孔子自己的儒家思想。时至战国时期,又出现了儒家学者对《易经》的注释和研究的著作,即我们通常所说的"易传"(十翼),尤其是《系辞传》的作者通过解《易》阐发了自己的儒家哲学思想体系。至于汉代的儒家,一方面受到先秦儒学重视经学的传授和研究的影响;另一方面它之所以以经学的方式表达出现,还有其自己的时代原因。汉之初建是在秦王朝焚书坑儒后,儒生遭到排斥和杀戮,经典遭到焚烧而散佚,儒家遭到了沉重的打击,正如皮锡瑞在《经学历史》一书中所说:"汉兴,去圣帝明王寖远,仲尼之道又绝,法度无所因袭,……天下但有《易》卜,未有它书。"②可见,汉初儒家经学急待恢复,若没有经典的依据,汉代的礼仪法度也就无可因袭。以此搜集传承经书,成了当时儒家的首要任务,从而使儒家经学在汉初走上了复兴之路,并越来越为朝廷重视,至武帝时,建五经博士官职,确立了儒家经典的权威地位。正如皮锡瑞说:"五经博士始备,此昌明绝学大事。"③既然五经得到了官方的支持,确立了儒家经典的权威地位,由此,儒生地位也得以提升。"武安侯田蚡为丞相,绌黄老刑名百家之言,延文学儒者数百人,而公孙弘以《春秋》白衣为天子三公,封以平津侯,天下学士靡然乡风矣。"④之后,汉宣帝时还召开了石渠阁经学会议,论五经之同异,"由太子太傅萧望之奏其议",宣帝则

---

① 《史记》卷四七《孔子世家》,第1947页。
② 皮锡瑞:《经学历史》,第65页。
③ 皮锡瑞:《经学历史》,第73页。
④ 《史记》卷一二一《儒林列传》,第3118页。

亲自裁决经义。由此可见当时经学地位之崇高。既然经学已有了如此崇高的地位,因此汉代儒家思想往往就以注经解经的形式出现,以阐明自己的儒家思想。这样也就形成了汉代儒学的一大特点。当时的经学有所谓今文经学与古文经学的区分。今文经学者,即用汉代通行的文字隶书写作经书,当时谓之今文经学。古文经学者,即用古代先秦的古文字写出,而这一文字汉世并不流行,故谓之古文经学。这是就文字的不同而分的。然今古文经学的不同,"非惟文字不同,而说解亦异矣。……前汉今文说,专明大义微言;后汉杂古今,多详章句训诂。"[1]今文经学的解经,专明微言大义,其典型的代表就是董仲舒,他以六经注我的解经方法,通过对《春秋经》的解释,阐说了自己天人感应神学目的论的新的儒家思想体系。而古文经学则重视名物训诂,属于朴学考据之学,而没有什么微言大义之发挥。以此,我们现在所说的汉代新儒学,主要指的就是今文经学家们在解经过程中所发挥出的"微言大义"。汉代的儒家思想就是以这种解经的形式而出现的。

(四)汉代儒学与先秦儒学相比较,还有一个很大的不同,就是先秦儒学只是思想界上百家争鸣中的一家,只是社会上众多学派中的一派而已。而汉代儒学的社会地位发生了根本变化,成为了汉王朝的官方哲学,赢得了独尊的统治地位。

这一变化给当时的社会和儒家自身的发展,带来了莫大的影响。其影响主要有以下几点:(1)儒家思想由于成了官方的意识形态,从而使得整个社会,从上到下,从政治、伦理、法律……乃至人们日常的生活风俗等等,皆以儒家思想作为自己活动的指导思想,包括外来的佛教和自己本土上产生的道教,皆要汲取儒家的伦理道德思想作为自己的宗教思想,从而使得我国古代封建社会走上了一条以儒家文明而著称的社会。(2)汉王朝开设的学校成为了儒家重要的教育阵地,儒家与学校教育紧密地结合起来,学校成为了培养儒生和宣传儒家思想的

---

[1] 皮锡瑞:《经学历史》,第68—69页。

场所。在这一点上其他学派是无法与之相匹敌的。而这一功绩则归功于董仲舒。正如《汉书·董仲舒传》所说:"自武帝初立,魏其、武安侯为相而隆儒矣。及仲舒对策,推明孔氏,抑黜百家,立学校之官,州郡举茂材孝廉,皆自仲舒发之。"董仲舒这一功劳在儒学史上是不可磨灭的。(3)儒生的地位得到了大大提升,成为了各级官吏的主要来源。汉代所谓的举茂才、举孝廉,自然选拔对象大多是儒生。儒学者不仅可成为五经博士和博士弟子,而且可成为各级官吏,上为丞相,下为地方官吏,儒生成为了封建社会选拔官吏的主要来源,这一做法成为了制度,也可以说是从武帝开始的,但武帝没有完全这样做,他还用了许多法家人物和酷吏人物。武帝之后,到元、成帝时,这种制度则广泛得到了推行,儒家的统治地位也真正得到了确立。由此可见,儒家地位的转变给当时社会带来的影响是极大的。

三、汉代儒学发展的六个阶段

事物的发展,一般都是有一个产生、兴盛和衰落的历史过程。汉代儒学亦不例外,它也有一个从复兴到繁荣昌盛再到衰落的历史过程。它的这一历史过程,大体上来说,还可以划分成若干历史发展时期。就其汉代儒学思想自身发展来看,我们可以把它划分成如下几个重要的发展阶段:

(一)汉初儒学的复兴时期

这一时期大致处在汉王朝建立至武帝执政之前这样一个时段中。秦王朝推行法家政治,采取了打击儒家的政策。秦始皇的焚书坑儒令,用的是法家的高压政策,企图用暴力来解决意识形态领域的纷争,尤其是焚书事件,"史官非秦记皆烧之。非博士官所职,天下敢有藏《诗》、《书》、百家语者,悉诣守、尉杂烧之。有敢偶语《诗》、《书》者弃市。"①这是一种极端的文化专制主义的政策,给予了儒家以致命的打

---

① 《史记》卷六《秦始皇本纪》,第255页。

击。汉承秦制之后,一方面要恢复经济与民休息,另一方面就是要恢复文化的建设,尤其是恢复我国传统礼义文化的建设,即要复兴先秦的儒家文化。这是当时时代之使然。其时的有识之士们总结了秦王朝暴亡的教训,深深懂得"可马上得天下,而不可马上治天下"的道理,要治理好天下,不仅要有法治,而且要有仁礼的教化,还要有礼治。为此,汉初的儒学家们如叔孙通、陆贾、贾谊等人,纷纷起来总结秦王朝速亡的教训而提倡儒学,宣扬儒学的仁义礼治的思想,从事复兴儒学的工作,从而为而后汉代儒学的昌盛打下了初步的思想基础。

(二)汉代儒家公羊《春秋》学的昌盛时代

这一时期大致在汉武帝时期,其时《春秋》公羊学盛行,主要代表人物有董仲舒、公孙弘等人。《汉书·武帝纪》记载,汉武帝元光元年(前134)五月诏贤良对策,"于是董仲舒、公孙弘等出焉。"《史记·儒林列传》则说:"及今上(指武帝)即位,赵绾、王藏之属明儒学,而上亦乡之,于是招方正贤良文学之士。……及窦太后崩,武安侯田蚡为丞相,绌黄老刑名百家之言,延文学儒者数百人,而公孙弘以《春秋》白衣为天子三公,封以平津侯,天下之学士靡然乡风矣。"可见,当时的儒学已经得到了复兴,其儒学思想则主要为《春秋公羊传》学,其主要代表就是以董仲舒为大师的《春秋》公羊学。董仲舒以解经的形式,解读《春秋公羊传》,发挥经中的所谓"微言大义",强调了《春秋》大一统思想,构建了一个天人感应神学目的论的儒学思想体系,总结出了基于封建社会专制宗法等级制的"三纲五常"的政治伦理价值学说,为我国整个封建社会的上层建筑意识形态奠定了理论基础,并提出了"罢黜百家,独尊儒术"的思想。所以,这一时期在我国历史上,尤其在我国文化思想史上,有着十分重要的意义。

(三)汉代儒学统治地位的确立时期

这一时期大约在汉元帝、成帝时期。虽说汉武帝初即位时,"上亦乡之(指儒学)","武安侯田蚡为丞相,绌黄老刑名百家言,延文学儒者数百人",董仲舒对策更提出"诸不在六艺之科孔子之术者,皆绝其道"的建议,当时汉武帝也采取了一些尊儒的做法(如举孝廉、茂才,设学校等等),但毕竟汉武帝是"外仁义而内多欲"的帝王,实际上并没有完全独尊儒术,儒学的统治地位并未确立,反而武帝重用了不少法家人物和酷吏人士,他们掌控了大权。正如汉宣帝所说:"汉家自有制度,本以霸王道杂之,奈何纯任德教,用周政乎!"①由此可见,汉宣帝尚是继承了武帝以来的霸王道杂之,即法家、儒家结合起来治理社会的,并不是独任儒术的。当然宣帝之用儒学又要比武帝进了一步,汉武帝设立五经博士,而宣帝则召开了著名的"石渠阁经学会议","诏诸儒讲五经同异,太子太傅萧望之等平奏其议,上(指宣帝)亲称制临决焉。乃立梁丘《易》、大小夏侯《尚书》、《穀梁春秋》博士。"②石渠阁会议论五经同异,而宣帝亲自称制临决,可见他对经学的十分重视。这次会议对后来的汉章帝召开的"白虎观会议"起了很大的影响。但汉宣帝毕竟没有独尊儒术,如班固所说"孝宣之治,信赏必罚,综核名实,政事文学法理之士咸精其能……"③可见,宣帝是儒法兼用的。真正独尊儒术,使儒学和儒生确立在朝廷中统治地位的,恐怕应推汉元帝了。汉元帝"柔仁好儒",他为太子时"见宣帝所用多文法吏,以刑名绳下",曾向宣帝提出"陛下持刑太深,宜用儒生"的建议,还遭到了宣帝的批评。元帝即位后,大讲德政教化和天人感应的灾异之说,并重用儒生,委以重任,使儒学真正获得了独尊的地位,所以班固说:"(汉元帝)少而好儒,及即位,征用儒生,委之以政,贡(贡禹)、薛(薛广德)、韦(韦贤)、匡(匡衡)迭为宰相,而上牵制文义,优游不断,孝宣之业衰焉。"④由此看来,朝廷独尊儒术,儒生掌握了朝政大权,就是从汉元帝开始的。所以皮锡瑞说:"经学自汉元、成至后汉,为极盛时代。……元帝尤好儒生,

---

① 《汉书》卷九《元帝纪》,第277页。
② 《汉书》卷八《宣帝纪》,第272页。
③ 《汉书》卷八《宣帝纪》,第275页。
④ 《汉书》卷九《元帝纪》,第298—299页。

韦、匡、贡、薛,并致辅相,自后公卿之位,未有不从经术进者。"①又说:"由汉武开其绪,元、成及光武、明、章继其轨,经学所以极盛者……"②云云。由此可知,自汉元帝开始,以董仲舒为代表的汉代儒学走上了独尊的地位,真正成为了官方的统治思想。

(四)汉代儒学的变种——谶纬神学的泛滥时期

这一时期大致处在西汉末年汉哀帝、平帝之世,之后王莽"改制"和光武"中兴"皆用谶纬思想为其提供合法依据,谶纬曾盛极一时。谶,或称谶语,是一种"预决吉凶"的神秘的宗教预言。纬即纬书,对经而言,是对儒家经典五经的一种宗教神学的解释,主要是对董仲舒儒学天人感应神学思想的进一步发挥,使之进一步宗教神学化而已。纬书不仅神化天,提出了"中宫大帝"、"天皇大帝"之类的神灵,而且还神化了儒家的圣人孔子,如《春秋纬·演孔图》中把孔丘说成是首类尼丘山,长十尺,大九围,在端门受上帝之命叫他为汉代刘家立法等,俨然把孔子当做神人了。为此,人们一般把谶纬思想,称之为谶纬神学,是一种宗教神学化的儒学。

(五)古文经学与今文经学的纷争和《白虎通义》的儒学"国宪"化时期

古文经学是指经学中研究古文经籍的流派,是相对今文经学而言的。今文经是用汉代通行的文字隶书写出的,在古文经未出现之前,汉代的经学皆是今文经学,如董仲舒等等。古文经则是用先秦古文写成的,按照古文经学家的说法,秦火之后,六经残缺,尚存者或藏宅壁,或散佚民间,至汉代这些古文籍陆续发现,相传河间献王所得书,皆古文旧籍。时至哀帝时,古文经为刘歆所重视。王莽新朝时,刘歆力主立古文经学博士,排斥今文经学,自此开始有了经学上的古今文之争。今文经学重在阐发经中"微言大义",而古文经学的特点在名物训诂,两者的解经思想有着很大的不同。由此,今古文经学之争,不仅是文

---

① 皮锡瑞:《经学历史》,第101页。
② 皮锡瑞:《经学历史》,第101页。

字之争,而主要的还是在思想上的不同的解释。由于其时思想不统一,再加经学章句繁多,议欲减少等原因,为此汉章帝于建初四年(79)召开了历史上有名的白虎观经学大会。关于这次会议的情况,《后汉书·章帝纪》中记载说:"(建初四年)十一月壬戌,诏曰:'盖三代导人,教学为本。汉承暴秦,褒显儒术,建立五经,为置博士。其后学者精进,虽曰承师,亦别名家。孝宣皇帝以为去圣久远,学不厌博,故遂立大、小夏侯《尚书》,后又立京氏《易》。至建武中,复置颜氏、严氏《春秋》,大小戴《礼》博士。此皆所以扶进微学,尊广道艺也。中元元年诏书,五经章句烦多,议欲减省。至永平元年,长水校尉倏奏言,先帝大业,当以时施行。欲使诸儒共正经义,颇令学者得以自助。……'于是下太常,将、大夫、博士、议郎、郎官及诸生、诸儒会白虎观,讲议五经同异,使五官中郎将魏应承制问,侍中淳于恭奏,帝亲称制临决,如孝宣甘露石渠故事,作《白虎议奏》。"可见,五经博士的建立,有师法有家法,造成了各家解经注经的不同,又加五经章句之越来越繁琐复多,使人得不到要领,为此有必要"使诸儒共正经义",讲论五经同异,使思想统一起来。要做到这点必须要有最高权威的参与,所以最后汉章帝要亲自"称制临决"。有至高无上的皇帝来裁决,这样皇帝钦定的《白虎通义》也就有了最高的权威,实际上成为了国家的法典,人人都必须服从遵循而不得违背,从而把《白虎通义》的儒学思想提高到了"国宪"的地位。

《白虎通义》综合了古文经学与今文经学的思想,应当说主要吸取的还是今文经学派的传统的汉代官方儒学思想,并引用了不少纬书中的宗教神学思想,如董仲舒和纬书中所宣扬的灾异说、天人之际说、五行说、三纲说等等,皆是如此。

汉章帝召开的"白虎观"经学会议,可以说,一方面起到了统一经学和儒学思想的作用,更加提高了儒学在汉代的地位,使儒学思想法典化、国宪化,成为了绝对的权威的思想;另一方面也使儒学思想走上一条僵化的、教条化的、形式化的道路,汉代的官方儒学已经基本上走到了它的尽头,走上了由盛而衰的道路。

(六)汉代官方儒学的衰落时期

事物的发展过程总是由盛而衰的,汉代的官方儒学亦是如此。以董仲舒为代表的今文经学的儒学思想,自董仲舒提出之后,得到了武帝的首肯,后经过宣帝的石渠阁经学会议,至元帝、成帝之时,在朝廷中赢得了统治的地位,后又经过了西汉末年的发展和谶纬神学思想的泛滥,至东汉章帝召开"白虎观"经学会议达到高潮。但是随着东汉王朝的衰落,汉代官方儒学亦随之而走上了衰颓之路。东汉王朝进入中期后,社会矛盾日益激化,危机四伏,东汉王朝一个重要的社会特点是士族势力的日益强大,成为了士族集团参与了朝政,其势必与朝中的宦官集团和外戚集团发生纷争,最后闹出了"党锢之祸",沉重地打击了士族知识分子。又为了争权夺利,宦官集团与外戚集团之间的纷争十分激烈。正由于这些社会矛盾与冲突,交织在一起,使得东汉王朝发生了危机,常处于风雨飘摇之中。在这种动荡不定的社会中,士人们也不可能安心地从事儒学的认真研读,而学风日趋浮华("章句渐疏,而多以浮华相尚。儒者之风盖衰矣")。由此,汉代的儒学也就走上衰颓之路。

汉代官方儒学的衰落,从一定意义上说,也就是宣告了儒学宗教神学化在我国历史上的失败。汉代官方儒学的衰落,其主要原因归结起来有如下几点:第一,以董仲舒为代表的宣扬儒家天人感应的宗教神学思想是直接为大一统的专制主义的封建汉王朝服务的,为其提供理论根据的,而现在汉王朝衰落了,说明董仲舒的尊天神思想已不能维护住汉王朝的王朝统治,天神已经失去了作用。以此,东汉末年的黄巾农民起义打出了"苍天已死,黄天当立"的口号,宣称已经到了应"变天"的时候了,从而宣告了董仲舒的"天不变,道亦不变"思想的破产。第二,董仲舒的宗教神学化的儒学,遭到了来自儒家内部的批评。

应当说在先秦的孔孟儒学中,并没有把"天"改制为天神,说成是什么"百神之大君",孔孟只是强调从义理上来谈天,视天为人的道德的来源。孔子不讲"怪力乱神",荀子更提出了鲜明的无神论的天人相分说。为此,汉代的一些儒学家如扬雄、桓谭等人都对汉代官方儒学宣扬的宗教神学进行了批评,扬雄说:"屈人者克,自屈者负,天曷故焉?"①人事的成败与天无关,并认为天地只是阴阳二气一判一合而成("一判一合,天地备矣")。这即是说,天完全是一个自然物,不可能谴告人的。桓谭则极言谶之虚妄,抨击谶纬迷信说:"观先王之所记述,咸以仁义正道为本,非有奇怪虚诞之事。……今诸巧慧小才伎数之人,增益图书,矫称谶记,以欺惑贪邪,诖误人主。"②王符更在《潜夫论》中完全用元气说阐发了宇宙生成论。他说:"上古之世,太素之时,元气窈冥,未有形兆,万精合并,混而为一,莫制莫御。若斯久之,翻然自化,清浊分别,变成阴阳。阴阳有体,实生两仪。天地壹郁,万物化淳……"③天地是元气自然演变中的产物,并没有什么神秘之处。这就完全否定了董仲舒、纬书等宣扬的尊天神思想。可见,儒家内部是有着两条思想路线的纷争的,正如唐代刘禹锡所总结的"世之言天者二道焉":一是主张天能主宰人间的"阴骘"之说,一是主张天人相分的自然之说。董仲舒的儒家思想属于前者的儒家宗教神学思想,自然要受到后者持无神论思想的儒家自然之说的反对了。第三,董仲舒的儒家宗教神学思想还遭到了汉代道家的天道自然无为思想的挑战。先秦诸子百家中在汉代影响最大的莫过于儒道两家了。以董仲舒为代表的儒家取得了独尊地位,成为了汉代官方哲学,而道家在汉初(主要是黄老道家)也曾一度得到官方的支持。自汉王朝独尊儒术之后,道家虽说失去了官方的支持,但在社会上,在士人中影响仍然很大,研究和

---

① 扬雄:《法言义疏》卷四《重黎》,中华书局,1987年,第361页。
② 《后汉书》卷二八上《桓谭传》,中华书局,1965年,第959—960页。
③ 《潜夫论·本训》,见《潜夫论笺校正》,汪继培笺,彭铎校正,中华书局,1985年,第365页。

发扬老子道家思想的亦大有人在,如刘安主编的《淮南子》、严遵的《道德旨归》、何上公的《老子章句》等,皆是其时重要代表作。然公开揭起批判董仲舒儒家宗教神学和谶纬思想的则要数东汉朝深受黄老道家思想影响的王充了。王充批评儒家宗教神学的思想武器主要就是道家的天道自然无为的思想。王充反对"天地故生人"、"天地故生物"的神学目的论,而主张"天地合气,万物自生",认为天地是"含气之自然","气也,恬澹无欲,无为无事者也。"①可见,天道是自然无为的,没有意志的,不可能主宰人事的,"儒者论曰:'天地故生人。'此言妄也。"②王充在这里坚持了道家的天道自然无为的无神论思想,有力地批驳了汉代官方儒学的宗教神学思想。第四,古文经学的产生和兴盛也遏制了汉代官方儒学的宗教神学化。自西汉末年刘歆倡导古文经学之后,在东汉它得到了很大的发展,贾逵、马融、郑玄(古今文兼学)等皆为古文经学的大师。古文经学虽说"不立于学官",但在民间影响颇大,成为了官方经学(今文经学)的反对派。今文经学讲天人感应灾异说,讲经中之微言大义;古文经学重名物训诂,重历史事实,重考据。今文经学神化孔子,说孔子"受天命为新王,为汉制法";古文经学认孔子为史学家,是古代文化(六经)的整理者、保存者,孔子不是神,尊孔子为师。由此形成了两者思想的不同,古文经学在东汉的兴盛也就起到了遏制今文经学所谓"微言大义"的发挥的作用。古文经学兴盛,今文经学也就随之而衰落。

　　以上我们述说了汉代官方儒学走向衰颓的社会原因和思想方面的几个原因。正由于这些原因作用的结果,使汉代官方儒学衰落了,代之而起的是崇尚自然主义的魏晋新道家。这说明儒家的宗教神学化在我国历史上并没有成功。这是因为儒家从其思想本质上说,它并不是宗教,虽说它带有浓重的宗教性(诸如讲天命、祖先崇拜、祭礼等

---

① 王充:《论衡校释》卷一八《自然篇》,中华书局,1990年,第776页。
② 《论衡校释》卷第三《物势篇》,第144页。

等),但它重视现实人生,以齐家治国平天下为己任,不把世界两重化,不讲彼岸世界(如佛、道两教讲佛国净土和神仙世界)。所有这些,都说明儒家不同于佛、道两教的宗教性质,它实际上仍是一个政治伦理学派而已。它的宗教神学思想不过是为了论证它的政治伦理思想的合理性、神圣性、永恒性而已。既然在历史上儒家的宗教神学化没有走通,当然我们也就谈不上把儒家变成与佛、道两教一样的宗教了。

第一章
汉初儒学的复兴

虽然历经了秦朝对儒家经典的查禁焚毁和对儒家学者的迫害,汉初儒学却得到迅速的发展。这一方面归于秦朝的短暂并没有造成儒家学统的完全禁绝,另外一方面也归功于儒家学者对于传统学术的持续投入。但是从更大的历史环境来看,儒家学术在汉初的兴起有着更为根本的必然因素蕴涵其中。

秦末战乱之后,汉王朝使中国重新归于统一。但是中央政权面临了诸多困境,使得他们不能不谋求新的对策。汉初社会面临的挑战,主要来自三个方面:内政、外交与王权。内政的主要压力来自地方诸侯对中央的威胁,其次是战乱带来的经济衰退对财政的影响。外交的困难在于北方游牧民族匈奴逐渐强大,从而形成对农耕地区的持续侵扰。皇权的正当性也在经受考验,因为传统上继承王位者皆出身贵胄,而汉代第一次由平民刘氏即位。

地方诸侯与中央的关系,是当时最为迫切的问题,这个挑战有其特定历史背景。战国时期的秦国通过郡县制的设立而废除了地方诸侯的特权，从而带来更为强大而高效的中央集权。这种高度集权的模式带来了秦国在战国时期的成功，也带来秦帝国的失败。在战国诸侯争霸的时候，秦王国采用高度集权的方式调用全盘资源而避免贵族中间阶层的掣肘，这种集权模式使得秦王国在竞争中脱颖而出。但是当它统一全局而演化成帝国的时候，集权对地方的高度控制使得地方缺乏对突发事件的应变能力。"当暴力行动在几个地方同时爆发时，地方的郡守或者县令，甚至中央政府本身都容易受到威胁。……帝国政体已经丧失了存在于分封制中的这些优点，却没有取得一个充分组织起来的中央集权的力量。"① 此外，高度集权政体对于中央决策者有着严苛的要求，一旦发生君幼臣壮的局面，政权往往无法取得合法转交，从而使得宫廷斗争演化为全国混乱。

因此在秦帝国崩溃之后，郡县制模式引起质疑，项羽在短暂的主导时期就试图重新恢复分封国效忠盟主的传统治理模式。他将灭秦的其他功臣分为十八个封国，而他既是第十九个封国的国君，也是诸国的盟主。当平民出身的刘邦取得天下时，他显然在秦帝国的郡县制和传统的分封制之间犹豫不决。结果，最终汉朝采用了一种妥协模式，在汉帝国建立之初，西部领域大致划分为受中央直辖的郡县，而东部大多是同姓和异姓王的封国。刘邦意识到这些富庶的封国潜藏有抗衡中央的危险，在他有生之年将异姓王几乎铲除殆尽。但是在文帝时期，同姓王又形成新的威胁，于是景帝开始有计划地进行削藩。削藩的意图在诸王中引发反弹，使得中央与封国之间的关系达到不得不解决的地步。

封国之所以有能力抗衡中央，在于秦末战乱的残局使得中央财政面临困境，从而难以维持统治全国的局面。高祖即位时中原地区几近

---

① 〔英〕崔瑞德、鲁惟一编：《剑桥中国秦汉史》，杨品泉等译，中国社会科学出版社，1992年，第106页。

荒芜,"民失作业,而大饥馑。凡米石五千,人相食,死者过半。高祖乃令民得卖子,就食蜀汉。"①汉初除了采用减轻赋税的政策鼓励生产之外,还大力兴修水利来避免水灾和增加灌溉。水利兴修带来的农业发展增加了中央的税收,同时水利工程使得中央的权力向各地拓展。

在应对诸侯内忧的同时,汉初还不得不应对来自北方的边患。游牧民族对中原的侵扰在汉初益发严重,因为恰好匈奴于此时实现统一并形成空前规模。汉高祖贸然出击,反而在平城陷入匈奴围困。受挫之后,汉初对匈奴采用和亲妥协政策,实际是以纳贡方式求得北方边境暂时稳定。这种不稳定的外交状态无法持久,匈奴的压力不断膨胀,而汉帝国也难以容忍无休止的勒索,外交同内政一样面临变局。

在汉王朝遭遇挑战之际,皇权的地位同样面临考验。传统上王位来自世袭,或者如秦帝国一样来自强权。汉帝国起于平民,从而无法在血统上寻求证明,而秦帝国的崩溃也使得他们对强权的局限性体会深刻。此外还有两个备选的王权支撑理论,一个是德行论,一个是天命论。儒家传统理论描绘的周王朝,就是依据德行和天命取得了合法的统治地位。春秋战国兴起的五行理论,又使得天命展现为五行的循环替代。于是对皇权的论证也亟待新的理论模式出现。

汉王朝对应这些困境的最初做法是采取黄老思想所倡导的无为学说,无为之说对民间经济力量的恢复功效显著,但是对于诸侯割据的局面和匈奴的威胁无所作为。而且道家学说并不善于支持一个强有力的中央政权,而法家对于中央集权的运作方式被秦朝的教训证明颇有缺憾,因此唯有儒家学说可能作为大一统局面的理论基础。首先,儒学像法家一样支持强大的中央政权,这合乎汉初行政统一的趋势。其次,儒家支持民间经济的发展而反对政府过度干预,这顺应汉初经济恢复的过程。第三,儒家对于异族文化有天然的排斥倾向,这支持了汉初对匈奴的反击。第四,儒家能够为皇权的正当性提供道德

---

① 《汉书》卷二四上《食货志上》,第1127页。

和信仰上的理论支持,这对起于草莽之间的汉皇权是弥足珍贵的论证。① 第五,儒家有整套伦理价值思想体系,重视道德教化、礼制的建设和意识形态的作用。在这方面法家和道家都是无法与之相比的。这对克服秦朝暴政,巩固汉王朝的中央集权统治是十分重要的。因此,可以说汉王朝选择儒家几乎是历史的必然。在这个过程中,儒家学者不断调整自己的学说,以期能够与时代的发展相适应,把先秦儒学的基本原则应用在全新的历史环境之下。所以,汉初建立儒学思想体系的往往不是纯粹的学者,而大多是亲身参与社会变革过程的实践者。他们的思想也不复恪守先秦儒学的修齐治平传统,而掺杂了相当一部分法家、道家和阴阳家的观念,形成汉初儒学独特的风格。

第一节　汉初儒学的复起

一、叔孙通与汉初礼制的确立

叔孙通,鲁国薛地人氏,生卒年月不详,大致生于战国末期,卒于汉惠帝末年(前188)左右。《史记·叔孙通传》记述了他的早期经历:

> 叔孙通者,薛人也。秦时以文学征,待诏博士。数岁,陈胜起山东,使者以闻,二世召博士诸儒生问曰:"楚戍卒攻蕲入陈,于公如何?"博士诸生三十余人前曰:"人臣无将,将即反,罪死无赦。愿陛下急发兵击之。"二世怒,作色。叔孙通前曰:"诸生言皆非也。夫天下合为一家,毁郡县城,铄其兵,示天下不复用。且明主在其上,法令具于下,使人人奉职,四方辐辏,安敢有反者! 此特

---

① 《剑桥秦汉史》第694页说:"汉朝遗留给后世继承者的主要遗产之一便是它显示了皇权政府是一种应予尊重的工具;政治家们对于皇权的服务应该出以忠诚,并且在服务中对把他们培育起来的伦理道德原则给予应有的尊敬。"

群盗鼠窃狗盗耳,何足置之齿牙间。郡守尉今捕论,何足忧。"二世喜曰:"善。"尽问诸生,诸生或言反,或言盗。于是二世令御史案诸生言反者下吏,非所宜言。诸言盗者皆罢之。乃赐叔孙通帛二十匹,衣一袭,拜为博士。叔孙通已出官,反舍,诸生曰:"先生何言之谀也?"通曰:"公不知也,我几不脱于虎口!"乃亡去,之薛,薛已降楚矣。及项梁之薛,叔孙通从之。败于定陶,从怀王。怀王为义帝,徙长沙,叔孙通留事项王。汉二年,汉王从五诸侯入彭城,叔孙通降汉王。汉王败而西,因竟从汉。

由此可见,叔孙通遇见刘邦之前的经历非常曲折,先是被秦王朝应征为"待诏博士",后来因为投秦二世所好而拜升博士,但是他得到赏赐之后却随即放弃秦帝国,转而投奔项梁麾下,后来又追随项羽,接着才是投降了刘邦,然后就一直没有变更立场。起先刘邦并不认同这些儒者,不过叔孙通再次凭借自己的变通而赢得了官方的认可:

> 叔孙通儒服,汉王憎之;乃变其服,服短衣,楚制,汉王喜。
> 叔孙通之降汉,从儒生弟子百余人,然通无所言进,专言诸故群盗壮士进之。弟子皆窃骂曰:"事先生数岁,幸得从降汉,今不能进臣等,专言大猾,何也?"叔孙通闻之,乃谓曰:"汉王方蒙矢石争天下,诸生宁能斗乎?故先言斩将搴旗之士。诸生且待我,我不忘矣。"汉王拜叔孙通为博士,号稷嗣君。①

首先他根据刘邦的喜好,放弃传统儒家服饰而改穿短款衣饰;其次他能够根据当时的需要而不断推荐军事人才。对于这种灵活的处事手段,甚至连他的弟子都感到无法容忍,但是叔孙通非常自信。最终作为回报,刘邦将叔孙通拜为博士。

对于叔孙通的诸种举措,后来有截然相反的两种评价:以司马迁为代表的一派认为叔孙通"希世度务,制礼进退,与时变化,卒为汉家

---

① 《史记》卷九九《叔孙通传》,第 2721—2722 页。

儒宗。大直若诎,道固委蛇,盖谓是乎"? 司马迁认为他既具备对世态的深刻洞察,又能够根据时代的变化对传统制度有所损益,看起来圆滑实际上正直,应该被尊奉作汉代儒学的前驱。而司马光的意见则是截然相反:"叔孙生之器小也! 徒窃礼之糠秕,以依世、谐俗、取宠而已,遂使先王之礼沦没不振,以迄于今,岂不痛甚矣哉!"①

(一)建立礼制的过程和意义

叔孙通之所以得到重用,最根本的原因在于他为汉朝建立礼制的活动,而不仅仅是他对时局灵活的应变。

> 汉五年,已并天下,诸侯共尊汉王为皇帝于定陶,叔孙通就其仪号。高帝悉去秦苛仪法,为简易。群臣饮酒争功,醉或妄呼,拔剑击柱,高帝患之。叔孙通知上益厌之也,说上曰:"夫儒者难与进取,可与守成。臣愿征鲁诸生,与臣弟子共起朝仪。"高帝曰:"得无难乎?"叔孙通曰:"五帝异乐,三王不同礼。礼者,因时世人情为之节文者也。故夏、殷、周之礼所因损益可知者,谓不相复也。臣愿颇采古礼与秦仪杂就之。"上曰:"可试为之,令易知,度吾所能行为之。"②

刘邦试图重新建立传统礼制的意图看似起源于一次偶然事件,实际上却有着深刻的社会根源。刘邦本人起于草莽之中,就个人经历来说是意识不到建立传统礼制的重要性的,所以他才会屡屡对儒者表示出轻蔑的态度。但是在汉帝国建立之后,他面对的核心问题发生了转移,由凭借武力争夺天下改为凭借政治手段来治理天下。而此前出生入死的战争功臣,反倒成为建立皇帝绝对权威的潜在威胁。叔孙通敏锐地抓住这个机会,向高祖进言:"儒者难与进取,可与守成。"许诺儒家可以凭借礼制来辅佐封建中央集权的权威。

---

① 《资治通鉴》卷十一《汉纪三》,中华书局,1956年,第376页。
② 《史记》卷九九《叔孙通传》,第2722页。

刘邦如今关心的已经不是要不要恢复礼制,而是恢复礼制的实际可能性有多少。叔孙通对此解释道:"五帝异乐,三王不同礼。礼者,因时世人情为之节文者也。故夏、殷、周之礼所因损益可知者,谓不相复也。臣愿颇采古礼与秦仪杂就之。"这段话中叔孙通首先表明,礼制本来就因时而异,所以汉代的礼制可以跟古代儒家的礼制有所不同。另外很有特点的是,叔孙通提出"采古礼与秦仪杂就之",要把儒家的礼制跟秦代的礼仪结合起来。概括来讲,叔孙通的礼制建立在儒法合流的基础之上。由此我们可以得知,《孔丛子》中所载"叔孙通以法事秦"之说颇为可信。也就是说,很可能当时叔孙通凭借对律法的通达而不是儒学见解出任秦庭待诏博士。

基于以上两点原因,当时就有人反对叔孙通建立礼制。有两位鲁地儒生明确表示对他的不满:"公所事者且十主,皆面谀以得亲贵。今天下初定,死者未葬,伤者未起,又欲起礼乐。礼乐所由起,积德百年而后可兴也。吾不忍为公所为。"①他们的观点认为,礼乐制度是社会文明发达之后才能进行的建设,如今汉初天下初定,尚未到兴礼作乐的时机。而且,他们也对叔孙通本人的德行表示了不满,似乎认为他没有制定礼乐的资格。

但是毕竟叔孙通得到了皇权和多数儒生的支持,于是他不仅建立了礼乐制度,而且将之应用于实际。叔孙通先使儒生弟子演练礼制纯熟,然后延请高祖观阅,随后由高祖推令群臣练习。汉七年,适好长乐宫建成,群臣觐见高祖:

> 汉七年,长乐宫成,诸侯群臣皆朝十月。仪:先平明,谒者治礼,引以次入殿门,廷中陈车骑步卒卫宫,设兵张旗志。传言"趋"。殿下郎中侠陛,陛数百人。功臣列侯诸将军军吏以次陈西方,东乡;文官丞相以下陈东方,西乡。大行设九宾,胪传。于是

---

① 《史记》卷九九《叔孙通传》,第2722页。

皇帝辇出房，百官执职传警，引诸侯王以下至吏六百石以次奉贺。自诸侯王以下莫不振恐肃敬。至礼毕，复置法酒。诸侍坐殿上皆伏抑首，以尊卑次起上寿。觞九行，谒者言"罢酒"。御史执法举不如仪者辄引去。竟朝置酒，无敢谨哗失礼者。于是高帝曰："吾乃今日知为皇帝之贵也。"①

其实按照礼制觐见的具体仪式并不重要，叔孙通的成功之处在于礼仪所产生的效果：诸臣"振恐肃敬"，高祖乃"知为皇帝之贵"。简单说来，高祖凭借叔孙通的礼制成功地在社会统治集团中确立了严格的尊卑次序，凸现了皇权的至上尊贵，由此稳定了充满危机的汉初上层社会。随后叔孙通官拜太常，随从诸儒生也封官进赏，曾对叔孙通颇有意见的众弟子转而称赞"叔孙通诚圣人也"。其中应该注意的是，叔孙通重新恢复儒家礼仪的地位，借助的不仅仅是礼仪本身的感召力量，主要是背后的皇权以及法权。首先，朝礼的施行是由高祖亲自推动的；其次，在朝礼的实行过程中，动用了类似法律的力量，"御史执法举不如仪者辄引去"。朝仪所具备的强制性和权威性同先秦儒学所推崇"发乎情、止乎礼"的礼乐文明相去甚远，主要原因是汉代礼制已经同法紧密地结合在一起。所谓"出乎礼则入乎刑"，东汉著名律法专家陈宠对此归结为："礼之所去，刑之所取，失礼则入刑，相为表里。"②可见，叔孙通所倡导的朝礼实际上融合了皇权、法权和儒礼三方面的影响。

随后，叔孙通又制定宗庙礼乐和仪法以及婚嫁仪礼。③因此班固在《汉书·高帝纪下》写道："天下既定，命萧何次律令，韩信申军法，张苍定章程，叔孙通制礼仪，陆贾造《新语》。"其中《新语》属于纯粹意识形态的构想，而其他四者都跟当时具体的社会法律制度相关。其中，

---

① 《史记》卷九九《叔孙通传》，第 2723 页。
② 《后汉书》卷三六《陈宠传》，第 1554 页。
③ 华友根：《叔孙通为汉定礼乐制度及其意义》，《学术月刊》1995 年第 2 期，第 53 页。

班固认为叔孙通的礼仪同律令、军法和章程同样重要。汉初社会依旧遵循"礼不下庶人,刑不上大夫"的传统,律令是为平民而设,礼仪则是针对统治阶层而定。其实不仅礼仪具备同律令同等重要的地位,而且礼仪的很多成分后来演化为律令的一个特殊组成部分——《旁章》。《汉书·礼乐志》中讲到:"今叔孙通所撰礼仪,与律令同录,藏于理官。"颜师古注曰:"理官,即法官也。"这部分归于法官的礼仪就是后来汉律的《旁章》。张建国不同意这种传统观点,认为《旁章》不是叔孙通的作品。他说:

> 《晋书·刑法志》所谓"叔孙通益律所不及,傍章十八篇"的错误也就不难认定,因为叔孙通是个儒生,律令非其所长。傍章既然是汉律的一部分,制定这些处理政务的汉律则只有文吏才精通,故而可以说,所谓的傍章十八篇,其在汉代成立的描述,也许应当写作"萧何又益正律所不及,定旁章十八篇",方有些道理。①

显然,根据现有材料,张所谓"叔孙通是个儒生,律令非其所长"的论据是错误的。这种观点的不当之处不仅错误地估计了叔孙通的学术背景,更在于没有考虑到汉代整个社会的政治背景。整个汉代所试图建立的,就是这种礼法合一的社会政治文化结构。对于以血缘、事功为纽带的上层社会,以礼教为主导辅之以律法;对于更加广泛的基层社会,则是仍旧沿袭秦代的律法,直到汉武之后逐渐意识到在整个社会推行礼教的重要性。在社会的整体层面上,把礼和法紧密地结合在一起。

(二)叔孙通的地位和作用

从我们现今的眼光看来,以司马光为代表的对叔孙通的批评未免有些过于苛刻。固然叔孙通所施行的并非全然是三代礼制,但是把

---

① 张建国:《叔孙通定〈傍章〉质疑——兼析张家山汉简所载律篇名》,《北京大学学报(哲学社会科学版)》1997年第6期,第53页。

"先王之礼沦没不振"的原因归结为叔孙通个人的因素,未免过于高估个人对于历史的影响。更有甚者,洪亮吉竟然把秦帝国的覆灭归结为叔孙通当时应付秦二世的几句话:"秦之亡,非亡于赵高,实亡于叔孙通之一言。"①其实后世儒家批评叔孙通,主要还是认为叔孙通人格有缺陷,同时代就有儒者指出"公所事者且十主,皆面谀以得亲贵",认为他追随的主公太多,而且都是凭借谄媚而富贵。

仔细考察,叔孙通对胡亥撒谎是因为他洞见到秦朝已经没有能力应对现存的危机,而顺应刘邦喜好放弃儒服也并非媚上,不过是不愿意多生是非而已。尤其是在刘邦打算更换太子的关键时刻,叔孙通表现出常人罕见的强硬立场:宁死反对更立太子。这并不只是因为他担任太子太傅,更是因为他意识到封建帝国长子继承制度对于稳定政局所起到的关键作用。从诸多事件来看,叔孙通对时局和人士具有敏锐而准确的洞察力,由此才衍生出他灵活的应变能力。

其实无论褒贬,叔孙通对汉初儒学的影响是无可比拟的,他不仅以儒家礼仪为基础确立了汉帝国的各种行为规范,同时借此将普通的儒者提升为政府官员,奠定了儒学同官方意识形态融会的制度基础和人员储备。

就他的思想而言,最大的特点就是把传统儒礼和秦代法令结合起来,使礼法互相渗透、辅助。但是叔孙通所处理的问题,主要还是统治阶层内部的权力划分问题,儒学中关于社会上下一体的整体见解并没有体现出来。虽然他拥戴的儒法合流对汉代政治影响很大,但是对于儒家思想整体结构的揭示,却是陆贾来完成的。

二、陆贾对汉代儒学体系的最初建构

陆贾,楚国人,曾跟随刘邦平定天下,以辩才闻名,常作为使臣出使诸侯。他在历史上的地位,不仅仅在于其思想上的成就,其卓越的

---

① 洪亮吉、纪晓岚:《历朝史案·汉儒坏于叔孙通》,巴蜀书社,1992年,第97页。

政治才能,更容易给人留下深刻的印象。

《史记·陆贾传》记载了陆贾对于汉初政局的几次关键性影响。前196年,刘邦派陆贾出使南越,陆贾以其出色的外交才能劝说赵佗重新将南越归于中央治理。后文帝即位,陆贾再次出使南越平定局势。除了外交,陆贾对于汉初内政也有很大影响,其中最重要的在于联合陈平、周勃削除诸吕的举措。虽然当时看来陆贾的这些举措非同寻常,①但从更宽泛的历史范围看来,他最为卓越的成就是在汉初就建构了后世儒学的基本理论体系。

陆贾经常在刘邦面前引证《诗》、《书》,刘邦颇为反感:"乃公居马上得之,安事《诗》、《书》!"陆贾应对曰:"居马上得之,宁可以马上治之乎?且汤武逆取而以顺守之,文武并用,长久之术也。昔者吴王夫差、智伯极武而亡;秦任刑法不变,卒灭赵氏。向使秦已并天下,行仁义,法先圣,陛下安得而有之?"刘邦听了陆贾的解释,虽然不太高兴,但是能够意识到陆贾所说揭示了事实真相,命陆贾著述解释历代成败得失的道理。陆贾把他对历史社会的观点大致总结了十二篇,得到了刘邦的高度认可,这就是我们如今见到的《新语》。②

(一)社会思想的本体基础

《新语》基本上是对汉兴秦亡这类现象的理论反思,试图找到社会兴衰的本体论依据。《新语》开篇讲到:"《传》曰:'天生万物,以地养之,圣人成之。'功德参合,而道术生焉。……于是先圣乃仰观天文,俯察地理,图画乾坤,以定人道,民始开悟,知有父子之亲,君臣之义,夫妇之别,长幼之序。于是百官立,王道乃生。……民知轻重,好利恶难,避劳就逸;于是皋陶乃立狱制罪,悬赏设罚,异是非,明好恶,检奸邪,消佚乱。民知畏法,而无礼义,于是中圣乃设辟雍庠序之教,以正

---

① 《汉书·郦陆刘朱叔孙传》称道:"陆贾位止大夫,致仕诸吕,不受忧责,从容平、勃之间,附会将相以强社稷,身名具荣,其最优乎!"

② 一度曾经有人认为《新语》并非陆贾所作,但经过详细勘查,如今可确定《新语》的确是陆贾作品。

上下之仪,明父子之礼,君臣之义,使强不凌弱,众不暴寡,弃贪鄙之心,兴清洁之行。礼义不行,纲纪不立,后世衰废,于是后圣乃定五经,明六艺,承天统地,穷事察微,原情立本,以绪人伦。"①

陆贾在这里简要叙述了从古至今社会制度变迁的过程,各种社会规范最初是由圣人制定的,而圣人制定社会规范的依据是宇宙间本来就具有的法则。制定社会规范的第一阶段是史前三皇五帝制定家庭和社会的基本等级原则,从此才有了政治法度。后来为奖惩是非采用刑罚制度,但是毕竟刑罚本身不能解决内在的思想问题。于是中圣周公制定礼乐、完善教化体系,试图通过改造内心觉悟来化解各种社会冲突。不过就历史的发展来看,完全依靠仁义的感召和教化并不能阻止道德的衰退,这时孔子开始删定五经六艺,试图把道德体系转化为带有规范性的制度。

在陆贾看来,恰当的社会治理原则应该是:"握道而治,据德而行,席仁而坐,杖义而强。"②陆贾的原则,大致看来与孔子"志于道、据于德、依于仁、游于艺"的说法类似,但是仔细分辨可以发现:孔子此处所讲道德仁艺偏重于个人心性修养,而陆贾所讲则偏重于道德仁义的社会化应用。陆贾认为,政治的根本依据在于天地之道,具体举措则应该遵循内在之德,仁是应对社会问题的立足点,而义代表的正义是社会制度具备强制性的来源。

从效果上看,陆贾认为符合天地原则的仁义之政会长治久安,而倚仗强权刑罚的做法只能导致迅速的衰败:"夫谋事不并仁义者后必败,殖不固本而立高基者后必崩。故圣人防乱以经艺,工正曲以准绳。德盛者威广,力盛者骄众。齐桓公尚德以霸,秦二世尚刑而亡。"③他断言,凡事不合乎仁义的举措将导致失败,尽管可能具有强大的权势,但

---

① 陆贾:《新语校注》,王利器校注,中华书局,1986年,第1—18页。
② 《新语校注》,第28页。
③ 《新语校注》,第29页。

是就如同基础不牢的高台一样最终导致崩溃。

总体看来,陆贾认为现实的政治人伦原则本来就原于天地道德,圣人的作用是把这种道德原则运用到现实的社会中来。倚仗强权刑罚的政治原则从理论上讲违背了天道,从效果上看,则会像秦朝两世而亡一样带来迅速的失败。

(二)社会治理的"无为"原则

对于陆贾来说,社会规范的基础在于天地道德,而操作这些规范的方式则应该遵循"无为"的原则。

学界或有据陆贾无为之说,判定陆贾归于道家或者黄老,[1]未免以偏概全。因为在秦汉时期,道家、儒家和法家都有无为之说。三家虽用词相近,但内中蕴涵的义理却截然不同。《老子》云:"天下之至柔,驰骋天下之至坚。无有入无间,吾是以知无为之有益。"此所谓"无为"是以柔克刚之意。黄老则主张君无为而臣有为。韩非受其影响,《韩非子·主道》篇云:"明君之道,使智者尽其虑,而君以断其事,故君不穷于智;贤者敕其材,君因而任之,故君不穷于能。"法家所讲"无为",是君主擅任人而不必亲为。儒家讲"无为",也远在陆贾之前,《论语·卫灵公》道:"无为而治者,其舜也与?夫何为哉?恭己正南面而已矣。"儒家"无为"认为必有君上反躬自省,然后天下自然而治。

至于陆贾的思想属于何种"无为",其实他在《新语·无为》中表达的已经非常清楚:"道莫大于无为,行莫大于谨敬。何以言之?昔舜治天下也,弹五弦之琴,歌南风之诗,寂若无治国之意,漠若无忧天下之心,然而天下大治。周公制作礼乐,郊天地,望山川,师旅不设,刑格法悬,而四海之内,奉供来臻,越裳之君,重译来朝。故无为者乃有为也。秦始皇设刑罚,为车裂之诛,以敛奸邪,筑长城于戎境,以备胡、越,征大吞小,威震天下,将帅横行,以服外国,蒙恬讨乱于外,李斯治法于

---

[1] 当代认同陆贾为道家的学者包括孙叔平、萧萐父和熊铁基,参见《中国哲学史稿》(上海人民出版社,1981)和《秦汉新道家略论》(上海人民出版社,1984)。

内,事逾烦天下逾乱,法逾滋而天下逾炽,兵马益设而敌人逾多。秦非不欲治也,然失之者,乃举措太众、刑罚太极故也。是以君子尚宽舒以褒其身,行身中和以致疏远;民畏其威而从其化,怀其德而归其境,美其治而不敢违其政。民不罚而畏,不赏而劝,渐渍于道德,而被服于中和之所致也。"

他所说的无为只是对道体的描述,而具体行为的最高原则则是"谨敬"——既不是柔弱也不是法术。陆贾并没有像道家的庄子那样从根本上否定了先代圣王有任何社会抱负,而只是说舜看起来好像没有实际的治国之意,但实际上舜可以通过对内心的调养而自然获得社会的安治,"恭己正南面而已矣"。及至周公制礼作乐,将礼制度化,其无为乃有为,从而形成天下大治的局面。同无为原则相悖的秦政之所以失败,则是因为"举措太众、刑罚太极故也"。固然道家也反对举措繁重,但接下来陆贾明确表示真正的解决方法应该是君子"宽舒以褒其身,行身中和以致疏远",使"民畏其威而从其化,怀其德而归其境,美其治而不敢违其政"。这种无为而治同老庄道家所畅"少私寡欲"尽可能减少干预的无为之治大不相同,其中包含有圣王利用道德力量来强制民众归顺的意图。

(三)统一社会意识形态的必要性

陆贾在论述孔子的时候,就已经暗示孔子所倡导的儒学试图把道德教化同现实政治的强制性力量结合起来形成统一的意识形态。

从《新语》来看,陆贾对于各种异端理论持有高度的警惕。虽然他没有像孟子那样明确排斥异端思想流派,但是他试图建立一种使得异端根本无法存在的思想政治制度。在《辅政》篇中,陆贾讲到:"逸夫似贤,美言似信,听之者惑,观之者冥。故苏秦尊于诸侯,商鞅显于西秦。世无贤智之君,孰能别其形? 故尧放驩兜,仲尼诛少正卯;甘言之所嘉,靡不为之倾,惟尧知其实,仲尼见其情。故干圣王者诛,遏贤君者刑,遭凡王者贵,触乱世者荣。……故《诗》云:'逸人罔极,交乱四国。'众邪合心,以倾一君,国危民失,不亦宜乎!"陆贾把孔子诛杀少正卯看做是维护国家稳定的重要举措,认为如果任由机巧擅辩者邪说惑众,国君和国家都会面临到颠覆的困境。局面的可怕之处在于谄佞之辈相扶相誉,众口毁誉,能颠倒黑白,使国破家亡。

陆贾讲到,譬如"孔子遭君暗臣乱,众邪在位,政道隔于三家,仁义闭于公门,故作《公陵》之歌,伤无权力于世,大化绝而不通,道德施而不用,故曰:无如之何者,吾未如之何也已矣。夫言道因权而立,德因势而行,不在其位者,则无以齐其政,不操其柄者,则无以制其刚。"①孔子虽一代圣哲,但因当时邪说纷起,使其为政之道无法施行。陆贾认为这说明即便是有合乎道德的举措,如果背后没有权力的支持,最终也是无法在社会上推行实用的。由此,他得出了一个非常特殊的结论:"道因权而立,德因势而行。"明确提出借助权势来推行道德的主张,陆贾是先驱。他已经意识到,建立一种具备强制力量的国家意识形态已成为社会的迫切需要。

这种观点似乎同他前面所提出的无为政治有所冲突,但从具体施行的角度看则并不矛盾。他所谓的因权立道,是指推行德政起始的做法;而他设想的无为而治,则是德政普化之后理想的结果。套用后来道教的一句话,可以概括成"始乎有作,终于无为"。虽然最初借助权力的影响,但转化的过程还是依靠教化的力量,尤其是王者本身道德的感召力量:"上之化下,犹风之靡草也。王者尚武于朝,则农夫缮甲兵于田。故君之御下,民奢则应之以俭,骄淫者统之以理;未有上仁而下贼,让行而争路者也。"②

与此同时,一旦运用权势将德政推行到社会各个层面中,那么民众对于道德教化的接受就会成为自然而然的事情。"修之于内,著之于外;行之于小,显之于大。……力学而诵《诗》、《书》,凡人所能为也;

---

① 《新语校注》,第84页。
② 《新语校注》,第67页。

若欲移江、河,动太山,故人力所不能也。如调心在己,背恶向善,不贪于财,不苟于利,分财取寡,服事取劳,此天下易知之道,易行之事也,岂有难哉?"①显然陆贾继承了孔孟"我欲仁,斯仁至"的观点,认为由上至下道德教化具备非常高的可行性。而一旦内心接受了仁义教化,相应外在也会呈现为合乎道德的行为。陆贾所设想的理想社会是:"在朝者忠于君,在家者孝于亲。于是赏善罚恶而润色之,兴辟雍庠序而教诲之,然后贤愚异议,廉鄙异科,长幼异节,上下有差,强弱相扶,小大相怀,尊卑相承,雁行相随,不言而信,不怒而威,岂待坚甲利兵、深刑刻法、朝夕切切而后行哉?"除道德本身的感召之外,陆贾提出还需要权势赏罚的补充和庠序教化的辅助,如果能够把这些因素配合起来,那么不必动用强权刻法来约束也能达到和谐有序的理想社会。

(四)天人感应学说

陆贾一方面认为本原的秩序来自天地本体,另外一方面又认为必须由圣人来推行这些原则。至于如何保证按照天地之道原则推行的德政会导致良好效用呢?陆贾借助天人感应的学说来连接天道正误与人事得失的对应关系。

他讲到:"夫持天地之政,操四海之纲,屈申不可以失法,动作不可以离度,谬误出口,则乱及万里之外,况刑无罪于狱,而杀无辜于市乎?故世衰道失,非天之所为也,乃君国者有以取之也。恶政生恶气,恶气生灾异。螟虫之类,随气而生;虹蜺之属,因政而见。治道失于下,则天文变于上;恶政流于民,则虫灾生于地。"②

金春峰曾经指出,陆贾的天人灾异学说,"受《春秋》的影响极大,成为汉代宣扬天人感应思想的先导。……陆贾认为孔子在《春秋》中对自然现象的记载之所以这样细致准确,目的是根据天文物候的变化,

---

① 《新语校注》,第89—91页。
② 《新语校注》,第154—155页。

调整人事政治的得失。"①在陆贾的思想体系中,君王道德对于社会的感召力量不仅仅是个人品格的偶然影响,其根基在于合乎道德的行为因顺应天地之势而展现的必然结果:"故仁者在位而仁人来,义者在朝而义士至。是以墨子之门多勇士,仲尼之门多道德,文王之朝多贤良,秦王之庭多不祥。故善者必有所主而至,恶者必有所因而来。善恶不空作,祸福不滥生,唯心之所向,志之所行而已。"②陆贾倡导天人感应的目的,是为良好的动机保障相应的良好后果。圣王遵循天地之道,推行尚德之政,相应的后果是由天地的基本感应原则来实现的。他通过天人感应之说,使得积极有为的政治举措和无为而治社会效果集合起来,同时排斥了法家学派急功近利的法制思想,也不同于老庄放任自然的治道理念。

(五)汉代经学的先声

除了有人误认为陆贾属于道家之外,还有胡适等人曾经断言陆贾更接近法家或者杂家。这些误会都是可以理解的,因为陆贾所生活的时代本身就是黄老、法家盛行的时代,他的思想受黄老、法家影响是自然而然的事情。好比他以无为来概括德政理念,以权势作为推行德政的手段,明显有黄老和法家的痕迹。但是当我们仔细推就陆贾思想的内核时我们会发现,无论从哪个方面讲陆贾都属于汉代儒家的经学系统而不是其他。

首先从学术的传承来看,陆贾的思想来源于《穀梁春秋》,余嘉锡曾推测陆贾曾受教于荀子的高足浮丘伯。③

其次从为学的目的看,陆贾明确提出把道德修为通过强制性的权势力量推行到整个社会,一方面减轻对法令的依赖,另外一方面也要防止党派邪说的泛滥。这就决定了陆贾的儒家一方面有别于秦朝的

---

① 金春峰:《汉代思想史》,第89—90页。
② 《新语校注》,第173页。
③ 余嘉锡:《四库提要辨证》,《古史辨》第四册,第205—206页。

法制，又不同于先秦诸子的自由争鸣。

最后从施行的方法来看，陆贾着重发挥了《春秋》本身所蕴涵的天人感应学说，利用形而上的天道来约束人事。他的思想既赋予了君王有为参与的空间，又试图避免绝对权利的滥用。

简要概括，陆贾既继承五经传统，又根据汉初统一的需求，试图把百家自由争鸣转化成统一的国家意识形态，同时借助先秦儒家蕴涵的天人感应学说保证德政的效用。从各个方面看，陆贾的学说具备了汉代经学的核心功能，我们可以确定地说，陆贾思想是汉代经学传统的起点。

三、贾谊对儒学思想的构建

贾谊（前200—前168）所处的时代比陆贾晚一些，很年轻的时候就表现出过人的天分。他在二十多岁的时候被汉文帝召为博士，因才华横溢而一度"天子议以谊公卿之位"。不过锋芒毕露的贾谊招致了很多重臣的嫉恨，于是贾谊被贬斥到无足轻重的异姓王吴芮那里作太傅。文帝思念贾谊才学，转迁贾谊作梁怀王太傅。不过后来梁怀王意外丧命，贾谊自责太过，随后不久也去世了，享年仅三十三岁。

贾谊生前郁郁不得志，经过湘江的时候，特地吊念屈原感慨生不逢时。但是从后来历史的发展来看，贾谊的很多思想都被推行到实际的应用当中去了。同陆贾类似，贾谊不是单纯的儒家学者，而是能够结合儒家基本原则来应对现实社会问题的制度建设者。在更多的情况下，贾谊通过具体的对策性议论来表现自己所继承的儒家理念。所以虽然他的思想未必有陆贾那么开阔的构架，但是在具体社会制度细节的探讨上则远远超过他的前辈和同代。

（一）六艺生于道德

同陆贾一样，贾谊认为现实的伦理、政治原则有着本体论上的充分依据，而不是社会人群的利害协调或者君王的主观规范。贾谊借助

道家概念,把这种本体称之为"道",从本体演绎出来的行为准则称为"术"。他用对话的方式阐发自己的观点道:

> 曰:"数闻道之名矣,而未知其实也。请问道者何谓也?"
>
> 对曰:"道者所道接物也,其本者谓之虚,其末者谓之术。虚者,言其精微也,平素而无设诸也;术也者,所从制物也,动静之数也。凡此皆道也。"
>
> 曰:"请问虚之接物何如?"
>
> 对曰:"镜仪而居,无执不臧,美恶毕至,各得其当;衡虚无私,平静而处,轻重毕悬,各得其所。明主者南面而正,清虚而静,令名自命,令物自定,如鉴之应,如衡之称。有叠和之,有端随之,物鞠其极,而以当施之。此虚之接物也。"①

这段对话里很明显表现出,贾谊不仅借用了道家的概念,而且还借助道家的思路来解释人君南面之术是如何从道体中生发出来的。首先,贾谊对道体的界定不是仁,也不是诚,而是"虚"。其次,明主应对现实问题的心态是"镜仪而居"——排斥任何主观臆断。这种用心若镜的原则,是先秦《管子》、《庄子》系统的基本立场。具体操作是"有叠和之,有端随之,物鞠其极,而以当施之",避免事物向极端发展而力求维持中和。

那么是否可以把贾谊作为汉初黄老系统的成员呢?毕竟他生活的时代是黄老盛行的文帝朝廷,《史记·日者列传》中记载了贾谊参见司马季主闻听道家思想之后受到很大冲击,所以贾谊思想中带有黄老色彩也合乎情理。但是贾谊对道家学说的借鉴到此为止,接下来他就转向了仁义礼仪治国的儒家传统。

贾谊在论述道术的时候就提到,君王南面之术的具体操作是"有叠和之,有端随之,物鞠其极,而以当施之",避免事物向极端发展而力

---

① 《新书校注》卷第八《道术》,第 302 页。

求维持中和,这里已经是明显的儒家立场。如果按照道家理路的推演,应该是超越两端而复归道体才对。至于具体的措施,更是儒家传统系统的演化:

> 曰:"请问术之接物何如?"
>
> 对曰:"人主仁而境内和矣,故其士民莫弗亲也;人主义而境内理矣,故其士民莫弗顺也;人主有礼而境内肃矣,故其士民莫弗敬也;人主有信而境内贞矣,故其士民莫弗信也;人主公而境内服矣,故其士民莫弗戴也;人主法而境内轨矣,故其士民莫弗辅也。举贤则民化善,使能则官职治;英俊在位则主尊,羽翼胜任则民显;操德而固则威立,教顺而必则令行;周听则不蔽,稽验则不惶,明好恶则民心化,密事端则人主神。术者,接物之队。凡权重者必谨于事,令行者必谨于言,则过败鲜矣。此术之接物之道也。其为原无屈,其应变无极,故圣人尊之。夫道之详,不可胜术也。"①

贾谊依照传统儒学的主流,把君王本人品性言行的道德成就作为了社会治理成败的关键。因此从本质上说,贾谊的道术理论最终归结点,还是儒家的圣王仁义治国立场。

贾谊对于儒家传统的发展在于他提出的"德"化思想。他讲到:"德有六理,何谓六理?道、德、性、神、明、命,此六者德之理也。六理无不生也,已生而六理存乎所生之内。是以阴阳、天地、人尽以六理为内度,内度成业,故谓之六法。六法藏内,变流而外遂,外遂六术,故谓之六行。是以阴阳各有六月之节,而天地有六合之事,人有仁、义、礼、智、信之行,行和则乐与,乐与则六,此之谓六行。阴阳、天地之动也,不失六律,故能合六法;人谨修六行,则亦可以合六法矣。"②在贾谊的德化系统

---

① 《新书校注》卷第八《道术》,第302页。
② 《新书校注》卷第八《六术》,第316页。

中,德涵盖了"道、德、性、神、明、命"六个成分。有些奇怪的是德不仅包涵了道,还包涵了德本身,或许这里贾谊所说的"德有六理"之德范畴还在道德之德的上层。从德的六理中生化出一切自然和社会原则,并内化于各种现象。内在的原则称为"六法",外在的表现称为"六行"。譬如一年各有阴阳六月,天地有上下四方六合。如果人能够遵从仁、义、理、智、信、乐等六行,就会逐渐符合天地之间的根本原则——六法。

具体来说,完善六行的主要方法是修习六艺:

> 然而人虽有六行,细微难识,唯先王能审之,凡人弗能自志。是故必待先王之教,乃知所从事。是以先王为天下设教,因人所有,以之为训;道人之情,以之为真。是故内法六法,外体六行,以与《诗》《书》《易》《春秋》《礼》《乐》六者之术以为大义,谓之六艺。令人缘之以自修,修成则得六行矣。六行不正,反合六法。艺之所以六者,法六法而体六行故也,故曰六则备矣。①

六行的原则太过于微妙而难以把握,圣王因此设定了便于修学的六艺体系。通过对于六艺的修习,修成之后就是六行。因为根本的德理只有六数,所以六艺具备了所有六行的原则。贾谊还进一步对六艺阐述道:"《书》者,著德之理于竹帛而陈之令人观焉,以著所从事,故曰'《书》者,此之著者也'。《诗》者,志德之理而明其指,令人缘之以自成也,故曰'《诗》者,此之志者也'。《易》者,察人之循德之理与弗循而占其吉凶,故曰'《易》者,此之占者也'。《春秋》者,守往事之合德之理与不合而纪其成败,以为来事师法,故曰'《春秋》者,此之纪者也'。《礼》者,体德理而为之节文,成人事,故曰'《礼》者,此之体者也'。《乐》者,《书》、《诗》、《易》、《春秋》、《礼》五者之道备,则合于德矣。合则骧然大乐矣,故曰'《乐》者,此之谓乐者也'。"②"人能修德之理,则安利之谓

---

① 《新书校注》卷第八《六术》,第316页。
② 《新书校注》卷第八《道德说》,第327—328页。

福。莫不慕福,弗能必得,而人心以为鬼神能与于利害,是故具牺牲、俎豆、粢盛,斋戒而祭鬼神,欲以佐成福,故曰'祭祀鬼神,为此福者也'。德之理尽施于人,其在人也,内而难见,是以先王举德之颂而为辞语,以明其理,陈之天下,令人观焉。"①对于流俗祭祀鬼神以祈福的做法,贾谊认为不如修学六艺,自然福德安利。这里所体现的,是儒家通过六艺而使得原始崇拜现象转化为人文礼治的一贯理念。

(二)礼治对于中央集权的必要性

汉代开国以来,一直面临内忧外患两方面压力。外患是匈奴游牧民族对农业文明的冲击,内忧则是地方权力对中央权威的挑战。为了应对这两方面压力,必须增强中央集权的力量。这种力量既取决于经济军事的实力,也依赖于文化和意识形态的优越性。贾谊深切意识到时局的危机,为应对内外两种压力提出了经济、军事和意识形态的全面解决方案。

首先贾谊深刻反思了秦帝国短期内由盛转衰的教训——攻守不同术。陆贾已经提出"马上得天下,不可以马上治天下",贾谊更详细指明:"并兼者高诈力,安危者贵顺权。……秦虽离战国而王天下,其道不易,其政不改,是以其所以取之也,孤独而有之,故其亡可立而待也。"②贾谊认为,秦朝的统治之术只适合于攻取天下,而守成的方法则与之截然不同。尤其针对秦朝治术的奠基人商鞅的做法,贾谊展开了全面的批判:

> 商君违礼义,弃伦理,并心于进取,行之二岁,秦俗日败。秦人有子,家富子壮则出分,家贫子壮则出赘。假父耰鉏杖彗,耳虑有德色矣;母取瓢碗箕箒,虑立讯语。抱哺其子,与公并踞;妇姑不相说,则反唇而睨。其慈子嗜利而轻简父母也,虑非有伦理也,亦不同禽兽仅焉耳。然犹并心而赴时者,曰功成而败义耳。蹶六

---

① 《新书校注》卷第八《道德说》,第 328 页。
② 《新书校注》卷第一《过秦下》,第 14 页。

国,兼天下,求得矣;然不知反廉耻之节、仁义之厚,信并兼之法,遂进取之业,凡十三岁而社稷为墟。不知守成之数,得之之术也,悲夫!①

商鞅的功利主义举措,彻底毁坏了秦国的道德伦理基础,即便是家庭内部的亲情也碍于利害而消失殆尽。后来虽然兼并六国统一天下,但是因为没有意识到恢复廉耻礼义以守成,所以短短十三年就归于失败。以此推论,如果汉朝不推行礼治而任由法制,将会遇到秦朝同样的困难。

其次,礼制是维护内部社会稳定的有效举措。

> 世淫侈矣,饰知巧以相诈利者为知士,敢犯法禁昧大奸者为识理。故邪人务而日形,奸诈繁而不可止,罪人积下众多而无时已。君臣相冒,上下无辨,此生于无制度也。今去淫侈之俗,行节俭之术,使车舆有度,衣服器械各有制数。制数已定,故君臣绝尤,而上下分明矣。擅遏则让,上僭者诛,故淫侈不得生,知巧诈谋无为起,奸邪盗贼自为止,则民离罪远矣。知巧诈谋不起,所谓愚,故曰"使愚而民愈不罗县网"。②

社会的不稳定因素,贾谊看来,在于有人"饰知巧以相诈利",从而使得"君臣相冒上下无辨"。如果能够使得诸如车辆、衣服等各种礼制完善分明,那么上下等级之间就会树立起严格而明晰的秩序。随后任何违背等级秩序的人会遭到严厉的惩罚,随之就不会有利用巧诈来冒用权力的现象出现了。从这种观点看,通过礼制杜绝巧诈的投机,使民众越变越"愚",反倒令他们更不容易陷入错误的行为,从而免于各种处罚。

礼制能够发挥作用的关键在于,贾谊认识到社会结构会深刻影响到人的思想和行为,而礼制恰恰就是社会结构的基本组成部分。虽然

---

① 《新书校注》卷第三《时变》,第97—98页。
② 《新书校注》卷第三《瑰玮》,第103—104页。

看起来礼仪都是些小事情,但是,"善不可谓小而无益,不善不可谓小而无伤。非以小善为一足以利天下,小不善为一足以乱国家也。当夫轻始而傲微,则其流而令于大乱,是故子民者谨焉。"①贾谊认为,礼仪所规定的都是一些无关大局的小事情,但是如果忽略了它们则会导致严重的后果。因为礼仪会形成社会的"势",而这种社会之"势"则深刻影响到人们的行为:"彼人也,登高则望,临深则窥,人之性非窥且望也,势使然也。"②

礼制所规定上下阶级的区别,不是无效的名号差异,而是划定了不可逾越的等级界限:"天子如堂,群臣如陛,众庶如地,此其辟也。故陛九级上,廉远地则堂高;陛亡级,廉近地则堂卑。高者难攀,卑者易陵,理势然也。故古者圣王制为列等,内有公卿大夫士,外有公侯伯子男,然后有官师小吏,施及庶人,等级分明,而天子加焉,故其尊不可及也。"③天子赐予公卿、大夫、官吏以地位,所以他的身份是无上的。贾谊之所以给予天子如此高的地位,并不是绝对尊君,而是出于大一统国家对于无上权威的事实需要。④

总体看来,贾谊把礼制内化到了全部社会政治生活的各个方面之中:

> 故道德仁义,非礼不成;教训正俗,非礼不备;分争辨讼,非礼不决;君臣、上下、父子、兄弟,非礼不定;宦学事师,非礼不亲;班朝治军、莅官行法,非礼威严不行;祷祠祭祀,供给鬼神,非礼不诚不庄。是以君子恭敬、撙节、退让以明礼。礼者,所以固国家,定社稷,使君无失其民者也。⑤

---

① 《新书校注》卷第二《审微》,第73页。
② 《新书校注》卷第二《审微》,第73页。
③ 《新书校注》卷第二《阶级》,第79—80页。
④ 徐复观曾经提到,"贾谊的尊君,毕竟与法家大大的不同。"《两汉思想史》第二卷,华东大学出版社,2001年,第82页。
⑤ 《新书校注》卷第六《礼》,第214页。

内在的道德修养需要普遍有效的礼仪规范,社会的行为风气需要礼制的调节,诉讼事务需要礼制的判决,社会等级秩序需要礼制的维护,其他诸如教育、军事、司法、宗教等各方面,都需要礼制来作为它们的规范。贾谊最后的结论是:礼制是巩固国家、安定社会、安抚百姓的关键制度。

(三)大一统国家的理论奠基

贾谊认为礼制精神将会贯彻到社会生活的各个层面,但是他并没有简单地认为单纯凭借礼制就能解决所有具体领域的问题。其实除了对统一意识形态的高度需求外,汉初国家还需要对分封国家的控制和对财政稳定的控制。

关于封国同中央的关系,贾谊有两种对策,一种是《治安策》所代表的强权镇压政策,另外一种是《藩伤》、《藩强》所体现出来的分化政策。

在《新书·制不定》(同于《治安策》)中贾谊比喻道:"屠牛坦一朝解十二牛,而芒刃不顿者,所排击所剥割皆象理也。然至髋髀之所,非斤则斧矣。仁义恩厚,此人主之芒刃也;权势法制,此人主之斤斧也。势已定权已足矣,乃以仁义恩厚因而泽之,故德布而天下有慕志。今诸侯王皆众髋髀也,释斤斧之制,而欲婴以芒刃,臣以为刃不折则缺耳,胡不用之淮南济北,势不可也。"在贾谊看来,仁义相当于锋利尖刀,而权势类似于敦厚斧头,而分封诸王则类似牛的骨骼,如果用仁义来对待他们无异用尖刀斩牛骨,最终仁义却受到损害。因此应该毫不犹豫地对他们施行强权,以免地方分封王侯羽翼丰满之后反受其制。在这里贾谊放弃了他的儒家立场而有些倾向于法家,也难怪《史记》认为贾谊"明申商"。

《藩强》代表的则是另外一种解决方式:"欲天下之治安,天子之无忧,莫如众建诸侯而少其力。力少则易使以义,国小则无邪心。"贾谊建议让所有地方诸侯的儿子都具备继承封地的权力,这样地方的封国会越来越多，而相应封国所拥有的实力却越来越小，直到失去同中央抗衡的力量。最终达到的效果是："然而权力不足以徼幸，势不足以行逆，故无骄心无邪行，奉法畏令，听从必顺，长生安乐，而无上下相疑之祸。"①地方一方面拥有权力，一方面权力又不至于达到令它们别有用心的地步。如此作来上下之间就消除了相互的猜忌，对于双方都有益处。

在贾谊所主张的经济政策中，比较有特色的是他的货币政策。汉朝初年政府允许民间铸币，本意是把铸币本身的利益归还于百姓。但是事实证明，真正有能力铸钱的本身都是巨富，百姓并没有从拥有铸币权中得到什么好处。而且铸币权限的泛滥带来了货币信用危机和其他后遗症，所以贾谊建议把铜矿和铸币权力收归中央："上收铜勿令布下，则民不铸钱，黥罪不积。"②这样一来可以重建货币信用，二来可以驱民归田，此外还可以制作礼器来表明社会等级身份，同时通过积蓄货币来同匈奴争夺民众归附。另外就是，政府占有大量货币可以应对饥荒、洪水等突发性灾难。

如果说陆贾奠定了汉初儒学的理论基础，那么贾谊则是在此基础上，从意识形态、政治结构、经济政策设定了汉帝国的全面规划框架。

四、韩婴儒学思想及其《诗经》解释

汉初禁书令逐渐废弛，延续自先秦的经书解释传统开始复兴，此时，"言《易》自淄川田生；言《书》自济南伏生；言《诗》，于鲁则申培公，于齐则辕固生，燕则韩太傅；言《礼》，则鲁高堂生；言《春秋》，于齐则胡毋生，于赵则董仲舒。"③诸家解经当都有著述，但留存至今的只有韩婴和董仲舒。

---

① 《新书校注》卷第一《藩伤》，第37页。
② 《新书校注》卷第三《铜布》，第111页。
③ 《汉书》卷八八《儒林列传》，第3593页。

《汉书·儒林列传》对韩婴有简约记述：

> 韩婴，燕人也。孝文时为博士，景帝时至常山太傅。婴推诗人之意，而作内、外《传》数万言，其语颇与齐、鲁间殊，然归一也。淮南贲生受之。燕、赵间言《诗》者由韩生。韩生亦以《易》授人，推《易》意而为之传。燕、赵间好《诗》，故其《易》微，唯韩氏自传之。武帝时，婴尝与董仲舒论于上前，其人精悍，处事分明，仲舒不能难也。后其孙商为博士。孝宣时，涿郡韩生其后也，以《易》征，待诏殿中，曰："所受《易》即先太傅所传也。尝受《韩诗》，不如韩氏《易》深，太傅故专传之。"司隶校尉盖宽饶本受《易》于孟喜，见涿韩生说《易》而好之，即更从受焉。
>
> 赵子，河内人也。事燕韩生，授同郡蔡谊。谊至丞相，自有传。谊授同郡食子公与王吉。吉为昌邑王中尉，自有传。食生为博士，授泰山栗丰。吉授淄川长孙顺。顺为博士，丰部刺史。由是《韩诗》有王、食、长孙之学。

从中可见，韩婴对于《诗经》和《易经》的解释都颇有见地，两个系统也都有传授。但是因为燕地偏好《诗》，于是后学多从之学《诗》，多有以此晋身者。但其后人还曾经以《易》征召，可见韩婴本人对两者都很注重。只是现今我们只能看到《韩诗外传》，而关于《易经》的解释无从得知，所以对韩婴的理解仅侧重于他的《诗经》解释。

《韩诗外传》的体例，是先列举一历史人物的言行，然后用《诗经》的文句来总结其中的内涵，间或引用孔子或者荀子文句来辅助解释。从文本解释的角度看，韩婴的解释并没有严格局限于《诗经》的字面涵义，而是带有借《诗经》印证儒家理念的宣教的意图。在《韩诗外传》的解释系统中，前代人物的言行比《诗经》引文有更多的内涵和更多的证明，而《诗经》引文只是加强了这些言行的经典性地位。

在这些前代人物言行中所体现的观念，主要仍旧是先秦儒学的核心立场：忠、孝。但是其中也明显带有汉代注重天人感应的立场，也包含有汉代儒家注重礼治的特点,同时接受了汉初黄老无为思想的影响。因此韩婴的《诗经》解释,既是传统儒学的延续,又带有明显的时代特点。

(一)忠孝思想

《韩诗外传》的写作目的不是解释《诗经》,而是以《诗经》的经典地位来论证传统德行的合理性。他列举的众多事件,大多以个体为中心展开,主要目的是从不同角度勾勒出传统士君子的修身之道。这众多角度的修身理念中,包含有后世几乎所有美德的前身,譬如:仁、智、勇、谦、信、友……等等。但是其中最为重要的,莫过于忠和孝两大主题。

《韩诗外传》首先区别了忠的不同层次:"有大忠者,有次忠者,有下忠者,有国贼者。以道覆君而化之,是谓大忠也。以德调君而辅之,是谓次忠也。以谏非君而怨之,是谓下忠也。不恤乎公道之达义,偷合苟同以持禄养者,是谓国贼也。若周公之于成王,可谓大忠也。管仲之于桓公,可谓次忠也。子胥之于夫差,可谓下忠也。曹触龙之于纣,可谓国贼也。皆人臣之所为也,吉凶贤不肖之效也。"[1]上等的忠,以无言之道德笼罩从而感化国君;其次,以道德的言行来辅助国君从而调整他的行为;下等的效忠,是以谏议批评国君试图改变他。如果一味顺从国君而苟且食禄者,则是国家的危害。韩婴此处所提出的上忠,虽然貌似虚构的境界,毕竟指明了一种特殊的解决方案,并且这一方案不乏来自先秦时期经典的共鸣,也颇有汉初无为而治的黄老气息。他提出的次忠,譬如管仲以德性辅助君主而调整国策,也带有一些儒道互补的风格。而显然后代所谓忠,大多局限于韩婴所谓如比干"以谏非君而怨之"的下忠,也难免其效果不彰。

其中还特别提到了作为比干之对比的箕子的言行:"比干谏而死。箕子曰:'知不用而言,愚也。杀身以彰君之恶,不忠也。二者不可,然

---

[1] 韩婴:《韩诗外传集释》,许维遹校释,中华书局,1980年,第130—132页。

且为之,不祥莫大焉。'遂解发佯狂而去。君子闻之,曰:'劳矣箕子!尽其精神,竭其忠爱。见比干之事免其身,仁知之至。'"①箕子批评比干道:明知自己的见解不被采纳而直言,是不智;伤害自己而彰显君主的恶行是为不忠。随之,箕子佯装疯狂而隐居,从而幸免于难。先秦儒学与隐逸者颇有龃龉,《论语》中屡见孔子斥隐者之文。而韩婴此处却不然,以比干为非而箕子为是,以直言进谏为非而以趋时避害为是。于是儒家与道家观念之间,有了相当程度的融合。

其次关于"孝"的观念,《韩诗外传》的解释也与先代儒学有了差异。其中举曾子为例:"曾子仕于莒,得粟三秉,方是之时,曾子重其禄而轻其身;亲没之后,齐迎以相,楚迎以令尹,晋迎以上卿,方是之时,曾子重其身而轻其禄。怀其宝而迷其国者,不可与语仁;窘其身而约其亲者,不可与语孝;任重道远者,不择地而息;家贫亲老者,不择官而仕。故君子桥褐趋时,当务为急。"曾子为事亲,可以委身莒国小吏;而亲没之后,曾子却拒绝了诸侯的重金聘请。以此可见,曾子之仕是以此养亲尽孝,因此重禄而轻身。那么韩婴所谓孝道,主要不是心性之孝,而是物质性赡养。

在另外一处典故,韩婴加强了对此观点的叙述:

> 楚有士曰申鸣,治园以养父母,孝闻于楚。王召之,申鸣辞不往。其父曰:"王欲用汝,何为辞之?"申鸣曰:"何舍为孝子,乃为王忠臣乎?"其父曰:"使汝有禄于国,有位于廷,汝乐而我不忧矣。我欲汝之仕也。"申鸣曰:"诺。"遂之朝受命,楚王以为左司马。其年遇白公之乱,杀令尹子西、司马子期,申鸣因以兵之卫。白公谓石乞曰:"申鸣,天下勇士也,今将兵,为之奈何?"石乞曰:"吾闻申鸣孝也,劫其父以兵。"使人谓申鸣曰:"子与我,则与子楚国,不与我,则杀乃父。"申鸣流涕而应之曰:"始则父之子,今则君之臣,已

---

① 《韩诗外传集释》卷六第一章,第202页。

不得为孝子,安得不为忠臣乎!"援桴鼓之,遂杀白公,其父亦死焉。王归,赏之。申鸣曰:"受君之禄,避君之难,非忠臣也;正君之法,以杀其父,又非孝子也。行不两全,名不两立。悲夫!若此而生,亦何以示天下之士哉!"遂自刎而死。①

申鸣本来务农以给养父母,以孝道闻名于楚国,楚王屡召而不至。他的父亲以利禄可以养亲而劝说,申鸣遂入朝从仕。后叛兵以其父为人质而要挟申鸣,申鸣不得已牺牲其父而平定叛军。后楚王要奖赏申鸣,但申鸣认为自己虽忠但不孝,遂自刎而死。在这里,韩婴一方面论述了作为利禄给养的孝道观念,另外也提出一个很现实的问题:各种道德规范间的冲突,尤其是忠与孝之间的对立。申鸣的自刎,意味着他在处理忠孝冲突时的无力与失败。在很多情况下,韩婴是将两者并行而列的:"可于君,不可于父,孝子不为也;可于父,不可于君,君子不为也。故君不可夺,亲亦不可夺也。"君和父,忠与孝,在韩婴看来没有上下的等级区别。有时置忠于孝之上,有时有置孝于忠之上。② 因此,韩婴对于解决忠孝之间的冲突也没有明确的解决。直到后来大一统格局确立,忠才对孝有了明显的优势,而这一工作是在董仲舒之后才完成的。

《汉书》记载韩婴曾与董仲舒论于上前,两者之间有明显的差异。首先从判断德行的标准来看,韩婴所谓忠孝,是从忠君孝亲的外在效果来判断成功的高下与否。而董仲舒所提出的伦理原则,则主要是从内在动机出发。其次从各种伦理的关联看,韩婴是将各种原则平行处理的,认为忠孝仁勇具备相近的地位;而董仲舒的伦理体系中,不同伦理原则有了高下尊卑的差异。韩婴的观念,保留了更多分封时代的行

---

① 《韩诗外传集释》卷十第二十四章,第363—364页。
② 参见《韩诗外传集释》卷九第三章,皋鱼曰:"吾失之三矣:少而学,游诸侯,以后吾亲,失之一也;高尚吾志,间吾事,不事庸君,失之二也;与友厚而中绝之,失之三矣。树欲静而风不止,子欲养而亲不待也。往而不可追者年也,去而不可得见者亲也。吾请从此辞矣。"

为理念,而董仲舒的思想则是为形成中的大一统格局做理论上的准备。

(二)感应学说

感应是中国传统中解释因果现象最为常用的方式,而尤重天人感应的学说。其实传统上认为,不仅天人之间,在身与心、人与人、人与物、人与神乃至人与社会之间存在着普遍的感应。先代典籍所要论述的,并非感应存在与否,而是感应以何种方式发生。也就是说,感应的存在是确定不疑的,而感应所内涵的义理依据各家解释有不同的道理。

韩婴对于传统感应现象的解释,依然采用了传统儒家的立场:

> 黄帝即位,施惠承天,一道修德,惟仁是行,宇内和平,未见凤凰,惟思其象。凤寐晨兴,乃召天老而问之,曰:"凤象何如?"天老对曰:"夫凤象,鸿前麟后,蛇颈而鱼尾,龙文而龟身,燕颌而鸡啄,戴德负仁,抱中挟义。小音金,大音鼓。延颈奋翼,五彩备明。举动八风,气应时雨。食有质,饮有仪。往即文始,来即嘉成。惟凤为能通天祉,应地灵,律五音,览九德。天下有道。得凤象之一,则凤过之。得凤象之二,则凤翔之。得凤象之三,则凤集之。得凤象之四,则凤春秋下之。得凤象之五,则凤没身居之。"黄帝曰:"於戏!允哉!朕何敢与焉。"于是黄帝乃服黄衣,戴黄冕,致斋于宫。凤乃蔽日而至。黄帝降于东阶,西面,再拜稽首曰:"皇天降祉,不敢不承命!"凤乃止帝东国,集帝梧桐,食帝竹实,没身不去。①

黄帝作为儒道两家共同认可的典范,历史上具有多重的解释角度。韩婴的解释,侧重于君主德行与福瑞降临之间的关联。黄帝之世之所以能召凤凰降临,在于黄帝修道德仁义,致和平,同时合乎传统祭祀礼仪。内在的心性,外在的社会效果、自然界效果和礼仪规范,在韩

---

① 《韩诗外传集释》卷八第八章,第278—279页。

婴看来都是不可或缺的祥瑞降临因素。

反之,天降灾祸则是对人事的警戒:

> 梁山崩,晋君召大夫伯宗,道逢辇者,以其辇服其道。伯宗使其右下,欲鞭之。辇者曰:"君趋道岂不远矣,不如捷而行,可乎?"伯宗喜,问其所居。曰:"绛人也。"伯宗曰:"子亦有闻乎?"曰:"梁山崩,壅河,顾三日不流,是以召子。"伯宗曰:"如之何?"曰:"天有山,天崩之。天有河,天壅之。伯宗将如之何!"伯宗私问之。曰:"君其率群臣素服而哭之,既而祠焉,河斯流矣。"伯宗问其姓名,弗告。伯宗到,君问伯宗。以其言对。于是君素服率群臣而哭之,既而祠焉,河斯流矣。君问伯宗何以知之,伯宗不言受辇者,诈以自知。孔子闻之,曰:"伯宗其无后,攘人之善。"诗曰:"天降丧乱,灭我立王。"又曰:"畏天之威,于时保之。"①

梁山山崩而阻塞河流,是异常之变,绛人隐者提出对策道:"君其率群臣,素服而哭之,既而祠焉,河斯流矣。"国君率领群臣素服而哭祷祭祀,能免除天谴,其中并没有涉及道德性因素而纯属上古巫术而已。但在更多情况下,韩婴认为天谴的最佳解决方式是道德手段:

> 昔者周文王之时,莅国八年,夏六月,文王寝疾。五日而地动,东西南北不出国郊。有司皆曰:"臣闻地之动,为人主也。今者君王寝疾,五日而地动,四面不出国郊,群臣皆恐,请移之。"文王曰:"奈何其移之也?"对曰:"兴事动众以增国城,其可移之乎!"文王曰:"不可。夫天之道见妖,是罚有罪也。我必有罪,故此罚我也。今又专兴事动众以增国城,是重吾罪也,不可以移之。昌也请改行重善移之,其可以免乎!"于是遂谨其礼秩、皮革,以交诸侯;饰其辞令币帛,以礼俊士;颁其爵列、等级、田畴,以赏群臣。

---

① 《韩诗外传集释》卷八第十七章,第288—289页。

遂与群臣。行此无几何而疾止。①

文王生病时地震,地震乃是君主危亡之象,群臣要以修城来移除针对文王的不祥。文王不同意这种巫术式解决手段而诉诸德行,"谨其礼袟、皮革,以交诸侯;饰其辞令币帛,以礼俊士;颁其爵列、等级、田畴,以赏群臣",最终文王康复。

《韩诗外传》中提及感应并非寻常,它的特殊之处在于对感应现象提出了两种不尽相同的解决方案:传统的巫术式方案与人文化道德方式。虽然韩婴兼用两者,但显然对后者有更多的倾向,这也是儒家学者对感应现象的主流解释及解决路线。至于到董仲舒之后,便全然抛弃了巫术思路,而纯粹从道德政治入手解决谴告现象。

(三)礼治思想

礼,首先作为宗教祭祀之规范,然后演化为贵族交往和个人修养之准则,到战国以后又演化为带有强制性的社会律令。

《韩诗外传》讲道:"礼者则天地之体,因人情而为之节文者也。无礼,何以正身?无师,安知礼之是也?礼然而然,是情安于礼也。师云而云,是知若师也。情安礼,知若师,则是君子之道。"②韩婴在这里既指出了礼的形而上起源,又指出了礼作为修身之本的根本规范,两者都是对传统观点的继承。

然后韩婴又提出了礼的社会性功用:

> 齐景公纵酒,醉而解衣冠,鼓琴以自乐。顾左右曰:"仁人亦乐此乎?"左右曰:"仁人耳目犹人,何为不乐乎!"景公曰:"驾车以迎晏子。"晏子闻之,朝服而至。景公曰:"今者寡人此乐,愿与大夫同之。请去礼。"晏子曰:"君言过矣!自齐国五尺已上,力皆能胜婴与君,所以不敢者,畏礼也。故自天子无礼则无以守社稷;诸

---

① 《韩诗外传集释》卷三第三章,第82—83页。
② 《韩诗外传集释》卷五第十章,第179页。

侯无礼则无以守其国。为人上无礼则无以使其下,为人下无礼则无以事其上。大夫无礼则无以治其家,兄弟无礼则不同居。人而无礼,不若遄死。"景公色愧,离席而谢曰:"寡人不仁,无良左右,淫湎寡人,以至于此。请杀左右以补其过。"晏子曰:"左右无过。君好礼,则有礼者至,无礼者去。君恶礼,则无礼者至,有礼者去。左右何罪乎?"景公曰:"善哉!"乃更衣而坐,觞酒三行,晏子辞去。景公拜送。《诗》曰:"人而无礼,胡不遄死。"①

齐景公纵酒,晏子劝诫道:天子无礼,则无以守社稷;诸侯无礼,则无以守其国;为人上无礼,则无以使其下;为人下无礼,则无以事其上;大夫无礼,则无以治其家;兄弟无礼,则不同居;人而无礼,不若遄死。社会之所以有严格的秩序而不陷于无尽的纷争,在于礼仪对众人行为的约束。而作为一国之君的齐景公如自身无法维持礼制,那么整个国家的秩序都将陷入混乱。

然后韩婴详细阐述了礼治社会中各种因素的合理交往:

君人者以礼分施,均遍而不偏。臣以礼事君,忠顺而不解。父宽惠而有礼,子敬爱而致恭。兄慈爱而见友,弟敬诎而不慢。夫照临而有别,妻柔顺而听从。若夫行之而不中道,即恐惧而自竦。此全道也,偏立则乱,具立则治。请问兼能之奈何?曰审礼。昔者先王审礼以惠天下,故德及天地,动无不当。夫君子恭而不难,敬而不巩,贫穷而不约,富贵而不骄,应变而不穷,审之礼也。故君子于礼也,敬而安之。其于事也,经而不失。其于人也,宽裕寡怨而弗阿。其于仪也,修饰而不危。其应变也,齐给便捷而不累。其于百官伎艺之人也,不与争能,而致用其功。其于天地万物也,不拂其所而谨裁其盛。其待上也,忠顺而不解。其使下也,均遍而不偏。其于交游也,缘类而有义。其于乡曲也,容而不乱。

---

① 《韩诗外传集释》卷九第八章,第313—314页。

是故穷则有名,通则有功,仁义兼覆天下而不穷,明通天地,理万变而不疑。血气平和,志意广大,行义塞天地,仁知之极也。夫是谓先王审之礼也。若是则老者安之,少者怀之,朋友信之,如赤子之归慈母也。曰:仁刑义立,教诚爱深,礼乐交通故也。诗曰:"礼仪卒度,笑语卒获。"①

在这种礼治状态下,君臣、父子等基本社会关系将形成和谐关联。君主依照礼制而不是个人喜好分施,则其赏赐公平而广泛;臣下依照礼治事奉君主,则忠诚而不懈怠;父以礼宽惠,子则恭敬;长兄慈爱,则幼弟尊重;夫以礼待妻,妻柔顺从夫。士君子依礼而行,则贫穷不约、富贵不骄,故穷则有名,通则有功。如能以礼治天下,则老者安之、少者怀之、朋友信之,臻于大同。

关于礼治,韩婴总结道:"礼者治辩之极也,强国之本也,威行之道也,功名之统也。王公由之,所以一天下也。不由之,所以陨社稷也。是故坚甲利兵不足以为武,高城深池不足以为固,严令繁刑不足以为威,由其道则行,不由其道则废。"②将礼治与法治对应起来,是汉初反思秦制的普遍观念,也是儒学礼治思想复兴的契机。简言之,《韩诗外传》的观点是汉初礼治思潮的重要组成。

(四)与黄老思想的关系

韩婴在继承前代儒学的基本立场时,也吸收了一些汉初流行的黄老之学的观点。譬如他对传统忠孝观念的阐释,就已经不再恪守先秦儒学的严格立场,而有了黄老无为自然的倾向。从其他主题的论述也表现出他对道家观念的吸收。

譬如在《韩诗外传》卷一中就有如下论述:"传曰:喜名者必多怨,好与者必多辱,唯灭迹于人,能随天地自然,为能胜理而无爱名。名兴则道不用,道行则人无位矣。夫利为害本,而福为祸先。唯不求利者

---

① 《韩诗外传集释》卷四第十一章,第140—142页。
② 《韩诗外传集释》卷四第十章,第137页。

为无害,不求福者为无祸。"①以名与道相对,以道与人相分,以人与自然对立,都明显采用了庄子的立场。至于利害、福祸对立范畴的对待转化,韩婴此处又沿袭了老子的观念。"唯不求利者为无害,不求福者为无祸"的观念,则是道家各派的共识。这些观念都属于道家特有的主张,韩婴受汉初盛行道家思想之影响是无可置疑的。

《韩诗外传》中还借用孔子之口表述类似的对待转换观念:

> 孔子观于周庙,有欹器焉。孔子问于守庙者曰:"此谓何器也?"对曰:"此盖为宥座之器。"孔子曰:"吾闻宥座器,满则覆,虚则欹,中则正,有之乎?"对曰:"然。"孔子使子路取水试之,满则覆,中则正,虚则欹。孔子喟然而叹曰:"呜呼!恶有满而不覆者哉!"子路曰:"敢问持满有道乎?"孔子曰:"持满之道,抑而损之。"子路曰:"损之有道乎?"孔子曰:"德行宽裕者,守之以恭。土地广大者,守之以俭。禄位尊盛者,守之以卑。人众兵强者,守之以畏。聪明睿智者,守之以愚。博闻强记者,守之以浅。夫是之谓抑而损之。"②

孔子观周庙欹器,虚则欹侧,半则中正,满则颠覆,孔子对此解释为满必倾覆。持满之道,在于损抑,位愈高而守之卑,兵众强而守之弱,聪明睿智守之愚,如是则满而能持。

在具体政治措施上,韩婴也采纳了黄老顺应民意无为而治的立场:"传曰:善为政者,循情性之宜,顺阴阳之序,通本末之理,合天人之际。如是则天地奉养而生物丰美矣。不知为政者,使情厌性,使阴乘阳,使末逆本,使人诡天,气鞠而不信,郁而不宣。如是则灾害生,怪异起,群生皆伤,而年谷不熟。是以其动伤德,其静亡救。故缓者事之,急者弗知,日反理而欲以为治。"③在此他采用了当时通行的阴阳观念来阐述无为理念:善于为政者,顺应民众性情所向、吻合天地阴阳气息

---

① 《韩诗外传集释》卷一第十三章,第14—15页。
② 《韩诗外传集释》卷三第三十章,第114—115页。
③ 《韩诗外传集释》卷七第十九章,第262页。

所从,如是则能使天地奉养而产物丰盛;不善于为政者则反之,违背民众性情、变乱天地阴阳,于是天地之间气息不通,物产不丰,无论动静皆有灾祸。这种无为而治的观念,虽然接近黄老,但并非道家独有,而同后来董仲舒的天人感应有相通之处。

从整体来看,韩婴属于汉初儒学的过渡性人物。《韩诗外传》中所表现的思想,既有上古传承而来的古典德行规范,也有战国以来新兴的士君子伦常,还掺杂有汉初盛行的感应观念和黄老无为思想,但主体仍然是儒家以忠孝仁义治天下的礼治思想。他的观念在细节上与董仲舒有很多差异,但整体上看也试图通过天道来阐明人事的义理,不过没有形成《春秋繁露》那样的体系而已。

第二节　汉初儒家经学的兴起

汉初的几位儒家学者,对五经都有着深入的了解,并把六艺作为安邦定国的根本原则。其中叔孙通长于《周礼》杂秦制而成汉礼,陆贾谙熟《穀梁》而撰《新语》,贾谊习《左传》兼《尚书》崇礼而作《新书》,韩婴则精于《诗》而旁通《易》。但是他们对于五经的思考和应用并没有被统一称为"经学"。

"经学"作为专有概念出现比较晚,首见于《汉书·倪宽传》:"(宽)见上,语经学。上悦之,从问《尚书》一篇。擢为中大夫,迁左内史。"不过事实上以《诗》、《书》、《礼》、《乐》、《易》、《春秋》六种著作为文化基本经典的传统,在先秦就已经形成。《庄子·天运》记载:"孔子谓老聃曰:丘治《诗》、《书》、《礼》、《乐》、《易》、《春秋》六经,自以为久矣。"从中可见战国时期六经已经成为公认的权威性著作。[①]《庄子·天下》还对

---

① 另外《商君书·农战》、《荀子·儒效篇》等都有相似记载。

六经的含义进行了概要的解说：

> 其明而在数度者，旧法世传之史尚多有之；其在于《诗》、《书》、《礼》、《乐》者，邹鲁之士、缙绅先生多能明之。《诗》以道志，《书》以道事，《礼》以道行，《乐》以道和，《易》以道阴阳，《春秋》以道名分。其数散于天下而设于中国者，百家之学时或称而道之。

《庄子》的这段论述说明：首先，六经代表了先代圣王治理天下之智慧的传承；其次，六经不是儒家专有经典，"百家之学时或称而道之"，是各个学派公认的经典。① 不过，儒家学派对于经典的保存和传习有着特殊的成就，因此说"邹鲁之士、缙绅先生多能明之"。②

后世儒者多推定孔子删定六经，《史记·孔子世家》的看法可谓代表：

> 孔子之时，周室微而礼乐废，《诗》《书》缺。追迹三代之礼，序《书传》，上纪唐虞之际，下至秦缪，编次其事。曰："夏礼吾能言之，杞不足徵也。殷礼吾能言之，宋不足徵也。足，则吾能徵之矣。"观殷夏所损益，曰："后虽百世可知也，以一文一质。周监二代，郁郁乎文哉。吾从周。"故《书传》、《礼记》自孔氏。孔子语鲁大师："乐其可知也。始作翕如，纵之纯如，皦如，绎如也，以成。""吾自卫反鲁，然后乐正，《雅》《颂》各得其所。"古者《诗》三千余篇，及至孔子，去其重，取可施于礼义，上采契后稷，中述殷周之盛，至幽厉之缺，始于衽席，故曰"《关雎》之乱以为《风》始，《鹿鸣》为《小雅》始，《文王》为《大雅》始，《清庙》为《颂》始"。三百五篇孔

---

① 而且，当时并非只有这六本书可以称"经"。《墨子》有《经》上下两篇，配有《经说》上下两篇；《韩非子》的《内储说》上下和《外储说》四篇中也有"经"和"说"。

② 《史记·儒林列传》记载刘邦"举兵围鲁，鲁中诸儒尚讲诵习礼乐，弦歌之音不绝"。可见秦朝的焚书坑儒和楚汉战乱都没有阻止儒家对于先代礼乐的传袭。或以为《庄子·天下》等文并非战国文献，而是后人所托，"乐"本不成书，六经之说起于秦汉之后。但是最近郭店楚简里面发现了《诗》、《书》、《礼》、《乐》、《易》、《春秋》之名，而且排列次序跟《庄子》完全一样，可见《天下》等篇所说确然可信为六经并称已是战国时期的惯例。

子皆弦歌之,以求合《韶》《武》《雅》《颂》之音。礼乐自此可得而述,以备王道,成六艺。

孔子晚而喜《易》,序《彖》、《系》、《象》、《说卦》、《文言》。读《易》,韦编三绝。曰:"假我数年,若是,我于《易》则彬彬矣。"孔子以诗书礼乐教,弟子盖三千焉,身通六艺者七十有二人。

············

乃因史记作《春秋》,上至隐公,下讫哀公十四年,十二公。据鲁,亲周,故殷,运之三代。约其文辞而指博。故吴楚之君自称王,而《春秋》贬之曰"子";践土之会实召周天子,而《春秋》讳之曰"天王狩于河阳":推此类以绳当世。贬损之义,后有王者举而开之。《春秋》之义行,则天下乱臣贼子惧焉。

孔子在位听讼,文辞有可与人共者,弗独有也。至于为《春秋》,笔则笔,削则削,子夏之徒不能赞一辞。弟子受《春秋》,孔子曰:"后世知丘者以《春秋》,而罪丘者亦以《春秋》。"

司马迁认为《春秋》是孔子依照历史而作,《易》的《彖辞》、《象辞》、《系辞》、《文言》、《说卦》等,都是孔子所作;《诗》是孔子所删定,而《书》是孔子所编纂,《礼》、《乐》都是孔子所订正。这种说法未必没有道理,但是却不能解释六经成立的整体过程,诸经的实际发展情况有些在孔子之前,有些则是在孔子之后。

一、六艺的发端与成立

诸经的发端,至少应该追溯到西周初年。周初文化对于后世文明的重要影响之一,就是把奠基于宗教崇拜的殷商文明转化为以人文礼教为核心的西周文明。《礼记·表记》中说道:"殷人尊神,率民以事神,先鬼而后礼,先罚而后赏,尊而不亲。其民之敝,荡而不静,胜而无耻;周人尊礼尚施,事鬼敬神而远之,近人而忠焉,其赏罚用爵列,亲而不尊。其民之敝,利而巧,文而不惭,贼而蔽。"周公制礼作乐,即便当时未必已经有了成文的经典,但是相应的礼乐制度已经大致完成。《左传》昭公二年,晋国韩宣子至鲁,"观书于太史氏,见《易》象与鲁《春秋》,曰:周礼尽在鲁矣,吾乃今知周公之德与周之所以王也。"这里说明的是《易》与鲁《春秋》同周公有着密切关联,其实《诗》、《书》中充满教诫的内容也多来自周初的文献。大致而言,《诗》、《书》、《礼》、《乐》、《易》、《春秋》六艺,发轫于西周。不过周初六艺应尚未成书,"礼"、"乐"以操作性制度为主,而"易"多局限于卜筮,"诗"、"书"归于史官作为文献,并不如古文学家所说周公已集六艺之大成。

春秋时代,《诗》、《书》、《礼》、《乐》和《易》已经成为贵族的通行教材。《左传·僖公二十七年》记载晋国救宋谋三军之帅,赵衰推荐郤谷,理由是:"臣亟闻其言矣,说《礼》、《乐》而敦《诗》、《书》。《诗》、《书》,义之府也;《礼》、《乐》,德之则也。德,义利之本也。……君其试之。"徐复观对这一事件的含义解说道:"(一)《诗》、《书》、《礼》、《乐》,此时已连结成为一组的名称。(二)说《诗》、《书》是义之府,《礼》、《乐》是德(按指行为而言)之则,《诗》、《书》、《礼》、《乐》已与现实生活连接在一起,发挥着教戒的作用。(三)赵衰数闻郤谷之言,而所言者乃《诗》、《书》、《礼》、《乐》,是此时的《诗》、《书》、《礼》、《乐》,已成为贵族间的基本教材。[①] 这三点,都是经学得以成立的基本条件。"[②]如徐复观所言,《诗》、《书》和《礼》、《乐》并称至少始于春秋,而且成为贵族修养的基本经典。对于当时来说,《诗》、《书》、《礼》、《乐》不是单纯的文化修养,而是具体现实政治、军事生活的指导原则。所有这些,都为后来的"经学"奠定了主要原则。

诸子时期,本来局限于贵族的六艺传统开始广泛分布到民间各个学派。不仅仅是儒家,墨家也对六艺表现出了很多的关注。《韩非

[①] 此时"易"之卜筮也不仅仅局限于史官内部应用,而扩展到贵族阶层,同时对卜兆的解释开始同道德上的原则联系在一起。《左传·昭公十二年》惠伯对南蒯所占"黄裳元吉"释曰:"忠信之事则可,不然必败。"其中就明显表示,道义的善恶决定了事实的成败。

[②] 《徐复观论经学史二种》,上海书店出版社,2002年,第8—9页。

子·显学》谓"孔子、墨子俱道尧舜",儒墨两家的主要理论依据都是"先王"圣言。具体来说,《淮南子·主术训》指出:"孔、墨皆修先圣之术,通六艺之论。"墨子虽然不满儒家对于《礼》、《乐》过分强调,但是《诗》、《书》对墨家同样起到非常大的影响。①

然而,把传统贵族的六艺综合成为相对独立系统学说,不能不归于孔子及其后学的努力。孔子的主要成就,一是把传统史官、贵族垄断的古代文化传统通过教育而使之社会化,其次是把蕴含在制度层面里的精神内涵揭示出来而避免制度本身的僵化和误用。孔门后学继续展开对六艺的思辨,其中尤其以孟子、荀子的成就为显著。其中自孟子始,孔子所定《春秋》才得到广泛的关注而同《诗》、《书》、《礼》、《乐》并列。荀子开始将《诗》、《书》、《礼》、《乐》与《春秋》相提并论,作为圣王之道的全貌:"圣人也者,道之管也。天下之道管是矣,百王之道一是矣;故《诗》、《书》、《礼》、《乐》之道归是矣。"②五经的传承和发展都同荀子有着重大的关联。清代学者汪中《荀卿子通论》指出汉初诸经的传承都与荀子有关,"盖自七十子之徒既殁,汉诸儒未兴,中更战国、暴秦之乱,六艺之传赖以不绝者,荀卿也。周公作之,孔子述之,荀卿子传之,其揆一也。"③或有一说,认为《诗》、《书》、《礼》、《乐》、《易》、《春秋》之实成于战国之末,而总称为"六艺"之名则实成于秦。④

二、汉初五经的传承

秦朝时,嬴政和李斯认为天下已定为一家,无复其他学说存在的必要。尤其是儒家学者凭据六艺之学以古非今,矫言惑众,当在禁止之列:

五帝不相复,三代不相袭,各以治,非其相反,时变异也。今

---

① 《墨子》中引用《诗》、《书》的统计请参考《徐复观论经学史二种》第41—42页。另外书中还涉及六艺对于韩非以及《管子》、《吕氏春秋》的影响。
② 《荀子新注》第八《儒效》,第100页。
③ 转引自王先谦:《荀子集解·考证下》,中华书局,1954年,第22页。
④ 李景明:《中国儒学史·秦汉卷》,广东教育出版社,1998年,第14页。

> 陛下创大业,建万世之功,固非愚儒所知。且越言乃三代之事,何足法也?异时诸侯并争,厚招游学。今天下已定,法令出一,百姓当家则力农工,士则学习法令辟禁。今诸生不师今而学古,以非当世,惑乱黔首。丞相臣斯昧死言:古者天下散乱,莫之能一,是以诸侯并作,语皆道古以害今,饰虚言以乱实,人善其所私学,以非上之所建立。今皇帝并有天下,别黑白而定一尊。私学而相与非法教,人闻令下,则各以其学议之,入则心非,出则巷议,夸主以为名,异取以为高,率群下以造谤。如此弗禁,则主势降乎上,党与成乎下。禁之便。臣请史官非秦记皆烧之。非博士官所职,天下敢有藏《诗》、《书》、百家语者,悉诣守、尉杂烧之。有敢偶语《诗》、《书》者弃市。以古非今者族。吏见知不举者与同罪。令下三十日不烧,黥为城旦。所不去者,医药卜筮种树之书。若欲有学法令,以吏为师。①

虽然秦朝的禁令和秦末的战乱对于经学的传承影响很大,但无论如何,秦朝对于经书授受的禁令并没有使得诗书传承断绝,秦末战乱也未能中断儒家学者对于六经的研习。自秦以来,六艺之中唯"乐"隐而不传。今文学家称"乐"本无经,乐在《诗》、《礼》之中。古文学家认为《乐》本有经,但焚于秦火。除了"乐"之外,其他五经都被儒者冒死保存下来。正是因为儒家学者对于保存古代的经艺有着非同寻常的贡献,所以在秦朝以后,本来作为多家共奉的六经就成为了儒家的专学。②而且既然五经的传承由儒家来完成,那么相应对于古代经书传统的解释也不可避免地由儒家学者所专享,从此经学进入了儒家独专的时代,可以称为儒家经学时期。

---

① 《史记》卷六《秦始皇本纪》,第254—255页。
② 先秦显学为儒墨两家,虽儒墨皆上溯三代之学,但墨家渐衰微而儒家渐兴盛,《诗》、《书》独存于儒者;老庄之学漠视三代之说而上追虞唐之世,与六经传统相悖;法术本出于儒学系统而毁经说,而黄老出于老庄与法术,更于经艺无涉。因此汉初传承古经艺法脉的学派,唯有儒家。

汉惠帝四年废除秦所制定的挟书禁令之后，五经学说开始公开在民间的儒者团体中师徒相授，《史记·儒林列传》对大致的传承路线概括道："言《诗》于鲁则申培公，于齐则辕固生，于燕则韩太傅。言《尚书》自济南伏生。言《礼》自鲁高堂生。言《易》自菑川田生。言《春秋》于齐鲁自胡毋生，于赵自董仲舒。"

其中明显可见，对于《诗》的探讨是汉初经学研究的重点。其中申培公代表的是鲁《诗》，辕固生传授的是齐《诗》，燕人韩婴教授的则称为韩《诗》，三者所传皆属今文诗学。简要说来，齐《诗》好言阴阳五行并推论时政，韩《诗》则兼收仁义与法术。《汉书·艺文志》对三家评价道："汉兴，鲁申公为《诗》训故，而齐辕固、燕韩生皆为之传。或取《春秋》、采杂说，咸非其本义。与不得已，鲁最为近之。"事实正如《汉书》所言，鲁《诗》传承最早，影响也最大："（申公）弟子为博士者十余人：孔安国至临淮太守，周霸至胶西内史，夏宽至城阳内史，砀鲁赐至东海太守，兰陵缪生长沙内史，徐偃为胶西中尉，邹人阙门庆忌为胶东内史。其治官民皆有廉节，称其好学。学官弟子行虽不备，而至于大夫、郎中、掌故以百数。言《诗》虽殊，多本于申公。"①

另有鲁人毛亨，据说承子夏、荀子学系，独传习古文《诗》。郑玄《诗谱》记载："鲁人大毛公为训诂，传于其家，河间献王得而献之，以小毛公为博士。"其中大毛公指的就是毛亨，而小毛公指的则是毛亨的学生毛苌，他们注重的是《诗经》训诂而非发挥，所授《诗》称为毛《诗》。但是《汉书》认为，当初并没有为毛《诗》立博士。

《尚书》原称《书》，到汉代改称《尚书》，意为上代之书。这是我国第一部上古历史文件和部分追述古代事迹著作的汇编，它保存了商周特别是西周初期的一些重要史料。《尚书》相传由孔子编撰而成，但有些篇是后来儒家补充进去的。秦始皇焚书之后，《书》多残缺，西汉初存有二十八篇，因用汉代通行的文字隶书抄写，称今文《尚书》。西汉

---

① 《史记》卷一二一《儒林列传》，第3122页。

前期,相传鲁恭王拆孔子故宅的一段墙壁,发现另一部《尚书》,是用先秦六国时字体书写的,所以称古文《尚书》,它比今文《尚书》多十六篇,孔安国读后献于皇家。因未列于学官,古文《尚书》未能流布,后不幸毁于战乱。《尚书》的真伪、聚散,极其复杂曲折。汉人传说先秦时《书》有一百篇,其中《虞夏书》二十篇,《商书》、《周书》各四十篇,每篇有序,题孔子所编。《史记·孔子世家》也说到孔子修《书》,但近代学者多以为《尚书》编定于战国时期。

《尚书》学统,都追溯到秦博士伏生。秦始皇禁诗书,伏生藏《尚书》于墙壁中,秦末战乱后返乡求书,仅得二十九篇,以此教习于齐鲁之间。因年高不能赴召,汉文帝遣晁错往受伏生所传《尚书》。西汉治《尚书》的学者,都是出自伏生门下:"伏生教济南张生及欧阳生。……张生亦为博士,而伏生孙以治《尚书》征,不能明也。自此之后鲁周霸、孔安国,雒阳贾嘉颇能言《尚书》事。"①

后世通称的《礼》有三部分组成:《周礼》、《仪礼》和《礼记》。《周礼》号称是西周时期礼制的记录,因此王莽改制曾以此为基础,但实际上有些内容是晚出的。而《仪礼》则是对战国以前贵族社会礼制的编纂,相当于行为规范的列表。至于《礼记》则是后来对于礼治的理论界说,试图追溯礼治背后的哲学背景。作为思想资料《礼记》最为重要,《礼记》的作者不止一人,写作时间也有先有后,其中多数篇章可能是孔子的弟子及其再传学生们的作品,还兼收先秦的其他典籍。到西汉前期《礼记》共有一百三十一篇。相传戴德选编为八十五篇,称为《大戴礼记》;戴圣选编《大戴礼记》为四十九篇,称为《小戴礼记》。东汉后期大戴本不流行,以小戴本专称《礼记》,并且和《周礼》、《仪礼》合称"三礼",郑玄作了注,于是地位上升为经。汉初《礼》的传授以高堂生为最早。高堂生也是鲁国人,"诸学者多言《礼》,而鲁高堂生最本。《礼》固自孔子时而其经不具,及至秦焚书,书散亡益多,于今独有《士

---

① 《史记》卷一二一《儒林列传》,第 3125 页。

礼》,高堂生能言之。"①所谓《士礼》,就是后来的《仪礼》。礼的另外一个传承路线始于徐生,但是徐生一派只精通礼节而不擅礼义。

西汉《易》的教授以田何为最早。据《史记》所载,自鲁商瞿受《易》于孔子,六世而传至齐人田何。从现存文献看来,恐怕与其他四经类似,《易》经学统也应该是学派共同探讨而不是个人单传的结果。因为汉初五经传承衰微,所以个人的作用比较明显,于是后人误认为先秦经学也是单传直指。西汉今文《易》学,的确多出自田何的传授:"(田何)授东武王同子中、雒阳周王孙、丁宽、齐服生,皆著《易传》数篇。同授淄川杨何,字叔元,元光中征为太中大夫。齐即墨城,至城阳相。广川孟但,为太子门大夫。鲁周霸、莒衡胡、临淄主父偃,皆以《易》至大官。要言《易》者本之田何。"②

《春秋》三传在汉初与《诗》的传授类似,是分别传承的。《公羊春秋》在汉初的影响最大,据说该思想系统来自子夏,战国齐人公羊高受之,口耳相传至汉初。公羊高后人公羊寿与胡毋生一起写定成书,③随后董仲舒成为《公羊春秋》学派的关键,后世《公羊》传授多原自董仲舒。汉初传《穀梁春秋》者是治鲁《诗》的申培公。传授《左传》的有张苍、贾谊等人。

从现存文献看来,五经学统也应该是时代学风流行、学派共同探讨的结果,而未必像《汉书·儒林传》所强调是个人单传的结果。因为汉初五经传承衰微,所以个人的作用比较明显,但是我们并不能由此推论为先秦经学也是单传直指,更不应该误解后来经学研习也是师徒单独授受。以上所列师承,应该看做时代和学派中成就出众者的次序,而不必当作师承顺序的严格序列。

三、经学博士制度的设立

不过,汉初并非儒家经学发展的最佳环境。"故汉兴,然后诸儒始

---

① 《史记》卷一二一《儒林列传》,第3126页。
② 《汉书》卷八八《儒林列传》,第3597页。
③ 这种说法未必可靠,详见徐复观《两汉思想史》第二卷,第197—202页。

得修其经艺,讲习大射乡饮之礼。叔孙通作汉礼仪,因为太常,诸生弟子共定者,咸为选首,于是喟然叹兴于学。然尚有干戈,平定四海,亦未暇遑庠序之事也。孝惠、吕后时,公卿皆武力有功之臣。孝文时颇征用,然孝文帝本好刑名之言。及至孝景,不任儒者,而窦太后又好黄老之术,故诸博士具官待问,未有进者。"①虽然有叔孙通对礼仪的倡导,但是高祖时期政治局势仍然非常动荡,文化建设尚不是当时的首务之急,文景时代好黄老刑名之学,儒家学者并没有真正参与到实际的政治文化结构建设当中去。②

情况真正发生变化,应该把汉武帝设置五经博士作为转折点。儒学博士制度的确立是个缓慢的过程。博士制度始于秦,《汉书·百官公卿表》道:"博士,秦官,掌通古今。"大致说来,秦国的博士制度相当于东方的史官传统,通古今之变而辩为政之疑难。因为儒家习于六艺,所以博士中应该有很多儒家学者,但并非所有博士都是儒士,有些博士精于卜筮而不是《诗》、《书》。③

> 汉兴,言《易》自淄川田生;言《书》自济南伏生;言《诗》,于鲁则申培公,于齐则辕固生,燕则韩太傅;言《礼》,则鲁高堂生;言《春秋》,于齐则胡毋生,于赵则董仲舒。及窦太后崩,武安君田蚡为丞相,黜黄老、刑名百家之言,延文学儒者以百数,而公孙弘以治《春秋》为丞相封侯,天下学士靡然乡风矣。④

汉初设立经学博士,意味着散落民间诸子的六艺之学开始了制度化建设,是为经学历史上的重要事件。其中博士职位的设定有早有晚:文帝时晁错向伏生学《书》,应有《书》学博士,鲁人申培、燕人韩婴

---

① 《史记》卷一二一《儒林列传》,第3117页。
② 叔孙通的礼制恐怕不是纯粹的先秦礼制传统,而是掺杂了刑名因素,所以齐鲁诸生对他的做法不乏微词。
③ 详细考证请参考钱穆《两汉经学今古文平议》中《两汉博士家法考》,商务印书馆,2001年。
④ 《汉书》卷八八《儒林列传》,第3593页。

被立为专经博士;景帝时,齐人辕固生明《诗》而被立为博士,董仲舒、胡毋生以明《公羊》而为博士,伏生弟子张生治《书》为博士。武帝之前,已有《诗》、《书》、《春秋》三博士,而《诗》甚至有齐、鲁、韩三家博士。此时儒家博士不过仍旧是诸多子学博士之一种,不过因为传承古典而更加重要一些。

至于武帝时期,儒家经学方成为独尊。汉武独尊儒术的动机比较复杂,既有个人恩怨使然,也有时代大势所趋,当然也不乏儒者启发诱导。

《史记·魏其武安侯列传》记载,汉武帝任用倾向儒家的贵族为重臣,遭到信奉黄老之道的窦太后的强烈反对。而汉武帝最初之所以任用儒家、贬斥窦太后所奉道家,恐怕主要是权力意气之争而不是学说之争。虽然窦太后的反击迅速而有力,但是毕竟不久人世,随后儒家官员又全面复职。

儒家学者意识到这个机会,开始提出独尊儒术的建议。其中公孙弘的提议尤其重要:

> 闻三代之道,乡里有教,夏曰校,殷曰序,周曰庠。其劝善也,显之朝廷;其惩恶也,加之刑罚。……臣谨案诏书律令下者,明天人分际,通古今之义,文章尔雅,训辞深厚,恩施甚美。小吏浅闻,不能究宣,无以明布谕下。治礼次治掌故,以文学礼义为官,迁留滞。请选择其秩比二百石以上,及吏百石通一艺以上,补左右内史、大行卒史;比百石已下,补郡太守卒史:皆各二人,边郡一人。先用诵多者,若不足,乃择掌故补中二千石属,文学掌故补郡属,备员。[①]

公孙弘建议的效果在于,后世官吏为了升迁不得不精通儒家经典,从而使得掌握五经教育权力的博士地位空前提高。而儒家经学从

---

① 《史记》第一二一《儒林列传》,第3119页。

此已经不复民间思想学派,而成为政府官员的晋身之阶。

除去与太后争权而利用儒学外,武帝时期儒学兴盛的主要原因是大一统格局需要强有力的皇权专政,而恰好儒学思想吻合了当时的这一需要。黄老思想虽然于汉初休养生息不无裨益,但如今中央政权已经强大到不必清净无为而足以积极进取的另一个时期。汉武帝时期中央的经济和政治力量足够强大,①接下来自然会谋求与之相适应的意识形态。于是建元五年(前136)武帝设立五经博士,后采用儒生建议,逐渐将其他诸家博士罢黜。儒学逐步上升为国家意识形态。

第三节　汉初儒学与黄老学的关系

黄老学大致盛行于战国中期,既与老子学说相关,又杂用法术思想。《史记》曾提到:"申子之学本于黄老而主刑名。""韩非者,韩之诸公子也。喜刑名法术之学,而其归本于老子。"韩非本人又师从荀子,其思想的源头不能脱却儒家干系。② 因此在先秦,黄老、刑名和儒家,其间未必有泾渭分明的界限。

一、黄老思想与儒学的冲突

司马迁曾讲:"世之学老子者则绌儒学,儒学亦绌老子。道不同不相为谋,岂谓是邪?"我想他所表现的应该不是先秦的诸子时代而是汉

---

① 《汉书·食货志》记载了汉初经济上的成就:"至武帝之初,七十年间,国家无事,非遇水旱,则民人给家足。都鄙廪庾尽满,而府库余财。京师之钱累巨万,贯朽而不可校。"《汉书·诸侯王表》则记载了地方权势的衰退:"文帝采贾生之议分齐、赵,景帝用晁错之计削吴、楚。武帝施主父之册,下推恩之令,使诸侯王得分户邑以封子弟,不行黜陟,而藩国自析。……诸侯惟得衣食税租,不与政事。"

② 子夏一系入西河教化,吴起、商鞅等人三晋之学可能都是出自子夏学派,后与韩非、李斯之说吻合绝非偶然,因为他们思想的共同源头都可以追溯到儒家注重礼法的一派。

初的学界状况。但是汉初黄老与儒学之间的冲突,多缘于政治势力的对抗,并非单纯来自学理上的不容。

汉初采用黄老之政,从政治制度的角度来看,一方面是采用黄老的无为之治反拨秦政的苛刑峻法,另外一方面也是借助黄老的刑名之学延续秦政的政治体制格局。① 还有另外一个原因,则是中央政权此时尚没有能力铲平内忧外患,因此不得不在政治上作出"无为"的姿态。② 从经济的角度看,主要是减轻中央财政对于地方经济的过度干预。真正对社会发展起到正面影响的,是这种取消对民间经济束缚的休养生息政策。《史记·货殖列传》说:"汉兴,海内一统,关梁开放,山泽驰禁。"贸易的通畅与自然资源的开放使得民间能够迅速聚敛起大量财富,虽然汉初维持了相对较低的税率,但是国库却因此而很快充盈起来。但是随着地方经济力量的发展,地方豪强势力开始滥用自己手中的权力:"网疏而民富,役财骄溢,或至兼并豪党之徒,以武断于乡曲。"③因此黄老无为而治已经不能适应这种形势。

文景时期已经开始逐步消弱地方政权的力量(主要是同姓王),武帝更是极力扩充中央集权的权威。不过黄老之治的思想影响仍在,所以儒学与黄老之间不免产生冲突与摩擦。比较明显的是发生在辕固生身上的两场辩论:其一是辕固生与主黄老之学的黄生的辩论,黄生认为君主有无可置疑的正当性,所以汤武征伐是弑君,而辕固生认为汤武灭商是承天运革命。景帝左右为难,如果承认黄生正确无异于承认高祖弑君得汉天下,如果认同辕固生又暗示了汉朝也能被别人取代,所以只好不了了之。第二次辩论发生在辕固生和位高权重的窦太

---

① 据《汉书·刑法志》记载:"汉兴,高祖初入关,约法三章曰:杀人者死,伤人及盗抵罪。蠲削烦苛,兆民大说。其后四夷未附,兵革未息,三章之法不足以御奸,于是相国萧何攈摭秦法,取其宜于时者,作律九章。"所谓约法三章不足以应对复杂的社会法律问题,汉初还是沿用了秦朝的法律系统。

② 汉初后宫和藩王好老子阴柔之术,对于皇权的至上性不无压力,但是汉初的特殊政治格局又使得皇权不敢轻举妄动。

③ 《史记》卷三十《平准书》,第1420页。

后之间,辕固生贬《老子》不过是一家之言,而窦太后反讽儒学为繁琐文书,一怒之下命辕固生与野猪相搏。幸好景帝借利器给辕固生,才使他幸免于难。

二、儒学与黄老思想的契合

汉初儒学与黄老学派在思想上并非水火不容,其中在陆贾、贾谊、韩婴和董仲舒的论述中都可以见到与黄老思想相对应的观点。

陆贾在《新语·术事》中讲到:"世俗以为自古而传之者为重,以今之作者为轻,淡于所见,甘于所闻,惑于外貌,失于中情。……道近不必出于久远,取其至要而有成。《春秋》上不及五帝,下不至三王,述齐桓、晋文之小善,鲁十二公,至今之为政,足以知成败之效,何必于三王?"①俗儒往往凡事上溯于先圣,陆贾却能断然斥其无稽,而以当世成败为根本效验,未必诸事皆依照古法而行。陆贾的这种现实主义态度,同刑名法术家的立场非常接近,而刑名恰恰是黄老之学的重要部分。

另外一方面陆贾表现出对于强制性皇权的推重:"尧放驩兜,仲尼诛少正卯。……故干圣王者诛,遏贤君者刑。"②此处陆贾借用了屏蔽逸言的名号,但是他思想的实质性意义,则是封锁所有不同的政治意见传播。从某种意义上讲,儒家和法家在推重中央集权、遏制异端学说的观点上是一致的,仍旧不违背黄老刑名的法术思想。

从陆贾思想中可以见到的另一个儒道相通的侧面,是他对于理想社会境界的构想:"是以君子之为治也,块然若无事,寂然若无声,官府若无吏,亭落若无民,闾里不讼于巷,老幼不愁于庭,近者无所议,远者无所听……。"③虽然我们能够分辨出道家、儒家和法家无为之治意味着不同的方法,但是儒道两家无为而治的最终境界却是非常近似。

---

① 《新语校注》卷上《术事第二》,第39—41页。
② 《新语校注》卷上《辅政第三》,第55页。
③ 《新语校注》卷下《至德第八》,第118页。

贾谊的观点中,更加明显地表现出对于皇权的推重和对其他权力的削弱:"海内之势,如身之使臂,臂之使指,莫不从制。……天下无可以傲幸之权,无起祸召乱之业。"①对待威胁到皇权的势力,不必仁义道德感化而必须强力压制:"屠牛坦一朝解十二牛而芒刃不顿者,所排击,所剥割皆象理也。然至髋髀之所,非斤则斧矣。"②依照贾谊的观点,如果对威胁到中央皇权的势力仍旧采用道德感化,最终使得道德和政治两方面都受到损害,必要的时候采用强制力量是这类问题更为有效的解决办法。

尤其是贾谊所论"礼"治,更是把强制性力量赋予了礼制:"故道德仁义,非礼不成;教训正俗,非礼不备;分争辨讼,非礼不决;君臣、上下、父子、兄弟,非礼不定;宦学事师,非礼不亲;班朝治军,莅官行法,非礼威严不行;祷祠祭祀,供给鬼神,非礼不诚不庄。是以君子恭敬、撙节、退让以明礼。"③礼作为外在的行为约束,既是内在道德的约束力量,也是社会纷争的判断标准,同时也是社会等级秩序的维护框架。礼对社会政治、信仰和军事活动的全面约束,实际上是把礼上升为法。

总体来看,汉初儒学与黄老在思想上的相近,不仅仅局限于他们对于无为之治的推崇。从理想社会形态,到对强力法制的推重,以至于关注现实而不盲目崇古的态度,儒学与黄老之间都存在诸多的相近似观点。这是因为黄老、刑名和儒学,本来在起源上就存在某些相似之处。

三、汉初黄老学对儒学的融合——《淮南子》中的儒家思想

汉初儒家学者立论往往带有黄老风格,而汉初道家作品中,也会出现儒家学说的痕迹。《论六家要旨》曾讲:"(道家)因阴阳之大顺,采儒墨之善,撮名法之要。"司马谈所谓道家,当然指的不是老庄而是黄

---

① 《新书校注》卷第二《五美》,第67页。
② 《新书校注》卷第二《制不定》,第71页。
③ 《新书校注》卷第六《礼》,第214页。

老,在他看来黄老学说之中本来就吸收了很多儒学的内容。

其中作为汉初黄老学之集成的《淮南子》,就渗透了很多归属于儒家思想的观点。尤其是作为《淮南子》终结的《泰族训》,更是明显表现出化道家归于儒学的立场。或有学者认为《泰族训》乃是后来儒家学者所附加,因此不能代表《淮南子》的一贯立场。但是我们从《淮南子》其他篇章中,同样可以发现众多对于五经、三传言辞的引用和对儒家学统的认同。《修务训》中对于传统的无为观念解说道:"若吾所谓无为者,私志不得入公道,嗜欲不得枉正术,循理而举事,因资而立权。自然之势,而曲故不得容者。事成而身弗伐,功立而名弗有。非谓其感而不应,攻而不动者。"此处所体现出的无为思想,已经不同于老庄的自然无为,而是吸收礼法制度而改造过的黄老无为之术,因此同儒家的治术暗合是合乎逻辑的结果。

《泰族训》最终的结论是:"故仁义者治之本也。今不知事修其本,而务治其末,是释其根而灌其枝也。且法之生也,以辅仁义。今重法而弃义,是贵其冠冕而忘其头足也。故仁义为厚基者也,不益其厚而张其广者毁,不广其基而增其高者履。"它指出黄老刑名所侧重的法制仅仅是解决了社会的表面性问题,而只有儒学的仁义之治能够从根本上解决社会的基础问题。如果在没有完善仁义建设的时候就着力于法制,反而使社会面临更大的危险。

《主术训》中提到:"国之所以存者,仁义是也;人之所以生者,行善是也。国无义,虽大必亡;人无善志,虽勇必伤。治国上使不得与焉。孝于父母,弟于兄嫂,信于朋友,不得上令而可得为也。"其中对于仁义善行的推重,显然不同于先秦时代道家对于仁义、善行的批判与讽刺,这一转变不能不说是受到来自汉初儒家的影响。

如果说战国末期和汉朝初年的黄老更加倾向于刑名法术的话,那么经过汉初同儒学的碰撞,从《淮南子》开始已经开始吸收儒学的内容来调和刑名法制和无为之术与仁义德治的关系。

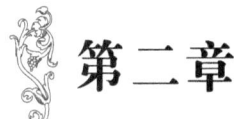

第二章

董仲舒《春秋》公羊学的儒学思想体系

　　董仲舒在哲学史上的独特性在于,他试图构建一个包括形而上天道观和现实政治民生相关联的综合性体系,力求阐明幽远天道与现实人事之间互相影响的原理。他的具体结论未必都能被世人接受,但是他强调的天人感应的基本原理,既是对上古传统的继承,也是后世儒者行为准则的基础。而且他的影响不仅局限于思想领域,他对于当时大一统社会所构建的理论基础,很多方面演化成为具体的社会制度并一代代延续下来,这些制度反过来又维系了大一统观念的传承。因此,董仲舒对于中国主流的社会结构和意识形态都产生了深远的影响,其思想应得到充分的重视。

第一节　生平略考

董仲舒,西汉著名哲学家、今文经学大师,广川人。以治《春秋公羊》学而参加汉武帝时贤良对策,曾任博士、江都相、胶西王相。董仲舒晚年隐居乡间,终老故里,因此关于他的生平官方记载略显疏略。现今关于生平年代不明确之处大致有三点:出生时间、去世时间和对策时间。

关于董仲舒的生卒年,比较早的观点有清朝苏舆的《春秋繁露义证·董子年表》,疑为文帝元年(前179)至武帝太初元年(前104)。解放后的有关著作如侯外庐等著《中国思想通史》,说他"约生于高祖中年,卒于武帝元狩之间";①林丽雪著《董仲舒》说:"其生年应在孝惠高后时","死当在元鼎元、二年间";②断定其具体年份者如徐大同编著的《中国古代政治思想史》、金春峰著《汉代思想史》、于首奎著《两汉哲学新探》等,均断为公元前179—前104年。章权才《董仲舒生卒年考》断其"生于高祖初年,卒于武帝元狩之末或元鼎之初"。③ 周桂钿在《董学探微》中认为"董仲舒生于公元前200年至公元前196年"。④ 王永祥《董仲舒评传》则是以董仲舒生年为惠帝三年即公元前192年。

对于各种论证材料的理解,焦点之一集中于《汉书·匈奴传》所言"仲舒亲见四世之事"一句。所谓四世,应该是从汉武帝上推三世至惠帝十五年间。所以苏舆《董子年表》以文帝元年为起点恐怕不能成立,章权才认为董仲舒生于汉高祖时代也颇为可疑。因为当时在叙述汉

---

① 侯外庐等:《中国思想通史》第二卷,人民出版社,1957年,第90页。
② 林丽雪:《董仲舒》,台湾商务印书馆,1978年,第1—2页。
③ 章权才:《董仲舒生卒年考》,《社会科学评论》(西安),1986年第2期。
④ 周桂钿:《董学探微》,北京师范大学出版社,1989年,第5、9页。

代传承时,没有将惠帝时代省略的先例。《史记·儒林列传》说:"汉兴至于五世之间,唯董仲舒名为明于《春秋》,其传公羊氏也。"认为自汉初至武帝为五世。刘向《新序·善谋》也提到韩安国曾讲:高皇帝"遣刘敬结为和亲,至今为五世利",也认为从高祖到武帝共五世。

另外一个重点在于对"致仕悬车"的理解。《汉书·叙传下》中对董仲舒的生平进行了简要的概括:"抑抑仲舒,再相诸侯,身修国治,致仕县车,下帷覃思,论道属书,说言访对,为世纯儒。""致仕悬车"特地被提出来,是因为董仲舒依照古制提前辞官的行为并不多见。致仕悬车大意为告老还乡,本为古制。《礼记·曲礼》说:"大夫七十而致事。"又说:"五十而爵,六十不亲学,七十致政。"《尚书大传》也说:"大夫七十而致事,老于乡里。"《白虎通·致仕》作了解释:"臣七十悬车致仕者,臣以执事趋走为职,七十阳道极,耳目不聪明,跂踦之属。是以退老去避贤者,所以长廉远耻也。"依照董仲舒对古制的尊重,基本上可以确定他还乡著述的年龄为七十岁。

接着我们再确定他还乡的年代。《汉书·董仲舒传》记载:"仲舒在家,朝廷如有大议,使使者及廷尉张汤就其家而问之,其对皆有明法。"廷尉张汤曾经拜访赋闲在家的董仲舒,而张汤任廷尉的时间是武帝元朔三年(前126)至元狩二年(前121),因此推断董仲舒返乡不晚于前121年。另外《后汉书·应劭传》记载:"故胶西相董仲舒老病致仕,朝廷每有政议,数遣廷尉张汤亲至陋巷,问其得失。"这说明董仲舒返乡前曾任胶西相,而任胶西相是位至公卿的公孙弘提议的。公孙弘元朔三年为御史大夫(前126),元朔五年为丞相(前124),然后于元狩二年病逝(前121)。由此推断,董仲舒归乡的时间不早于前126年。以七十致仕推断其生年在前196—前191之间。

另外根据桓谭《新论》:"董仲舒专精于述古,年至六十余,不窥园中菜。"董仲舒对策之时当为六十开外。而对策的年代为元光元年(前134),那么推断董仲舒生于前195年左右应该是比较准确的结论。

至于董仲舒的卒年，也有很多不确定性。现依据《汉书·食货志》的记载，董仲舒曾经向汉武帝建议："愿陛下幸诏大司农，使关中民益种宿麦，令勿后时。"《汉书·武帝纪》记载元狩三年（前120）董仲舒请求皇帝"遣谒者劝有水灾郡种宿麦。"颜师古注曰："秋冬种之，经岁乃熟，故云宿麦。"这件事情说明，董仲舒辞世之年不早于前120年。

另外《汉书·食货志》还记载董仲舒有"盐铁皆归于民"的提议，必然去世于盐铁专卖之后。盐铁专卖政策推行于元狩四年，董仲舒意识到其中危害大约为元狩五年（前118）。

此外《汉书·食货志》记载："仲舒死后，功费愈甚，天下虚耗，人复相食。"根据《武帝纪》和《五行志》记载，饥人相食发生于元鼎三年（前114）。说明此时董仲舒已经去世了。那么大致来说他去世于前118至前115年之间。

班固在《汉书·匈奴传》赞中载，董仲舒曾议匈奴事："义动君子，利动贪人"，"与之厚利以没其意，与盟于天以坚其约，质其爱子以累其心。"班固对此当时曾评论说："察仲舒之论，考诸行事，乃知其未合于当时，而有阙于后世也。"其原因就在于："匈奴人民每来降汉，单于亦辄拘留汉使以相报复，其桀骜尚如斯，安肯以爱子而为质乎？此不合当时之言也。"有学者认为这个"当时"即元封四年（前107）之时。"是岁翕侯信死，汉用事者以匈奴已弱，可臣从也。"于是遣使杨信"说单于曰：'即欲和亲，以单于太子为质于汉。'单于曰：'非故约。'"①此事在《汉书·武帝纪》中之元封四年有记载："秋，以匈奴弱，可遂臣服，乃遣使说之。"由此试图表明，直到元封四年，董仲舒还活着。其实董仲舒提出的匈奴对策，未必发生于实际出使匈奴之后，反而可能在前，才引发出使举措，因此这恐怕难以成为董仲舒前107年仍健在的证据。

综上所言，董仲舒生于前195年，而去世于前118—前115年之

---

① 《汉书》卷九四上《匈奴传》，第3773页。

间,享年约八十岁。

在董仲舒生平中第三个不确定年限是他向汉武帝提交对策的时间。《资治通鉴》将董仲舒对策定于建元元年(前140)。其根据是《史记·儒林传》"今上即位,为江都相"的说法,也就是说董仲舒对策合乎圣意被任命为江都相,是汉武帝即位当年发生的事情。后来苏舆《春秋繁露义证》所附《董子年表》继承这一说法,理由是"史公学于董生,记事必确"。但是徐复观认为:"按史公上文'即位'一辞乃泛说,并非确指'即位之年',此不足为坚证。"①

持建元元年之说的学者还有另外一个证据,那就是"辽东高庙火灾"事件。《汉书·董仲舒传》对此记载道:"先是辽东高庙、长陵高园殿灾,仲舒居家推说其意,草稿未上,主父偃候仲舒,私见嫉之,窃其书而奏焉。上召视诸儒,仲舒弟子吕步舒不知其师书,以为大愚。于是下仲舒吏,当死,诏赦之,仲舒遂不敢复言灾异。"然后推论过程如下:主父偃告发董仲舒必在对策之后,而辽东高庙火灾在建元六年,既然建元六年主父偃就告发了董仲舒,那么说明董仲舒对策年代应在建元六年以前,推定为建元元年为合理。

但问题是,建元元年主父偃尚未入朝。《史记·主父偃传》讲道:"孝武元光元年中,以为诸侯莫足游者,乃西入关见卫将军。卫将军数言上,上不召。"显然,主父偃的政治生活展开于元光元年(前134)之后,不可能在建元年间检举董仲舒。

问题的关键在于,持建元元年观点者的错误在于误认为董仲舒所写辽东高庙火灾必然发生于当年。实际上董仲舒涉及高庙火灾的并非时议而是未公开的书稿,所叙说高庙灾异乃是以前发生的事情,未必写作与事件同时。

相比之下元光元年一说较为合理,这也是《汉书·武帝纪》的观点。章权才《两汉经学史》提出四条根据:"第一,班固有明说。《汉

---

① 徐复观:《两汉思想史》第二卷,第265页。

书·武帝纪》云：元光元年五月，诏贤良对策；'于是董仲舒、公孙弘等出焉。'第二，班固与司马迁的说法是一致的。《史记·儒林传》云：'及窦太后崩，武安侯田蚡为丞相，黜黄老、刑名百家之言，延文学儒者数百人。'司马迁明确指出，罢黜百家、独尊儒术是窦太后死后的事。窦太后死于建元六年；次年武帝即采纳董仲舒的建议，实现罢黜百家、独尊儒术，正所谓水到渠成。第三，董仲舒对策中有'今临政而愿治七十余岁矣'的提法。考史，从汉元年即刘邦称'汉王'之年算起，至建元三年为七十岁。而元光元年正好是在"七十余岁"的范围之内。第四，在董仲舒对策中，有'夜郎康居，殊方万里，说德归谊'之语。考诸《汉书·西南夷列传》，夜郎之道，是在建元六年，即大行王慎击服东粤以后。董仲舒在元光元年的对策中，引用'夜郎康居……说德归谊'事，也就显得顺理成章。"有的学者认为，如果依《汉书·武帝纪》将董仲舒对策时间系于元光元年(前134)，即立五经博士之后二年，那么董仲舒《对策》中"皆绝其道，勿使并进"之言则为无的放矢。因为既立五经博士，即是已经不使习诸子百家之言者得以并进。其实，立五经博士未必一定同时或"已经不使习诸子百家之言者得以并进"，使百家之言不得并进的举措经历了相当长的过程才得以完成。

由以上资料可以推论，董仲舒对策之年当为《汉书·武帝纪》所记载的元光元年(前134)。

董仲舒现存作品除《春秋繁露》外，还包括《天人三策》以及《春秋决狱》集佚十三条，以及散见于《史记》、《汉书》中的言论。另外《艺文类聚》载有《士不遇赋》；《古文苑》有《雨雹对》、《诣丞相公孙弘记室书》；《续汉书·礼仪志》中注引《奏江都王求雨》等。宋代程大昌曾于《春秋繁露书后》判定《春秋繁露》为伪作，朱熹、黄震附和此说。其实质疑者多无确凿证据，不过以后世心性儒学立场排斥汉代阴阳五行说而已。

第二节 公羊学统

董仲舒博通五经,但其基本思想出于《春秋》,"少治《春秋》,孝景时为博士。"①《春秋》原来是一本简要的编年体史书,记载了自鲁隐公元年至哀公十二年,共十二公二百四十二年的历史。后经过孔子的删改,其中蕴含了儒家的社会历史观。子思和子夏两派,对于《春秋》都给予高度重视。《春秋繁露·俞序》中记载,"故卫子夏言:'有国家者不可不学《春秋》。不学《春秋》,则无以见前后傍侧之危,则不知国之大柄、君之重任也。故或胁窃失国,掩杀于位,一朝至尔。苟能述《春秋》之法,致行其道,岂徒除祸哉!乃尧舜之德也。'"《孟子》书中也屡次提及《春秋》的重要性:"世衰道微,邪说暴行有作,臣弑其君者有之,子弑其父者有之。孔子惧,作《春秋》。《春秋》,天子之事也。是故孔子曰:'知我者其惟《春秋》乎!罪我者其惟《春秋》乎!'"②

对于《春秋》的解说主要有三派:左氏《春秋》、穀梁《春秋》和公羊《春秋》,董仲舒继承的是公羊派《春秋》解释。《公羊春秋》的早期传播,徐彦《公羊传疏》引戴宏《公羊传序》道:"子夏传与公羊高,高传与其子平,平传与其子地,地传与其子敢,敢传与其子寿。至汉景帝时,寿乃共弟子齐人胡毋子都著于竹帛。"

此说长期以来被当作定论,其实不无可疑之处。

清末崔适《春秋复始》对戴宏之说提出质疑:"子夏少孔子四十四岁。孔子生于襄公二十一年,则子夏生于定公七年。下适景帝之初,三百四十余年。自子夏至公羊寿,甫及五传,则公羊氏世世相去六十

---

① 《汉书》卷五六《董仲舒传》,第 2495 页。
② 《孟子·滕文公下》。

余年,又必父享耄年,子皆夙慧,乃能及之。其可信乎?"的确,三百多年的《公羊春秋》历史仅在一家之内由几代人传承,并不可信。

另一可疑之处在于景帝时方著于竹帛之说。对此徐复观论述详细,本书无须重复。① 需要进一步说明的是,口耳相传的文献,往往以韵文形式写成以保证传承过程的完整性,譬如民族史诗与印度教典。很难想象在中国这样注重文字传承的氛围中会刻意口授这么重要的经典,而且是以散文的形式传递。

既然《公羊春秋》未必出自公羊家学至胡毋生的单传,那么传说中董仲舒受业于胡毋生也成为疑问。清凌曙《春秋繁露注》序中讲道:"自高至寿,五叶相承,师法不坠。寿乃一传而为胡毋生,再传而为董仲舒。"且不论三百多年可否只有五代传递的疑问,单就胡毋生传董仲舒一点,凌曙所说也未必成立。《儒林列传》明确指出:"故汉兴至于五世之间,唯董仲舒名为明于《春秋》。"又记载胡毋生道:"胡毋生,齐人也,孝景时为博士,以老归教授。齐之言《春秋》者,多受胡毋生,公孙弘亦颇受焉。"司马迁曾亲身受教于董仲舒,如果董仲舒曾就学于胡毋生,不可能不记载于书。《汉书·儒林传》所谓"胡毋生……与董仲舒同业",也没说明胡毋生是董仲舒的老师,不过说他们两人同治《公羊春秋》而已。

董仲舒对于《春秋》的发明,一在于实际应用,其次在于构建思想体系。《史记·儒林列传》记载道:

> 董仲舒,广川人也。以治《春秋》,孝景时为博士。下帷讲诵,弟子传以久次相受业,或莫见其面,盖三年董仲舒不观于舍园,其精如此。进退容止,非礼不行,学士皆师尊之。今上即位,为江都相。以《春秋》灾异之变推阴阳所以错行,故求雨闭诸阳,纵诸阴,其止雨反是。行之一国,未尝不得所欲。中废为中大夫,居舍,著

---

① 徐复观:《两汉思想史》第二卷,第 197—202 页。

灾异之记。是时辽东高庙灾,主父偃疾之,取其书奏之天子。天子召诸生示其书,有刺讥。董仲舒弟子吕步舒不知其师书,以为下愚。于是下董仲舒吏,当死,诏赦之。于是董仲舒竟不敢复言灾异。

这段记载里面昭示了若干主题:首先,董仲舒"进退容止,非礼不行",他学修并重的风格还保有先秦儒家的传统。其次,"以《春秋》灾异之变推阴阳所以错行,故求雨闭诸阳,纵诸阴,其止雨反是。行之一国,未尝不得所欲。"将《春秋》所蕴含的灾异思想同阴阳五行相结合,实际运用于社会治理,是董仲舒的创见。后世有董子以《春秋》决狱一说,必然事出有因。再者,董仲舒晚年"不敢复言灾异",并不等于他放弃了这一观点,不过是不诉诸纸笔而已。

我们现今见到董仲舒最为重要的著作无疑是《春秋繁露》。董书之所以题名《春秋繁露》,大致是以《春秋》为依据,为君王提供治世的理论依据与方法参考。① 现今见到的《春秋繁露》稍有残缺,但可以看出大致的结构。它包括几个主题不同的部分:一、通过《春秋》的观点来审查前代的政治得失;二、君王应当如何效法天道而采纳具体的社会对策;三、天人之际感应的基础与方式;四、具体天人交通的典礼仪式。

第三节　汉武帝、董仲舒与"独尊儒术"

一、汉武帝尊儒的历程

《汉书·武帝纪》赞曰:"汉承百王之弊,高祖拨乱反正,文景务在

---

① "繁露"一名,《周书·王会解》:"天子南面立,绕无繁露。注云:冕之所垂也。"《博物志》:"冕旒以繁露者何？答曰:缀玉而下垂如繁露也。""繁露"原意为帝王冠冕前垂下的玉帘,此处引申为帝王资政之要义。

养民,至于稽古礼文之事,犹多阙焉。孝武初立,卓然罢黜百家,表章六经。遂畴咨海内,举其俊茂,与之立功。"这段话试图概括汉武帝在文治方面的突出贡献,将其与前代帝王的功用进行了对比:汉高祖的首要贡献在于纠正了秦代的弊端,而文景两代的作用在于休养生息,至于文化传统的恢复尚有缺憾。武帝即位之初,便罢黜百家、独尊六经,并以此为标准选拔贤能,协助治理天下。

这段话被广为引用,作为汉武帝罢黜百家、独尊儒术的证据。但从更详尽的考察来看,此处关于独尊儒术的记述过于简略以至于接近失实的地步。

武帝即位之初,的确举行过察举贤良的活动:"建元元年冬十月,诏丞相、御史、列侯、中二千石、二千石、诸侯相举贤良方正直言极谏之士。丞相绾奏:'所举贤良,或治申、商、韩非、苏秦、张仪之言,乱国政,请皆罢。'奏可。"①汉武帝命大臣、诸侯举贤良方正之士,或许已经潜藏了推崇儒家的动机。所以当各地推荐的人才多集中于法家和纵横家的时候,他依照丞相提议废止了这次选拔。也可以说,他通过地方推举方式来任用儒家人才的尝试最终失败了。

但是武帝没有中止启用儒家人才的活动,同年七月,"议立明堂。遣使者安车蒲轮,束帛加璧,征鲁申公。"②鲁人申公,以治《诗经》而名于世。武帝直接厚遇征召他入朝,表明了倡导儒学的态度,试图为今后的察举树立标尺。

然而他试图任用儒生的举措并没有能够延续下去,不久就受到了来自崇尚黄老之说的窦太后的反对。"二年冬十月,御史大夫赵绾坐请毋奏事太皇太后,及郎中令王臧皆下狱,自杀。丞相婴、太尉蚡免。"③当时朝廷的实权,毕竟还掌握在窦太后手中,武帝大力倡导儒

---

① 《汉书》卷六《武帝纪》,第 155—156 页。
② 《汉书》卷六《武帝纪》,第 157 页。
③ 《汉书》卷六《武帝纪》,第 157 页。

学,在太后看来就是同崇奉黄老的自己做对。当赵绾提出政事不必过问太后的时候,窦太后进行迅速而残酷的反击。《史记》中详细记载了这次宫廷斗争的内幕:

> 魏其、武安俱好儒术,推毂赵绾为御史大夫,王臧为郎中令。迎鲁申公,欲设明堂,令列侯就国,除关,以礼为服制,以兴太平。举适诸窦宗室毋节行者,除其属籍。时诸外家为列侯,列侯多尚公主,皆不欲就国,以故毁日至窦太后。太后好黄老之言,而魏其、武安、赵绾、王臧等务隆推儒术,贬道家言,是以窦太后滋不说魏其等。及建元二年,御史大夫赵绾请无奏事东宫。窦太后大怒,乃罢逐赵绾、王臧等,而免丞相、太尉,以柏至侯许昌为丞相,武强侯庄青翟为御史大夫。魏其、武安由此以侯家居。①

这次事件中,权力斗争与思想冲突纠结在一起。武帝尚儒家绝非偶然,其目的是建立权力高度集中的中央以应对内外危机,并防止权力被后宫分散。而窦太后崇尚黄老也未必是出于修身养性的考虑,而是试图削弱君权以扩张皇帝之外的势力。

虽赵绾、王臧被害而导致尊儒进程受到波折,但是武帝没有停止,建元五年设五经博士。《汉书·儒林传》的记载认为这次设四博士:"初,《书》唯有欧阳,《礼》后,《易》杨,《春秋》公羊而已。"之所以少《诗经》博士,依照皮锡瑞的观点,因为汉初已经设立了申公、辕固、韩婴三家《诗》博士的缘故。②

建元六年窦太后去世,从此外部没有能够阻止汉武帝崇尚儒学的势力。次年汉武帝再次下令察举贤良,这次董仲舒、公孙弘等被推荐入朝,对局势产生了实质性影响。至此,可以说武帝尊儒的局面已经形成。

---

① 《史记》卷一百七《魏其武安侯列传》,第 2843 页。
② 皮锡瑞:《经学历史》,第 75 页。

但是武帝尊儒并不意味着他罢黜百家,也就是说尊儒和"独尊儒术"是完全不同的两个概念。实际上,汉武帝一方面尊儒,另外一方面则是"悉延百端之学",各种人才都予以任用。《史记·龟策列传》中讲道:"至今上(武帝)即位,博开艺能之路,悉延百端之学,通一伎之士咸得自效,绝伦超奇者为右,无所阿私,数年之间,太卜大集。"杨生民对此有详细的考察:"录用既学儒学又学各家之学,或先学各家之学后学儒术的学者是'悉引百端之学'的表现形式之一。……汉武帝'悉延百端之学'的另一表现形式是直接任用各学派的人做官,如任用法家并发挥其作用。……黄老之术是西汉初国家的指导思想。武帝即位后黄老学说的地位大大降低,但是武帝仍然任用学黄老之术的人当官。汲黯就是一例。……此外,武帝对杂家、兵家、术数家等也一概任用。……上述事实说明,武帝'悉延百端之学'确系历史事实。这就是说,武帝在尊儒术、重法治的同时,还兼用百家。"①

基本上看,汉武帝在尊儒的同时并没有罢黜百家之学,而是人尽其用,不拘学派。至于儒家独尊的结果,是武帝之后逐渐形成的局面。

二、董仲舒与"独尊儒术"

董仲舒尊儒的主张,集中于他的三篇对策之中。

为了倡导儒学,他指出了法家和黄老思想法治立场的错误之处:"然则王者欲有所为,宜求其端于天。天道之大者在阴阳。阳为德,阴为刑;刑主杀而德主生。是故阳常居大夏,而以生育养长为事;阴常居大冬,而积于空虚不用之处。以此见天之任德不任刑也。天使阳出布施于上而主岁功,使阴入伏于下而时出佐阳;阳不得阴之助,亦不能独成岁。终阳以成岁为名,此天意也。王者承天意以从事,故任德教而不任刑。刑者不可任以治世,犹阴之不可任以成岁也。为政而任刑,

---

① 杨生民:《汉武帝"罢黜百家,独尊儒术"新探——兼论汉武帝"尊儒术"与"悉延(引)百端之学"》,《首都师范大学学报(社会科学版)》2000年第5期,第6—11页。

不顺于天,故先王莫之肯为也。今废先王德教之官,而独任执法之吏治民,毋乃任刑之意与!孔子曰:'不教而诛谓之虐。'虐政用于下,而欲德教之被四海,故难成也。"①这段论述中董仲舒采用了天人相应的观点运用于政治领域:在他看来天道阳生而阴杀,对应于政治则是阳德阴刑,以德治国为阳,以刑法治国为阴。上天以阳生为主而阴杀为辅,所以圣王应效法天道以德治国,以刑辅助,而不能颠倒本末违逆天道。

《论语》中也曾经对德治、法治的关系进行过对比:"道之以政,齐之以刑,民免而无耻。道之以德,齐之以礼,有耻且格。"②其中并没有采用形而上色彩浓厚的天人感应学说,而是从现实政治举措的效果来看待德治、法治的得失。董仲舒的论证除了天人感应之外,也提供了类似的视角:

> 今陛下贵为天子,富有四海,居得致之位,操可致之势,又有能致之资,行高而恩厚,知明而意美,爱民而好士,可谓谊主矣。然而天地未应而美祥莫至者,何也?凡以教化不立而万民不正也。夫万民之从利也,如水之走下,不以教化堤防之,不能止也。是故教化立而奸邪皆止者,其堤防完也;教化废而奸邪并出,刑罚不能胜者,其堤防坏也。古之王者明于此,是故南面而治天下,莫不以教化为大务。立大学以教于国,设庠序以化于邑,渐民以仁,摩民以谊,节民以礼,故其刑罚甚轻而禁不犯者,教化行而习俗美也。

> 圣王之继乱世也,埽除其迹而悉去之,复修教化而崇起之。教化已明,习俗已成,子孙循之,行五六百岁尚未败也。至周之末世,大为亡道,以失天下。秦继其后,独不能改,又益甚之,重禁文学,不得挟书,弃捐礼谊而恶闻之,其心欲尽灭先圣之道,而颛为

---

① 《汉书》卷五六《董仲舒传》,第 2502 页。
② 《论语·为政》。

自恣苟简之治,故立为天子十四岁而国破亡矣。自古以俫,未尝有以乱济乱,大败天下之民如秦者也。其遗毒余烈,至今未灭,使习俗薄恶,人民嚚顽,抵冒殊扞,孰烂如此之甚者也。孔子曰:"腐朽之木不可雕也,粪土之墙不可圬也。"今汉继秦之后,如朽木粪墙矣,虽欲善治之,亡可奈何。法出而奸生,令下而诈起,如以汤止沸,抱薪救火,愈甚亡益也。窃譬之琴瑟不调,甚者必解而更张之,乃可鼓也;为政而不行,甚者必变而更化之,乃可理也。当更张而不更张,虽有良工不能善调也;当更化而不更化,虽有大贤不能善治也。故汉得天下以来,常欲善治而至今不可善治者,失之于当更化而不更化也。古人有言曰:"临渊羡鱼,不如退而结网。"今临政而愿治七十余岁矣,不如退而更化;更化则可善治,善治则灾害日去,福禄日来。《诗》云:"宜民宜人,受禄于人。"为政而宜于民者,固当受禄于天。夫仁谊礼知信五常之道,王者所当修饬也;五者修饬,故受天之祐,而享鬼神之灵,德施于方外,延及群生也。①

其实在第一次对策中,董仲舒就对关键问题提出了论述,但是汉武帝没有充分理解而已。在这段对策中,董仲舒提出了儒家最为重要的社会治理观念:教化。

董仲舒认为,虽然汉武帝贵为天子,聪明勤勉,知人善任,但是并没有取得预期中的治理成果,其主要原因在于欠缺了对民众的教化。董仲舒提出:"夫万民之从利也,如水之走下,不以教化堤防之,不能止也。"他以民之本性为趋利的立场,继承了荀子的观点,也是社会现实的反映。但是显然避免民众过分趋利的方法不只一种,董仲舒需要证明为什么法家的治理方式并非合适的解决方案。他的基本观点在于,法治不足以杜绝奸邪,从而使得社会治理成本过高最终无法负担,反

---

① 《汉书》卷五六《董仲舒传》,第 2503—2505 页。

之德治的成本低而成效大。"古之王者明于此,是故南面而治天下,莫不以教化为大务。立大学以教于国,设庠序以化于邑,渐民以仁,摩民以谊,节民以礼,故其刑罚甚轻而禁不犯者,教化行而习俗美也。"接着他对比了西周历史的悠久和秦朝寿命的短暂,更强化了法治与德治的对比效果。随后他对汉朝的制度进行了分析:汉初继承秦制沿袭法治,结果是:"法出而奸生,令下而诈起,如以汤止沸,抱薪救火,愈甚亡益也。"此处董仲舒对现实的判断,与《老子》中所讲"法令滋彰,盗贼多有"的立场接近,继承了汉初对秦制反思的传统。他认为,根据汉朝目前的形势,应当改变既往的政策:"汉得天下以来,常欲善治而至今不可善治者,失之于当更化而不更化也。"董仲舒认为汉朝应该由先前的法治为主转向德治,如此才能得到理想中的治世。

如果说第一篇对策确立了德治的基本方向,那么第二篇对策中董仲舒指出了德治的具体操作办法:

> 陛下亲耕藉田以为农先,夙寤晨兴,忧劳万民,思惟往古,而务以求贤,此亦尧舜之用心也,然而未云获者,士素不厉也。夫不素养士而欲求贤,譬犹不琢玉而求文采也。故养士之大者,莫大乎太学。太学者,贤士之所关也,教化之本原也。今以一郡一国之众,对亡应书者,是王道往往而绝也。臣愿陛下兴太学,置明师,以养天下之士,数考问以尽其材,则英俊宜可得矣。今之郡守、县令,民之师帅,所使承流而宣化也。故师帅不贤,则主德不宣,恩泽不流。今吏既亡教训于下,或不承用主上之法,暴虐百姓,与奸为市,贫穷孤弱,冤苦失职,甚不称陛下之意。是以阴阳错缪,氛气弃塞,群生寡遂,黎民未济,皆长吏不明,使至于此也。[①]

尽管没有理论上的论证,但是董仲舒直觉地意识到,在圣上和百姓之间的士大夫阶层是维系国家兴衰的关键。他指出,之所以武帝如

---

① 《汉书》卷五六《董仲舒传》,第 2512 页。

此勤苦而不能得治世,因为缺乏足够的品行兼备的士大夫。而士大夫阶层的形成,需要教化而无法自然生成:"夫不素养士而欲求贤,譬犹不琢玉而求文采也。"对于士大夫阶层的教化而言,最为重要的设置莫过于教育机构——太学。董仲舒恳请汉武帝设置太学,延聘明师以教养士大夫,通过考试问答来选拔人才。只有把中层官吏诸如郡守、县令的素养提升,才能避免中央政令无法通达于下、地方大员暴虐百姓的现象发生。中级官员的任命,在汉初以富贵家子弟为主,"夫长吏多出于郎中、中郎,吏二千石子弟选郎吏,又以富訾,未必贤也。"①除了批评传统的官爵"世袭"制度外,董仲舒还指出了传统察举制度的改进建议:"臣愚以为使诸列侯、郡守、二千石各择其吏民之贤者,岁贡各二人以给宿卫,且以观大臣之能;所贡贤者有赏,所贡不肖者有罚。夫如是,诸侯、吏二千石皆尽心于求贤,天下之士可得而官使也。"②传统上的察举制度,地方官员只负责向上推荐人才,这样难免有私心任命的嫌疑。现在董仲舒提议,要对地方举荐的人才予以考察:对于推荐不合格人才的地方官员应予以惩罚,而对推荐优秀人才的地方官员予以奖励,这样才能使得高素养人才脱颖而出。

　　简要概括董仲舒的第二对策,那就是要解决人才体系的构建的问题。他提出的两个建议都具有很高的可操作性:第一,设置太学对人才进行培养;第二,改善察举制度以充分发掘民间的人才。如果能做到以上两点,那么他认为来自中央的政令才能有条不紊地畅行于基层,明主的努力才能转化为理想中的治世。

　　汉武帝对于这些现实性较强的对策深表不满:"今子大夫明于阴阳所以造化,习于先圣之道业,然而文采未极,岂悉乎当世之务哉?条贯靡竟,统纪未终,意朕之不明与?听若眩与?夫三王之教所祖不同,

---

① 《汉书》卷五六《董仲舒传》,第 2512 页。
② 《汉书》卷五六《董仲舒传》,第 2513 页。

而皆有失,或谓久而不易者道也,意岂异哉?"①武帝指出,前辈圣王所行不一,政令各异,然而所谓不易之谓道,那么在不同时代不同治理的背后到底有没有统一的"道"可言呢?如果有,那么这个"道"是什么呢?

鉴于汉武帝的问题表述得更加清晰,于是董仲舒把天人感应之道又进行了更为详细的阐述:

> 臣闻天者群物之祖也。故遍覆包函而无所殊,建日月风雨以和之,经阴阳寒暑以成之。故圣人法天而立道,亦溥爱而亡私,布德施仁以厚之,设谊立礼以导之。春者天之所以生也,仁者君之所以爱也;夏者天之所以长也,德者君之所以养也;霜者天之所以杀也,刑者君之所以罚也。繇此言之,天人之征,古今之道也。孔子作《春秋》,上揆之天道,下质诸人情,参之于古,考之于今。故《春秋》之所讥,灾害之所加也;《春秋》之所恶,怪异之所施也。书邦家之过,兼灾异之变,以此见人之所为,其美恶之极,乃与天地流通而往来相应,此亦言天之一端也。古者修教训之官,务以德善化民,民已大化之后,天下常亡一人之狱矣。今世废而不修,亡以化民,民以故弃行谊而死财利,是以犯法而罪多,一岁之狱以万千数。以此见古之不可不用也,故《春秋》变古则讥之。天令之谓命,命非圣人不行;质朴之谓性,性非教化不成;人欲之谓情,情非度制不节。是故王者上谨于承天意,以顺命也;下务明教化民,以成性也;正法度之宜,别上下之序,以防欲也。修此三者,而大本举矣。②

天地包含万物而生化之,圣人效法天地之道而制礼。天有四季,春生夏长秋刑,圣王法天,以生长为主而辅以刑罚。人之所做,与天地

---

① 《汉书》卷五六《董仲舒传》,第2513—2514页。
② 《汉书》卷五六《董仲舒传》,第2515—2516页。

相感应,所以《春秋》以天象之变警示人道之异。古代设置教训之官以化导百姓为善,因此能得平安治世。现在单纯任用刑罚,但民众却为谋取利益不择手段。民性本来没有明确的道德观念,如果不进行教化是无法展现出其合乎道德的一面;民众的欲望都出于私利,如果没有制度的约束则难以遏制。所以圣王上承天命以制礼,下合民心以教化,制定次序法令以防欲,如果能完成这三项任务,那么可以说已经建立起关键性基础。

三策之后,董仲舒的见解得到汉武帝的认可。但董仲舒并没有直接任职于中央,他先被任命为江都易王刘非的国相,后担任胶西王刘端的国相。两王皆以骄纵著称,期间董仲舒还曾为主父偃所陷害,最终能全身而退已是幸事。就仕途而言,董仲舒颇为坎坷。

三、董仲舒与汉武帝

探讨董仲舒与汉武帝的关系的意义,在于考察董仲舒的思想有多少被转化为现实影响。

从最开始任用好儒术的魏其、武安等人,武帝的动机就不是单纯的推崇儒学,而是掺杂了太多当时政治斗争的因素。最终设置五经博士、问策董仲舒、设置太学等一系列举措,确是无可置疑的尊儒,但实际上也不乏出于政治斗争的考虑。从武帝一生的主要活动来看,占据核心地位的是军事、宗教与经济,而儒家意识形态的弘扬则属于随从地位。无论是五经博士还是察举而进的儒生,多担任虚职,而实权仍多把握于法家和黄老之士手中。

即便是对策成功的董仲舒,也从未在中央朝廷中担任要务,反而在任中书令时罹难几死。董仲舒没有能够留在中央而是被"发配"到两位骄王身侧,可能就是武帝本人的意图。他实际上利用董仲舒的仁义道德去教化那些野心勃勃的地方封王,而并不认为儒家的见解可以施行于中央。所以当董仲舒的灾异分析威胁到中央权威的时候,汉武帝反应激烈,"仲舒遂不敢复言灾异"。历史上把这件冤案归于主父偃,其实未必不是武帝本人的意图。因为董仲舒的理论体系中,很重要的一部分内容就是"屈君以申天",通过天道感应的能力来限制君权滥用。然而如董仲舒提出的天人感应的灾异谴告说,就是用来警告人君限制君权的("凡灾异之本,尽生于国家之失。国家之失乃始萌芽,而天出灾害以谴告之;谴告之而不知变,乃见怪异以惊骇之;惊骇之尚不知畏恐,其殃咎乃至。"①),武帝追求的是绝对君权,对于传统的封侯和相权都予以了极力打压,当然不能容忍董仲舒系统对于君权的限制。

但是为什么武帝又赞成董仲舒的对策?个中原因何在?

董仲舒对策中对武帝最有吸引力的地方,就在于"大一统"观念的提出。在武帝看来,大一统意味着所有政治、军事、经济乃至意识形态权力收归帝王本身。董仲舒的思想的确有集权于一人的因素,譬如他关于"屈民以申君"的主张。但是董仲舒所谓"大一统"的观念,内涵比汉武帝所接受的要丰富得多,它主要是文化概念而不是政治概念。

在第一次对策中,董仲舒已经提出"大一统"观念的概要:"臣谨案《春秋》谓一元之意,一者万物之所从始也,元者辞之所谓大也。谓一为元者,视大始而欲正本也。《春秋》深探其本,而反自贵者始。故为人君者,正心以正朝廷,正朝廷以正百官,正百官以正万民,正万民以正四方。四方正,远近莫敢不壹于正,而亡有邪气奸其间者。是以阴阳调而风雨时,群生和而万民殖,五谷孰而屮木茂,天地之间被润泽而大丰美,四海之内闻盛德而皆徕臣,诸福之物,可致之祥,莫不毕至,而王道终矣。"②但是在第一次提出大一统观念的时候,董仲舒强调的是帝王作为大一统核心所肩负的责任,要求帝王"正心以正朝廷",凡事从"反自贵者始"。武帝没有意识到其中蕴含的集权内涵,所以再次

---

① 《春秋繁露义证》卷第八《必仁且智》,第 259 页。
② 《汉书》卷五六《董仲舒传》,第 2502—2503 页。

问策。

第三次对策中董仲舒对大一统观念进行了另一角度的解释:"《春秋》大一统者,天地之常经,古今之通谊也。今师异道,人异论,百家殊方,指意不同,是以上亡以持一统;法制数变,下不知所守。臣愚以为诸不在六艺之科孔子之术者,皆绝其道,勿使并进。邪辟之说灭息,然后统纪可一而法度可明,民知所从矣。"①此处他所说大一统观念意味着儒家天人感应观念乃是"天地之常经,古今之通谊",就是汉武帝试图寻找的治国一贯之道。虽三代各有损益,但其理未尝变,所谓"天不变道亦不变"。

但是在董仲舒这段论述前面,紧接着是一段关于富强不可与民争利的论述:"古之所予禄者,不食于力,不动于末,是亦受大者不得取小,与天同意者也。夫已受大,又取小,天不能足,而况人乎!此民之所以嚻嚻苦不足也。身宠而载高位,家温而食厚禄,因乘富贵之资力,以与民争利于下,民安能如之哉!是故众其奴婢,多其牛羊,广其田宅,博其产业,畜其积委,务此而亡已,以迫蹴民,民日削月朘,浸以大穷。富者奢侈羡溢,贫者穷急愁苦。穷急愁苦而不上救,则民不乐生;民不乐生,尚不避死,安能避罪!此刑罚之所以蕃而奸邪不可胜者也。故受禄之家,食禄而已,不与民争业,然后利可均布,而民可家足。此上天之理,而亦太古之道,天子之所宜法以为制,大夫之所当循以为行也。"②这段话中董仲舒对于食禄者"因乘富贵之资力,以与民争利于下"的弊端讲解得异常清晰:既然朝廷官员已经得到俸禄,那么就不应该再经营事业同民众争利。如果富贵之家依仗权力与民争利,那么民众必然穷困潦倒;民众穷困潦倒使得生不如死,铤而走险便成为必然。在这种局面下,无论严刑峻法如何苛刻,都不能阻止民众触犯法令。只有使得食禄之家不与民争利,而使得社会财富均匀分配,民众才可

---

① 《汉书》卷五六《董仲舒传》,第 2523 页。
② 《汉书》卷五六《董仲舒传》,第 2520—2521 页。

能安居乐业,不去主动触犯法律。董仲舒认为这是上古留下的制度,当今天子应当遵行不悖。

董仲舒从这一上古制度中看到的是富豪不与民争利,汉武帝从中看到的是将富豪所得之利收归中央。

武帝后来之所以采用桑弘羊等人的中央集权经济政策,有多重动机:第一,增加国库收入;第二,维系物价稳定;第三,打击地方豪强的经济来源。其中第一重动机诸学者都展开了充分论述,但是第三重动机也不可忽略。因为汉代的中央集权体系实质上是在武帝时期才真正完成,而中央集权体系的重要环节就是取消地方政权的独立经济来源。平准与盐铁(酒)专卖两者互相配合,平准取消了地方操纵物价牟利的机会,盐铁专营则根除了地方经济超强发展的可能。汉武帝经济政策的措施是桑弘羊提出的,但是限制地方豪强与民争利的理论却是董仲舒提供的。汉武帝对于董仲舒的观点同董仲舒的本意并不完全相同。董仲舒的天人感应之说本意是要限制君权、增加君权的责任,但反被误用为集中君权并扩大君权利益。董仲舒限制食禄者与民争利的观念本意是返利于民,但是却被误用为限制富豪之利以归于中央,民众的利益被完全忽视。

基本上看,汉武帝只需要董仲舒体系中对绝对中央集权有利的部分,以从理论上证明中央集权的合理性。董仲舒借助天人感应之说以限制君权、关注民生的思想,并没有被汉武帝所接受。在这里也存在着一个理论思想家和现实政治家的矛盾。董仲舒一生坎坷的仕途,就是他思想之于现实影响的一个缩影。

第四节　董仲舒《春秋》公羊学的儒学思想体系

一般说来,董仲舒的思想体系是为大一统的政治文化格局寻求哲学上的依据和解决方案。但我们应当注意董仲舒所谓的"大一统",主要是指《春秋》蕴含义理的普适性:"《春秋》大一统者,天地之常经,古今之通谊也。"①但是他的思想更多情况下被理解为满足现实的中央集权政治和意识形态的统一。因为传统的天人思想未能完全满足汉代大一统格局的特殊需求,虽然先秦对于人性和天道都有丰富的论述,但是关于天人之际究竟如何互相作用,即便是最充满形而上色彩的《中庸》和《易传》也未能给予系统圆融的解释。更何况先秦所论天人问题多注重个体心性层面的贯通,对于整个社会乃至中央集权所具有的天赋合理性,缺乏深入的思辨。董仲舒的成就,不在于开创全新的观念体系,而在于综合儒家以及道法阴阳诸派既有思想,创造性地有机组合成全面的系统哲学,从而为大一统文化格局提供足够坚实的理论基础。很多看似零散的思想,归根到底都属于他整体系统哲学的有机组成部分。而他哲学的核心理念,应该是天、人、王道的三足鼎立结构。其中人事秉承天道的内在结构,天道反馈人事的善恶邪正,最为关键的一点莫过于王道可以通过改过迁善来重新恢复天人之间的和谐关系,以期最终使人事达到天道的境界。也就是说他在以往单项、静止的天人关系中增加了重要的变量和交互性,使得天人之际形成一个循环。所以从纯粹理论的角度讲,董仲舒构建的体系相当圆满,既能涵盖繁多的社会现象,又能给予合理的解释,同时提供解决问题的全盘方案,是中国哲学中罕见的系统思想。

一、天道阴阳五行说

在董仲舒体系中,天既是最为重要的概念,同时也是涵义最为复杂的概念。从不同的论述角度,天具有不同的内涵。

董仲舒所谓的"天",有时是纯粹宗教意义上的"天帝":"天者百神之大君也。事天不备,虽百神犹无益也。何以言其然也?祭而地神

---

① 《汉书》卷五六《董仲舒传》,第 2523 页。

者,《春秋》讥之。孔子曰:'获罪于天,无所祷也。'……《诗》曰:'唯此文王,小心翼翼,昭示上帝,允怀多福。'多福者,非谓人事也,事功也,谓天之所福也。"这段话出自于《春秋繁露·郊语》,该篇本身着重于阐述国家宗教祭礼的规范与原理。祭天以祈福的传统,古已有之,董仲舒只是再次给予重要性强调而已。尊天为诸神之主,表明了董仲舒对古老的多神崇拜宗教传统的尊重,并非其天道体系中的核心内容。

董仲舒思想中的"天"从最高的意义上讲,主要是指化成万物并化育四方的生成论源头。万物来源于天,并在天的运化下生长:"天覆育万物,既化而生之,又养而成之,事功无已,终而复始。凡举归之以奉于人。察于天之意,无穷极之仁也。"①"为生不能为人,为人者天也。人之人本于天,天亦人之曾祖父也。此人之所以乃上类天也。"②从生化成人这个角度讲,天可谓人之先祖。

此外董仲舒还认为天的概念蕴含了天命的思想:"颜渊死,子曰:'天丧予。'子路死,子曰:'天祝予。'西狩获麟,曰:'吾道穷,吾道穷。'三年,身随而卒。阶此而观,天命成败,圣人知之,有所不能救,命矣夫!"③

以上三种关于天的理解,多是董仲舒继承古代观念而沿袭使用。他对于天的创造性解释,可分为神明之天、道德之天和象数之天三个方面。

所谓神明之天,与传统以天为百神之大者不同,董仲舒所谓天的神明之处在于天道无形而有赏罚之用。他讲道:"天地之物有不常之变者,谓之异,小者谓之灾。灾常先至而异乃随之。灾者,天之谴也;异者,天之威也。谴之而不知,乃畏之以威。《诗》云:'畏天之威。'殆此谓也。凡灾异之本,尽生于国家之失,国家之失乃始萌芽,而天出灾

---

① 《春秋繁露义证》卷第一一《王道通三》,第329页。
② 《春秋繁露义证》卷第一一《为人者天》,第318页。
③ 《春秋繁露义证》卷第五《随本消息》,第137页。

害以谴告之;谴告之而不知变,乃见怪异以惊骇之;惊骇之尚不知畏恐,其殃咎乃至。"①自然灾异的出现,是天对人世错误的警告和惩罚。从这个角度看,天是善恶报应的根本依据:"礼无不答,施无不报,天之数也。"②

董仲舒对于天的最重要论述,莫过于以天为仁义之本。在他看来,人事之道德源头在天地之品性,人之道德行为的根据不是世俗利害的权衡,而是效法天地的必然:"今善善恶恶,好荣憎辱,非人能自生,此天施之在人者也。君子以天施之在人者听之,则丑父弗忠也。天施之在人者,使人有廉耻。"③这段话论述人的道德情感来自天之所授予,是人所独有的品性。然后他论述人的道德内容也是来源于天,道德的基础就是仁:"天,仁也。天覆育万物,既化而生之,有养而成之,事功无已,终而复始,凡举归之以奉人,察于天之意,无穷极之仁也。"④更为详尽地讲,君臣之间的所有道德准则都来源于天地:"天高其位而下其施,藏其形而见其光。高其位,所以为尊也;下其施,所以为仁也;藏其形,所以为神;见其光,所以为明。故位尊而施仁,藏神而见光者,天之行也。故为人主者,法天之行。是故内深藏,所以为神;外博观,所以为明也;任群贤,所以为受成;乃不自劳于事,所以为尊也;泛爱群生,不以喜怒赏罚,所以为仁也。故为人主者,以无为为道,以不私为宝,立无为之位而乘备具之官,足不自动而相者导进,口不自言而摈者赞辞,心不自虑而群臣效当,故莫见其为之,而功成矣,此人主所以法天之行也。为人臣者,法地之道,暴其形,出其情以示人,高下、险易、坚耎、刚柔、肥硗、美恶,累可就财也,故其形宜不宜,可得而财也。为人臣者比地贵信而悉见其情于主,主亦得而财之。故王道威而不失,为人臣常竭情悉力而见其短长,使主上得而器使之,而犹地之

---

① 《春秋繁露义证》卷第八《必仁且智》,第259页。
② 《春秋繁露义证》卷第一《楚庄王》,第6页。
③ 《春秋繁露义证》卷第二《竹林》,第63页。
④ 《春秋繁露义证》卷第一一《王道通三》,第329页。

竭竟其情也,故其形宜可得而财也。"①

作为万化根源之天,与人事万象之关联,要通过适当的中介。董仲舒所采用的方法,就是把天象数化,将诸法象数化。将阴阳五行相结合释万象变迁,是汉代的通行做法,但以此来构成对天道的系统解说,则归于董仲舒的创建。

天之构造,首推阴阳之气:"天道之常,一阴一阳。阳者天之德也,阴者天之刑也。"②该说并非新创,《春秋繁露》体系之特殊在于,将阴阳二气作为了沟通天人的中介,同时涵盖自然现象与人事规则,并赋予道德上的涵义:"天地之间,有阴阳之气,常渐人者,若水常渐鱼也。所以异于水者,可见与不可见耳,其澹澹也。……天意难见也,其道难理。是故明阴阳、入出、实虚之处,所以观天之志。"③天本身是绝对的形而上存在,没有任何形象,④形而上的存在若要与现实的形而下存在产生关联,必须有沟通上下的中介。董仲舒认为最重要的中介元素就是阴阳之气,因为阴阳之气足够精微,⑤若虚若实,能够渗透进入天地之间,所以天道可以通过阴阳二气来影响万物。首先,四季由阴阳二气转化而成:"春秋之中,阴阳之气俱相并也。中春以生,中秋以杀。由此见之,天之所起其气积,天之所废其气随。故至春少阳东出就木,与之俱生;至夏太阳南出就火,与之俱暖。……阴之行,固常居虚而不得居实,至于冬而止空虚。"⑥

虽然天地万象由阴阳二气共同运化而成,但是阴阳二气的地位并

---

① 《春秋繁露义证》卷第六《离合根》,第164—166页。
② 《春秋繁露义证》卷第一二《阴阳义》,第341页。
③ 《春秋繁露义证》卷第一七《天地阴阳》,第467页。
④ 《春秋繁露义证》卷第六《离合根》曰:"天高其位而下其施,藏其形而见其光。高其位,所以为尊也;下其施,所以为仁也;藏其形,所以为神;见其光,所以为明。故位尊而施仁,藏神而见光者,天之行也。"第164—165页。
⑤ 《春秋繁露·天地阴阳》中比喻气与水的比较就如同水与泥的对比一样,以此表明气是极其精微的存在,所以能够贯通天地上下。
⑥ 《春秋繁露义证》卷第一二《阴阳终始》,第340页。

非对等:"是故夏出长于上、冬入化于下者,阳也;夏入守虚地于下、冬出守虚位于上者,阴也。阳出实入实,阴出空入空。天之任阳不任阴,好德不好刑,如是也。"①《易传》中并没有把阴阳给予善恶意义上的区分,《传》中讲"一阴一阳之谓道",平等处理阴阳两种因素。而通过对于阴阳尊卑位置的区分,董仲舒开创性地将道德因素引入到阴阳气化之中:"是故推天地之精,运阴阳之类,以别顺逆之理。安所加以不在?在上下,在大小,在强弱,在贤不肖,在善恶。恶之属尽为阴,善之属尽为阳。阳为德,阴为刑。刑反德而顺于德,亦权之类也。虽曰权,皆在权成。是故阳行于顺,阴行于逆;逆行而顺,顺行而逆者,阴也。是故天以阴为权,以阳为经。阳出而南,阴出而北。经用于盛,权用于末。以此见天之显经隐权、前德后刑也。"②依自然现象而论,春夏万物生长之时是阳气生发,而秋冬万物肃杀收藏之际是阴气兴盛。天之生现于阳,而天之杀现于阴,上天好生而恶杀,因此阳气为本而阴气为末。以阴阳本末对待,于是就有了善恶的区别:所有的善行归于阳,而所有的恶行归于阴;阳气表现天地之德,而阴气显示天地之刑;刑德不可分离,因为阳气虽代表天地生化的根本——经,但是刑杀之阴气是它不可或缺的弥补——权变。天地虽有阴阳刑德,但阴阳之间的位置是阳前阴后,阳实阴虚,阳为准则,阴为权变。阴阳之分的意义,一在于重德而轻刑,以纠正刑名之学的偏失;同时阴阳之分,也可以理解成君臣之别,君臣之间绝对不是对等的关系:"是故《春秋》君不名恶,臣不名善,善皆归于君,恶皆归于臣。臣之义比于地,故为人臣者,视地之事天也。"③

天地之间除阴阳之外,尚有五行:"天有五行:一曰木,二曰火,三曰土,四曰金,五曰水。木,五行之始也;水,五行之终也;土,五行之中

---

① 《春秋繁露义证》卷第一一《阴阳位》,第338页。
② 《春秋繁露义证》卷第一一《阳尊阴卑》,第327页。
③ 《春秋繁露义证》卷第一一《阳尊阴卑》,第325—326页。

也。此其天次之序也。木生火,火生土,土生金,金生水,水生木,此其父子也。木居左,金居右,火居前,水居后,土居中央,此其父子之序,相受而布。是故木受水而火受木,土受火,金受土,水受金也。诸授之者,皆其父也;受之者,皆其子也。常因其父以使其子,天之道也。是故木已生而火养之,金已死而水藏之。火乐木而养以阳,火克金而丧以阴。土之事天竭其忠。故五行者,乃孝子忠臣之行也。"①中国文化中的五行观念非常有特点,与希腊的元素说以及印度的四大说的不同在于,它是一个有机的动态系统。五行并非静止的分立因素,而是一个系统中的五种相关功用。五行之间不仅互相生成,而且又互相克制互相辅助,本用来说明自然现象的五行关联被董仲舒很自然地应用到社会现象中说明复杂的人事关系。其中尤可注意的是,董仲舒把五行中的土赋予特殊的地位:"土者,火之子也。五行莫贵于土。土之于四时无所命者,不与火分功名。木名春,火名夏,金名秋,水名冬。忠臣之义,孝子之行,取之土。土者五行最贵者也,其义不可以加矣。五声莫贵于宫,五味莫美于甘,五色莫贵于黄。"②上面这段话,董仲舒通过五行来论证孝的绝对性,但董子的根本意图在于确定中央权威的无上地位。土属中,色黄,其中的涵义非常清晰,就是通过尊土而重王。

以此,至高无上无声无臭之天,通过阴阳五行而化生涵养人事万物。其中阴阳之中以阳为主,象征天德以生为主:"仁之美者在于天。天,仁也。天覆育万物,既化而生之,有养而成之,事功无已,终而复始。……天常以爱利为意,以养长为事。"③天之好生恶杀,前阳后阴,实际上是为儒家的仁治思想确定了形而上的基础。至于五行学说,除去以五行阐明四时兴替之外,还用五行之间的生化来阐明忠孝之道的天然合理性。子对父称孝,臣对君曰忠,忠孝之道的成立,实际上是为

---

① 《春秋繁露义证》卷第一一《五行之义》,第321页。
② 《春秋繁露义证》卷第十《五行对》,第316—317页。
③ 《春秋繁露义证》卷第一一《王道通三》,第329—330页。

中央集权同地方诸侯的交往确定明确的行为规范。一方面可以避免秦政及汉初的严苛刑名法术之学的弊端,另外一方面又能解决汉初诸侯反制中央的政治困境,所以董仲舒的天道观能够得到来自汉武帝的由衷赏识。

二、天人合一说

天人问题一直是中国哲学的核心问题之一,先秦时代的探讨已经相当充分,在儒学内部,荀孟两派的见地代表了两个倾向。思孟学派认为人性来自于天赋,通过心性的探究可以达到天道的究竟("天人合一");而荀子则尽可能在天人之间给予明确的分别("天人相分")。不过就古老的文化传统而言,思孟学派与传统的观点更为接近,而荀子的观点比较特别。在战国末期以及汉代初年,天人相关的思想一度消沉,而董仲舒在《春秋繁露》中,以全新的方式恢复了这个古老的传统。

在董仲舒的理论体系中,天人之间的关联是全方面的,既包括有形的形体,又包括潜在的人性,同时还涵盖了社会的组织方式。可以说,天人关系(天人合一学说)是董仲舒思想的核心内容。

董仲舒首先断定,人在天地生物中具备最高的地位:

> 天地之精所以生物者,莫贵于人。人受命乎天也,故超然有以倚。物疢疾莫能为仁义,唯人独能为仁义;物疢疾莫能偶天地,唯人独能偶天地。人有三百六十节,偶天数也;形体骨肉,偶地之厚也。上有耳目聪明,日月之象也;体有空窍理脉,川谷之象也;心有哀乐喜怒,神气之类也。观人之体一,何高物之甚,而类于天也。物旁折取天之阴阳以生活耳,而人乃烂然有其文理,是故凡物之形,莫不伏从旁折天地而行,人独题直立端尚正正当之,是故所取天地少者,旁折之,所取天地多者,正当之,此见人之绝于物而参天地。是故人之身首妢而员,象天容也;发,象星辰也;耳目戾戾,象日月也;鼻口呼吸,象风气也;胸中达知,象神明也,腹胞

实虚,象百物也。百物者最近地,故要以下,地也。天地之象,以要为带,颈以上者,精神尊严,明天类之状也;颈而下者,丰厚卑辱,土壤之比也;足布而方,地形之象也。是故礼,带置绅必直其颈,以别心也。带以上者尽为阳,带而下者尽为阴,各其分。阳,天气也;阴,地气也。故阴阳之动使,人足病,喉痹起,则地气上为云雨,而象亦应之也。天地之符,阴阳之副,常设于身,身犹天也,数与之相参,故命与之相连也。天以终岁之数,成人之身,故小节三百六十六,副日数也;大节十二分,副月数也;内有五脏,副五行数也;外有四肢,副四时数也;占视占暝,副昼夜也;占刚占柔,副冬夏也;占哀占乐,副阴阳也;心有计虑,副度数也;行有伦理,副天地也。此皆暗肤着身,与人俱生,比而偶之弇合。于其可数也,副数;不可数者,副类。皆当同而副天一也。是故陈其有形以著其无形者,拘其可数以著其不可数者。以此言道之亦宜以类相应,犹其形也,以数相中也。①

这段重要的论述中至少包含了如下三重涵义:(一)人不同于普通的生物,除了具备道德意识的存在之外,还与天道有数字上的偶合。"唯人独能为仁义"意味着,天地之间唯有人具备独立的道德选择能力和行为能力。那么这种特殊的能力来源于何处?必定是来源于作为道德基础的天道。(二)人之与天相合,董仲舒认为,最明显的特征在于人的形体结构与自然天道的结构具备高度的一致,人体是天象的完全再现。人外在的直立形体,以及各部分器官都同自然天象有着高度一致("人副天数")。(三)人的情感意志也可以与天道的变化相对比:"为生不能为人,为人者天也。人之人本于天,天亦人之曾祖父也。此人之所以乃上类天也。人之形体,化天数而成;人之气血,化天志而仁;人之德行,化天理而义;人之好恶,化天之暖清;人之喜怒,化天之

---

① 《春秋繁露义证》卷第一三《人副天数》,第354—357页。

寒暑；人之受命，化天之四时。人生有喜怒哀乐之答，春夏秋冬之类也。喜，春之答也。怒，秋之答也。乐，夏之答也。哀，冬之答也。天之副在乎人，人之情性有由天者矣。"①

由此推论，人与天合不仅仅是外在形体和内脏关节数量上的偶合，也不仅表现在上面已经说到的天人感应、天能谴告人事上，甚至也不局限于喜怒哀乐情绪上的相通，还有更为深层的对应，那就是人性对天性的继承。董仲舒的人性论，是由他天人贯通的理论基础推衍而生成。先秦思孟学派在人性论问题上偏向于性善，而恶只是善端没有得到充分发挥的结果；荀子则认为人天性没有道德因素，所有的善都是后天教化的结果。董仲舒对于先秦思孟学派的人性论既有继承又有新的发挥。他说："人之诚，有贪有仁。仁贪之气，两在于身。身之名，取诸天。天两有阴阳之施，身亦两有贪仁之性。天有阴阳禁，身有情欲栣，与天道一也。是以阴之行不得干春夏，而月之魄常厌于日光，乍全乍伤。天之禁阴如此，安得不损其欲而辍其情以应天？天所禁而身禁之，故曰身犹天也。禁天所禁，非禁天也。必知天性不乘于教，终不能栣。察实以为名，无教之时，性何遽若是。"②基本上说，董仲舒的人性论是性善恶混之说。他的人性善恶混并不是来自于经验意义上的观察，而是来自于天人相副以及阳善阴恶的先验原则。既然天道有阴阳两种不同的属性，人继承了天道的结构，那么人性之中也就具有贪欲和仁爱两种相对立的属性。天道本身对于阴气给予遏制，那么人也应该效法天道对自身的贪欲进行禁制，这就是教化所应该发挥的功用。关于董仲舒的人性学说，我们将在下一节中作详细的分析。

董仲舒还认为，天道不仅决定了人形与人性，甚至还决定了人事——也就是确定人与人之间关系的人伦之事。

《春秋繁露·观德》中讲到："天出至明，众知类也，其伏无不照也。

---

① 《春秋繁露义证》卷第一一《为人者天》，第 318—319 页。
② 《春秋繁露义证》卷第十《深察名号》，第 295—296 页。

地出至晦,星日不敢为暗。君臣父子夫妇之道取之此。"社会之间关键的人伦关系,在董仲舒看来,是由天地之本体所决定的。如果用一句话来概括董仲舒的观点,那就是:"王道之三纲,可求于天。"①更为具体的解释是:"凡物必有合:合,必有上,必有下,必有左,必有右,必有前,必有后,必有表,必有里。有美必有恶,有顺必有逆,有喜必有怒,有寒必有暑,有昼必有夜,此皆其合也。阴者阳之合,妻者夫之合,子者父之合,臣者君之合。物莫无合,而合各相阴阳。阳兼于阴,阴兼于阳;夫兼于妻,妻兼于夫;父兼于子,子兼于父;君兼于臣,臣兼于君。君臣、父子、夫妇之义,皆取诸阴阳之道。君为阳,臣为阴,父为阳,子为阴,夫为阳,妻为阴。阴道无所独行。其始也不得专起,其终也不得分功,有所兼之义。是故臣兼功于君,子兼功于父,妻兼功于夫,阴兼功于阳,地兼功于天。"②在董仲舒的体系里,天道阴阳本身是不对等的,阳尊而阴卑。既然君臣、父子、夫妇对等于天道阴阳,那么君臣、父子、夫妇互相地位也是不对等的,其中君、父、夫具备绝对的主导地位,而相对应的臣、子、妇则是恒常的从属地位:"丈夫虽贱皆为阳,妇人虽贵皆为阴。阴之中亦相为阴,阳之中亦相为阳。诸在上者皆为其下阳,诸在下者皆为其上阴。……君不名恶,臣不名善;善皆归于君,恶皆归于臣。"③在董仲舒建构的这个伦理体系中,每个成员的地位是相对的:对于在下位的人来说他是阳,对于在上位的人来说他又是阴,不过君臣、父子、夫妇的三纲是绝对的固定标准。关于"三纲"问题,我们将在下面辟出专节来加以讨论。

就伦理关系与行为的基础而言,董仲舒更为偏向于动机论而排斥效果论,所谓:"正其谊不谋其利,明其道不计其功。"④对于人事善恶评价的标准,不在于道德行为的结果,而在于道德行为的动机。董仲舒

---

① 《春秋繁露义证》卷第一二《基义》,第351页。
② 《春秋繁露义证》卷第一二《基义》,第350—351页。
③ 《春秋繁露义证》卷第一一《阳尊阴卑》,第325页。
④ 《汉书》卷五六《董仲舒传》,第2524页。

之所以坚决地主张动机伦理理论,一方面是对秦汉法家注重效验之伦理的反拨,另外一方面是他天道思想的推衍。

战国秦汉年间法家思想家所运用的伦理原则恰好是动机伦理的对立面——功利伦理。在法家为代表的功利主义伦理思想看来,只要是对于整体有最大的好处,可以采取任何手段,甚至不惜对个体的利益进行损害。董仲舒在反思秦二世而亡的历史教训后,意识到秦所采用的功利伦理可能产生诸多的弊端。譬如对于法家所依赖的律法治理,董仲舒就提出另外的解释:"《春秋》之听狱也,必本其事而原其志。志邪者不待成,首恶者罪特重,本直者其论轻。……故折狱而是也,理益明,教益行;折狱而非也,暗理惑众,与教相妨。教,政之本也。狱,政之末也。"①应该说董仲舒的这种观点体现出他对现实社会的深刻洞察。依法家之见,足够的惩罚能够避免后来者铤而走险。但是董仲舒认为,依照《春秋》所体现的精神,只有对犯罪动机进行仔细的分析并随之量刑才能达到想要的效果。因为,如果对于犯罪动机没有针对性判刑,那么暂时人们会避免错误的行为,但是为恶的动机并没有消除,有机会还是会爆发出来,因此并不能起到教化的作用。反之,如果针对犯罪动机给予惩处,那么这种惩罚本身又帮助了道德上的教化,使人能够在内心消除犯罪的动机。所以说,教化是政治的根本,而惩罚只是政治的补充。

动机伦理的另外一个基础是董仲舒一贯的天人相副思想:"仁之美者在于天。天,仁也。天覆育万物,既化而生之,有养而成之,事功无已,终而复始,凡举归之以奉人。察于天之意,无穷极之仁也。人之受命于天也,取仁于天而仁也。"②在董仲舒看来,天覆育万物,生化众生,终而复始,充分表明天道之仁义。人受命于天,那么人也应该以仁作为自己的品性。仁作为一种品性,主要表现在动机而不是实际效

---

① 《春秋繁露义证》卷第三《精华》,第93—94页。
② 《春秋繁露义证》卷第一一《王道通三》,第329页。

果。《太平御览》记载了数篇依照董仲舒动机伦理"春秋决狱"的案例:"甲父乙与丙争言相斗。丙以佩刀刺乙,甲即以杖击丙,误伤乙。甲当何论?或曰:殴父也,当枭首。论曰:臣愚以父子至亲也,闻其斗莫不有怵怅之心,扶伏而救之,非所以欲诟父也。《春秋》之义,许止父病,进药于其父而卒。君子原心,赦而不诛。甲非律所谓殴父也,不当坐。"①案例是这样的:甲乙为父子,与丙争吵,丙持刀刺乙(父),甲(子)拿棍打丙却误中乙。当时有种观点认为甲犯了"殴打父亲"的重罪当死,董仲舒认为甲没有打父亲的动机,所以不应当受到惩罚。

综上所述,我们可以看到董仲舒认为人的形体、情志、本性与伦常,无一不与天道相对应。既然天人之间存在如此本质的相似,那么按照传统的观点,相似的存在之间具有神秘的感应能力:"百物去其所与异,而从其所与同。故气同则会,声比则应,其验皦然也。调琴瑟而错之,鼓其宫则他宫应之,鼓其商而他商应之,五音比而自鸣,非有神,其数然也。美事召美类,恶事召恶类,类之相应而起也,如马鸣则马应之,牛鸣则牛应之。帝王之将兴也,其美祥亦先见;其将亡也,妖孽亦先见,物故以类相召也。"②同类感应,是阴阳家的基本观念;而政治变化与自然现象的异常相关联,也是很早就具有的传统。董仲舒的贡献,在于用比较晚出的阴阳五行观念来解释古老的天人感应学说。

在这里董仲舒明显摆脱了原始宗教的人格神论思想,认为天人之间的感应纯粹出于"同类相感"的自动机制而不是神灵有意识的干预,"非有神,其数然也。"董仲舒以数为阴阳感化基础的思想,是汉代注重象数之学的前导,但是他并没有在具体的数理推衍上面进行更深入的探讨,而是转向了道德因素对天人感应的分析。他认为之所以人们会以为天人之间的感应有神灵参与其中,是因为其中的道德因素过于微妙的缘故:"天有阴阳,人亦有阴阳。天地之阴气起,而人之阴气应之

---

① 《太平御览》卷六四〇《刑法部》,中华书局,1960年,第2868页。
② 《春秋繁露义证》卷第一三《同类相动》,第358—359页。

而起，人之阴气起，天地之阴气亦宜应之而起，其道一也。明于此者，欲致雨则动阴以起阴，欲止雨则动阳以起阳，故致雨非神也，而疑于神者，其理微妙也。非独阴阳之气可以类进退也，虽不祥祸福所从生，亦由是也，无非已先起之，而物以类应之而动者也。故聪明圣神，内视反听，言为明圣，内视反听，故独明圣者知其本心皆在此耳。"①微妙之处在于天人之间不仅仅是数的联系，还有深不可测的内心动机也能影响天道的运化，那么推导而论就是：人的内心道德境界与思想能够影响外在的天地自然祸福。

由是，董仲舒天人感应的大致轮廓就表现了出来：首先，人的形体与天数相副；其次，人的情志变迁也可以对应于天道阴阳的转化；甚之，人本性的善恶混杂也出于天道的阴阳结构；②既然人与天表现出如此高的一致性，那么天人之间存在必然的感应，人能够通过改变自己的内心道德修养来改变外在的天地福祸感应。本来前提是被动的人命受之于天，在经过一系列逻辑推导之后，董仲舒的实际结论是：人能够通过合适的方法来主动反作用于天。

三、天道与人性

人性论在各个哲学体系中都占有重要地位，但在先秦却没有达成统一的见解。张岱年指出："在先秦时，性善论，性恶论，性无善恶论，性超善恶论，性有善有不善论，有性善有性不善论，同时发生或先后发生；势力不相上下，并无公认学说。"③就儒家人性论而言，孔子之后分为荀、孟两大流派，分别以性恶与性善为标榜。

孟子的人性论观点与《性自命出》、《中庸》的观点相对一致，认为人性有着来自形而上天道的根源。《性自命出》所言"性自命出，命自

---

① 《春秋繁露义证》卷第一三《同类相动》，第360页
② 甚至有时候董仲舒认为人性中恶的一面是不可避免并不能完全消除的。
③ 张岱年：《中国哲学大纲》，中国社会科学出版社，1982年，第250页。

天降"与《中庸》的"天命之谓性",是相近观点的两种表达。孟子则以心为中介,将形而下之人性同形而上之天道连接起来:"尽其心者,知其性也。知其性,则知天矣。存其心,养其性,所以事天也。"①他对于人性本善的论证也是从心的经验现象予以说明:"恻隐之心,人皆有之;羞恶之心,人皆有之;恭敬之心,人皆有之;是非之心,人皆有之。"他认为人性中不仅本具仁义礼智四端,而且会表现于日常经验之中,不过经常为人所忽略而已。也就是说,孟子的性善是认为人性不仅具有至善的天道为依据,而且天然发露于现实生活之中。他所谓的性善,既是应然,又是已然。

荀子的人性论颇为不同:"今人之性,生而有好利焉,顺是,故争夺生而辞让亡焉;生而有疾恶焉,顺是,故残贼生而忠信亡焉;生而有耳目之欲有好声色焉,顺是,故淫乱生而礼义文理亡焉。然则从人之性,顺人之情,必出于争夺,合于犯分乱理而归于暴。故必将有师法之化,礼义之道,然后出于辞让,合于文理而归于治。用此观之,然则人之性恶明矣,其善者伪也。"②他之所以批评孟子的性善论,主要目的在于强调圣人制礼作乐的必要性,从而确立外在礼乐制度在教化上的绝对地位。

董仲舒试图将两派对立的人性论观点容纳于统一的系统,既要保存思孟学派天命之性的立场,又要吸收荀子强调外在教化的观点。他采用的方式是,先把"性"予以重新界定,然后以三品之说对人性予以分类。这样的做法,既包含了先秦复杂多元的人性论内涵,又凸显了统一的儒家立场,成为后世主流人性论的基本模式。

首先就人性的基本性质而言,董仲舒同时采用了荀、孟的观点:善恶兼具。他先从字源的角度解释"性":"性之名非生与?如其生之自然

---

① 《孟子·尽心上》。
② 《荀子新注》,第390页。

之资谓之性。性者质也。"①但是他的生之谓性,同荀子的生之谓性有所不同。董仲舒所谓生是指天道生成的先天素质,而荀子所谓生是自然形态的后天素质。然而董仲舒也不同于孟子,孟子认为天命之性纯善,而董仲舒认为天命之性善恶相混:"人受命于天,有善善恶恶之性,可养而不可改,可豫而不可去,若形体之肥臞,而不可得革也。"②董仲舒之所以同荀、孟的人性论都有所不同,在于他将阴阳二气当做天道和人性之间的媒介:"身之名,取诸天。天两有阴阳之施,身亦两有贪仁之性。"③气分阴阳,那么秉承阴阳之气的人性也有贪仁之分:"人之诚,有贪有仁。仁贪之气,两在于身。"④借助气有阴阳的观念,董仲舒的人性论融合了荀、孟的善恶两端:"董仲舒览孙、孟之书,作情性之说曰:'天之大经,一阴一阳;人之大经,一情一性。性生于阳,情生于阴。阴气鄙,阳气仁。曰性善者,是见其阳也;谓恶者,是见其阴者也。'若仲舒之言,谓孟子见其阳,孙卿见其阴也。"⑤

董仲舒与先秦儒家人性论不同之处在于,他明确提出了性善情恶的观点:"人之诚,有贪有仁。仁贪之气,两在于身。身之名,取诸天。天两有阴阳之施,身亦两有贪仁之性。天有阴阳禁,身有情欲栣,与天道一也。是以阴之行不得干春夏,而月之魄常厌于日光,乍全乍伤。天之禁阴如此,安得不损其欲而辍其情以应天。天所禁而身禁之,故曰身犹天也。禁天所禁,非禁天也。"⑥阴阳两气对应于人心的仁和贪,阳气对应仁,阴气对应贪,而所谓贪不过是情欲之略称,实际上董仲舒认为阴气对应的是情而阳气对应的是善性。董仲舒认为天道抑阴而弘阳,因此人应该效法天道损灭情欲。与其他性善情恶论不同之处在

---

① 《春秋繁露义证》卷第十《深察名号》,第291—292页。
② 《春秋繁露义证》卷第一《玉杯》,第33页。
③ 《春秋繁露义证》卷第十《深察名号》,第296页。
④ 《春秋繁露义证》卷第十《深察名号》,第294页。
⑤ 《论衡校释》卷三《本性篇》,第139—140页。
⑥ 《春秋繁露义证》卷第十《深察名号》,第295—296页。

于,董仲舒认为情欲是人自然本性的一部分:"天地之所生,谓之性情。性情相与为一瞑。情亦性也。谓性已善,奈其情何?故圣人莫谓性善,累其名也。身之有性情也,若天之有阴阳也,言人之质而无其情,犹言天之阳而无其阴也。"①譬如《礼记·乐记》里面讲到的"人生而静,天之性也。感于物而动,性之欲也",就把情欲和本性分别来讲,认为善性来自于天赋而情欲来自于外物。《礼记》的观点与《淮南子》颇为类似:"水之性真清而土汩之,人性安静而嗜欲乱之。"②董仲舒的观点与它们都不同,他认为嗜欲并非后天外物对本性造成的纷扰,而是人天性中所禀受阴气自然的表现。从某种意义上说,董仲舒认为情欲是人性的一部分,所谓"情亦性也"。后来李翱所倡导的性善情恶,与《礼记》和《淮南子》类似,而同董仲舒相差较大。宋儒的人性论多以嗜欲为气质之性,也与董仲舒不同。

董仲舒虽然主张生之谓性,但却认为性并非现实的已然,而是潜在的应然:"今按圣人言中,本无性善名,而有善人吾不得见之矣。使万民之性皆已能善,善人者何为不见也?观孔子言此之意,以为善甚难当。而孟子以为万民性皆能当之,过矣。圣人之性不可以名性,斗筲之性又不可以名性,名性者,中民之性。中民之性如茧如卵。卵待覆二十日而后能为雏,茧待缲以涫汤而后能为丝,性待渐于教训而后能为善。善,教训之所然也,非质朴之所能至也,故不谓性。性者,宜知名矣,无所待而起,生而所自有也。善所自有,则教训已非性也。是以米出于粟,而粟不可谓米;玉出于璞,而璞不可谓玉;善出于性,而性不可谓善。"③董仲舒指出,孔子并没有明确提出性善的观点,即便提及善也指非同寻常的道德境界。那么以孔子的标准来看,孟子以为众人皆有善性发现,董仲舒以为不妥。董仲舒认为,圣人和斗筲之性不能

---

① 《春秋繁露义证》卷第十《深察名号》,第 298—299 页。
② 《淮南鸿烈集解》卷二《俶真训》,中华书局,1989 年,第 67 页。
③ 《春秋繁露义证》卷第十《实性》,第 311—312 页。

代表众人之性,只有普通人的秉性才能称之为性。而中民之性,需要经过教化而显现为善,因此善性并非现实的存在而是潜在的能力。这就如粟中之米,茧中之丝,虽潜藏其中但不经疏导便无以出现。总体而言,董仲舒认为:"善出于性,而性不可谓善。"善虽然潜在于人性,但并不能认为人性天然为善。他的目的,不外乎是强调教化之重要性:"性者,天质之朴也,善者,王教之化也。无其质,则王教不能化;无其王教,则质朴不能善。"①

如是董仲舒提出了与思孟学派迥然不同的心性修养之说:思孟学派认为人本身具备提升自己心性的能力,而董仲舒认为人只能凭借外在的教化力量才能表现为善,倒是与荀子有相通之处。董仲舒所谓的中民之性,除了潜在为善之外,还有另外的含义:"民之号,取之瞑也。使性而已善,则何故以瞑为号?……性有似目,目卧幽而瞑,待觉而后见。当其未觉,可谓有见质,而不可谓见。今万民之性,有其质而未能觉,譬如瞑者待觉,教之然后善。当其未觉,可谓有善质,而不可谓善,与目之瞑而觉,一概之比也。"②他试图从字源角度寻找"民"的含义,认为与"瞑"相通。瞑,闭目幽暗之意,借喻中民不觉本具善性。民不自觉,因此需要王道教化使之为善:"天令之谓命,命非圣人不行;质朴谓之性,性非教化不成;人欲谓之情,情非度制不节。是故王者上谨于承天意,以顺命也;下务明教化民,以成性也;正法度之宜,别上下之序,以防欲也。修此三者,而大本举矣。"③董仲舒把中民潜在善性转化为现实善行的关键,寄托于王者的教化与法度。

董仲舒在试图调和荀、孟对立人性论立场的同时,创立了自己的人性论体系:他以阴阳气禀为基础提出了人性本具善恶的新观点。④

---

① 《春秋繁露义证》卷第十《实性》,第313页。
② 《春秋繁露义证》卷第十《深察名号》,第297—298页。
③ 《汉书》卷五六《董仲舒传》,第2515—2516页。
④ 张岱年认为,性有善有恶论发于世硕,董子论之较详。见《中国哲学大纲》,中国社会科学出版社,1982年,第204页。

以秉承阳气为善性,与孟子思想相通;而以秉承阴气为恶欲,则与荀子观点类似。但最终落实于现实,董仲舒强调外在教化与控制的立场,更倾向于荀子。就对后世的影响来看,董仲舒的人性论也别有意义。宋儒虽然没有全盘接受他的性具善恶之说,但是对于董仲舒提出的以气禀为恶源的观点,却颇有认同。只不过宋代之后,心与理取代了气的形而上地位,因此气禀之恶不复被认作天性而已。

四、天道与"三纲"、"五常"

"三纲五常"是汉代以来,尤其是宋明以来儒家学说的重要内容,是儒家思想的集中体现。从这个概念最初的源头来看,"三纲"和"五常"都确立于董仲舒。

后人常把"三纲"与"五常"并称,其实它们在董仲舒体系中处于不同的位置。"三纲"之说来自于《春秋繁露》:"凡物必有合,……有寒必有暑,有昼必有夜,此皆其合也。阴者阳之合,妻者夫之合,子者父之合,臣者君之合。物莫无合,而合各相阴阳。……君臣、父子、夫妇之义,皆取诸阴阳之道。君为阳,臣为阴;父为阳,子为阴;夫为阳,妻为阴。……王道之三纲,可求于天。天出阳,为暖以生之;地出阴,为清以成之。不暖不生,不清不成。然而计其多少之分,则暖暑居百而清寒居一。"[①]董仲舒首先认为对等的概念总是合为一体,诸如阴阳、高下、君臣之类。然而在合为一体的对等存在之中,阴阳两者所处的位置截然不同,其中阳处于主导地位,而阴处于从属地位。在君臣、父子和夫妻关系之中,君、父和夫处于主导之阳位,而臣、子和妻处于从属之阴位。董仲舒认为这种阴阳主从关系并非人为的制度构建,而是来源于天地阴阳之准则。所谓后世解释的君为臣纲、父为子纲和夫为妻纲,乃是董仲舒举阳抑阴观念在三伦系统中的体现。

---

① 《春秋繁露义证》卷第一二《基义》,第350—352页。

"五常"之说来自董仲舒对策:"故汉得天下以来,常欲善治而至今不可善治者,失之于当更化而不更化也。……为政而宜于民者,固当受禄于天。夫仁谊礼知信五常之道,王者所当修饬也;五者修饬,故受天之祐,而享鬼神之灵,德施于方外,延及群生也。"①董仲舒认为秦帝国迅速崩溃的原因在于过于注重外在制度建设而忽略了道德涵养,而汉帝国初期的艰难根源也在于王者未能反求诸己。如果王者能以仁、谊、礼、知、信五常之道涵养身心,那么不仅能使得社会平定,而且能受上天之祯祥、得鬼神之祐护。与三纲类似,董仲舒认为五常也并非局限社会规范,而是有着宗教意义上的根源。董仲舒还用五行五方的学说来论证"五常"的思想。他说:"东方者木,农之本。司农尚仁。……南方属火也,本朝。司马尚智,尽贤圣之士,……中央属土,君官也。司营尚信,……西方属金,大理司徒也。司徒尚义,……北方属水,执法司寇也。司寇尚礼。"②这样又把"五常"与五行五方所主使的不同官职结合了起来。总之,仁、义、礼、知、信五常是出自于自然的五行(木、火、土、金、水)的要求,是不可改变的"常德"。这样又把儒家所宣扬的封建社会的"五常"道德原则永恒化、合理化了。

其实"三纲"、"五常"之说所蕴含的思想在董仲舒之前已有发端。孔子虽然以"君君臣臣父父子子"为主旨,但其中君臣之间的地位并非对等:"君使臣以礼,臣事君以忠。"③同样父子之间也不存在对等责任关系:"事父母几谏,见志不从,又敬不违,劳而不怨。"④至于妇人之地位,在孔子思想中也并未与男子同列。而至于"五常"之说,更古已有之。《尚书·泰誓》中有"今商王受,狎侮五常"之句,孔颖达疏曰:"五常即五典,谓父义、母慈、兄友、弟恭、子孝,五者人之常行。"至战国时期"五常"从具体家族伦理演化为社会领域的抽象德性。如孔子所讲:

---

① 《汉书》卷五六《董仲舒传》,第 2504—2505 页。
② 《春秋繁露义证》卷第一三《五行相生》,第 362—365 页。
③ 《论语·八佾》。
④ 《论语·里仁》。

"君子义以为质,礼以行之,孙以出之,信以成之。"①孟子所言:"恻隐之心,仁也;羞恶之心,义也;恭敬之心,礼也;是非之心,智也。仁、义、礼、智,非由外铄我也,我固有之也。"②与孟子不同之处在于,董仲舒在四端之外又加上了"信",大约同汉代尚五行相关。但忠信之重要性在《论语》便多有涉及,董仲舒列为"五常"也合乎情理。

但总体来看,董仲舒在解释"三纲"、"五常"的角度与先秦儒学已经有了差异。从"三纲"中双方的比重看,阳拥有对阴的绝对权力,孔子设想的"君臣父子"之权力平衡被打破,从而使得君权获得了无上的地位。这点与韩非的观点颇为类似,韩非说:"臣事君、子事父、妻事夫三者顺则天下治,三者逆则天下乱。此天下之常道也,明君贤臣而弗易也。"③另外从权力来源看,先秦儒学认为君权与父权主要来自于其道德品行,而董仲舒体系之中君权、父权和夫权是先天注定的,这就削弱了其进行道德涵养的必要性。就"五常"而言,先秦儒学倡导仁义礼智信的目的是着眼于士君子阶层的自我修身,而董仲舒将其理解为君王的个人涵养和对士人的外在约束。因为在董仲舒看来"仁义制度之数,尽取之天",④这同孟子强调的四端皆固有之的观念有差别。在孟子看来仁义礼智都发自内心先验道德本能,而董仲舒认为这些基本伦理都来自外在而客观的天道准则。

董仲舒认为,要实现儒家思想的王道之治,关键在于维护住天的意志的体现"三纲",即维护住封建专制主义的政权(君权)、族权(父权)、夫权和神权(天)。这四大权利,正是我国封建社会上层建筑的集中体现,维护这四大权利,就能使我国封建社会得以长治久安。为此,董仲舒的"三纲"思想成为了而后封建社会基本的政治伦理原则。汉代起来响应董仲舒这一思想的是纬书的作者。《礼纬·含文嘉》说:

---

① 《论语·卫灵公》。
② 《孟子·告子上》。
③ 《韩非子集解》卷二十《忠孝》,第466页。
④ 《春秋繁露义证》卷第一二《基义》,第351页。

"君为臣纲、父为子纲、夫为妻纲。"这是把董仲舒的"三纲"思想十分明确的提了出来。随后《白虎通》将其置于儒学的显要地位。《白虎通》对于"三纲"解释曰:"君臣者,何谓也?君,群也,群下之所归心也。臣者,繵坚也,厉志自坚固也。……父子者,何谓也?父者,矩也,以法度教子也。子者,孳也,孳孳无已也。……夫妇者,何谓也?夫者,扶也,以道扶接也。妇者,服也,以礼屈服也。"①虽然它对"三纲"六方的字源解释并不确切,但是《白虎通》据此认为"三纲"之中的不对等关联乃是出于先天的秩序而非人为的安排。《白虎通》对于"五常"的解释是这样的:"仁者,不忍也,施生爱人也。义者,宜也,断决得中也。礼者,履也,履道成文也。智者,知也,独见前闻,不惑于事,见微知著也。信者,诚也,专一不移也。故人生而应八卦之体,得五气以为常,仁义礼智信是也。"②董仲舒只是泛泛而言"五常"来源于天道,《白虎通》具体将"五常"与五行之气相关联,与孟子求四端于心性的方向迥然不同。

这种以"三纲"、"五常"为实然之天理的观念,对于宋明理学影响颇深。朱熹曾说过:"三纲五常亘古亘今不可易。"③服膺程朱的姚勉也曾说:"三纲五常非圣人强立之,皆顺天下自然之理也。"④湖湘学的代表胡宏谓:"天下有三大,大本也,大几也,大法也。大本,一心也;大几,万变也;大法,三纲也。有大本,然后可以有天下;见大几,然后可以取天下;行大法,然后可以理天下。……其大法有三,一曰君臣之法,二曰父子之法,三曰夫妇之法。夫妇有法,然后家道正;父子有法,然后人道久;君臣有法,然后天地泰。"⑤永嘉学派的陈傅良亦云:"自古及今,天地无不位之理,万物无不育之理,则三纲五常无绝灭之理。"⑥

---

① 《白虎通疏证》卷八《三纲六纪》,第 376 页。
② 《白虎通疏证》卷八《情性》,第 382 页。
③ 《朱子语类》卷二四,文津阁《四库全书》第二三二册,商务印书馆,2005 年,第 592 页。
④ 姚勉:《雪坡集》卷九,文津阁《四库全书》第三九五册,第 509 页。
⑤ 胡宏:《知言》卷五,文津阁《四库全书》第二三三册,第 623 页。
⑥ 陈傅良:《止斋集》卷二八,文津阁《四库全书》第三八四册,第 648 页。

明初大儒薛瑄亦称"三纲五常之理,万古犹一日"。他说:"三纲五常之道,根于天命而具于人心,历万世如一日,循之则为顺天理而治,悖之则为逆天理而乱。"又说:"三纲五常之道,日用而不可须臾舍,犹布帛、菽粟不可一日而无也,舍此他求,则非所以为道矣。"① 就以"三纲"、"五常"为实然天理而言,宋儒与董仲舒一致。但是在董仲舒而言,"五常"要约束的主要是帝王本人,而宋儒则将其演化为士大夫的普遍道德规范,这是他们的差别之一。差别之二在于,董仲舒认为"五常"之修养与社会之治平之间尚需要天道鬼神之护佑作为手段,而宋儒认为"五常"之修养与社会治平之间存在直接的感应关联,已无须汉代所推重的祥瑞之说。

五、天命与"三统"

上古之所以注重历法,主要原因不在于农业而在于宗教。他们认为只有在特定的时间进行祭祀,才能得到神灵的护佑,而神灵护佑对现实社会有着无可置疑的重要性。《史记》记载最早制定历法的是黄帝:"盖黄帝考定星历,建立五行,起消息,正闰余,于是有天地神祇物类之官,是谓五官。各司其序,不相乱也。民是以能有信,神是以能有明德。民神异业,敬而不渎,故神降之嘉生,民以物享,灾祸不生,所求不匮。"② 司马迁认为黄帝制定历法之后最大的效用,是祭祀天、地、神、祇、物类的五种官员可以安排合理的祭祀时间。如此以来,"神降之嘉生,民以物享",神人之间达致完全的和谐。

董仲舒将上古流传的神人关联变革为天人关联,自然不会忽略历法在天人感应之间的重要作用。他认为新王受天命建立政权之后,应该改变历法以表明他的权力不是来自世俗间上代的传承,而是得自于上天的任命:"王者必受命而后王。王者必改正朔,易服色,制礼乐,一

---

① 薛瑄:《读书录》卷六,文津阁《四库全书》第二三六册,第561页。
② 《史记》卷二六《历书》,第1256页。

统于天下,所以明易姓,非继人,通以己受之于天也。"①其实邹衍已经制定出了一套完备的天命循环系统,以五行为次第循环往复。邹衍五行天命说要点为:"黄帝得土德,黄龙地螾见。夏得木德,青龙止于郊,草木畅茂。殷得金德,银自山溢。周得火德,有赤乌之符。"②以此推演,秦朝对应水德,色尚黑,数尚六。但后来刘邦也以水德自居,一时天命系统略有混乱。

对此董仲舒提出了独特的"三统"之说:

> 三正以黑统初。正日月朔于营室斗建寅。天统气始通化物,物见萌达,其色黑。故朝正服黑,首服藻黑,正路舆质黑,马黑,大节绶帻尚黑,旗黑,大宝玉黑,郊牲黑,牺牲角卵。冠于阼,昏礼逆于庭,丧礼殡于东阶之上,祭牲黑牡,荐尚肝,乐器黑质。法不刑有怀任新产,是月不杀。听朔废刑发德,具存二王之后也。亲赤统,故日分平明,平明朝正。

> 正白统奈何?曰:正白统者,历正日月朔于虚,斗建丑。天统气始蜕化物,物初芽,其色白,故朝正服白,首服藻白,正路舆质白,马白,大节绶帻尚白,旗白,大宝玉白,郊牲白,牺牲角茧。冠于堂,昏礼逆于堂,丧事殡于楹柱之间,祭牲白牡,荐尚肺。乐器白质,法不刑有身怀任,是月不杀。听朔废刑发德,具存二王之后也。亲黑统,故日分鸣晨,鸣晨朝正。

> 正赤统奈?何曰:正赤统者,历正日月朔于牵牛,斗建子。天统气始施化物,物始动,其色赤,故朝正服赤,首服藻赤,正路舆质赤,马赤,大节绶帻尚赤,旗赤,大宝玉赤,郊牲骍,牺牲角栗。冠于房,昏礼逆于户,丧礼殡于西阶之上,祭牲骍牡,荐尚心。乐器赤质,法不刑有身,重怀藏以养微,是月不杀。听朔废刑发德,具存二王之后也。亲白统,故日分夜半,夜半朝正。③

---

① 《春秋繁露义证》卷第七《三代改制质文》,第185页。
② 《史记》卷二八《封禅书》,第1366页。
③ 《春秋繁露义证》卷第七《三代改制质文》,第191—195页。

他认为夏朝对应于黑统,商代对应于白统,周代对应于赤统,而秦代没有得天命,因此不被纳入三统之内,因此汉代直接继承周代的赤统之后受命黑统。三统之间最明显的区别是,它们具有不同的正月:"夏正以正月,殷正以十二月,周正以十一月。盖三王之正若循环,穷则反本。"①据传夏朝以寅为正月,商朝以丑为正月,而周朝以子月为正,形成三种不同的历法系统。其实上古历法还有多种,有传说中颛顼制定的颛顼历,以亥月为岁首,为秦代和汉初所沿袭。显然董仲舒排除了颛顼历的合法地位,认定历法只能依据夏、商、周三种模式进行循环。汉武之后官方采用了夏历,一直延续至近代。

董仲舒认为之所以改变正朔,是表明新王乃奉天命而起:"改正之义,奉元而起。古之王者受命而王,改制称号正月,服色定,然后郊告天地及群神,远追祖祢,然后布天下,诸侯庙受,以告社稷宗庙山川,然后感应一其司。……其谓统三正者,曰:正者,正也,统致其气,万物皆应,而正统正,其余皆正,凡岁之要,在正月也。法正之道,正本而末应,正内而外应。动作举错,靡不变化随从,可谓法正也。"②只有在继承三统循环之后,改变正月和相应服色,然后才能祭告天地鬼神以及祖先。只有这样,神人之间才能按照同一种历法进行感应。因此确立正月是无比重要的事情,在董仲舒看来正月之"正"便是正确之"正"。如果天命的三统正,则一切皆正,所谓"正本而末应,正内而外应"。他将天人感应落实于历法系统,认为历法、服制等因素的设定直接关系到社会的治理效果。概括而言,三统说是董仲舒依托天人感应进行改制的理论依托。

六、王道通三

"王道通三"也是董仲舒天人关系学说中的一个重要内容,由于它

---

① 《史记》卷二六《历书》,第1258页。
② 《春秋繁露义证》卷第七《三代改制质文》,第195—197页。

具有特殊的意义(即特别重视"王"的作用),所以我们也把它辟出专节来加以讨论。虽然依照董仲舒的理论,每个人都与天数相符,潜在地都可以感应天道祸福,但实际上他认为只有圣人和君王具备参与天道运化的能力,其中最为重要的是王:"古之造文者,三画而连其中,谓之王。三画者,天地与人也,而连其中者,通其道也。取天地与人之中以为贯而参通之,非王者庸能当是?是故王者唯天之施,施其时而成之,法其命而循之诸人,法其数而以起事,治其道而以出法,治其志而归之于仁。"①董仲舒首先从字源学的角度解释"王"字表明对天地人的贯通,因此王就是天地人沟通的渠道。这种解释不太正确,但是也有一定道理。甲骨文"王"字本是斧钺之形,与董仲舒所谓贯通天地人的解释不符;金文中尚且仍旧可以看到其斧钺之形,但是后来"王"字演化为三横一竖,或许是同"玉"字相混杂。最初王位来源于征战,当然以斧钺为标记;但稳定之后巩固王位关键在宗教礼仪,玉器是祭奠之重器,于是王字与玉字结合。其中代表贯通天人之象的玉琮更是玉器之重,因此说王贯通天人也未尝不可。既然王道贯通天人,那么自然成为天人感应的关键:"天下受命于天子,一国则受命于君。君命顺,则民有顺命;君命逆,则民有逆命。故曰:'一人有庆,万民赖之。'此之谓也。"②

在中国传统中,很早以来王就是祭天地甚至祈雨之主祭,最高政治权力同时兼最高宗教权威。董仲舒提出"王道通三"并不是新命题,他观点的创新之处在于把王同天以阴阳五行全面结合起来,同时把所有的世间治乱责任都归结为王的内心活动:"人主以好恶喜怒变习俗,而天以暖清寒暑化草木。喜怒时而当则岁美,不时而妄则岁恶,天地人主一也。然则人主之好恶喜怒,乃天之暖清寒暑也,不可不审其处而出也。当暑而寒,当寒而暑,必为恶岁矣。人主当喜而怒,当怒而

---

① 《春秋繁露义证》卷第一一《王道通三》,第328—329页。
② 《春秋繁露义证》卷第一一《为人者天》,第319页。

喜，必为乱世矣。是故人主之大守，在于谨藏而禁内，使好恶喜怒必当义乃出，若暖清寒暑之必当其时乃发也，人主掌此而无失，使乃好恶喜怒未尝差也，如春秋冬夏之未尝过也，可谓参天矣。"①孔子也有过"君子之德风"的观点，但是孔子并没有把改变社会的因素全部寄托到帝王一个人的身上。董仲舒在这方面走到了极端，认为主上的心态对于社会风气有着决定性影响，如果帝王喜怒哀乐发而皆中节，则社会具有良好表现，反之如果帝王心态失当，则会引发社会的动乱。所以帝王不应该轻易表现自己的好恶，必须在应当表现的时候才予以表现。如果帝王的喜怒哀乐都表露无失，也就是参与天道运化了。相对帝王而言，民众则是绝对被动的存在，只可能顺从来自社会上层的规范："故尧舜行德则民仁寿，桀纣行暴则民鄙夭。夫上之化下，下之从上，犹泥之在钧，唯甄者之所为；犹金之在熔，唯冶者之所铸。"②

如此一来，董仲舒似乎把社会成败的所有责任都归结到了君王个人的身上："元者，始也，言本正也。道，王道也。王者，人之始也。王正则元气和顺、风雨时、景星见、黄龙下；王不正则上变天，贼气并见。"③他认为，事情的发展要推衍到本原，而万民的本原就是帝王。帝王道德端正，则风调雨顺，天降祥瑞；反之王道不正，则自然界会出现一系列灾异现象以示警告。

在这方面，三皇五帝是作为帝王的典范，他们优秀的政治不仅不会导致灾异，反而会得到天降的祥瑞："五帝三王之治天下，不敢有君民之心。什一而税。教以爱，使以忠，敬长老，亲亲而尊尊，不夺民时，使民不过岁三日，民家给人足，无怨望忿怒之患，强弱之难，无谗贼妒疾之人。民修德而美好，被发衔哺而游，不慕富贵，耻恶不犯，父不哭

---

① 《春秋繁露义证》卷第一一《王道通三》，第333页。
② 《汉书》卷五六《董仲舒传》，第2501页。
③ 《春秋繁露义证》卷第四《王道》，第100—101页。

子,兄不哭弟。毒虫不螫,猛兽不搏,抵虫不触。故天为之下甘露,朱草生,醴泉出,风雨时,嘉禾兴,凤凰麒麟游于郊。"①

反之,周室衰败以来政治的混乱招致了上天降临一系列的灾异:"周衰,天子微弱,诸侯力政,大夫专国,士专邑,不能行度制法文之礼。诸侯背叛,莫修贡聘,奉献天子。臣弑其君,子弑其父,孽杀其宗,不能统理,更相伐锉以广地。以强相胁,不能制属。强奄弱,众暴寡,富使贫,并兼无已。臣下上僭,不能禁止。日为之食,星霣如雨,雨螽,沙鹿崩,夏大雨水,冬大雨雪,霣石于宋五,六鹢退飞。霣霜不杀草,李梅实。正月不雨,至于秋七月。地震,梁山崩,壅河,三日不流。昼晦,彗星见于东方,孛于大辰。鹳鹆来巢,春秋异之,以此见悖乱之征。孔子明得失,差贵贱,反王道之本,讥天王以致太平。刺恶讥微,不遗小大,善无细而不举,恶无细而不去,进善诛恶,绝诸本而已矣。"②依照董仲舒的解释,当中央集权衰落,而地方势力割据的时候,传统的礼乐伦常被人们所抛弃。臣子谋杀他的君王,儿子谋杀自己的父亲,强梁者欺压弱者,人多的便欺负少数派,社会的分化越来越严重而矛盾越来越尖锐。社会的动乱引发自然的异常,日食、洪水、地震、星殒、节令不正等等都表明这是个悖乱常理的时代。于是孔子删定这个时代的历史《春秋》,通过对于细节的描绘来昭示根本的善恶响应道理,希望从政者能够弃恶从善。

从某种意义上讲,天降灾异并不能等同于灾难:"天地之物有不常之变者,谓之异,小者谓之灾。灾常先至而异乃随之。灾者,天之谴也;异者,天之威也。谴之而不知,乃畏之以威。诗云:'畏天之威。'殆此谓也。凡灾异之本,尽生于国家之失。国家之失乃始萌芽,而天出灾害以谴告之;谴告之而不知变,乃见怪异以惊骇之;惊骇之尚不知畏恐,其殃咎乃至。以此见天意之仁,而不欲陷人也。谨案灾异以见天

---

① 《春秋繁露义证》卷第四《王道》,第101—103页。
② 《春秋繁露义证》卷第四《王道》,第107—109页。

意,天意有欲也,有不欲也。所欲所不欲者,人内以自省,宜有惩于心;外以观其事,宜有验于国。故见天意者之于灾异也,畏之而不恶也。"①天道反常小者谓之"灾",大者谓之"异"。发生灾异的原因就是国家决策的失误,当失误刚刚开始的时候,天道就以灾异来警示。如果多次警示而不加以改正,这时上天才会给予真正的惩罚。所以说灾异表现了上天对人事的仁爱,也可以理解成天道对人事正邪的评判和反馈,希望君王能够通过灾异之警示而翻然悔悟。能否避免真正的天灾降临,完全取决于天子是否尽心力而为了。

君王参与天地运化的方式,董仲舒看来,感化是最为重要的。首先,董仲舒认为君王有感化万民的能力:"君者,民之心也;民者,君之体也。心之所好,体必安之;君之所好,民必从之。故君民者,贵孝弟而好仁义,重仁廉而轻财利,躬亲职此于上,而万民听,生善于下矣。"②他认为,君和民的关系,就如同心与体的关系,心之所欲,体必从之,君王有道德上的欲求,那么民众就会随之跟进。类似的思想,在孟子那里也可以见到,他们都认为君王本人的道德修养具备绝对的人格感召能力。在道德的教化方面,君主通过自身修养,来影响整个社会道德境界的完善。

其次重要的是教化,他认为民众都是道德上愚昧的,"民者冥也",不经过来自上层的教化便无法达到理想的境界:"今陛下贵为天子,富有四海,居得致之位,操可致之势,又有能致之资,行高而恩厚,知明而意美,爱民而好士,可谓谊主矣。然而天地未应而美祥莫至者,何也?凡以教化不立而万民不正也。夫万民至从利也,如水之走下,不以教化堤防之,不能止也。……古之王者明于此,是故南面而治天下,莫不以教化为大务。立太学以教于国,设庠序以化于邑,渐民以仁,摩民以谊,节民以礼,其刑罚甚轻而禁不犯者,教化行而习俗美也。"③似乎董

---

① 《春秋繁露义证》卷第八《必仁且智》,第259—260页。
② 《春秋繁露义证》卷第一一《为人者天》,第320页。
③ 《汉书》卷五六《董仲舒传》,第2503—2504页。

仲舒也意识到皇帝本人的感化范围是有限的,作为补充他提出了整体教化的思路:在中央设立太学以教化高级官员,在民间设立庠序进行教育,当然教育的内容不是纯粹知识扩展而主要是道德理念的传播。这样做的最大好处,是可以极大地节约社会行政成本。董仲舒的这种思路在《论语》中也可看到端倪:"其为人也孝悌,而好犯上者鲜矣。不好犯上而好作乱者,未之有也。君子务本,本立而道生。孝悌也者,其为仁之本与?"儒家的一贯思想都是认为,同事后的严刑峻法相比较,事先的仁义道德教化所付出的成本更低而受益更大。其中太学和庠序教化组织,就是政府应该付出的基本教化投入。

除去教化之外,董仲舒还意识到管理机构应该合乎一定的组织规范,其行政措施应当遵循特定的时节,这种规范和时节往往要求同五行观念相符合。《春秋繁露》之《五行相生》篇讲解五方如何同官职属性相配合,《五行相胜》则指出各种职位可能产生的弊端,《五行顺逆》阐述四季五行与行政措施在时间上的关联,《五行变救》讲述五行变异的原因和应对方法,《五行五事》则论述王者五德失调所产生的自然五行之失调,以及王者如何通过自己道德修养来改善五行运作的方法。

第五节　董仲舒儒学思想对汉代制度的影响

董仲舒试图以天人感应学说来达到"曲民以伸君,曲君以伸天"的目的,但实际上只完成了前面一半。君的权力并没有被董仲舒所阐述的天道所制衡,反而形成了独尊专权的后果。因此单纯从哲学思想上来看,董仲舒的理论体系并没有达到他所预期的效果,因此晚年"不敢复言灾异"。但董仲舒的影响,绝非局限于单纯通过天道来制衡君权,他提出了系统性的社会治理方案,很多因素对汉代乃至后代的制度建设都产生了深远影响。

首先,董仲舒对于取士制度的确立产生了根本性影响。在董仲舒之前,平民进入政府决策机构的途径主要是通过皇帝征辟和高官察举。皇帝征辟之人,必须是民间颇负盛名的道德之士,因此往往为数甚少且年高难以就任实职。察举则是由朝廷高等级官员推荐具有才能的平民,授予行政职权。因为察举由官员个人引荐,即便排除不合法动机,也难免被举荐的人士异说纷纭。武帝曾下令举荐人材,但结果是"所举贤良,或治申、商、韩非、苏秦、张仪之言,乱国政"。① 董仲舒并没有否定这些办法,而是提供了第三种解决方案作为补充:"夫不素养士而欲求贤,譬犹不琢玉而求文采也。故养士之大者,莫大乎太学。太学者,贤士之所关也,教化之本原也。今以一郡一国之众,对亡应书者,是王道往往而绝也。臣愿陛下兴太学,置明师,以养天下之士,数考问以尽其材,则英俊宜可得矣。"② 传统上的举荐制度相当于采集现有的人材,而董仲舒的太学制度则相当于培育有潜力的人材,所谓"养士"之养并非供养而是培养。养士制度,既可以弥补大一统帝国对于人材的需求,又可以保证中央集权对于意识形态的贯通。所以,董仲舒的构想被采纳,元朔五年(前124)正式兴立太学作为选拔官吏的重要机构。因为太学以儒家经学为主导方向,所以精通儒家经学实际上成为平民入仕的必经之路。周予同对此举有精要的评价:"董仲舒主掌尊崇孔学、罢黜百家,还只有表面的文章;最有关于中国社会组织的,是他主设学校,立博士弟子,变春秋、战国的'私学'为'官学',使地主阶级的弟子套上'太学生'的外衣,化身为官僚,由经济权的获取进而谋教育权的建立与政治权的分润。董仲舒是中国官僚政治的定型者。"③

---

① 《汉书》卷六《武帝纪》,第156页。
② 《汉书》卷五六《董仲舒传》,第2512页。
③ 朱维铮编:《周予同经学史论著选编》,上海人民出版社,1983年,第502页。

汉代太学并非后世的独立科举制度,而是其他制度的补充,能够进入太学应试的人必须具备一定资格。最为直接的候选人是博士弟子,博士弟子并非由博士指认,而是由各地方政府选送。博士弟子每年进行考评,"能通一艺以上,补文学掌故缺;其高弟可以为郎中者,太常籍奏。即有秀才异等,辄以名闻。其不事学若下材及不能通一艺,辄罢之,而请诸不称者罚。"①博士弟子通过考核可直接担任官职,而不通过者不仅自身被罢黜候选资格,而且举荐人要受连带责任。武帝时博士弟子只有五十人,后来名额逐渐增多。但名额最多的太学生仍然来自察举。察举开始以道德为主要标准,后来演化为以通晓经学为标准,这是因为如果察举的人材无法通过太学考核,那么地方举荐官员会遭受连带责任。所以察举之中最重要的是"明经"一科,即通晓经学。西汉中后期,明经取士已开始盛行,如孔安国、贡禹、夏侯胜皆以明经为博士,龚遂以明经为郎中令,韦贤、韦玄甚至以明经而官至丞相。东汉时明经科的名额进一步扩大,"口十万以上五人,不满十万三人。"②明经科不仅名额多,而且贡举比率高,所得职位更高,所以成为仕途捷径:"经术苟明,其取青紫如俯拾地芥耳。"③

董仲舒构想的以经学取士,直接导致汉代经学的长久兴盛:"自武帝立五经博士,开弟子员,设科射策,劝以官禄,讫于元始,百有余年,传业者浸盛,支叶蕃滋,一经说至百余万言,大师众至千余人,盖禄利之路然也。"④民间士人对利禄的追求固然是经学取士兴盛两汉的重要动机,但是官方通过经学取士获得认同大一统理念的民间士人来充实官吏系统,才是经学取士制度长盛不衰的更根本原因。"遵从儒家传统的学者们进入起初纯粹是法家类型的政府。……结果受过教育的

---

① 《史记》卷一二一《儒林列传》,第 3119 页。
② 《后汉书》卷三《肃宗孝章帝纪》,第 152 页。
③ 《汉书》卷七五《夏侯胜传》,第 3159 页。
④ 《汉书》卷八八《儒林传》,第 3620 页。

人成为国家的支持者而不是反对者。更重要的是,通过一种新的教育制度和未来官员的选拔制度,一个有效率的官僚阶层开始发展起来。总之,中国早已开始发展一种以功绩为依据的现代类型的文官制度。"①中央政府从经学取士制度中所获得的是忠心而高效的官僚队伍,而平民从中获得的是社会地位和参政权利。董仲舒经学取士的构想可谓是汉以来历代文官选拔制度的滥觞。

董仲舒对于封建制度的影响还体现在经济领域。汉朝初年财政压力巨大,"汉兴,接秦之敝,诸侯并起,民失作业,而大饥馑。凡米石五千,人相食,死者过半。高祖乃令民得卖子,就食蜀汉。天下既定,民亡盖臧,自天子不能具醇驷,而将相或乘牛车。"②面临这种局面,贾谊、晁错提出了减轻赋税以促进农业发展的诸种举措,使得社会物质财富有了巨大的进步。但是自从武帝以来,财政支出骤然增多,各种赋税随之增多。董仲舒对此局面深感忧虑:"古者税民不过什一,其求易共;使民不过三日,其力易足。民财内足以养老尽孝,外足以事上共税,下足以蓄妻子极爱,故民说从上。至秦则不然,用商鞅之法,改帝王之制,除井田,民得卖买,富者田连阡陌,贫者亡立锥之地。又颛川泽之利,管山林之饶,荒淫越制,逾侈以相高;邑有人君之尊,里有公侯之富,小民安得不困? 又加月为更卒,已,复为正一岁,屯戍一岁,力役三十倍于古;田租口赋,盐铁之利,二十倍于古。或耕豪民之田,见税什五。故贫民常衣牛马之衣,而食犬彘之食。重以贪暴之吏,刑戮妄加,民愁亡聊,亡逃山林,转为盗贼,赭衣半道,断狱岁以千万数。汉兴,循而未改。古井田法虽难卒行,宜少近古,限民名田,以澹不足,塞并兼之路。盐铁皆归于民。去奴婢,除专杀之威。薄赋敛,省徭役,以宽民力。然后可善治也。"③董仲舒的主要经济观点有三:一为减轻农

---

① 〔美〕费正清、赖肖尔:《中国:传统与变革》,江苏人民出版社,1995年。
② 《汉书》卷二四上《食货志》,第1127页。
③ 《汉书》卷二四上《食货志》,第1137页。

业赋税,二为减少土地兼并,三为取消盐铁专卖。至于取缔奴婢制度,则附属于以上三点。他的经济观点可以理解为一个整体:首先要减轻农民负担,这样才不会出现农民抛弃土地的局面;如果农民不抛弃自己的土地,那么土地的大规模兼并就不会形成;而没有土地兼并,也就不会有大量农民沦落为奴婢。

董仲舒的经济理念在武帝时期并没有得到落实,虽然武帝晚年对于自己的扩张型财政颇为后悔。汉昭帝时期盐铁会议上,贤良文学所代表的儒家士人重新提出了董仲舒的理念。盐铁会议讨论的重点自然是盐铁专卖问题。儒家主张恢复传统的盐铁自由买卖,而反对政府专卖。盐铁是生产生活的必须物资,因此存在极大需求。加上盐铁资源分布不均,容易产生财富的聚敛,所以先秦富商多半同盐铁相关。桑弘羊和他的前任,意识到盐铁巨大利润的财政意义,同时也是为了打击地方巨贾的势力,因此将盐铁收归国营。儒家士人坚持董仲舒的立场反对盐铁专卖:"卒徒工匠!故民得占租鼓铸、煮盐之时,盐与五谷同贾,器和利而中用。今县官作铁器,多苦恶,用费不省,卒徒烦而力作不尽。家人相一,父子戮力,各务为善器,器不善者不集。农事急,挽运衍之阡陌之间。民相与市买,得以财货五谷新币易货;或时贳民,不弃作业。置田器,各得所欲。……盐、铁贾贵,百姓不便。贫民或木耕手耨,土耰淡食。铁官卖器不售或颇赋与民。卒徒作不中呈,时命助之。发征无限,更繇以均剧,故百姓疾苦之。"[①]儒家士人认为,在市场调节下盐铁的质量具有保障而且供给充分,而官营之后的盐铁价格上涨且占用更多徭役时间,并且质量下降、供给不足。他们也要求减轻农民赋税:"古者,十一而税,泽梁以时入而无禁,黎民咸被南亩而不失其务。故三年耕而余一年之蓄,九年耕有三年之蓄。此禹、汤所以备水旱而安百姓也。草莱不辟,田畴不治,虽擅山海之财,通百末之利,犹不能赡也。是以古者尚力务本而种树繁,躬耕趣时而衣食足,

---

① 《盐铁论校注》卷六《水旱》,中华书局,1992年,第430页。

虽累凶年而人不病也。故衣食者民之本,稼穑者民之务也。二者修,则国富而民安也。"①以桑弘羊为代表的中央财政认为提高税收,可以增加政府的救济能力,以备水旱之灾。而儒士认为,与其藏富于国不如藏富于民,减少农业赋税之后农民自然会有多余的财产来抵御自然灾害。如果因为高税收而损害了农业生产,那么政府有再多的货币也无法转化为实有物资来救济灾害。在降低税率之外更为重要的是减少土地兼并,盐铁会议虽然也涉及这个问题,但长期没有落实为具体的限田方案。哀帝时师丹提出:"古之圣王莫不设井田,然后治乃可平。孝文皇帝承亡周乱秦兵革之后,天下空虚,故务劝农桑,帅以节俭。民始充实,未有并兼之害,故不为民田及奴婢为限。今累世承平,豪富吏民訾数巨万,而贫弱俞困。盖君子为政,贵因循而重改作,然所以有改者,将以救急也。亦未可详,宜略为限。"②这时对西周井田制度的推举,并不在于实际的土地均分,而在于限制过分的土地兼并。师丹和董仲舒都洞察到,如果不限制豪强对土地的兼并,那么社会贫富分化会越来越严重。师丹的提议虽产生了一定效果,但哀帝时期仍没有形成限制田产的具体制度。王莽即位之后试图恢复上古的井田制度:"汉氏减轻田租,三十而税一,常有更赋,罢癃咸出,而豪民侵陵,分田劫假,厥名三十,实十税五也。富者骄而为邪,贫者穷而为奸,俱陷于辜,刑用不错。今更名天下田曰王田,奴婢曰私属,皆不得卖买。其男口不满八,而田过一井者,分余田与九族乡党。"③王莽提出的理由相当充分:土地兼并实际上提高了农民的赋税,豪强和流民都将成为国家的不稳定因素。但是他解决这一难题的手段却过于简单,终于因为摇摆不定而作罢。东汉时期豪强势力更为繁盛,而政府对于土地和人口的把握能力没有提高,因此无法厘定确切的赋税标准,最终汉帝国

---

① 《盐铁论校注》卷一《力耕》,第 28 页。
② 《汉书》卷二四上《食货志》,第 1142 页。
③ 《汉书》卷二四上《食货志》,第 1143—1144 页。

走向没落。董仲舒的经济政策在汉代得到诸多回应但少有落实,因为决策者错过了最佳解决时期,但是他的理念在以后历代初期都得到了相当的重视。统计人口和土地、厘定税收的比率、释放失去自由的奴婢,成为改朝换代后最为迫切的举措。至于王朝中后期的土地兼并和流民叛乱,已经不是单纯的经济问题。

董仲舒对汉代制度的另外一种影响存在于法律系统。儒士参与立法并不始于董仲舒,但是儒学精神对司法的影响同董仲舒的立场有密切关联。汉朝基本延续秦朝法律体系,法家与黄老以刑罚治国的观点相互共鸣。虽然知道秦律并非完善,但一时无力更改秦制法律系统的基本路线。这样做的后果是,汉初相对简要的法律随着时代发展而变得越来越繁杂严苛,几乎超出司法系统的能力之外,也超出了民间百姓的承受能力。这时儒家的势力逐渐扩大,而开始着手影响当时已经弊病百出的法律系统。班固在《汉书·高帝纪下》写道:"天下既定,命萧何次律令,韩信申军法,张苍定章程,叔孙通制礼仪,陆贾造《新语》。"叔孙通所制定的仪礼,本身就具备法定的效力,可以看做是儒士参与立法的开端。他制定的礼仪系统后来被命名为《旁章》而纳入到汉代刑法系统,涉及宗庙、陵墓、丧葬、祝福、祭祀等制度,违反者将受到免职、遣归乃至论杀的处罚。但是我们不能因此高估儒家对汉代立法的影响,因为作为《旁章》的礼仪制度虽然具有强制性,然而它的适用范围主要局限于贵族系统之内,是前代"礼不下庶人"制度的延续。秦律之所以被汉代采纳,因为它是通行于整个社会的法令体系,对贵族和庶民同等适用,因此具有更广泛的适用范围。叔孙通的法律只是秦律的补充,而无法动摇秦律在汉初的全面影响。

董仲舒并没有致力于改变汉所承袭的秦系法律的具体条文,而是试图改变汉代的司法精神,以儒家的宽厚礼治来改造黄老和法家的严苛法治。这并非董仲舒的个人创见,而的确有来自先秦儒学的源头。

《论语·为政》讲过:"道之以政,齐之以刑,民免而无耻;道之以德,齐之以礼,有耻且格。"董仲舒认为他的主要精神依据来自对《春秋》的解说,于是后世把董仲舒的基本法律精神简称为"《春秋决狱》"。史载:"胶东相董仲舒老病致仕,朝廷每有政议,数遣廷尉张汤亲至陋巷,问其得失。于是作《春秋决狱》二百三十二事,动以经对,言之详矣。"①《汉书·艺文志》六艺略《春秋》类著述中有《公羊董仲舒治狱》十六篇,至两宋而散佚,仅有数则散见于《通典》、《太平御览》等书,清人有辑本。

首先董仲舒主张礼、法两者以前者为重:"恶之属尽为阴,善之属尽为阳。阳为德,阴为刑。刑反德而顺于德,亦权之类也。虽曰权,皆在权成。是故阳行于顺,阴行于逆。顺行而逆者,阴也。是故天以阴为权,以阳为经。阳出而南,阴出而北。经用于盛,权用于末。以此见天之显经隐权,前德而后刑也。故曰:阳天之德,阴天之刑也。阳气暖而阴气寒,阳气予而阴气夺,阳气仁而阴气戾,阳气宽而阴气急,阳气爱而阴气恶,阳气生而阴气杀。是故阳常居实位而行于盛,阴常居空位而行于末。天之好仁而近,恶戾之变而远,大德而小刑之意也。先经而后权,贵阳而贱阴也。故阴,夏入居下,不得任岁事,冬出居上,置之空处也。养长之时伏于下,远去之,弗使得为阳也。无事之时起之空处,使之备次陈,守闭塞也。此皆天之近阳而远阴,大德而小刑也。是故人主近天之所近,远天之所远;大天之所大,小天之所小。是故天数右阳而不右阴,务德而不务刑。刑之不可任以成世也,犹阴之不可任以成岁也。为政而任刑,谓之逆天,非王道也。"②他以阴阳比附刑德,并通过自然阴阳变化得出了人事中先德后刑、大德小刑、经德权刑、实德虚刑等诸多偏重仁德教化而辅助以刑罚制裁的原则。

---

① 《后汉书》卷四八《应奉传》附《应劭传》,第 1613 页。
② 《春秋繁露义证》卷第一一《阳尊阴卑》,第 326—328 页。

这些原则的具体落实，主要通过"原心定罪"的《春秋》精神以司法来实现。所谓"原心定罪"，简要说就是要依据被告方的犯罪动机来量刑。之所以以《春秋》为这种司法方式的依据，是因为传统上认为《春秋》隐含了孔子对于当时社会行为的描述性评判，而公羊学派试图把隐藏的"微言大义"予以揭示，于是展开了《春秋》中诸种行为所蕴含的动机和意蕴的解释。董仲舒对此原则归纳道："春秋之听狱也，必本其事而原其志。志邪者不待成，首恶者罪特重，本直者其论轻。是故逢丑父当斩，而辕涛涂不宜执，鲁季子追庆父，而吴季子释阖庐。此四者罪同异论，其本殊也。俱欺三军，或死或不死；俱弑君，或诛或不诛。听讼折狱，可无审耶！故折狱而是也，理益明，教益行。折狱而非也，闇理迷众，与教相妨。教，政之本也。狱，政之末也，其事异域，其用一也，不可不以相顺，故君子重之也。"①所谓"志"，就是动机，在犯罪事实类似的情况下罪的轻重取决于犯罪动机。如前引《太平御览》所载董仲舒决狱的案例，某人误以杖击父，论律当斩首，但董仲舒认为他本意并非如此，而是情急之下误伤而不必担负法律责任。

除了原心定罪原则外，《春秋》决狱还采纳了传统上儒家的亲亲相匿、君亲无将、诛首恶等原则。这些原则被广泛运用到汉代司法事例中，即便是如酷吏张汤，也主动缘饰经义以决狱，②其他官吏延续《春秋》断狱的事例也屡见记载：

> 仲舒弟子遂者：兰陵褚大，广川殷忠，温吕步舒。褚大至梁相。步舒至长史，持节使决淮南狱，于诸侯擅专断，不报，以《春秋》之义正之，天子皆以为是。③

> 其后广陵王荆有罪，帝以至亲悼伤之，诏儵与羽林监南阳任隗杂理其狱。事竟，奏请诛荆。引见宣明殿，帝怒曰："诸卿以我

---

① 《春秋繁露义证》卷第三《精华》，第92—94页。
② 参见《史记》卷一二八《酷吏列传》，第3139页。
③ 《史记》卷一二一《儒林列传》，第3129页。

弟故，欲诛之，即我子，卿等敢尔邪！"鯈仰而对曰："天下高帝天下，非陛下之天下也。《春秋》之义，'君亲无将，将而诛焉。'是以周公诛弟，季友鸩兄，经传大之。臣等以荆属托母弟，陛下留圣心，加恻隐，故敢请耳。如令陛下子，臣等专诛而已。"帝叹息良久。鯈益以此知名。①

敞疾文俗吏以苛刻求当时名誉，故在职以宽和为政。立春日，常召督邮还府，分遣儒术大吏案行属县，显孝悌有义行者。及举冤狱，以《春秋》义断之。是以郡中无怨声，百姓化其恩礼。其出居者，皆归养其父母，追行丧服，推财相让者二百许人。置立礼官，不任文吏。又修理鲖阳旧渠，百姓赖其利，垦田增三万余顷。吏人共刻石，颂敞功德。②

董仲舒所确立的儒家司法倾向之所以得到如此多认可，并非仅仅来自他在经学范围内的影响，而有着更为深刻的社会因素。秦代律法之所以无法长期高效运转，是因为严苛的法令一方面伤害了民众利益，另外一方面超出了官吏的执行能力，这两者交互影响最终使得法律反而阻碍了社会的运行。董仲舒以伦理弥补法律的含混或者空缺之处，固然并非万全之策，但在当时的社会环境当中却不失为高效解决社会冲突的司法模式。在这种注重人伦的司法模式之下，首要考虑的并非抽象的权益公平，而是如何减少整个社会冲突与诉讼的发生。《论语·颜渊》讲道："听讼，吾犹人也，必也使无讼乎！"董仲舒的《春秋》决狱也是继承了先秦儒家的精神立场，通过对案件的伦理化解释和评判，使得伦理原则更加有效地影响到日常社会，从而减少潜在诉讼的发生。在汉代如此庞大的帝国之内，应对如此多复杂的争端，单纯依靠硬性的惩罚和威慑，其效用显然不如配合以儒家伦常的熏陶和引导更为高效。

---

① 《后汉书》卷三二《樊鯈传》，第1123页。
② 《后汉书》卷四三《何敞传》，第1487页。

第六节　董仲舒思想的历史地位

　　董仲舒思想体系的三个基本点是天、君、民,他的主要思想可以一言蔽之:"以人随君,以君随天",或曰:"屈民而伸君,屈君而伸天。"①他更关注社会整体的效应,而没有从个体的角度来考虑民与君的利益。在他的体系中,似乎民的权利被完全忽略掉了,但实际上天道灾异与政治得失,最终都以民命苦乐为依据。王的地位看起来至高无上,但是王又承担了异常沉重的责任。天道似乎笼罩万物,不过最终改变现状的还是人力。

　　董仲舒之所以把君王放在体系中的关键位置,从时代背景看,来源于大一统政治格局的对社会稳定的需求:"未有去人君之权,能制其势者也;未有贵贱无差,能全其位者也。"②春秋时代的政治混乱局面和汉初的动荡给董仲舒留下深刻印象,他意识到社会规范的失落不会带来任何好处,只有确定明确的等级秩序才能保证社会稳定的局面:"然而染五采,饰文章者,非以为益肌肤血气之情也,将以贵贵尊贤,而明别上下之伦,使教亟行,使化易成,为治为之也。若去其度制,使人人从其欲,快其意,以逐无穷,是大乱人伦,而靡斯财用也,失文采所遂生之意矣。上下之伦不别,其势不能相治,故苦乱也。"③即便是貌似虚饰的服装等级区分,其内部也隐含了深刻的社会影响。能够从微小细节中意识到可能产生的严重后果,说明董仲舒对于"千里之堤,溃于蚁穴"的道理有着充分的体认。

---

① 《春秋繁露义证》卷第一《玉杯》,第31—32页。
② 《春秋繁露义证》卷第四《王道》,第132页。
③ 《春秋繁露义证》卷第八《度制》,第232页。

从对社会规范的重视来看,董仲舒显然吸收了来自荀子学派的思路,甚至有时候对于君权的侧重与法家接近:"务致民令有所好。有所好然后可得而劝也,故设赏以劝之。有所好必有所恶,有所恶,然后可得而畏也,故设罚以畏之。既有所劝,又有所畏,然后可得而制。"①因此他并不否认法令刑罚的力量,只是把它放在了相对次要的地位。

董仲舒认为最为重要的是君王本人的道德品性和行为所产生的感召力量,这又继承了思孟学派的观点。不过实际上这种要求对于现实的君王个人来说,责任之重达到不切实际的地步。《汉书》中记载了董仲舒言灾异所导致的后果:"先是辽东高庙、长陵高园殿灾,仲舒居家推说其意,草稿未上,主父偃候仲舒,私见,嫉之,窃其书而奏焉。上召视诸儒,仲舒弟子吕步舒不知其师书,以为大愚。于是下仲舒吏,当死,诏赦之。仲舒遂不敢复言灾异。"董仲舒推行的"屈君而伸天"政策之所以未能见到成效,不是偶然原因所导致。他把太平灾异的转折关键全部都寄托在帝王个人的道德品性之上,实际上把整个社会压力放在了一个非常脆弱的环节之上。即便是一代明君如汉武帝,最多也只能做到容忍董仲舒的这种观点而已。他个人的经历也昭示着,"屈民伸君"倒是时代大势所趋,"屈君伸天"恐怕是只能理论上的设想了。②

董仲舒生前政治境遇盛衰无常,其身后的历史评价也毁誉纷纭。刘向给予他很高的评价:"董仲舒有王佐之材,虽伊、吕亡以加。"不过刘歆对董仲舒就没有这么推重:"伊吕乃圣人之耦,王者不得则不兴。……(董仲舒)令后学者有所统壹,为群儒首。然考其师友渊源所渐,犹未及乎游夏,而曰管晏弗及,伊吕不加,过矣。"③刘歆认为董仲舒不过是汉代儒学理论的开创者,并没有实际的功业同先代的王佐之材相媲美,这种评价较刘向之说则更为公允。

---

① 《春秋繁露义证》卷第六《保位权》,第173页。
② 这种设想被后来的政治文化体系一直沿袭下来,包括其中的矛盾之处也一并贯穿封建社会始终。
③ 《汉书》卷五六《董仲舒传》,第2526页。

汉之后很长时间,董仲舒几乎被人所遗忘,唐代柳宗元偶有提及,却是贬损居多:"其言类淫巫瞽史,诳乱后代,不足以知圣人立极之体、显至德、扬大功。甚失厥趣。"①离开汉代阴阳五行理论兴盛的时期,已经习惯于现实思考的唐代士人当然会觉得董仲舒的理论比较陌生。但是宋代之后,对董仲舒的理解又有所深入。《近思录》评价道:"董仲舒曰:'正其义,不谋其利;明其道,不计其功。'此董子所以度越诸子。汉儒如毛苌、董仲舒,最得圣贤之意,然见道不甚分明。"②从中可以看出,宋代儒学之所以推重董仲舒,是由于董仲舒所秉承的动机伦理思想与宋明儒学相贯通的原因。

虽然董仲舒的思想在汉代之后影响不多,但是他所构想的举措,很多转化为具体的社会制度,发挥着长远的影响。其中包括了天人感应系统下帝王对民生的关切,还包括文官科举制度的实施,同时包括重农经济政策的延续、偏向动机的司法传统等等,都同董仲舒的儒学观点有密切关联。也就是说虽然董仲舒表面上的影响多局限于汉代,但他对中国社会实际的影响则几乎贯穿了整个中央集权社会。

---

① 李昉等:《文苑英华》卷三五九《唐贞符解》。
② 朱熹:《近思录》卷一四,中州古籍出版社,2008年,第433页。

第三章

《盐铁论》:儒家与法家经济理念的冲突

盐铁会议举行于昭帝始元六年(前81),"诏有司问郡国所举贤良文学民所疾苦,议罢盐铁榷酤。"①《汉书》卷六十六描述了更为详细的过程:

> 每公卿朝会,光谓千秋曰:"始与君侯俱受先帝遗诏,今光治内,君侯治外,宜有以教督,使光毋负天下。"千秋曰:"唯将军留意,即天下幸甚。"终不肯有所言。光以此重之。每有吉祥嘉应,数褒赏丞相。讫昭帝世,国家少事,百姓稍益充实。始元六年,诏郡国举贤良文学士,问以民所疾苦,于是盐铁之议起焉。②

> ……赞曰:所谓盐铁议者,起始元中,征文学贤良问以治乱,

---

① 《汉书》卷七《昭帝纪》,第223页。
② 《汉书》卷六六《车千秋传》,第2886页。

皆对愿罢郡国盐铁酒榷均输，务本抑末，毋与天下争利，然后教化可兴。御史大夫弘羊以为此乃所以安边竟，制四夷，国家大业，不可废也。当时相诘难，颇有其议文。至宣帝时，汝南桓宽次公治《公羊春秋》举为郎，至庐江太守丞，博通善属文，推衍盐铁之议，增广条目，极其论难，著数万言，亦欲以究治乱，成一家之法焉。①

参加盐铁会议的主要有两方面人士：贤良文学与御史大夫，期间丞相基本上属于调和派。贤良文学代表的民间社会和御史丞相代表的政府经济决策上层，公开对国家经济政策展开辩论，并且由官方正式忠实记录下来，②这在历史上属于非常事件，其背后也蕴涵了非常之原因。

第一节 《盐铁论》的历史背景

汉武帝用兵大致可以分为前后两期：前期以元光六年（前129），元朔二年（前127）、五年、六年，元狩二年（前122）、四年六次战役为一个阶段，虽国库消耗，但匈奴也在连续攻击下被迫向北方迁徙，可谓有得有失；但武帝后期征伐则多为得不偿失，甚至于失而无所得，太初年间（前104—前101）攻大宛求马徒为虚耗，天汉（前100—前97）征酒泉被围而李陵降，征和（前92—前89）再败而李广利降。匈奴向北退却而依然追伐不已，其时地理、补给等因素使得攻守之势发生变化，导致武帝后期虽用兵规模更大但却所获无几而国库空虚。

外战频繁相应引起内乱不断：

---

① 《汉书》卷六六《公孙刘田王杨蔡陈郑传》，第2903页。
② 《盐铁论》虽由宣帝时期桓宽整理成文，但显然辩论当时就有详细官方记录。

自温舒等以恶为治,而郡守、都尉、诸侯二千石欲为治者,其治大抵尽放温舒,而吏民益轻犯法,盗贼滋起。南阳有梅免、白政,楚有殷中、杜少,齐有徐勃,燕赵之间有坚卢、范生之属。大群至数千人,擅自号,攻城邑,取库兵,释死罪,缚辱郡太守、都尉,杀二千石,为檄告县趣具食;小群以百数,掠卤乡里者,不可胜数也。于是天子始使御史中丞、丞相长史督之。犹弗能禁也,乃使光禄大夫范昆、诸辅都尉及故九卿张德等衣绣衣,持节,虎符发兵以兴击,斩首大部或至万馀级,及以法诛通饮食,坐连诸郡,甚者数千人。数岁,乃颇得其渠率。散卒失亡,复聚党阻山川者,往往而群居,无可奈何。①

地方聚众作乱现象的泛滥和失控,不仅在于官员处理问题的失当,其根本原因在于过度税收引发的民众流亡。而汉武帝对外征伐则是过度税收的直接原因,可以说过度对外用兵连带引发了内部社会动乱。山东诸国的动乱甚至波及到关中地区,连带宫廷内部的巫蛊之乱,使得权力中心也失去了稳定局势。

武帝晚年意识到自己扩张政策所引发的严重副作用,征和四年(前89年)下"轮台诏"曰:"当今务在禁苛暴,止擅赋,力本农,修马复令,以补缺,毋乏武备而已。"②随后封车千秋为"富民侯",其用意乃是返还汉初与民休息之政。

但很可惜武帝并没有机会纠正自己的错误就去世,随后年仅八岁的昭帝即位。政府和宫廷实权落于权臣霍光、桑弘羊手中。霍光主掌内朝军权,外朝名义上领袖为丞相车千秋,实际上由御史桑弘羊掌控财政大权。霍光作为顾命大臣拥有更高的地位,③但桑弘羊执掌财政逾三十年获得了更为深厚的影响。霍光既要稳定当时社会的上下层

---

① 《史记》卷一二二《酷吏列传》,第3151页。
② 《汉书》卷六六下《西域传》,第3914页。
③ 《汉书》谓当时局面为"政事一决大将军光"(第2886页)。

面的冲突，又要削弱外朝桑弘羊的权力，因此试图借助盐铁会议纠正既往桑弘羊配合对外扩张军事行动所拟定的财政政策。盐铁会议最初动因来自谏议大夫杜延年的提案，杜延年"见国家承武帝奢侈、师旅之后，数为大将军光言：'年岁比不登，流民未尽还，宜修孝文时政，示以俭约、宽和，顺天心，说民意，年岁宜应。'光纳其言"。① 修孝文时政之意，就是要否定武帝时期过分扩张的经济政策。而武帝的经济政策，又以盐铁榷酤影响为最重，所以这次试图修改经济政策的会议就以盐铁冠名。

第二节 武帝时期法家经济政策的基本格局

武帝在行政、军事和意识形态上都建立了空前的规模，随之财政支出也急剧扩大：

> 武帝因文、景之蓄，忿胡、粤之害，即位数年，严助、朱买臣等招徕东瓯，事两粤，江淮之间萧然烦费矣。唐蒙、司马相如始开西南夷，凿山通道千余里，以广巴蜀，巴蜀之民罢焉。彭吴穿秽貊、朝鲜，置沧海郡，则燕齐之间靡然发动。及王恢谋马邑，匈奴绝和亲，侵扰北边，兵连而不解，天下共其劳。干戈日滋，行者赍，居者送，中外骚扰相奉，百姓抏敝以巧法，财赂衰耗而不澹。入物者补官，出货者除罪，选举陵夷，廉耻相冒，武力进用，法严令具。兴利之臣自此而始。②

汉武帝除了消耗掉文景时期的积蓄外，还要另外开辟财政途径增

---

① 《资治通鉴》卷二三《汉纪十五》，第756页。
② 《汉书》卷二四下《食货志》，第1157页。

加政府收入,以弥补军事、行政开支的亏空。至此,筹集大一统格局政权所需要的庞大开支就成为财政的焦点问题。汉初的黄老政治已经不足以应对当时的局面,而此时儒家尚没有取得掌握朝政大权的地位,自先秦一贯推崇中央集权的法家思想开始对经济政策产生决定性影响。

武帝时期因战争开支巨大,所采用的拓张财政方案众多,包括均输、算缗、平准、盐铁专卖、榷酤、中央铸币、增加口赋、鬻爵等多种手段。其中有些手段不过一时之兴,如鬻爵举措必定无法长久,增加口赋也所得有限,而算缗举措副作用太大,①都没有形成根本影响。真正对当时财经局面产生根本作用的是专卖、均输和平准三项。

均输和平准都涉及实物税收的效用问题,该制度的创建者为桑弘羊。桑弘羊出身于商贾世家,精于算计,长年任财政要职。均输和平准制度的确立,是桑弘羊把私人经营性质的物资交易运用到了公共财政收入领域的创举。

《史记·平准书》记载道:

> 弘羊以诸官各自市,相与争,物故腾跃,而天下赋输或不偿其僦费,乃请置大农部丞数十人,分部主郡国,各往往置均输、盐铁官,令远方各以其物贵时商贾所转贩者为赋,而相灌输。置平准于京师,都受天下委输。召工官治车诸器,皆仰给大农。大农之诸官尽笼天下之货物,贵即卖之,贱则买之。如此,富商大贾无所牟大利则反本,而万物不得腾跃。故抑天下物,名曰平准。

传统上税收模式为,地方财政把征收的粮食、丝绸等实物转化成

---

① 《汉书·食货志》:"杨可告缗遍天下,中家以上大氐皆遇告。杜周治之,狱少反者。乃分遣御史、廷尉正监分曹往,即治郡国缗钱,得民财物以亿计,奴婢以千万数,田大县数百顷,小县百余顷,宅亦如之。于是商贾中家以上大氐破,民媮甘食好衣,不事畜藏之业,而县官以盐、铁、缗钱之故,用少饶矣。"算缗本来是试图划拨豪强诸侯之私产入公共财政,但是因为没有合适的审计系统,遂演化为人人自危的"告缗"。告缗的结果是中等以上收入人家大量破产,民众无人敢置积蓄。这样的结果是使得财政税收的基础更为薄弱而社会动荡不堪,因此可谓得不偿失。

货币,然后再上缴中央。但是当地方政府都试图把实物转化成货币时,市场无法骤然容纳如此多物资,因此使得物价暴跌从而赋税物资实际价值严重缩水。而如果不转化为货币,运输费用甚至比所要缴纳的税收还要多。针对这种情况,桑弘羊采取了一系列举措:首先,把地方财政收归中央,"请置大农部丞数十人,分部主郡国",由大农统一掌管各地税收;其次,大农并非即刻把地方税收转化为货币,而是待价而沽,等待该实物税收价格上扬时再出售,价格降低时则纳入,这种地方税收策略称为"均输"。孟康解释道:"谓诸当所有输于官者,皆令输其土地所饶,平其所在时价,官更于他处卖之,输者既便而官有利。"①农民把自己土地上所特产的物品充当赋税,给农民带来方便;而官府把当地特产运往价格高的地区出售,给财政带来额外收益。

均输带来的是地方赋税的效益,而平准则是试图稳定全国市场的商品价格。以往地方贡献给中央的实物税只能在京师消费掉,但是地方贡赋未必合乎京师需要,所以赋税效益不高。桑弘羊使京师大农把地方实物贡赋作为经营资本,"贵则卖之,贱则买之"。京师大农既有充足货源,又有大量资本,经营能力当然在地方商贾之上,因此显著限制了地方商贾投机性炒作物价的行为,"富商大贾亡所牟大利则反本,而万物不得腾跃。故抑天下之物,名曰平准。"

在盐铁会议上桑弘羊对自己的这两种举措辩护道:"平准则民不失职,均输则民齐劳逸。故平准、均输,所以平万物而便百姓。"②简要说,桑弘羊设立均输平准的动机有三:一、减少地方税收损耗;二、增加财政税收;三、打击地方商人势力,维护社会物价稳定。显然这些举措取得了显著效果,除了抑制商人利益外,最为明显的是中央财政很快变得充裕起来:"于是天子北至朔方,东封太山,巡海上,并北边以归。所过赏赐,用帛百余万匹,钱金以巨万计,皆取足大农。……民不益赋

---

① 《史记》卷三十《平准书》,第1433页。
② 《盐铁论校注》卷一《本议》,第4页。

而天下用饶。"①

与均输、平准相对应的盐铁专卖制度,②在当时所起到的作用更为重要,后来也引起了更多非议。煮盐冶铁之业,战国以来多由民间私产掌管。《货殖列传》中战国秦汉富商大贾,多因为占据盐铁地理优势而致富。如先梁孔氏冶铁为业,秦伐魏之后,孔氏家族迁往南阳大兴铁业而巨富;又有蜀地卓氏、孔氏,以冶铁而富,都可以证明当时秦国和山东六国都未曾禁止民间冶炼铁器。煮盐业也与之类似,战国时期鲁人猗顿以盐业巨富,汉刁间从事渔盐而身家千万,都是民间商贾以盐业发迹,未曾见到禁止民间煮盐的举措。《盐铁论·错币》提到"文帝之时,纵民铸钱、冶铁、煮盐",可见汉初仍然未有盐铁官营。史传管仲相齐时曾借助盐铁之利富国强兵,但从《管子·海王》来看,其主要举措不外乎鼓励盐铁业之发展、流通并从中征税,并未曾由政府进行专卖。后来商鞅相秦也非常注重盐铁商业所获利益,但是应该也止于税收而并非专营。盐铁业由政府专营,应该起于汉武时期大司农东郭咸阳、孔仅。

武帝时期巨大的军事开支使得政府财政空虚,与此同时民间煮盐铸铁之商人却身家万贯,强烈的反差使得急需军费的政府财政意识到可以把获得巨额利润的盐铁收归官方经营:

> 于是以东郭咸阳、孔仅为大农丞,领盐铁事;桑弘羊以计算用事,侍中。咸阳,齐之大煮盐,孔仅,南阳大冶,皆致生累千金,故郑当时进言之。弘羊,雒阳贾人子,以心计,年十三侍中。故三人言利事析秋豪矣。
>
> …… ……
>
> 大农上盐铁丞孔仅、咸阳言:"山海,天地之藏也,皆宜属少府,陛下不私,以属大农佐赋。愿募民自给费,因官器作煮盐,官与牢

---

① 《史记》卷三十《平准书》,第1441页。
② 酒的专卖只施行了十一年,天汉三年起,止于始元六年:"秋七月,罢榷酤官,令民得以律占租,卖酒升四钱。"

盆。浮食奇民欲擅管山海之货,以致富羡,役利细民。其沮事之议,不可胜听。敢私铸铁器煮盐者,釱左趾,没入其器物。郡不出铁者,置小铁官,便属在所县。"使孔仅、东郭咸阳乘传举行天下盐铁,作官府,除故盐铁家富者为吏。吏道益杂,不选,而多贾人矣。①

咸阳、孔仅、桑弘羊皆出身商贾,但他们却并非代表商人阶层的利益。②恰恰相反的是,他们为了国家需求而试图剥夺既往民间商人的权益。无论是盐铁专卖还是酭爵,也无论平准还是均输,都既有应对战争一时之需要的动机,也合乎汉代大一统政治格局的长远谋划。虽然桑弘羊对汉初法家代表晁错颇有微词,但是从他的基本立场来看,还是法家系统的传承。③秦汉以来大一统格局已经成为儒法两家的共识,为了这一格局必须消除社会中间层面对上下一致关系的阻碍。商鞅对贵族势力的压制和桑弘羊对富豪阶层的打击,目的都是为了营造强大而统一的中央集权。④于此而言,专卖、均输和平准都是表面的技术细节,其内在的精神是由中央来控制全国财物的运营,而不仅仅局限于对民间运营的税收。这种举措可以收到立竿见影的效果,因为没有任何商人可以同国有背景的运营商相抗衡,所以短期可以获得超额利润,汉武时期的军费危机得到暂时缓解。

第三节 儒家对法家经济政策的批评

几乎对于当时社会的每种社会经济现象,代表儒家观点的贤良文

---

① 《史记》卷三十《平准书》,第1428—1429页。

② 有段时间把《盐铁论》中两派争夺概括为地主阶级和商人阶级的对抗,现在看来贤良文学不是代表地主阶层,而桑弘羊他们也绝非代表商人利益。

③ 徐复观认为桑弘羊不属于法家,见《两汉思想史》第三卷。

④ 桑弘羊认为专卖均输等手段,不仅为了增加财政收入,而更是为了"将建本抑末,离朋党,禁淫侈,绝兼并之路也"。(《盐铁论·复古》)他所说的本,不是历史上通常所说的农业,而是中央,末则指代地方豪强。

学都提出了批评性观点。在他们貌似保守迂腐的言论方式下,实际上也隐含了系统而全面的经国济民之对策。因此我们需要在他们对法家经济政策的批评中,揭示出儒家正面的经济政策。

先就具体的经济政策来看,来自社会基层的贤良文学指出了专卖、平准政策所引发的不良社会效应:

> 古者之赋税于民也,因其所工,不求所拙。农人纳其获,女工效其功。今释其所有,责其所无。百姓贱卖货物,以便上求。间者,郡国或令民作布絮,吏恣留难,与之为市。吏之所入,非独齐、阿之缣,蜀、汉之布也,亦民间之所为耳。行奸卖平,农民重苦,女工再税,未见输之均也。县官猥发,阖门擅市,则万物并收。万物并收,则物腾跃。腾跃,则商贾侔利。自市,则吏容奸。豪吏富商积货储物以待其急,轻贾奸吏收贱以取贵,未见准之平也。盖古之均输,所以齐劳逸而便贡输,非以为利而贾万物也。①

桑弘羊认为均输、平准带来的利益很多:可以平抑物价、减少地方负担、打击商人投机等等。但是贤良文学却认为实际上该政策并没有取得预期的效果,不仅没有减轻民众负担,反而增加了农民赋税压力,相应地也没有能够打击地方富商,反而助长了他们的投机行为。桑弘羊认为均输、平准政策百利而无一害,是建立在商人运营的经验之上,试图把商业运行模式套用到国家经营上来。但是他们没有意识到的是,政府比当时的商业组织要复杂得多,其中政府各个层级的利益并不必然统一。中央考虑的是国家税收,而地方官员(即便是中央委派到地方的大司农)考虑的则是局部利益。各地设立的均输机构并没有同以往那样就地取材,以当地的本有产物充当赋税,而是从谋取更高利益的角度出发,要求当地民众把当时最有利润的产品当做赋税上

---

① 《盐铁论校注》卷一《本议》,第4—5页。

缴。民众没有这种商品,只好变卖所有而求诸商家。商家趁机囤积居奇上抬物价,商人通过和官吏达成默契而获得高额利润,于是民众反而为缴纳赋税受到地方政府和地方商人双重剥削。

至于盐铁专卖,桑弘羊同样认为于民于国有利而无害:"今县官铸农器,使民务本,不营于末,则无饥寒之累。盐、铁何害而罢?"①这里桑弘羊所说的本指代的是农业,他认为把盐铁等经营性活动从农业中分离出去,有利于提高农业自身效率,当然还包括盐铁利润对国库收入的有力支持,所以看不出为什么要取消盐铁专营制度。

贤良对此反驳曰:"农,天下之大业也,铁器,民之大用也。器用便利,则用力少而得作多,农夫乐事劝功。用不具,则田畴荒,谷不殖,用力鲜,功自半。器便与不便,其功相什而倍也。县官鼓铸铁器,大抵多为大器,务应员程,不给民用。民用钝弊,割草不痛,是以农夫作剧,得获者少,百姓苦之矣。"②

贤良在此反映的社会事实是,生产工具的质量直接影响到生产效率的高下,铁器专营之后农具的质量和数量都无法满足农民生产需求而实际导致农业生产效率降低。原因在哪里呢?"县官鼓铸铁器,大抵多为大器,务应员程,不给民用。民用钝弊,割草不痛,是以农夫作剧,得获者少。"官方经营铁器,首先要面对的不是基层客户需求而是上层指令,农民对铁器工具的需求被放到了不重要的地位,不仅无法及时获得,即便获得也质量低劣无法达到农业生产的要求。这样一来,农民付出了更多劳动但是却取得更少的收获。

官方显然不认同以上批评,他们对自己的政策辩护道:"卒徒工匠,以县官日作公事,财用饶,器用备。家人合会,褊于日而勤于用,铁力不销炼,坚柔不和。故有司请总盐铁,一其用,平其贾,以便百姓公私。虽虞、夏之为治,不易于此。吏明其教,工致其事,则刚柔和,器用

---

① 《盐铁论校注》卷六《水旱》,第 429 页。
② 《盐铁论校注》卷六《水旱》,第 429 页。

便。"①他们认为民间盐铁生产因生产者素质所限无法保证质量,而且也不能保证价格公正,由政府专营盐铁不仅能提高质量而且能保证社会公平。

实际结果如何呢?

> 卒徒工匠!故民得占租鼓铸、煮盐之时,盐与五谷同贾,器和利而中用。今县官作铁器,多苦恶,用费不省,卒徒烦而力作不尽。家人相一,父子戮力,各务为善器,器不善者不集。农事急,挽运衍之阡陌之间,民相与市买,得以财货五谷新币易货;或时贳民,不弃作业。置田器,各得所欲。更繇省约,县官以徒复作缮治道桥,诸发民便之。今总其原,壹其贾,器多坚硞,善恶无所择。吏数不在,器难得。家人不能多储,多储则镇生。弃膏腴之日,远市田器,则后良时。盐、铁贾贵,百姓不便。贫民或木耕手耨,土耰淡食。铁官卖器不售或颇赋与民。卒徒作不中呈,时命助之。发征无限,更繇以均剧,故百姓疾苦之。②

众贤良文学显然对于社会基层有着深入细致的了解,所反映的社会实际情况将盐铁专营前后做了强烈对比。在施行盐铁专卖以前,民间煮盐冶铁,盐的价格由市场供需关系来决定,而铁器则品质优良,否则在市场上根本没有出路。当农事繁忙的时候,铁匠甚至直接把铁器运送到田间贩卖,农民直接用五谷换取就可以而根本不会耽误农时。现在盐铁专卖之后,农民必须要到官方指定的地方购买农具,而且器具质量显著下降,更为麻烦的是负责铁器专营的官员经常不在,使得农民无法购买。农民也不能一次购买很多铁器,因为时间长了会生锈。官营之后盐铁的价格相继上涨,去县城购买农具本身就耽误时间,而买回来的铁器又不好用,使得农产艰难。再加上官方经常把劣

---

① 《盐铁论校注》卷六《水旱》,第 429—430 页。
② 《盐铁论校注》卷六《水旱》,第 430 页。

质产品摊派到农民身上,而冶铁工匠不足时就会征调农民劳役。种种因素使得盐铁专营给农民带来很大负担,使百姓颇为苦恼。

从客观的角度看,官营派当时确立专卖、均输和平准的动机并非出于私利。他们最初的动机是为了满足大一统国家庞大的军事、行政开支,而且他们并没有试图损害广大农民利益来达到目的,相反他们试图取消地方政权和富商对农民赋税的中间盘剥。但现实情况同他们预想的有很大距离,专营和均输的施行使得农民的生存状况急剧恶化。均输使得农民实际赋税增加,而盐铁专卖使得农民生活和生产成本增加,生产效率下降。

虽然表面上田赋只有三十分之一,但是生产的下降和税收的增加造成大量农民破产,形成流民阶层引发社会动荡。官方认为流民的出现源于其自身原因:"今赖陛下神灵,甲兵不动久矣,然则民不齐出于南亩,以口率被垦田而不足,空仓廪而赈贫乏,侵益日甚,是以愈惰而仰利县官也。为斯君者亦病矣,反以身劳民;民犹背恩弃义而远流亡,避匿上公之事。民相仿效,田地日芜,租赋不入,抵扞县官。"①简言之,他们认为农民离开土地流亡的原因在于农民自身的懒惰。贤良的观点则不然:"民非利避上公之事而乐流亡也。往者,军阵数起,用度不足,以訾征赋,常取给见民,田家又被其劳,故不齐出于南亩也。大抵逋流,皆在大家,吏正畏惮,不敢笃责,刻急细民,细民不堪,流亡远去;中家为之绝出,后亡者为先亡者服事;录民数创于恶吏,故相仿效,去尤甚而就少愈者多。《传》曰:'政宽者民死之,政急者父子离。'是以田地日荒,城郭空虚。夫牧民之道,除其所疾,适其所安,安而不扰,使而不劳,是以百姓劝业而乐公赋。若此,则君无赈于民,民无利于上,上下相让而颂声作。故取而民不厌,役而民不苦。"②农民之所以背井离乡,根本原因在于额外的赋税太重,尽力耕种也无法满足政府的税役,

---

① 《盐铁论校注》卷三《未通》,第191页。
② 《盐铁论校注》卷三《未通》,第192页。

只好流亡。流亡初期归顺于大户,地方官员无法追究,就把剩下的赋税分摊到未曾流亡的人家头上,使得剩下的家庭也陷于破产的境地而随之变成流民。问题的根本解决方案,就是让民众自发组织生产和交换活动,而政府尽可能少加以干涉,只要去除民间生产发展的障碍就可以了。在此,我们可以看到儒家贤良支持的是一种由生产者通过市场进行调节的自由经济原则。他们的自由经济立场包括减少政府税收、取消生产物资专卖、废除指定赋税实物等等。当然他们同时还具有限制田产和奴婢等平均主义观念,并非完全等同于谋求资本增殖的自由经济,其根本点是落实于具体百姓的民生,而桑弘羊等人关注的偏重于政府的税收。

第四节　儒法财经理念的冲突

从具体的举措看,代表法家的官方和代表儒家的民间有着显著的区别:法家主张盐铁专营、地方贡赋均输,由中央政府统一管理国家财政命脉;而儒家坚持政府减少对地方经济发展的干预,开放盐铁民间市场并取消均输、平准制度。

具体举措的差异背后,实际上体现了儒法财经理念的不同,他们之间存在的主要经济立场差异包括:一、以农为本与以商为本;二、藏富于民与聚财于国;三、保守财政与拓张财政。

首先来看他们关于商业和农业的不同观点。桑弘羊认为商业是社会财富的主要来源:"自京师东西南北,历山川,经郡国,诸殷富大都,无非街衢五通,商贾之所凑,万物之所殖者。故圣人因天时,智者因地财,上士取诸人,中士劳其形。长沮、桀溺,无百金之积,跖𫏋之徒,无猗顿之富,宛、周、齐、鲁,商遍天下。故乃商贾之富,或累万金,追利乘羡之所致也。富国何必用本农,足民何必井田也?"①他指出,凡是繁华的城市,都是因为商业的发达而形成。最上等的人利用时机和地利而生财,只有普通人才会通过自己的体力劳作谋生,对国家富强作用最大的是商业而不是农业。这个观点跟他们的专卖、平准政策亦有矛盾的一面,因为他们出台的这些政策本身是为了抑制社会商业的自然发展。

贤良文学则认为不然,如果没有大量农民进行财富生产,那么商业活动将无从谈起,所以生产活动应该是社会的基础:"故耕不强者无以充虚,织不强者无以掩形。虽有凑会之要,陶、宛之术,无所施其巧。自古及今,不施而得报,不劳而有功者,未之有也。"②

桑弘羊等出身于商人,他们试图把国家当做一大商业组织来运营,所以他们认为把财富聚集于国家有着重要意义:"王者塞天财,禁关市,执准守时,以轻重御民。丰年岁登,则储积以备乏绝;凶年恶岁,则行币物,流有余而调不足也。昔禹水汤旱,百姓匮乏,或相假以接衣食。禹以历山之金,汤以庄山之铜,铸币以赎其民,而天下称仁。往者财用不足,战士或不得禄,而山东被灾,齐、赵大饥,赖均输之畜,仓廪之积,战士以奉,饥民以赈。故均输之物,府库之财,非所以贾万民而专奉兵师之用,亦所以赈困乏而备水旱之灾也。"③从这种观点看来,国家充当了调剂社会财富的角色,当物质充裕时就囤积起来,而当社会匮乏时则给予接济。桑弘羊认为他们所制定的政策不仅是战时临时举措,而是国家长治久安的基本功能。

贤良文学则认为民众的富裕更有意义:"古者十一而税,泽梁以时入而无禁,黎民咸被南亩而不失其务。故三年耕而余一年之蓄,九年耕有三年之蓄。此禹、汤所以备水旱而安百姓也。草莱不辟,田畴不

---

① 《盐铁论校注》卷一《力耕》,第29页。
② 《盐铁论校注》卷一《力耕》,第29页。
③ 《盐铁论校注》卷一《力耕》,第27页。

治,虽擅山海之财,通百末之利,犹不能赡也。是以古者尚力务本而种树繁,躬耕趣时而衣食足,虽累凶年而人不病也。故衣食者民之本,稼穑者民之务也。二者修,则国富而民安也。"①法家认为大禹、商汤时期水旱灾害之所以没有引发社会灾难,原因在于国家进行大量救济,而儒家学者认为当时避免社会动乱的原因在于民众有足够的积蓄。而民众有足够积蓄的原因在于国家税收轻微,民众可以专心致力于农业生产。

代表法家思想的官方提出了国家专营和发展商业的必要性:"宇栋之内,燕雀不知天地之高;坎井之蛙,不知江海之大;穷夫否妇,不知国家之虑;负荷之商,不知猗顿之富。先帝计外国之利,料胡、越之兵,兵敌弱而易制,用力少而功大,故因势变以主四夷,地滨山海,以属长城,北略河外,开路匈奴之乡,功未卒。盖文王受命伐崇,作邑于丰;武王继之,载尸以行,破商擒纣,遂成王业。曹沫弃三北之耻,而复侵地;管仲负当世之累,而立霸功。故志大者遗小,用权者离俗。有司思师望之计,遂先帝之业,志在绝胡、貉,擒单于,故未遑扣扃之义,而录拘儒之论。"②法家积极拓张财政的根本动机,在于国家军费的巨额开支需要财政支持。

而代表儒家的贤良文学认为:"闻文、武受命,伐不义以安诸侯大夫,未闻弊诸夏以役夷、狄也。昔秦常举天下之力以事胡、越,竭天下之财以奉其用,然众不能毕;而以百万之师,为一夫之任,此天下共闻也。且数战则民劳,久师则兵弊,此百姓所疾苦,而拘儒之所忧也。"③他们坚持传统的儒家观念,认为国家的根本问题在于内忧而不是外患;如果因为对外战争而导致民众疲惫,反而会带来更为严重的后果。

相对而言,儒家的观点看起来比较保守,而法家思想比较积极。

---

① 《盐铁论校注》卷一《力耕》,第27—28页。
② 《盐铁论校注》卷一《复古》,第79—80页。
③ 《盐铁论校注》卷一《复古》,第80页。

但是从当时的具体历史环境来看,法家的财政手段无法取得长期的实施,因为以政府为社会经济运转中心,实际的交易成本非常之高,反而限制了地方经济的活力。但是反过来说儒家也没有完善解决法家所提出来的社会难题:边患与私人财富集中。儒家倡导的观点接近于自由经济立场,沿袭了汉初黄老无为政府的风格,认为政府应该对于民间生产尽可能少加以干涉,而保持一个非常低水平的财政开支。但是自由交易的发展本身会引发财富不断垄断,而低水平财政开支难以提供有效公共产品服务。从我们现在的立场来看,两者之间不乏进行调和的余地,理论上可以在积极拓张财政和保守财政之间取得一个平衡点。但是实际上这个平衡点是随着时间变化而变化的,在当时的统计能力之下很难准确对此得出判断。更何况儒法经济理念的对立,是其整体观念冲突的局部体现,有着更为深刻和全面的分歧。

第五节　儒法社会理念的差异

儒法经济理念的冲突之所以难以调和,是因为它们背后所支持的理论背景差异巨大。虽然法家在历史演进上有来自儒家的脉络,但是实际上儒法两家的根本理念有不可调和的内容。所以《盐铁论》不仅体现了他们经济观点的差异,也体现了更为广阔社会立场的纷争。

从发展线索来看,法家之士如李悝、吴起、商鞅等都受到河西学派的影响,追溯其源头可以上至子夏的教化。但显然这一支儒学所演化出来的是对社会制度的侧重,已经与思孟学派对心性的侧重大为不同。战国时期特殊的环境使得这支学派发生变异,直至李斯、韩非从荀子门下自成一家。法家在战国时期迅速展开并取得主导地位,说明它更适合在国家剧烈竞争的情况下取得优势,因此它的治国理论随之成为主流。然而看似矛盾的是,纯粹以法家治国的秦国发展为战国之霸,而同样以法家治国的秦帝国却转瞬间轰然崩溃。于是汉初士人一方面在延续秦朝的体制,另外一方面纷纷反思秦制的得失。虽然反思大多局限于道德伦理领域,但是盐铁会议中双方的辩论,可以看出当时对于法家所构建的社会制度也开始了思考。

首先从对待中央政府的功能来看,儒法两派便有明显分歧。虽然儒家、法家都支持强有力的中央政府,但他们的动机各不相同。法家的立场是强国,国家是所有利益的最终归属。儒家的目的则是安民,强大国家只是安民的手段而不是最终目的。这一差异决定了他们对政府强度的要求不同:法家强调绝对的军事力量,而儒家认为只需要必备的军事力量。不同的军事力量反过来又影响到税收的额度,税收额度又影响经济民生的发展。

其次对于帝王的地位,当时儒家和法家都强调帝王的作用和地位,其尊崇完全超出了前代。但是儒法两家增强王权的途径不一样:法家通过法令的统一而消除豪族影响,儒家则是通过礼乐制度凸显皇权的尊贵。两派思想之间对待帝王最为重要的区别是:法家系统内的帝王具有绝对的权力,可以不受任何约束;而儒家始终对王权有诸种限制,或者是来自道义上的限制,或者是伦常上的限制,或者是舆论上的限制等等,至董仲舒又发展为天命上的限制。无限制的王权对于社会经济运行具有绝对的掌控,从而忽视了社会经济的复杂程度,往往出现效果同动机相反的局面。而儒家限制王权,实际上也就等于支持了经济的自主发展,虽然儒家同样不赞成商业。

最后是对于官吏和民众的地位,儒家和法家也差异很大。法家的立场很清楚,秦律规定"以吏为师",官吏不仅具有行政权力,而且是意识形态权威,民众则完全被动。而传统儒家的民本思想使得他们从另外一个角度思考社会:如果从民众的角度看,官吏应该如何作为?简言之,法家认为民众只是政府运作的一颗棋子,而儒家认为民众是社会运行的最终目的。这样以来,法家的官吏就具备了参与经济活动的权力,而儒家官吏则禁止经营商业。两者的利弊,已不必多言。

汉代的实际政治,摇摆于两种理念之间。盐铁会议所表现出的争议,只是儒法冲突的一次表现。这两种社会理念不同导致的纷争,还会再延续下去。

第四章

儒学统治地位的确立和儒学的发展

　　董仲舒的《春秋》公羊学经由武帝的支持,逐步渗透到汉帝国的政治思想中,但在整个社会、思想和学术方面,儒学并没有全面地占据统治地位。按《汉书·循吏传》的说法,公孙弘、董仲舒等人居高位,也只是"通于世务,明习文法,以经术缘饰吏事"而已;按今人的见解,与其说是汉武帝推动了儒学在汉代社会生活中实质性的进展,不如说他利用了儒学有使其天下显得文质彬彬的美饰之用。① 毋庸置疑的是,武帝的"尊儒",的确为后世儒家的发展奠定了一个权威性的基调,也为后世儒者参政议政、传播思想和文化奠定了制度基础。② 于是,经过宣

---

① 参见于迎春:《秦汉士史》,北京大学出版社,2000年,第80—86页。
② 严耕望先生通过比较秦汉时期郎官性质的差异,认为西汉末前的吏郎之进大多是因家世荫功,而后吏郎之进则多因孝廉和明经,据此他进一步推断差异产生的关键是武帝时期所创的孝廉和博士弟子射策为郎制度。参见严耕望《秦汉郎吏制度考》一文,载《严耕望史学论文选集》下册,中华书局,2006年,第283—338页。

帝、元帝和成帝三朝的逐步扶持,儒学开始真正全面地呈现出欣欣向荣的景象:一是具备儒学背景的士人积极参政,并占据宰相、御史大夫等重要职位;二是儒学(经学)传承的途径和方法得以形成,诸经立于博士官,使得儒学传承得以在国家体制内畅通无阻,而"师法"也逐渐成为当时儒者学习典籍、阐论思想和传承学术的主要方式之一;三是对思想学术争论的评判有了比较权威的标准(皇帝"临制称决"),皇权在儒学的发展变迁中开始充当扶持人和裁判的双重角色;四是儒学在确立其统治地位的过程中,儒学思想本身也得到了发展。其间尤其以孟喜、京房的《易》学和刘向的五行灾异说为代表。

第一节　宣成时期的儒学发展及其统治地位的确立

　　从社会政治制度对后世的实际影响看,文帝和景帝时期着力于社会发展和治理的各种措施,不可避免地带来了汉帝国行政工作的日益复杂和繁重,政府因此也不得不招纳更多的人从事相关工作。公元前178年、165年、140年、134年帝国政府五次以诏令或其他形式提出举荐人才的号召,这意味着部分资深官员可以很少顾忌地推荐德才兼备或坦陈己见的官员候选人。① 尤其是公元前135年,在武帝主持下五经博士的设立,即使当时经学博士的职能大多定位在"备顾问"的角色上,也不会妨碍那些具备儒学背景的士人获取一个能真正参与中央政权运作的渠道。后来,武帝对自己扩边战事所造成的种种弊端进行反思,于其晚年的征和四年(前89)下"轮台诏"进行悔改,这标志着整个帝国政权的中心从"扩边"转向社会治理,而这样的转向又在客观上加速了帝国对上述人才的需求。最终,公元前81年在汉昭帝召开的盐铁会议上,那些

---

① 参见鲁惟一等《剑桥秦汉史》,第107—108页。

因举荐而进入政府的部分人才以"贤良文学"的身份向当权者发难,其结果不仅仅是《盐铁论》的形成,更重要的是,它起码从社会政治层面预示着作为一个思想承载者的儒者群体,已经开始了其主动参政的过程。

到了宣帝时期,虽然有不少研究者因为宣帝曾对太子刘奭说:"汉家自有制度,本以霸王道杂之,奈何纯任德教,用周政乎?且俗儒不达时宜,好是古非今,使人眩于名实,不知所守,何足委任!"①而认为宣帝朝摒儒术轻儒者,实际上,宣帝说这话的背景是太子等人要求他"宜用儒生",且因为"汉承秦制"的制度连续性的关系,"宣帝所用多文法吏",②因此,我们理解宣帝的主要意思是制度具有连续性,不宜从根本上改变,如果用"俗儒"反倒会导致社会治理的紊乱。宣帝作为"中兴"之主,其政治智能和管理能力得到史家的高度称赞,而其关键可能就在于宣帝明白理想的制度("周政")并非现实中最好更非最可行的制度,同时他所具备的历史眼光和务实精神又促使他认可霸王相杂的治理路向。当然,他也明白"俗儒"的不堪大用是因为他们并不明晓社会治理的现实依据,或者不能明白自己的心思。③所以,从历史继承的角度看,宣帝的这番话,实际上是他继承了武帝关于儒者"议者咸称太古,百姓何望"的实用主义政治策略的体现。④

撇开上述特定语境中的宣帝排儒之语,从宣帝的身世却可以看出他曾沉浸于儒家氛围的教育环境中。辅命大臣霍光在昌邑王刘贺遭废后,在推举刘询(宣帝)为帝的奏议中说:"礼,人道亲亲故尊祖,尊祖故敬宗。大宗毋嗣,择支子孙贤者为嗣。孝武皇帝曾孙病已,有诏掖庭养视,至今年十八,师受《诗》、《论语》、《孝经》,操行节俭,慈仁爱人,

---

① 《汉书》卷九《元帝纪》,第 277 页。
② 《汉书》卷九《元帝纪》,第 277 页。
③ 一个最著名的例子就是夏侯胜忤逆宣帝尊赞武帝的诏书,被斥为"大不敬"而下狱。夏侯胜只顾按照基于经的"道义"提出反对意见,而忽视了宣帝特殊的身世和即位时的险境,终被宣帝罢斥。事见《汉书》卷七五《夏侯胜传》,详见下文。
④ 《史记》卷二三《礼书》,中华书局,1982 年,第 1161 页。

可以嗣孝昭皇帝后,奉承祖宗,子万姓。"①也正因为此,在现实的政治运作中,宣帝其实很明白儒学的功用。一方面,他开始注重运用儒家典籍中的思想为其政权运作提供经典依据的同时,也注重儒家道德伦理在维护和巩固政权方面的效用;另一方面,宣帝意识到延续前朝的制度,如举贤良方正文学等,可以继续笼络控制社会精英阶层。同时,他也明白通过对典籍阐释的控制来变相地控制知识分子,改变思想氛围,进而使得思想文化更有效地为政权服务。值得注意的是,这些政治意识和统治策略在元、成二朝均得到不同程度的发展和完善。

下面,我们就宣成时期儒学的发展及其统治地位的确立情况,从五个方面略作分析。

一、引经据典

从史料来看,有汉以来,武帝之前少有直接明确引用儒家典籍的皇帝诏书,而从宣帝开始,帝王诏书开始频繁引用五经典籍,为政权的合法、仁道等论证。下面是《汉书·宣帝纪》中记载其诏书引用儒家典籍的例子:

> (地节元年,即前69年)夏六月,诏曰:"盖闻尧亲九族,以和万国。朕蒙遗德,奉承圣业,惟念宗室属未尽而以罪绝,若有贤材,改行劝善,其复属,使得自新。"②

此引《尚书·尧典》"克明俊德,以亲九族。九族既睦,平章百姓。百姓昭明,协和万邦",由于宣帝身世坎坷,其即位又非正常渠道,③诏书在宣帝亲政前一年颁布,有点准施政宣言的味道,其中引古代圣王的治国理念,表明即将秉政的自己会以先圣为榜样,不计较自己的遭遇而

---

① 《汉书》卷八《宣帝纪》,第238页。颜师古注"病已"曰:"盖以夙遭屯难而多病苦,故名病已,欲其速差也。后以为讳,更改讳询。"
② 《汉书》卷八《宣帝纪》,第246页。
③ 事见《汉书》卷八《宣帝纪》、卷六八《霍光金日磾传》、卷七四《魏相邴吉传》。

善待皇室宗亲,并将尊重和启用贤才。这样的诏书,无疑起到了安抚百姓和知识分子,平息皇族内部纷争和稳定社会心理的作用。

> (地节三年)十一月,诏曰:"朕既不逮,导民不明,反侧晨兴,念虑万方,不忘元元。唯恐羞先帝圣德,故并举贤良方正以亲万姓,历载臻兹,然而俗化阙焉。传曰:'孝弟也者,其为仁之本与!'其令郡国举孝弟、有行义闻于乡里者各一人。"①

此引《论语·学而》。"元元"是汉代皇帝诏书的常用词,意即百姓。宣帝于地节二年亲政,这份自省、恤民、举孝廉三合一的诏书特重"孝悌",无疑是想从道德伦理层面来加强政权对平民和士人的亲和力。

> (元康元年,即前65年)三月,诏曰:"乃者凤皇集泰山、陈留,甘露降未央宫。朕未能章先帝休烈,……《书》不云乎?'凤皇来仪,庶尹允谐。'"②

此引《尚书·益稷》。经过若干年的努力,宣帝王朝已经欣欣向荣了,甘露降未央宫是吉兆,所以引《书》以明其政清民宁的祥和之意。

> (元康)二年春正月,诏曰:"《书》云'文王作罚,刑兹无赦',今吏修身奉法,未有能称朕意,朕甚愍焉。其赦天下,与士大夫厉精更始。"③

此引《尚书·康诰》。这是政权巩固之时,宣帝的励精图治之诏,也显现出中兴之主所具备的清醒政治意识。此诏从社会管理层面说明"吏"要德、才、法兼备。

> (五凤二年,即前56年)秋八月,诏曰:"夫婚姻之礼,人伦之大者也;酒食之会,所以行礼乐也。今郡国二千石或擅为苛禁,禁

---

① 《汉书》卷八《宣帝纪》,第250页。
② 《汉书》卷八《宣帝纪》,第253—254页。
③ 《汉书》卷八《宣帝纪》,第255页。

> 民嫁娶不得具酒食相贺召。由是废乡党之礼，令民亡所乐，非所以导民也。《诗》不云乎？'民之失德，干糇以愆。'勿行苛政。"①

此引《诗经·小雅·伐木》。宣帝引此，一方面是告诫臣子要"敬民""保民"，另一方面是从民生和民俗伦理的角度来说明政权行"王道"、"仁政"的重要性。

由此可见，宣帝的这些诏书，涵盖了社会政治的各个层面，其中尤以引《书》为多。在元、成两朝，引《诗》、《书》、《论语》等儒家典籍的重要诏书有：元帝初元元年（前48）夏四月诏引《尚书·益稷》"股肱良哉，庶事康哉"，表明"循行天下"、招募良臣、宣扬教化的意义；成帝阳朔二年（前23）春诏引《尚书·尧典》"黎民于蕃时雍"，强调统治应顺应"民本"；成帝阳朔四年春正月诏引《尚书·洪范》"八政"以食为首以及《尚书·盘庚》"服田力穑，乃亦有秋"，说明以农为本的重要意义；成帝鸿嘉元年（前20）春二月诏引《尚书·文侯之命》"即我御事，罔克耆寿，咎在厥躬"，以警戒自己作为帝王应对政权和民众负责。凡此种种，涉及社会政治生活的各个层面，不一而足。②

与诏引经书相关的是，臣子的奏章对策中引经据典可谓有过之而无不及。宣元时期的名儒、长期位居三公的匡衡，其传中的三篇奏章共引《诗》达六次，引《论语》三次，引《书》二次，其中有段论述极为明晰地说明西汉中期以后君臣言政论事引经据典的缘由。匡衡说：

> 臣闻六经者，圣人所以统天地之心，著善恶之归，明吉凶之分，通人道之正，使不悖于其本性者也。故审六艺之指，则人天之理可得而和，草木昆虫可得而育，此永永不易之道也。及《论语》、《孝经》，圣人言行之要，宜究其意。③

---

① 《汉书》卷八《宣帝纪》，第265页。
② 此类，皆参《汉书》各帝纪，文多不注。
③ 《汉书》卷八一《匡衡传》，第3343页。

在儒者心中,六经具有如此全能功用,其为社会、人生的法则自然是情理中事,而把它们挂在口边、写在简帛之上,自有一番风采道理。即使是在帝国行政中喜任文法吏的宣帝,也不得不在诏书中慨叹"朕不明六艺,郁于大道,是以阴阳风雨未时",①明确地承认"六艺"(六经)对于社会政治的影响,以致在诏书中进一步要求举荐"通经"之才。

刘泽华等人针对上述引经据典的现象分析认为:一是儒生们要借助经典的权威使得议论具有说服力,而皇帝因此也更容易信从和接受;二是经典如同无形的保护伞,在论奏中以经为据,即使与帝王意愿相左,也不那么容易遭致杀头之祸。② 当然,在这种引经据典所具有的实用功效之外,有着更为深层的历史文化因素。按照余英时的研究,帝国行政官员对经典的利用,正是作为中国大传统主流的儒家教义所具有的实践性格的体现。也就是说,儒者本着"在本朝则美政,在下位则美俗"③的"行事之深切著明"④的信念,以他们在上位的"方便",去展开他们的"教化"工作,以达到治国平天下的目的。⑤

二、"孝"治天下

上文有关诏书引典籍多《诗》、《书》的史实也许可以说明,自宣帝开始,汉帝国在政治理念上已逐步从"秦制"向"周政"转化。而从宣帝诏书强化"孝"的伦理,我们可以更明显地感受到这种转化。《汉书·宣帝纪》载:

> (地节)四年春二月,封外祖母博平君,故酂侯萧何曾孙建世为侯。诏曰:"导民以孝,则天下顺。今百姓或遭衰绖凶灾而吏繇

---

① 《汉书》卷八《宣帝纪》,第 255 页。
② 参见刘泽华主编:《士人与社会》(秦汉魏晋南北朝卷),天津人民出版社,1992 年,第 127—128 页。
③ 《荀子·儒效篇》。
④ 此语为司马迁所引孔子之言,见《史记》卷一百三十《太史公自序》,第 3297 页。
⑤ 参见余英时:《士与中国文化》,上海人民出版社,1987 年,第 139—151 页。

事,使不得葬,伤孝子之心,朕甚怜之。自今诸有大父母、父母丧者勿繇事,使得收敛送终,尽其子道。"①

宣帝因其祖父戾太子见杀,后又由邴吉救出,交女犯人乳养,而后又经邴吉保护辗转至祖母家抚养成人。此诏是其亲政二年后颁布,不能不说是其政权巩固后,念及身世而有的由衷之叹。从政治运作上讲,诏书因孝的原因而免除遭丧者徭役,未尝不可以说儒家伦理实际上已经贯彻在帝国政权的核心之中了,毕竟,赋役是整个帝国的财政经济支柱之一。

（地节四年）夏五月,诏曰:"父子之亲,夫妇之道,天性也。虽有患祸,犹蒙死而存之。诚爱结于心,仁厚之至也,岂能违之哉!自今子首匿父母,妻匿夫,孙匿大父母,皆勿坐。其父母匿子,夫匿妻,大父母匿孙,罪殊死,皆上请廷尉以闻。"②

在短短的三个月中,皇帝二次亲下诏书以明"孝"的重要,而且与上诏相匹配,此诏从法律层面在很大程度上免除了与孝悌、夫妇之道相违却应负有的刑罚责任。

最后,宣帝以"封故昌邑王贺为海昏侯",来说明"骨肉之亲粲而不殊"的道理。③

"孝"作为先秦儒家伦理核心之一,在《孝经》中被赋予教化之源、统治之则的地位,其《开宗明义章》说:"夫孝,德之本,教之所由生也。"其《三才章》则更明确地说:"夫孝,天之经也,地之义也,民之行也。天地之经,而民则之。"正因为"孝"被精英思想看作具有如此重要效用,《孝经》在帝王教育和学习中也占据重要地位。昭帝始元五年（前82）六月诏述自己学习情况说,他"夙兴夜寐,修古帝王之事,通《保傅传》、

---

① 《汉书》卷八《宣帝纪》,第250—251页。
② 《汉书》卷八《宣帝纪》,第251页。
③ 事见《汉书》卷八《宣帝纪》元康三年三月诏书,第257页。

《孝经》《论语》《尚书》，未云有明"。① 而宣帝少时也从"师受《诗》、《论语》《孝经》，操行节俭，慈仁爱人"。② 在大臣的奏章论事中，也常引《孝经》，最著名者莫过于元帝朝丞相韦玄成上书罢寝庙事，就是据《孝经》之说以论汉"德"。③ 如此看来，后世研究者多称汉以"孝"治天下，言之不虚。而汉朝自惠帝始，帝王号前加"孝"字为称，则更为明证。

从制度影响的历史结果来看，后汉白虎观会议对儒家伦理作了详尽而有条理的整理，并使其法制化，从上引诸条看，《白虎通》中的条文，其实在西汉时就已经有了深厚的历史原因和现实基础。

三、经术取士

钱穆认为，自武帝以后，汉帝国政府渐渐从宗室、军人、商人的组合转变成士人参政的新局面，以致公卿朝士，名儒辈出，其关键就在于武帝及其后文官制度的系统建立，最终使得刘邦时期的"农民政府"转变成一个有平民意识、有教育水准、有知识素养的士人政府。④ 李开元也从社会分层的角度认为，汉帝国初期政府以军功受益阶层统治为主，而到武帝晚期，帝国政权系统中的三公九卿、郡太守、王国相中，法吏出身者已经占到百分之四十，而儒吏、士吏出身的则占到百分之十六。⑤ 这更为明确地说明：公孙弘所创设的二千石"谨察"认可而举荐人才的制度已经在帝国政治运作中发挥作用，它为儒者提供的参政可能性越来越大。

汉帝国第一次有察举意义的举措可追溯至高帝十一年（前196）诏

---

① 《汉书》卷七《昭帝纪》，第223页。
② 《汉书》卷八《宣帝纪》，第238页。
③ 事见《汉书》卷七三《韦贤传》所附《韦玄成传》，第3118—3120页。
④ 参见钱穆：《国史大纲》（修订本），商务印书馆，1996年，第144—149页。
⑤ 参见李开元：《汉帝国的建立与刘邦集团——军功受益阶层研究》，三联书店，2000年，第69—72、219—221页。

令:"贤士大夫有肯从我游者,吾能尊显之。……其有意称明德者,遣诣相国府。"①而自元朔五年(前124)武帝正式立太学后,"公卿大夫士吏彬彬多文学之士矣"。② 举贤良始于文帝时,贾山称此举"将兴尧舜之道,三王之功"。③ 然而,就正史中的"本纪"记载来看,宣帝之前,明令诏举贤良方正文学并不多,自文帝到昭帝四朝不过六次,可宣帝即位后,除了那些在列传中无法确认年代的举贤诏记载外,与举贤良方正文学和明经取士有关的诏令在《宣帝本纪》中就有六次之多:

宣帝即位当年,即本始元年(前73),"诏内郡国举文学高第各一人"。

本始四年(前70)四月,诏曰:"盖灾异者,天地之戒也……。丞相、御史其与列侯、中二千石博问经学之士,有以应变,辅朕之不逮,毋有所讳。令三辅、太常、内郡国举贤良方正各一人。"

地节三年(前67),三月"令内郡国举贤良方正可亲民者";十月诏"有能箴朕过失,及贤良方正直言极谏之士以匡朕之不逮,毋讳有司";十一月诏曰:"唯恐羞先帝圣德,故并举贤良方正以亲万姓,历载臻兹,然而俗化阙焉。"

元康元年(前65)秋八月,诏曰:"朕不明六艺,郁于大道,是以阴阳风雨未时。其博举吏民,厥身修正,通文学,明于先王之术,宣究其意者,各二人,中二千石各一人。"④

如果说第一次诏令是因为宣帝即位后为选拔人才而作出的姿态的话,那么,在其亲政后出于教化和正己的需要("亲万姓"、"箴朕过失"),三次诏令选拔人才,则表明作为中兴之主的宣帝已经明确意识到,收拢各方人才是巩固统治的要务。其余两次明确提出以经术取士,其有用儒趋向岂不明晰?所谓宣帝不任儒者的史家说法,与其现

---

① 《汉书》卷一下《高帝纪下》,第71页。
② 《汉书》卷八八《儒林传》,第3596页。
③ 《汉书》卷五一《贾山传》,第2335页。
④ 以上,分别见《汉书》卷八《宣帝纪》,第245、249、250、255页。

实政治运作的诏令相比,前者更有说服力,即宣帝起码不是排儒的皇帝。

宣帝即位在盐铁会议后七年,而在那次会议上,向当权者发难的正是"贤良文学",按照徐复观的说法,盐铁会议只是内朝权臣霍光向外朝权臣桑弘羊等夺权的一种手段,而六十多个"贤良文学"组成的论战阵营,把这个会议当做他们替平民代言和表达儒家政治思想的一个重大机遇。① 联系这次辩论的内容和贤良文学的出身,我们有理由认为,此次会议之后,贤良文学的主体已经开始以比较明确的儒者身份参与政治运作了。霍光作为从中获利的辅命大臣,虽是宣帝朝的"第一人",但无论从现实状况还是从政治策略上讲,宣帝亲政后诏举人才的举措,他都不得不赞成,更何况是要诏举曾经对自己有利的那类人。

在此,有一个历史现象值得注意,即"经义决狱"。宣帝祖父戾太子因巫蛊事自杀,但当时有传言说他还活着。昭帝始元五年(前82),有一乔装男子来到京城招摇过市,直至未央宫前,并自称是戾太子,一时观者甚众,令昭帝及其大臣难堪的是,当时奉命调查的朝中官员没有一个能确认其是非,一时间人心浮动。后来,京兆尹隽不疑来了,当即命差绑缚其人,并举《公羊传》哀公三年"蒯聩违命出奔,辄距而不纳,《春秋》是之"之义,说明戾太子得罪了武帝,即使未死,也依然是罪犯。后经审问,证明隽不疑的判断准确之至,乔装者果然是个骗子,终被腰斩。这个运用经义决疑,避免皇帝和朝政进一步难堪的事件,得到权臣霍光的大力赞赏,以致他说"公卿大臣当用经术明于大谊"。②

另一个更为关键的案件涉及宣帝继位的问题。据《汉书·夏侯胜传》载,夏侯胜"所问非一师",先是师从族长夏侯始昌受《尚书》和《洪范五行传》,并说灾异,后又"从欧阳氏问","为学精熟","善说礼服"。在他被征为博士后任光禄大夫时,昭帝崩,而昌邑王刘贺嗣立后,又沉

---

① 参见徐复观:《两汉思想史》第三卷,华东师范大学出版社,2001年,第75—82页。
② 事见《汉书》卷七一《隽不疑传》,第3037—3038页。

迷逸乐。夏侯胜对此很担心,于是常拦住昌邑王外出游乐的车驾进谏说:"天久阴而不雨,臣下有谋上者,陛下出欲何之?"而一心享乐的昌邑王以为妖言,盛怒之下"缚以属吏"。负责审判的官吏把这件事情报告给当时主政的大将军霍光,而霍光因为正与车骑将军、同为昭帝遗命大臣的张安世谋废不胜君位的昌邑王,为了保密,霍光并没有立刻法办夏侯胜,而去责怪张安世,以为是他泄露了机密。所幸的是,张安世并没有因为霍光的责怪而与之翻脸,反倒召问了夏侯胜。于是,夏侯胜就运用他精熟的"经义"回答说:"《洪范传》曰:'皇之不极,厥罚常阴,时则下人有伐上者。'恶察察言,故云臣下有谋。"这个回答让霍、张大为惊讶,并"以此益重经术士"。过了十来天,二人终于下定决心废君,并把这一切都禀告了太后。最终,"废昌邑王,尊立宣帝"。但宣帝因为成长于民间,暂时不能主政,于是"光以为群臣奏事东宫,太后省政,宜知经术,白令胜用《尚书》授太后。迁长信少府,赐爵关内侯,以与谋废立,定策安宗庙,益千户"。① 夏侯胜可谓因祸得福,经术因此而畅行朝廷和宫中,当属自然而然了。

  由于霍光当时的地位和影响,他对这两个非宣帝时期却与宣帝有莫大关系的著名事件的态度,自然会影响到宣帝时期的相关政治运作,比如他会以权臣身份赞成或鼓励儒者参政之类。因此,宣帝朝举贤之诏的频繁颁布,与其说是帝国行政的需要,毋宁说是当权者在有意识地网罗更多的儒学经术之士,使得帝国政治逐步从"法"治向"儒"治转变。而其历史效用之一,就是不可避免地促进了儒学的进一步发展,同时也为其后儒学更为深广的传播和全面的兴盛准备了足够的人才和权力资源。

  到了元、成二朝,班彪以极为肯定和信实的口吻评论说:

    臣外祖兄弟为元帝侍中,语臣曰:"(元帝)少而好儒,及即位,

---

① 皆见《汉书》卷七五《夏侯胜传》,第3155页。

征用儒生,委之以政,贡、薛、韦、匡迭为宰相。而上牵制文义,优游不断,孝宣之业衰焉。然宽弘尽下,出于恭俭,号令温雅,有古之风烈。"①

元帝如何大范围地征用儒生,史料未详。但从汉代选官制度来看,不出察举之途,而"贡、薛、韦、匡迭为宰相"者,均由经术起家,步入政坛,这可从各人的本传中略知一二:薛广德"以鲁《诗》教授楚国,……萧望之为御史大夫,……荐广德经行宜充本朝。为博士,论石渠"。② 贡禹"以明经絜行著闻,征为博士,凉州刺史。病去官。复举贤良为河南令"。③ 韦贤则"为人质朴少欲,笃志于学,兼通《礼》、《尚书》,以《诗》教授,号称邹鲁大儒。征为博士,给事中,进授昭帝《诗》"。④ 匡衡"父世农夫,至衡好学,家贫,庸作以供资用,尤精力过绝人。诸儒为之语曰:'无说《诗》,匡鼎来;匡说《诗》,解人颐。'衡射策甲科,以不应令除为太常掌故,调补平原文学。学者多上书荐衡经明,当世少双,令为文学就官京师"。⑤

上述诸人,都亦官亦师,他们不仅以经术入仕,而且在入仕之后的参政议政过程中,还不遗余力地传播儒学,有的参与经义争论,如薛广德,有的为帝王师,如韦贤。又因为他们身份和所处的地位,其思想和学说的传播更为迅速和高效,儒学的影响当然也越来越大。有研究者因此而认为作为"大传统"的儒学开始更为深入广泛地渗入汉代社会,而儒学在这一时期的昌盛之势也在情理之中了。但历史总是双面的,有其利则必有其弊。元帝朝儒学渐盛也给元帝带来了麻烦,朝中大儒众多,议政论事者引经据典,又各随家法、师说,振振有辞,使得元帝无

---

① 《汉书》卷九《元帝纪》,第298—299页。应劭注"臣外祖兄弟"曰:"元、成《帝纪》皆班固父彪所作,臣则彪自说也。外祖,金敞也。"颜师古注:"应说是。"
② 《汉书》卷七一《薛广德传》,第3046—3047页。
③ 《汉书》卷七二《贡禹传》,第3069页。
④ 《汉书》卷七三《韦贤传》,第3107页。
⑤ 《汉书》卷八一《匡衡传》,第3331页。

所适从,以致他陷入"牵制文义,优游不断"的窘境。所以,好儒的元帝虽然有"温雅"之性,但从政治操作能力上讲,他却无法与儒法并重的宣帝相匹了。这点涉及更为复杂的思想和社会政治的互动关系,在此存而不论。

有必要提出的是,汉帝国颁布的举贤诏大部分都在灾异出现之后,少数是在皇帝即位不久或帝国有重大庆典之时。这种情况意味着,举贤的政治理念还是基于天人相应的理论前提,而诏书的频繁颁布,正好从另一层面说明天人相应的理论和谴告说已经深入人心。

成帝诏令举贤,据《本纪》所载共七次。与前代有所不同的是,有时成帝会亲自介入察举程序。如建始三年(前30)十二月,诏"丞相、御史与将军、列侯、中二千石及内郡国举贤良方正能直言极谏之士,诣公车,朕将览焉"。① 皇帝亲自检视察举结果,或者是作秀以表明皇权对"精英"的和善与尊重,或者是这一制度本身已经处于帝国行政中心位置,皇帝不得不亲自参与其中,或者是皇帝真的求贤若渴。无论是哪种情况,都表明经术取士作为一种制度,在汉帝国行政过程中事实上已经占据重要地位,由此进一步表明儒学借由察举,已经稳稳地渗入到帝国政治之中——毕竟察举各科总是不同程度地与儒学相关。

与前代举贤诏令的另一差异是,成帝诏令在明经的基础上,更为侧重被举荐者的议政能力和德行,诏令本身更多地提及"直言极谏"、"惇厚有行"等标识察举具体科行的词句,它们作为皇权用人价值取向的符号,暗示的是察举本身已经转向原始儒家所倡导的"德治"。换个角度看,如果说西汉前中期的举贤诏令是着眼于士人参政能力——"才"的话,②那么从诏令内容本身看,成帝时的诏贤之令更多的是侧重

---

① 《汉书》卷十《成帝纪》,第307页。
② 虽然汉代察举有多种样式,但就"纪"中所载的诏令看,成帝前的诏贤令,多有"举特异茂才",仅《元帝纪》中就有两见,此为重"才",同时这也与元帝前霸王相杂的政体需要更多的具有实际操作能力的行政人员,而非好读深思行为谨厚的知识和道德楷模有关,而成帝的所有举贤诏中,均无"茂才特立"科目。

士人的德行本质——"性",这正是以"身"为起点的儒家"修身——平天下"用世路向的曲折反映。

成帝诏贤令的第三个不同之处是注重以经对试功和教育的功用。阳朔二年(前23)九月诏曰:"古之立太学,将以传先王之业,流化于天下也。儒林之官,四海渊原,宜皆明于古今,温故知新,通达国体,故谓之博士。否则学者无述焉,为下所轻,非所以尊道德也。'工欲善其事,必先利其器。'丞相、御史其与中二千石、二千石杂举可充博士位者,使卓然可观。"这是一份扩充教育和贮备待选之才的诏书。从逻辑上讲,只有经的教育规范了,据经而选才的考试才有规范和标准可循。所以,在成帝的后几份诏书中,突出了"古之选贤,傅纳以言,明试以功"(鸿嘉二年三月诏)、"惟思变意,明以经对"(元延元年七月诏)的选材方法和原则。①

因此,经术取士作为汉帝国行政选才的方式,从成帝诏书的特征来看,基本上脱离了法家选人重"能力"轻"德行"的路子,转而在内容上采取了儒家所一直倡导的实践伦理,在形式上与逐步成熟起来的今文经学紧密相连。此见后论。

四、法吏师儒

秦汉之间,因由乱到治,社会需要大量循法厉行的管理人才,其时"以吏为师"成风,自属必然。但汉帝国经由文、景、武等明君的统治治理,至宣、元时,帝国已无平暴戍边之忧,朝廷面临的主要任务是如何更好地管理社会和民众。又由于创自武帝的尊儒之制渐趋完备,通过察举等渠道,帝国甄选了大量具有儒学背景的管理人才,帝国行政系统组成人员的综合素养和为政取向发生了很大变化。结合下文有关尊师重傅的论证,不难发现,宣帝时期的吏政观念开始从循"法"向习"儒"转变。

---

① 《汉书》卷十《成帝纪》,第313、317、326页。

黄霸可谓这种转变第一个较为明显的例子。在史家看来，黄霸"治为天下第一"，"自汉兴，言治民吏，以霸为首"。宣帝在诏书中也称赞他的治理，"吏民向于教化，兴于行谊，可谓贤人君子矣。"按《黄霸传》的记载，他少学律令，"喜为吏"，"善御众"，其为人"明察内敏"，虽"习文法"，但性格心态却"温良有让，足知"。宣帝即位时他为廷尉，因"夏侯胜非议诏书"，作为廷尉的他却不劾察，以致自己同夏侯胜一道入狱。然祸为福之倚，他因此得从当世大儒夏侯胜受《尚书》，三年后复出为扬州刺史，任上"力行教化而后诛罚"，最终"以外宽内明得吏民心"，迁为京兆尹、太子太傅，最后代邴吉为丞相。①

与黄霸这种起于"法"后融"儒"至丞相的情形不同，同为京兆尹的张敞虽然"本治《春秋》"，后为法吏，即使他也能"以经术自辅"，而且"政颇杂儒雅，往往表贤显善，不醇用诛罚"，但在元帝初即位，待诏郑朋以宣帝时期名臣为由，推荐张敞"傅辅皇太子"时，元帝征询前将军萧望之的意见，被告知"敞能吏，任治烦乱，材轻非师傅之器"。元帝不得不仅征敞为左冯翊，后因敞卒未任。② 由此看来，在帝国行政中，"儒"正在逐步取代"法"的核心地位。

与张敞因为是杂"儒雅"于吏治中而不能升迁相对，邴吉虽本起狱法小吏，但因"后学《诗》、《礼》，皆通大义"，加上有护养宣帝之功，渐至相位。而在相位上又"宽大""礼让"，以致班固称赞说"孝宣中兴，邴、魏有声"（"魏"指魏相，代韦贤为相）。③

法吏师儒、习儒最著名的例子就是于定国了。于定国出生于法吏世家，"其父于公为县狱史，郡决曹，决狱平，罗文法者于公所决皆不恨"，在这样一个公正有为的法吏之家，"定国少学法于父"，父死后，亦为狱史，后以才高举侍御史，迁御史中丞，"宣帝立，大将军光领尚书

---

① 《汉书》卷八九《循吏传·黄霸传》，第3627—3633页。
② 《汉书》卷七六《张敞传》，第3216—3226页。
③ 《汉书》卷七四《魏相邴吉传》，第3142—3151页。

事,条奏群臣谏昌邑王者皆超迁"。定国因有谏书而升为光禄大夫,之后任廷尉历十七年之久。也正是在这个时候,"定国乃迎师学《春秋》,身执经,北面备弟子礼。为人谦恭,尤重经术士,虽卑贱徒步往过,定国皆与钧礼,恩敬甚备,学士咸称焉。其决疑平法,务在哀鳏寡,罪疑从轻,加审慎之心。朝廷称之曰:'张释之为廷尉,天下无冤民;于定国为廷尉,民自以不冤。'"值得深思的是,执经、备弟子礼之类,难见法家迹象,相反,重经术士,无论卑贱,一定会"与钧礼",倒俨然是一团和气的蔼如儒者风范。而在实际工作中,于定国"决疑平法,务在哀鳏寡,罪疑从轻,加审慎之心",其师儒之后的"仁心""戒慎"之态毕显。最终,在宣帝甘露中期代黄霸为丞相。①

如果说盐铁会议上贤良文学运用原始儒家的思想理论,对抗法家治世理念取得一定胜利的话,那么在宣帝于帝国行政中宽容地对待经学的同时,法家人士已经开始自觉地汲取儒家"可与守成"的治世思想,上引这些法吏师儒的事例说明,儒学已经开始在这一时期的汉帝国社会中占据优势地位了。

五、尊师重傅

唐人韩愈《师说》论师之责为"传道、授业、解惑",传道之"道"按后人理解即是儒家"道统";授业之"业"为各种知识及其系统;解惑自为其字面本义。就教育的过程和作用而言,"道"作为贯穿于各种"业"的精神,其是否得以传承,一方面决定于师是否已经是载道者,即师是否可以以己已明之道"使人昭昭";一方面也决定于所授者本身是否认可、理解师所传之道的含蕴;更为关键的是,学生是否能尽己之才以弘道,以儒生而言,就是能否"美政"和"美俗"。当然,所有这些都必须有一个根本前提,即必须有能让师生发生传授关系的教育内容和教育系统。就汉代的情形看,前者是诸"经",后者是私学、郡县学校和太学。

---

① 《汉书》卷七一《于定国传》,第 3041—3046 页。

按《汉书·儒林传》记载:"汉兴,言《易》自淄川田生;言《书》自济南伏生;言《诗》,于鲁则申培公,于齐则辕固生,燕则韩太傅;言《礼》,则鲁高堂生;言《春秋》,于齐则胡毋生,于赵则董仲舒。"[1]这说明在西汉中前期儒家内部就已经按"经"而产生了知识系统的分化,每一"经"可能就是一个独特的知识系统。从教育的层面看,田生等人就是传授各经的"师",是各自系统内的权威。这些不同的知识系统作为教育内容随着汉帝国教育的发达而在社会政治层面广为传播,并发生了深远的影响。景帝时期的文翁兴学化蜀,绩效明显,使得帝国政权本身也开始注重郡县教育,儒学在民间和基层的传播因此而有了比较通畅的渠道。而武帝时期"兴太学"、"置博士",又使得儒学化的精英教育在帝国高层展开。到成帝末,太学中的学生至少有三千人。最终,那些儒学各系统内的权威,即当世大儒不仅在民间享有崇高声誉,[2]有的还被皇帝选为太子的老师,参与国政,并在帝国政治中以"师"的身份获得尊重和照顾。从思想、学术和社会、政治的关系看,儒学在基层教育中得行其道,是儒生的"美俗"之用,而帝国高层的儒学化精英教育,则是儒生的"美政"之功。

据《汉书》记载,昭、宣、元、成四朝中,当世名儒任太子师或帝师者甚众。综合《儒林传》和各人的本传,综述如下:

《诗》有韦氏学,韦贤"兼通《礼》、《尚书》","号称邹鲁大儒",以《诗》"进授昭帝",其子玄成传"父业",为元帝朝太子太傅。[3] 另据《儒林传》,"玄成及兄子赏以诗授哀帝"。有汉以来,父子俱为相,韦氏创其始。

夏侯胜转益多师,先从族叔夏侯始昌受《尚书》及《洪范五行传》,

---

[1] 《汉书》卷八八《儒林传》,第3593页。
[2] 如曾任楚王刘郢客太子刘戊老师的申公,因为太子无视"师"的尊严,愧而归鲁,居家教授,"弟子自远方至受业者千余人"(《汉书》卷八八《儒林传》,第3608页)。又如疏广"明《春秋》,家居教授,学者自远方至"(《汉书》卷七一《疏广传》,第3039页)。这些从另一层面说明当时私学的兴盛。
[3] 见《汉书》卷七三《韦贤传》。

说灾异。又从欧阳氏问,善说礼服。虽曾系狱免为庶人,但因"为学精熟"仍复为宣帝用,并"至长信少府,太子太傅,名敢直言,天下美之"。其堂兄弟夏侯建"师事胜及欧阳高,左右采获",虽卒为胜所轻,却也因"自颛门名经"为议郎博士,至太子少傅,其子千秋亦为少府、太子少傅。①

鲁《诗》张氏学,张生之侄"游卿为谏大夫,以《诗》授元帝"。②

《公羊春秋》颜、严之学,严彭祖"为宣帝博士,……以高第入为左冯翊,迁太子太傅,廉直不事权贵",为元帝师。③

郑宽中为《书》小夏侯弟子张山拊之弟子,"以博士授太子",为成帝师。④

萧望之"为太傅,以《论语》、礼服授皇太子",为元帝师。⑤

疏广为董氏《春秋》传人,邴吉为太傅时,广为少傅。吉迁御史大夫后,广徙为太傅,广兄子受字公子,为太子少傅,叔侄二人均为元帝师。⑥

张禹因郑宽中荐,以《论语》授成帝。代王商为相。⑦

孔霸师夏侯胜受《尚书》,"以选授皇太子经",其幼子光因哀帝幼,王莽白太后后为哀帝师。⑧

班固针对经师如此频繁为傅为相的情况评论说,自"公孙弘以儒相"后,蔡义、韦贤等"以儒宗居宰相位,服儒衣冠",认为他们"传先王语,其酝藉可也",但因此而"持禄保位"则可耻,在政治上"以古制今"更非其所任。⑨ 作《后汉书》的范晔也注意到西汉前期和末期太子教育

---

① 见《汉书》卷七五《夏侯胜传》,亦可参见《汉书》卷三六《楚元王传》。
② 《汉书》卷八八《儒林传》,第3610页。
③ 《汉书》卷八八《儒林传》,第3616页。
④ 《汉书》卷八八《儒林传》,第3605页。
⑤ 《汉书》卷七八《萧望之传》,第3282页。
⑥ 《汉书》卷七一《疏广传》,第3039—3040页。
⑦ 《汉书》卷八一《张禹传》,第3347—3348页。
⑧ 《汉书》卷八一《孔光传》,第3353、3363页。
⑨ 《汉书》卷八一《匡张孔马传赞》,第3366页。

的这种不同,他认为,"太宗时晁错导太子以法术,贾谊教梁王以《诗》、《书》",而到宣帝的时候,则"令刘向、王褒、萧望之、周堪之徒,以文章儒学保训东宫以下,莫不崇简其人,就成德器"。① 无可讳言,太子教育儒学化的目标很明确,就是上文已经多次提及的"德治"。

上引诸例中,除未明言经师以《易》、乐授太子或皇帝本身外,《诗》、《书》、《春秋》、《礼》、《论语》、《孝经》等皆为传授内容。由此可见,以太子教育为代表的皇族社会,在文化和政治取向上已经完全认同儒学和经术。值得注意的是,韦贤父子、萧望之、张禹、孔光均以明经入仕,教授儒经,官至相位,由此而呈现出经学对家族或个体人生所具有的现实价值功用,即班固所说的"利禄"之途,势必更为有效地促进了儒学在整个社会层面的传播和影响。另一方面,韦氏父子、夏侯氏三人、疏广叔侄、孔霸父子之为帝王师,与其累世经学的"家业"有关,这既说明经学在民间教育的巨大成功,也说明作为经学传授方法的"家法"或"师法"不仅在基层教育中发挥重要作用,而且正逐步渗透到宫廷教育当中。这样,儒学以经学形式正式步入帝国权力核心层,在思想、教育和学术等层面获得了统治地位。而对儒学统治的确立有莫大贡献的经师们,也名利双收,以致在当时社会政治层面形成"尊师重傅"之风。②

故此,成帝与宦官周旋,在保护萧望之的诏书中明确地说:"国之将兴,尊师而重傅。故前将军望之傅朕八年,道以经术,厥功茂焉。"③从经学与社会政治关系的角度看,这一来自最高统治者对五经大儒的

---

① 《后汉书》卷四十上《班彪列传上》,第 1328 页。
② 疏广叔侄皆太子师时,"太子每朝,因进见,太傅在前,少傅在后。父子并为师傅,朝廷以为荣"(《汉书》卷七一《疏广传》,第 3039 页);郑宽中英年而逝,谷永上书成帝说:"圣王尊师傅,褒贤俊,显有功,生则致其爵禄,死则异其礼谥"(《汉书》卷八八《儒林传·张山拊传》,第 3605 页);成帝即位后,"征禹、宽中,皆以师赐爵关内侯,……而上富于春秋,谦让,方乡经学,敬重师傅"(《汉书》卷八一《张禹传》,第 3348 页);孔光"归老于宅第"时,太后下诏说"国之将兴,尊师而重傅"(《汉书》卷八一《孔光传》,第 3363 页)。
③ 《汉书》卷七八《萧望之传》,第 3287 页。

评价,说明以经学为主导的帝国文化秩序与帝国政治秩序之间已经形成了一种不可隔离的互动互利的关系。

第二节 石渠阁经学会议

一般而言,昭、元之际经学开始全面兴盛,意味着汉帝国思想学术已走向繁荣。但问题是,随着经的阐释者及其内容的增多,各经的知识系统内部也不可避免地产生了一些混乱,尤其是涉及政治问题时,这种混乱既无法产生"美政"之用,也不利于其"美俗"之风。因此,这种繁荣并不意味着帝国文化本身的有序,更不意味着经学将有利于帝国秩序的稳定和发展。中兴之主宣帝不可能漠视这种繁荣背后隐藏的危机,更不会静待危机的来临,他十分清楚经学与政治的关系。也许,他即位之初的"经义决疑"事件,早已深深地影响到他对文化秩序的控制策略。《汉书·儒林传》载:

> 宣帝即位,闻卫太子好《穀梁春秋》,以问丞相韦贤、长信少府夏侯胜及侍中乐陵侯史高,皆鲁人也,言穀梁子本鲁学,公羊氏乃齐学也,宜兴《穀梁》。时千秋为郎,召见,与《公羊》家并说,上善《穀梁》说。……复求能为《穀梁》者,莫及千秋。上愍其学且绝,乃以千秋为郎中户将,选郎十人从受。汝南尹更始翁君本自事千秋,能说矣,会千秋病死,征江公孙为博士。刘向以故谏大夫通达待诏,受《穀梁》,欲令助之。江博士复死,乃征周庆、丁姓待诏保宫,使卒授十人。自元康中始讲,至甘露元年,积十余岁,皆明习。[1]

---

[1] 《汉书》卷八八《儒林传》,第3618页。

宣帝这番功夫花得着实不小，十几年的时间，近三十人的《穀梁》经学精英，其目的之一大概是为了弄清《穀梁春秋》，以便知己知彼地挑战当时已经深入社会政治的《公羊》权威。

那么，宣帝为什么如此钟情《穀梁》呢？

由于史料阙如，学界至今对这个问题还没有一个明确的权威答案。从《公羊》和《穀梁》二学的内涵意义看，二者均重宗法，但《公羊》偏重"一统"，尚峻严之治，而《穀梁》则重"亲亲"之道，尚"礼治"。[1] 对此，清人钟文烝在其《穀梁补注·宗经篇》中认为，穀梁是"正名尽辞，以为之纲"，而《左传》的"三体五情"、《公羊》的"三科九旨"都不能尽《春秋》之义；[2]其在《论传篇》又说："《穀梁》多特言君臣父子兄弟夫妇，论贵礼贱兵，内夏外夷之旨，明《春秋》为持世教之书也……，明《春秋》为正人心之书也。"[3]而从宣帝的身世看，他出于犯有"逆"罪的戾太子之家，又成长于民间，若按《公羊》"原心定罪"和"君亲无将"的原则，那这皇帝怎么也轮不到他来做。相反，作为戾太子的孙子，因邴吉之助，他幸免于杀，但在他重现后，即使按"原情定罪"的原则，他可以因时过境迁而免一死，但这皇位是断断不能给他这个有罪太子的后人。而依据《穀梁》所强调的"亲亲"之道和"正名"之义，则作为嫡传之人的他，继承皇位无疑是名正言顺的——毕竟戾太子获罪时，他还在襁褓之中。大概当时宣帝那些"明习"《穀梁》的学术智囊们向他说明了这些关节，所以宣帝毫不犹豫地支持这个能为其权位提供经典依据的《穀梁》之学。

另一方面，宣帝自己对太子的态度也说明他的确是遵循了上述的

---

[1] 《公羊春秋》特重"原心定罪"和"君亲无将，将而诛之"，前者严厉地以心理动机的好坏来定刑罚与否——虽然有时它也讲"原情定罪"、"将功补过"；后者则成为汉帝国处理皇族权力纠纷的一个经典原则，对那些侵犯君权的行为，"首恶"一律格杀。参见刘泽华等：《士人与社会》（秦汉魏晋南北朝卷），第115—126页；张涛：《经学与汉代社会》，河北人民出版社，2001年，第193—203页；金春峰：《汉代思想史》，中国社会科学出版社，1997年，第324—325页。

[2] 参见本书第十章何休部分。

[3] 参见黄寿祺：《群经要略》，华东师范大学出版社，2000年，第161—162页。

《穀梁》之义。《汉书·韦玄成传》载：

> 初，宣帝宠姬张婕妤男淮阳宪王好政事，通法律，上奇其材，有意欲以为嗣，然用太子起于细微，又早失母，故不忍也。①

按宣帝本意，因为"淮阳王明察好法，宜为吾子"，②想以淮阳王取代时为太子的元帝，但顾忌到"亲亲"嫡传之制，又念及太子身世，再想想自己的身世，最后还是依从旧制。

正因为这么多切身的缘由，公元前51年三月，宣帝决定在未央宫大殿北的石渠阁召开会议，意欲将能为当朝政治做合法论证的《穀梁春秋》立于学官。《汉书·儒林传》载：

> （宣帝）乃召五经名儒太子太傅萧望之等大议殿中，平《公羊》、《穀梁》同异，各以经处是非。时《公羊》博士严彭祖、侍郎申挽、伊推、宋显，《穀梁》议郎尹更始、待诏刘向、周庆、丁姓并论。《公羊》家多不见从，愿请内侍郎许广，使者亦并内《穀梁》家中郎王亥，各五人，议三十余事。望之等十一人各以经谊对，多从《穀梁》。由是《穀梁》之学大盛。③

征诸其他史料，这个影响深远的会议本身及其影响的大致情况有以下几点：

一、会议概况。会议召开的原由是"平《公羊》、《穀梁》同异"，举行的方式为分组派辩论，辩论的内容有三十余事，辩论的规则是"各以经处是非"，而对辩论的内容也有评委评论（萧望之等名儒），评论的标准是"以经谊对"。辩论分为两大阶段，第一阶段是双方各四人参与辩论，结果《公羊》派对《穀梁》派"多不见从"，第二阶段是双方各增加一人继续辩论，结果是评委们"多从《穀梁》"——《穀梁》胜出，立于学官。

---

① 《汉书》，第3112—3113页。
② 《汉书》卷九《元帝纪》，第277页。
③ 《汉书》，第3618页

二、会议的学术成果。按《汉书·艺文志》的记载,这次会议的讨论记录共有一百五十五篇,其中,《书》议奏四十二篇,《礼》议奏三十八篇,《春秋》议奏三十九篇,《论语议奏》十八篇,其它有关五经的杂议十八篇。

三、与会者的学术源流。征诸《汉书》之列传,参加此次会议者至少有二十三人,其学术源流情况如下:鲁《诗》学——淮阳中尉韦玄成(父韦贤师瑕丘江公和许生。传父业)、博士张长安、薛广德(俱师王式);齐《诗》学——太子太傅萧望之(师后仓,奉旨"平奏"会议);《书》学——博士欧阳地余(欧阳高之孙,承家业)、博士林尊(师欧阳高)、译官令周堪(师夏侯胜)、博士张山拊(师夏侯建)、谒者假仓(师张山拊);《礼》学——博士戴圣、太子舍人闻人通汉(俱师后仓弟子);《易》学——博士施雠(从田王孙受业)、黄门郎梁丘临(梁丘贺之子,传父业,"专行京房法",为会议使者);公羊《春秋》学——博士严彭祖(师眭孟)、侍郎申挽、伊推、宋显、许广;穀梁《春秋》学——议郎尹更始(师蔡千秋)、待诏刘向及周庆、丁姓(二人俱师荣广)、中郎王亥。

四、权威的确立。《汉书·宣帝纪》载:"(甘露三年三月)诏诸儒讲五经同异,太子太傅萧望之等平奏其议,上亲称制临决焉。乃立梁丘《易》、大小夏侯《尚书》、穀梁《春秋》博士。"虽然会议召开的直接原由是平《公羊》、《穀梁》异同,但从上文我们梳理统计与会者的学术源流看,当时各经系的权威基本都云集阁中。所以,宣帝可能是借此机会来全面审视当时文化精英的实际情况。如果石渠阁会议仅仅是宣帝毫不掩饰地为自己政权的合法性寻求更为可靠合理的经典依据的话,那这无疑是低估了上文我们屡次提及的中兴之主所具有的政治智慧。从实际结果看,宣帝亲自来决定五经各家的合法地位,即所谓"上亲称制临决",从当世的情况看,他把这些精英们召集到一起,让他们畅所欲言地辩论,无非是为了表明他"礼贤下士"的统治姿态,表明其政权的宽容性。另一方面,宣帝这种"称制临决"也是一种无声的宣言:无论诸儒辩论什么,最后的裁判权终究还是在皇帝那里。最终,在皇帝这个最高统治权力的主导下,朝廷对博士制度进行了一次最大规模的调整和控制。初看起来,举行这次会议好像是宣帝比较宽容的体现,但实际上,它却是皇权对儒者群体所进行的更为有效的控制。

从历史情形看,元帝以前的经学的状况是:

> 初,《书》唯有欧阳,《礼》后,《易》杨,《春秋》公羊而已。至孝宣世,复立大小夏侯《尚书》,大小戴《礼》,施、孟、梁丘《易》,穀梁《春秋》。至元帝世,复立京氏《易》。①

皮锡瑞认为《尚书》、《诗》等经学内部不当分立博士,但他只注重不当立的理由,而没从反面考虑为何立的现实缘由。② 大致说来,之所以立的原因不外四点:一是因为皇帝本身也无法控制经学的流传和阐释,这正说明当时经学阐释的盛况,以及各经的知识系统在社会层面已经发生了广泛的影响,立经的目的是为了使得经典得以规范化传承。二是作为统治者的宣帝,他主动以一种宽容精神来对待当时纷杂的文化情状,是为了谋求一种社会和文化的平衡,从当时的情形看,经术取士既是帝国政治的大事,也是关涉到士人群体生活中的一件大事,使经学本身规范化,会减少士人之间的摩擦。三,立经会议本身就体现了宣帝的政治谋略,立得越多,他所能裁定和控制的范围就越广,为其服务的士人就越多。从政治操作的角度看,宣帝的这种带有不得已意味的宽容,是其谋求文化秩序和政治秩序平衡互动的政治智慧的体现。四,各家经的确立,从教育角度看,无疑有利于文化本身顺利而高效的传播。这也是思想和文化开始发展到一定程度,其自身就隐含的要求和趋势。

---

① 《汉书》卷八八《儒林传赞》,第3620—3621页。
② 皮锡瑞从"师法"角度认为,《书》学、《易》学、《礼》学等原初都是师出同门,派别却越分越多,故说:"皆以同师而颛门教授,不知如何分门,是皆分所不必分者。"参见皮锡瑞:《经学历史》,第45—47页。

第三节　孟喜、京房的《易》学思想

大致说来,汉代的《易》学衍变,可分别为三种倾向:一是以孟喜和京房为代表的今文《易》学,事实上也是立于学官的官方《易》学。他们注重以象数解经传,并且多从卦气层面解释《易》之原理,而在社会政治层面,他们又多讲阴阳灾异。后人称之为象数《易》学。二是以费直为代表的《易》学,因为著作的失传,从史家的零散记载可以知道,这派与《彖》、《象》、《文言》等对《易》经的解释传统密切相关,多有义理发挥。后世称之为义理《易》学。三是以黄老之学解释《周易》,《易》学与道家之学发生密切关联,代表人物为严君平等。[1] 严格说来,这派已不是以《易》为主,而已成为道教的源头了。(汉代《易》学的传授谱系,见下章附表五。)

就现存材料来看,孟喜和京房的《易》学对后世影响巨大,尤其是流传至今的《京氏易传》,为我们了解汉代《易》学提供了很好的资料。

一、孟喜的卦气说

有关孟喜的生平,史书记载颇为简略。孟喜字长卿,东海兰陵人(今山东苍县),生卒年不详,主要生活于昭宣之世(约前90—前40)。"父号孟卿,善为《礼》、《春秋》,授后苍、疏广。世所传《后氏礼》、《疏氏春秋》,皆出孟卿。孟卿以《礼经》多、《春秋》烦杂,及使喜从田王孙受

---

[1] 参见朱伯崑:《易学哲学史》(上),北京大学出版社,1986年,第108—109页。另外,徐复观在《中国经学史的基础》中认为,汉初《易》说分为三个系统,一是以卦筮卜人事吉凶的方式,这是《易》之老传统;二是方技的方式,是"隐士《易》";三是阴阳、时日结合而解《易》,这或可谓之"阴阳《易》"。徐氏认为,第三系统较第二系统更有条理性与合理性,孟、京的《易》学即属此系。参见《徐复观论经学史二种》,上海书店出版社,2002年,第77页。

《易》。"但是，孟喜"好自称誉，得《易》家候阴阳灾变书，诈言师田生且死时枕喜膝，独传喜，诸儒以此耀之"。这样的举措，既有沽名之意，又有擅改师法的嫌疑，于是遭致同门梁丘贺的有力反驳，他揭发说："田生绝于施雠手中，时喜归东海，安得此事？"当时有精通方技的蜀人赵宾也学《易》，"持论巧慧，《易》家不能难，皆曰'非古法也'。"当他称受《易》于孟喜时，好自我称誉的孟喜很是高兴。①

昭宣之时，儒生参政有了更多的机会，孟喜曾举孝廉为郎，做过曲台署长，病免后又为丞相掾。但是，在为学注重师法的西汉，当博士有缺，孟喜因《易》学出众而被众人推荐时，"上闻喜改师法，遂不用喜。"不过，孟喜的《易》学还是传承了下来，他亲授的同郡白光少子、沛国翟牧子兄，后来皆为博士。

史称有《孟氏京房》、《灾异孟氏京房》、②《孟氏章句》等著作，但都失传，清人孙堂《汉魏二十一家易注》、黄奭《汉学堂经解》中有孟氏《易》辑本。

(一) 四正卦

从现存的零星材料看，孟喜的《易》学主要有四正卦、十二消息卦、六日七分等内容。有关孟喜卦气思想最详细的一则材料是唐僧一行在《卦议》中所引，现摘录其具体内容如下：

> 十二月卦出于《孟氏章句》，其说《易》本于气，而后以人事明之。京氏又以卦爻配期之日，坎、离、震、兑，其用事自分、至之首，皆得八十分日之七十三。颐、晋、井、大畜，皆五日十四分，余皆六日七分，止于占灾眚与吉凶善败之事。至于观阴阳之变，则错乱而不明。
>
> ············
>
> 当据孟氏，自冬至初，中孚用事，一月之策，九六、七八，是为

---

① 皆《汉书》卷八八《儒林传》之《孟喜传》第3599页。
② 后人以为二书为京房（字君明）所作。

三十。而卦以地六,候以天五,五六相乘,消息一变,十有二变而岁复初。坎、震、离、兑,二十四气,次主一爻,其初则二至、二分也。坎以阴包阳,故自北正,微阳动于下,升而未达,极于二月,凝涸之气消,坎运终焉。春分出于震,始据万物之元,为主于内,则群阴化而从之,极于南正,而丰大之变穷,震功究焉。离以阳包阴,故自南正,微阴生于地下,积而未章,至于八月,文明之质衰,离运终焉。仲秋阴形于兑,始循万物之末,为主于内,群阳降而承之,极于北正,而天泽之施穷,兑功究焉。故阳七之静始于坎,阳九之动始于震,阴八之静始于离,阴六之动始于兑。故四象之变,皆兼六爻,而中节之应备矣。①

据此,我们来具体分析孟喜的卦气学说。

孟喜认为,"坎、震、离、兑,二十四气,次主一爻。"这样的说法是他把历与卦结合起来而论的结果。按照古历之说,年有四时、十二月、二十四节气、七十二候,按此推算,因每月有三十日,则一节气应合十五日有余,一候则五日有余。而按照《周易》的筮法,一月的日数,又等于筮法的七八九六之数的总和,故有"一月之策,九六七八,是为三十"之说。这样,"卦以地六,候以天五,五六相乘",其意思是说,每月配五卦,每卦六日有余,每月有六候,每候五日有余,因为五为天数的中间数("天五"),六为地数的中间数("地六"),则五六相乘,正好为一月日数的三十。由此,"消息一变,十有二变而岁复初",意思是说,一月有气候的阴阳变化("消息"),一年十二个月即有十二个"消息"变化过程,此后,又是新的一年("复初")。

经过这样的推演,孟喜认为"坎、震、离、兑"有二十四爻,一爻主一节气,共主一年的二十四个节气。所谓"次主",即依阴阳消息的顺序而匹合。但这样"主"的道理又是什么呢?

---

① 《新唐书》卷二七上《历志三上》,中华书局,1975年,第599页。

孟喜认为,坎卦☵居正北,其卦象本身是二阴抱一阳,这是阳气微萌,它表明坎的初六到上六的六爻分别与冬至(初六主配)、小寒(九二主配)、大寒(六三主配)、立春(六四主配)、雨水(九五主配)、惊蛰(上六主配)六个节气配应,也就是说,坎卦主管从十一月到正月的六个节气的过程,即是"坎运"的过程。而震卦☳居正东,东方为生气之始,其卦象为一阳负二阴,表明阳主于内,生气通畅,万物生生不息,而其爻从初九到上六分别配主春分、清明、谷雨、立夏、小满、芒种,主管的是从二月到四月的万物丰大的节气过程。离卦☲居正南,其卦象为二阳抱一阴,表明阴气微萌于地下,没有聚集彰显出来。其诸爻配主的相应节气为夏至(初九)、小暑(六二)、大暑(九三)、立秋(九四)、处暑(六五)、白露(上九),相应的月份为五月至七月。兑卦☱居正西,卦象为一阴居二阳之上,阴气充盈而阳气群伏,与其诸爻相应的节气为秋分、寒露、霜降、立冬、小雪、大雪,相应的月份为八月至十月,表明万物逐步萧肃,即所谓"天泽之施穷"。

由以上推演过程可以很明晰地看出来,坎、震、离、兑四卦的初爻分别配主冬至、春分、夏至、秋分,故说"其初则二至、二分也"。加上它们分别居于东南西北的四正位,孟喜把这四卦称为"四正卦"。

需要指出的是,筮法中有七八为少、九六为老的阴阳老少说法,孟喜认为坎卦的阳爻为七、震卦阳爻为九、离中阴爻为八、兑中阴爻为六,则坎之阳为少阳、震之阳为老阳,离之阴为少阴、兑之阴为老阴。按照阴阳老少之说,少者微弱未兴,老者兴起通达,则阴阳老少的说法与上述节气历程正相匹应。这些即是所谓的"阳七之静始于坎,阳九之动始于震,阴八之静始于离,阴六之动始于兑。故四象之变,皆兼六爻,而中节之应备矣"。

按照朱伯崑先生的看法,孟喜的这些推演,融入了《说卦》的八方四时说和《月令》中的四季配四方之说。而孟喜有所发挥的是,一方面他用奇偶之数和爻象解释这四卦,以阳爻奇数代表阳气,阴爻偶数代表阴气，把坎震视为阳气生息的过程，离兑是阴气生息的过程；另一方面他又根据阳进阴退的原理来说明四正卦所居的方位，即代表着阴阳二气在一年中的"消息"过程。这些正是象数之学的特征。①

由此可见，孟喜有关四正卦的理论中，融合了象、数、历的相关理论，通过自己的推演逻辑，把象数和历法结合到《易》学理论中。从功用而言，卢央在辨析四正卦的相关内容后评述说，四卦既主四正方位，也主四时，还主四方专王之气。这也就是郑玄注《易纬·乾凿度》"四维正纪，经纬仲序，度毕矣"所说："四维正四时之纪，则坎离为经，震兑为纬，此四正之卦为四仲之次序也。"②

孟喜这些颇为复杂的推演，经僧一行整理制成以下《卦气图》（表一）：

表一　卦气图

常气	月中节 四正卦	初候 始卦	次候 中卦	末候 终卦
冬至	十一月中 坎初六	蚯蚓结 公　中孚	麋角解 辟　复	水泉动 侯　屯(内)
小寒	十二月节 坎九二	雁北乡 侯　屯(外)	鹊始巢 大夫　谦	野鸡始鸲 卿　睽
大寒	十二月中 坎六三	鸡始乳 公　升	鸷鸟厉疾 辟　临	水泽腹坚 侯　小过(内)
立春	正月节 坎六四	东风解冻 侯　小过(外)	蛰虫始振 大夫　蒙	鱼上冰 卿　益
雨水	正月中 坎九五	獭祭鱼 公　渐	鸿雁来 辟　泰	草木萌动 侯　需(内)
惊蛰	二月节 坎上六	桃始华 侯　需(外)	仓庚鸣 大夫　随	鹰化为鸠 卿　晋

---

① 参见朱伯崑：《易学哲学史》（上），第115—116页。
② 参见卢央：《京房评传》，南京大学出版社，1998年，第189—190页。

续表

常气	月中节 四正卦	初候 始卦	次候 中卦	末候 终卦
春分	二月中 震初九	玄鸟至 公 解	雷乃发声 辟 大壮	始电 侯 豫(内)
清明	三月节 震六二	桐始华 侯 豫(外)	田鼠化为鴽 大夫 讼	虹始见 卿 蛊
谷雨	三月中 震六三	萍始生 公 革	鸣鸠拂其羽 辟 夬	戴胜降于桑 侯 旅(内)
立夏	四月节 震九四	蝼蝈鸣 侯 旅(外)	蚯蚓出 大夫 师	王瓜生 卿 比
小满	四月中 震六五	苦菜秀 公 小畜	靡草死 辟 乾	小暑至 侯 大有(内)
芒种	五月节 震上六	螳螂生 侯 大有(外)	鵙始鸣 大夫 家人	反舌无声 卿 井
夏至	五月中 离初九	鹿角解 公 咸	蜩始鸣 辟 姤	半夏生 侯 鼎(内)
小暑	六月节 离六二	温风至 侯 鼎(外)	蟋蟀居壁 大夫 丰	鹰乃学习 卿 涣
大暑	六月中 离九三	腐草为萤 公 履	土润溽暑 辟 遁	大雨时行 侯 恒(内)
立秋	七月节 离九四	凉风至 侯 恒(外)	白露降 大夫 节	寒蝉鸣 卿 同人
处暑	七月中 离六五	鹰祭鸟 公 损	天地始肃 辟 否	禾乃登 侯 巽(内)
白露	八月节 离上九	鸿雁来 侯 巽(外)	玄鸟归 大夫 萃	群鸟养羞 卿 大畜
秋分	八月中 兑初九	雷乃收声 公 贲	蛰虫培户 辟 观	水始涸 侯 归妹(内)
寒露	九月节 兑九二	鸿雁来宾 侯 归妹(外)	雀入大水为蛤 大夫 无妄	菊有黄华 卿 明夷

续表

常气	月中节 四正卦	初候 始卦	次候 中卦	末候 终卦
霜降	九月中 兑六三	豺乃祭兽 公 困	草木黄落 辟 剥	蛰虫咸俯 候 艮(内)
立冬	十月节 兑九四	水始冰 候 艮(外)	地始冻 大夫 既济	野鸡入水为蜃 卿 噬嗑
小雪	十月中 兑九五	虹藏不见 公 大过	天气上腾地气下降 辟 坤	闭塞而成冬 候 未济(内)
大雪	十一月节 兑上六	鹖鸟不鸣 候 未济(外)	虎始交 大夫 蹇	荔挺生 卿 颐

说明：表据《新唐书》卷二八上《历志四上》，有改动，改动处在以"月中节、四正卦"另成一栏，合"候、卦"为一栏，以便直观。

对此，需要进一步说明的是，据《新唐书·历志》所论，除去四正卦后的其他六十卦，按照辟（君）、公、侯、卿、大夫的等级爵位分成五组（等），每组十二卦，以冬至所在月（十一月）为始，依月份次序排列，六十卦与月份的关系可以下表（表二）图示：

表二 五等卦表

五等卦	十一月	十二月	正月	二月	三月	四月	五月	六月	七月	八月	九月	十月
辟	复	临	泰	大壮	夬	乾	姤	遯	否	观	剥	坤
侯	屯	小过	需	豫	旅	大有	鼎	恒	巽	归妹	艮	未济
大夫	蹇	谦	蒙	随	讼	师	家人	丰	节	萃	无妄	既济
卿	颐	睽	益	晋	蛊	比	井	涣	同人	大畜	明夷	噬嗑
公	中孚	升	渐	解	革	小畜	咸	履	损	贲	困	大过

说明：此表据前引《卦气图》而制。

上表中的十二"辟卦"为十二月之主卦。那么，上文的《卦气图》中的节气、候、卦在这样的五等卦中又是如何推演的呢？在孟喜看来，每月的月首是"节",月中为"中",二十四节气,因此又被分为十二"节"气和十二"中"气。这样,由于每卦主六日,自中气(即月中之日)配应公卦初爻开始,则从这个中气日开始经过六天的公卦主配后,顺次而来的是辟卦主配的六天,再依次到侯卦主配时,侯卦的内卦主配三天后当月即结束了,于是,侯卦外卦配主的另三天只能算到下个月的节气中。按此推理,每月节气之初的前三天是侯卦的外卦主配。

按照上述推演,再来看十一月的大雪节气,由于未济是十月的侯卦,则十一月的大雪节气的前三天是侯卦中的未济卦之外卦主配,而后是大夫卦中的蹇卦主配六天,再是卿卦的颐卦配主六天,历经十五天而到十一月中气的冬至日,此时即由公卦的中孚卦的初爻主配,历经六天后由辟卦中的复卦主配,再经六天由侯卦的屯卦主配,此时,屯卦在十一月只能由其内卦主配三天,而后进入十二月"节",其前三天由屯卦的外卦主配。这就是"自冬至初,中孚用事"的意思。由此,我们可以知道,侯卦在整个月份和节气的转变过程中发挥的是承前启后之功。

虽然如此,在上述《卦气图》中还有六十卦与七十二候的配主问题有待说明。在孟喜看来,每一节气有三候(初候、次候和末候),与之配应的卦即始卦、中卦和终卦。从图表中可以看出,初候二十四配公卦和侯卦,次候二十四配辟卦和大夫卦,末候二十四配侯卦和卿卦。这样,七十二候比六十卦多十二,六十卦却能主配七十二候的关键是,侯卦被分成了内外卦,即侯卦在五等卦中其实是二十四卦,换言之,即每个侯卦其实是主配二候的。

(二)十二消息卦

上述四正卦学说可以看做是孟喜对卦、历、数的整体性看法,进一步地,孟喜把辟卦的十二卦与十二月相配应,以说明阴阳的运行之理。

从《卦气图》中我们可以知道,十二辟卦(复、临、泰、大壮、夬、乾、姤、遁、否、观、剥、坤)代表的是相应十二个月的"中气",十二卦中的七十二爻,代表了七十二候。但为何偏偏是这十二卦,而非其他卦呢?先看下表(表三)这十二卦的爻象和卦象:

表三　十二消息卦表

卦	月	节气	说明
复 ☷☳	十一月中	冬至	
临 ☷☱	十二月中	大寒	自"复→乾"各卦中的阳爻依次增多,其爻象为阳息阴消。故这六卦为"息卦"。
泰 ☷☰	正月中	雨水	
大壮 ☳☰	二月中	春分	
夬 ☱☰	三月中	谷雨	
乾 ☰☰	四月中	小满	
姤 ☰☴	五月中	夏至	
遯 ☰☶	六月中	大暑	自"姤→坤"各卦中的阴爻渐次增多,其爻象为阴息阳消。故这六卦为"消卦"。
否 ☰☷	七月中	处暑	
观 ☴☷	八月中	秋分	
剥 ☶☷	九月中	霜降	
坤 ☷☷	十月中	小雪	

说明:此表参朱伯崑相关解说制成,朱说内容参见《易学哲学史》上册,第116—117页。

对此,孟喜的推演逻辑是:此十二卦中的阴阳二爻的变化,体现着阴阳二气的消长过程,也说明了自然宇宙的变化之理。具体说来,复卦的一阳居五阴之下,表明阳气始动,为冬至十一月冬至次侯,经由临卦的二阳渐长,万物萌发后,到泰卦的三阴三阳,表明阴阳和交,生物滋长,直至乾卦六爻全阳,阳气繁盛,万物丰茂。这一过程是阳气盛发阴气消匿。而姤卦一阴居五阳下,表明盛极而反,阳气始退而阴气始起,直至七月,否卦中的三阴三阳说明阴可敌阳,阴阳难通,剥卦中五阴一阳,表明寒气涌至,生物枯弱,终而坤卦全阴,初爻为小雪次侯,天地始冻。

通过如此推演,十二月卦所蕴含的阴阳消长之理配应一年的节气变化,说明的是"消息盈虚,天行也"的易理。

(三)六日七分说

孟喜的卦气说无论如何注重卦与节气的推演,最终都必然要落实到卦爻配日的层面,才可能解决六十卦三百六十爻主三百六十天与一年实际上有三百六十五天有余之间的不对称关系。那么,如何使得三百六十爻与三百六十五天尚有余之间的配主关系得到合理的解决呢?

古人四分历以一年约为三百六十五又四分之一天,西汉中后期行太初历,大致也如此。① 而按照一爻配主一天,六十卦三百六十爻配完三百六十天后,余下的五又四分之一天也须被三百六十爻所分配。这样,把一天分成八十分,则五又四分之一天可得四百二十分。六十卦分此四百二十分,则每卦得七分,加上原来每卦所主的六日,总合起来,每卦配主六日七分。这样,孟喜通过引入当时通行历法,把他的卦气说落实到实实在在的历法层面,起码在逻辑上使得他的学说具有相当的合理性。

关于孟喜的卦气说,僧一行评论说:"十二月卦出于《孟氏章句》,其说《易》本于气,而后以人事明之。"② 我们现在难以见到孟氏《易》学如何以人事来说明卦气,但从上述梳理可以看出,孟喜的卦气说不仅承继了前人的《易》说,还对后世《易》学的发展发生了深远影响。此见后文。

二、京房的《易》学思想

汉代有两京房,都是《易》学名家,前京房史家无传,为武帝时人(见《易》学传授表)。本处的京房(前77—前37),《汉书》有传,本姓李,字君明,东郡顿丘(今河南清丰县)人,好音律,并吹律自定为京氏。③ 之所以定为京,大概一是因为前有《易》学名家名京房,二是因为

---

① 有关汉初历法问题,唐司马贞、张守节在注《史记·历书》"大余五十四,小余三百四十八;大余五,小余八"时有精确表述。参见《史记》,第1264—1265页。对汉时历法卢央也有较为详细的梳理。参看《京房评传》,第195—199页。
② 《新唐书》卷二七上《历志三上》,第599页。
③ 所谓吹律定姓,古已有之,王符《潜夫论·卜列》说:"是故凡姓之有音也,必随其本生祖所王也。"另外,隋人肖吉在《五行大义》中引《乐纬》说孔子曰"丘吹律定姓"云云。而汉人改姓,几为平常事。就《史记》、《汉书》所见,卫青父本姓郑,后因异父同母姐卫子夫幸于武帝而冒称姓卫;灌夫父本姓张,因曾为颍阴侯灌婴之家臣而改姓灌。

"丘之绝高大者为京"(此说据《说文》、《尔雅》),京字有超拔于众之意。按《汉书·京房传》记载,其师焦延寿曾评论京房说"得我道以亡身者,必京生也",则京房改姓应为年轻时所为。① 按本传所载,京房举孝廉为郎,后任魏郡太守。他颇有用世之志,不仅与元帝争论何以任贤问题,还与当时权贵石显、五鹿充宗等人抗争,以致遭陷入狱,"弃市"而亡。京房学《易》师从焦延寿,发展出八宫、世应、飞伏等易说,又精于灾异占卜,推陈出新地建立了纳甲等筮占理论,对考课律令也颇有研究。

京房的著作颇多,《汉书·艺文志》说有"《孟氏京房》十一篇,《灾异孟氏京房》六十六篇",但没有确指此即京房之作。《隋书·经籍志》确指京房有《周易飞候》、《风角要占》等著作,皆失传。今可见之《京氏易传》三卷为论者常道,②其佚著之辑本见于清人孙堂《汉魏二十一家易注》、黄奭《汉学堂经解》等。

(一)八宫体系

《四库全书总目》对现存的《京氏易传》评论说:"其书虽以《易传》为名,而绝不诠释经文,亦绝不附合《易》义。上卷中卷以八卦分宫,每宫一纯卦统七变卦,而注其世应、飞伏、游魂、归魂诸例;下卷首论圣人作《易》,揲蓍布卦,次论纳甲法,次论二十四气候配卦,与夫天地人鬼四易,父母兄弟妻子官鬼等爻,龙德、虎刑、天官、地官与五行生死所寓之类。盖后来钱卜之法,实出于此。"③这一评说基本上说明了京房《易》学的内容架构。下面先看其八宫说。

京房不"诠释经文",也不"附合易义",而对六十四卦的顺序与作用问题提出自己的看法。他把六十四卦均分为"八宫",以乾、震、坎、艮、坤、巽、离、兑八个重卦("纯卦")为顺序,以为各宫的本卦,分别统

---

① 有关京房为何定姓为京,卢央有详细辨析,参见《京房评传》,第40—52页。
② 由于《京氏易传》尚无单行点校本,本书所引《京氏易传》皆出郭彧编著《京氏易源流》(华夏出版社,2007年)所收之《京氏易传》,下引只注《源流》书之页码,标点略有改动。
③ 四库全书研究所整理:《钦定四库全书总目》(上册)卷一百〇九,中华书局,1997年,第1436页。

率各属本官的其他七卦。它们之所以有统属地位,是因为每宫的其他七卦,都是由本宫卦的爻变而来,本宫卦每变一爻(或阳爻变阴爻,或阴爻变阳爻),即成此宫其他一卦。其变化的原则是:宫卦的上爻不变,①从宫卦的初爻顺次变到五爻,所成之卦分别为一世、二世、三世、四世、五世卦,而后再变五世卦中的第四爻成"游魂卦",再变"游魂卦"的下三爻成"归魂卦",加上本宫卦,即成一宫八卦。按照这样的原则变化,则八宫六十四卦的演变顺序成了以"乾"始而至"归妹"终,与《序卦》中的以"乾"始而至"未济"终的顺序不同。八宫六十四卦的演变顺次,可以下表(表四)清晰展示:

表四 八宫卦次表

八宫 世魂	乾	震	坎	艮	坤	巽	离	兑
一世	姤	豫	节	贲	复	小畜	旅	困
二世	遯	解	屯	大畜	临	家人	鼎	萃
三世	否	恒	既济	损	泰	益	未济	咸
四世	观	升	革	睽	大壮	无妄	蒙	蹇
五世	剥	井	丰	履	夬	噬嗑	涣	谦
游魂	晋	大过	明夷	中孚	需	颐	讼	小过
归魂	大有	随	师	渐	比	蛊	同人	归妹

说明:此表据惠栋《易汉学》之《八宫卦次图》补充而成。原图见惠栋:《周易述》(附《易汉学》、《易例》)下册,第580—583页。表参朱伯崑:《易学哲学史》(上),第121页,本处略有改变。

在此,有三点值得深究:

一是八宫的排列顺序问题。由表可知,八宫的"乾、震、坎、艮、坤、巽、离、兑"起于"乾"而终于"兑",前四卦为阳卦,后四卦为阴卦。这样

---

① 张行成说明了为何上爻不变的原因,他说:"若上爻变遂成纯坤,无复乾性矣。乾之世爻上九不变,九反于四而成离,则明出地上,阳道复行。故游魂为晋,归魂于大有,则乾体复于下矣。"参见惠栋:《周易述》(附《易汉学》、《易例》)下册,郑万耕点校,中华书局,2007年,第581页。

的排列序次,与《说卦》的相关思想有密切关联。《周易·说卦》曰:

> 乾,天也,故称乎父;坤,地也,故称乎母;震一索而得男,故谓之长男;巽一索而得女,故谓之长女;坎再索而得男,故谓之中男;离再索而得女,故谓之中女;艮三索而得男,故谓之少男;兑三索而得女,故谓之少女。

这是人们熟知的乾父坤母、父母生六子的著名说法。京房认可这样的说法,但他从阴阳变化的思路出发,把《说卦》的顺序作了改变。他注"大有"卦说:"乾生三男","三男"即指"震、坎、艮"。① 又说"坤生三女,巽、离、兑分长中下。以阳求阴,乾之巽为长女"。② 按照他对坎宫归魂卦师卦的解释,"坎之变于艮,艮为少男,少男处卦之末,为极也"。③ 这是说艮为阳之极。进一步地,京房对艮宫中归魂卦渐卦作注说:"少男之位,分于八卦,终极阳道也。阳极则阴生,柔道进也。降入坤宫八卦。"这是说明艮为阳极之后,阳道生变而为柔道(阴道)。"阳极则阴生",是《周易》的主旨之一,京房正是遵循这样的阴阳变化理路,来推演其八宫次序的。

二是京房以"游魂"、"归魂"来命名其宫卦中的卦名的道理所在。"游魂"之说出自《系辞》的"精气为物,游魂为变,是故知鬼神之情状"。按照京房引证的说法:

> 孔子《易》云:"有四易,一世、二世为地易;三世、四世为人易;五世、六世为天易;游魂、归魂为鬼易。"④

很明显,这是以"易"来涵括天地人鬼的说法。按照《周易》的天地人"三才"合于一卦,三才之道合于一体的古老思想,则京房引证此说,正

---

① 《京氏易传》,第11页。京房注震宫随卦说"本乎乾而生乎震,故曰长男","降中男而曰坎"(第15页);注坎宫师卦说"艮为少男"(第18页)。
② 《京氏易传》卷中《比卦》注,第25页。
③ 《京氏易传》卷上《师卦》注,第18页。
④ 《京氏易传》卷下,第38页。

是要说明他的《易》学理论的合理性。或者说,京房发挥以前的"三才"思想而发展出他的新说,以"游魂"和"归魂"来说明难以测度的"鬼易"。按照京房的理路,"游魂"卦是变五世卦的第四爻而成,但从本宫卦而言,则此一爻之变,实际上是恢复此宫卦的第四爻,亦即不变宫卦第四爻。以乾宫为例,其五世卦剥卦☷第四爻由阴变阳后,即成"游魂"之晋卦☷,此变以阴阳而言,即由其前的五阴之变而再变至阳,此阳虽精粹,但因为它位于外卦的四爻之位,意味着阳道还没得于正位,处于游离之态,故似游魂。这就是京房以"阴阳反复,进退不居,精粹气纯,是为游魂"注"晋"卦之义。① 进而,变晋卦☷的下卦三爻即成大有卦☷,则大有的下卦恢复为本宫卦下卦(这其实是"游魂"卦的下卦变成了相反的卦),即乾已归位,故大有卦被称作"归魂"卦。其他七宫的情形,都可照此类推。

三是京房为何打乱了《序卦》中所说的顺序,只以爻变来推演六十四卦,却逻辑谨严。《京氏易传》的前两卷都是讲八宫六十四卦的,上卷讲"乾、震、坎、艮"四阳之宫,中卷讲"坤、巽、离、兑"四阴之宫。在此,我们仅以乾宫为例,把其中诸多解释阐发性的词语略去,留下一些结论性的说法,来看京房的推演思路。综略乾宫八卦如下:

> 乾(纯阳用事)……阳极阴生,降入姤卦(☰)→姤(阴爻用事)……五行升降,以时消息。阴荡阳,降入遁(☰)→遁(阴爻用事,阴荡阳遁)……阴长阳消,降入否(☰)→否(内象阴长,纯用阴事)……阴长,降入观(☰)→观(内象阴道已成)……积阴凝盛,降入剥(☰)→剥(柔长刚减,天地盈虚)……阳息阴专,升降六爻,反为游魂,荡入晋(☰)→晋(阴阳反复,进退不居)……吉凶列陈,象在其中矣;天地运转,气在其中矣;乾道变化,万物通矣。乾分八卦,至大有复卦。六爻交通,至于六卦阴阳,相资相返,相克相生,

---

① 《京氏易传》卷上《晋卦》注,第11页。

至游魂复归本位为大有(䷍)。故曰"火在天上,大有",为归魂卦→大有(内象见乾是本位)……六位相荡,返复其道。……阴阳交错,万物通焉。阴退阳伏,返本也。乾象分荡八卦,入大有终也。乾生三男,次入震宫八卦。①

在乾宫八卦中,因为乾的六爻"纯阳",故"阳极阴生",从而有了姤卦中的一阴荡五阳,此为"阴爻用事"。阴既然开始发挥作用,则阳的作用随着阴之作用的发挥,自然就会消退一些。此即"阴荡阳遁"。接着,阴之效用继续增强,以致否卦的内卦为全阴的坤,虽然其外卦仍是全阳的乾,但这已经预示出"内象阴长,纯用阴事"。到了观卦,六爻中是四阴二阳,"积阴凝盛",阴道已经形成。进一步地,剥卦是五阴一阳,则是"阳息阴专"了。至此,正如上引张行成所说的道理,必须另有变化,不然变就到了尽头,哪能体现生生不息的"易"之理呢。京房根据"乾道变化,万物通矣"的基本道理,认为阳的作用应该复归,故有晋卦中第四爻变为阳,大有卦的内卦变为三阳之乾。此即"阴退阳伏"的"返本"过程。以上的推演,即是乾宫中的阴阳变化,其趋向是阴长阳消。

与乾宫八卦讲阴长阳消之理相对,坤宫八卦则是讲阴消阳长。然而,乾坤两宫这样的过程中,阴阳并不是无限地长或消,而是"阴阳代位",②"阴阳交互",③"阴中有阳"。④ 事实上,在《京氏易传》的八宫体系中,每宫八卦的世、魂序列,都在于说明阴阳消长的变化之道,并以此说明事物的往复变化之理,其模式是:从一世到五世是渐进过程,至游魂始变,归魂为归。

在此应该说明的是,与《序卦》那种从卦义推论六十四卦自成思想

---

① 以上皆综合《京氏易传》卷上乾宫各卦所注,各卦后括号内文字为京房阐释相应卦象与卦义之语。下注坤宫卦所引同此。
② 《京氏易传》卷上《井卦》注,第14页。
③ 《京氏易传》卷上《大过卦》注,第14页。
④ 《京氏易传》卷中《坤卦》注,第22页。

体系的思路不同,在京房八宫六十四卦的新卦序系统中,由于他以阴、阳为基础,以本宫卦爻的自下而上的演变为基本原则,使得我们从每宫八卦卦爻的渐次演进上,即可直观看出每宫之中本宫卦的爻变对于其他各卦形成的意义。也就是说,从符号系统看,京房所创立的以爻变排列新卦序的方法,可以更为简易直接地推演出六十四卦,这是符合《系辞》中所说的"简易"精神的。另一方面,八宫卦的新体系也更为清晰地展现了阴阳消长、生生不息的易之理。京房说:

> 八卦相荡,二气阳入阴,阴入阳,二气交互不停,故曰"生生之谓易"。①

上举乾坤两宫所展现的阴阳消长之理,从宇宙万物的变化层面看,即是这里所说的"二气交互不停";从思想形成的理路看,即是以对立转化的思考方式,去说明宇宙和人世的变化之道。

(二)世应说

如果说八宫体系侧重于如何简易直接地理解《周易》的话,那么"世应说"则是京房通过对卦爻地位赋予新义,以说明人世之理。

按照以前的《易》说,关于爻位问题有"当位"、"应位"、"中位"等诸多说法,②京房大概从中受到启发,基于自己的世魂卦理论,而发展出世应说。京房注姤卦说:"定吉凶只取一爻之象。"③这是说,某卦的吉凶之义由此卦中的某一爻决定,即每卦都以其中某一爻为主,此为主爻。而有主即有从,即某卦的主爻一定有其从爻,这个从爻是"应"主爻而有,二者结合起来看,才能见某卦的特殊意义。那么,主、从爻是如何确定的呢?在京房的理论中,主爻即是世爻,从爻乃为应爻。如前所论,一宫八卦,各卦之变的依据是爻变。而依此爻变,即可确定世、应关系。具体来说:一世卦是宫卦的初爻所变而成,则初爻为世

---

① 《京氏易传》卷下,第 38 页。
② 参见朱伯崑:《易学哲学史》(上),第 54—59 页。
③ 《京氏易传》卷上《姤卦》注,第 8 页。

爻,四爻为应爻;二世卦因二爻之变所成,故二爻为世爻,五爻为应爻;同理,三世卦的世爻为三爻,应爻为上爻;四世卦与游魂卦都是四爻之变所成,故以四爻为世爻,初爻为应爻;五世卦五爻为世爻,二爻为应爻。所应注意的是,归魂卦内卦三爻皆变,以三爻为世爻,上爻为应爻;八纯卦以上爻为世爻,三爻为应爻。

京房在此世应关系基础上,又赋予各卦以现实的政治意义。在他的理论中,一卦六爻,从初爻到上爻,分别对应社会政治序列中的元士、大夫、三公、诸侯、天子、宗庙。下面略举几例,以说明世应说。

先看观卦(䷓):

> 威权在臣,虽大观在上,而阴道浸长。……诸侯临世,反应元士而奉九五。①

观卦为乾宫中的四世卦,故以四爻为主(世爻,诸侯),此即"诸侯临世",初爻为从(应爻,元士),此即"反应元士",合此二义即为"威权在臣",意即虽然诸侯、元士能奉尚九五之尊的天子,但天子应注意这种奉尚背后的危机。

次看革卦(䷰):

> 二阴虽交,志不相合,体积阴柔,爻象刚健,可以革变。……诸侯当世,见元士。九五、六二为履正位,天地革变,人事随而更也。②

与观卦由乾道变化而来不同,革卦自坎演变而来,而坎又是"积阴以阳处中",③故革卦虽然与观卦一样,四爻为主,初爻为应,但乾宫观卦的九五、六二是当位的,即便是"威权在臣",也只需观其变,而坎宫的革卦中这二爻是不当位的,又因"爻象刚健",故它们要"正位",这就是

---

① 《京氏易传》卷上《观卦》注,第10页。
② 《京氏易传》卷上《革卦》注,第16页。
③ 《京氏易传》卷上《坎卦》注,第15页。

"天地变革"的原因。

再看家人卦(䷤)：

> 乾刚俱变文明,内外相应,阴阳得位,居中履正。……大夫居世,应九五立君位。……火木分形,阴阳得位,内外相资,二气相合。君君臣臣,父父子子,兄兄弟弟。①

家人卦内卦为离火,外卦为巽木,此即"火木分形"而"内外相资"。其九五、六二的阴阳二爻各得其位,则为"居中履正"。家人卦在巽宫中为二世卦,六二大夫为主为世爻,大夫为臣,臣道阴顺,九五天子为应爻,主道为尊。如此,才有君臣、父子、兄弟的各安其位,各得其宜。

由上可见,京房的世应说,并非是主从爻的简单应对关系,具体到一卦的吉凶判断,以及其他诸多意义的阐发,都必须把此卦置于某宫中的背景下,必须从此卦阴阳消长、爻位变化等多个层面相联而论,才可明晰京房要表达的意味。而这与他的飞伏说又有很密切的关系。

(三)飞伏说

京房的飞伏说,后儒有比较清晰的解说。如宋人朱震在其《汉上易传》中说:

> 伏爻者何？曰京房所传飞伏也。乾坤坎离震巽艮兑相伏者也。见者为飞,不可见者为伏。飞方来也,伏既往也。《说卦》巽其究为躁,卦例飞伏也。太史公《律书》曰："冬至一阴下藏,一阳上舒。"此论复卦初爻之伏巽也。②

这就是说,京房的飞伏说,以《说卦》之意看,《说卦》以巽有顺之义,但其终究还是归于不安之躁。故从卦义看,巽卦的顺之义中其实还隐藏着与顺相反的它义。以《史记·律书》之说,复卦(䷗)与冬至节气相匹合(参见上文表三孟喜《十二消息卦表》),其卦五爻为阴,仅初爻为阳,

---

① 《京氏易传》卷中《家人卦》注,第26—27页。
② 郭彧编著:《京氏易源流》,第132页。

即所谓"一阳上舒",而巽卦(☴)的初爻为阴,与复卦初爻相对。又因复卦内卦为震,纯卦之巽内卦依然是巽,而《说卦》以震为躁,以巽为顺,二者义相对立。故相对于复卦中的"一阳上舒"为显为飞而言,则巽卦中的"一阴下藏",即为隐为伏。

按照以上理解,京房的飞伏之说的原理可综合为:显见为飞,隐藏为伏;有为飞,无为伏;来为飞,往为伏。下面例举京房的若干说法,以见其意。如他以"与坤为飞伏"注乾,又以"与乾为飞伏"注坤,这是说乾之纯阳为显为有,此阳为坤所不见,按照其八宫卦推演的逻辑,则乾之阳后隐有阴,坤之阴中伏有阳,故乾坤互为飞伏。他又以"与巽为飞伏"注震,以"与震为飞伏"注巽,注坎离、艮兑也是如此。这些说明,八宫卦之间都隐含有对立意义的卦象。① 至于其他各卦,朱伯崑先生认为京房是以五行爻位说解六位爻象,如京房注夬卦"与兑为飞伏",是说夬为坤宫五世卦,由纯阴的坤卦下五爻变为阳爻而成,坤卦五爻为阴,同兑卦中上卦的九五阳爻,互为飞伏。②

关于京房的飞伏说,朱伯崑认为其目的"在于本卦卦爻象外,又增一卦爻象,以便于说明卦爻辞的吉凶",同时也"更便于比附人事的吉凶了"。③ 林忠军以为它"以阴阳变化的规律为基础","使卦与卦的关系也发生变化,由原来的外在联系(阴阳两爻互易,使一卦变成另一卦)深入到内在的联系形式(阴阳爻互含,使一卦含另一卦),极大地丰富了卦爻关系的理论",④并对以后的术数之学产生了影响。

(四)纳甲说

京房的"纳甲"之说,实际上包含"纳支",是指把历法中的"十干"

---

① 京房注乾卦说:"六位纯阳,阴象在中。……阳实阴虚,阴暗之象,阴阳可知。"《京氏易传》卷上,第8页)注坤卦说:"阴中有阳,气积万象,故曰阴中阳。"(第22页)注离卦说:"阳为阴主,阳伏于阴也。"《京氏易传》卷中,第29页)这些是说阴阳卦象的互为飞伏。

② 关于这类飞伏,参见朱伯崑:《易学哲学史》(上),第125—126页。

③ 朱伯崑:《易学哲学史》(上),第126页。

④ 参见姜广辉主编:《中国经学思想史》(第二卷),中国社会科学出版社,2003年,第295—296页。

和"十二支"纳入《易》学之中,与卦相配而阐释易理、占筮吉凶。其理路是,八宫卦各配以十干,卦的各爻又分别配以十二支。由于甲为十干之首,故称"纳甲";另配十二支,故称"纳支"。对纳甲之法,京房有明确说明:

> 分天地乾坤之象,益之以甲乙壬癸。震巽之象配庚辛,坎离之象配戊己,艮兑之象配丙丁。八卦分阴阳,六位(配)五行,光明四通,变易立节。①

这里的八卦都是纯卦。乾卦内卦纳甲,外卦纳壬,此即"甲壬配内外二象",②而坤内卦纳乙,外卦纳癸。其他六卦,震纳庚,巽纳辛,坎纳戊,离纳己,艮纳丙,兑纳丁。据此,其他卦纳天干的方法是:八宫中的某卦总由内、外卦组成(此内、外卦指经卦),根据此卦所在之宫的宫卦所变之爻,确定此爻是在内卦还是外卦,而后据此爻所在的经卦来确定由此经卦组成的相应纯卦,某卦纳天干,即从相应的纯卦之所纳。如京房注鼎卦说:"阴穴见火,顺于上也。中虚见纳,受辛于内也。"③鼎卦为离宫二世卦,所变之爻为二爻,此爻由阴变阳,在鼎之内卦,而内卦为巽,巽纳辛,故曰"受辛于内也"。其他各卦,照此类推。

关于"纳支"说,其原则是:"阴从午,阳从子,子午分行,子左行,午右行。"④方法如下:乾卦六爻,从初爻到上爻,分别配子、寅、辰、午、申、戌;坤的六爻也依次由下向上配未、巳、卯、丑、亥、酉;震卦六爻依次配子、寅、辰、午、申、戌;巽卦六爻依次配丑、亥、酉、未、巳、卯;坎卦六爻依次配寅、辰、午、申、戌、子;离卦六爻依次配卯、丑、亥、酉、未、巳;艮卦依次配辰、午、申、戌、子、寅;兑卦依次配巳、卯、丑、亥、酉、未。

参照惠栋《八卦六位图》,综合二者成表(表五)如下:

---

① 《京氏易传》卷下,第37页。此处原文有缺,参后文之注。
② 《京氏易传》卷上《乾卦》注,第8页。
③ 《京氏易传》卷中《鼎卦》注,第30页。
④ 《京氏易传》卷下,第37页。

表五　八卦六位表

八卦 爻位	乾☰	坤☷	震☳	巽☴	坎☵	离☲	艮☶	兑☱
上爻	壬戌	癸酉	庚戌	辛卯	戊子	己巳	丙寅	丁未
五爻	壬申	癸亥	庚申	辛巳	戊戌	己未	丙子	丁酉
四爻	壬午	癸丑	庚午	辛未	戊申	己酉	丙戌	丁亥
三爻	甲辰	乙卯	庚辰	辛酉	戊午	己亥	丙申	丁丑
二爻	甲寅	乙巳	庚寅	辛亥	戊辰	己丑	丙午	丁卯
初爻	甲子	乙未	庚子	辛丑	戊寅	己卯	丙辰	丁巳

说明：此表据惠栋《八卦六位图》之说（参见《周易述》下册所附《易汉学》，第575—577页），表引自《易学哲学史》上册，第128页，朱伯崑先生名之为《八卦纳甲图》，此处不从朱说，而取惠栋说。

需要说明的是，京房的易学理论中，还以二十八星宿配各卦六爻之位，这与"纳支"密切相关。略举几例说明：如注否卦说"柳宿从位降乙卯"，[①]否卦为乾宫三世卦，由乾卦渐次变内卦三爻而成，所变之爻都在内卦，内卦的纯卦为坤，坤内卦纳天干之乙，又因否卦是变第三爻而成，坤卦第三爻配卯，故说"从位降乙卯"。再如注大有卦说"轸宿从位降甲辰"，[②]大有为乾宫归魂卦，所变三爻位于大有内卦，是乾卦的归位，而乾内卦所纳天干为甲，乾卦第三爻配辰，则大有第三爻所成干支为甲辰。"轸宿从位降甲辰"，是说轸宿降位于大有的第三爻上。

古人的天文知识系统，由太阳在二十八星宿的位置来推知一年的季节变化，据《礼记·月令》所载，日在茕、奎、昴、毕、东井、柳、翼、角、房、尾、斗、婺女十二宿，分别与一到十二月相应。京房以宿配卦，以爻表月，这与他的"起月""建侯"等学说息息相关，是更为繁富的阐说。在此略而不述。[③]

---

① 《京氏易传》卷上，第10页。
② 《京氏易传》卷上，第11页。
③ 京房"纳甲"、"纳支"说的思想渊源，以及宿卦关系、"起月""建侯"等内容，参见朱伯崑：《易学哲学史》（上），第127—129页；郭彧编著：《京氏易源流》，第49—61页。

(五)五行说

古老的五行理论与《周易》的关系向来密切,《说卦》基于取象和取义两个路向,以乾为金,坤为地(即土),震象草木花开,故可配木,巽亦为木,坎为水,离为火,艮为山(即土),兑有刚义,故配金。《说卦》这些思想是基于八卦的总体象义而有,还没有把五行与卦爻等联系起来立论。京房别创一路,把五行引入各卦当中,发展成他的五行说。大致说来,京房的五行思想主要体现在以下二个层面。

其一是五行爻位说。综合《京氏易传》可知,京房以乾兑为金,坤艮为土,坎为水,离为火,震巽为木。他说:"八卦分阴阳,六位(配)五行。"①可视为他五行爻位说原理,即以五行配八宫卦以及各卦的六爻。下面先列《五行四时十二月》(表六)和《五行六位》(表七)二表,以见其渊源概貌,再简略申述内容。二表如下:

表六 五行四时十二月表

四时 \ 五行 \ 月支	正月	二月	三月	四月	五月	六月	七月	八月	九月	十月	十一月	十二月
春	寅	卯	辰									
夏				巳	午	未						
秋							申	酉	戌			
冬										亥	子	丑
五行	木	木	土	火	火	土	金	金	土	水	水	土

说明:此表据《月令》及朱伯崑之解说而制成,朱说参见《易学哲学史》上册,第131—132页。

上表由《月令》的五行四时十二月说而来。按《月令》之说,春德在木,夏德在火,秋德在金,冬德在水,土居中央,其德广布于四季。由表

---

① 《京氏易传》卷下,前引已见。不过,如今研《易》各家对此语的断句多不相同,有的以"八卦分阴阳、六位、五行"为句,此如林忠军,参见《中国经学思想史》第二卷,第 296 页;有的以"八卦分阴阳,六位五行"为句,此如郭彧,参见《京氏易源流》,第 37 页。细检《京氏易传》,在解困卦时,京房说:"五行配六位,生悔吝,四时休王,金木交争。"据此,此处在"六位"后补"配"字,更合《京氏易传》之文本。朱伯崑先生所引,"六位"之后皆有"配"字,本处从之。参见《易学哲学史》上册,第 126、130 页。

可知，其中寅卯为木，巳午为火，申酉为金，亥子为水，丑辰未戌为土，这些是五行与十二支的关系。而据京房的"纳支说"可知，六十四卦各卦的六爻纳支，同此五行与十二支的理论结合起来，"纳支"其实也就是纳五行。

以乾坤两卦为例，其六爻纳支转化为纳五行的结果是：乾卦六爻自下而上，对应的分别是子水、寅木、辰土、午火、申金、戌土，坤卦六爻从初爻至上爻对应的分别是未土、巳火、卯木、丑土、亥水、酉金。综合其他六宫卦的六爻与五行十二支的配应关系，则八卦的五行六位关系，可由下表（表七）示明：

表七　五行六位表

八卦 爻位	乾 金	坤 土	震 木	巽 木	坎 水	离 火	艮 土	兑 金
上爻	土	金	土	木	水	火	木	土
五爻	金	水	金	火	土	土	水	金
四爻	火	土	火	土	金	金	土	水
三爻	土	木	土	金	火	水	金	土
二爻	木	火	木	水	土	土	火	木
初爻	水	土	水	土	木	木	土	火

说明：此表引自朱伯崑《易学哲学史》（上册），第131页，略有改动。

依此方法，其他卦的各爻也分别各有五行配应，故由三百八十四爻而成六十四卦之"易道"、"易理"，都可视为由五行关系组成。

以兑卦为例，来看京房是如何以五行爻位来解释卦的。其解兑卦说：

积阴为泽，纯金用体。……土木入兑，水火应之。二阴合体，积于西郊。……与艮为飞伏。……内卦互体见离巽，配火木入金宫，分贵贱于强弱。①

---

① 《京氏易传》卷中《兑卦》注，第33页。

第四章 儒学统治地位的确立和儒学的发展 / 211

按照五行相生的古老说法,木生火,火生土,土生金,金生水,水生木,与此相对,又有五行相胜(克)说,水胜火,火胜金,金胜木,木胜土,土胜水。这里的"泽"由古老的"兑为泽"之说而来,则"积阴为泽"是指水,此为兑之形与象,京房认为兑是"纯金用体",其理在于:按照金生水之说,由金兑之"体"生水兑之形,正合相生的体用之义。由于兑与艮互为飞伏,而八宫体系中八纯卦上爻不变,再参照《五行六位表》所示,艮上爻配木,兑的初爻到上爻分别配应火、木、土、水、金、土,加上兑卦一、四爻应位,故说"土木入兑,水火应之"。兑卦二、三、四爻成离,三、四、五爻成巽,这是兑卦中的"互体"。而离为火,巽为木,艮为金,且艮是艮宫的本宫卦,故说"内卦互体见离巽,配火木入金宫"。诸如此类,即是京房以五行配爻解卦的方式,而在这样的过程中,他又把五行的相生相克说引入解卦的过程中。

其二为五行相生相克说。五行的相生相克之意被京房运用于解卦,其相生关系往往被说成是"资"、"合"等,如他解艮宫二世卦大畜,由于大畜是艮上乾下,其配五行后为乾金在艮土下,再加上大畜是以变本宫的艮卦六二之阴为九二之阳而成("阳进阴止"),故他说"山下有乾,金土相资,阳进阴止,积雨润下,畜道光也"。① 又如他解咸卦说:"土上见金,母子气合。"② 咸卦上兑下艮,属兑宫三世卦,而兑金艮土,土又生金,加上此卦六二、九五应位,阴阳"二气交感",故说"母子气合"。③ 但也有"合"中潜在着对立乃至凶的关系,如解旅卦说:

  阴阳二气交互见本象。……火土同宫,二气合应。阴阳相

---

① 《京氏易传》卷上《大畜卦》注,第 19 页。
② 《京氏易传》卷中《咸卦》注,第 34 页。
③ 此类"合"而相生关系,还见于《京氏易传》蹇卦注,蹇为兑宫四世卦,坎上艮下,坎水艮土,故京房说"土上见水,柔而和此,五行相推二气合取,取象则阴阳相背也"。(第 34 页)又,巽宫二世卦家人是巽上离下,即火上有木,又因为此卦九五应六二爻,阴阳正位,故京房注曰:"火木分形,阴阳得位,内外相资,二气相合。"(第 26—27 页)有关从"母子"关系理解京房五行生克说的研究,朱伯崑先生有较为简明的阐说,参见《易学哲学史》,第 132—133 页。

对,吉凶分乎阴位。上九阳居宗庙,得丧于易。六五为卦之主,不系于一,凶其宜也。①

旅卦离上艮下,属离宫一世卦,离火艮土。这里的"本象"是指离上艮下,是火在山上有燃而不止的"旅动"之象。又因为在八宫卦中,离为阴,艮为阳,故说"火土同宫,二气合应"。旅卦中的离之初九为阳,在旅卦的第四爻,艮之下爻为阴,在旅卦的初爻,加上离为阴、艮为阳的缘故,故说"阴阳相对"。而旅在离宫,卦的主爻为六五阴爻,但离卦的世爻为上九宗庙,则此卦潜在地有二主,这就是"不系于一"。因此,即便离宫旅卦"火土同宫",有火生土的应合关系,但因为"吉凶分乎阴位"(指六五阴爻),其结果往往是"凶其宜"。

与京房这种解旅卦以"阴阳相对"而暗含凶的情形不同,在解同人卦时,他认为五行关系有着决定性的意味。同人卦属离宫归魂卦,与坎飞伏。此卦乾上离下,乾金离火,即金在火上。京房解同人说:"上下不停,生生之义,易道祖也。天与火明而健,阳道正阴气,和也。"②离属阴卦,此卦中由"阳道"(乾)正之("阴气")。又由于火务上,乾务健,故说"上下不停"。但是,由于火克金,又因为同人卦的"归魂"是复归本宫的离,故与同人飞伏的是坎。而坎为水,水克火,因此,"火上见金,二气虽同,五行相悖。"③这类由五行相克来解卦的明显例子很多,京房以"刑"、"冲"等词语表述其意。如解震宫归魂卦随卦时,由于随卦下震上兑,兑金震木,金又克木,故说"金木交刑,水火相敌"。④

凡此之类,都是京房运用五行的"生"、"克"之意来解卦。值得注意的是,京房并没有简单以生、克关系来说明卦义,而总是在分析某卦中所蕴含的阴阳、五行、爻变、星宿等诸多因素后,再做相应的判断。

---

① 《京氏易传》卷中《旅卦》注,第29—30页。
② 《京氏易传》卷中《同人卦》注,第32页。
③ 《京氏易传》卷中《同人卦》注,第32页。
④ 《京氏易传》卷上《随卦》注,第15页。

也就是说,如果某卦中有五行相生的情形,但其他因素却影响了这种相生关系,则此相生关系并不能成为此卦主旨,如前所论的离宫咸卦,以及坎宫节卦。① 同样地,如果某卦中有五行相克的情形,而其他因素弱化或消解了那种相克作用,则此相克之意也无法作为某卦的主旨。如解乾上震下的巽宫四世卦无妄时,由于乾金震木,京房说此卦是"上金下木,二象相冲"。② 可因为无妄卦由巽卦的六四阴爻变为九四阳爻而成,这样的"变"是阳升阴降,故京房终而认为无妄卦是"阴阳升降,健而动,内见一阳应动刚。五行分配,吉凶半矣"。③ 由此可见,京房的五行说,在广泛运用八宫、飞伏等理论的同时,也把古老的阴阳理论深度拓展到他的五行解八卦的过程中,这不仅使得其五行说更具辩证意义,也为后人对"易者,变也"的易道和易理的理解,打开了新的视野。

(六)卦气说

京房《易》学思想中另一个为后世所注重的内容是卦气说。我们知道,京房《易》学最直接的思想资源是孟喜的《易》学,其卦气说既是对孟氏《易》学的继承,也是发展。④ 前文已对孟氏卦气说作了分析,这里仅就京房卦气说不同于孟氏说的地方,略作分析。

首先,与孟喜把坎、震、离、兑作为四正卦,而仅以其他六十卦三百六十爻配一年的天数方法不同,京房把这四正卦二十四爻也纳入一年日数匹配之中,即以六十四卦三百八十四爻配一年的天数。他说:"分六十四卦,配三百八十四爻,成万一千五百二十策,定气候二十四。"⑤ 其具体方法是:四正卦的初爻分别主二至二分,即坎之初爻主冬至,离之初爻主夏至,震之初爻主春分,兑之初爻主秋分,每卦各当七十三

---

① 节为坎宫一世卦,坎上兑下,即水上金下。京房注曰:"金上见水,本位相资,二气交争,失节则嗟。"见《京氏易传》卷上《节卦》注,第15页。
② 《京氏易传》卷中《无妄卦》注,第27页。
③ 《京氏易传》卷中《无妄卦》注,第27页。
④ 参见徐芹庭:《易经源流——中国易学史》(上册),中国书店,2008年,第272—281页。
⑤ 《京氏易传》卷下,第37页。

分;颐、晋、升、大畜四卦,每卦各当五日十四分,其之所以不是六日七分,是因为这四卦已各分出七十三分给四正卦;其余各卦当六日七分。① 另一方面,京房把四正卦纳入一年的月份当中后,《说卦》中的八卦方位说也在他的卦气说中得以体现。② 八卦所当月份为:坎当十一月,离当五月,震当二月,兑当八月;而乾主立冬当十月,坤主立秋当七月,巽主立夏当四月,艮主立春当正月。据此,可成京房的《八卦卦气图》如下(图一):

图一　八卦卦气图

说明:此图引自朱伯崑:《易学哲学史》,第136页。

---

① 关于这点,稍详的分析参见《京氏易源流》,第67—69页。关于日分,京房何以与孟喜不同,卢央也作了分析和推测,其关键是焦延寿对卦气说作了新的思考和设计。详见《京房评传》,第199—200页。

② 《周易·说卦》的八卦方位说是:万物出乎震,震,东方也。"齐乎巽",巽,东南也。齐也者,言万物之絜齐也。离也者,明也,万物皆相见,南方之卦也,圣人南面而听天下,向明而治,盖取诸此也。坤也者,地也,万物皆致养焉,故曰"致役乎坤"。兑,正秋也,万物之所说也,故曰"说言乎兑"。"战乎乾",乾,西北之卦也,言阴阳相薄也。坎者,水也,正北方之卦也,劳卦也,万物之所归也,故曰"劳乎坎"。艮,东北之卦也,万物之所成终而所成始也,故曰"成言乎艮"。

由图可知,"子"为冬至,"午"为夏至,从"子"开始向左运转到"午",是阳气萌发到旺盛的过程;而从"午"开始向右运转到"子",则为阴气萌发至旺盛的过程。这就是他所说的"阴从午,阳从子,子午分行。子左行,午右行"的意思。①

其次,与孟喜以四正卦二十四爻主二十四节气不同,京房依次以坎、巽、震、兑、艮、离的初爻和四爻共十二爻主二十四节气。又依其纳支说,据太初历以正月为岁首,另配以"十二支"。他说:

> 立春正月节在寅,坎卦初六,立秋同用。雨水正月中在丑,巽卦初六,处暑同用。惊蛰二月节在子,震卦初九,白露同用。春分二月中在亥,兑卦九四,秋分同用。清明三月节在戌,艮卦六四,寒露同用。谷雨三月中在酉,离卦九四,霜降同用。立夏四月节在申,坎卦六四,立冬同用。小满四月中在未,巽卦六四,小雪同用。芒种五月节在午,震宫六四,大雪同用。夏至五月中在巳,兑宫初九,冬至同用。小暑六月节在辰,艮宫初六,小寒同用。大暑六月中在卯,离宫初九,大寒同用。②

这里有三点值得注意:一是由于以正月为岁首,其节气是从立春开始,故从立春到大暑为上半年六个月共十二节气,下半年则是从立秋到大寒十二节气。二者的节气是相互对应的,如上半年正月中的立春对应下半年七月的立秋,二月的春分对八月的秋分,三月的清明对九月的寒露,余者顺次类推。二是"同用"问题,从卦主节气而言,一卦二爻主四个节气,一爻主两个节气,即两个节气同用某卦的某爻,如坎的初六配立春和立秋,六四又配立夏与立冬,余皆类推;从地支配节气而言,如一爻配两节气一样,一支也配两节气,如亥配春分和秋分,卯配大暑

---

① 《京氏易传》卷下,第37页。
② 《京氏易传》卷下,第37—38页。

和大寒,这也是同用。三是阴阳升降问题,由于京房认为"建子阳生,建午阴生",①即是说自"子"始阳气萌动,自"午"始阴气萌发,则从立春到大暑的上半年是阳之兴,反之,自立秋到大寒的后半年是阴之兴。很明显,这是以阴阳升降来说一年的气运。

正如前文已经指出的,京房的《易》学思想,无论哪个层面的理论,从原理上讲,都是以阴阳的升降、相对、转化、交合等关系为前提和参照的。而这说明他对"生生"、"变"、"新新"等易理有深度的察悟。京房说:

> 八卦相荡,二气阳入阴、阴入阳,而起交互不停,故曰"生生之谓易"。天地之内,无不通也。

> 新新不停,生生相续,故淡泊不失其所,确然示人。阴阳运行,一寒一暑;五行互用,一吉一凶。②

> 时有屯夷,事非一揆,爻象适时,有吉有凶。人之生世,亦复如斯。或逢治世,或逢乱时,出处存亡,其道皆系《易》云。大矣哉,阴阳升降。③

这三段话,可视为京房对自己的思想与人生关系的自我说明。在京房看来,由于"天地运转,气在其中矣",④则易的生生不息之理,即来自于阴阳二气的交互不停。而从"易"之为"变"的角度看,在阴阳交互、八卦相荡的运变过程中,天地万物都是"生生相续"、"新新不停"的,这个过程既是淡泊的自然无为,又是无所不在的通达四方。它是自然的,更是实在的,人能认知它,也应该去察悟它。因为,这个过程所蕴含、体现的吉凶、适变之理,"皆系《易》云",故《易》对于人世治乱相转和人生出处存亡的意义,"亦复如斯"。

---

① 《京氏易传》卷下,第38页。
② 《京氏易传》卷下,第38页。
③ 《京氏易传》卷上《豫卦》注,第12页。
④ 《京氏易传》卷上《晋卦》注,第11页。

三、孟、京《易》学的思想史意义①

如今可见的材料表明：先秦《易》学与汉代《易》学有义理阐发与象数发达之别，前者以不断形成的《周易》的"十翼"（即《易传》）为代表，后者则是孟、京《易》学在汉代的大行其道，它们都被立于博士之官，进入官方儒学系统，习京氏者不少，受孟京《易》学影响的更多。到了魏晋之际，王弼注《易》，疏通大略，得意忘言，复又恢复至义理阐发之途。

就思想的传承来看，《易》书虽然免遭秦火，但在自武帝时期开始渐盛的儒学中，《易》学并没有占据主导地位。出于政治教化和帝国行政的需要，当时的儒学人士，多以阐发《尚书》、《诗经》和《春秋》公羊的微言大义为主导。到了孟喜那里，他并没有承续"善为《礼》、《春秋》"的家学，而是遵父命从田王孙学《易》，又因为他得到与《易》相关的阴阳灾变书，故他的《易》学，一方面注重吸收当时流行的"天人合一"的《春秋》公羊思想，另一方面，他又着力把阴阳之义引入自己解《易》的过程中。这样，他通过对"七日来复"，"先王以至日闭关"，②"帝出乎震"，③以及《周易》关于阴阳寒暑吉凶等易理易义的深入阐发，建构了包含历法、卦气、占筮等内容的象数易系统。这一以卦气理论为主要内容的《易》学系统，为后来京房、郑玄、荀爽、虞翻等人的《易》学思想以及《易》纬的爻辰说提供了颇为坚实的阐发基础。④

京房作为孟氏《易》学的传人，其直接师承是焦赣，⑤《汉书·京房传》评价京房受学于焦氏后说："其说长于灾变，分六十四卦，更直日用

---

① 关于京房《易》学的影响，后世评述甚众，郭彧编著的《京氏易源流》第七章《历代对京房易学和术数的阐述和评价》，详选汉后至民国的诸人评述，可详参。
② 《周易·复卦》。
③ 《周易·说卦传》。
④ 关于孟氏学对后人的影响，朱伯崑先生的研究可为证明，朱先生列举一些具体的注《易》证据，说明它们都源自孟、京《易》学。参见朱伯崑：《易学哲学史》，第145—150页。对于对《易》纬的影响，后文将专门论及。
⑤ 参见《汉书·儒林传》。

事,以风雨寒温为候,各有占验。房用之尤精。好钟律,知音声。"这一评论,说明了两点:一是生活于西汉后期的京房,随着公羊家们对基于《春秋》和《尚书》的阴阳灾异系统建构的成熟与大量运用,引阴阳灾异入《易》学,除了师承原因外,也是时风的影响和《易》学理论创新的需要。二是京房本人精于历律、音声,他承续《淮南子》《月令》等相关的思想资源,①把阴阳、五行、星术、占筮、历律、音声等内容融合到他的《易》学思想中,这既是继承,更是创新,比孟氏学更为精深博大。上文的梳理,可谓明证。

就思想与现实社会政治的互动关系看,由于其中起桥梁作用的是人,故某一时期思想的转向与社会政治的变化,都取决于人的思想和行动。孟、京《易》学在西汉中后期享誉士林,且被立于博士官,除了他们阐发的《易》学新义新论外,与二者热衷于介入社会与政治也有关系。② 据前引《汉书·儒林传》所记载的孟喜"好自称誉"二事,可知孟喜对自己的《易》学是充满自信的,他之所以要自誉其名,目的大概是想提高自己的社会声望。京房更是试图以《易》学匡正政治,《汉书·京房传》所记载的京房事迹,除了最初的"考课法"外,其他的都是以阴阳灾异和《易》学为根据上疏论事,故有研究者认为,京房的《易》学是"究灾异之深旨,导政教于正路","明占气之术,知将来之休咎","探卦候之学,以推天人之变"。③ 京房的《易》学虽精深博大,但壮年的他最后落得个"弃市"的下场,或许正是他过于参与政治的缘故。④ 纵观两

---

① 关于京房对此类思想资源承续的分析,参见朱伯崑:《易学哲学史》,第127页、129页、133—134页。林忠军也有相关辨析,参见姜广辉主编:《经学思想史》(第二卷),第302—303页。
② 参见《汉书·儒林传》之《梁丘贺传》及《京房传》等。
③ 参见徐芹庭:《易经源流——中国易学史》(上册),第267—271页。徐氏还认为京房"造世应八宫卦次之说,以发易之逻辑,明纳甲游归飞伏之理,以发易义"(同书,第271页),可谓深得京房《易》学深味。
④ 京房被杀时四十一岁,《汉书·京房传》末尾说:"(张)博(引注:京房岳父)具从房记诸所说灾异事,因令房为淮南王作朝奏草,皆持束与淮阳王。石显微司具知之,以房亲近,未敢言。及房出守郡,显告房与张博通谋,非谤政治,归恶天子,诖误诸侯王。"(第3167页)

汉思想家,现实人生能与政治保持距离者,其人其学都能成其大,前汉有董仲舒,后汉有王充、郑玄;凡与政治纠葛不清者,其学虽大,其生虽或有荣贵,死却非苦即惨,贾谊、京房、刘歆即为明证。

孟、京《易》学另一重要的意义在于象数《易》学理论和方法的确立。通过对六十四卦的重新阐发,融通天人之义,是孟、京《易》学的主要特征之一。然而,当他们努力把阴阳、卦象、爻变、律历、蓍数、占卜都一股脑纳入易卦后,即便如今我们可以从中挖掘出许多天文历法等知识,但其中以卦推天时测人事,以占筮预决吉凶的筮法新体系的形成,既是对义理《易》学的变革,也为象数《易》学流入民间奠定了理论和方法的双重基础。自此以后,卜筮意义上的《周易》在民间得到广泛传播,绵延至今。①

第四节　刘向的儒学思想

这一时期中,在儒家思想史上,一个比较有影响的人物应是刘向。刘向字子政,本名更生,成帝即位时(前 32),因为重被任用而更名"向"。生于昭帝元凤二年(前 79),卒于成帝绥和元年(前 8)。② 其父祖相继为宗正(父德、祖辟疆、从曾祖郢客),其高祖楚元王刘交,是刘邦的同父少弟。刘向十二岁时,"以父德任为辇郎"。宣帝神爵二年(前 60)被擢为谏议大夫,其后因伪铸黄金下狱,其兄以一半家产赎其

---

① 至今尚为民间占筮所必习的《火珠林》,其主要内容即是从京氏《易》而来,故张行成的《元包总义》说:"卦气图之用,出于孟喜章句;《火珠林》之用,祖于京房。"见郭彧:《京氏易源流》,第 82 页。
② 关于刘向生卒年月,本书从钱穆说。钱氏所著《刘向歆父子年谱》,考证精审。谱载钱氏《两汉经学今古文平议》,商务印书馆,2001 年,第 1—179 页。徐兴无《刘向评传》(南京大学出版社,2005 年)"附录三"有《刘向生卒年考异》一文(见该书第 484—511 页),虽认同钱氏说,但对刘歆为"中垒校尉"等事有异于钱氏的考辨,可详参。有关刘向父子生平事,本书多参钱、徐之著,择善而从。

罪,宣帝"亦奇其材,得逾冬减死论"。甘露三年(前51),参与石渠阁会议。元帝即位之初(前48),太傅萧望之、少傅周堪推举他出任宗正,三人与侍中金敞"同心辅政,患苦外戚许、史在位放纵",谋罢外戚以及宦官弘恭、石显之权,谋泄未行,反与周堪一起下狱,萧望之被罢官。后来,刘向指使亲戚上书讼冤,并指斥外戚宦官弄权,但结果更加触怒了政敌,被免为庶人,萧望之亦自杀。元帝永光四年(前40),周堪及其学生张猛(出使西域的名臣张骞之孙)自杀,刘向感伤不已,作《疾谗》、《救危》等文,"依兴古事,悼己及同类也"。成帝即位的建始元年(前32),刘向被重新启用,任光禄大夫,上书议论郊祀和庙制,其幼子刘歆也在此年为黄门郎。成帝河平三年(前26),"诏向领校中五经秘书",撰成《洪范五行传论》共十一篇上奏。其后的十年间,刘向"睹俗弥奢淫,而赵、卫之属起微贱,逾礼制。向以为王教由内及外,自近者始。故采取《诗》、《书》所载贤妃贞妇,兴国显家可法则,及孽嬖乱亡者,序次为《列女传》,凡八篇,以戒天子。及采传记行事,著《新序》、《说苑》凡五十篇奏之"。① 自此,刘向不断上疏论政,但几乎都没被采用,至成帝绥和元年四月卒。子刘歆承其校书之业。

刘向一生坎坷,虽未得大用,却矢志不渝。史书说他"为人简易无威仪,廉靖乐道,不交接世俗,专积思于经术,昼诵书传,夜观星宿,或不寐达旦"。这些大概得自于他的家风。② 然而,刘向一生所处的正是西汉帝国的盛衰交替之际,作为深谙儒学的宗室之后,他对汉王朝有非同寻常的忠诚;作为想施能救弊的士大夫,他又有强烈的危机感和责任感。这从他解释自己为何上疏的话中可以看出。他曾对好友陈汤说:"灾异如此,而外家日盛,其渐必危刘氏。吾幸得同姓末属,累世蒙汉厚恩,身为宗室遗老,历事三主。上以我先帝旧臣,每进见常加优

---

① 皆见《汉书》卷三六《楚元王传》附《刘向传》。
② 参见《汉书》卷三六《楚元王传》附刘向、刘歆二传。

礼,吾而不言,孰当言者?"①事实上,这段话是刘向一生心境的写照,也是那个时代儒者心灵和精神的自我旁白。

一、撰述与经学

刘向对于后世的意义,今人多注重其校书所成就的创始目录校雠学之功,以及他的五行思想,而有意无意忽略了他在汉代经学和思想演变中的地位和作用。事实上,比之于其子刘歆在两汉之际的经学活动,刘向本人对经书的整理和阐释,以及他编著作品中所体现出的思想趣向,也不容忽视。

据《汉书·楚元王传》所附《刘向传》记载,刘向年轻时的文章辞赋是出类拔萃的,又因为其父好黄老术,故在很小的时候就看了《枕中鸿宝苑秘书》,信奉其中的"神仙使鬼物为金之术"和"重道延命方","献之,言黄金可成",结果是"费甚多,方不验",以致下狱论死。大概这次教训颇为惨痛,至宣帝五凤三年(前55)待诏金马门,奉宣帝命习《穀梁》,到甘露三年(前51)参与石渠阁会议,这五年间刘向可谓"脱胎换骨",其经学素养无疑得到很快的提高。但他辅政不成,于元帝初元二年(前47)二次下狱被免为庶人后,参政无门,刘向就致力于议政和著述,成为西汉少有的宗室大儒。从青年到壮年这样的经历,对刘向以后校书尤其是著述思想的形成有不可估量的潜在影响。对此,徐复观深入仔细地研究《新序》和《说苑》后认为,"以刘向的家世及其遭遇,他的思想是始于政治,终于政治,乃当然之事",②其思想中"人君能任贤纳谏"是针对现实的一面,"天下为公"是其突破现实政治的理想的一面,而刘向对有关禄在学中、报仇与报恩、立身处事等问题的编纂,也把自身由深刻的现实经验而来的诸多感触融合其中。③

---

① 以上皆见《汉书》卷三六《楚元王传》附《刘向传》。下引此卷有关刘氏父子内容,各以此卷所附之《刘向传》、《刘歆传》而直接引之。
② 徐复观:《两汉思想史》(第三卷),第57页。
③ 参看徐复观:《两汉思想史》(第三卷),第57—70页。

由于《新序》和《说苑》是否为刘向所最初编纂,至今尚有争议,它们在多大程度上体现了刘向本人的思想,也难有定论。在此,我们仅依据史书中的有关记载,以及《新序》和《说苑》本身的材料,对刘向的编撰和著述与经以及经学的关系略作申论。

先看《诗经》。据《汉书·楚元王传》记载:

> 元王既至楚,以穆生、白生、申公为中大夫。高后时,浮丘伯在长安,元王遣子郢客与申公俱卒业。文帝时,闻申公为《诗》最精,以为博士。元王好《诗》,诸子皆读《诗》,申公始为《诗》传,号《鲁诗》。元王亦次之《诗》传,号曰《元王诗》,世或有之。①

这是说,刘向高祖楚元王及诸曾祖,都深谙《诗》学。无论从师法还是从家法上讲,刘向都可能非常熟悉《鲁诗》。而据徐复观考证,《新序》与《韩诗》完全相同者二十二条,相近的有十三条,《说苑》中与《韩诗》相同或相近者近四十条,②由此可知,无论两书是否为刘向所独立编纂,这些情况都说明他并没有后人在论汉代经学时所强调的师法或家法意识。相反,如果它们是刘向独立编纂,则表明他博采他书,突破了官方儒学所极度强调的师法限制;而如果如前人所论,二书先有初本,刘向仅是"序次"分类的话,则表明刘向有很强的求真和求实意识("史"的意识),而不随意删改初本,这无疑与其校书的精神是一致的。进一步地,再参照刘向上疏中引经据典的情况,且以元帝永光元年(前43)的《上封事疏》为例。此疏是史书所见刘向最长的一篇谏书,引《诗》十一次,引《易》四次,《论语》一次。这说明刘向对《诗》义有深刻的理解和纯熟的运用。而从其内容看,刘向是把"诗"当做"史"来运用,以说明天与人、君与臣之间"和"的重要性。③ 事实上,这篇谏疏的

---

① 《汉书》,第1922页。
② 另外,徐氏还说明《说苑》中引《诗》与《毛诗传》有不少相近处,认为刘向在引《诗》上"不感到他家传的《鲁诗》和他大量采用的《韩诗》,有什么门户"。此类详细情形,参见徐复观:《两汉思想史》(第三卷),第41—48页。
③ 其引《诗》详见《汉书》第1932—1947页。

目的刘向自己说得也很明确,即,"臣幸得托肺附,诚见阴阳不调,不敢不通所闻。窃推《春秋》灾异,以救今事一二,条其所以,不宜宣泄。"这里虽然说主旨是以《春秋》灾异之理来救世,但从其引《诗》的情形看,以经学的眼光视之,则也可说是以《诗》解《春秋》,即后世所说的"以经解经"。①

次看《尚书》。据《汉书·艺文志》载:

> 古文《尚书》者,出孔子壁中。武帝末,鲁共王坏孔子宅,欲以广其官,而得古文《尚书》及《礼记》、《论语》、《孝经》凡数十篇,皆古字也。共王往入其宅,闻鼓琴瑟钟磬之音,于是惧,乃止不坏。孔安国者,孔子后也,悉得其书,以考二十九篇,得多十六篇。安国献之。遭巫蛊事,未列于学官。刘向以中古文校欧阳、大小夏侯三家经文,《酒诰》脱简一,《召诰》脱简二。率简二十五字者,脱亦二十五字,简二十二字者,脱亦二十二字,文字异者七百有余,脱字数十。……古文读应《尔雅》,故解古今语而可知也。②

《艺文志》据刘歆的《七略》而成,而《七略》又源自刘向的《别录》,则此处说刘向云云,其实应是刘向自己校书所得的结果。③ 这里所揭示的事实,均为争论今古文问题、《尚书》流传问题的双方所承认。撇开《尚书》篇目的今文、古文分歧不论,还有两点值得重新审视:一是以刘向用中古文校三家《尚书》而言,其对《尚书》文字的返本归源即有不朽之功,因为"古文读应《尔雅》,故解古今语而可知也"。这是说,刘向所见的《尚书》与今文《尚书》三家有七百字不同,又因为古文的音义以《尔雅》为准,加上《尔雅》为汉人常识,故对各家《尚书》文字的校正,乃至对经义的理解,都可通过《尔雅》来比对今古两类文字音义的异同,而

---

① 值得注意的是,此《疏》的最后一句竟然是"不宜宣泄",可见当时政治形势的紧张,以及刘向对元帝的不信任。
② 《汉书》,第1706—1707页。
③ 清末今文经学复兴,其后则疑古思潮泛滥,学者多疑刘歆伪撰不少书,其连带结果是,疑子累及其父,以致怀疑刘向没有独立编撰《新序》和《说苑》,以及他对"古学"复兴的贡献。此见后论。

得到相对顺畅的解释。刘向这次校正的结果,很可能就是《艺文志·六艺略》中有关《尚书》条末尾所提到的"入刘向《稽疑》一篇"。二是刘向作过《洪范五行传论》,且为后世所推崇,班固《五行志》录存甚多。① 这从侧面证明刘向对《尚书》的研究,甚至超越了那些《尚书》学博士。否则,以班固治史之谨严,为何不录更多的其他《尚书》博士的著作,而偏偏大量选录没有被立于学官的刘氏之论。② 班固去刘向不远,其所取材的材料底本,应该与事实比较接近。其《志》多选录刘氏父子的五行说,其中一个重要的原因,大概就是刘氏之说在当时已经发生广泛影响,乃至不得不录。这就是班固在刘氏父子传的"赞"中所说:"刘氏《洪范论》发明《大传》,著天人之应。"由此可见,由刘向开始,古文《尚书》开始真正成为经学的中心问题之一,而由刘向深度阐发的"洪范五行"思想,又成为中国古代思想和政治的重要问题。③

再看《礼》经。《仪礼》、《礼记》、《周礼》的"三礼"定名,自东汉郑玄始,其前《仪礼》称谓多变,或以《礼》,或以《士礼》,或以《礼经》。《史记·儒林传》所说"于今独有《士礼》,高堂生能言之",即指《仪礼》。④ 下面据郑玄所注《仪礼》的篇次(即今见《仪礼》,也是刘向《别录》中的

---

① 刘起釪先生说:"自汉至清的十六部正统史书全都有《五行志》(其中唯《魏书》称《灵征志》,《清史稿》称《灾异志》),都是先引《洪范》及《五行传》的一段文字,然后跟着记录灾异,论断史事。"见《尚书研究要论》,齐鲁书社,2007年,第398页。

② 《汉书》卷二七《五行志》共分五篇,是汉书中分篇最多的。之所以分为五,大概是要与"五行"之五相匹。其选录汉代有关阴阳、五行的诸家之说,以董仲舒、夏侯始昌、京房、刘向、刘歆为多,其中又以刘向为最多,余者如眭孟、夏侯胜、谷永、李寻等人之说,取之较略。其选录述说序次,多以"董仲舒、刘向以为"为先,二者有别,则先董后刘,而后再述他人之说。详见后文。

③ 虽然古文《尚书》最初是由孔安国献书而成为潜在的经学问题,但因为他献书后,即"遭巫蛊事,未列于学官"。故古文《尚书》作为经学问题开始凸显出来,始自刘向的校书,显于刘歆的争立学官。此见后论。

④ 有关三礼的源流,两汉书所载颇略,《汉书·艺文志》载:"《礼古经》五十六卷,《经》十七篇。后氏、戴氏。《记》百三十一篇,七十子后学者所记也。《明堂阴阳》三十三篇,古明堂之遗事。《王史氏》二十一篇。……《明堂阴阳说》五篇。……《礼古经》者,出于鲁淹中及孔氏,与十七篇文相似,多三十九篇。及《明堂阴阳》、《王史氏记》所见,多天子诸侯卿大夫之制。"(第1709—1710页)这是说《礼》之为经,汉代最初比较完整的书册是在鲁淹中("里"名),有五十六卷,而其中十七篇与高堂生所传的《士礼》相似,而说《经》的《记》有一百三十一篇,为孔门弟子所记。对于这些《经》和《记》的流传,参见《隋书》卷三二《经籍志》第925—926页。

篇次),与郑玄《仪礼目录》所列大小戴礼中所谓"仪礼"的篇次相较,以见刘向对礼学的整理与经学及其思想的可能关系。列表(表八)如下:

表八 今本《仪礼》、大小戴礼所载《仪礼》篇次表

版本＼篇次	第一	第二	第三	第四	第五	第六	第七	第八	第九	第十	第十一	第十二	第十三	第十四	第十五	第十六	第十七
今本篇次	士冠礼	士昏礼	士相见礼	乡饮酒礼	乡射礼	燕礼	大射	聘礼	公食大夫礼	觐礼	丧服	士丧礼	既夕礼	士虞礼	特牲馈食礼	少牢馈食礼	有司彻
大戴篇次	士冠礼	士昏礼	士相见礼	士丧礼	既夕礼	士虞礼	特牲馈食礼	少牢馈食礼	有司彻	乡饮酒礼	乡射礼	燕礼	大射	聘礼	公食大夫礼	觐礼	丧服
小戴篇次	士冠礼	士昏礼	士相见礼	乡饮酒礼	乡射礼	燕礼	大射	士虞礼	丧服	特牲馈食礼	少牢馈食礼	有司彻	士丧礼	既夕礼	聘礼	公食大夫礼	觐礼

说明:表据《十三经注疏》之贾公彦《仪礼注疏》所引郑玄《仪礼目录》。

由表可见,今本与小戴本从第一到第七的篇次是相同的,大戴本的前三篇与今本和小戴本相同,大戴本的第十到第十三的篇次与另两本的第四到第七的篇次相同,余者篇次皆不同。① 由于两戴本先于刘向,则这样的差异表明,要么刘向另据别本而重新编订篇次,要么他根据自己对礼学理解而改变目次,但无论何种情形,都表明刘向是不怎

---

① 郑玄注曰:"童子任职居士位,年二十而冠,主人玄冠朝服,则是仕于诸侯。天子之士,朝服皮弁素积。古者四民世事,士之子恒为士。冠礼于五礼属嘉礼。"见《十三经注疏》(上册),中华书局影印阮元刻本,1980年,第九四五页上。

么同意其前有关礼学的看法的。那么,何种原因让刘向取此编次呢?贾疏或可说明其一二原因。其疏曰:

> 其刘向《别录》,即此十七篇之次是也,皆尊卑吉凶次第伦叙,故郑用之。至于大戴即以《士丧》为第四,……《丧服》第十七。小戴于《乡饮》、《乡射》、《燕礼》、《大射》七篇亦依此《别录》次第,……《觐礼》为第十七。皆尊卑吉凶杂乱,故郑玄皆不从之矣。①

贾公彦认为,郑玄之所以同意各家都以冠礼为首,是因为他据《周礼》大宗伯所掌五礼——吉、凶、宾、军、嘉而言。而刘向的篇次,在贾氏看来是依据"尊卑吉凶次第",郑玄也认可这样的次序,但两戴的篇次是"尊卑吉凶杂乱",故郑玄不从。② 细较三本篇次,可知《别录》的第一、二、四、五、六、七、九为嘉礼,三、八、十为宾礼,十一到十四为凶礼,后三者为吉礼。不过,郑玄的《目录》所说和贾疏的辨析,都没有很好地说明刘向为何如此编次。

虽然按礼的性质来看,刘向没有遵循《周礼》吉凶宾军嘉的顺次,但他的编次中暗含着这样的逻辑顺列:人之成人,冠、婚为本,而按照汉代的察举制度,士人经世致用多由乡里称誉而达名于州郡以致于朝廷,故有"士以职位相亲,始承挚相见礼",③而后"诸侯之乡大夫,三年大比,献贤者能者于其君,以礼宾之,与之饮酒"。④ 很显然,这是以汉代郡县政体作为潜在依据而建立的士人仕的过程之礼。而后便是"州

---

① 《十三经注疏》(上册),第九四五页中。
② 贾氏进一步为刘向的篇次论证说:"《仪礼》见其行事之法,贱者为先,故以《士冠》为先。无大夫冠礼,诸侯冠次之,天子冠又次之。其《昏礼》亦士为先,大夫次之,诸侯次之,天子为后。诸侯乡饮酒为先,天子乡饮酒次之。乡射、燕礼已下皆然。又以《冠》、《昏》、《士相见》为先后者,以二十而冠,三十而娶,四十强而仕,即有挚见乡大夫、见已君及见来朝诸侯之等,又为乡大夫、州长乡行乡饮酒、乡射之事已下,先吉后凶,尽则行祭祀、吉礼。次叙之法,其义可知。"《十三经注疏》(上册),第九四五页中。
③ 《十三经注疏》(上册),第九七五页中。
④ 《十三经注疏》(上册),第九八〇页上。

长春秋以礼会民,而射于州序之礼",①而"诸侯无事,若卿大夫有勤劳之功,与群臣燕饮以乐之",②"诸侯将有祭祀之事,与其群臣射以观其礼。"③这是与众乐,是州郡、诸侯属国内"和"的境地。如此还非天下太平,故"诸侯相于久无事,使卿相问之礼,小聘使大夫",④这样又有"主国君以礼食小聘大夫之礼",⑤这是宗室之乐,没有祸起萧墙的兄弟争位,没有刀光剑影的诸侯反叛。至此,国泰民安,君臣安位,乃有"诸侯秋见天子之礼",⑥此即"觐礼"。这是一个由低向高的仪礼过程,是一种颇为理想化的自庶人以至于天子的相交和乐之礼。

然而,人终究要归于死,故有"丧服","天子以下,死而相丧,衣服、年月、亲疏、隆杀之礼",⑦这是另一种意义上的差等序列,由宗法而来。丧之大者,父丧母丧,故有"士丧其父母,自始死至于既殡之礼";⑧殡后乃葬,故有"请启期"的既夕礼;⑨"士既葬父母,迎精而反,日中祭之于殡宫以安之。"⑩此为《士虞礼》。至此,如前文所论,汉以"孝"治天下,则此类凶礼,是"孝"的体现。非但普通士人如此,诸侯之士也不例外,故有"诸侯之士祭祖祢"的"特牲馈食之礼",⑪再向上,即是"诸侯之卿大夫祭其祖祢于庙"的"少牢"之礼。⑫ 按宗法之意,诸侯卿大夫皆为诸侯的小宗,以诸侯王所在一支为大宗,而相对于天子,诸侯又成为小

---

① 《十三经注疏》(上册),第九九三页上。
② 《十三经注疏》(上册),第一〇一四页下。
③ 《十三经注疏》(上册),第一〇二七页下。
④ 《十三经注疏》(上册),第一〇四六页上。
⑤ 《十三经注疏》(上册),一〇七九页中。
⑥ 《十三经注疏》(上册),第一〇八七页下。
⑦ 《十三经注疏》(上册),一〇九六页中。
⑧ 《十三经注疏》(上册),第一一二八页中。
⑨ 《既夕礼》为《士丧礼》下篇,其大致内容参见郑玄《目录》注,《十三经注疏》(上册),皆第一一四六页中。
⑩ 《十三经注疏》(上册),第一一六七页上。
⑪ 《十三经注疏》(上册),第一一七八页下。
⑫ 《十三经注疏》(上册),第一一九六页上。

宗,天子为大宗。至此,方有诸侯或天子参与的"有司彻"之礼。① 这三类礼是"慎终追远",为吉礼。

由此可见,刘向对《仪礼》的新编次,隐含的是他对礼学内涵和形式的双重新理解,他一面试图从礼之内容上体现出士人"修身——治国"的古老传统,这是他坚守儒家精神的体现,也是整个先秦思想核心理念——"和"的精神的体现。而在这种"和"的理解上,他几乎扬弃了天人感应的公羊学弊端,而专注于人世的日常生活。这与他上疏中屡屡强调灾异说,有着很大差异,无须多论,这种差异源自礼学与《春秋》学的主旨的不同。另一方面,他又力图从礼之仪式上体现出等级变化,士、卿大夫、诸侯、天子的礼仪在刘向的目次中界限分明,这是儒家差等思想在大一统帝国背景下的新诠释。

刘向对礼学的另一个富有启发意义的阐释是,他用简短的语言对《礼记》(小戴礼)四十九篇的内容作了判断,这是他试图把握《礼记》篇章内容和性质的努力。为简省故,这里只根据郑玄《礼记目录》注,择要列举。其文如下:

> 此于《别录》属制度。(《曲礼上》)
> 此于《别录》属通论。(《檀弓上》)
> 此于《别录》属《明堂阴阳记》。(《月令》)
> 此于《别录》属丧服。(《曾子问》)
> 此于《别录》属世子法。(《文王世子》)
> 此于《别录》属祭祀。(《郊特牲》)
> 此于《别录》属子法。(《内则》)
> 此于《别录》属《明堂阴阳》。(《明堂》)

---

① 郑玄《目录》注"有司彻"篇目云:"《少牢》之下篇也。大夫既祭傧尸于堂之礼。祭毕,礼尸于室中。天子、诸侯之祭,明日而绎。有司彻于五礼属吉。"而所谓"有司彻",郑玄注曰:"彻室中之馈及祝佐食之俎。卿大夫既祭而宾尸,礼崇也。宾尸则不设馔西北隅,以此荐俎之陈有祭象,而亦足以厌饫神。天子诸侯,明日祭于祊而绎。"《十三经注疏》(上册),皆第一二○六页中。

此于《别录》属《乐记》。(《乐记》)

此于《别录》属丧服之礼。(《奔丧》)

此于《别录》属吉礼。(《投壶》)

此于《别录》属吉事。(《冠义》)

这些都是刘向《别录》对括弧中相应各篇所作的判语,虽然判断的详细理由我们无法知道,但综览《礼记目录》,可知刘向把《礼记》四十九篇分为九类:通论、祭祀、制度、世子法、子法、吉事、吉礼、丧服、丧服之礼。其中,属"通论"十六篇,"丧服"十篇,"制度"和"吉事"各六篇,"祭祀"四篇,余者各一篇。需辨析的是,由《汉书·艺文志》可知,《明堂阴阳记》、《明堂阴阳》、《乐记》都是独立于五十六卷《礼古经》和一百三十一篇《记》之外的。[①] 刘向在《别录》中把它们单列出来,是因为它们有别于当时已经成册的"经"和"记",其来源与严格意义上的"礼"是不同的。因为,在先秦总是礼乐并举,而阴阳之类,与礼的差别更大。由此可见,刘向《别录》中所体现出的"史"的意识是明确的。至于他以九类来分判《礼记》,由于《礼记》内容本身繁富而驳杂,这使得其分类在严格的意义上显得并不准确,如《曲礼》多有繁富礼仪和立身处世的态度,是难以归于"制度"的。不过,从上举的九类名称看,有些归纳判断是明显合理的,如《礼运》、《学记》、《中庸》、《大学》归为"通论",《王制》、《礼器》归为"制度",《郊特牲》归为"祭祀",等等。更为重要的是,刘向的这些分类,在礼的性质上,他遵从传统意义上的礼有五类的看法,故有吉凶判断;在文本的意义上,他对繁杂的《礼记》进行甄别,故有通论类的判断;在论述对象的意义上,他分别了礼与事的差异,故有吉礼和吉事的区别判断。而在这些意义上,从经学的角度看,刘向的分类不仅有助于对"经"的理解和传授,还启示出《礼记》本身就是一个

[①] 参见杨天宇:《郑玄三礼注研究》,天津人民出版社,2007年,第160—162页。而参之《汉书·艺文志》所载(见前文注引),《明堂阴阳》三十三篇是说"古明堂之遗事",《明堂阴阳记》五篇显然是对那些"遗事"的解说。

繁杂的知识和价值系统。

由于史料阙如,现在已经无法知道刘向对大戴礼的态度。但从以上分析来看,刘向对《仪礼》和《礼记》的校正,显现出他具有非同寻常的历史、政治、教育等意识,其对礼学著作的编校努力,事实上奠定了礼学文本框架的基础。否则,郑玄注礼也不会如此注重刘向的诸多判断。

最后来看《春秋》。先看《新序》和《说苑》中引《春秋》的情况。按徐复观的研究,两书引用春秋时代的故事,多出《左传》,但很少用"春秋"之名或"传曰"引出,这应该与当时《左传》未立于学官,他于秘中校书时另见《左传》有关。① 而明确以"春秋"名而引的,《新序》有七,《说苑》有二十四。《新序》用《穀梁》之文、义多于《公羊》,《说苑》用《公羊》则多于《穀梁》。这种以"春秋"名出引而其实杂用《公羊》、《穀梁》的情形,正是与这两者在当时都立于学官,其义大行于世有关。② 所要注意的是,刘向的祖上以《诗》学和黄老术名世,刘向自己则是由诗赋转向《穀梁》学,进而博通《易》学、《尚书》学、礼学等。以其青年时曾专研《穀梁》学五年并参与石渠阁论议的经历来看,其晚年编撰的《新序》、《说苑》却博采《春秋》三传,没有明显的师法家学倾向,这不能不说是一种了不起的转向,体现了刘向具有一种思想和学术的双重宽容精神。这种精神对东汉许多大儒如贾逵、郑玄等或许都潜在地产生了重要影响。

另外,刘向对《易》学也有精深的研究,其上疏中频繁征引《周易》

---

① 《左传》是否为刘歆伪作,以前一直为中国典籍史上的公案。本书认可钱穆之说,即《左传》原初有本,非刘氏伪撰。钱氏针对二十世纪初的疑古思想(疑刘氏伪作《左传》是其重要论证内容),作《刘向歆父子年谱》,举二十八点论证刘氏父子未尝作伪,《周礼》与《左传》亦为刘氏之前即有。此谱关于《左传》的辨析,参见钱穆:《两汉经学今古文平议》,第51页,60页,77—80页,87页,97页,108页,123—126页,152页,等等。其证颇精,文多不引,可详参。

② 徐氏对二书征引的情况做了较为详细的辨析,此处仅综合其结论性说法。详参徐复观:《两汉思想史》(第三卷),第49—53页。另外,钱穆《刘向歆父子年谱》针对刘向上疏用穀梁义也作了辨析,认为"后人必谓汉儒经学守家法不相同,其实非也"。参见钱穆:《两汉经学今古文平议》,第38页。

来议政,《说苑》也有所引,可为明证。① 《新序》和《说苑》对《论语》也有许多征引和阐说,加上他曾编撰《战国策》,校理《管子》、《晏子春秋》等,可见刘向学问是何等渊博。限于篇幅,此处存而不论。

二、灾异与政治

西汉时期的阴阳和五行思想,总与帝国的社会和政治密切相关。对此,如前文所析,董仲舒、京房等均有专门的阐论。刘向、刘歆父子作为宗室之后,他们对汉帝国的命运倾注了更多的关注和思考,其理论的建构,比之前人,也有更多的不同。《汉书·五行志》较为详细地选录了西汉的阴阳、五行思想材料,对刘氏父子有关洪范五行的论说,录存尤多。据史家白寿彝研究,《汉书·五行志》保存了刘向《洪范五行传论》约一百五十二条。其中论灾异与后、妃、君夫人及外戚间的关系的约三十一条,论灾异与君主失势、国家败亡间关系的约三十九条。《五行志》同时保存了刘歆论《洪范五行传》的材料,约七十三条,但其观点与其父有很多不同。②

据我们对照《汉书》卷三六《刘向传》中刘向上疏所论的阴阳灾异事,与卷二十七《五行志》所录刘向《洪范五行传论》等材料,刘向疏中所论,于《五行志》中几乎都有记载(参本节脚注)。故《刘向传》说:

> 向见《尚书·洪范》箕子为武王陈五行阴阳休咎之应,向乃集合上古以来历春秋六国至秦、汉符瑞灾异之记,推迹行事,连传祸福,著其占验,比类相从,各有条目,凡十一篇,号曰《洪范五行传论》,奏之。③

据此可知,刘向的《洪范五行传论》是有明确主旨的,即把阴阳灾异理

---

① 参见姜广辉主编:《中国经学思想史》,第317—318页。
② 此为白寿彝在《刘向与班固》一文所言,文载白氏著《中国史学史论集》,中华书局,1999年,第108—130页。
③ 《汉书》,第1950页。

论与西汉的社会政治联系起来阐发。另一方面,他又认为古今之事有相类处,故他对春秋灾异与汉时灾异,也颇有推类性的思考。基于此,刘向在永光元年(前43)的上疏中,表达了他对帝国社会政治的忧虑。他说:

> 夫遵衰周之轨迹,循诗人之所刺,而欲以成太平,致雅颂,犹却行而求及前人也。初元以来六年矣,案《春秋》六年之中,灾异未有稠如今者也。夫有《春秋》之异,无孔子之救,犹不能解纷,况甚于《春秋》乎?①

这样的思考路向,在《五行志》的记载中颇多。且举二组例证,以说明刘向的阴阳灾异观。先看关于鸟的异象:

> 昭公二十五年"夏,有鸜鹆来巢"。……刘向以为,有蜚有蜮不言来者,气所生,所谓眚也。鸜鹆言来者,气所致,所谓祥也。鸜鹆,夷狄穴藏之禽,来至中国,不穴而巢,阴居阳位,象季氏将逐昭公,去宫室而居外野也。鸜鹆白羽,旱之祥也。穴居而好水,黑色,为主急之应也。天戒若曰:既失众,不可急暴;急暴,阴将持节阳以逐尔,去宫室而居外野矣。昭不寤,而举兵围季氏,为季氏所败,出奔于齐,遂死于外野。②

> 昭帝时有鹈鹕或曰秃鹙,集昌邑王殿下,王使人射杀之。刘向以为,水鸟色青,青祥也。时,王驰骋无度,慢侮大臣,不敬至尊,有服妖之象,故青祥见也。野鸟入处,宫室将空。王不悟,卒以亡。③

---

① 《汉书》卷三六《刘向传》,第1942页。
② 《汉书》卷二七中之下,第1414—1415页。
③ 《汉书》卷二七中之下,第1416页。附带说明的是,《五行志》用《春秋》三传事,以《公羊》为主,且不注明出自《公羊》,《左传》次之,《穀梁》最少,二者均注明出处。由于《公羊》、《穀梁》属今文,《左传》属"古学",则《五行志》的这种撰录情形说明:班固所处的时代是今古文学交汇的时代。此见后论。

季氏逐昭公,昭公死于野外,是臣逐君;宣帝取代昌邑王,是外藩入继。二事性质不同,不可视为同类。但刘向注重的是这两件事:昭公时"夷狄穴藏之禽,来至中国,不穴而巢"与昭帝时"野鸟入处",它们都预示由祥转灾,但昭公和昌邑王却都没能明晓它们蕴含的阴阳灾异之理。①昭公仓促攻打季氏,与昌邑王登位后过度淫乐,二者都有"急暴"的致命弱点。其结果是二者都"亡"了。刘向如此说灾异,正是要劝诫君主应该从各种灾异中自省,应有理有度地行使君主权力。

再看树木的异象:

> 僖公三十三年"十二月,李、梅实"。刘向以为周十二月,今十月也,李、梅当剥落,今反华实,近草妖也。先华而后实,不书华,举重者也。阴成阳事,象臣颛君作威福。②

> 元帝初元四年,皇后曾祖父济南东平陵王伯墓门梓柱卒生枝叶,上出屋。刘向以为王氏贵盛,将代汉家之象也。③

臣僭君权是刘向疏中一直论说的问题,也是他从春秋灾异事中总结出来的。僖公三十三年的冬天,李和梅结果子,被《春秋》记载,以示"阴成阳事",说明臣僭君权而作威作福。这种"草妖"之异,在元帝初元四年(前44)也有出现,故刘向认为元帝皇后曾祖父墓门柱子上生出枝叶,也是"阴成阳事",显示的是"王氏贵盛",是"下失臣道"的显现。④故刘向在上疏中说:"和气致祥,乖气致异。祥多者其国安,异众者其

---

① 关于此类事的思考,刘向在元延元年(前12)上疏中说得更为明晰。他说:"观秦、汉之易世,览惠、昭之无后,察昌邑之不终,视孝宣之绍起,天之去就,岂不昭昭然哉!高宗、成王亦有雊雉拔木之变,能思其故,故高宗有百年之福,成王有复风之报。神明之应,应若景响,世所同闻也。"《汉书·刘向传》,第1964页。
② 《汉书》卷二七中之下,第1412页。
③ 《汉书》卷二七中之下,第1412—1413页。
④ 不过,颇为吊诡的是,王莽却把这视为自己代汉的象征。《汉书》卷二七中之下随后即对墓门柱生枝叶的情形记载说:"后王莽篡位,自说之曰:'初元四年,莽生之岁也,当汉九世火德之厄,而有此祥兴于高祖考之门。门为开通,梓犹子也,言王氏当有贤子开通祖统,起于柱石大臣之位,受命而王之符也。'"《汉书》,第1413页。

国危,天地之常经,古今之通义也。"①

实际上,刘向如此以阴阳灾异来解释古今的社会政治,尤其是针对君主的操守、修养、能力等问题,是有其历史和现实的多重原因的。一方面,阴阳灾异说是武帝之后开始兴起的《春秋》公羊学的主要理论之一,并且公羊学也被立于博士学官,可谓当时的"显学"。而以此说理论事,既能为人所理解,又不会触犯多少皇家的忌讳。另一方面,自武帝以后,西汉帝国的政治权力尤其是最高行政权力发生了变化,武帝对丞相职权的侵夺,宣帝对大臣的苛察,使得本来就处于相对弱势地位的"外朝"大臣少了很多议政的空间,而在"内朝"("中朝")官员及其权力范围增扩的背景下,原先在帝国政治中起中流砥柱作用的那些外朝士大夫,不仅权责被削弱,其经世致用的理想也遭受挫折。②故对儒者而言,必须有新的方法和途径来实现自己"修身—治国"的抱负。在经历了宣帝的中兴,元帝的尊儒之后,不意宦官和外戚又渐渐侵夺外朝大臣。在此背景下,历经宣、元、成三朝的宗室大儒刘向,几经挫折,不得大用,他便自觉地开始以阴阳灾异和五行理论来议政(参见上引刘向上疏之文)。甚至,以这种理论形态议政,还隐含着刘向自我保护的意图。③对于其中的深层原因,钱穆所论颇为中的。他说:

> 汉人通经本以致用,所谓"以儒术缘饰吏治",而其议论则率本于阴阳及《春秋》。阴阳据天意,《春秋》本人事,一尊天以争,一引古以争。非此不足以折服人主而申其说,非此不足以居高位而自安。④

---

① 《汉书》卷三六《刘向传》,第1941页。
② 劳榦认为,"汉代的政治是以武帝为转折点,内朝外朝的分别便是在武帝时代形成的。"有关西汉时期的内朝、外朝问题,参见劳榦《论汉代的内朝与外朝》一文。
③ 据《刘向传》载,元帝间,"时恭、显、许、史子弟侍中诸曹,皆侧目于望之等,更生惧焉,乃使其外亲上变事。"《汉书》,第1930页。
④ 钱穆:《两汉经学今古文平议》,第222页。

三、五行新论

对于宗室之后的刘向而言,期望刘氏政权平稳地发展,固然是其心中一个良好的愿望;而对于博通五经的儒者刘向而言,从儒家传统思想和历史经验中寻求救世的良方,未尝不是其作《洪范五行传论》的内在原因。下面,我们来看刘向等人是如何展开对传统五行思想的新阐释的。

首先,刘向秉承了董仲舒等汉儒提倡的五行顺次(木火土金水),不以《洪范》中的水火木金土顺次来说阴阳灾异。而前者正是汉后五行说中的五行相生次序。按此次序,《五行志》分列其说。现摘录其说法如下:

> 木:传曰:"田猎不宿,饮食不享,出入不节,夺民农时,及有奸谋,则木不曲直。"
>
> 火:传曰:"弃法律,逐功臣,杀太子,以妾以妻,则火不炎上。"
>
> 土:传曰:"治宫室,饰台榭,内淫乱,犯亲戚,侮父兄,则稼穑不成。"
>
> 金:传曰:"好战攻,轻百姓,饰城郭,侵边境,则金不从革。"
>
> 水:传曰:"简宗庙,不祷祠,废祭祀,逆天时,则水不润下。"①

由此可见,这里"传"所指向的主题是:君主作为最高权力的拥有者,其行为实际上也是朝廷(国家)的行为,其行恶,国家和臣民都跟着遭殃。也就是说,君主如果不遵行五行的德性,则每犯一"行",其对国家、社会、制度、百姓都会带来相应的危害。或者说,君主缺乏任何一"德"之行,其恶行即会通过相应的现象彰显出来。很显然,与董仲舒把五行的权责和德性意义与司农(木)、司马(火)、君之官(土)、司徒(金)、司

---

① 《汉书》卷二七上,分别见于第 1318、1320、1338、1339、1342 页。

寇(水)相比附不同，①这里把所有的五行之德都指向君主与朝廷的行为，其潜在要求是，君主的行为必须具备五行之德，否则，总有某类恶行发生。在这种带有极度理想化的阐释大纲下，按上列顺序，《五行志》的每"传"之下，都有"说"，"说"后再例举春秋和汉代灾异事例，所引诸家中，多以"董仲舒、刘向以为"为先，再举他人的说法。下面，参照班固明确标有"董仲舒、刘向以为"或"刘向以为"的例证，顺次对各"说"略作述析。

关于木，"说"者以为，木配东方，木"行"对于"王事"而言，要求君主必须"行步有佩玉之度，登车有和鸾之节，田狩有三驱之制，饮食有享献之礼。出入有名，使民以时，务在劝农桑，谋在安百姓"，否则，即有"传"中所列的各种恶行。②

关于火，"说"者以为，火配南方，火"行"对于"王者"而言，"南面乡明而治"，君主必须"贤佞分别，官人有序，帅由旧章，敬重功勋，殊别嫡庶"。③ 不然就会犯"传"中所说的恶行，且宗庙宫廷都会遭遇火灾。在此"说"下，班固选录的灾异事例有三十一条之多。④ 这与所谓的"汉为火德"有密切关系。见后论。

关于土，"说"者以为，土居中央而生万物。土"行"对于王者而言，"为内事，宫室、夫妇、亲属，亦相生者也。"⑤君主在宫庙、后宫、九族之类问题上，必须遵循尊卑亲疏之制。逾制的话，就会劳命伤财，"稼穑不成"。

关于金，"说"者认为，金配西方，预示"杀气之始"（即代表秋季）。它对于王者而言，是"出军行师，把旄杖钺，誓士众，抗威武，所以征畔逆、止暴乱也"。⑥

---

① 参见《春秋繁露》之《五行相生》、《五行相胜》、《五行顺逆》三篇。
② 班固选录的例证可参见《汉书·五行志》，第1319—1320页。
③ 《汉书》卷二七上，第1320页。
④ 例证参见《汉书》卷二七《五行志》。
⑤ 《汉书》卷二七上，第1338页。
⑥ 《汉书》卷二七上，第1339页。

关于水,"说"者以为,水配北方,代表冬,藏万物。它对于"人道"而言,要"为之宗庙以收魂气,春秋祭祀,以终孝道"。而对于王者而言,则必须郊祀、祈神,这是"顺事阴气,和神人也"。否则,臣失其道,民遭饥馑。①

以上这种以中央四方来配木(东)、火(南)、土(中央)、金(西)、水(北)五行的做法,是汉代有关五行思想的常识,也是先秦以五色、五音、五方等物类以"五"配五行的古老传统的延续和变通。② 虽然其"传"和"说"的重点发生了转向,把论说的矛头都指向了君主,但它们都没有明确说明五行之间的关系。而正是在五行之间的关系上,刘向等人又对古老的相生相克说进行了转向性阐释。这就是《洪范五行传(论)》思想的第二大特色:在改变五行次序之外,又以《尚书》中的貌、言、视、听、思"五事"与五行匹配进行论说。③

与上文有关五行顺次的"传""说"等思想的锋芒针对君主相类,有关"五事"的"传""说"等思想也是针对君主。但二者之间有重大差别,前者注重的是君主的施政行为,后者注重的是君主的内在素养。且看《五行志》所载的"五事"之"传",其文曰:

> 貌:传曰:"貌之不恭,是谓不肃。厥咎狂,厥罚恒雨,厥极恶。时则有服妖,时则有龟孽,时则有鸡祸,时则有下体生上之痾,时则有青眚青祥。唯金沴木。"

> 言:传曰:"言之不从,是谓不乂。厥咎僭,厥罚恒阳,厥极忧。

---

① 例证参见《汉书》卷二七《五行志》,第1344—1347页。
② 有关先秦和秦汉五行配对的演变情况,刘起釪在《五行原始意义及其分歧蜕变大要》一文中有详细梳理。参见刘起釪:《尚书研究要论》,第331—357页。
③ 董仲舒《春秋繁露·五行五事》对《洪范》中的"五事"进行了发展性的阐释。其文曰:"王者与臣无礼,貌不肃敬,则木不曲直,而夏多暴风。风者,木之气也,其音角也,故应之以暴风。王者言不从,则金不从革,而秋多霹雳。霹雳者,金气也,其音商也,故应之以霹雳。王者视不明,则火不炎上,而秋多电。电者,火气也,其音征也,故应之以电。王者听不聪,则水不润下,而春夏多暴雨。雨者,水气也,其音羽也,故应之以暴雨。王者心不能容,则稼穑不成,而秋多雷。雷者,土气也,其音宫也,故应之以雷。"由下文的分析可见,《洪范五行传(论)》的阐发,既源自董仲舒的说法,又有超越。

时则有诗妖,时则有介虫之孽,时则有犬祸。时则有口舌之痾,时则有白眚白祥。惟木沴金。"①

视:传曰:"视之不明,是谓不哲。厥咎舒,厥罚恒奥,厥极疾。时则有草妖,时则有蠃虫之孽,时则有羊祸,时则有目痾,时则有赤眚赤祥。惟水沴火。"

听:传曰:"听之不聪,是谓不谋。厥咎急,厥罚恒寒,厥极贫。时则有鼓妖,时则有鱼孽,时则有豕祸,时则有耳痾,时则有黑眚黑祥。惟火沴水。"②

思:传曰:"思心之不容,是谓不圣。厥咎雾,厥罚恒风,厥极凶短折。时则有脂夜之妖,时则有华孽,时则有牛祸,时则有心腹之痾,时则有黄眚黄祥,时则有金木水火沴土。"③

这里是按照《五行志》中所列的顺序摘录。再对照《尚书·洪范》对五事的说法:"一曰貌,二曰言,三曰视,四曰听,五曰思。貌曰恭,言曰从,视曰明,听曰聪,思曰睿。恭作肃,从作义,明作哲,聪作谋,睿作圣。"可见这样的"传"是严格按照《洪范》的顺序来发挥的。由此顺序可见,上文"木火土金水"的关系被改变成貌(木)言(金)视(火)听(水)思(土)的匹配关系,很显然,这样的关系匹配源自董仲舒《春秋繁露》的《五行五事》篇(见前注引文)。而在这样的顺次阐发中,有以下几点值得注意:

一是刘向等人对这里的关键词做了相应的解释,其文曰:

凡草木之类谓之妖。妖犹夭胎,言尚微。虫豸之类谓之孽。孽则牙孽矣。及六畜,谓之祸,言其著也。及人,谓之痾。痾,病貌,言浸深也。甚则异物生,谓之眚;自外来,谓之祥,祥犹祯也。气相伤,谓之沴。沴犹临莅,不和意也。每一事云"时则"以绝之,

---

① 皆《汉书》卷二七中之上,分别见于第1352、1376页。
② 皆《汉书》卷二七中之下,分别见于第1405、1421页。
③ 《汉书》卷二七下之上,第1441页。

言非必俱至,或有或亡,或在前或在后也。①

这是说,万事万物都有其萌发到显著的过程。此即刘向在《上封事疏》中所说:"物盛必有非常之变先见,为其人微象。"②以其不好的倾向来看,在草木类显现出来叫做"妖",在虫豸类显现出来的叫做"孽",在六畜显现出来的叫做"祸",在人即是"痾"(同"疴")。这些倾向的过度发展,有内外两种方式作为征兆,由内生发的异常物象叫做"眚",由外而来的异常物象叫做"祥"。而不同事物的不好倾向在发展过程中,又会对其他事物造成伤害,以五行之"气"而言,即是物气之间的相伤,以人事而言,即是相害,此谓"沴"。刘向等人认为,虽然有这么多种类不祥(灾异)的可能,但有不祥并不意味着它们都必然会同时发生。所以,以"五事"讲阴阳五行的灾异理论,目的在于警示君主,有什么不良的德性就会引发相应的灾异,反之,有异象也会预示着相应的灾异发生,只不过其发生的种类和时间不同而已。很显然,刘向等人这样的"说"解,实际上是在解释他们灾异理论的关键词。或者说,这是对其前阴阳灾异说的一种理论总结。

综览《五行志》,班固在罗列各家由异象生发的灾异议论后,即罗列史实以证其说。也就是说,异象后必有人事之变。同样地,有事变必有灾变。③ 这样的情形,无论是巧合、比附还是推理乃至想象,从班固所选录编纂的这些内容看,都表明了汉儒试图从历史经验中寻求解决现实政治和社会问题的努力。不可以"迷信"之类的意识形态判断,来全盘否定它的思想和文化意义。

---

① 《汉书》卷二七中之上,第1353页。
② 《汉书》卷三六《刘向传》,第1961页。
③ 当然,《五行志》也有许多关于先有人事之变,后生灾异的记录。但此类记载多为佐证某类灾异,以示详实,其具体记录本身并没有关于灾异性质的论断。如"听"之"传"下关于雪灾的记载:"武帝元狩元年十二月,大雨雪,民多冻死。是岁,淮南、衡山王谋反,发觉,皆自杀。使者行郡国,治党与,坐死者数万人。"(《汉书》卷二七中之下,第1424页)按,考《汉书》卷六《武帝纪》,淮南王谋反事在该年十一月。此证事变在前,灾变在后。

二是五行之间由原来的相生相克变成了交相胜(沴)。由上引"传"文可知,木(貌)与金(言)、火(视)与水(听)是一种交相胜(沴)的关系,即"金(言)沴木(貌)"与"木沴金","水(听)沴火(视)"与"火沴水"。并且,这四者与土(思)也有交相胜的关系,即"金木水火沴土"。这种交相胜(沴)的关系之所以会发生,是因为"五事"具于君主一体,根据《洪范》所说"貌曰恭,言曰从,视曰明,听曰聪,思曰睿。恭作肃,从作乂,明作哲,聪作谋,睿作圣",则貌言视听四"事"分别体现了君主的肃(自我约束)、乂(治理)、哲(审察)、聪(纳谏)四种能力,而土(思)即心之思虑,是对前四者的判断取舍,它体现的是君主应该有宽而容之的圣人胸怀。君主任何一种能力的缺失,都会导致不祥的结果。最可怕的是,如果君主四种能力都缺失,那有土(思)也毫无用处,因为无论怎么思虑,其弊都无法救治,更不用说四种能力的缺失,实际上已经消解了土(君主的为政之"思")。对于周幽王二年的震灾和旱灾,《五行志》的记载如下:

> 史记周幽王二年,周三川皆震。刘向以为金木水火沴土者也。
>
> 是岁,三川竭,岐山崩。刘向以为阳失在阴者,谓火气来煎枯水,故川竭也。山川连体,下竭上崩,事势然也。时,幽王暴虐,妄诛伐,不听谏,迷于褒姒,废其正后,废后之父申侯与犬戎共攻杀幽王。①

周的崩溃,的确源自周幽王的暴虐、妄诛、拒谏、淫乐、毁制,这些恶行正与上文所论的四种能力和德性相对。也就是说,幽王实际上无法真正地"貌言视听",其作为君主的心思因此也涣散殆尽,故刘向说"金木水火沴土",即幽王的种种恶行使得自己变成了一个暴君,他实际上是一个根本不具备君主品行和能力的人。在这种君主统治下的王朝,不

---

① 皆《汉书》卷二七下之上,第1451—1452页。

三是刘向等人不仅对与"五事"相对应的"妖""祸"性质和类别作出解释,还以易卦的象义来比附"五事"。妖祸之类,上引原文颇为明晰,不赘。此处仅综述各"传"之"说",以见刘向等人是如何以卦来比附"五事"的。"貌"事所配为"巽"(木),而"'巽'为鸡,鸡有冠距文武之貌。不为威仪,貌气毁,故有鸡祸"。① "言"事所配为"兑"(金),而"'兑'为口,犬以吠守,而不可信,言气毁,故有犬祸"。② "视"事所配为"离"(火),"离"为火为目,"羊大目而不精明,视气毁,故有羊祸"。③ "听"事所配为"坎"(水),而"'坎'为豕,豕大耳而不聪察,听气毁,故有豕祸也"。④ "思"事所配为"坤"(土),而坤"为牛,牛大而心不能思虑,思心气毁,故有牛祸"。⑤ 凡此之类,比附痕迹明显,但因为鸡犬羊猪牛都是人类的畜养动物,与民众的生活息息相关,故只要此类动物大片死亡或有其他异象,即可视为灾异,进而推知相应的"五事"有失,反之亦然。

刘向等人五行思想的第三个特点是用五行灾异的方法直接论说君主替代和篡乱的问题。如前注中所论,《五行志》引《尚书·洪范》"九畴"中的三"畴",即卷上引"一曰五行"的内容,卷中引"二曰敬用五事"的内容,卷下之下引"五曰建用皇极"的内容。前文两点即是对前二者的"传"、"说"及其例证的述析。下面再看"皇极"的"传"。其文曰:

> 皇之不极,是谓不建,厥咎眊,厥罚恒阴,厥极弱。时则有射妖,时则有龙蛇之孽,时则有马祸,时则有下人伐上之痾,时则有

---

① 《汉书》卷二七中之上,第1353页。
② 《汉书》卷二七中之上,第1377页。
③ 《汉书》卷二七中之下,第1406页。
④ 《汉书》卷二七中之下,第1421页。
⑤ 《汉书》卷二七下之上,第1442页。

日月乱行,星辰逆行。①

所谓"眊",即是昏乱不明。此"传"的述说类型与上引"五事"之"传"相同。随后的"说"对"皇之不极,是谓不建"进行解释:皇为君,极为中,建是立,其意是,"人君貌言视听思心五事皆失,不得其中,则不能立万事。"与上文之"传"总是追究君主某一方面缺陷的弊端不同,这里论说的是一个全面昏聩的君主("五事皆失")。这种君主的统治,"万事不立",他因此也就彻底失去了"王者自下承天理物"的品行和能力,以致"日月乱行,星辰逆行"。也就是说,昏聩的君主没有资格承"天命"为"天子",故"人之所叛,天之所去,不有明王之诛,则有篡弒之祸",其被诛杀和被替代是必然的。②《五行志》的后文所录,全为君主替代和以下叛上的史实和灾异事,尤其是卷二十七下之下篇,全篇例举了大量的日食现象和星宿异象,且绝大多数都以"刘向以为"或"董仲舒、刘向以为"为始,对异象的意义进行解说。仅以庄公七年的星宿异象记载为例,以见汉儒如何从天象推及人事,再论及政治。其文曰:

> 严公(引注:即庄公,班书避明帝刘庄讳)七年"四月辛卯夜,恒星不见,夜中星陨如雨"。董仲舒、刘向以为,常星二十八宿者,人君之象也;众星,万民之类也。列宿不见,象诸侯微也;众星陨坠,民失其所也。夜中者,为中国也。不及地而复,象齐桓起而救存之也。乡亡桓公,星遂至地,中国其良绝矣。刘向以为,夜中者,言不得终性命,中道败也。③

以此看来,刘向所担心的正是西汉王朝能否很好地延续,以避免"中道败"。他在元延元年(前12)的上疏中,明确地说明了自己对汉代天象

---

① 《汉书》卷二七下之上,第1458页。
② 皆《汉书》卷二七下之上,第1458页。
③ 《汉书》卷二七下之下,第1508页。

的关注,并对西汉的日食情况作了统计和排比,认为成帝时期的天象之变为"古今罕有",①故不惜触犯忌讳地劝谏成帝应注意历史的经验。他说:

> 观秦、汉之易世,览惠、昭之无后,察昌邑之不终,视孝宣之绍起,天之去就,岂不昭昭然哉!②

成帝无子,刘向以"惠、昭之无后"直谏,已是非常,又说出"天之去就"这样带有终极威胁的结论来,可谓忧心、忠心、直情之甚。此疏为刘向六十八岁时所上,书奏后,成帝还请他入宫讲解天文,并想重用他,但为掌权的王氏所阻。基于此,刘向如此谏疏表明了阴阳、灾异、五行等学说,是如何深切地影响了西汉君臣。也正是在这样的历史情境中,汉代君主与儒者才那么注重刘氏政权的属"德"问题。

四、"五德终始"新义

中国古代政治的特色之一是:君权天授。因此,每个朝代的建立者都有意为自己的"天子"之位寻求天命的支持。也就是说,帝王总是要为自己取得的政权作德性和运命的双重合理的论证。"五德终始"论的主旨即在于此。前哲近贤对此所论甚详,本处略而不述。下面仅就刘向父子的五德终始说,略做分析。

前文已经指出,《五行志》上篇在五行之"传"下所录的例证,以"火"行为最多,据徐兴无统计,有三十一条,其中汉时例证为十七条,而关于其他四行的例证,总数才二十五条,其中关于火之灾异的只有五条。③这意味着,刘向乃至班固,都对"火"行(火德)格外重视。那么,其原因何在呢?

---

① 刘向说:"汉兴讫竟宁,孝景帝尤数,率三岁一月而一食。臣向前数言日当食,今连三年比食。自建始以来,二十岁间而八食,率二岁六月而一发,古今罕有。"见《汉书·刘向传》,第1963页。
② 《汉书》卷三六《刘向传》,第1963页。
③ 参见徐兴无:《刘向评传》,第301页。

对于西汉德运问题与刘向父子的关系，班固在《汉书·郊祀志》末尾"赞"中所论颇为简明。其文曰：

> 汉兴之初，庶事草创，唯一叔孙生略定朝廷之仪。若乃正朔、服色、郊望之事，数世犹未章焉。至于孝文，始以夏郊，而张苍据水德，公孙臣、贾谊更以为土德，卒不能明。孝武之世，文章为盛，太初改制，而倪宽、司马迁等犹从臣、谊之言，服色数度，遂顺黄德。彼以五德之传，从所不胜，秦在水德，故谓汉据土而克之。（服虔注："五帝相承代，常以金木水火相胜之法，若火灭金，便以火代金。"）刘向父子以为帝出于震，故包羲氏始受木德，其后以母传子，终而复始，自神农、黄帝下历唐、虞三代而汉得火焉。（邓展注："向父子虽有此议，时不施行，至光武建武二年，乃用火德，色尚赤耳。"）故高祖始起，神母夜号，着赤帝之符，旗章遂赤，自得天统矣。昔共工氏以水德间于木、火，与秦同运，非其次序，故皆不永。由是言之，祖宗之制，盖有自然之应，顺时宜矣。①

这里有两点先行辨析：

一是文帝时发生了关于德运的重大争论。在争论过程中，由于当时丞相张苍的坚持，终而还是定以"水德"。到了武帝太初元年（前104）改制，"以正月为岁首，色尚黄，数用五，定官名，协音律"，②改定为"土德"。③这意味着，直到武帝时，本朝德运是儒者关心的主要问题之一。推而广之，在"经学昌明"的时代，在汉儒建立新的知识体系和思想理论的过程中，这个问题也不会被淡忘。

二是德运上的秦水汉土问题。对于汉为土德，班固说是"五德之

---

① 《汉书》卷二五下《郊祀志下》，第 1270—1271 页。
② 《汉书》卷六《武帝纪》，第 199 页。
③ 有关"土德"之定，参见杨权：《新五德理论与两汉政治——"尧后火德"说考论》，第 113—123 页。不过，杨权认为，在汉初尚有一个短暂的准火德时期，但它不是由五行相胜说而来，只是戎马时代的方位巧合，即高祖"起兵之地位于火位的南方"。参见同书，第 103—112 页。

传,从所不胜,秦在水德,故谓汉据土而克之"。这是以五行相胜义来说的。秦之为"水德",依司马迁之说,则是"始皇推终始五德之传,以为周得火德,秦代周德,从所不胜,方今水德之始"。① 这就是说,秦和汉初德运问题的解决依据都是邹衍的五行相胜学说,其相胜的次序为土木金火水。② 参诸上文对刘向有关五行次序改变的分析可知,邹衍式的五行关系是相胜,刘向式的五行关系则是相生。更为关键的问题是,虽然在五行关系上汉儒有不同的理解,如董仲舒既讲相胜又讲相生,但刘向与董仲舒、京房等人一样,在五行次序的问题上都主张木火土金水。也就是说,木火土金水的五行顺次是西汉儒者的共识。这样,便生发出一个致命的问题:如果根据西汉儒者共识的五行次序,以邹衍的五帝次序(黄帝→夏→殷→周→?)来匹配的话,③虽然代周的仍然可以是"水"德之秦,但周却不是火德,而是金德,而如果补上黄帝后的尧舜二帝,则其德运次序更会混乱。这种情况说明,在汉儒建构了有关阴阳五行的新理论后,这种理论在解释历史问题时遇到了困难,而且,这也是用新理论来论证刘氏政权的合法性时所面临的困难。

正如刘向发展灾异理论来劝诫君主提高修养和端正行为一样,对于博通五经、精研天文历法的他而言,用古老的《周易》来解决以上的困难,既不会有违背共识而遭致反对的危险,又能解决邹衍的帝德谱系中帝系残缺不全的问题,还能为汉家王朝的德运提供更为严谨的论证。这些正是班固在《汉书》中点明"刘向父子以为帝出于震"的原因。

----

① 《史记》卷六《秦始皇本纪》,第 237 页。
② 有关邹衍五德说的来源及其内容,饶宗颐认为由儒家的子思传承古说而来。参见饶宗颐:《中国史学上之正统论》,第 10—23 页。
③ 《吕氏春秋·应同》记载:"凡帝王之将兴也,天必先见祥乎下民。黄帝之时,天先见大螾大蝼。黄帝曰:'土气胜。'土气胜,故其色尚黄,其事则土。及禹之时,天先见草木秋冬不杀。禹曰:'木气胜。'木气胜,故其色尚青,其事则木。及汤之时,天先见金刃生于水。汤曰:'金气胜。'金气胜,故其色尚白,其事则金。及文王之时,天先见火赤乌衔丹书集于周社。文王曰:'火气胜。'火气胜,故其色尚赤,其事则火。代火者必将水,天且先见水气胜。水气胜,故其色尚黑,其事则水。水气至而不知数备,将徙于土。"研究者都认可这段话基本上体现了邹衍的学说。据此,则邹衍的五帝其实是四帝,其顺次为:黄帝→夏→殷→周→?

班固是赞成汉为火德的,故他接受刘向理论上的火德说,而不接受刘歆的妄增谱系。① 下面,依据史书所载,把刘向父子的帝德谱系列表比较(表九),再略作分析。

表九 刘向父子帝德谱系对照表

帝系\行色	太昊包羲	炎帝神农	黄帝	颛顼	帝喾	尧	舜	夏	殷	周	秦	汉	备注
五行	木	火	土	金	水	木	火	土	金	水	木	火	刘向之帝德谱
五色	青	赤	黄	白	黑	青	赤	黄	白	黑	青	赤	

帝系\行色	太昊包羲	共工	炎帝神农	黄帝轩辕	少昊金天	颛顼高阳	帝喾高辛	帝挚	帝尧陶唐	帝舜有虞	伯禹	成汤	武王	秦伯	汉高祖	备注
五行	木	闰水	火	土	金	水	木	闰统	火	土	金	水	木	闰水	火	刘歆之帝德谱
五色	青		赤	黄	白	黑	青		赤	黄	白	黑	青		赤	

说明:此表中,刘向之谱据上引班固之说,并据《史记·五帝本纪》等补成。刘歆之谱据《汉书·律历志下》所载《世经》而制,《世经》文多,不具引。

据表中所示内容,有以下几点值得讨论:

第一是伏羲为始的意义。表中的包羲(包牺)即伏羲,在《周易·系辞下》中被认为是八卦的创始人,也是传说中中国古代政教的创始者,即所谓"王天下"之人(参上引注文),刘向父子都以其为帝系之首,即是基于《系辞》中的这种说法。但问题是,正如司马迁在《五帝本纪》的末尾所论:"学者多称五帝,尚矣。然《尚书》独载尧以来,而百家言

---

① 班固在《郊祀志》中所说的"刘向父子以为'帝出于震',故包羲氏始受木德"云云(《汉书》,第1270—1271页),这说明刘氏父子的说法源自《说卦》"帝出乎震,……万物出乎震,震,东方也",以及《系辞下》所说:"古者包牺氏之王天下也,仰则观象于天,俯则观法于地,观鸟兽之文,与地之宜。近取诸身,远取诸物。于是始作八卦,以通神明之德,以类万物之情。……包牺氏没,神农氏作。……神农氏没,黄帝、尧、舜氏作。通其变,使民不倦;神而化之,使民宜之。《易》,穷则变,变则通,通则久。……黄帝、尧、舜垂衣裳而天下治,盖取诸乾、坤。"

黄帝,其文不雅驯,荐绅先生难言之。孔子所传宰予问五帝德及帝系姓,儒者或不传。"①这说明,司马迁已经非常清醒地认识到追溯历史源头尤其是帝王世系的困难。他自己能解决的,只是依据当时流行的"五帝"次序,②把《尚书》没有载说的尧前三帝(即黄帝、颛顼、帝喾)进行补说。这样的困难,其实也是刘向父子述说历史时所要面对的。为了弥补《史记》只追溯到黄帝的缺憾,刘向便以《系辞下》的"包牺氏之王天下也,……包牺氏没,神农氏作"等语为据,把司马迁没有补说到的帝系补全。③ 其原因乃是:"君臣之始,教化之先,既论古史,不合全阙。"即刘向父子要在源头上证明刘氏王朝中君臣、教化的合理性。这是刘氏"五德终始"论的历史新义。

第二是"木德"的意义。刘向父子从《说卦》"帝出乎震"出发,在震为木为东方的意义上,把木德赋予伏羲。而由于汉儒的五行次序中以"木"为先,以木配伏羲,不仅解决了上文所论邹衍五行说所面临的矛盾,而且从君臣教化的初始意义上讲,也使得汉儒所主张的五行次序与帝系次序相吻合。进一步地,由于各帝都是圣王,则圣王顺次替代,事实上是德行的生化不已使然,而非谁胜谁的问题。也就是说,以他们为标志的各朝之间的替代,并非是由于各帝自身的德行出了问题,而是他们的后裔没有很好地承继各自先人的德行。因此,从新朝有德的帝王替代旧朝末代无德无行的帝王而言,如成汤灭夏桀,是新胜旧

---

① 《史记》卷一《五帝本纪》,第46页。
② 由"学者多称五帝,尚矣"一语,再参照《五帝本纪》中的黄帝、颛顼、帝喾、尧、舜的"五"之"纪",可知司马迁所处时代的儒者所尊尚的五帝,即是其书所记的"五帝"。
③ 在东汉之前,对"五帝"谱系还是有不少不同说法的(详参前揭诸文),直至东汉后期"五经"慢慢定型,史书已经发达后,才有应劭在《风俗通义·五帝》中记载的说法:"《易传》、《礼记》、《春秋》、《国语》、《太史公记》:黄帝、颛顼、帝喾、帝尧、帝舜,是五帝也。"又按,司马贞《史记索隐》注"黄帝"曰:"有土德之瑞,土色黄,故称黄帝,犹神农火德王而称炎帝然也。此以黄帝为五帝之首,盖依《大戴礼·五帝德》。又谯周、宋均亦以为然。而孔安国、皇甫谧《帝王纪》及孙氏注本并以伏牺、神农、黄帝为三皇,少昊、高阳、高辛、唐、虞为五帝。"(第1—2页)可见,伏羲之为帝王之始,起码为唐代以前的史家共识。刘向父子的帝德谱系以伏羲为首,正是中国古代这种史观的初始反映。参之《史记》,司马迁未把伏羲列入世系,其"本纪"自黄帝始,则见刘向父子此说有补史公帝系源头不明之意。

的相胜关系；但从新朝帝王应承继发展旧朝创始帝王的德行这点看，如武王替成汤，则是旧生新或是新承旧的相生关系。如果依照邹衍的相胜之义，新旧朝代的交替，从君位的直接替代（如武王替商纣）上讲，是有德替无德。但这种替代，是无法等同于武王替成汤的，毕竟，从朝代的象征性上讲，是成汤而非商纣标志着商朝。这就是说，以相胜关系为依据的原初的"五德终始"理论，实际上隐含着圣王"胜"圣王这种矛盾。刘向父子的帝德新谱系，以当时主流的五行相生关系来解释朝代的更替，五行的相生义与帝王德行之间的承续义联系在一起，即避免了上述矛盾。故班固说刘向父子的理论是"以母传子（引注：'传'即'生'之义），终而复始"。也正是在这个意义上讲，刘向父子以五行相生关系来为帝王配德，不仅消解了汉儒以新理论解释历史时所遇到的困难，他们的阐释理路，事实上也符合他们最初依据的《周易》之"生生之谓易"、"天地之大德曰生"的精神。此即刘氏"五德终始"论潜在的思想新义。

  第三是二者谱系的不同。从表中可知，二者谱系有三个不同处：刘歆的谱系比刘向的谱系多出共工、少昊、帝挚三个人；刘歆的谱系中木、火二德间都有水"闰"；刘向的谱系中尧木汉火，二者不同德，刘歆则是尧、汉同为火德。这三个不同其实可以归结为一个问题，即"汉为尧后"且尧、汉应同德的问题。其实，刘歆新增的三人虽然在其他典籍中也有记载，少昊在不同的五帝说中也为五帝之一（参前引之注各文），但正如上文所论，这些人都不是当时儒者所普遍认可的"帝"，且其德行也未被相应典籍所阐发。故在注重德行相生的刘向谱系中，他们是没有地位的。但刘歆把他们置入谱系中，原因只有一个，即，使得他的新谱系在逻辑上更完满，并印证源自谶纬的"汉为尧后"所要求的尧、汉同德。对于这样的不同及其可能原因，从班固在《汉书·律历志上》所说的一段话，可以知悉一二。其文曰：

    至孝成世，刘向总六历，列是非，作《五纪论》。向子歆究其微眇,作《三统历》及《谱》以说《春秋》,推法密要,故述焉。①

"六历"自然关涉帝系,"是非"应该就是上文所分析的一系列类似于司马迁在著《五帝本纪》时所遇到的难题。为解决问题,刘向便自作《五纪论》以正是非。上文所论伏羲在帝系和德运中的意义,应该于《五纪论》中有体现,惜乎其书不传,难以验证了。刘歆在其父著作的基础上,于律历"推法密要",班固于《律历志》详载其说。但从其中所附的刘歆《世经》全是述说帝德谱系的内容看,刘歆的"究其微眇",应该还包含着对刘向"五德"说的新思考。正如刘歆自己所说:"'易'穷则变,故为闰法。"②故他于自己的帝德谱系中置入闰法,以解决刘向谱系中尧、汉不同德的问题。遗憾的是,正如班固在《郊祀志》中提出的批评:"昔共工氏以水德间于木、火,与秦同运,非其次序。"③这是说,刘歆以水德闰于木火之间,既非依据当时"主流"意识中的帝王次序,又非依据刘向的五德次序。因为,秦的水德是依据邹衍的理论而来,故当刘歆非要把秦当做水德来"闰"时,事实上是以邹衍的五行义为基础,而这显然违背了刘向理论。故班固说刘歆之说"皆不永"。可以这么说,刘歆的帝德谱,从其内部看,逻辑是严密的,内容却是杂驳的(如把帝挚纳入谱系);从历史情境和理论渊源看,其严密的逻辑消解了其理论效用。可见的相关研究中,或着重研寻秦是否可为一个朝代的问题,或注重刘歆与新莽的关系问题,而忽略了上述班固批评中所揭示出的刘歆谱系中的双重矛盾,在此特别提出。

总的说来,当我们把刘向置于整个中国思想和文化发展的情境中审视时,刘向的撰述和思想所显现出的意义,不仅事关中国古代学术系统的建立,也或隐或显地对经学、史学、政治等发生了重大影响。就其对古代学术系统的建立而言,他与幼子刘歆所共同开创的知识和思

---
① 《汉书》,第979页。
② 《汉书》卷二一上《律历志上》,第983页。
③ 《汉书》,第1271页。

想的分类法(如《别录》、《七略》),不仅明晰了"经"学与"子"学的关系,对后来的四部分类法也有启示之功;[1]就经学而言,他对《尚书》学、礼学、《春秋》学文本和理论的校正辨析,他所编撰的《新序》、《说苑》等,都为东汉经学的"极盛"和今古文经学的合流,提供了重要的文本资源,更启示了后世的经学阐释——不拘师法和家法的重要性;就史学而言,他把中国上古的帝系作为一个重大问题对待,体现出强烈的"史识"特征;就其对政治的影响而言,其五德帝系系统建立后,基于此而生发出的历史和政治上的"正统"论,就一直伴随着大一统帝国的帝王继废和朝代更替。

　　后汉的历史中,常以"博通"赞誉儒者学问、思想和人生的三合一境界。以汉代儒学发展而言,从如今可见的材料看,刘向是西汉第一个真正意义上的"博通"大儒。以对中国思想和文化的影响看,刘向与郑玄,以"博通"观之,可谓双星耀两汉。

---

[1] 此据余嘉锡、姚名达说,详见后文第六章引注。

第五章
两汉之际谶纬的盛行

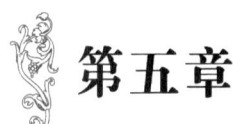

谶纬作为一种文化思想形态,其文本与内容的双重繁富性,使得其内涵、影响与意义至今难有定论,而其起源、形成、文本形态等基本问题,历来也是聚讼纷纭。不过,就它在两汉尤其是东汉中前期盛行的历史情况看,它与汉帝国的社会政治情态和经学都有密切的关联。

第一节 "图谶"在两汉之际的盛行

董仲舒在对《春秋》公羊学的阐发中,阴阳灾异理论是其发挥的重要内容,这在很大程度上只是经学意义上的思想发挥,其理路并没有偏离儒学正轨。而汉武帝的尊儒兴学、宣帝确立今文经学为儒学正统表明,儒学的发展与西汉帝国的强盛几乎同步。然而,宣帝中兴之后,成、哀、平三帝期间,西汉帝国的社会政治却逐步走向衰溃。也正是在此期间,与经学有密切关联却又与经学有着不同形态的谶纬,作为儒学的异态形式出现在西汉的社会、政治、思想之中,继而在两汉之际大为盛行。

一、谶、纬名辨

考诸史籍,从称谓上看,隋前少以"谶纬"连称,《后汉书》和汉人碑铭所载,多以"图谶"、"图纬"连称,[①]与"谶"、"纬"相连而用的这个"图"字,有时指《河图》,有时也是"图画"之"图"。从思想与文化演进的情形看,这些称谓显现出的意思在于:无论谶、纬在汉时是否截然两分,有些篇章一定有图相匹而行,其格式应与唐时李淳风的"推背图"相类——有图有文。再证之以东汉人对相关字词的解释,可知"图"的效用在于使得难解的谶、纬之语更容易被理解和应用,另一方面,谶、纬之语也能把"图"中隐含的奥义表达出来。刘师培在《国学发微》中的论说颇有启发意义。他说:

> 周秦以来,图箓遗文渐与儒道两家相杂。入道家者为符箓,入儒家者为谶纬。董(仲舒)、刘(向)大儒,竞言灾异,实为谶纬之滥觞。[②]

然而,今见诸多研究对谶、纬二字在汉后典籍中的传播状态探究颇详,而对"谶"与"图"在汉时乃至汉前文化思想中所存有的可能关系则重视不够。从文字学的角度看,"图"、"谶"、"经"、"纬"在东汉时即已经有明确的内涵。《说文解字》曰:

---

① 有关此类资料,参看姜忠奎《纬史论微》(黄曙辉、印晓峰点校)卷六以及蒋清翊《纬学源流废兴考》卷上之《崇尚》一节,后书附于《纬史论微》,上海书店出版社,2005年。另据笔者粗略统计,"谶纬"连称在前、后《汉书》中只有两次,均在《后汉书》,一在《儒林传》,一在《方术传》,而"图谶"与"图纬"之谓,在《后汉书》中均超过十次,且多为传中述某人"学"之所在。

② 刘师培著,邬国义、吴修艺编校:《刘师培史学论著选集》,上海古籍出版社,2006年,第136—137页。

> 图,画计难也。从口,从啚。啚,难意也。
> 谶,验也。有征验之书。河、洛所出书曰谶。
> 经,织从丝也。
> 纬,织衡丝也。①

而《释名·释典艺》曰:

> 图,度也,画其品度也。
> 谶,纤也,其义纤微而有效验也。
> 经,径也,常典也,如径路无所不通,可常用也。
> 纬,围也,反覆围绕以成经也。②

经、纬之义,在《说文解字》中是较为原始的意义,而在《释名》中则被赋予"经"为主"纬"为次的内涵。这点已为常识,无须再论。所要辨析的是,许慎作《说文解字》时,已是谶纬盛行一百多年之后,故其说"谶"是"有征验之书",并以《河图》、《洛书》为例证。而以"验"解"谶",或为东汉时人的常识,但这只是谶纬盛行后的已然之识,并不能说明"谶"和"图"的初始关系可能如何。东汉末成书的《释名》以"纤微"解"谶"算是更进一步,点明了"谶"义幽微。也许,正是"谶"内涵的"纤微",才需要以更为直观的图画来说明——这点类似于以卦形或卦图喻说卦义,或者,谶语能把"图"中隐含的幽微之义说出来——这点类似于卜辞述说龟兆之义。无论何种情形,谶与图有时是相匹而存的。故《说文》和《释名》都以"画"来说明"图"的功能和意味。也正是在这些意义上,后汉人才以"图谶"、"图纬"连称。那么,"谶"本身到底指的是什么?"图"与"谶"的初始关系又可能是什么呢?

吕思勉先生有《图谶》(共七篇)之文,他引《说文》竹部"籤,验也"

---

① 段玉裁:《说文解字注》,上海古籍出版社,1988年第2版,第277页上、第90页下、第644页上、第644页下。
② 王先谦:《释名疏证补》,中华书局,2008年,第211—212页。

来说明"籤"、"谶"二者音义皆同——同为"预言"之义。而俗语的"求籤",即是"求谶",都是求"古之遗言"。① 而这种"遗言",大致与"录图"有关。《吕氏春秋·观表》载:

> 事与国皆有征。圣人上知千岁,下知千岁,非意也,盖有自云也。绿(录)图幡簿,从此生矣。

这就是说,圣人对于事、国有征的言语被后人以图幡之类的形式记载,此即以图载言。② 而《淮南子·人间训》亦曰:

> 秦王挟录图,见其传曰:"亡秦者,胡也。"

这段话在《史记·秦始皇本纪》中也有相同记载。吕思勉认为"亡秦者,胡也"是传录图者之言,而非录图之文。③ 若此解不误,那么这则记载说明的是以言解图。

再参以下文表十中的"七纬"篇目中多有"图"(如《坤灵图》、《保乾图》、《演孔图》之类),《纬书集成》所集其他纬书之目中也多有"图"(如《孝经内事图》、《孝经雌雄图》之类),则说明"纬"亦有图。王利器先生有专文《谶纬书有图》论谶纬与图的关系,其结论是:"谶纬之有图,无容置疑矣。"④ 因此,谶的最初出现和传播,必赖图符之类,纬书亦然。

至于谶如何与纬关联而连称为谶纬,谶纬又如何与经有密切关系,历来说法不一。⑤《四库总目提要》说:

---

① 参见吕思勉:《吕思勉读史札记》(中),上海古籍出版社,2005年,第797页。稍作申述的是,二者都可能书于简帛,只不过"籤"在《说文》竹部,"求籤"类似于卜筮活动,是一种风俗仪式中的通过巫、卜类人来求古之言,而"谶"在《说文》言部,"谶"为可直接诵读的古言。姜忠奎引证桂馥《说文解字义证》后认为二者音义同,籤"与古谶异术,而所以取验将来则一也"。参见《纬史论微》,第9—10页。

② 有研究者认为"绿"指"幡薄"(薄即簿)的颜色,如陈槃。参见徐兴无:《谶纬文献与汉代文化构建》,中华书局,2003年,第17页。但即便如此,幡薄之上或有图无文,或无图有文,或有图有文,此图文,即是所谓的圣人知上下千年的"遗言"及其被衍说后的样式。

③ 参见吕思勉:《吕思勉读史札记》(中册),第798页。

④ 参见王利器:《晓传书斋集》,华东师范大学出版社,1997年,第98—101页。

⑤ 有关此类说法,徐兴无有颇为简练的总结,参见徐兴无:《谶纬文献与汉代文化构建》,第10—21页。

第五章　两汉之际谶纬的盛行 / 255

　　儒者多称"谶纬",其实谶自谶,纬自纬,非一类也。谶者,诡为隐语,预决吉凶。《史记·秦本纪》称卢生奏录图书之语,是其始也。纬者,经之支流,衍及旁义。《史记·自序》引《易》"失之毫厘,差以千里",《汉书·盖宽饶传》引《易》"五帝官天下,三王家天下",注者均以为《易纬》之文是也。盖秦、汉以来,去圣日远,儒者推阐论说,各自成书,与经原不相比附。如伏生《尚书大传》、董仲舒《春秋·阴阳》,核其文体,即是纬书。特以显有主名,故不能托诸孔子。其它私相撰述,渐杂以术数之言,既不知作者为谁,因附会以神其说。迨弥传弥失,又益以妖妄之词,遂与谶合而为一。然班固称:"圣人作经,贤者纬之。"杨侃称:"纬书之类,谓之秘经。图谶之类,谓之内学。河洛之书,谓之灵篇。"胡应麟亦谓:"谶纬二书,虽相表里,而实不同。"则纬与谶别,前人固已分析之。后人连类而讥,非其实也。右《乾凿度》等七书,皆《易纬》之文,与图谶之荧惑民志、悖理伤教者不同。以其无可附丽,故著录于《易》类之末焉。①

在四库馆臣看来,谶的特点是"诡为隐语,预决吉凶","立言于前,有征于后"②;纬的特点是"经之支流,衍及旁义"。他们基于经学立场把《尚书大传》、《春秋繁露》等视为与纬书相类,是就其发挥《尚书》、《春秋》之"经"的微言大义而言,这种理解正与汉人关于"经"、"纬"关系的蕴含相符。与四库馆臣"谶自谶,纬自纬"二者异类的看法不同,不少研究者认为谶、纬异名而同实,如陈槃、王利器、钟肇鹏、王葆玹、徐兴无等,他们持论的一个重要依据是汉人之书中多有"经谶"称谓,如张衡反对图谶的上疏中有"《春秋谶》"、"《诗谶》"之类。③ 我们认为,这些称谓只

---

①　四库全书研究所整理:《四库全书总目》(上册)卷六《经部·易类六·附录》,中华书局,第72页。标点为引者自加,与引书标点不同。
②　《后汉书》卷五九《张衡传》,第1912页。
③　参见徐兴无:《谶纬文献与汉代文化构建》,第18—20页;王利器:《晓传书斋集》,第90—91页;王葆玹:《汉代学术史》,华东师范大学出版社,1995年,第214—216页。

是古人述说的方便,并不意味着谶与纬的内容是相同的。正如张衡所言:"立言于前,有征于后,故智者贵焉,谓之谶书。"①而所谓"谶书"即是"谶记"。考诸史籍,"谶记"的内容和形式或可见得一斑:

> (西门)君惠好天文谶记,为(王)涉言:"星孛扫宫室,刘氏当复兴,国师公(引注:指刘歆)姓名是也。"涉信其言,以语大司马董忠,数俱至国师殿中庐道语星宿,国师不应。②

> 谶记曰:"刘秀发兵捕不道,卯金修德为天子。"③

> (公孙)述亦好为符命鬼神瑞应之事,妄引谶记。以为孔子作《春秋》,为赤制而断十二公,明汉至平帝十二代,历数尽也,一姓不得再受命。又引《录运法》曰:"废昌帝,立公孙。"《括地象》曰:"帝轩辕受命,公孙氏握。"《援神契》曰:"西太守,乙卯金。"谓西方太守而乙绝卯金也。五德之运,黄承赤而白继黄,金据西方为白德,而代王氏,得其正序。④

稍作说明的是,"刘"的繁体为"劉",故第二、三段中的"卯金"即指"劉"字的左部,意谓刘氏。虽然如今《录运法》、《括地象》属《河图》纬,《援神契》属《孝经》纬,但这些只是后人编纂的结果,我们无法确证此类纬书中无"谶",甚至,这些纬书本身就是古人杂"谶"于"纬"的辑佚编纂结果。从上引"谶记"内容看,每条谶记都与皇权的命运转换相关。也就是说,这些"谶记"都是有关帝运的预言,即"灵祇告征祥之应,谶记表帝者之符"。⑤基于此,我们大致可以推说,与《易纬》、《孝经纬》等"纬"类篇章申发乃至神化"经"义主旨不同,"谶记"之类大概与未知的人世命运的好坏转换之类主题相关。也正因为此,阮元才说:

---

① 《后汉书》卷五九《张衡传》,第1912页。
② 《汉书》卷九九下《王莽传下》,第4184页。
③ 《后汉书》卷一上《光武帝纪上》,第22页。
④ 《后汉书》卷一三《公孙述传》,第538页。
⑤ 《宋书》卷六九《范晔传》,中华书局,1974年,第1823页。

七纬之外,复有候有图,最下而及于谶,而经训逾漓,不知纬自为纬,谶自为谶,不得以谶病纬也。①

最后稍作申述的是,据姜忠奎考论,现今我们所说的"纬",是谶、符、图、候、箓五者的混合体。② 正如上文已经指出的,我们不能因为汉后谶纬连称就简单地认为二者异名同实。反以思之,姜氏的考论,正好证明"谶"及其他四者最初是有其独立内容和样式的,如吕思勉考论说,哀、平之后的"图谶"主要有"附会字形"和"曲解文义"两种形式,而"谶文之体,盖放古之谣辞为之"。③ 参看今存所谓的"纬书",许多篇章尤其是《易纬》和《孝经纬》的文本样式和内容与"谶文"都是迥然不同的。但不可否认的是,今见的纬书中也有许多谶文。不过,我们同样也不能因为今存的纬书中有大量谶文,即认为谶、纬异名同实。不少研究者主张谶、纬异名同实,可能犯了思路上的"倒果为因"的错误。自唐初李贤注《后汉书·樊英传》详载"七纬"名录后,诸多研究者都不约而同地认同所谓"七纬"之书的内容与"纬"之名的内涵是相符的。但可能的事实是,那时所谓的"七纬"之书,事实上已经是经由编纂的结果了,更不用说唐后"纬书"大多都是辑佚编纂而成。东汉的桓谭和张衡在反对"图谶"时都指出时人"争学图纬",而他们又有"增益图书,矫称谶记"的毛病。尹敏在应对光武帝的责询时,即以"君无口,为汉辅"的自造之言,来讽刺这种"增益图书"的随意性。再参照众所周知的王肃和梅赜的作伪事件,其或有意或无意的参杂作伪之法,即是晋世的"增益图书"。故汉末的荀悦认为:

世称纬书,仲尼之作也。臣悦叔父故司空爽辨之,盖发其伪也。有起于中兴之前,终、张之徒之作乎?

或曰:"杂。"曰:"以已杂仲尼乎?以仲尼杂已乎?若彼者,以

---

① 转引自姜忠奎:《纬史论微》,第15页。
② 参见姜忠奎:《纬史论微》,第12页。
③ 参见吕思勉:《吕思勉读史札记》(中),第804页。

仲尼杂已而已。然则可谓八十一首,非仲尼之作矣。"

或曰:"燔诸?"曰:"仲尼之作则否,有取焉则可,曷其燔?在上者不受虚言,不听浮术,不采华名,不兴伪事,言必有用,术必有典,名必有实,事必有功。"①

荀悦认为"谶"是"以自然验于不然"的诡秘之术,②而关于纬书的源起,是汉人"以仲尼杂已",而非孔子原作。关于这点,其叔父荀爽已经辨明了。不过,荀悦继而非常中肯地认为,不是孔子之作也没关系,只要其说有道理有意义,其书有益于人世,就不应该因为不是圣人之作而烧毁掉。大概是后人具备了如荀悦一样的意识,谶纬之书才能流传下来,但这并不能成为对"图书"随意增损的理由。从学理上看,王、梅的伪造经传,可能即是汉人以纬说经、以谶乱纬之方的变异和流毒。

由此,我们可以推论,现存的谶纬之书,可能是自汉人就开始的谶纬参杂的结果。而在漫长的历史进程中,古人以纬辅经,引谶说经说纬,三者就更杂而难分了。加上自晋武帝司马炎即开始的禁绝"图谶"的做法,"图谶"的存续,不得不依附于其他载体。也就是说,自晋而后,由于政治上对"图谶"的一贯禁绝态度,"谶"必杂于"经"、"纬"之类,才有隐存下来的可能。遗憾的是,"经"有定本,自可明晰分辨出来,而今见的谶纬篇章,由于上述的参杂原因,何者为谶何者为纬,实已难辨。这也是下文第二节中我们按照习惯以"纬书"作为谶纬之书总称的原因。

二、"图谶"在两汉之际的盛行

谶纬兴起于西汉的哀、平之际,几乎已成共识。其最有力的证据是张衡的这段话:

---

① 荀悦:《申鉴·俗嫌》,《诸子集成》(第十一册),河北人民出版社,1992年,第18页。标点为引者自加。

② 《申鉴·俗嫌》,《诸子集成》(第十一册),第18页。

立言于前,有征于后,故智者贵焉,谓之谶书。谶书始出,盖知之者寡。自汉取秦,用兵力战,功成业遂,可谓大事,当此之时,莫或称谶。若夏侯胜、眭孟之徒,以道术立名,其所述著,无谶一言。刘向父子领校秘书,阅定九流,亦无谶录。成、哀之后,乃始闻之。……往者侍中贾逵摘谶互异三十余事,诸言谶者皆不能说。至于王莽篡位,汉世大祸,八十篇何为不戒?则知图谶成于哀、平之际也。①

严格说来,张衡说汉初无"谶"是不确切的,前引"亡秦者,胡也"为《淮南子》和《史记》所录,可为反证。另外,据安居香山和中村璋八所编的《纬书集成》附录《历代史书和笔记中的谣谶》所辑,汉前"谣谶"即有十一条。② 这说明"谶"在汉前即已有之,且颇有影响。不过,张衡注重的是谶与重大政事以及经学("道术")的关系,故他后面所举三例都与此二者相关。因此,当我们认可张衡所论的"图谶成于哀、平之际",在很大程度上即是说"图谶"与当时重大的社会政治发生了关联。而在两汉之际,这样的关联不仅更为紧密,"图谶"甚至成为当时文化和思想的主流形态之一,以致对当时社会政治的某些方面起着决定性的影响。

先看"图谶"在西汉末年社会政治文化中的地位。平帝元始四年(4),王莽为了笼络士人,"奏起明堂、辟雍、灵台,为学者筑舍万区",又"网罗天下异能之士,至者前后千数,皆令记说廷中",其中即有"逸《礼》、古《书》、《毛诗》、《周官》、《尔雅》、天文、图谶、钟律、月令、兵法、史篇文字,通知其意者,皆诣公车"。③ 这意味着平帝时"图谶"开始登堂入室,与经学等其他类型的思想文化具有同等政治和社会地位了。除此之外,前引西门君惠以"谶记"说易代问题,公孙述引"谶记"说天

---

① 《后汉书》卷五九《张衡传》,第1912页。
② 实际上有十五条,但有四条内容或重复或多同。参见安居香山、中村璋八编:《纬书集成》(下),河北人民出版社,1994年,第1303—1308页。
③ 皆《汉书》卷九九上《王莽传上》,第4069页。

命变易,从另一层面证明"图谶"在西汉末对士人和地方豪强的影响。

其次,"谶记"对帝国大事——"改元"也有直接影响。王莽居摄三年(8),他以谶书为由,开始自己的篡位活动。王莽奏言:

> 及前孝哀皇帝建平二年(前 7)六月甲子下诏书,更为太初元将元年,案其本事,甘忠可、夏贺良谶书臧兰台。臣莽以为元将元年者,大将居摄改元之文也。于今信矣。……以居摄三年为初始元年,漏刻以百二十为度,用应天命。①

甘、夏之事屡遭刘向父子反对,二者也都没得善终。② 哀帝改元没过两个月就下诏说"贺良等反道惑众,下有司",夏贺良等伏诛。③ 而王莽却以此为由,强行改元,以居摄三年为初始元年,虽为悖谬,却也可看出他对"谶"事的重视。因为"谶记"的原因第三次改元发生在东汉光武帝建国之时。严格说来,那不是改元,而是"建元"。建武元年(25)四月,刘秀以前在太学的"同舍生强华,自关中奉《赤伏符》",其言"刘秀发兵捕不道,四夷云集龙斗野,四七之际火为主",④刘秀因此而设坛场来祀祝。到了六月,刘秀即位,他在祝文中说:

> 谶记曰:"刘秀发兵捕不道,卯金修德为天子。"秀犹固辞,至于再,至于三。群下佥曰:"皇天大命,不可稽留。"敢不敬承。⑤

在这样的欲推还就中,刘秀"建元为建武,大赦天下"。⑥

---

① 《汉书》卷九九《王莽传上》,第 4094 页。
② 甘忠可在成帝时伪造《天官历》、《包元太平经》十二卷,以为"汉家逢天地之大终,当更受命于天,天帝使真人赤精子,下教我此道",后遭刘向反对,论狱未断,甘忠可病死。甘传书于夏贺良,夏又私下教授此书,哀帝初年遭刘歆反对,未能施行。后来,夏以哀帝疾病为由,陈说哀帝"宜急改元易号,乃得延年益寿,皇子生,灾异息矣。得道不得行,咎殃且亡,不有洪水将出,灾火且起,涤荡民人"。哀帝听信其言,"大赦天下,以建平二年为太初元年,号曰陈圣刘太平皇帝。"再后来,夏妄图干政,与大臣争权,遭反对,被诛。事见《汉书》卷七五《李寻传》,第 3192—3193 页。
③ 事见《汉书》卷一一《哀帝纪》,第 340 页。
④ 《后汉书》,第 21 页。
⑤ 《后汉书》卷一上《光武帝纪上》,第 22 页。
⑥ 《后汉书》卷一上《光武帝纪上》,第 22 页。

再次,由于"图谶"之类为刘秀的登位制造了有利的舆论和政治氛围,"善谶"的刘秀在帝国的行政中也常以"谶"用人决事。如选任三公之人,光武帝有时即据"图谶"之言。史载:

> 世祖即位,以谶文(引注:据《东观汉纪》谶文为"孙咸征狄")用平狄将军孙咸行大司马,众咸不悦。①

> 及即位,议选大司空。而《赤伏符》曰"王梁主卫作玄武",帝以野王卫之所徙,玄武水神之名,司空水土之官也,于是擢拜梁为大司空,封武强侯。②

与这类据"图谶"以任官的情形不同,对那些反对"图谶"的人,光武帝则罢斥之。史载,东汉初年,在选择灵台的地址时,光武帝向桓谭咨询说:"吾欲谶决之,何如?"桓谭说自己不读谶,并"极言谶之非经",光武帝气得要"将下斩之",桓谭叩头流血。随后桓谭即从给事中任上被贬为六安郡丞。③ 大儒郑兴也有类似遭遇,当光武帝向他咨询郊祀事说"欲以谶断之"时,郑兴说自己"不为谶",光武帝也很生气。郑兴为古学兴起的奠基人之一,在当世享有盛誉,"然以不善谶故不能任"。④

第四,光武帝不仅信谶用谶,还亲自讲"图谶",命大臣校理"图谶"。《东观汉纪》说光武帝自即位后即"按图谶,推五运,汉为火德",⑤ 又说他在平定公孙述和隗嚣的时候,"犹以余闲讲经艺,发图谶"。⑥ 大概是"图谶"之类过于庞杂,光武帝觉得有编纂校理的必要。史载:

> 帝以(尹)敏博通经记,令校图谶,使蠲去崔发所为王莽著录次比。⑦

---

① 《后汉书》卷二二《景丹传》,第773页。
② 《后汉书》卷二二《王梁传》,第774页。
③ 《后汉书》卷二八上《桓谭传》,第961页。
④ 《后汉书》卷三六《郑兴传》,第1223页。
⑤ 吴树平:《东观汉纪校注》,中华书局,2008年,第8页。
⑥ 吴树平:《东观汉纪校注》,第9页。
⑦ 《后汉书》卷七九上《儒林传上》,第2558页。

> （薛汉）尤善说灾异谶纬，教授常数百人。建武初，为博士，受诏校定图谶。①

由第一条记载可见，王莽时期曾对"图谶"作过编纂，只是光武帝不满意，故令尹敏和薛汉等人校理。就这样，"图谶"之类于两汉之际在各个层面都盛行起来，到了光武帝的晚年，他对"图谶"更为重视，于临死前一年的中元元年(56)"宣布图谶于天下"。② 至此，图谶终于以定本和公开的方式融入东汉帝国的正统当中。自此而后，"显宗肃宗因祖述焉"。③

有一个问题值得注意，即"图谶"在两汉之际虽大为盛行，但由于"谶记"往往涉及皇权迭代，故臣子对它们颇为忌讳，功臣窦融也不例外，他甚至不愿儿子看到"谶记"。④ 而对那些伪造"图谶"者，纵然是皇兄，也不免自杀的命运，如楚王刘英（明帝庶兄）在明帝永平十四年(71)自杀，其罪名之一即是"造作图谶"。⑤ 大概正是这些原因，加上"图纬"多与衍说"经"义相关，使得后汉儒者多习"图纬"而少学"图谶"。然而，这并不意味"谶"作为解释和理解人世的一种方式而湮灭不存，相反，它自有其延续下去的深层原因。不然，大儒郑玄死前两个多月不会以"谶"断梦，"知命将终"。⑥ 如果以现代的理论术语来说，"图谶"应属于社会迷信与政治神话的混合体，它在汉后一直被诟病，多与政治性有关。而它作为古人理解和解释人事的方式，融入后来兴起的道教和佛教，潜隐在整个大一统帝国的文化与宗教的演进过程中。如今民间依然流传各种谶语，民间宗教中也有所谓的"求签"、"画符"等活动，这些大概与"图谶"都有剪不断理还乱的关系。

---

① 《后汉书》卷七九下《儒林传下》，第 2573 页。
② 《后汉书》卷一下《光武帝纪下》，第 84 页。
③ 《后汉书》卷五九《张衡传》，第 1911 页。显宗、肃宗分别为明帝刘庄和章帝刘炟的庙号。
④ 《后汉书》卷二三《窦融传》载其事为：窦融深恐光武帝猜忌自己，便上疏说："臣融年五十三。有子年十五，质性顽钝。臣融朝夕教导以经艺，不得令观天文，见谶记。"（第 807 页）
⑤ 事见《后汉书》卷四二《光武十王列传》，第 1429 页。
⑥ 《后汉书》卷三五《郑玄传》载：(建安)五年(200)春，梦孔子告之曰："起，起，今年岁在辰，来年岁在巳。"既寤，以谶合之，知命当终，有顷寝疾。（第 1211 页）

第二节 谶纬与汉代儒学

在今文经学于西汉中后期兴盛的大背景下,由于"图谶"内容过多关涉皇权命运,而且经常被野心人物用来夺权谋私,故它不仅较少具备对"经"本身内容的承续和阐发,还会陷入荒诞和迷信的深渊;"图纬"则不同,其自身与"经"之间即有内容上的承续性,而其兴起又与今文经学的兴盛过程几乎同步,这决定了它与擅长发挥微言大义的今文经学,在方法上即有共通之处。不过,无论"图谶"还是"图纬",都免不了比附、过度发挥乃至荒诞妄说等缺陷。从谶、纬在历史上的演变进程看,这些缺陷既造成了它们与今文经学相类的繁琐,又为二者在后世的杂而难分埋下了种子。

一、纬书的种类与篇目

常识中所谓的"纬书",主要是指《河图》、《洛书》和"七纬"。就纬书内容的先后关系看,研究者一般都认为"谶"最古,谶不引纬,纬多引谶。而关于纬书文本,现今研究基本都认可《河图》、《洛书》在先,"七纬"之书在后。①

关于《河图》、《洛书》,最有代表性的说法是《周易·系辞》中所说:

> 天生神物,圣人则之;天地变化,圣人效之;天垂象,见吉凶,

---

① 参见徐兴无:《谶纬文献与汉代文化建构》,第13—20页。这里稍作说明的是,研究者一般都把《河图》、《洛书》归入《易纬》一类,而从今存的纬书看,由于"七纬"的具体篇章都可与相应的所谓"经"相对应,但纬书中有大量关于《河图》、《洛书》的篇章(参看表十),这些篇章实际上是把这二者当做"经"而"纬"出来的。由于二者与"七经"非一类,与《论语》也有质的不同,因此,本节中我们把二者看做是类似于"经"之地位的文本。另外,徐氏还对《尚书中候》作了考论,认为它不同于《河》、《洛》和"七纬",颇有新义。参见同书第7—8页,也可参《纬书集成》(上)之《解说》部分,第31—40页。

圣人象之。河出图，洛出书，圣人则之。

除此而外，其他如《尚书·顾命》、《论语·子罕》和《礼记·礼运》等先秦类典籍中都有"河图"的说法。① 一般而言，《河图》指八卦之初，《洛书》指《尚书·洪范》中所说的"九畴"之类。② 综合起来看，《河图》、《洛书》不外乎是说圣人通过观晓天地之道而为人类制作出文明法则。二者本来面目如何，如今已难知晓，今见的《河图》、《洛书》为唐后人所辑。安居香山和中村璋八的《纬书集成》中载有辑本。

关于"七纬"，李贤注《汉书·樊英传》"《河》、《洛》七纬"而列出的"七纬"三十五篇的篇名，以及《隋书·经籍志》有关"谶纬"书目的序论最为论者常引。李注篇名见表十，《经籍志》所论如下：

> 其书出于前汉，有《河图》九篇，《洛书》六篇，云自黄帝至周文王所受本文。又别有三十篇，云自初起至于孔子，九圣之所增演，以广其意。又有《七经纬》三十六篇，并云孔子所作，并前合为八十一篇。而又有《尚书中候》、《洛罪级》、《五行传》、《诗推度灾》、《氾历枢》、《含神务》、《孝经勾命诀》、《援神契》、《杂谶》等书。汉代有郗氏、袁氏说。汉末，郎中郗萌，集图纬谶杂占为五十篇，谓之《春秋灾异》。宋均、郑玄，并为谶纬之注。③

所要注意的是，关于"七纬"篇目，李注是三十五篇，而《经籍志》所载三十六篇，二者间的一篇差异，一般认为是李注缺属于《春秋纬》的《春秋命历序》。至于《经籍志》所说的《河图》、《洛书》之篇与"七纬"合起来是八十一篇，一般以张衡反对谶纬的上疏中所论"《河》《洛》、六艺，篇录已定，后人皮傅，无所容篡"之说而论，李贤注为"'《河》《洛》五九，六

---

① 安居香山和中村璋八在《纬书集成》的《解说》中有关于《河图》、《洛书》源流的详细梳理，参见同书上册的《解说》部分，第61—77页。

② 冷德熙有《河洛之学渊源略记》及《河洛政治神化试解》二文，专论《河图》、《洛书》，可参看。文载冷德熙：《超越神话——纬书政治神话研究》附录二、三，东方出版社，1996年，第280—321页。

③ 《隋书》卷三二《经籍志一》，中华书局，1973年，第941页。

艺四九',谓八十一篇也"。即五九、四九之积分别为四十五和三十六,意即有关《河》、《洛》的纬书篇目为四十五,有关六经的纬书篇目是三十六,二者之和为八十一篇。① 又因为张衡在上疏中说"至于王莽篡位,汉世大祸,八十篇何为不戒",②研究者均以为这里的"八十"是举"八十一"的整数而言。进一步地,研究者也都认为八十一篇其实即是光武帝"宣布图谶于天下"篇目数。下面,就"七纬"与《河图》、《洛书》的篇目与趣旨,列表(表十)如下。

表十 "七纬"篇目、趣旨表(附《河图》、《洛书》)

类别	名称	解题	内容趣旨
诗纬	推度灾	推天地日月运行之理象,失度则灾。	天人有应,灾异吉凶,占验可得。
	纪历枢	纪历数枢机。("纪"或为"氾")	明于天干地支,人事可验。
	含神雾	天道神明,冥冥如雾。	明星象、律吕、圣王等与人事吉凶。
书纬	璇玑钤	璇玑为王者观天象之器,钤即关键。	观日月运行以明帝王受命之道。
	考灵曜	灵曜即天地日月之类,考此类运行以通人事。	考天地日月运行之形之理,以明"五政""七政"(日月五星)。
	刑德放	天有阴阳,应之人事,则政有刑德。	论五刑三公之用。
	帝命验	王者受命之征验。	"明五行相代之期,易姓而兴之理"。
	运期授	五德运期,各由天授。	

---

① 事实上,李贤所注的三十五篇与《经籍志》所载的篇目有很大差异,如引文中的《孝经纬》两篇,《经籍志》就没有把它列入"七纬"篇目中,《诗经纬》亦然。此种差异何由产生,尚无确论。
② 皆《后汉书》卷五九《张衡列传》,第1911页。

续表

类别	名称	解题	内容趣旨
礼纬	含文嘉	礼为"文",成之者可嘉誉。	述圣王与德礼,以礼治者有祥瑞。
	稽命征	礼秩定命,可征于天。	三统更替,庙祀之礼。
	斗威仪	斗居天中有威仪。	王者取法北斗,运五行五声之政。
易纬	稽览图	备帝王阅用,以图示。	以《易》六十四卦与二十四节气、七十二候相应,以卦气论灾异。
	乾凿度	乾即天,凿义开,度为路。	以日、辰、二十八宿论天地人。
	坤灵图	坤为地,地有灵,配"乾凿度"名。	述河、白、黑、黄等龙之象义。
	通卦验	以卦气占验吉凶灾异。	卦气阴阳灾异。
	是类谋	卜筮以预为策谋。	星气禨祥灾异,以韵语为文。
	辨终备	辨吉凶以为人备。	占候灾异。
乐纬	动声仪	舞蹈歌咏,可感可仪。	声乐感人,歌咏鼓舞,威仪彰著。
	稽耀嘉	乐制周备,耀自圣王。	三代有统,王者动依礼乐。
	叶图征	或作《汁图征》、《协图征》,乐理和谐。	天人相感,乐谐政和。

续表

类别	名称	解题	内容趣旨
春秋纬	演孔图	圣人由来，演以明之。	述圣王、孔子受命于天，有神异，圣人则天为人世作制。
	元命包	天命、人事幽隐，无所不包。	天人相感，符命灾异，帝王迭兴。
	文曜钩	天文曜明，钩显人世异常。	州域分野，天人相应，灾异有象。
	运斗枢	星月运行，其枢在斗。	帝王政教取法北斗，遵行七政。
	感精符	精灵感召，合若符契。	天人相感，人世好坏于星宿可见。
	合诚图	天人有合，诚之可通。	天人相感，黄帝、赤帝受命，人事各有所主。
	考异邮	灾异有由，稽考可明。	天垂象以示吉凶，人事有所应验。
	保乾图	乾者天，承保天道。	审慎灾异，敬谨人事。
	汉含孳	刘氏汉室，孳衍有异。	天人有应，女主、大夫弱干强枝。
	佐助期	王者之兴，必依贤佐。	萧何助汉承运，人事各有所职。
	握诚图	天道尚诚，圣王握持。	星象垂示汉室灾异。
	潜潭巴	天人之事幽深如巴水曲折难测。	推阴阳灾异祥瑞，六十甲子异常。
	说题辞	叙说经纬义旨。	泛言六经之旨，阐明纬义。
孝经纬	援神契	孝子之道，通于神明之契。	天文、时令、五德相生皆入孝道。
	钩命诀	钩稽天人孝命，诀为法度。	述圣贤之行，以明仁孝为本。

续表

类别	名称	解题	内容趣旨
附:河图纬	括地象	审地势而概括之。	以昆仑为枢轴,述山川物类。
	始开图	溯水之源而图之。	述九州山川源流所在。
	稽曜钩	稽河图要义而疏其用之大略。	察岁星以明其所主灾异。
	帝览嬉	供帝王闲暇参览。	述月象星行以明灾异。
	圣洽符	天人有应,圣道有合,失之不副天。	述星宿与灾异,以明强干弱枝。
	龙鱼	以龙鱼为喻以见其灵。	述河海之人神。
	录运法	纪世运之道以为后法。	述黄帝、尧、舜之治神话。
	会昌符	汉运昌隆会于九世。	述赤汉火德,九世会昌。
	稽命征	稽考汉运以验之于人事。	述星光异象与汉运转折。
	玉版	其义不详,或谓禹治水成,天赐玉,其功德可为世法。	以昆仑为中心,述四方之人风貌。
	表纪	其义不详。	述月象星宿异常与政事失常关系。
说明:《河图》纬尚有《挺佐辅》、《握矩记》、《纪命符》、《考灵曜》、《稽纪钩》、《玉英》、《帝视萌》、《皇持参》、《著明》、《绛象》、《天灵》、《说征示》、《说征祥》、《说征》、《密征》、《考钩》、《龙表》、《龙帝纪》、《真纪钩》、《帝统纪》、《龙文》、《叶光纪》、《闿苞受》、《赤伏符》、《令占篇》、《合古篇》、《要元篇》、《揆命篇》、《提刘篇》等,大多残存一条或数条,内容难定,篇目真伪亦难考辨。故不入正表,在此存目。			
附:洛书纬	灵准听	"灵之所准,可以测听。"	述神话中各帝异象,记异常之人。
	甄曜度	甄别列宿限次。	述"周天"限次,明天人相应之度。
	雒罪级	洛书警示之罪类。	述日月星异象所示政事之失类别。

续表

类别	名称	解题	内容趣旨
		说明:《洛书》纬尚有《摘六辟》、《宝号命》、《说禾》、《录运法》、《录运期》、《孔子河洛征》、《三光占》、《说征示》、《兵钤势》、《斗中图》等,残存多为一条或数条,内容及篇目真伪难辨,亦不入正表,在此存目。	

说明:1. 此表所列"七纬"篇目据《后汉书·方术传》中的《樊英传》注,余者主要依据《纬书集成》所载,参考今人研究,择善而从。2. "七纬"中尚有《易纬·乾坤凿度》、《易纬·乾元序制记》等篇章未入本表,盖因其为魏后人所伪纂;《尚书中候》虽为郑玄所注,但其本文仅《白虎通》中有一条疑似记载,后人虽有辑佚,然其内容难考,亦未入本表。此三篇为论者常引,故特此说明。3.《纬书集成》中尚辑载"七纬"诸多其他篇章,但因其辑佚之源过于复杂,难以定位其趣旨,亦不入本表。4. 本表中的"解题"、"趣旨"栏下,有古说且合今见纬书内容者,以引号形式录入,余者或依古今研究成果择善综合而成,或据浏览《纬书集成》而有的己意而成("趣旨"栏下多是),文繁不注。征引书目详见脚注。5.《纬书集成》尚有关于《论语》的"谶"、"纬"九篇,为后人托记,不入本表。

就表中所示,所应注意的大略有以下几点:

首先,纬书篇目多以三字命名,每"经"之"纬"中,都有一、二篇篇名或点明"经"之名本身所关涉的要义,如属《易纬》的《乾凿度》与《坤灵图》,这是因为乾坤之道为"易"之本;或点名"经"与其作者的关系,如《春秋纬》的《演孔图》,这是由于孔子作《春秋》;或拈出"经"中某一要义而放大,如《书纬》的《璇玑钤》,这是因为《尚书·尧典》中说尧命羲和"历象日月星辰,敬授人时",而璇玑为观天之器。凡此之类,可见纬篇之名的来由并非无根无源,相反,这些正说明了汉人对"经"进行全面理解的努力。至于为何以三字为名,王利器以为是受《庄子》篇目、楚语及楚地民间宗教的影响。[①]

其次,篇目之中多有合天地人三者关系之义,如《元命包》、《合诚

---

① 参见王利器专文《谶纬以三言为大题及其他》,载《晓传书斋集》,第92—95页。

图》、《括地象》之类;而其趣旨中,绝大多数是以天人相应或感应为基点。很显然,这是汉代思想中的主流之一——天人感应论的显现。

再次,几乎"七纬"所有篇章的主旨都离不了灾异。汉代灾异理论,以《汉书·五行传》所载最为集中,其他如《公羊》学,孟、京的《易》学等,都以灾异作为阐发的重要内容。众所周知,汉人讲灾异的目的大多是为了论政,其灾异论是政治论的重要内容。因此,"七纬"篇章几乎都讲灾异,或可视为汉人政治论的异态显现。

最后,凡是今存材料内容稍多点的纬书,都会涉及天象问题。虽然有时这是为申发灾异服务,但正如安居香山和中村璋八所强调的,谶纬文献尤其是《河图》、《洛书》类的篇章中有一半多的内容都讲天文,[①]这并非神秘迷信使然,而是当时人探究世界的努力使然,我们不能以现今的科学准则去苛责古人认知的努力,即便方向错了,但那也为后人留下宝贵的天文资料。在此意义上,纬书也有很高的科学史价值。

二、谶纬与经学

如前所论,由于"纬"之名是相对于"经"而言,则"纬"之于经学的关系,即相当于《周易》之"经"与"十翼"的关系,前引姜忠奎之论即是以"翼"来说纬对经的功用的。这点已为常识,毋庸多论。不过,这些都是基于"经"与"纬"的相对性而论的。具体到谶纬与经学的关系,则是另一番情形。大致而言,这情形体现在以下几个方面。

就学习和教育而言,东汉知识人"争学图纬"。由于光武帝树立了信谶用谶的典范,出于对祖宗之法的敬畏,后世的皇帝和臣子都难以打破这个藩篱,尤其对于臣子而言,他们大多数不得不屈从于现实中的皇权。故光武之后的臣子仍学"图谶",[②]但不少学者也习"图纬"。

---

① 参见《纬书集成》(上)之《解说》部分,第68—71页。
② 如杨厚的弟子任安、董扶均是灵献帝时期人,《后汉书》卷八二下《方术列传下》载:"(董扶)少游太学,与乡人任安齐名,俱事同郡杨厚,学图谶。"(第2734页)

这里就史籍中诸多记载,择要引述如下:

> 樊英(安帝初征为博士):习《京氏易》,兼明五经。又善风角、星算、《河》、《洛》七纬,推步灾异。……著《易章句》,世名樊氏学,以图纬教授。①
>
> 桓帝时,郡人尹珍自以生于荒裔,不知礼义,乃从汝南许慎、应奉受经书图纬,学成,还乡里教授,于是南域始有学焉。珍官至荆州刺史。②
>
> 韩说(灵帝时人):博通五经,尤善图纬之学。③

凡此之类,都说明"图纬"为东汉儒者所常习,甚至纬书与经学一起,成为"以夏变夷"的重要资源。东汉中后期的博通之士习纬、明纬和授纬,事实上决定了他们乃至其弟子在各自的经学活动中如注经解经等,必然自觉或不自觉地要运用到"纬"。

就谶纬对经学文本的影响而言,史籍所载,以谶校经传或以谶杂经的活动在东汉屡见不鲜。如明帝(显宗)永平元年(58),樊鯈"与公卿杂定郊祠礼仪,以谶记正五经异说"。④ 章帝(肃宗)元和二年(85)引《河图》、《春秋纬·保乾图》、《书纬·璇玑钤》、《书纬·帝命验》等论历法。⑤ 章和元年(87)令曹褒重定汉礼,曹褒"次序礼事,依准旧典,杂以五经谶记之文,撰次天子至于庶人冠婚吉凶终始制度,以为百五十篇,写以二尺四寸简"。⑥ 汉时"经"之简定制为"二尺四寸",⑦曹褒所为,其实已经把谶纬等同于"经"了。

---

① 《后汉书》卷八二上《方术列传上》,第 2721、2724 页。
② 《后汉书》卷八六《南蛮西南夷传·夜郎传》,第 2845 页。
③ 《后汉书》卷八二下《方术列传下·韩说传》,第 2733 页。
④ 《后汉书》卷三二《樊鯈传》,第 1122 页。
⑤ 《后汉书·律历志中》,事见第 3026 页。
⑥ 《后汉书》卷三五《曹褒传》,第 1203 页。
⑦ 如《后汉书》卷三九《周磐传》载周磐遗令说:"编二尺四寸简,写《尧典》一篇,并刀笔各一,以置棺前,示不忘圣道。"(第 1311 页)此见经"简"为二尺四寸。另《孝经钩命诀》说:"《春秋》二尺四寸书之,《孝经》一尺二寸书之。"以此可知"六经"之"简"的法度。

就纬书中的论说方式而言,除了预言性的谶记多用谣辞之体(见前论)外,纬书许多篇章都用了与经学相类的表述方式,如以音训,以义训之类。略举其例如下:

《诗纬》:"甲者,押也,春则开也,冬则阖也。"又如:"旱者,捍也,毒捍忍残。"①

《春秋纬》:"酒者,乳也。王者法酒旗以布政,施天乳以辅人。"②又如,"王者,往也,神所向往,人所归乐。"③

凡此之类,在《春秋纬·说题辞》中有更多,不赘引。这类方式中,许多是过度发挥,乃至曲解文义,与古文家追求的"实事求是"有天壤之别。④ 不过,此类方式在纬书中也有很多颇有道理的论说,或是当时知识人的共识,或是谶纬作者自己的发挥。⑤ 文多不录。

就谶纬对经学家解经的影响而言,引纬解经(注经)是东汉今古文经学家共用的方式。如景鸾"少随师学经,涉七州之地。能理《齐诗》、《施氏易》,兼受《河》、《洛》图纬,作《易说》及《诗解》,文句兼取《河》、《洛》,以类相从,名为《交集》"。⑥ 这是儒者引"纬"以入经说,托"纬"以发己意的明证。其他如大儒贾逵以"经"驳"谶",尤其是何休、郑玄引"纬"注经之类,更是频繁。⑦ 而今见《易纬》之书,多有郑玄之注。凡此之类,都说明谶纬对经学家的影响已非寻常。

就谶纬内容与"经"本身而言,谶纬对"经"的纲目性解说与经学家的解释差异颇大。《春秋纬·说题辞》以及其他纬书篇章对五经、《孝经》都有简明解说,兹引如下:

---

① 《诗纬·推度灾》,《纬书集成》上册,第473页。
② 《春秋纬·元命包》,《纬书集成》中册,第652页,下引只出页码。
③ 《春秋纬·文曜钩》,第664页。
④ 关于经学家注经的方式,参看第六章关于"古文经传的形成"以及第十章有关郑玄的内容。
⑤ 且举两例:《礼纬·含文嘉》说:"礼者,履也。"(第503页)《书纬·璇玑钤》说:"天子,爵称也。皇者,煌煌也。"(第374页)
⑥ 《后汉书》卷七九下《儒林列传下》之《景鸾传》,第2572页。
⑦ 这点参看本章第三节以及第十章中的相关章节,不赘论。

"六经":六经所以明君父之尊,天地之开辟,皆有教也。

《春秋》:昔孔子受端门之命,制春秋之义,使子夏等十四人求周史记,得百二十宝书,九月经立。孔子作《春秋》一万八千字,九月而书成,以授游、夏之徒。游、夏之徒不能改一字。

《周易》:易者气之节,含精宣律历,《上经》象天,《下经》计历。《文言》立符,《彖》出期节,《象》言变化,《系》设类迹。

《尚书》:《尚书》者,二帝之迹,三王之义,所推期运,明受命之际。

《诗经》:诗者,天文之精,星辰之度,在事为诗,未发为谋,恬淡为心,思虑为志,故诗之为言志也。

《礼》:礼者,体也。人情有哀乐,五行有兴灭,故立乡饮之礼,终始之哀,婚姻之宜,朝聘之表,尊卑有序,上下有体,王者行礼,得天中和。①

《孝经》:《孝经》者,篇题就号也,所以表指括意序中,书名出义,见道日著,一字苞十八章,为天地喉襟,道要德本,故挺以题符篇冠就。②

《乐》于汉时无经,故这里只有五经和《孝经》。如果把其他纬书中关于"六经"总义的论说联系起来看,可知纬书作者对孔子与《春秋》的关系作了衍说,如"受命"、"不能改一字"之类,这些与纬书神化孔子是一脉相承的;对《周易》则以"气"论,并以律历进行衍说,这与整个《易纬》对《周易》的发挥是相通的;论《尚书》注重"期运"和"受命",并以之为"上帝之书",这与纬书的帝系系统相关;③对《诗经》以"天文"、"星辰"作论,这与纬书多论天象有关;对《礼》是以"体"和"履"作论,这是对礼所具有的教化和规制功用作了发挥;对《孝经》则大加拔高,以其为"天地喉襟,道要德本",这与整个汉代以"孝"治天下的取向有关。参之第十

---

① 以上皆《春秋纬·说题辞》,第856—857页。
② 《孝经纬·钩命诀》,第1010页。
③ 《春秋纬·说题辞》,第856页。

章郑玄于《六艺论》中对"六艺"的辨彰,可知郑玄对"六经"的论说是"体"、"用"并重,纬书的理解则是重"天"。也正因为纬书的这种理解路向,在其具体的阐发中才会有那么浓郁的宗教意味。

三、谶纬与"圣统"

综览纬书篇章,没有不涉及"天"或天象的。其中,以帝运系统与星宿等关系最为庞杂。由于纬书非一人一时所作,其论帝运帝系又多有差异和矛盾。在此仅对三皇五帝圣王之类略作梳理,以见其神话宗教的趣向与意义。

首先,纬书把"五帝"与星宿、五行等联系起来,认为圣王之君临天下,是应合了北辰之星为众星枢纽的天象。在孔子等人那里,以众星"拱"北斗作比喻来说明君王应具备统治者的德行。但在纬书中,这种比喻性的说法被理解成应合与转化关系。如说"天子皆五帝精",①"德含五帝坐星者称帝"。② 进一步地,《春秋纬·文曜钩》说:

> 太微宫有五帝星座:苍帝其名曰灵威仰,赤帝其名曰赤熛怒,黄帝其名曰含枢纽,白帝其名曰白招矩,黑帝其名曰汁光纪。③

太微宫即所谓"天帝南宫"。仅仅把帝与星宿匹对还不够,纬书作者还以苍赤白黑四帝分别于春夏秋冬四季"受制",而"黄帝受制,王四季"。④ 除此之外,这五帝还被赋予特殊的能力,如赤帝之精燥而明之类。按照纬书作者的说法,五帝还与五行匹对,即水德黑帝、火德赤帝、土德黄帝、金德白帝、木德青帝(苍帝)。诸如此类的想象与推演,纬书建构的乃是一个可以决定人世命运的神话帝系。

其次,纬书对传说中的三皇五帝的由来进行衍说。按照冷德熙的

---

① 《春秋纬·演孔图》,第581页。
② 《尚书中候·敕省图》,第440页。
③ 《纬书集成》中册,第662页。
④ 《春秋纬·文曜钩》,第662页。

研究，三皇五帝的诞生有三种类型：感生说、异貌说、受命说与禅让说。① 纬书述说三皇之一的伏羲是"感大迹"而生，② 五帝之一的尧是其母庆都感雷电而生，③ 舜是其母握登感"大虹"而生。④ 事实上，此类方式在《诗经》和《史记》中都有记载，如《诗经·商颂·玄鸟》说"天命玄鸟，降而生商"之类。纬书只是把这些传说具体化罢了。其他如异貌说等，冷德熙与徐兴无都有精细的梳理，可详参。⑤

再次，纬书对孔子格外付诸笔墨，极力神化孔子。除《春秋纬·演孔图》外，许多篇章或借孔子之口述说，或依孔子之言申述，甚至还有《论语纬》九篇。大致说来，纬书以孔子无父而生，其母受黑帝使而生之，吹律定姓，这与纬书说圣王都是无父而生有关。《演孔图》中对孔子的异貌作了夸张得至于荒诞的描述。其文曰：

> 孔子长十尺，海口，尼首，方面，月角日准，河目龙颡，斗唇昌颜，均颐辅喉，骈齿龙形，包脊虎掌，胼肩修肱，参膺圩顶，山脐林背，翼臂注头，阜脥堤眉，地足谷窍，雷声泽腹，修上趋下，末偻后耳，面如蒙倛，手垂过膝，耳垂珠庭，眉十二采，目六十四理。立如凤峙，坐如龙蹲，手握天文，足履度宇。望之如朴，就之如升。视若营四海，躬履谦让。腰大十围，胸应矩，舌理七重，钩文在掌。胸文曰：制作定世符运。⑥

这样的描述中，世上几乎所有宏大、光辉、刚健的"象"都被集中到孔子那里，好像这样的孔子天生就是"圣人"了。重要的是，对孔子所有异象的铺陈其实都是为了"制作定世符运"做铺垫。因为"圣人不空生，

---

① 参见冷德熙：《超越神话》，第 96—97 页。
② 《诗纬·含神雾》、《孝经纬·钩命决》以及《河图·稽命征》等纬书记载其事。分别见于《纬书集成》（上），第 461 页；《纬书集成》（中），第 1005 页；《纬书集成》（下），第 1179 页。文繁不引，下同。
③ 《春秋纬·合诚图》记载其事。见《纬书集成》（中），第 764 页。
④ 《诗纬·含神雾》、《书纬·帝命验》等纬书载其事。分别见于《纬书集成》（上），第 462、369 页。
⑤ 参见冷德熙：《超越神话》，第 100—134 页；徐兴无：《谶纬文献与汉代文化建构》，第 187—199 页。
⑥ 《春秋纬·演孔图》，第 577 页。

必有所制,以显天心"。① 那么,所定之"世"是什么呢? 按照《春秋纬·汉含孳》所说:"丘览史记,援引古图,推集天变,为汉帝制法,陈叙图录。"②这就是常识中所说的孔子作《春秋》"为汉制法"。因此,纬书对孔子的神化,目的不是神化孔子本身,而是为汉帝国的应天命作论证。不过,从另一角度看,纬书作者如此夸赞孔子,可能是儒者试图依托孔子来达到"经世致用"的目的。这真是用非理性的方式追求发挥理性的功用了。

稍作申述的一点是,纬书中有许多对汉代政治的隐晦批判,如说"人主自恣","主势夺于后族",③"邪臣蔽主",④"君臣无道",⑤凡此之类,不一而足。究其原因,冷德熙说得颇为中肯:

> 与一般宗教神话轻视当世生活、世俗生活,重视来世得救不同,纬书政治神话极其重视当世的社会现实,圣王政治正是一种理想的现世追求。⑥

的确,每当面对上述君臣无道的情形,汉儒一般都搬出禅让说和受命说来劝谏皇帝,许多儒者因此丢了性命,如眭弘。⑦

正如钟肇鹏先生所论:

> 谶纬囊括自然、社会、人事各方面,其中不仅有解释六艺经典、文字训诂的,也有讲天文、历法、地理、古史、神话传说、典章制度等各方面的。把当时的自然科学和社会科学通通纳入依傍经义的神学系统——谶纬之中,构成了一个包罗万象的神学体系。⑧

---

① 《春秋纬·演孔图》,第580页。
② 《纬书集成》,第815页。
③ 《春秋纬·运斗枢》,第726、727页。
④ 《诗纬·推度灾》,第469页。
⑤ 《孝经纬·内事图》,第1027页。
⑥ 冷德熙:《超越神话》,第255页。
⑦ 昭帝时的眭弘说:"虽有继体守文之君,不害圣人之受命。汉家尧后,有传国之运。汉帝宜谁差天下,求索贤人,禅以帝位,而退自封百里。"后被诛杀。事见《汉书》卷七五《眭弘传》,引见第3154页。
⑧ 钟肇鹏:《谶纬论略》,辽宁教育出版社,1995年,第89页。

谶纬的这种特征，或许正是当时儒者试图进一步地使得今文经学宗教神学化而努力的结果。

第三节 《易纬》思想概述

现存纬书中，文本和思想保存得较为系统的是《易纬》。《易纬》既继承和发展了孟、京《易》学思想，又对西汉时已经发达的灾异学说作了发挥，其卦气理论和"易"之义、"太易"等思想，对后世《易》学的发展产生了重要影响。

如上节表中所示，《易纬》主要有六篇（类），另有《乾坤凿度》疑为唐后从《乾凿度》中衍出，而《乾元序制记》在唐前文献中未见著录，古人考证说其前半部为《是类谋》、后半部为《坤灵图》之文，二者合一乃是宋人伪纂。因此，史书中以《易纬》有八类等说，实际上可能只有六篇（类）。① 而六篇之中，又以《乾凿度》、《稽览图》和《通卦验》的文本和思想相对完备。② 下面，我们主要据此三篇来梳理《易纬》思想的大概。

一、"易"之三义

朱伯崑先生认为，《乾凿度》类似于汉《易》的"系辞传"，是汉代

---

① 关于《易纬》篇目，历来说法不一，安居香山有非常详细的考证，通过版本流传与史书记载内容的比较，重点论说了《乾凿度》与《乾坤凿度》的关系，并认为《乾坤凿度》是异于《乾凿度》的一个珍贵本子。参见《纬书集成》上册《解说》部分，第3—23页。但问题是，唐时著录未见前者篇名记载，所见者皆为宋明清时期的典籍。故本书从张惠言于《易纬略义》中所论，《乾坤凿度》亦伪。徐兴无认为它出自道教徒之手，可备一说。参见徐兴无：《谶纬文献与汉代文化建构》，第145页。另，关于《乾元序制记》之伪，也可参见孙诒让：《札迻》，中华书局，1989年，第29页。

② 张惠言在其《易纬略义》的自叙中说："《乾坤凿度》为伪书，不足论。《乾元序制记》，宋人抄撮为之。《坤灵图》、《是类谋》、《辨终备》亡佚既多，不可指说。其近完存者，惟《稽览图》、《乾凿度》、《通卦验》。"转引自《纬史论微》，第367页。

《易》学的通论,其对《周易》的性质、八卦的起源、爻象的结构和筮法的体例,都有相对明晰的解说。① 其中,《乾凿度》开篇即对"易"之义作出说明,其文曰:

> 孔子曰:"易者,易也,变易也,不易也,管三成为道德苞籥。"②

所谓的"易"(即简易)和"变易",都是《周易》经传本身所阐发的内容,如《系辞上》说:"乾以易知,坤以简能。易则易知,简则易从。……易简而天下之理得矣。"但《易纬》作者却别出新论,对三者都作了深度发挥。

首先,《易纬》以"德"、"淡泊"之类对"简易"进行阐论。《乾凿度》说:

> 易者,以言其德也,通情无门,藏神无内也。光明四通,俲易立节。天地烂明,日月星辰布设,八卦错序,律历调列,五纬顺轨,四时和,栗孽结。四渎通情,优游信洁。根著浮流,气更相实,虚无感动,清净炤哲。移物致耀,至诚专密。不烦不挠,淡泊不失。此其易也。③

《易纬》以"德"解"易",实际上是说万物之"德"即是万物"自得"其性而能"自通",万物都可"自通"即能"光明四通"。但这"自通"与"四通"的过程乃是"俲易立节",故有日月星辰、律历、五星("五纬")、四时的和顺。而这和顺的状态之所以能够成就,乃是因为万物自身的气动相感。这个相感的过程是"虚无"式的"淡泊"和"无为"。郑玄为这段话作了许多注解,集中说明"易道"是"自得"和"无为"。择要录之如下:

> 俲易无为,故天下之性,莫不自得。

---

① 参见朱伯崑:《易学哲学史》(上册),第155页。
② 《纬书集成》(上),第3页。
③ 《纬书集成》(上),第3—4页。

第五章　两汉之际谶纬的盛行 / 279

> 傚易者,寂然无为之谓也。
>
> 易道无为,故天地万物,各得以自通也。①

姑且不论郑玄此类之注是否是以"老"解"易"。仅就郑注内容而言,其申发的"易道"与先秦道家之"道",在内容上是相通的。这点对后世义理化的《易》学,是有启发之功的,如王弼的以"老"解"易"。

其次,《易纬》继承孟、京等人以气论"变易"之外,还把人世政治的迭代视为"变易",认为人世必须"变易"才能发展。《乾凿度》说:

> 变易者,其气也。天地不变,不能通气。五行迭终,四时更废,君臣取象,变节相和。能消者息,必专者败。君臣不变,不能成朝。纣行酷虐,天地反;文王下吕,九尾见。夫妇不变,不能成家。妲己擅宠,殷以之破;大任顺季,享国七百。此其变易也。②

这段话实际上是从天道推知人道。其意是说,天地之"易"是以"通气"的五行四时之变来显现的,人世之变即是"取象"于这种变易之道,故说"君臣不变,不能成朝","夫妇不变,不能成家"。而如商纣那种单向道的专制和酷虐,以及妲己那种擅宠妄为,都是违背天地的"变易"精神的。因此,明于"易道"的文王父子在贤人(如吕尚)的辅佐下实现以周代殷(商),即是人世的变易。

再次,《乾凿度》从人世秩序的角度来阐发"不易"之理。《乾凿度》说:

> 不易也者,其位也。天在上,地在下,君南面,臣北面,父坐子伏,此其不易也。故易者天地之道也,乾坤之德,万物之宝。至哉!易一元以为元纪。③

---

① 《纬书集成》(上册),第3—4页。下引郑玄之注,皆见同书所载《易纬》相应篇章语句之下。
② 《纬书集成》,第3—5页。
③ 《纬书集成》,第5页。《纬书集成》中的句读是"至哉易,一元以为元纪",不从。下引之文,句读不从者甚多,不复注。

这段话是对《周易·系辞上》"天尊地卑,乾坤定矣。卑高以陈,贵贱位矣"和《文言》中"乾元"之说的阐发。《易传》中有诸多关于乾为"元"的论说,《乾凿度》发挥其说,以为"易"为"天地之元,万物之纪"。① 但这个作为天地和人世的根本原则的"一元"之"易",也有其不变的内涵,即天上地下、君南臣北之类。也就是说,在纬书作者看来,正如天尊地卑这种自然秩序不变一样,君尊臣卑之类的人世秩序也是不变的。故《乾凿度》的后文借孔子之口说:"易者,所以经天地,理人伦,而明王道。"②

考虑到纬书之兴在西汉后期,其时天人之学已兴,一统帝国的政权也稳固颇久,故上述《乾凿度》对"易"义的发挥中,以人世的秩序性作为"不易"的主要内涵,可能正是这类情形的反映。

《乾凿度》关于"易"之三义的解说,对后世《易》学产生了深远的影响,如郑玄在《六艺论》中的阐发(见第十章),王弼在《周易注》中的发挥,宋儒的阴阳定位说之类。

二、"太易"说

《乾凿度》在其对《周易》形成的论说中,提出了"太易"之说。纬书作者在承续《易传》中有关圣人作《易》的思想后,追问作为"易道"之本的乾坤由何而来的问题,《乾凿度》发挥《系辞上》"易有太极,是生两仪"之说,认为"太极"之先尚有"太易"。其文曰:

> 昔者圣人因阴阳,定消息,立乾坤,以统天地也。夫有形生于无形,乾坤安从生?故曰:有太易,有太初,有太始,有太素也。太易者,未见气也;太初者,气之始也;太始者,形之始也;太素者,质之始也。气形质具而未离,故曰浑沦。浑沦者,言万物相浑成而未相离。视之不见,听之不闻,循之不得,故曰易也。易无形畔,

---

① 此为郑玄注"元纪"之语,《纬书集成》(上册),第6页。
② 《纬书集成》,第6页。

易变而为一，一变而为七，七变而为九。九者，气变之究也，乃复变而为一。一者，形变之始。清轻者上为天，浊重者下为地。物有始，有壮，有究，故三画而成乾。乾坤相并俱生，物有阴阳，因而重之，故六画而成卦。①

从"纬"对"经"的阐发来看，这段话要解决的是《系辞》中的"易无体"、"乾，阳物也；坤，阴物也；阴阳合德而刚柔有体"，以及"太极"何由来的问题。纬书作者在此引入道家思想来说明"太易"。"太易"无形无状，不可见闻，它在"气"生之先而非"气"，这是为了说明"易无体"问题。但无体之"易"却有"用"，此用即是易之"变"，其"变"有三阶段，即太初、太始和太素，这三者分别为气、形、质之始。说其为"始"，是因为三者浑而未离，不离不分的状态即是"浑沦"，而"浑沦"之态实际上即是整体之态。因其为整体，故可谓之"一"，故说"易变而为一"。这是解决"太极"生"两仪"的问题，也即是老子意义上的"一生二"。换言之，从作为整体的初始之"气"分生出清、浊二气，清者为天，浊者为地。进一步地，由于万物之变都有始、壮、终（"究"）的过程，而推动这个过程开始的即是作为"元"的"乾"之"阳"。② 又由于"乾坤相并俱生"，乾阳既显，坤阴也就隐伏其中。以数言之，一、七、九是乾阳之象，二、六、八是坤阴之象。这样，按照"物有阴阳"之理，圣人便以乾、坤二象为基本要素，"因而重之"，以成六画之卦。

简而言之，《乾凿度》中的这段"太易"说，所要解决的是自然与人文的起源问题。而从思想史的角度看，它所具有的意义非同一般。一方面，它不仅综合了儒道思想，而且还综合了汉代的《三统历》内容，把秦汉时的元气说和卦气理论结合起来，形成对后世颇有影响的"太极

---

① 《纬书集成》，第10—13页。这段话《纬书集成》上册《易纬·乾凿度》上下卷均有，文多同，但郑玄所注不同，上卷注略，下卷注极为详细。此处所引者在上卷。
② 《周易·乾卦》象辞说："大哉乾元！万物资始，乃统天。"而《乾·文言》也说："乾元者，始而亨者也；利贞者，性情也。乾始能以美利利天下，不言所利，大矣哉！大哉乾乎！刚健中正纯粹精也。"

元气说"。另一方面,它把奇偶之数与阴阳二气的变化结合起来,不仅是对西汉流行的以阴阳之数说明卦象形成的理论的发展,也为后世的象数之学奠定了理论基础。①

三、"太一九宫"说

纬书作者在说明卦之形成之后,继续阐发如何理解易卦。《乾凿度》说:

> 三画以下为地,四画以上为天。物感以动,类相应也,易气从下生。动于地下之下,则应于天之下;动于地之中,则应于地之中;动于地之上,则应于天之上。初以四,二以五,三以上,此之谓应。阳动而进,阴动而退,故阳以七、阴以八为象。易,一阴一阳,合而为十五之谓道。阳变七之九,阴变八之六,亦合于十五,则象变之数若一。[阳动而进,变七之九,象其气之息也;阴动而退,变八之六,象其气之消也。故太一取其数,以行九宫,四正四维,皆合于十五。]五音六律七变[宿],由此作焉。②

这里首先说明的是六画卦爻本身所代表的天地之义,指明每卦初、二、三与四、五、上爻有"应"的关系。进一步地,筮法中的七、八之数和少阴少阳为不变之爻,六、九之数与老阴老阳为可变之爻,纬书作者称前者为"象",后者为"变"。由于七、八与六、九之和都为十五,故说"象变之数若一"。另一方面,刚阳主进,柔阴主退,阳进到九为止,阴退到六为止,由于阳七阴八为不变之爻,阳九阴六为可变之爻,故对"易"而言,六和九不仅是阴阳爻的代称,也是阴阳二气变化的表征。这样,纬

---

① 朱伯崑先生对"太易说"有详细的评述,此段是综合其说。详参《易学哲学史》(上册),第159—163页。
② 《纬书集成》,第31—33页。此段文字《乾凿度》的上下卷均有,但稍有不同,这里引用的以下卷所载为主,括号中的内容为下卷本文所有,上卷本文所无,但上卷以"阳动而进,变七之九,象其气之息也;阴动而退,变八之六,象其气之消也"为郑玄之注。考下卷郑玄长篇之注,有对"太一"等的解说,故可知上卷之文有误,而下卷近真。

书作者通过奇偶之数而把卦、卦爻、象数、阴阳等结合起来,为九宫之说奠定了基础。先看《九宫图》(图二)。

巽四	离九	坤二
震三	中五	兑七
艮八	坎一	乾六

图二　九宫图

说明:此图引自《易学哲学史》,第 164 页。

由图可知:兑、震、坎、离分别居于东西南北,这是"四正";乾、坤、艮、巽分别位于东南、东北、西南、西北,这是"四维"(古书中也称"四隅")。① 郑玄注解说:"四正四维,以八卦神所居,故亦名之曰宫。"②故它们合起来为"八宫",加上"北辰之神""太一"所居的"中宫",即为"九宫"。按照郑玄所注,"太一"亦称"太乙"、"天一",是主气之神。③ 联系前文所论太极元气说,再参照前文所引《春秋纬·文曜钩》之说,"中宫大帝,其北极星下一明者,为太一之光,含元气以斗布常",则可知所谓"太一取其数行九宫",实际是说气行九宫。只不过,气之所行是按照一定秩序的。郑玄注说:"太一下行八卦之宫,每四乃还于中央,中央者,北神之所居,故因谓之九宫。天数大分,以阳出,以阴入,阳起于子,阴起于午,是以太一下九宫,从坎宫始。"④因此,按照郑玄的下文之注,"太一"的运行次序是:坎宫一→坤宫二→震宫三→巽宫四。由于"每四乃还于中宫",运行完坎、坤、震、巽四宫,太一"还息于中央之

---

① 关于四正四维的方位问题可参看朱伯崑:《易学哲学史》第一卷,第 172 页。
② 《纬书集成》,第 32 页。
③ 皆参见《纬书集成》(上册),第 32 页。
④ 《纬书集成》,第 32 页。

宫"。之后再次运行:乾宫六→兑宫七→艮宫八→离宫九。

所要注意的问题是,九宫之说应该是对古代明堂之说的易学化改造。先看明堂九室的结构(图三)。

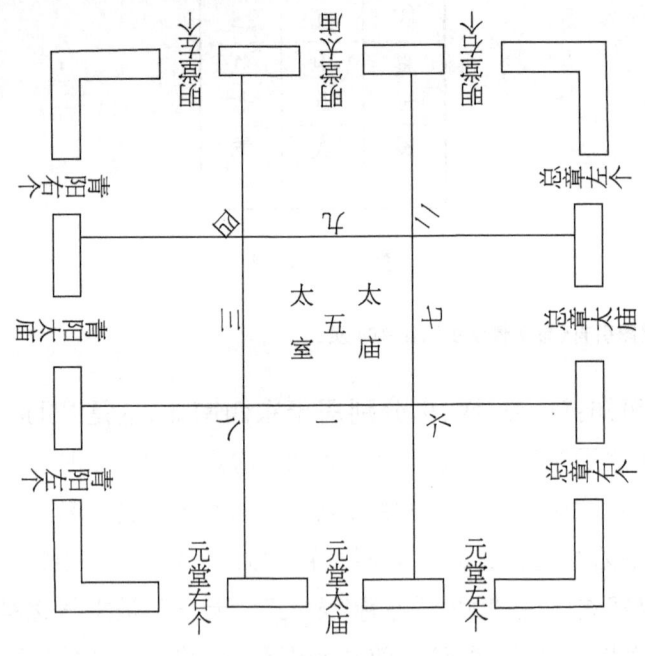

图三　明堂九室图

说明:此图引自朱伯崑:《易学哲学史》,第166页。

按照《礼记·月令》和《吕氏春秋·十二纪》的记载,明堂分为九室,《月令》详细说明一年四季中天子与九室的关系:春天天子居东方青阳三室,夏居南方明堂三室,秋居西方总章三室,冬居北方元堂三室。四季的每月居相应之室二十四日,中央的太室(庙)每季居十八日。总共三百六十日。又据《大戴礼记·明堂》所说:"明堂者,古有之也。凡九室,……二九四,七五三,六一八。"参照上列图三所示,则知《大戴礼》所记之数,即为《九宫图》中所对应的纵、横、斜之数,而其纵、横、斜各数之和都为十五。这样,《乾凿度》的"九宫说",实际上是用

《易》学和星宿理论把明堂说卦气化和神秘化。宋儒在此基础上,依据"四正四维,皆合于十五"之说而认为《九宫图》所显现的乃是《河图》、《洛书》要义,其图更为抽象,古人形象地描述其图的口诀是:"戴九履一,左三右七,二四为肩,六八为足,五居中央。"①以图示之如下(图四)。

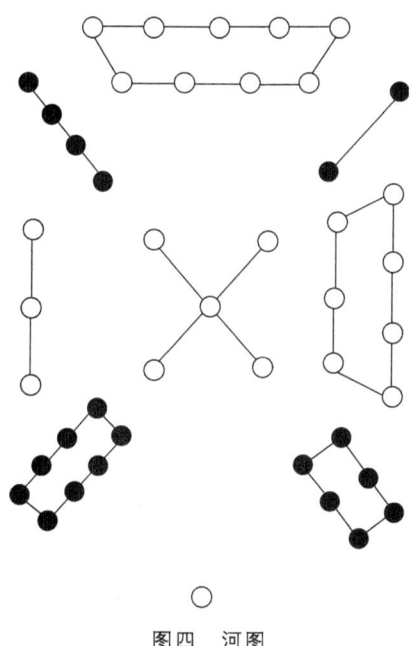

图四　河图

说明:此图引自施维主编:《周易八卦图解》,第 21 页。图出自(宋)刘牧《易数钩隐图》,朱熹《周易本义》稍变其图,亦以之为《洛书》。

另需申述的是,郑玄说"太一行九宫"是基于"阳起于子,阴起于

---

① 惠栋在其《易汉学》卷八中有《辨河图洛书》文,认为《河图》之类非汉人所见,以之为妄。参见《周易述》(下册),第 629—630 页。有关此诀与《河图》、《洛书》的流传情况,施维主编之《周易八卦图解》(巴蜀书社,2005 年)一书中,所录甚多,如(宋)刘牧《易数钩隐图》中的《河图》和《太皞氏授龙马负图》,(宋)朱震《汉上易传·卦图》中的《河图》,朱熹《周易本义》和《易学启蒙》中的《河图》、《洛书》,(元)胡一桂《周易启蒙翼传》中的《河图》、《洛书》,(明)来知德《易经来注图解》中的《马图》、《龟书图》,(清)陈梦雷《周易浅述》中的《河图》、《洛书》,分别参见其书第 21,26,113,159,169,265,419,459,461 页。该书有图有解说,可详参。

午",而参照第四章京房的《八卦卦气图》可知,所谓"阳起于子,阴起于午"指的是阴阳之气的"子午分行",即自"子"左行至"午"为阳气渐盛,从"午"右行到"子"为阴气渐盛,主要是要说明一年四季的节气与卦的关系。而《乾凿度》却说"五音六律七宿,由此作焉",这显然是把九宫看做是人世的先在根据,故郑玄注曰:"作,起也。见八卦行太一之宫,则八卦各有主矣。推此意,则又知日辰及列宿亦有事焉,故曰'由此起'。日辰列宿,皆系八卦,是以云也。"①徐兴无因此认为它掺杂了汉代星占术的内容,而冷德熙从阜阳双古堆西汉汝阴侯墓出土的"太一九宫占盘"出发,认为《九宫图》应是天宫二十八宿缩影图的《九数图》。②事实上,从今见《乾凿度》的文本看,九宫之说只寥寥数语,并没有多少具体论说,且它是与八卦方位、爻辰之说联系在一起的,因此,只有弄清《易纬》中的八卦方位、爻辰、寒温等思想,才可能更好地理解《九宫图》的意义。

四、卦气说

《乾凿度》承续《说卦传》的思想,认为易有阴阳之气和奇偶之数,天地为两仪,四时为四象,雷风水火山泽等为八卦之象。在此基础上,《乾凿度》论说了八卦的"四正四维"及其"布散用事"。其文曰:

> 其布散用事也,震生物于东方,位在二月;巽散之于东南,位在四月;离长之于南方,位在五月;坤养之于西南方,位在六月;兑收之于西方,位在八月;乾剥之于西北方,位在十月;坎藏之于北方,位在十一月;艮终始之于东北方,位在十二月。八卦之气终,则四正四维之分明,生长收藏之道备,阴阳之体定,神明之德通,而万物各以其类成矣,故皆易之所包也。至矣哉!易之德也。

---

① 《纬书集成》上册,第32页。另外,从郑玄注文的语气看,至少在东汉末的儒者那里,九宫说的意义已经不甚明了,故郑玄说"推此意"之类。

② 分别参见徐兴无:《谶纬文献与汉代文化建构》,第115页;冷德熙:《超越神话》,第289—291页。

> 孔子曰:"岁三百六十日而天气周,八卦用事各四十五日,方备岁矣。"①

这两段的总体意思是说八卦有"四正卦"与"四维卦",它们依据自己所在方位配主四时变化,体现的是一年之中阴阳消长的过程。八卦配行一年三百六十天,每卦主导("用事")四十五天。所应注意的问题是,与上述《九宫图》的"四正四维"的方位不同,这里的"四正"虽然还是坎离震兑,但它们对应的分别是北南东西,"四维"所对应的巽东南、坤西南、乾西北、艮东北。之所以有这样的差异,其原因在于《九宫图》中的"四正四维"是依据古老传说中的"河出图,洛出书",以及《系辞上》中的"天一,地二,天三,地四,天五,地六,天七,地八,天九,地十"的说法而来。这里的"四正四维"之说,则是依据《说卦传》中所说的八卦方位而来,后人多以《说卦传》中所论方位为《文王八卦图》。事实上,占筮是《周易》的原初功能之一,卦气说则是汉儒的发挥,而如果我们把卦气说视为汉儒对《周易》所进行义理发挥的结果之一,则上述差异即是占筮之"易"与义理之"易"的差别之一。也正因为此,《乾凿度》对作为阴阳之本的乾坤两卦不居正位作出明确解释。其文曰:

> 乾者,天也,终而为万物始,北方万物所始也,故乾位在于十月;艮者,止物者也,故在四时之终,位在十二月;巽者,阴始顺阳者也,阳始壮于东南方,故位在四月;坤者,地之道也,形正六月。四维正纪,经纬仲序,度毕矣。②

《乾凿度》作者认为四维卦标志阴阳二气运行的终始,"四维正纪"说的是四维正四时,"经纬正序"中的"经"指坎离,"纬"指震兑,③它们所"正"的是二至二分的顺序。④ 按照古老的气行四季思想,至、分只是四

---

① 《纬书集成》,第8页。
② 《纬书集成》,第9页。此段中的"仲"应为"正"。
③ 此说据郑玄的注解,参见《纬书集成》(上册),第9页。
④ 参见朱伯崑:《易学哲学史》,第169页。

时二十四节气中的四节气,故配主四时气行的四维卦比四正卦更为重要。很显然,这是《易纬》对孟、京《易》学的发展。进一步地,《乾凿度》借孔子之口对乾坤两卦作出特别说明。其文曰:

> 孔子曰:"乾坤,阴阳之主也。"阳始于亥,形于丑,乾位在西北,阳祖微据始也。阴始于巳,形于未,据正立位,故坤位在西南,阴之正也。君道倡始,臣道终正,是以乾位在亥,坤位在未,所以明阴阳之职,定君臣之位也。

这里有两层意思:从"天道"气行的角度说,乾阳据西北是因为十月(亥)到十二月(丑)是一年中的阳气萌发始成之时,而四月(巳)到六月(未)是阴气始成之时,故坤阴位西南。又因为乾阳为"元",故乾尊坤卑。从"人道"治理的角度说,有君始有臣,君道为始为尊,臣道为终为卑,这与阴阳之道蕴含的道理是同质的。也正是基于这样的理路,《乾凿度》以五常配八卦,认为四季的气运与人伦是相通的。其文曰:

> 孔子曰:"八卦之序成立,则五气变形。故人生而应八卦之体,得五气,以为五常,仁义礼智信是也。"夫万物始出于震,震,东方之卦也,阳气始生,受形之道也,故东方为仁。成于离,离,南方之卦也,阳得正于上,阴得正于下,尊卑之象,定礼之序,故南方为礼。入于兑,兑,西方之卦也,阴用事而万物得其宜,义之理也,故西方为义。渐于坎,坎,北方之卦也,阴气形盛,阳气含闭,信之类也,故北方为信。夫四方之义,皆统于中央,故乾坤艮巽,位在四维。中央所以绳四方行也,智之决也,故中央为智。故道兴于仁,立于礼,理于义,定于信,成于智。五者道德之分,天人之际也,圣人所以通天意,理人伦,而明至道也。①

这段论说的语义颇为明了,不赘述。其主旨是:四正卦震东离南兑西

---

① 《纬书集成》,第10页。

坎北分别配仁礼义信,"智"居中央不配卦。如此配行的原因在于:五行配五常之类是古老的传统,①而五行主于四时,四时节气又配主卦气,卦气因五常与五行、四时的关联而具有了五常之质。纵观汉儒之说,《乾凿度》这类说法不仅是比附,更是汉代主流的天人之学的"图纬"化。依据上引之说,研究者制成《乾凿度》的《五常八卦方位图》(图五)。

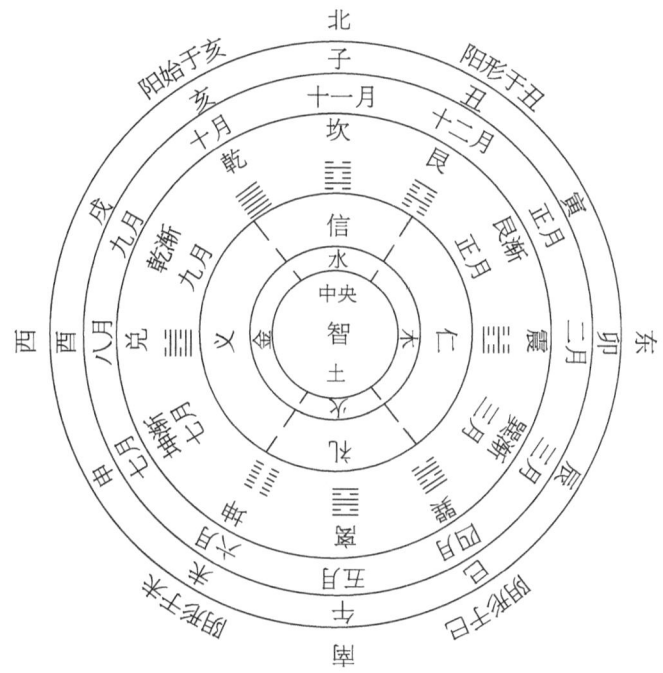

图五　五常八卦方位图

说明:1. 此图引自徐兴无:《谶纬文献与汉代文化建构》,第114页。原书图名为《四正四维图》。2. 原图可能因印刷之误而缺"巳"与"未",此依引文之意补全。3. 由于引文所论是八卦之气运与五常的关系,故不从原名,而改为现名。

---

① 对此,刘起釪在《五行原始意义及其分歧蜕变大要》一文中有详细梳理。参见《尚书研究要论》,331—357页。

需要指出的是，不仅《乾凿度》有卦气理论，《易纬》其他篇章也有，如在《稽览图》中，即以四正卦为四象，以六十四卦配十二月，其作者认为："每岁十二月，每月五月[卦]，卦六日七分，每期三百六十六[五]日，每四分[之一日]。"①《稽览图》虽详列六十卦与二十四节气的关系，但因为文献传承的原因，其中所记载的卦与节气的关系比较紊乱，卦位也不全面。不过，从《易纬》卦气理论与孟氏《易》学的关系看，《稽览图》中的许多术语和衍说方式与孟氏《易》相通或相类，如天子、三公、诸侯、九卿、大夫的五等卦，显然与孟氏的辟、公、侯、卿、大夫的五等卦相关。②

五、爻辰说

爻辰说是《易纬》中颇具特色的思想。其主旨在于：按《周易》六十四卦的顺次，以对应的两卦共十二爻来配十二辰以主一年的十二月，这样，《周易》被分成三十二对卦，共代表三十二年以成一个周期，并以此来推算年代、运期的好坏、帝王的废兴等。其理论要义集中于《乾凿度》以下一段文字。其文曰：

> 阳析（引注：指占筮中的"策"，下同）九，阴析六，阴阳之析各百九十二，以四时乘之，八而周，三十二而大周，三百八十四爻，万一千五百二十析也。故卦当岁，爻当月，析当日。

> 阳唱而阴和，男行而女随。天道左旋，地道右迁。二卦十二爻而期一岁。乾，阳也；坤，阴也，并治而交错行。乾贞于十一月，子，左行，阳时六；坤贞于六月，未，右行，阴时六，以奉顺成岁。岁终，次从于屯、蒙。屯、蒙主岁，屯为阳，贞十二月，丑，其爻左行，以间治时而治六辰；蒙为阴，贞于正月，寅，其爻右行，亦间时而治

---

① 《易纬·稽览图》卷下，第153页。
② 关于《稽览图》中的卦气说，徐兴无作了较为详细的梳理，参见《谶纬文献与汉代文化构建》，第122—127页。冷德熙对此也有梳理，参见《超越神话》，第325—326页。另，朱伯崑先生也对《易纬》其他篇章的卦气说作了梳理，详见《易学哲学史》（上册），第180—188页。

六辰。岁终则从其次卦。阳卦以其辰为贞,丑与[其爻]左行,间辰而治六辰。

阴卦与阳卦同位者,退一辰以为贞,其爻右行,间辰而治六辰。泰、否之卦,独各贞其辰,共北[比]辰左行相随也。而[中]孚为阳,贞于十一月,子;小过为阴,贞于六月,未,法于乾坤。三十二岁期而周,六十四卦,三百八十四爻,万一千五百二十析,复从于贞。①

这里有几点应先作说明:一是纬书作者基于《周易》中本有的阴阳观念,发挥其阳主阴辅的基本原理后认为,天阳地阴,体现"天道"的日月星辰"左旋",而对应的"地道"则右转。其道理在于:"地所以右转者,气浊清少,含阴而起迟,故右转迎天佐其道。"②很明显,这是纬书作者贯彻《易传》中"乾元"思想,认为乾坤之道中有阴随阳起之象。二是纬书作者从《周易》的卦、爻、策(析)的数量关系出发,以"卦当岁,爻当月,析当日",认为三十二年的年、月、日数量与卦、爻、策数量匹合,不仅因为阴六阳九的象数之义,还有四时为一年的缘故。故说"四时乘之,八而周,三十二而大周",即六十四卦与历之周期因"时"而有匹合关系。三是基于阴阳观念而把六十四卦理解成三十二对阴、阳卦,即六十四卦中两两对应,一阳卦一阴卦为一对,以此有三十二对卦象而决定三十二年为历之周期。四是爻辰配主的基本原则为"天道左旋,地道右迁",具体原则为"间时而治"和"并治错行",即阴阳各卦间隔一"辰"主岁,而卦之各爻也隔月而主"辰"。《乾凿度》爻辰说的具体内容,主要有三层意思:首先,作为"易道"之本的乾坤两卦,其所主者即为三十二年一周期中的第一年。两卦之中,乾为阳卦,坤为阴卦,二者"主岁"时,其十二爻配十二支的具体方法是:乾卦初爻配主十一月,其辰为"子",又因乾为阳卦,按"天道左旋"的大原则,乾所主之辰也"左行"。由此,按照"间时而治"的原则,则乾卦的九二所主月为正月,其

---

① 《纬书集成》,第34—36页。
② 《春秋纬·元命包》,第598页。

辰为"寅",九三主三月,其辰在"辰",九四、九五、上九分别主五、七、九月三月,其辰分别为午、申、戌。同理,坤为阴卦,按照"地道右迁"和"间时而治"的原则,其六爻所主月辰则为:初六一六月一未,六二一八月一酉,六三一十月一亥,六四一十二月一丑,六五一二月一卯,上六一四月一巳。这样,乾坤作为一对阴阳卦,其十二爻与十二月和十二支的配主关系,都是相应地一阳一阴地交叉运行,故说"并治而错行"。在其余六十二卦中,中孚与小过卦的爻辰配主顺次与乾坤两卦完全相同。据此,研究者制成《乾、坤、中孚、小过并治错行图》(图六)。

图六 乾、坤、中孚、小过并治错行图

说明:此图引自徐兴无:《谶纬文献与汉代文化建构》,第131页。

其次,按照乾、坤的爻辰顺次之理,周期第二年随之而主的即是屯、蒙两卦,此即"岁终次屯、蒙"。屯为阳卦,配辰方向为左行,其初九配主十二月,其辰在丑,六二配主二月,其辰在卯,余皆类推。蒙为阴卦,配辰方向右行,其初六配主正月,其辰在寅,九二配主三月,其辰在

"辰",余皆类推。如此继续推演,"岁终则从其次卦",则第三年为需、讼卦主配,二者初爻所主分别为卯和辰;第四年为师、比卦,二者初爻所主分别为巳、午,等等。但这里有一个问题尚需注意:在上述推演顺次中,如果阴卦初爻与阳卦之爻处于同一月份,即阴卦初爻与阳卦之爻有同位而主的情况,①则阴卦的初爻退一辰而贞(主),其具体顺次依然遵循"右行"和"间治"的原则。这就是"阴卦与阳卦同位者,退一辰以为贞,其爻右行,间辰而治六辰"。据此,可成《六十四卦初爻贞辰图》(图七)。

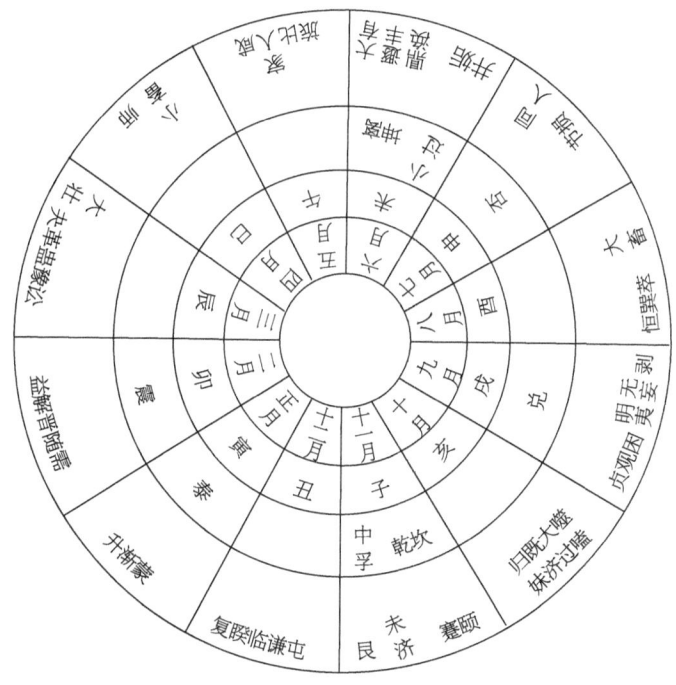

图七　六十四卦初爻贞辰图

说明:此图引自徐兴无:《谶纬文献与汉代文化建构》,第133页。

---

① 造成这种同位的原因在于:按照《周易》六十四序列,坤在乾后,但坤初爻所贞之月在六月,而非按照六十四卦的顺次在乾后的十二月。而按照屯、蒙的贞辰之法,其后的其他一阴一阳的对卦贞辰,除泰、否和中孚、小过两对卦之外,其他的对卦都依照屯、蒙贞辰的方式而行,故阴卦初爻所主月与阳卦所主月免不了重复的情况。

三是泰、否卦有其独特的"贞辰"顺次。按照郑玄之注,"泰贞于正月,否贞于七月",即泰卦初九配主正月,其辰在寅,否卦初六配主七月,其辰在申。进一步地,二者的贞辰顺序并非"间治",而是按月顺序而行,即:泰卦六爻配主正月到六月,否卦配主七月到十二月。①此即"共比辰左行相随"。至于为何六十四卦中只有泰否两卦如此,郑玄认为是二者之气与乾坤相乱。依此,则可成《泰否各贞其辰图》(图八)。

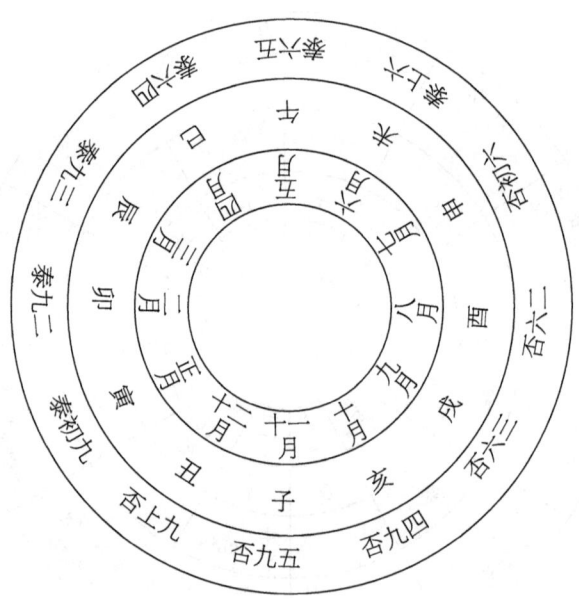

图八　泰否各贞其辰图

说明:惠栋《易汉学》卷六《郑康成易》有《否泰所贞之辰异于他卦图》,并详引郑玄之说。参见惠栋:《周易述》(下册),第620页。此图引自徐兴无:《谶纬文献与汉代文化建构》,第132页。

① 郑玄注曰:"泰从正月至六月,皆阳爻;否从七月至十二月,皆阴爻。否、泰各自相从。"《纬书集成》上册,第37页。

六、寒温灾异说

汉儒论灾异颇详,而纬书又特重灾异之说。就《易纬》而言,它除了承续汉儒以地震日月等异象论灾异外,又对孟、京《易》学中已有所论的寒温灾异说进行发挥。《易纬·稽览图》把京房的卦气灾异说进一步系统化,以四正卦主二至二分,十二消息卦主十二月中阴阳之气的消长,杂卦于其中主管气候变化,表征人世异常。① 其说颇为繁富,在此略梳其义。

首先,《稽览图》作者认为卦爻与气之清浊、寒温有表征关系。郑玄注"阴阳和合,……非太平而杂卦,以其度效一辰,则可矣"说:

> 杂卦九三、上六决温,九三、上九微温;六三、上九决寒,六三、上六微寒,[六]日七分中一辰效则可也。②

这是说诸杂卦之三爻、上爻与寒温之气的关系。九三应上六与六三应上九表征温寒之变明晰可知,九三应上九的关系表征微温清净,六三应上六表征"微寒"。如果发生当寒不寒、当温不温之类的情况,则表明卦气失"效"。比如,《稽览图》在论消息卦的剥卦时即说:

> 剥,阴气上达,陨霜以降,寒气以杀,万物成刑。不至,则太阴不强,霜不以时降,万物必有不成刑者,则有伤年之灾。③

"剥"(䷖)为九月之卦,其六五爻表征阴气上达,即阴气以霜之"寒"来让草枯木黄,此为自然之"刑"。但如果阴气不至,则无霜"刑",表明卦气不"效",其预示的是有"伤年之灾"。

其次,造成卦气不"效"的原因主要是卦与卦、气与气的相互侵扰。一方面,卦有消息卦、杂卦之分,二者各有所主,而气之貌有清浊之别,

---

① 关于四正卦、十二消息卦和杂卦的分别,参看第四章孟、京《易》学部分。
② 《纬书集成》(上册),第 125 页。
③ 《纬书集成》,第 137 页。

气之质有寒温之分。此即"诸卦气寒温清浊各如其所"。然而,"侵消息者,或阴专政,或阴侵阳,侵之比先蒙。"① 这是说杂卦之气侵扰消息卦,阴气太盛而阳气寝伏,即为阴之专主,阴据阳位或阴久不去,即为阴侵阳。如蒙(䷃)为正月卦,其六三应上九是表征"寒",但如果正月雾阴不断,则是阴侵阳,即表明蒙卦不"效",其表征的是"臣将入侵其君"。② 凡此之类,都可归为"形体不相应"。

再次,由于天道是人道的根据,则卦爻所示的清浊温寒关系,表征的是人世的变化。故《稽览图》又说:

> 凡形体不相应,皆有其事而不成也。其在位者有德而不行也。有貌无实,有实无貌,故言从其类也。③

> 有实无貌,屈道人也;有貌无实,佞人也。(郑玄注:有寒温无白浊清净,此贤者屈道,仕于不肖之君也。有白浊清净无寒温,比[此]佞人以便巧仕于世也。贤者有美道,上屈不肖君,但无实气效耳。佞人无美道,可以便巧仕,故但貌气效之。)④

按照郑玄的理解,卦爻所显现出的气之清浊寒温中,有寒温之实而无白浊清净之貌,则表明人世混浊,"美道"之人不能行于世;有清净之貌而无寒温之实,则表征奸猾之风大行其道。无论何种情况,都是"有其事而不成也"。此类说法,应是汉时儒者对当时现实政治的批判。

不过,《易纬》基于天人灾异学说的谏议之论,其立足点在于《周易》中本有的变革思想。《稽览图》说:

> 雾者,雾也。一日久阴不雨,雾之比也。阳感天不旋日,诸侯不旋时,大夫不过期。凡异所生,灾所起,各以其政。变之则除,

---

① 《易纬·稽览图》卷上,第131页。
② 此为郑玄的注语,见《纬书集成》,第131页。
③ 《纬书集成》,第125页。
④ 《纬书集成》,第136—137页。

其不可变者,则施之亦除。①

郑玄对这段话作了不少阐发,其主旨都在君臣的善恶与天之奖罚的关系上。按照郑玄的意思,灾异以及人事的失常,虽有天遣、天罚、天赏之类的感应性纠正,但因为人事失常的发生原因是君臣不能善善恶恶,是他们各据私欲和私利的"各以其政",故纠正人事的根本还是在"变"和"施"。②"变"是指改过迁善的各类举措,"施"是指贯彻执行人道常理。王充在《论衡·寒温篇》中批评《易》学一脉的这种寒温灾异说,认为寒温只是"天地节气,非人所为",以"寒温独应政治"是荒唐的。

正如前文指出的,汉儒神话孔子而以其为"圣",是儒者力图为自身的"经世致用"寻找神圣的依靠。与此同理,《易纬》的寒温灾异说,是其作者试图通过论证天道变易的方式来警戒人道之失,并试图以此来纠正现实政治的种种弊病。但毋庸讳言,以上梳理的《易纬》各类思想中,无论是以"数"解"易",以卦解"气",还是以五行配五常,以爻配辰,都掺杂了浓郁的神秘成分,有的也显现出明显的比附痕迹。而比这些更难理解乃至荒诞的是,《乾凿度》中还有"卦轨术",《稽览图》中有"卦策术",二者均载"推厄所遭法",《通卦验》中有系统的"八卦候占术",诸如此类,都可视为《易纬》以方术、宗教、神话相混杂的论说,在此略而不论。③

谶纬作为汉代特有的文化思想形态,其在两汉的流变和影响,前文已论。最后,对谶纬在汉后的命运略作述介。

研究者常以郑玄的众多注文中引"书说"、"诗说"之类,而论东汉曾有禁纬之令。④ 如前所论,由于政治化的原因,东汉所禁者为"谶

---

① 《纬书集成》,第 143 页。
② 参见《纬书集成》,第 143—144 页。
③ 关于此类术占的梳理,参见朱伯崑:《易学哲学史》,第 180—188 页;徐兴无:《谶纬文献与汉代文化构建》,第 116—128,134—138 页。
④ 参见姜忠奎:《纬史论微》,第 239—240 页。

记",所禁多为谋逆之人,也有习者自禁。郑玄的做法属后一种情况,且是他在党锢期间的避嫌之举,算不上"禁"。由于史无明文,我们难以确定东汉朝廷是否真有禁纬之令。但自晋代以后,禁"图谶"、"谶纬"之类的诏制则屡见不鲜。择要列举如下:

晋武帝司马炎:泰始三年(267)冬十二月,"禁星气谶纬之学。"①

苻坚:"及王猛卒,坚置听讼观于未央之南。禁老庄、图谶之学。"②

北魏孝文帝拓拔宏:(太和)九年(485)春正月戊寅,诏曰:"图谶之兴,起于三季。既非经国之典,徒为妖邪所凭。自今图谶、秘纬及名为《孔子闭房记》者,一皆焚之。留者以大辟论。"③

隋文帝杨坚:开皇十三年(593)二月,"制私家不得隐藏纬候图谶。"④

以上所列,即为唐前各族皇帝、豪杰对谶纬之学所采取的禁绝态度。故唐初魏征等人在作《隋书》时,在纬类书目之后序中对此类情况作了明晰说明。其文曰:

> 其文辞浅俗,颠倒舛谬,不类圣人之旨。相传疑世人造为之后,或者又加点窜,非其实录。起王莽好符命,光武以图谶兴,遂盛行于世。……俗儒趋时,益为其学,篇卷第目,转加增广。……唯孔安国、毛公、王璜、贾逵之徒独非之,相承以为妖妄,乱中庸之典。……至宋大明中,始禁图谶,梁天监已后,又重其制。及高祖受禅,禁之逾切。炀帝即位,乃发使四出,搜天下书籍与谶纬相涉者,皆焚之,为吏所纠者至死。自是无复其学,秘府之内,亦多散亡。⑤

---

① 《晋书》卷三《武帝纪》,中华书局,1974年,第56页。
② 《晋书》卷一百一十三《苻坚载记上》,第2897页。
③ 《魏书》卷七上《高祖纪上》,中华书局,1974年,第155页。
④ 《隋书》卷二《高祖纪下》,第38页。
⑤ 《隋书》卷三二《经籍志一》,第941页。

此类说法,可视为唐初儒者对谶纬文本及其价值的理解。在魏征等人看来,从文本自身看,谶纬之书源起不明,后又被肆意点窜,有些文辞也很鄙陋,说不上有"经"的形态与价值;从其兴起看,谶纬之学被政治人物当做崛起的工具而兴;从其内容及其影响看,其妖妄的内容实际上起着混淆经典的作用。但从历史的情形看,作为重要政治人物的魏征、孔颖达等人,①从维护政统、学统的角度而作出这些判断,自是必然。对皇帝而言,由于谶纬涉及皇权更迭等敏感的关键问题,故有上述禁毁的诏制。到了隋炀帝,禁毁的不仅是谶纬之书,还摧残所习之人,此即"为吏所纠者至死"。禁毁如此严酷,"无复其学"自在情理之中。无其学,即便是皇室藏书,其散亡也就是必然结果了。

需要说明的是,唐太宗时代,孔颖达等人对前代"经"书作了"正义"式的定本化处理,其中多引谶纬之书,于今依然可见。这说明当时皇帝和文人还是认可谶纬的存在具有一定的价值。到了中唐的代宗李豫时代,对谶纬又开始采取禁绝态度,大历二年(767)诏令说:"谶纬不经,蠹深于疑众。盖有国之禁,非私家所藏。"②此后,宋、元、明三代间,或由皇帝诏令禁谶纬,或由重臣上疏提议禁毁。③ 如宋欧阳修认为唐时的"正义"之书"所择不精,多引谶纬之书,以相乱杂",故"乞特诏名儒学官,悉取九经之疏,删去谶纬之文,使学者不为怪异之言惑乱。然后经义纯一,无所驳杂"。④ 很显然,这与宋时儒学大兴的背景息息相关。

到了清乾隆三十八年(1773)四库开馆,经过长达十五个世纪的禁毁,谶纬终于被收集整理,其书目录被载于《四库全书总目》中的《经

---

① 《隋书》之成颇为复杂,但魏徵领其事,孔颖达、许敬宗等参与其事,是宋天圣二年《隋书》刊本原跋所确认的。
② 《旧唐书》卷十一《代宗本纪》,中华书局,1975年,第285页。
③ 元世祖忽必烈于至元十年(1273)正月"禁鹰坊扰民及阴阳图谶等书"。事见《元史》卷八《世祖本纪五》,中华书局,1976年,第147页。
④ 《欧阳修全集》(下)《奏议集》卷十六《论删去九经正义中谶讳札子》,中国书店,1986年,第887页。

部·易类六·附录》，四库馆臣的评述文字也随之被现代研究者广为征引。自此而后，谶纬很大程度上与皇权和政治脱离了干系，渐成一种学问——谶纬之学。

近人刘师培有《谶纬论》一文，其论谶纬之"善"有五——"补史"、"考地"、"测天"、"考文"、"征礼"，都与文化思想的传承密切相关。[①] 从"学"的角度而言，特别是把"纬"与"经"相辅而论，以之为古代文化思想演变的重要一环时，刘氏之论可谓是对谶纬的"正名"。他说："汉崇谶学，虽近诬民，而隋禁纬书，亦为蔑古。学术替兴，不可不察也。若夫网罗散失，参稽异同，掇宋均之注，萃郗萌之书，删彼芜词，独标精旨，庶天文历谱，备存《七略》之遗；（自注：以纬书归入天文历谱类。）《钩命》《援神》，不附六经之列。（自注：经自为经，纬自为纬。）则校理祕文，掇拾坠简，殆亦稽古者所乐闻，而博物家所不废者与？"[②]

---

① 刘师培：《刘师培史学论著选集》，第 210—214 页。
② 刘师培：《刘师培史学论著选集》，第 214 页。

第六章

古文经学的形成及其与今文经学的纷争

关于"经"及"经学"所指为何,前贤研究较为充分。大致说来,他们对"经"的字义解释或依《说文解字》,或依《释名》,①以为"经"由"编丝"、"治丝"的古老经验而来,其义表示纵向之丝,与"纬"相对;或以"经"乃为"常"为"典",其义在强调"经"为人所必学与共守。② 而对作为经典典籍的"五经"(或"六经")之"经"的解释,以刘师培所论最为近实,他说:

> 盖经字之义,取象治丝。纵丝为经,横丝为纬;引伸之,则为组织之义。……六经为上古之书,故经书之文奇偶相生,声韵相

---

① 《说文》曰:"经,织从丝也。从系,巠声。"《释名》曰:"经,径也。如径路无所不通,可常用也。"前引已见。
② 章太炎、刘师培皆认为:训"经"为"常"为"法"者,均为"经"之后起的引申义。参章太炎:《国学讲演录·经学略说》(江苏文艺出版社,2007年,第36页)及刘师培:《经学教科书》第二课"经之定义"(上海古籍出版社,2006年,第8页)。

协,以便记诵,而藻绘成章,有参伍错综之观。古人见经之多文言也,于是假治丝之义,而锡以"六经"之名。即群书之文言者,亦称之为经,以与鄙词示异。后世以降,以六经为先王之旧典也,乃训经为"法",又以六经为尽人所共习也,乃训经为"常"。①

王葆玹于其《今古文经学新论》中单立"论'经'"一节,以《左传》昭公十五年叔向关于"礼、经、典"的一段论说为据,认为"经"与"典"可以互训,推证"经"有"纲纪"之义,"典"于战国中期以前"可泛指一切权威的书籍"。他进而认为,由于《尚书》的典、诰、誓为权威书籍之"典"的狭义之称,儒者便特别以"经"代"典"来称谓《诗》、《书》、《礼》、《乐》之"典",而"墨经"、"法经"、"道经"之类的先秦称谓,皆在儒者以"经"称《诗》、《书》之后。② 此说自有其理。

无论研究者如何理解"六经"之"经",以孔子始为"六经"定型,以《诗》、《书》、《礼》、《乐》、《易》、《春秋》为"六经",则是千古不变的常识。如《庄子·天运》篇中借孔子对话老子:"丘治《诗》、《书》、《礼》、《乐》、《易》、《春秋》六经,自以为久矣。"又如《礼记·经解》认为《诗》、《书》、《礼》、《易》、《春秋》、《乐》各有其"教",虽没有明确称其为"六经",但既名为"经解",则更见所论者为"经"之教无疑。至于《庄子·天下》、《荀子·儒效篇》和《春秋繁露·玉杯》等所论"六经"的大义与功能,③为研究者常引,此不赘述。

汉人常以"六艺"代称"六经",如贾谊《新书·六术》说:"《诗》、《书》、《易》、《春秋》、《礼》、《乐》六者之术……谓之六艺。"又如《汉书·艺文志》中的"六艺略"实际即是"六经(传)略"。由于"乐"有"记"无"经",汉儒真正能诵读到的只是"五经"而已。但是,正如章太炎所说:

---

① 刘师培:《经学教科书》,第8页。
② 参见王葆玹:《今古文经学新论》(增订版),中国社会科学出版社,1997年,第2—5页。
③ 《庄子·天下》曰:"《诗》以道志,《书》以道事,《礼》以道行,《乐》以道和,《易》以道阴阳,《春秋》以道名分。"另有《史记·滑稽列传》引孔子语曰:"《礼》以节人,《乐》以发和,《书》以道事,《诗》以达意,《易》以神化,《春秋》以义。"见《史记》,第3197页。

"六经须作六类经书解,非六部之经书也。"①加上汉儒所遇经书,多是秦火劫余,而发藏和校书所得古书又多,故对经书来源的理解,对经书本身是多少的理解,成为汉儒不得不面对的问题,而这些正是汉代经今、古文分歧的起点。

第一节 古文经学的形成

西汉儒家思想和学术的繁荣,是从武帝开始的,至于宣、元之世,儒学在各个层面居于优势地位,此于前文已论。然而,那些在西汉早中期的繁荣之学,都是"今学",即后世所谓的"今文经学"。与这种"显贵"于当世的"今学"相对,西汉尚有处于"微弱"状态的"古学"。从历史记载看,西汉"古学"的出现乃至显明,与"今学"的发展繁荣,其实是同时的,只不过从其与政治、教育等层面的关系看,二者所呈现出的状态是迥异的。今学是由显而贵,由贵而尊,由尊转繁;古学是由藏而现,由现而明,由明而争。到了两汉之际,由刘歆发端,开启了绵延至东汉末的今、古学之争。后世研究者认为这类相争,即是今文经学与古文经学之争。下面,我们综合前贤的研究成果,分别从何谓"古文"、古文经传的发现与校理等层面,来看"古文经学"是如何形成的。

一、何谓"古文"

关于"古文"的缘起与流变,多以许慎的《说文解字序》中所说为经典依据。其文约而其义丰,现按其义分段,择要录之如下:

> 及宣王太史籀著大篆十五篇,与古文或异。至孔子书六经,左丘明述《春秋传》,皆以古文,厥意可得而说。

---

① 章太炎:《国学讲演录》,第39页。

秦始皇帝初兼天下，丞相李斯乃奏同之，罢其不与秦文合者。斯作《仓颉篇》，中车府令赵高作《爰历篇》，太史令胡毋敬作《博学篇》，皆取史籀大篆，或颇省改，所谓小篆者也。是时秦烧灭经书，……而古文由此绝矣。自尔秦书有八体，一曰大篆，二曰小篆，三曰刻符，四曰虫书，五曰摹印，六曰署书，七曰殳书，八曰隶书。汉兴有草书。……

今虽有尉律不课，小学不修，莫达其说久矣。孝宣皇帝时，召通《仓颉》读者，张敞从受之。凉州刺史杜业、沛人爰礼、讲学大夫秦近亦能言之。孝平皇帝时，征礼等百余人，令说文字未央廷中，以礼为小学元士。黄门侍郎扬雄采以作《训纂篇》。……及亡新居摄，使大司空甄丰等校文书之部，自以为应制作，颇改定古文。时有六书，一曰古文，孔子壁中书也。二曰奇字，即古文而异者也。三曰篆书，即小篆，秦始皇帝使下杜人程邈所作也。四曰左书，即秦隶书。五曰缪篆，所以摹印也。六曰鸟虫书，所以书幡信也。

壁中书者，鲁恭王坏孔子宅，而得《礼记》、《尚书》、《春秋》、《论语》、《孝经》。又北平侯张苍献《春秋左氏传》，郡国亦往往于山川得鼎彝，其铭即前代之古文，皆自相似，虽叵复见远流，其详可得略说也。而世人大共非訾，以为好奇者也。故诡更正文，乡壁虚造不可知之书，变乱常行，以耀于世。诸生竞逐说字解经谊，称秦之隶书为仓颉时书，云父子相传，何得改易？……若此者甚众，皆不合孔氏古文，谬于《史籀》。

盖文字者，经艺之本，王政之始，前人所以垂后，后人所以识古。……今叙篆文，合以古籀，博采通人，至于小大，信而有证，稽谱其说，将以理群类，解谬误，晓学者，……其称《易孟氏》、《书孔氏》、《诗毛氏》、《礼周官》、《春秋左氏》、《论语》、《孝经》，皆古文也。①

许慎是章、和、安、顺四帝即东汉中期时人，主古文。其时古学已兴，故

---

① 《叙》载《说文解字注》十五卷上，段玉裁注，上海古籍出版社，1988年第二版，第753—765页。引文现代标点为笔者所加。

其所论都以明"古学"为要义。综合其意,涉及所谓"古文经学"之"古文"者有以下几个层面内容:一是六经与《左传》为"古文","古文"又是孔子所书;二是秦灭"古文",故秦时新有"八体",汉时又有"六书"和"草书";三是汉时所见"古文",或以发藏的古文经传为载体,或见于出土的礼器;四是由于"古文"失而复现,故汉时有伪造经传之事,而儒生解经不知"古文"真面目,多妄说,以致引发经义混乱;五是文字为"经艺之本",故"小学"对解经明经具有莫大功用;六是声明自己书中所引"古文"为《易孟氏》、《书孔氏》、《诗毛氏》、《礼周官》、《春秋左氏》、《论语》、《孝经》,这意味着许慎所认可的古文经传即是此类。许慎这类论说中,最为重要处即是孔子与古文的关系。而其"秦灭古文",以及秦汉有新"书"新"体"的论断,则成为清末今文家论说今古文异同的最基本的根据。

皮锡瑞(1850—1908)为清末著名的经学研究者,也是经学史研究者的开创者。皮氏主今文,以为"经学至汉武始昌明,而汉武时之经学为最纯正"。[①] 他以文字不同和说解差异为标准,在其开创性著作《经学历史》中把两汉思想和学术断然分成今文经学与古文经学。其文曰:

> 两汉经学有今古文之分。今古文所以分,其先由于文字之异。今文者,今所谓隶书,世所传熹平《石经》及孔庙等处汉碑是也。古文者,今所谓籀书,世所传岐阳石鼓及《说文》所载古文是也。隶书,汉世通行,故当时谓之今文,犹今人立于楷书,人人尽识者也。籀书,汉世已不通行,故当时谓之古文,犹今人之于篆隶,不能人人尽识者也。凡文字必人人尽识,方可以教初学。许慎谓孔子写定六经,皆用古文,然则孔氏与伏生所藏书亦必是古文。汉初发藏以授生徒,必改为通行之今文,乃便学者诵习。故汉立博士十四,皆今文家。而当古文未兴之前,未尝别立今文之名。《史记·儒林列传》云:"孔氏有古文《尚书》,而安国以今文读

---

① 皮锡瑞:《经学历史》,周予同注释,中华书局,2004年,第41页。其书初版于1907年,1928年由周予同作注,成为"学生国学丛书"和"万有文库"之一种,影响深远。

之",乃就《尚书》之古今文字而言。而鲁、齐、韩《诗》,《公羊春秋》,《史记》不云今文家也。至刘歆始增置《古文尚书》、《毛诗》、《周官》、《左氏春秋》。既立学官,必创说解。后汉卫宏、贾逵、马融又递为增补,风行于世,遂与今文分道扬镳。许慎《五经异义》有古《尚书》说,今《尚书》夏侯欧阳说,古《毛诗》说,今《诗》韩鲁说,古《周礼》说,今《礼》戴说,古《春秋》左氏说,古《孝经》说,今《孝经》说,皆分别言之。非惟文字不同,而说解亦异矣。①

这段文字是有关经学今古文分野的经典论说,影响巨大。皮氏所言"古文未兴之前,未尝别立今文之名",就学理而言,自是卓识。但由于他的本意是在说明经学的今古对立乃是古学争立使然,又以经书文字形态为准而论今古分别之始,这使得他的这一史识之论实际上却起着误导的混淆之功,同主今文的廖平、周予同有关经学的今古分野即是据此而论。② 不过,这里涉及一段皮锡瑞没有注意到的历史事实,即河

---

① 皮锡瑞:《经学历史》,第 54—55 页。
② 廖说多变,本不足据。周氏之说,流传甚广,影响至今。周氏本皮氏之说作《经今古文学》,认为两派经学"学统不同,宗派不同,对于古代制度以及人物批评各各不同,而且对经书的中心人物,孔子,各具完全不同的观念"。其据皮、廖之说,作经今古学思想的同异表如下:

今 文	古 文
崇奉孔子	崇奉周公
尊孔子是"受命"的"素王"	尊孔子为先师
认孔子是哲学家、教育家	认孔子是史学家
以孔子为"托古改制"	以孔子为"信而好古,述而不作"
以六经为孔子作	以六经为古代史料
以《公羊传》为主	以《周礼》为主
为经学派	为史学派
经的传授多可考	经的传授不大可考
西汉都立于学官	西汉多行于民间
盛行于西汉	盛行于东汉
斥古文经传是刘歆伪造之作	斥今文经传是秦火之残缺之余
今存《仪礼》、《公羊》、《谷梁》(?)、《小戴礼》(?)和《大戴礼》(?)和《韩诗外传》	今存《毛诗》、《周礼》、《左传》
信纬书,以为孔子微言大义间有所存	斥纬书为诬妄

说明:详参《周予同经学史论著选集》,第 1—34 页,表见第 9 页。周氏另有源自廖平的今古文经学"制度"异同表,亦可参看,载同书第 26 页。

间献王"修学好古,实事求是"的问题,值得重新分析。① 《汉书》卷五十三《景十三王传》记载说:

> 河间献王德以孝景前二年立,修学好古,实事求是。从民得善书,必为好写与之,留其真,加金帛赐以招之。繇是四方道术之人不远千里,或有先祖旧书,多奉以奏献王者,故得书多,与汉朝等。是时,淮南王安亦好书,所招致率多浮辩。献王所得书皆古文先秦旧书,《周官》、《尚书》、《礼》、《礼记》、《孟子》、《老子》之属,皆经传说记,七十子之徒所论。其学举六艺,立《毛氏诗》、《左氏春秋》博士。修礼乐,被服儒术,造次必于儒者。山东诸儒多从而游。
>
> 武帝时,献王来朝,献雅乐,对三雍宫及诏策所问三十余事。其对推道术而言,得事之中,文约指明。②

按《汉书·景帝纪》记载,河间献王刘德是武帝庶兄。这里的记载起码说明了与儒学有关的六个问题:一是在武帝即位前后,儒学尚未尊显于朝廷前,在诸侯国内已经先行兴盛起来,司马迁知道这样的情形,故说刘德"好儒学,被服造次必于儒者,山东儒者多从之游"。③ 这是儒学的实践问题。二是与后来兴起的公羊学发挥义理不同,刘德好儒学是"修学好古,实事求是"。这涉及经学的取向问题。三是秦火之后,书简残缺,九流之学未尽绝,与刘安招揽九流中的"浮辩"之士不同,刘德可谓囊括儒士儒书。这是儒学的载体问题。四是在刘德这种上好儒学的示范下,民间秘藏之书得以显明于河间之地,"《周官》、《尚书》、《礼》、《礼记》、《孟子》、《老子》之属,皆经传说记,七十子之徒所论",都

---

① 王葆玹关于此段史实的辨正颇为精到,认为康有为的疑古理据不足,班固所载确有史实根据,并进而论证古文经传有河间一系,《左传》之传承,以及《周官》之显明,河间系有功矣。参见王葆玹:《今古文经学新论》(增订版),第111—145页。
② 《汉书》,第2410—2411页。
③ 《史记》卷五九《五宗世家》,第2093页。

是"古文先秦旧书"。这是后来被研究者所反复争论的古文经本问题。五是与以前杂立《诗》、《论语》、《书》等经、传诸子博士相类，①河间王国也有自己的博士官，其中即有属于古经传的《毛诗》和《左氏春秋》。可见在武帝前博士官并非只有中央朝廷才有权设立，而所立者也非纯粹的所谓今文经。这是经学与政治关系问题。六是刘德所得的"善书"都有真本和抄写本，即"必为好写与之，留其真"。这是古文经传的抄写、校对和汇编问题。由此可知，皮氏"汉立博士十四，皆今文家"之说，是就武帝后的中央朝廷所立经学而言，不可统论西汉经学。更为重要的问题是，皮氏以其先入的今文陈见而说武帝时的经学"最纯正"，并据此认定古文经传不纯乃至伪劣的观点，是他站在一统帝国的"官学"立场而论的，其排斥非"官学"的其他思想和学问，是特定情境（清末的亡国、亡种、亡学危机）中必须伸张皇权和意识形态使然，很难具有"实事求是"精神。

另一个关键问题是，皮锡瑞所言"许慎谓孔子写定六经，皆用古文，然则孔氏与伏生所藏书亦必是古文"的推论，是清末今文家好臆断的作风使然，亦非"求是"之论。主古文的王国维虽不免有袒护古学倾向，但其有关"古文"的诸多论说，则颇为中肯。其《战国时秦用籀文六国用古文说》一文，说明了"古文"在汉代文献中的初指为何。此文有正本清源的开拓之功，全引如下：

> 余前作《史籀篇疏证序》，疑战国时秦用籀文，六国用古文，并以秦时古器遗文证之，后反复汉人书，益知此说之不可易也。班孟坚言《仓颉》《爰历》《博学》三篇，文字多取诸《史籀篇》，而字体复颇异，所谓秦篆者也。许叔重言秦始皇帝初兼天下，丞相李斯

---

① 关于武帝前的博士官情形，钱穆溯考秦博士和文景时期的博士，认为文景时期博士"绝不限于五经传记"，两朝四十多年"为博士者应逾百数"。详参钱穆《两汉博士家法考》的第一至第五部分，文见钱穆《两汉经学今古文平议》，第 183—193 页。钱说多本王国维长文《汉魏博士考》，王氏详论战国到三国之间博士的渊流、选任和人物情形，应详参。文载王国维：《观堂集林》（第一册），中华书局，1959 年，第 174—217 页。

乃奏同文字,罢其不与秦文合者,斯作《仓颉篇》,中车府令赵高作《爰历篇》,太史令胡毋敬作《博学篇》,皆取《史籀》大篆,或颇省改,所谓小篆者也。是秦之小篆本出大篆;而《仓颉》三篇未出,大篆未省改以前,所谓秦文,即籀文也。司马子长曰"秦拨去古文",扬子云曰"秦划灭古文",许叔重曰"古文由秦绝"。案秦灭古文,史无明文,有之惟一文字与焚诗书二事。

六艺之书,行于齐鲁,爰及赵魏,而罕流布于秦。其书皆以东方文字书之。汉人以其用以书六艺,谓之古文,而秦人所罢之文与所焚之书,皆此种文字,是六国文字,即古文也。观秦书八体中有大篆无古文,而孔子壁中书与《春秋左氏传》,凡东土之书,用古文不用大篆,是可识矣。故古文、籀文者,乃战国时东西二土文字之异名,其源皆出于殷周古文。而秦居宗周故地,其文字犹有丰镐之遗,故籀文与自籀文出之篆文,其去殷周古文反较东方文字(即汉世所谓古文)为近。自秦灭六国,席百战之威,行严峻之法,以同一文字。凡六国文字之存于古籍者,已焚烧刬灭,而民间日用文字,又非秦文不得行用。观传世秦权量等,始皇二十六年诏后,多刻二世元年诏。虽亡国一二年中,而秦法之行如此,则当日同文字之效可知矣。故自秦灭六国以至楚汉之际,十余年间,六国文字遂遏而不行。汉人以六艺之书皆用此种文字,又其文字为当日所已废,故谓之古文。此语承用既久,遂若六国之古文,即殷周古文,而籀、篆皆在其后,如许叔重《说文序》所云者,盖循名而失其实矣。①

王国维所论,其主旨在批驳许、皮二氏的"古文"说。许慎把"古文"简单理解为孔子定六经时所书的字体,而皮氏承其说,也把孔宅坏壁所藏书和伏生所献书的字体理解成"籀书",王国维认为二者都犯了一种

---

① 王国维:《观堂集林》第二册,第305—307页。

把"古文"之义简单化的错误。① 按王氏论证的所谓"古文",从字体而言,既是指殷周字体,也指由殷周字体演化出的六国字体和秦之籀文;从其指代典籍而言,既指秦未同一文字前由"东土古文"写成的典册,也指籀书、大篆等秦地字体所写成的典册。因此,参诸王国维其他论证,则知其所论正好可以证明河间献王刘德所得的"古文先秦旧书",其"古文""旧书"之义,即是从这些意义而言的。也正是在这样的意义上,后世所谓的"古文经学"之"古文"称谓,才能名副其实。故王氏又于《汉时古文诸经有转写本说》一文明确说:

> 夫今文学家诸经,当秦汉之际,其著于竹帛者,固无非古文。然至文景之世,已全易为今文,于是鲁国与河间所得者,遂专有古文之名矣。古文家经如《尚书》、《毛诗》、《逸礼》、《周官》、《春秋左氏传》、《论语》、《孝经》本皆古文,而《毛诗》、《周官》已无原书。惟孔壁之《尚书》、《礼经》、《春秋》、《论语》、《孝经》及张苍所献之《春秋左氏传》尚存,于是孔壁之书遂专有古文之名矣。②

这是说作为"古文经学"的"古文"之名何以形成的问题。征诸其他史料,可知王氏这里的"专有古文之名"之说,是以古文经传在景帝后不断被发现、校理和传授为根据的。

二、"古文"经传的发现、校理与定型

秦火之后,大一统的汉帝国为了文化、政治、教育等多层面发展的需要,不仅广征书籍,还整理校编书籍,这是古文经传得以发现和流传的大背景。就西汉而言,除了自武帝起中央朝廷立博士和兴学官而兴儒尊儒外,征诸《汉书》纪、传,尚有以下四事值得重视:

一是惠帝四年(前191)三月废除"挟书律",民间私人拥有书册不

---

① 参见《观堂集林》第二册,第315—316页。
② 王国维:《观堂集林》第二册,第327—328页。

再有罪。这是后来朝廷征书以及壁藏之书纷纷问世的前提,也是学术思想繁荣的法律基础。

二是诸侯王好书向学,为学播民间提供了渠道。如楚元王刘交(刘邦幼弟)好学,习《鲁诗》而自成一家,号为"元王《诗》";①"不喜弋猎狗马驰骋"而"好书"的淮南王刘安(刘邦少子刘长之子),"招致宾客方术之士数千人"作成今称的《淮南子》;②梁怀王刘揖(文帝少子)也好《诗》、《书》;而河间献王刘德(景帝子)好书更为有名,其对古文经传的发现和流传,居功至伟(详见前引之文)。

三是朝廷征书、写书(即抄本以存)、校书、藏书。此即班固在《艺文志》序所说:

> 汉兴,改秦之败,大收篇籍,广开献书之路。迄孝武世,书缺简脱,礼坏乐崩,圣上喟然而称曰:"朕甚闵焉!"于是建藏书之策,置写书之官,下及诸子传说,皆充秘府。至成帝时,以书颇散亡,使谒者陈农求遗书于天下。诏光禄大夫刘向校经传诸子诗赋,步兵校尉任宏校兵书,太史令尹咸校数术,侍医李柱国校方技。每一书已,向辄条其篇目,撮其指意,录而奏之。③

四是臣民的献书和上书。献书主要是中央和王国朝廷征书政策的鼓励使然,但上书却是臣子自撰著作而上呈天子,是臣子"立言"、"解经"以经世致用的主动行为,如陆贾上《新语》,孔安国上古文《尚书》,张禹上《论语章句》,刘向上《洪范五行传论》之类。

从学术和思想发展的诸多要素看,如果没有此类事发生,经学的发展几不可能。古今学者多以古文《尚书》、《毛诗》、《左传》、逸《礼》、《周礼》为主要的古文经传,这些经传的发现与传承,与景帝二子河间

---

① 《汉书》卷三六《楚元王传》,第1922页。
② 《汉书》卷四四《淮南王传》,第2145页。
③ 《汉书》卷三十《艺文志》,第1701页。

献王刘德、鲁恭王刘余,孔子十一世孙孔安国,汉初耆儒伏生以及刘向、刘歆父子直接相关。为审慎故,现详引相关材料(有关刘德的材料详见前引),再略做申论。其文如下:

> (河间)献王所得书皆古文先秦旧书,《周官》、《尚书》、《礼》、《礼记》、《孟子》、《老子》之属,皆经传说记,七十子之徒所论。其学举六艺,立《毛氏诗》、《左氏春秋》博士。①

> 汉兴,北平侯张苍及梁太傅贾谊、京兆尹张敞、太中大夫刘公子皆修《春秋左氏传》。谊为《左氏传》训故,授赵人贯公,为河间献王博士。②

> 古文《尚书》者,出孔子壁中。武帝末,鲁共王坏孔子宅,欲以广其宫。而得古文《尚书》及《礼记》、《论语》、《孝经》凡数十篇,皆古字也。共王往入其宅,闻鼓琴瑟钟磬之音,于是惧,乃止不坏。③

> 孔安国者,孔子后也,悉得其书,以考二十九篇,得多十六篇。安国献之。遭巫蛊事,未列于学官。④

> (孔)安国为谏大夫,授(古文《尚书》)都尉朝,而司马迁亦从安国问故。迁书载《尧典》、《禹贡》、《洪范》、《微子》、《金滕》诸篇,多古文说。⑤

> 《礼古经》者,出于鲁淹中及孔氏,与十七篇文相似,多三十九篇。及《明堂阴阳》、《王史氏记》所见,多天子诸侯卿大夫之制,虽不能备,犹瘉仓等推《士礼》而致于天子之说。⑥

---

① 《汉书》卷五三《景十三王传》,第2410页。
② 《汉书》卷八八《儒林传》,第3620页。
③ 《汉书·景十三王传》(第2414页)记载此事为:"恭王初好治宫室,坏孔子旧宅以广其宫,闻钟磬琴瑟之声,遂不敢复坏,于其壁中得古文经传。"
④ 《汉书》卷三十《艺文志》,第1706页。《汉书·儒林传》(第3607页)载此事为:"孔氏有古文《尚书》,孔安国以今文字读之,因以起其家逸《书》,得十余篇,盖《尚书》兹多于是矣。遭巫蛊,未立于学官。"
⑤ 《汉书》卷八八《儒林传》,第3607页。
⑥ 《汉书》卷三十《艺文志》,第1710页。

其中最后一条所说,是对第三条中有关"礼"经的具体解说。① 综合这些记载,有以下几点值得注意:

一是前二则都是武帝以前事,这意味着所谓的古文经传,在武帝前即已经全部被发现,并被抄写和传授,甚至在河间王国,《毛诗》和《左传》还被立为博士。也就是说,古文经传在当时的地方上,起码在河间王国内已经有较为稳定的传授。② 考《汉书》的《武帝纪》、《景十三王传》和《百官公卿表序》,西汉的王国博士被撤除在景帝中元五年(前145),武帝于建元五年(前136)置五经博士,河间献王刘德死于武帝元光五年(前130)。朝廷对他的评价是"聪明睿智曰'献',宜谥曰献王"。③ 武帝的中尉常丽对刘德的评价是:"王身端行治,温仁恭俭,笃敬爱下,明知深察,惠于鳏寡。"这说明刘德在当时是被充分认可的。另一方面,"武帝时,献王来朝,献雅乐,对三雍宫及诏策所问三十余事。其对推道术而言,得事之中,文约指明。"④武帝对好儒学的刘德所显现出的学问才干,应该不会有什么负面的判断。又因为中央政府废王国博士而立五经博士,其时间相差不过十年,且废王国博士是景帝朝廷强干弱枝的举措之一,其目只是削权而非废学。否则,其后雄才大略的武帝就不会再置五经博士了。由此可以推断,即便刘德死后,河间王国中的儒学被彻底废绝的可能性几乎没有。换言之,显明于河间的古文经传,在河间乃至其他情境中,理应也会有所显现。

二是《左传》与文帝朝的关系。由所引内容可知,那些在河间王国颇为流行的古文经传,甚至先于好儒的刘德,在朝廷和都城由张苍和贾谊传播着。考《史记·张丞相列传》,"汉家言律历者,本之张苍。苍

---

① 王葆玹对"淹中"即恭王坏壁故地有较为详细的考论,参见王葆玹:《今古文经学新论》之《引论》,第38—40页。
② 河间王国一直延续至王莽时期,其间于元帝建昭和竟宁年间被"除"国五年,是为刘德玄孙刘元死后事,后于成帝建始元年(前32)复国。事见《汉书·景十三王传》。
③ 《汉书》卷五三《景十三王传》,第2411页。
④ 《汉书》卷五三《景十三王传》,第2411页。

本好书，无所不观，无所不通，而尤善律历。"张苍在高祖朝协助丞相萧何主管全国户籍和法律，吕氏灭后，张苍助文帝登大位，在文帝朝任御史大夫四年，丞相十五年，"苍年百有余岁而卒"，时在景帝五年（前152）。鉴于司马迁说"张苍文学律历，为汉名相"，①我们无法确定他在经学传播中的具体作用，但以其为"名相"而言，其习《左传》，在当时的中央朝廷应该不无影响。而被张苍所排斥的贾谊，作为文帝朝的帝国才俊，"颇通诸子百家之书。文帝召以为博士。"②我们无法确定，贾谊为博士是否与习《左传》有关，但其《左传》学却有具体传人则是事实（此见后论）。因此，相较于景、武二帝时期颇为"风光"的宗室儒者刘德而言，文帝朝中起码有张、贾这一老一少都习《左传》，据此我们推说古文经传在文帝朝颇有影响，似无大谬。

三是古文《尚书》与学官的关系。按照古今研究者的共识，伏生为汉代今文《尚书》的鼻祖。《史记·儒林传》对其记载说：

> 伏生者，济南人也。故为秦博士。孝文帝时，欲求能治《尚书》者，天下无有，乃闻伏生能治，欲召之。是时伏生年九十余，老，不能行，于是乃诏太常使掌故朝错往受之。秦时焚书，伏生壁藏之。其后兵大起，流亡，汉定，伏生求其书，亡数十篇，独得二十九篇，即以教于齐鲁之间。学者由是颇能言《尚书》，诸山东大师无不涉《尚书》以教矣。③

这是《尚书》在秦汉之际的遭遇。参照上引有关古文《尚书》一段，虽然我们无法确定伏生所藏书亡逸的数十篇是否包含在孔宅所发现的古文《尚书》中，但可以肯定的是，孔安国考校的二十九篇即是伏生独得的二十九篇，是谓今文《尚书》。相较于文帝时即被朝廷认可并派晁错去学习的今文《尚书》而言，古文《尚书》未被立于学官的命运，似乎一

---

① 《史记》卷九六《张丞相列传》，第2685页。
② 《史记》卷八四《贾生列传》，第2491页。
③ 《史记》卷一二一《儒林传》，第3124—3125页。

直有着不祥的征兆,从其被发现到被校对到献呈无果,都与意外事件相关。所幸的是,尚有司马迁能从孔安国"问故",并把古文《尚书》的不少内容载入《史记》当中。孔安国是伏生的三传弟子,他受今文《尚书》后,再发现古文《尚书》。这意味着所谓的《尚书》今古文的分野,在孔安国那里绝非什么今古文经学争斗使然,而是经书的偶然变故所致。也就是说,孔安国面对的是有着字体、典籍形态、内容三重不同的《尚书》,其之所以不同,仅仅是同一种经书在不同的境遇中被偶然地支离了,而后,这支离的经书又因为偶然的遭遇,在孔安国那里相遇。在武帝朝兴儒尊儒的背景中,孔安国整理了古文《尚书》而上呈朝廷,本是儒学发展中很自然而然的事情。只不过,这个再自然不过的事情的进展,被政治上的突发事件所阻滞。《艺文志》说古文《尚书》没有被立于学官是遭遇巫蛊之事,考《汉书·武帝纪》,此事自征和元年(前92)十一月始发,到征和二年七月结束,则孔安国献书武帝当在征和元年十一月前。刘歆在其名篇《让太常博士书》中说:"天汉之后,孔安国献之,遭巫蛊仓卒之难,未及施行。"①由其"未及施行"一语看来,刘歆应是看到有关典册以及相应的处理意见,这意味着孔氏献书之后,朝廷接受并秘藏了他的书简。故《汉书·艺文志》说:

> 刘向以中古文校欧阳、大小夏侯三家经文,《酒诰》脱简一,《召诰》脱简二。率简二十五字者,脱亦二十五字,简二十二字者,脱亦二十二字,文字异者七百有余,脱字数十。《书》者,古之号令,号令于众,其言不立具,则听受施行者弗晓。古文读应《尔雅》,故解古今语而可知也。②

由于《艺文志》直接源自刘歆的《七略》,间接源自刘向的《别录》,则这段话很可能是刘向的校记之语。再参照《让太常博士书》一段话:

---

① 《汉书》卷三六《刘歆传》,第1967页。
② 《汉书》,第1706—1707页。

"《尚书》初出于屋壁,朽折散绝,今其书见在,时师传读而已。"①由其"朽折散绝,其书见在"二语可知,刘歆所见的《尚书》是"真本";再由"初出于屋壁"一语以及前引刘德资料可知,这个"真本"不可能是河间王国的《尚书》;又因为伏传《尚书》自文帝至刘歆作"让书"的成帝时,一直都由欧阳、大小夏侯三家博士讲授,此即"时师传读",则可知这个真本一定包含了伏生的今文本。因此,上引资料中的"中古文",其"中"即汉人常说的"中朝"、"中官"之"中",指代皇家,"中古文"是指皇家秘藏典册的字体,即上文王国维所论的"古文"。对不同的经书而言,相应于其来源不同,经书不见得有同一的字体形态,同样地,对同一种经书而言,相应于经书成为简册的条件不同(如抄写时间、地点等),秘藏的经书字体也可能不同。② 以此而观,"刘向以中古文校欧阳、大小夏侯三家经文","三家经文"一定是当时通行字体的今文本,刘向所用的校勘母本,应该即是那个包含了今文《尚书》的"真本"。对脱简缺文而言,今本与古本两相对照,异同与否,一看便知,故《艺文志》又说:"民间有费、高二家之说。刘向以中古文《易经》校施、孟、梁丘经,或脱去"无咎"、"悔亡",唯费氏经与古文同。"③而对文字差异来说,则必须通过相应的中介工具来说明古本为何,古本与今本差异何在,刘向校书时用的是《尔雅》。因为在刘向看来,"古文读应《尔雅》",《尔雅》便如同翻译一样,"解古今语而可知"。

由以上对古文《尚书》出现后的流变和校理的分析可知,在今文占据主流的背景下,若使古文经传变得可读可授,必须具备四个条件:一是有本可寻,即必须有可靠的古文真本为据;二是可辨其字,即必须具备知晓经本文字为何种字体的识字能力;三是可读其字,即必须具备把古文转读为今文的能力;四是可解其义,即必须熟知今文本经传,以

---

① 《汉书》卷三六《刘歆传》,第 1968—1969 页。
② 如今研究者多预设了所谓的"中古文"是某种同一的字体而论古文经传,仍是皮氏观念的余响。
③ 《汉书》,第 1704 页。

便在把古文转"读"为今文后,相互参照,以见经传中事与义的异同。这样的四种能力,与"小学"密切相关,其趣旨都在"实事求是",无法直接关涉政治,而由此得以显明的古文经学,从逻辑上讲也只能关涉学术而非政治。与此相对,今文则讲论五经大义,申发灾异之说,"以《禹贡》治河,以《洪范》察变,以《春秋》决狱,以三百五篇当谏书",其学"极精而有用",①既是儒术饰吏治的经书政治化应用,也是通达尊显之位的禄利之路。因此,古文经传不立于学官,表面看起来是经学与政治关系的问题,实际上却是由其最初的"实事求是"的特质所决定。

就古文经传的成册定型而言,《汉书·艺文志》的诸多表述,隐隐地透露出相关信息。考虑到《艺文志》源自刘歆《七略》,如今我们综观《艺文志》,则可总结出若干特征说明古文经传在刘歆之时已基本定型。首先从今古文经本身的排列序次看,有古经的《书》、《礼》、《春秋》,都被冠以"古"或"古文"而最先述列,次以今文经,但不具"今文"二字。② 其次在各"略"的后述中,对古文经传的来源都有说明和考述,除了上引《易》、《书》、《礼》外,对《左传》格外加诸说明,认为"丘明恐弟子以失其真,故论本事而作传,明夫子不以空言说经也",而"公羊、穀梁、邹、夹"则是末世的"口说"之传而已。③ 再次是对古文经传中的一些内容进行格外的今古有别的说明,除上引《易》、《书》、《礼》外,其说《孝经》是今古文"经文皆同,唯孔氏壁中古文为异",又特别指出:"'父母生之,续莫大焉','故亲生之膝下',诸家说不安处,古文字读皆异。"④第四,从古文经传的校理来看,《艺文志》为研究者忽略的一个重

---

① 皮锡瑞:《经学历史》,第 56 页。
② 其具体述说为:"《尚书古文经》四十六卷,为五十七篇。《经》二十九卷,大、小夏侯二家。《欧阳经》三十二卷。"(《汉书》,第 1705 页)"《礼古经》五十六卷。《经》十七篇,后氏、戴氏。"(《汉书》,第 1709 页)"《春秋古经》十二篇。《经》十一卷,公羊、穀梁二家。"(《汉书》,第 1712 页)"《孝经古孔氏》一篇,二十二章。《孝经》一篇十八章。"(《汉书》,第 1718 页)引发后人极大争议的《周礼》,在序次中是这样表述的:"《周官经》六篇。王莽时刘歆置博士。"(《汉书》,第 1709 页)此或为班固补入。
③ 《汉书》卷三十《艺文志》,第 1715 页。
④ 《汉书》,第 1719 页。

要特征是,相较于其他较为简省的"序略",《艺文志》对"小学"渊流的说明最为详尽,并着重对"所以通知古今文字"的"古文、奇字、篆书、隶书、缪篆、虫书"这"六体"作了说明,①还特别指出:"《史籀篇》者,周时史官教学童书也,与孔氏壁中古文异体。"又说"臣(班固)复续扬雄作十三章,凡一百二章,无复字,六艺群书所载略备矣。"这类特别述说,事实上说明对古文经传的校理,有着丰富的小学资源和坚实的证据可依,但又因其繁富和差异,实际上又给校理带来困难。因此,古文经传的校理和定型,非刘向、刘歆类通人不足以任之。

凡此之类,都说明古文经传在今文经学"极盛"的西汉中后期虽然默默无闻,但经过刘向父子等人二十多年的努力,其校理定型工作却已基本完成。有关今古文经传的注校和流传具体情况,参看表十四。

三、古文经传的传人

王葆玹在《今古文经学新论》一书中单立"古文经学及其流派"为第三章,分十二点论说汉至魏时古文经学的经传、传承、派别等问题,并提出新说,认为古文经传的汇集有中央朝廷和河间国朝廷两个系统,并据此而分析《左传》有河间系和刘歆系的分野,还认为古文《礼》学的刘歆重仪式、王莽重制度。② 王氏在这些论说中,对《汉书·儒林传》有关古文经传的传承多有批驳,其理自足。我们在此还是依据《史记》和《汉书》有关经学传承的记载(各经的传承谱系参见本章末所附《两汉经学传承表》),先对古文经传在西汉的传人问题略作分析,余者留待第十章申论。

---

① 《汉书》,第1721页。
② 参见王葆玹:《今古文经学新论》,第111—185页。其中,引说观点的论证参见第111—145页。王氏据较为严格的师法与家法标准,梳理《左传》传承后,其"新论"的《左传》谱系为:1.河间系:贯公→贯长卿→张禹→胡常→贾护→陈钦→王莽和陈元;2.中秘系:刘向→刘歆→郑兴。同书,第130页。

第六章　古文经学的形成及其与今文经学的纷争 / 319

首先是古文经传的传人多师从多人、通古今之学。以《左传》为例,其最初的传人张苍、贾谊以及后来的刘向之"通",已见前论。下面再看其他转益多师之士:

> 司马迁:其涉猎者广博,贯穿经传,驰骋古今,上下数千载间,斯以勤矣。①
>
> 张禹:从沛郡施雠受《易》,琅邪王阳、胶东庸生问《论语》。……初元中,诏令禹授太子《论语》。②
>
> 翟方进:虽受《穀梁》,然好《左氏传》、天文星历,其《左氏》则国师刘歆,星历则长安令田终术师也。厚李寻(通灾异),以为议曹。③

应该注意的是,司马迁和胡常对古文《尚书》也有所受,胡常又明《毛诗》,还以明《穀梁》为博士,④而据张禹、翟方进二人本传所载,张为《施氏易》博士,翟为《穀梁》博士,则又见诸人通今古之学。这种情形在东汉体现得更为明显。

其次是古文经传的传人多兼通"小学"。上文已经指出古文经传的校理必赖"小学"方可读可传,王国维有《两汉古文学家多小学家说》一文,详辨两汉通"小学"的古文经传传人六位,其中属西汉的有张敞、桑钦。⑤考《汉书·杜邺传》,杜邺的母亲是张敞女,后从其舅张吉问学,"得其家书",而"吉子竦又幼孤,从邺学问,亦著于世,尤长小学。邺子林,清静好古,亦有雅材,建武中历位列卿,至大司空。其正文字过于邺、竦,故世言小学者由杜公"。⑥《后汉书·杜林传》说:"林少好学沉深,家既多书,又外氏张竦父子喜文采,林从竦受学,博洽多闻,时

---

① 《汉书》卷六二《司马迁传》,第 2737 页。
② 《汉书》卷八一《张禹传》,第 3347—3352 页。
③ 《汉书》卷八四《翟方进传》,第 3411—3424 页。
④ 此据《汉书·儒林传》。
⑤ 详参王国维:《观堂集林》第二册,第 331—336 页。
⑥ 《汉书》,第 3479 页。

称通儒。"① 杜林是著名的漆书古文《尚书》的发现者,此证"小学"与古文经传传人的关系,决非一般。

再次是古文经传的传人都是当世的干才名臣。前见张苍为名相,贾谊为高才,昭、宣之际的张敞"赏罚分明,见恶辄取","本治《春秋》,以经术自辅",刚柔有度,在京兆尹任上颇有政声。② 宣、成之世的张禹官至丞相并封侯,其为政声名虽不佳,但其才干学问则为世所崇,至其致仕家居,还"以特进为天子师,国家每有大政,必与定议",其《论语章句》被称为"张侯论",今见《论语》的底本即以此为主。③ 而"以孤童携老母,羁旅入京师"的翟方进,更是西汉成帝时的名相,号为"通明相"。④

正如我们无法简单地断定郑玄为古文经学家一样,以上所举,都非严格的师法意义上的古文经学家,故名之为经传的"传人",而不是说他们为某家某师的"传人"。其学之"通",实际上预示出东汉的古文经学家也必为"博通之士",但与他们都是高位名臣不同,东汉的古文学者尤其是后期的古文大家如马融、郑玄等,都是位卑而学尊。此见第十章。

与上述通人之学相对,另一种情形也值得注意。《汉书·儒林传》载:

> 费直字长翁,东莱人也。治《易》为郎,至单父令。长于卦筮,亡章句,徒以彖象系辞十篇文言解说上下经。
>
> 高相,沛人也。治《易》与费公同时,其学亦亡章句,专说阴阳

---

① 《后汉书》卷二七《杜林传》,第934—935页。
② 班固在《张敞传》的"赞"中说:"张敞衎衎,履忠进言,缘饰儒雅,刑罚必行,纵赦有度,条教可观。"《汉书》,第3240页。
③ 详见《汉书》卷三十《艺文志》、卷八一《张禹传》、卷八八《儒林传》。
④ 《汉书》卷八四《翟方进传》说:"(翟方进)辞其后母,欲西至京师受经。母怜其幼,随之长安,织屦以给方进读。"(第3411页)又说:"方进知能有余,兼通文法吏事,以儒雅缘饰法律,号为通明相,天子甚器重之,奏事亡不当意,内求人主微指以固其位。"(第3421页)

灾异,自言出于丁将军。

班固说"高、费皆未尝立于学官"。① 从其记载看,没有很好的经传文本("无章句"),加上他们各自的固步自封,是两个很重要的原因。与《易》家这种狭隘相比,《礼》家则大有一代不如一代之势。《汉书·儒林传》又载:

> 汉兴,鲁高堂生传《士礼》十七篇,而鲁徐生善为颂。孝文时,徐生以颂为礼官大夫,传子至孙延、襄。襄,其资性善为颂,不能通经;延颇能,未善也。②

前文已经指出过,《士礼》即《仪礼》,与古文《逸礼》有扯不清的瓜葛。③ 高堂生师徒四代,渐次可谓每况愈下,要么不能通经,要么能而不善。

西汉时期《易》、《礼》古学的这种情形表明,不通古今学,不知"小学",又没有超群的才性和可靠的学问渊源,则其学必衰。古《礼》的发扬光大,经由郑玄才得以实现,《易》学经由荀爽、虞翻、王弼,才重现光芒,便是明证。而所谓"古文经学"的显明,即自通人刘歆开始。

四、"古文经学"的形成

按照皮锡瑞的说法,"汉人最重师法",④"前汉重师法,后汉重家法。先有师法,而后能成一家之言。师法者,溯其源;家法者,衍其流也。"⑤此为深识,后世遂以为定论。但他所谓师法、家法,均就今文经学而言,⑥皮氏以师法、家法为尊经、解经、传经的要津,故他对"混乱"

---

① 《汉书》卷八八《儒林传》,上引皆第 3602 页。
② 《汉书》,第 3614 页。
③ 《汉书·艺文志》说:"汉兴,鲁高堂生传《士礼》十七篇。讫孝宣世,后仓最明。戴德、戴圣、庆普皆其弟子,三家立于学官。《礼古经》者,出于鲁淹中及孔氏,与十七篇文相似,多三十九篇。"第 1710 页。
④ 皮锡瑞:《经学历史》,第 46 页。
⑤ 皮锡瑞:《经学历史》,第 91 页。
⑥ 对此,钱穆的《两汉博士家法考》通篇予以反驳,认为师法、章句、家法之类,实际上都为汉初经师所同有,而非今文专有,只是在昭、宣之际分经分家,"师法"、"家法"才成为学术壁垒。钱书前引已见。

今文师法、家法的刘歆和郑玄格外加诸恶辞。皮氏斥刘歆为"经学之大蠹",理由是"刘歆创立古文经,汩乱今文师法"。① 论郑玄则说他"使两汉家法亡不可考",又说"郑君杂糅今古,使颛门学尽亡",以此断论"郑学盛则汉学衰"。② 其实,无论皮氏的这种批判是否有道理,他的批评都显现出刘歆和郑玄另有迥异于师法与家法的传、解经传的方法。

上文已经指出古文经传要变得可读可传所必须具备的四要素,以及古文经传传人多有"小学"素养。在此,我们仅就史料所见,对西汉时期古文经传的传授方法略作分析,以见古文经学是如何形成的。

一是"写"。《汉书·艺文志》序说武帝"建藏书之策,置写书之官,下及诸子传说,皆充秘府",时在元朔五年(前124)。③ 这说明经学兴起之初,对书本身的抄写和整理工作已经被中央政府所重视。而如前文所论,在此之前的河间献王刘德那里,抄写民间的献书更是必做的事情,即所谓"从民得善书,必为好写与之,留其真,加金帛赐以招之"。④ 两种情形说明,对各类典籍进行缮写乃至校理,是当时好儒者的重要事务之一。古文经传因非当时通行字体,自然更会在抄写之列。但仅有抄写或摹本还不够,必须有人能把它们"读"出来。

二是"读",即"以今文读之"。按司马迁所说,高祖时期"未暇遑庠序之事",这意味着经的传授只能是授者各自为法,难有定则。文景之世,征着学为博士者不少(参表十二),虽然"诸博士具官待问,未有进者",⑤但这已经意味着那些博士及其传授之法具有示范的意义。且看《史记·儒林传》的两则记载:

---

① 皮锡瑞:《经学历史》,第109页。
② 参见皮锡瑞:《经学历史》,第95—103页。不过,皮氏对郑玄也有诸多肯定和褒扬之辞,此见下章所引。
③ 此时间据王葆玹考定。参见王葆玹:《今古文经学新论》之《引论》,第30—31页。
④ 《汉书》卷五三《景十三王传》,第2410页。
⑤ 《史记》卷一百二十一《儒林列传》,第3121页。

> 申公独以《诗经》为训以教,无传,疑者则阙不传。①
>
> 瑕丘江生为《穀梁春秋》。自公孙弘得用,尝集比其义。②

申公为汉代《鲁诗》鼻祖,瑕丘江生为《穀梁》宗师,二者同属今文。钱穆以为"故、训疏通文义,传、说征引事实",申公的"为训"而"无传",实际上即是《鲁诗》的传授方法。③ 而公孙弘对《穀梁》义的"集比",即是他传《春秋》的方法。也就是说,在武帝未立群经之前,今文群经已经有了自己传授方法。

与申公相类,贾谊也"为《左氏传》训故",④即贾谊为《左传》疏通大义。这说明在学术壁垒形成前,学者的解经之法有其共通处。但在古文经传出现后,情况发生了变化。《史记·儒林传》载:

> 孔氏有古文《尚书》,而安国以今文读之,因以起其家。逸书得十余篇,盖《尚书》滋多于是矣。⑤

许多汉代经学家因自己对经传自成体系的理解,而被史书记载为"别自名家"。此段记载中,后人对"因以起其家逸书"是在"家"后句读,还是连读,有诸多理解。在此我们不作辨证,仅注重"安国以今文读之"这句话,它是说孔安国以"今文"(即武帝时通行的字体,不见得仅为隶书)来"读"出"古文"。但按照黄侃的理解,"言小学者,释为三类:曰形曰声曰义。古者则以'字读'二字该之。"而"字读不明,义训亦无由以察,章句传说亦无以傅丽。字读诚明,譬犹与先民对语,言出于口而义昭于心。"⑥以此,孔安国以今文"读"古文《尚书》,则是以"小学"的方法

---

① 司马贞《索隐》注曰:"谓申公不作诗传,但教授,有疑则阙耳。"《史记》,第 3121 页。
② 《史记》卷一二一《儒林列传》,第 3129 页。
③ 钱穆认为申公的这种做法,是鲁学朴质谨厚学风的体现,而"师法"之兴是在宣帝以后,今文传授的方法如"章句"等,在经学未兴之初即已有之。详参钱穆:《两汉经学今古文平议》,第 205—231 页,引文见该书 221 页。
④ 《汉书》卷八八《儒林传》,第 3620 页。
⑤ 《史记》,第 3125 页。
⑥ 黄侃:《尔雅音训》,中华书局,2007 年,第 420 页。

对古文《尚书》进行校理和辨析。再考司马贞的《索隐》注引孔安国之兄孔臧给他的信中说:"旧书潜于壁室。……即知以今雠古,隶篆推科斗,以定五十余篇,并为之传也。"①这里的"以今雠古,隶篆推科斗",即是古人的校雠之法。如果我们把所引之文于"家"后断句,则"因以起其家"即为"因以今文校读古文而成为解读古文的名家"之意,即孔安国也是"别自名家"。在此意义上,我们可以说孔安国的"以今文读之",并非简单地把"古文"从字体上变成"今文",而是一种包含了对"古文"的"形、声、义"进行综合校理的工作,即孔安国创立了一套读校古文经传的方法。即如今人研究出土文献一样,只有把出土的文字"读"成现在的文字,出土文献才有"二重证据"的效用。以此,孔安国所创立的"读"法,是古文经传能够显明最为关键的一步,也是古文经学能够形成和光大的基础。

三是"校",即"以中古文校"。与孔安国以今文"读"不同,刘向是以"中古文校"。《汉书·艺文志》载:

> 刘向以中古文校欧阳、大小夏侯三家经文,《酒诰》脱简一,《召诰》脱简二。……文字异者七百有余,脱字数十。《书》者,古之号令,号令于众,其言不立具,则听受施行者弗晓。古文读应《尔雅》,故解古今语而可知也。②

> 民间有费、高二家之说,刘向以中古文《易经》校施、孟、梁丘经,或脱去"无咎"、"悔亡",唯费氏经与古文同。③

前文对此已经做过分析,在此略而不论。所要注意的是,刘向是用"古文"校"今文",故说要以《尔雅》为工具,因为《尔雅》多存先秦音义;他又以古文本校今文本,故有脱简、文字异同之说。由这些记载可知,刘

---

① 此"书"可能是司马贞引自《孔丛子》,若此,则真伪难定。若为司马贞别见他本,则信实度较高。
② 《汉书》,第1706—1707页。
③ 《汉书》,第1704页。

向已经很自觉地以"小学"之法,对典籍的真实面貌进行探究。更为重要的是,他在整个校理的过程中,"每一书已,条其篇目,撮其指意",①运用分类的方法对典籍的篇目内容进行编排,运用考证的方法,对典籍及其作者的源流进行考述,不仅奠定了后世目录学和校雠学的基础,也启示出古学之人的校理工作培养了他们贯通其校理对象(即各类经传)的能力。

四是"解",即"引传文以解经"。刘歆在成帝河平年间(前28—前25)受诏与其父一起校书,到刘向卒时的成帝绥和元年(前8),父子校书已有近二十年,绥和二年,刘歆即以侍中身份承父业领校群书,稍后即建议立古文经传于学官,此时刘歆应在四十岁以上。而根据《隋书·经籍志》和《经典释文序录》记载,刘歆又曾有《尔雅注》三卷。明析了这些事实,再看《汉书·刘歆传》的记载:

> 及歆校秘书,见古文《春秋左氏传》,歆大好之。时丞相史尹咸以能治《左氏》,与歆共校经传。歆略从咸及丞相翟方进受,质问大义。初《左氏传》多古字古言,学者传训故而已,及歆治《左氏》,引传文以解经,转相发明,由是章句义理备焉。②

这里所说的刘歆"校秘书"而见《左传》,当是河平年间事。以此,到刘歆建议立古文学官时,他好《左传》已近二十年,且在此期间,刘歆不仅就《左传》问题向父亲问难(见下文),还与通《左传》的尹咸共同校理,并向好《左传》的丞相翟方进问难,由此可见刘歆对《左传》研读的时间之长,涉问面之广。唯有如此,他才能超越以前贾谊等人用"训故"解《左传》的方式而另辟新途。这就是他"引传文以解经",即以经、传文字内容互证的方式,重新解《春秋》和《左传》。按照钱穆对夏侯建"从五经诸儒问与《尚书》相出入者,牵引以次章句,具文饰说"的辨析,③

---

① 《汉书》卷三十《艺文志》,第1701页。
② 《汉书》,第1967页。
③ 《汉书》卷七五《夏侯胜传》,第3159页。

"章句必具文。具文者,备具原文而一一说之",①则班固所说《左传》的"章句义理备焉",其"章句"可能即是指此。也就是说,不管以前古文经传是否有章句,在刘歆那里,《左传》在其争立古文经传前,即已具备了与今文经传同样形式的传授文本形态。

此外,《后汉书》中有两则同刘歆关系密切的记载,也不可忽略。择要录之如下:

> (郑兴)少学《公羊春秋》。晚善《左氏传》,遂积精深思,通达其旨,同学者皆师之。天凤中,将门人从刘歆讲正大义,歆美兴才,使撰条例、章句、传诂,及校《三统历》。②

> (孔)奋少从刘歆受《春秋左氏传》,歆称之,谓门人曰:"吾已从君鱼受道矣。"……(奋弟)奇博通经典,作《春秋左氏删》。……(奋子嘉)作《左氏说》云。③

郑兴和孔奋是两汉之际人,在光武朝都位至二千石。这些情况说明,刘歆的《左氏》学在两汉之际已经产生了广泛的影响,以致郑兴、孔奋等人都愿意从其学问。而且,他们要么遵命"撰条例、章句、传诂",要么自己作经注。这意味着,古文经传不仅有确切的传人,而且其传人能够独当一面,成为著书立说的古文家了。

与所谓的"师法"与"家法"成就了今文经学相类,古文经传之所以能在西汉定型,到东汉光大,也有赖于上述读经、注经、解经方法的形成。无论从古文经传的定型,还是从其传授方法,或是从其传人,或是从其与政治的关系而论,以可见的材料来看,古文经学在刘歆那里正式形成了。与郑兴、孔奋相类,在新莽和光武时期,通漆书古文《尚书》的杜林(光武末为大司空,号为"任职相")、精《毛诗》和古文《尚书》的卫宏(光武时为议郎)等人都开始显贵起来。这意味着,古文家们也开始登上政治舞台,与今文之士分庭抗礼了。

---

① 钱穆:《两汉经学今古文平议》,第225页。
② 《后汉书》卷三六《郑兴传》,第1217页。
③ 《后汉书》卷三一《孔奋传》,第1098—1099页。

第二节　古文经学和今文经学的纷争

与前论古学中有闭关自守之人相应,景帝后那些冉冉升起的今文博士中,外强中干之徒也不少,其心胸之狭隘更属不伦。如武帝之初,以贤良征拜已经九十多岁的《齐诗》鼻祖辕固,"诸儒多嫉毁曰固老,罢归之。"辕固之所以被嫉毁,"老"只是逸毁者的借口,其实他们心虚的是自己已经失去了儒者情怀,而辕固对此却逾老弥坚。对没有多少宰辅之才,却善于逢迎周旋的公孙弘,辕固在与其同"征"的时候,毫不客气对他说:"公孙子,务正学以言,无曲学以阿世!"而那些"一经说至百余万言,大师众至千余人"的五经博士们,①当元帝让他们与受宠的奸猾少府五鹿充宗进行《易》学辩论时,面对五鹿充宗的"乘贵辩口,诸儒莫能与抗,皆称疾不敢会"。② 元、成之际是皮锡瑞所说的"经学极盛"时段之一,但五经博士的如此表现,却正好说明那种经由官方儒学笼络的五经博士们,看起来阵容强大,实际上不少人从学问到精神都已虚弱不堪。在刘歆"移书太常博士",非常正式地对五经博士进行责难,并要求辩论时,"诸儒莫肯置对"的窘况,把这种"极盛"下的外强中干,表露得一览无余。

从学理的角度讲,凡事一体有两面,有显必有微,有微亦必有显。在西汉中后期今文经及其博士们的尊显背后,潜隐的是那些致力于古文经传解读的博通之士。在古文经传的校理和定型的过程中,这些博通之士发觉今文家们越来偏离儒家之道,越来越混乱儒学经义,为经学和自身进行双重正名,对古文家而言,便显得必要而迫切了。于是,

---

① 皆《汉书·儒林传》,第3612、3620页。
② 《汉书》卷六七《朱云传》,第2913页。

由刘向父子开始,拉开了今古文之争的序幕。为简易直观,先列《今古文经学立官表》(表十一)和《两汉经今古文纷争简表》(表十二),再分而论之。

表十一　今古文经学立官表

经	今文(十四家)		古　文	
	源头与家派	备　注	家派	备　注
诗	1.鲁(申培)	文帝时立	《毛诗》(毛公)	毛公,赵人。为河间献王《诗》博士,授同国贯长卿,长卿授解延年,延年授徐敖。言《毛诗》者,本之徐敖。平帝时立,旋废。
	2.韩(韩婴)			
	3.齐(辕固)	景帝时立		
书	伏生 倪宽 4.欧阳生	武帝时立	古文《尚书》(孔安国)	安国为孔子后,孔氏有古文《尚书》,安国以今文字读之,因以起其家逸《书》,得十余篇。遭巫蛊,未立于学官。司马迁亦从安国问故。迁书载《尧典》、《禹贡》等篇,多古文说。平帝时立,旋废。
	5.大夏侯(胜)	宣帝石渠阁会议立		
	6.小夏侯(建)			
礼	高堂生 后苍 7.大戴(德)	武帝时立礼博士(后苍),石渠阁会议后立大小戴。	逸礼	刘歆曰:"鲁恭王得古文于坏壁,《逸礼》有三十九篇。"平帝时立,旋废。
	8.小戴(圣)			
	庆(普)	东汉光武帝时立,曹充曾为博士。后废。	周官	贾公彦引《马融传》曰:"至孝成皇帝,达才通人刘向子歆,校理秘书,始得序著于录略。"王莽时立,后废。

续表

经	今文(十四家)		古　　文	
	源头与家派	备　注	家派	备　　注
易	田何	9.施(雠)	武帝时立《易》博士(田何),石渠阁会议立施、孟、梁。	费氏(直)	费直字长翁,东莱人也。治《易》为郎,……长于卦筮,亡章句,徒以《彖》、《象》、《系辞》十篇文言解经。琅邪王璜传之。
		10.孟(喜)		高氏(相)	高相,沛人也。与费公同时,其学亦亡章句,专说阴阳灾异,自言出于丁将军。……《易》有高氏学。高、费皆未尝立于学官。
		11.梁丘(贺)	元帝时立		
		12.京(房)			
春秋	胡母生 董仲舒	13.严(彭祖)	武帝时立《公羊》博士,石渠阁会议后立严、颜。	左氏(丘明)	汉兴,北平侯张苍及梁太傅贾谊、京兆尹张敞、太中大夫刘公子皆修《春秋左氏传》。谊授赵人贯公,贯公子长卿授张禹,禹授尹更始,更始传子咸及翟方进、胡常。常授贾护,护授陈钦,钦授王莽。而刘歆从尹咸及翟方进受。由是言《左氏》者本之贾护、刘歆。平帝时立,旋废。
		14.颜(安乐)			
	穀梁	《汉书·儒林传》曰:"瑕丘江公受《穀梁春秋》及《诗》于鲁申公。"又曰:"(胡常)以明《穀梁春秋》为博士,部刺史,又传《左氏》。"石渠阁会议后《穀梁》大兴,立于学官。			

说明:本表源自周予同《经今古文学》,载《周予同经学史论著选集》(增订本),上海人民出版社,1996年第二版,表见该书第2—3页。备注栏内容有改动,改动内容据《汉书》之《艺文志》、《儒林传》及钱穆《两汉博士家法考》,文多不具出引。

表十二　经今古文纷争表

时间	争论派别及代表人物			争立经籍与争论焦点	结果与影响
	今文	古文	今古无别		
哀帝建平元年（前6）	师丹 今文博士	刘歆 王龚 房凤		歆欲立古文《尚书》、《逸礼》、《毛诗》、《左氏春秋》于学官。	刘歆求出补吏，被迫离京外任五原太守。
光武建武二年至四年（26—28）	范升	韩歆 许淑 陈元 李封		韩歆争立《费氏易》、《左氏春秋》博士。争《左氏春秋》优劣。	《左氏春秋》立，以李封为博士，会封死，旋废。
章帝建初元年至八年（76—83）	李育		贾逵	争《左氏春秋》优劣。	《左氏春秋》、《穀梁春秋》、古文《尚书》、《毛诗》进入太学授受系统。
灵帝建宁、熹平年间	何休 羊弼		服虔 郑玄	争《左氏春秋》、《公羊春秋》、《穀梁春秋》优劣。	何休慨叹："康成入吾室，操吾矛，以伐我乎！"

说明：表中时间据徐兴无《刘向评传》、刘汝霖《汉晋学术编年》、王利器《郑康成年谱》，择善而从，其余据《汉书》、《后汉书》相关纪、传。

一、四次争论

如上所论，刘向、歆父子对古文经传的校理，居功至伟。刘向在宣帝年间精研"穀梁学"十多年，但他也好《左传》，王充说他"玩弄《左传》，童仆妻子皆呻吟之"。① 据《汉书·刘歆传》所载，刘歆对《左传》也特别喜好，"以为左丘明好恶与圣人同，亲见夫子，而《公羊》、《穀梁》在七十子后，传闻之与亲见之，其详略不同。"故他向精熟"穀梁学"的父亲问难，结果是"向不能非间也，然犹自持其《穀梁》义"。这实际上是

---

① 《论衡·案书篇》，《论衡校释》，第1164页。

好古学的儿子与精通今学的父亲之间的学理论难,以刘向不能反驳儿子之难的结果看,从经学的意义上讲,它预示出古学在学理上是胜于今学的。

或许,刘歆向父亲的论难加深了他对今文经学弊端的认知,同时也激发了他光大古文经传的雄心。又由于古文经传都已基本定型,尤其《左传》,经由他的整理,更是"章句义理备焉",故在父亲死后不到一年的哀帝建平元年(前7),他便提议将《左氏春秋》、《毛诗》、逸《礼》、古文《尚书》都列于学官,引发第一次今古学争论。而当"哀帝令歆与五经博士讲论其义,诸博士或不肯置对"后,刘歆曾"数见丞相孔光,为言《左氏》以求助,光卒不肯",①于是刘歆等人便"移书太常博士"进行责难,此即后世常称的《让太常博士书》。② 此"书"可谓第一篇较为完整地述说汉代经学的文献,以史实与学理立论,辞锋理足,颇为重要。全录如下:

> 昔唐虞既衰,而三代迭兴,圣帝明王,累起相袭,其道甚著。周室既微而礼乐不正,道之难全也如此。是故孔子忧道之不行,历国应聘。自卫反鲁,然后乐正,《雅》、《颂》乃得其所;修《易》,序《书》,制作《春秋》,以纪帝王之道。及夫子没而微言绝,七十子终而大义乖。重遭战国,弃笾豆之礼,理军旅之陈,孔氏之道抑,而孙、吴之术兴。陵夷至于暴秦,燔经书,杀儒士,设挟书之法,行是古之罪,道术由是遂灭。
>
> 汉兴,去圣帝明王遐远,仲尼之道又绝,法度无所因袭。时独有一叔孙通略定礼仪,天下唯有《易》卜,未有它书。至孝惠之世,乃除挟书之律,然公卿大臣绛、灌之属咸介胄武夫,莫以为意。至孝文皇帝,始使掌故朝错从伏生受《尚书》。《尚书》初出于屋壁,

---

① 《汉书·儒林传》,第3619页。
② 据《汉书·儒林传》中《房凤传》载,此书实际上是刘歆、房凤、王龚三人合议的结果,或由刘歆执笔,故班固归之《刘歆传》。

朽折散绝,今其书见在,明师传读而已。《诗》始萌牙,天下众书往往颇出,皆诸子传说,犹广立于学官,为置博士。在汉朝之儒,唯贾生而已。至孝武皇帝,然后邹、鲁、梁、赵颇有《诗》、《礼》、《春秋》先师,皆起于建元之间。当此之时,一人不能独尽其经,或为《雅》,或为《颂》,相合而成。《泰誓》后得,博士集而读之。故诏书称曰:"礼坏乐崩,书缺简脱,朕甚闵焉。"时汉兴已七八十年,离于全经,固已远矣。

及鲁恭王坏孔子宅,欲以为官,而得古文于坏壁之中,《逸礼》有三十九篇,《书》十六篇。天汉之后,孔安国献之,遭巫蛊仓卒之难,未及施行。及《春秋》左氏丘明所修,皆古文旧书,多者二十余通,臧于秘府,伏而未发。孝成皇帝闵学残文缺,稍离其真,乃陈发秘臧,校理旧文,得此三事,以考学官所传,经或脱简,传或间编。传问民间,则有鲁国桓公、赵国贯公、胶东庸生之遗学与此同,抑而未施。此乃有识者之所惜闵,士君子之所嗟痛也。往者缀学之士不思废绝之阙,苟因陋就寡,分文析字,烦言碎辞,学者罢老且不能究其一艺。信口说而背传记,是末师而非往古,至于国家将有大事,若立辟雍、封禅、巡狩之仪,则幽冥而莫知其原。犹欲保残守缺,挟恐见破之私意,而无从善服义之公心。或怀妒嫉,不考情实,雷同相从,随声是非,抑此三学,以《尚书》为备,谓左氏为不传《春秋》,岂不哀哉。

今圣上德通神明,继统扬业,亦闵文学错乱,学士若兹,虽昭其情,犹依违谦让,乐与士君子同之。故下明诏,试《左氏》可立不,遣近臣奉指衔命,将以辅弱扶微,与二三君子比意同力,冀得废遗。今则不然,深闭固距,而不肯试,猥以不诵绝之,欲以杜塞余道,绝灭微学。夫可与乐成,难与虑始,此乃众庶之所为耳,非所望士君子也。且此数家之事,皆先帝所亲论,今上所考视,其古文旧书,皆有征验,外内相应,岂苟而已哉。

夫礼失求之于野,古文不犹愈于野乎?往者博士《书》有欧阳,《春秋》公羊,《易》则施、孟,然孝宣皇帝犹复广立穀梁《春秋》,梁丘《易》,大、小夏侯《尚书》,义虽相反,犹并置之。何则?与其过而废之也,宁过而立之。传曰:"文武之道未坠于地,在人。贤者志其大者,不贤者志其小者。"今此数家之言,所以兼包大小之义,岂可偏绝哉。若必专己守残,党同门,妒道真,违明诏,失圣意,以陷于文吏之议,甚为二三君子不取也。①

在此,刘歆从经之源头、流变,今文的兴盛与古文经传的发现,今文学者的学理缺陷和古文经传的合理性,以及经与政治关系等多层面,来说明古文经传应立于学官。其要义如下:一是从源头上讲,经是"圣帝明王"之道的载体,它们统一地源自孔门,但由于时势与政治的影响,道术隐没,奇术兴起。也就是说,诸经本身没有高低之分,但因为秦政有"是古之罪",使得源自先秦的道术隐灭。二是因为道术在秦时已经隐没,故自文帝到武帝时期兴起的儒学,已非"全经"。三是不仅今文学者所传的已非"全经",在传授过程中,除贾谊之外,他们中的任一人也"不能独尽其经",以致看到一篇后出的《泰誓》,今文博士还要"集而读之"。这种情况连武帝也不得不发出慨叹。四是由于以上三个方面的原因,作为先秦"全经"的组成部分,古文经传的发现和整理,不仅有益于补全经传,更有益于经传的传授和"道术"的施行。五是西汉先朝诸帝出于"广学"的考虑,因时变易,不断地增设不同的经传博士,即便"义虽相反",也能并立不误。其原因即在于经传之义和"文武之道",都是靠有志于道的贤者们才得以流传和光大的。基于以上五点,刘歆进而于通篇中都说明更为关键的另三点,即,六是与今文经传以"信口说而背传记"的流传方式相较,发藏的古文经传"皆有征验,外内相应",更具真实性,这也是"先帝所亲论"的事。以此,从经传

---

① 《汉书》卷三六《楚元王传》附《刘歆传》,第1968—1971页。

作为典礼制度的载体而言,古文经传所传的显然更有"往古"的渊源和内涵,在政治应用上也会使"法度"有所"因袭"。七是与今文经传的尊显相对,古文经传处于"野"和"微"的地位,它们却"兼包大小之义",具有"通"的品质。根据"礼失求诸野"的通则,因为其在"野",故应求其弥补在朝"官学"之失的功用;因其处"微",故应扶持和光大它们。八是不像今学诸儒那样没有"从善服义之公心",古文经传的传人"比意同力",期望通过"试"的公平方式,看《左氏》等是否可以立于学官,以便能起兴被"废遗"的经传。其方法应如宣帝时石渠阁会议争论《穀梁》、《公羊》优劣那样,通过辩论的方式来说明古文经传的优劣,而不应"保残守缺,挟恐见破之私意",以文法吏的态度,"专己守残,党同门,妒道真,违明诏,失圣意。"

由此可见,刘歆的用语虽饱含义愤,但论说本身却既据史实,又明学理,尤其是他提出如石渠阁会议那般论难的方式来解决问题,既显现出他对古文经传"微"而不"显"的焦虑,又显现出他的强烈自信。对此,即便是对刘歆持强烈批评立场的皮锡瑞,也不得不说刘歆的"让书"是"可见汉初传经之苦心"。①

"书"出之后,"诸儒皆怨恨"。② 用惯辞职伎俩的光禄大夫龚胜,再次以退为进,以"乞骸骨"胁迫哀帝和刘歆,③而长居三公位的哀帝老师师丹在逼迫王莽暂时退隐后,④也"奏歆改乱旧章,非毁先帝所立"。至此,虽然哀帝以"歆欲广道术,亦何以为非毁哉"为刘歆回护,⑤但诸儒多讪谤刘歆等人,刘歆自己也惧怕遭致不测,请求出京补吏,终而与支持他的王龚和房凤都离京出任地方太守("龚为弘农,歆河内,凤九江

---

① 皮锡瑞:《经学历史》,第 37 页。
② 《汉书》卷三六《刘歆传》,第 1972 页。
③ 据《汉书》卷七二《龚胜传》记载,龚胜行事不周,又好争誉,遇险即"乞骸骨",颇得以退为进的官术。其"时誉"甚高,后以绝食死而不应王莽之征。具见《汉书》,第 3080—3085 页。
④ 《汉书》卷八六《师丹传》说:"(哀帝)即位,多欲有所匡正,封拜丁、傅,夺王氏权。丹自以师傅居三公位,得信于上。"见第 3503 页。
⑤ 《汉书》卷三六《刘歆传》,第 1972 页。

太守")。就这样,经今古文的第一次正式纷争,因今文诸儒不肯从学理上应刘歆之难,而以政治打压的方式击败刘歆等人而告终。

此后,在王莽主政时期,古学得到相当程度的扶持,平帝时还立《左氏春秋》、《毛诗》、逸《礼》、古文《尚书》于学官。刘歆在新莽时被封为"国师"、嘉新公,诸多名儒也不避莽新之篡而为莽所用,其中即有在东汉声名显赫的杜林(侍中)、伏湛(绣衣执法,即御史)、侯霸(大尹,即刺史)等等。而第二次经今古文争论的古文方主角陈元的父亲陈钦曾授王莽《左传》,任厌难将军(后自杀),陈元以父任为郎,今文方主角范升为大司空王邑的议曹史。① 另有张敞孙张竦作章颂扬王莽。② 也就是说,古学传人于新莽之时开始显贵起来。到了东汉初期,光武帝在迷信谶纬的同时,对经今古文也并举不偏废,以致有第二次经今古文纷争。

就经今古文的纷争本身来看,第一次纷争只能说是刘歆唱独角戏,第二次纷争则不同,今古双方就各自的观点展开了真正的论战。建武二年(26),尚书令韩歆上书光武帝,"欲为《费氏易》、《左氏春秋》立博士,诏下其议。"③不知何故,竟没有多大反响,但议论应该还是不少。同年,光武征通梁丘《易》、《老子》的范升为议郎,④后迁博士。到了建武四年正月,公卿、大夫、博士朝会于南宫云台,光武帝令范升平说此前的议论,范升对以"《左氏》不祖孔子,而出于丘明,师徒相传,又无其人,且非先帝所存,无因得立"。⑤ 韩歆与太中大夫许淑起而与之辩难,"日中乃罢"。大概廷辩没有结果,于是范升上书进一步辩论。全引其书如下:

> 臣闻主不稽古,无以承天;臣不述旧,无以奉君。陛下愍学微

---

① 钱穆在《刘向歆父子年谱》中详列仕新莽的西汉末名儒达三十多人,参见《两汉经学今古文评议》,第160—165页。
② 事见《汉书》卷九九上《王莽传上》。
③ 《后汉书》卷三六《范升传》,第1228页。
④ 《后汉书》卷三六《范升传》载:"范升字辩卿,代郡人也。少孤,依外家居。九岁通《论语》、《孝经》,及长,习《梁丘易》、《老子》,教授后生。"(第1226页)
⑤ 《后汉书》,第1228页。

缺,劳心经艺,情存博闻,故异端竞进。近有司请置《京氏易》博士,群下执事,莫能据正。《京氏》既立,《费氏》怨望,《左氏春秋》复以比类,亦希置立。《京》、《费》已行,次复《高氏》。《春秋》之家,又有《驺》、《夹》。如今《左氏》、《费氏》得置博士,《高氏》、《驺》、《夹》,五经奇异,并复求立,各有所执,乖戾分争。从之则失道,不从则失人,将恐陛下必有厌倦之听。孔子曰:"博学约之,弗叛矣夫。"夫学而不约,必叛道也。颜渊曰:"博我以文,约我以礼。"孔子可谓知教,颜渊可谓善学矣。《老子》曰:"学道日损。"损犹约也。又曰:"绝学无忧。"绝末学也。今《费》、《左》二学,无有本师,而多反异,先帝前世,有疑于此,故《京氏》虽立,辄复见废。疑道不可由,疑事不可行。《诗》《书》之作,其来已久。孔子尚周流游观,至于知命,自卫反鲁,乃正《雅》、《颂》。今陛下草创天下,纪纲未定,虽设学官,无有弟子,《诗》《书》不讲,礼乐不修,奏立《左》、《费》,非政急务。孔子曰:"攻乎异端,斯害也已。"传曰:"闻疑传疑,闻信传信,而尧舜之道存。"愿陛下疑先帝之所疑,信先帝之所信,以示反本,明不专己。天下之事所以异者,以不一本也。《易》曰:"天下之动,贞夫一也。"又曰:"正其本,万事理。"五经之本自孔子始,谨奏《左氏》之失凡十四事。①

范升的主旨当然是反对韩歆之请。综合其意,其理不外乎以下几点:一是从本末与正邪的价值分判看,已立于学官者为本为正统,而如费、左之类古文经传都是异端。如果立"异端"的风气一开,后继的请立将接踵而至,终而引发既"失道"又"失人"的混乱。二是从经传的源流看,费、左之学的渊源不明,传承又无师法,况且《左氏》还有十四事无法自圆其说,二者本身的价值是值得怀疑的。三是从现实政治的角度看,草创之初应以已立之学振兴纲纪、教化民众,立新学"非政急

---

① 《后汉书》卷三六《范升传》,第1228—1229页。

务"。四是从学理的角度看,儒道两家都主张学贵简约,对末学异端之流,应弃绝而非兴助。

凭实而论,范升的理由中,一、三点是基于今文既得利益而有的自我维护,第四点是今文家引经据典时的随意引申,只有第二点颇有学理性质。当时的古学方大概也明晰了这点,故"难者以太史公多引《左氏》"而应对范升,于是范升再次上书论说"太史公违戾五经,谬孔子言,及《左氏春秋》不可录三十一事"。① 对此,光武又下诏让博士论辩。精通《左传》的陈元"与桓谭、杜林、郑兴俱为学者所宗",当时尚在民间,未被征辟。针对范升的非难,陈元以处士身份"诣阙上疏",提出驳斥。全引其疏如下:

> 陛下拨乱反正,文武并用,深愍经艺谬杂,真伪错乱,每临朝日,辄延群臣讲论圣道。知丘明至贤,亲受孔子,而《公羊》、《穀梁》传闻于后世,故诏立《左氏》,博询可否,示不专己,尽之群下也。今论者沉溺所习,玩守旧闻,固执虚言传受之辞,以非亲见实事之道,《左氏》孤学少与,遂为异家之所复冒。夫至音不合众听,故伯牙绝弦。至宝不同众好,故卞和泣血。仲尼圣德,而不容于世,况于竹帛余文,其为雷同者所排,固其宜也。非陛下至明,孰能察之。
>
> 臣元窃见博士范升等所议奏《左氏春秋》不可立,及太史公违戾凡四十五事。案升等所言,前后相违,皆断截小文,媟黩微词,以年数小差,掇为巨谬,遗脱纤微,指为大尤,抉瑕擿衅,掩其弘美,所谓"小辩破言,小言破道"者也。升等又曰:"先帝不以《左氏》为经,故不置博士,后主所宜因袭。"臣愚以为若先帝所行而后主必行者,则盘庚不当迁于殷,周公不当营洛邑,陛下不当都山东也。往者,孝武皇帝好《公羊》,卫太子好《穀梁》,有诏诏太子受《公羊》,不得受《穀梁》,孝宣皇帝在人间时,闻卫太子好《穀梁》,

---

① 《后汉书》卷三六《范升传》,第1229页。

于是独学之。及即位,为石渠论而《穀梁》氏兴,至今与《公羊》并存。此先帝后帝各有所立,不必其相因也。孔子曰:"纯,俭,吾从众。至于拜下,则违之。"夫明者独见,不惑于朱紫,听者独闻,不谬于清浊,故离朱不为巧眩移目,师旷不为新声易耳。方今干戈少弭,戎事略戢,留思圣艺,眷顾儒雅,采孔子拜下之义,卒渊圣独见之旨,分明白黑,建立《左氏》,解释先圣之积结,洮汰学者之累惑,使基业垂于万世,后进无复狐疑,则天下幸甚。

臣元愚鄙,尝传师言。① 如得以褐衣召见,俯伏庭下,诵孔氏之正道,理丘明之宿冤,若辞不合经,事不稽古,退就重诛,虽死之日,生之年也。②

陈元的驳斥主要有三点:就《左传》渊流而言,《左传》是孔子亲授左丘明,比据传闻而成的《公羊》、《穀梁》更有统绪,这是上次争论中刘歆观点的继续。不能因为《左传》的"孤学少与"就以异端视之,否则,怎么解释历来的"至"、"圣"之类都是曲高和寡呢。就范升对《左传》本身的非难而言,不仅其所举证据"前后相违",还有断章取义小题大做之病。就立学官问题本身而言,陈元同样以刘歆的因时变易的史实观点反驳,认为各帝"各有所立,不必其相因"。最后,陈元以与刘歆同样的自信说他"尝传师言",如若无法解释经传合一的问题,甘愿就死。这与其说是争论,还不如说是以命相搏。

光武帝见疏后,再次下诏让臣下评议。"范升复与元相辩难,凡十余上。"大概光武帝看了这些辩难之文后认为陈元更有理,"帝卒立《左氏》学,太常选博士四人,元为第一。"但深谙御臣平衡之术的光武帝以陈元"新忿争,乃用其次司隶从事李封"为博士。对于这样的结果,今

---

① 《后汉书》卷三六《陈元传》载:"陈元字长孙,苍梧广信人也。父钦,习《左氏春秋》,事黎阳贾护,与刘歆同时而别自名家。王莽从钦受《左氏》学,以钦为厌难将军。元少传父业,为之训诂,锐精覃思,至不与乡里通。"(第1230页)

② 《后汉书》卷三六《陈元传》,第1230—1232页。

文儒者自不满意,"自公卿以下,数廷争之。"凑巧的是,这时李封病死。于是,光武帝顺水推舟,顺应今文诸儒,"《左氏》复废"。① 第二次争论就这样带有戏剧性地结束了。

值得注意的一个问题是,在这次纷争中,今古双方都开始注重争论对象本身的优劣问题,即双方开始了具有学理意义的辩难。但这在谶纬占据显要地位的光武时期,并不能改变什么,②它只是为东汉时期的儒者们开启了一种有理有据的学术争论风气。

第三次争论发生在章帝时期。章帝对古文情有独钟,即位后"降意儒术,特好古文《尚书》、《左氏传》"。③ 建初元年(76),章帝诏贾逵入讲北宫白虎观、南宫云台,"弱冠能诵《左氏传》及五经本文"的贾逵把今古经传讲得条分理析,博得章帝赞赏。事后,章帝命贾逵作"《左氏传》大义长于二传者",贾逵乘机"具条奏之"。(贾逵详见第十章)章帝看到贾逵的条奏后,彻底认可了贾逵所具有的《左氏》学素养,"赐布五百匹,衣一袭,令逵自选《公羊》严、颜诸生高才者二十人,教以《左氏》。"④《贾逵传》中没有提到这次条奏上呈后今文方是否有辩难者,考《后汉书·儒林传下》,其中的《李育传》说李育博览书传,深为同郡班固所重,又说李育"颇涉猎古学。尝读《左氏传》,虽乐文采,然谓不得圣人深意。以为前世陈元、范升之徒更相非折,而多引图谶,不据理体,于是作《难左氏义》四十一事"。在建初四年(79)章帝"使诸儒共正经义"的白虎观会议上,"育以《公羊》义难贾逵,往返皆有理证,最为通儒。"⑤而后的建初八年,章帝下诏说:"五经剖判,去圣弥远,章句遗辞,乖疑难正,恐先师微言将遂废绝,非所以重稽古,求道真也。其令群儒

---

① 皆《后汉书》卷三六《陈元传》,第1233页。
② 范晔在《后汉书》卷三六《贾逵传》后的论中说:"桓谭以不善谶流亡,郑兴以逊辞仅免。"(第1241页)正见光武今古学并举是一种统治策略,凡不合其意者,虽免于死,终而不得大用。桓谭的遭遇最为典型,参桓谭章内容。
③ 《后汉书》卷三六《贾逵传》,第1236页。
④ 《后汉书》卷三六《贾逵传》,第1239页。
⑤ 皆《后汉书》,第2582页。

选高才生,受学《左氏》、《穀梁春秋》、古文《尚书》、《毛诗》,以扶微学,广异义焉。"①虽然诏书没有明确说是否立古文经传博士,但它们正式地进入太学授受系统,是确定无疑的。至此,刘歆在《让太常博士书》想实现的目标虽未完全实现,可也算是基本达成了。毋庸置疑,虽然这是皇帝大力支持的结果,但倘若没有贾逵那样通古今学的大师,没有他们对古今学进行颇具条理的比较分析,东汉的经学或许会是另番我们不知的情形。

到了汉末的灵帝时期,何休与其师博士羊弼作《公羊墨守》,自诩《公羊》学如墨子守城,牢不可破,而作《左氏膏肓》、《穀梁废疾》,批评《左氏》有病,如入膏肓,《穀梁》有疾,不能再起。精研《左传》的服虔、郑玄基于各自的立场展开反驳,服虔"以《左传》驳何休之所驳汉事六十条",②而郑玄更是"发墨守,针膏肓,起废疾",以致何休见到郑玄的反驳不得不慨叹:"康成入吾室,操吾矛,以伐我乎!"③这就是所谓的第四次争论。遗憾的是,今见的史书没有对二者争论情形的具体记载。④从零星的记载来看,这次争论没有什么官方背景,只是学者们针对各自认为的问题进行论难,是一种自觉的学术争论。而由于何休在批评《左传》的同时,也批评了同是今文的《穀梁》,郑玄应对的时候,也同样为《穀梁》作了辩解,故这次纷争看似经今古文思想之间的争论,实际上却是两种不同学术理路的争论。此见第十章。

其实,无论今古两方如何纷争,如何辩难,无论其理论的异同如何,就汉代的情形而言,所有这些内容都离不开中央朝廷所搭建的尊儒平台。而从学术和思想发展的角度讲,这些纷争与这个平台之间的

---

① 《后汉书》卷三《章帝纪》,第145页。
② 《后汉书》卷七九下《儒林列传下》,第2583页。
③ 《后汉书》卷三五《郑玄传》,第1208页。
④ 通常研究者都以这次争论发生在桓、灵之际,而据王利器考证,何休遭禁锢在桓帝延熹九年(166),半年后解锢,而郑玄的反驳篇章都是灵帝建宁二年(169)遭党锢之后而写成。故这里以双方争论的时间在灵帝时。参见王利器:《郑康成年谱》,齐鲁书社,1983年,第71—76页,96页。

关系,实际上即是儒学、儒者与政治的关系。当西汉中期儒学和东汉前期儒学"极盛"之时,它们之间是良好的互动关系。然而,正如东、西汉末年所显现出的情形:每一段良好的互动之后,三方都会发生不利于彼此的变异,以致整个国家都处于动荡不安之中。由此,汉代学术、思想与政治之间存在某种吊诡的关系。章学诚有段话,可以作为经学与政治这种吊诡关系的注解。他说:"后王以谓儒术不可废,故立博士,置弟子,而设科取士,以为诵法先王者劝焉。盖其始也,以利禄劝儒术;而其究也,以儒术徇利禄。斯固不足言也。而儒宗硕师由此辈出,则亦不可谓非朝廷风教之所植也。"①此是卓识,更为确论。

二、社会制度的分歧

从上述的争论过程中我们可以看出,四次争论的双方都抓住《左传》不放。即,《左传》是争论双方的焦点所在。这主要是因为《春秋》负载着儒家有关历史和政治的思想,公羊、穀梁、左氏到底谁是《春秋》的正统,涉及的不仅是经传的关系问题,其隐含的是三传的阐释者与现实政治的关系问题。由于今文注重"经世致用",自《公羊》学被武帝尊兴之后,今文其他诸经传的传承者也同时加入到以"经学"影响社会和政治的洪流中。于是,"阴阳灾异"、"《春秋》决狱"、"明经入仕"这些极具今文经学特色的理论与现象,在汉代政治、法律、官制各层面层出不穷。如前论京房、刘向等人对"阴阳灾异"的阐释,宣帝即位之际的"假太子"事件,今文五经大儒频繁地为丞相和帝师等等,无不显现出经学所具有的现实魅力。而在古文经学形成后,其"实事求是"的特质,决定了它必须要在学理上对"经"之"实"与"是"是什么作出探究和交代。另一方面,由于中国古代文人近乎天然的"慕古"情结,在现实社会和政治都处于衰坏的情势下,使得他们对三代圣王之制的追慕,显得更为迫切和执著。于是,在"明经"以"致用"的功利化今文家和

---

① 仓修良编注:《文史通义新编新注》,浙江古籍出版社,2005年,第112页。

"崇古"以"更化"的慕古型古文家对经传的阐释中,在什么是好制度的问题上,二者显现出巨大的差别来。

按照廖平等人对今古文经学礼制问题的研究,孙筱重新修正出一份《今古文制度异同表》(表十三)。引之如下:

表十三　今古文经学制度异同表

制度	今文经学	古文经学
封建	分五服,各五百里,合方万五千里。	地分九服,亦各五百里,并王畿千里,合方万里。
	分三等:公侯方百里,伯方七十里,子男方五十里。	分五等:公方五百里,侯方四百里,伯方三百里,子方二百里,男方一百里。
	王畿内封国。	王畿内不封国。
	天子五年一巡狩。	天子十二年一巡狩。
官制	天子立三公:司徒、司马、司空,九卿,二十七大夫,八十一元士,凡百二十。	天子立三公:太师、太傅、太保,无官属;又立少师、少傅、少保"三少"为之副,此谓三孤。立六卿:冢宰、司徒、宗伯、司马、司寇、司空。
	公卿士大夫皆三辅官。	六卿大夫士员无定数。
	无世卿,有选举。	有世卿,无选举。
祭礼	社稷所奉享皆天神。	社稷所奉皆享皆人鬼。
	天子有太庙,无明堂。	天子无太庙,有明堂。
	七庙皆时祭。	七庙祭有日月时之分。
	禘为时祭,有祫祭。	禘大于郊,无祫祭。
税制	远近皆取什一。	以远近分差等。
	山泽无禁。	山泽皆入官。
	十井出一车。	一甸出一车。
法律	刑余不为阉人。	刑余为阉人。
婚葬	天子不下聘,有亲迎。	天子下聘,不亲迎。
	主薄葬。	主厚葬。

说明:表引自孙筱《两汉经学与社会》,中国社会科学出版社,2002年,第308页。

对此应稍作说明的是,今文家的主张,基本是对秦汉现实社会与制度的总结和变通,而古文家的主张,主要来自《周礼》(《周官》)。

关于"封建",是历来史学家争论的焦点,以此引发出大一统帝国是封建社会或是奴隶社会,或封建社会的时段为何等诸多争议。从学理上讲,五服及其具体等次的情形因历史太过遥远和复杂,并没有什么清晰确凿的证据说明今古文双方所主张的序次得到了长期的严格施行。但在其中的"封国"问题上,则史有明证。如西汉时期中央政权权威的确立,即是以景帝时期的"削藩"为基础的。[①] 今文家强调不封国,是以削弱乃至取消诸侯王权力的方式,来强化皇帝和中央朝廷的权威;古文家所主张的封国,是想把血缘宗法关系向制度层面拓展,它既是《周礼》相关内容的体现,也是古文家试图解决西汉不断出现的诸侯王反叛被杀问题,试图避免诸侯反叛给帝国社会政治带来极大伤害的努力。

关于官制,汉承秦制是史家的共识,三公九卿更是西汉所长期奉行的行政体制。今文家主张三公九卿,说汉制由其创立自然不妥,但说其有维护现行制度之意,还是近乎历史事实的。古文《周官》的体制虽然以天地四时分"六官",体现了所谓的"天人合一"精神,但古文家在西汉末年和东汉中后期天子德能日下、权威旁落的情形下,试图以"保""傅"之官培育"圣王"来解决问题,显然是不现实的。而今文主张无"世卿",其实是为自身不断以"明经"参政获取合法途径,其所谓的"选举",其实是两汉长期奉行的察举制度。[②]

其他的诸如礼制、税制等层面,前人多有所论,在此略而不述。[③]

---

① 关于汉代诸侯命运的变迁,参见吕思勉:《秦汉史》第四章第六节"封建制度变迁",上海古籍出版社,2005年,第73—83页。
② 有关汉代的制度,贺昌群于《两汉政治制度论》中有精到的剖析。文载《贺昌群文集》(第一卷),商务印书馆,2003年,第306—339页。
③ 章太炎于《国故论衡》(上海世纪出版集团,2006年)的《解诂下》中,对今古文经的礼制作了分类分析。参见该书第60—66页。

简而言之,今文家的主张在乎现实及其维护,古文家的主张在乎改变现实,但由于古文家的主张太过拘泥于"崇古",与其学术上的"求是"精神又是相背的。或许,这正是古文家命运坎坷的隐秘原因所在。

三、经注的异同

从后世的眼光看,今古文家之间的纷争本身并没有多大意义。但就儒学发展史的角度看,双方的各类著作(当然也包括争论所形成的著作)却意义重大。就史料性质而言,作为当时思想家的学术和思想精华的结晶,后人借此可以知晓当时学术思想的真实面目;就思想传承而言,这些著作本身既是传承先秦思想的载体,又成为启发后人思想的资源。下面,我们对史籍所记载的两汉经注名目及其相应著作等情形进行详细列表,而后略做分析,以期呈现其大致面目与意义。

表十四 两汉注经名目、作品、人物、流派及其影响详表

注经名目	名目释义	经注作品	经注作者	篇数	流派	师承与影响
传	《论衡·知实》曰:"圣人作其经,贤者造其传,述作者之意,采圣人之志,故经须传也。"孔颖达曰:"传者,传也,博释经意,传示后人。"	易传	王同		今	王、周、丁三人同授于田何,故要言《易》者本之田何。三人又同授杨何,鲁周霸、莒衡胡、临淄主父偃,皆以《易》至大官。
			周王孙	二篇		
			丁宽			
			杨何	二篇		
			韩婴	二篇	今	婴以《易》授,推《易》意而为传。燕、赵好《诗》,其《易》微,唯韩氏传之。
			服生	二篇		
			京房	今存三卷	今	由是《易》有京氏之学。
			荀爽			

续表

注经名目	名目释义	经注作品	经注作者	篇数	流派	师承与影响
传	皮锡瑞曰："孔子所定谓之经，弟子所释谓之传，或谓之记。"	齐诗孙氏传		二十八卷	今	《齐诗》有翼（奉）、匡（衡）、师（丹）、伏（理）之学。
		齐诗后氏传		三十九卷		
		毛诗故训传		三十卷		
		春秋虞氏微传	虞卿	二篇	古	
		毛诗传	马融		古	汉名将马援族孙，父马严有盛名，融从京兆名儒挚恂学。郑玄从其学，为《周官》注，玄成"三礼"学。又笺《毛诗》，为今之范本。
		周官传	马融		古	
大传	郑玄曰："（伏）生终后，数子各论所闻，以己意弥缝其阙，而又特撰其大义，因经属指，名之曰（大）传。"	尚书大传	张生 欧阳生		今	郑玄《尚书大传叙》曰："伏生为秦博士，至孝文时年且百岁。张生、欧阳生从其学而授之，音声犹有讹误，先后犹有差舛，重以篆隶之殊，不能无失。……刘子政校书，得而上之。凡四十一篇。至玄始诠次为八十三篇。"

续表

注经名目	名目释义	经注作品	经注作者	篇数	流派	师承与影响
内传	专释经义	韩诗内传	韩婴	四卷		婴作内、外《传》数万言，其语颇与齐、鲁间殊。武帝时，婴尝与董仲舒论于上前，仲舒不能难。后其孙商为博士。孝宣时，涿郡韩生为其后人，以《易》征。
外传	韦昭曰："其文不主于经，故号曰外传。"《四库提要·韩诗外传》曰："其书杂引古事古语，证以诗词，与经义不相比附，故曰外传。"	韩诗外传	韩婴	六卷	今	
		春秋公羊外传		五十篇	今	杨终坐事系狱，博士赵博、校书郎班固、贾逵等，以终深晓《春秋》，学多异闻，表请之，终又上书自讼，即日贳出，乃得与于白虎观焉。改定《春秋》章句十五万言。
		春秋穀梁外传		二十篇	今	
		春秋外传	杨终	十二篇		

续表

注经名目	名目释义	经注作品	经注作者	篇数	流派	师承与影响
章句	《说文》曰："乐竟为一章。"又曰："句,曲也。"段注曰："凡章句之句,亦取稽留克钩乙之意。"《文心雕龙·章句》："夫人之立言,因字而生句,积句而为章,积章而成篇。"李贤曰："章句谓离章辨句,委曲枝派也。"黄侃《文心雕龙札记·章句》曰："句、读、章、言四名,……从其终竟称	书欧阳章句	欧阳生	三十一卷	今	欧阳、大小夏侯氏学皆出倪宽。宽治《尚书》事欧阳生,又受业孔安国。宽授欧阳生子,世传至曾孙高,为博士,由是世有欧阳氏学。夏侯胜学于倪宽门人,夏侯建学于欧阳高,故有大小夏侯之学。大夏侯又有孔(霸)、许(商)之学;小夏侯有郑(宽中)、张(无故)、秦(恭)、假(仓)、李(寻)氏之学。
		书大夏侯章句				
		书小夏侯章句				
		桓君大小太常章句	桓荣 桓郁		今	明帝师桓荣从朱普学《尚书》章句四十万言,及荣入授明帝,减为二十三万言。荣子郁复删省定成十二万言。由是《书》有《桓君大小太常章句》。帝以桓郁先师子,甚见亲厚,常居中论经书。帝自制《五家要说章句》,令郁校定于宣明殿。
		五家要说章句	明帝		古	

续表

注经名目	名目释义	经注作品	经注作者	篇数	流派	师承与影响
章句	"之则为章,从其小有停迤言之则为句、为曲、为读、为言。降后乃以称文之词意完具者为一句,结连数句为一章。"又曰:"章句之始,盖期于明析经理而止。经有异家,家有异师,训说不同,则章句亦异。"钱穆《两汉博士家法考》曰:"章句必'具文',具文者,备具原文而一一说之。"	易施氏章句		二篇	今	施家有张(禹)、彭(宣)之学。
		易孟氏章句		二篇	今	孟家有翟(牧)、孟(喜)、白(光)之学。
		易梁丘氏章句		二篇	今	梁丘有士孙(张)、邓(彭祖)、衡(咸)之学。东汉明帝"数访问经术"于张兴,其弟子"著录且万人,为梁丘家宗"。
		尚书章句	牟长		今	本欧阳氏,俗号为《牟氏章句》。诸生讲学者常有千余人,著录前后万人。
		礼记章句	卢植桥仁	四十九篇	今	从同郡戴德学,号曰"桥君学"。
		月令章句	景鸾蔡邕			
		韩诗章句	杜抚			抚受业于薛汉,定《韩诗章句》。弟子千余人。其《诗题约义通》,世曰"杜君法"。
		论语章句	张禹			始,鲁扶卿及夏侯胜、王阳、萧望之、韦玄成皆说《论语》,篇第或异。禹先事王阳,后从庸生,采获所安,后出而尊贵。诸儒为之语曰:"欲为《论》,念张文。"由是学者多从张氏,余家浸微。

续表

注经名目	名目释义	经注作品	经注作者	篇数	流派	师承与影响
章句		孟子章句	程曾			习《严氏春秋》积十余年。会稽数百人常居门下。著书百余篇,皆五经通难。
			赵岐	十四卷		岐为马融兄之婿,以融贵而不与之见。曹操时为司空,举以自代。敕其子曰:"我死之日,墓中聚沙为床,布簟白衣,散发其上,覆以单被,即日便下,下讫便掩。"岐多所述作,另有《三辅决录》传于今。
记	《说文》曰:"记,疋也。"段注之曰:"疋部曰:'一曰疋记也。'疋今字作疏,谓分疏而识之也。《广雅》曰:'注记疏记,学刊志识也。'"《汉书·艺	礼记	七十子后学者	百三十一篇	今	
		五行传记	许商			师夏侯胜。
		公羊颜氏记		十一篇	今	
		后氏曲台记	后苍	九篇	今	苍授梁戴德、戴圣。德号大戴,圣号小戴,以博士论石渠。由是《礼》有大戴、小戴、庆氏之学。大戴授琅邪徐良,家世传业。小戴授梁人桥仁、杨荣。由是大戴有徐氏,小戴有桥、杨氏之学。

续表

注经名目	名目释义	经注作品	经注作者	篇数	流派	师承与影响
记	文志》曰："左史记言，右史记事。"故"记"即录其言事而分疏之。	礼内外记	景鸾			鸾能理《齐诗》、《施氏易》，兼受《河》、《洛》图纬，作《易说》及《诗解》，《礼内外记》号曰"礼略"。著述五十余万言。
		乐记		二十三篇		河间献王与毛生等共采《周官》及诸子言乐事作《乐记》。传其内史丞王定，定授常山王禹，禹为成帝谒者，数言其义，献二十四卷记。刘向校书，得《乐记》二十三篇，与禹不同，其道浸以益微。
		乐王禹记	王禹	二十四篇		
		公羊杂记		八十三篇		
		尚书杂记	周防	三十二篇		
说	《说文》曰："说，说释也。一曰谈说。"段注曰："说释即悦怿。……说释者，开解之意，故为喜悦。"	易说	丁宽	三万言	今	《易说》训故举大谊，为其时"小章句"。宽授同郡田王孙。王孙授施雠、孟喜、梁丘贺。《易》有施、孟、梁丘之学。
		鲁诗说		二十八卷	今	《鲁诗》有韦(贤)氏学。
		韩诗说		四十一卷		《韩诗》有王(吉)、食(生)、长孙(顺)之学。
		礼中庸说		二篇		
		论语齐说		二十九篇		

续表

注经名目	名目释义	经注作品	经注作者	篇数	流派	师承与影响
说	《荀子·儒效》曰："凡知说，有益于理者，为之；无益于理者，舍之。夫是之谓中说。"皮锡瑞曰："弟子辗转相授谓之说。"	论语鲁夏侯说		二十一篇	今	汉兴，长孙氏、博士江翁、少府后仓、谏大夫翼奉、安昌侯张禹传之，各自名家。经文皆同，唯孔氏壁中古文为异。
		孝经长孙氏说		二篇		
		孝经江氏说		一篇		
		孝经翼氏说		一篇		
		孝经后氏说		一篇		
		春秋三传异同说	马融		合	
		明堂阴阳说		五篇		
		左氏说	孔嘉		古	曾祖霸，父奋少从刘歆受《春秋左氏传》。
说义	《荀子·大略》："义，理也。"《中庸》曰："义者，宜也。"《说文》段注曰："义之本训谓礼容各得其宜。"	书欧阳说义		二篇		
大义	主要内容与义理	五经大义	贾逵	三卷	合	逵弱冠能诵《左氏传》及五经本文，以《大夏侯尚书》教授，虽为古学，兼通五家《穀梁》之说。后，逵所选弟子及门生皆拜为千乘王(刘伉)国郎，朝夕受业黄门署，学者皆欣欣羡慕焉。

续表

注经名目	名目释义	经注作品	经注作者	篇数	流派	师承与影响
故	《说文》曰:"故,使为之也。"黄侃注曰:"故为推其原由,故又有本然之谊。字亦作诂。"颜师古曰:"故者,通其指义也。"	鲁诗故		二十五卷		《汉书·艺文志》曰:"汉兴,鲁申公为《诗》训诂,而齐辕固、燕韩生皆为之传,或取《春秋》采杂说,咸非本义,与不得已,鲁最为近之。"此见班固所论,以鲁《诗》纯谨,而齐、韩《诗》驳杂,此与今存《韩诗外传》情形颇合。此处所列《诗》之"故",应是三派汉儒求《诗》本义之作。
		韩诗故		三十六卷		
		齐后氏诗故		二十卷		
		齐孙氏诗故		二十七卷		
解	《说文》曰:"解,判也。"故"解"即分析明判义。	春秋左氏传解	服虔		古	虔有雅才,善著文论,其以《左传》驳何休之所驳汉事六十条。
解故	李贤曰:"故谓事之指意也。……解故谓解脱事故,以为辞说。"即求其本义。	书大夏侯解故		各二十九卷		民国时,章太炎作《国故论衡》,特立《解故》(上、下),以为"先民言故,总举之矣,有故事者,有故训者"。其上篇论不知"解故"之"蔽"凡十二端;下篇论今古文礼制之异。皆为古学张目者。
		书小夏侯解故				
		周官解故	贾逵		古	

续表

注经名目	名目释义	经注作品	经注作者	篇数	流派	师承与影响
解诂	《说文》曰："诂，训古言也。"颜师古曰："诂谓指义也。"李贤曰："诂，事也，言解其事意。"	春秋左氏解诂	贾逵	三十卷	古	
		春秋公羊解诂	何休	十一卷	今	妙得《公羊》本意。又注训《孝经》、《论语》、风角七分，皆经纬典谟，不与守文同说。
		三礼解诂	卢植		合	少与郑玄俱事马融，通古今学，好研精而不守章句。与谏议大夫马日䃅、议郎蔡邕、杨彪、韩说等并在东观，校中书五经记传，补《续汉记》。
解说	分析说明	齐诗解说	伏黯	九篇	今	九世祖伏生，黯以"说"明《齐诗》，改定章句，其子恭又省减浮辞，定为二十万言。伏氏为东汉儒学世家，《诗》有伏氏学。
注	《说文》曰："注，灌也。"段注曰："注之云者，引之有所适也。故释经以明其义曰注。"	尚书注	张楷		今	父张霸减定樊儵所删《严氏公羊春秋》为二十万言，名"张氏学"。楷隐居弘农山中，学者随之，所居成市。

续表

注经名目	名目释义	经注作品	经注作者	篇数	流派	师承与影响
注	贾公彦曰："注者，注义于经下，若水之注物也。亦名为著。……云著者，取著明经义者也。孔子之徒言传者，取传述之意。"	易注	郑玄	九卷	合	郑玄注《孝经》自序曰："遭党锢之事，逃难注《礼》。党锢事解，注古文《尚书》、《毛诗》、《论语》。为袁谭所逼，来至元城，乃注《周易》。"玄作《易注》，荀爽又作《易传》，自是《费氏》兴，而《京氏》遂衰。光武时期郑众传《周官经》，后马融作《周官传》，授郑玄，玄作《周官注》。玄本习小戴《礼》，后以古经校之，取其义长者，故为郑氏学。玄又注大戴《礼》四十九篇，通为《三礼》焉。"三礼"之学，始于郑玄。
		周官注	郑玄	十二卷	合	
		仪礼注	郑玄	十七卷	合	
		礼记注	郑玄	二十卷	合	
		古文尚书注	郑玄			
		论语注	郑玄	十卷		
释	《说文》曰："释，解也。"	左氏疑滞谢氏释	谢该			谢该善明《春秋左氏》，为世名儒，门徒数百千人。建安中，河东人乐详条《左氏》疑滞数十事以问，该皆为通解之，名为"谢氏释"，行于时世。

续表

注经名目	名目释义	经注作品	经注作者	篇数	流派	师承与影响
笺	《说文》:"笺,表识书也。"李贤曰:"笺,荐也,荐成毛义也。"朱彝尊曰:"郑遵毛学,表明毛言,记识其事,故称为'笺'。"	毛诗笺	郑玄		合	毛公为河间献王博士,授同国贯长卿,长卿授解延年,延年授徐敖,敖授九江陈侠,为王莽讲学大夫。由是言《毛诗》者,本之徐敖。郑玄《六艺论》曰:"注《诗》宗毛为主。毛义若隐,略更表明;如有不同,即下己意。"
微	《说文》曰:"微,隐行也。"颜师古曰:"微,谓释其微旨。"故"微"即探微索隐义。	春秋左氏微		二篇		刘向《别录》云:"左丘明授曾申,申授吴起,起授其子期,期授楚人铎椒。铎椒作《抄撮》八卷,授虞卿;作《抄撮》九卷,授荀卿,荀卿授张苍。"此处三书,或是因这一授受系统中而有。但刘向记载有别于《汉书·儒林传》。
		春秋铎氏微	铎椒	三篇		
		春秋张氏微		十篇		
论	《说文》曰:"论,议也。"段注曰:"凡言语循其理、得其宜谓之论。"	石渠礼论	戴圣	四卷	今	
		洪范五行传论	刘向	十一篇		成帝精于《诗》、《书》,诏向领校宫藏秘书。向集合其前符瑞灾异之记,推迹行事,比类相从,各有条目,凡十一篇,奏之。天子心知向忠精,故为王凤兄弟起此论也,然终不能夺王氏权。

续表

注经名目	名目释义	经注作品	经注作者	篇数	流派	师承与影响
论	王充曰："论者，述之次也。"刘勰曰："论也者，弥纶群言，而研精一理者也。"	五经论	刘辅			沛献王刘辅好经书，善说《京氏易》、《孝经》、《论语》传及图谶，作《五经论》，时号之曰"沛王通论"。
		演经杂论	曹褒	百二十篇	今	父充持《庆氏礼》，建武中为博士。褒博物识古，为儒者宗，作《通义》十二篇，传《礼记》四十九篇，教授诸生千余人，庆氏学遂行于世。
		六艺论	郑玄	一卷		
通论	疏通理义	易通论	洼丹	七篇	今	世传《孟氏易》，世号"洼君通"，《易》家宗之，称为大儒。
训诂	扬雄曰："事得其序谓之训。"张揖曰："诂者，古今之异言也；训者，谓字有意义也。"	春秋左氏传训诂	贾谊			谊颇通诸子百家之书。文帝召为博士。年二十余，每诏令议下，诸老先生不能言，贾生尽为之对，人人各如其意所欲出。孙嘉好学，世其家，与司马迁通书。谊著《新书》，传于今。
		周官训诂	张衡			崔瑗以为不能有异于诸儒。

续表

注经名目	名目释义	经注作品	经注作者	篇数	流派	师承与影响
训诂	黄侃曰："诂,故也,即本来之谓;训,顺也,即引申之谓。"亦为"诂训"、"训故"。	春秋三家经本训诂	贾逵	十二卷	合	章帝时,逵上《春秋大义》四十条,以抵《公羊》、《穀梁》,帝赐布五百匹。又为《左氏》作《长义》。至郑玄箴《左氏膏肓》,发《公羊墨守》,起《穀梁废疾》,二传遂微,《左氏》学显矣。
训旨	《说文》曰："旨,美也。"引申为所以为美之大义。故"训旨"即申述大义。	古文尚书训旨	卫宏		古	初,九江谢曼卿善《毛诗》,乃为其训。宏从曼卿受学,因作《毛诗序》,善得风雅之旨。后从大司空杜林更受古文《尚书》,为作《训旨》,由是古学大兴。中兴后,郑众、贾逵传《毛诗》,后马融作《毛诗传》,郑玄作《毛诗笺》。
同异	比较异同	欧阳大小夏侯尚书古文同异	贾逵		合	扶风杜林传古文《尚书》,林同郡贾逵为之作训,马融作传,郑玄注解,由是古文《尚书》遂显于世。
异义	比较内容和义理差别	五经异义	许慎	十卷		师于贾逵。时人誉其"五经无双"。

续表

注经名目	名目释义	经注作品	经注作者	篇数	流派	师承与影响
删	《说文》曰："删，剟也。"《史记·司马相如传》曰："故删取其要，归正道而论之。"	春秋左氏删	孔奇		古	曾祖霸，兄奋少从刘歆受《春秋左氏传》，歆称之曰："吾已从君鱼受道矣。"
		春秋删	郑众	十九篇	古	父郑兴，世言《左氏》者多祖于兴，而贾逵自传其父(徽)业，故有郑、贾之学。章帝诏众作《春秋删》十九篇。
条例	《孟子·万章下》曰："始条理者，智之事也；终条理者，圣之事也。"《说文》曰："例，比也。"仲长统曰："经有条例，记有明义。"杜预曰："经之条贯，必出于传。传之义例，总归诸凡。"	春秋难记条	郑众			
		左氏条例	贾徽			
		春秋左氏条例	颖容	五万余言	古	博学多通，师太尉杨赐。
		春秋条例	荀爽			爽为荀子十二世孙，其父荀淑"少有高行，博学而不好章句，多为俗儒所非，而州里称其知人"。太尉杜乔称爽曰："可为人师"。其郡颍川誉爽为"荀氏八龙，慈明无双"。爽兄绲之子荀彧为曹操主要谋士，然不助曹操加九锡，答以"本兴义兵，以匡振汉朝，虽勋庸崇著，犹秉忠贞之节。君子爱人以德，不宜如此"。后饮药而亡。其所秉持，似与其累世儒学的政治伦理相关。

说明：1.本表中的名目、人物、书名、篇数、流派据《史记》、《汉书》、《后汉书》之《儒林传》、相关各人的本传、《汉书·艺文志》《隋书·经籍志》，以及唐晏的《两汉三国学案》相关辨析而成。2."名目释义"栏中的释义，由索隐相应典籍及人物著作而来。3."师承与影响"栏中内容，综略前揭典籍中的志与传、唐人注疏之言以及《四库全书总目》对相应篇目的辨析而有。4.表中"今"、"古"分别表示今文学和古文学，"合"指综合今古文。5.表中各栏空白处表示相应内容无法考定。6.《经籍志》所载与《艺文志》等有异者，如《经籍志》中载颖容有《春秋释例》十卷，而《后汉书·儒林传》则载其书为《春秋左氏条例》，从《艺文志》或各传所载。7.两汉书多载"难"、"问"、"议"之类，因其非解经之作，故不入本表，郑玄、何休亦有关于经传的"膏肓"、"废疾"等争论，以其非解经文体，亦不入本表；归入本表"章句"之《论语》、《孟子》，与汉时的"经"本无干系，仅因二者为今见之范本，影响至巨。8.表中所引原文为共识者，为简省故，不具出处；引有歧解者或有疑阙需说明者，则具明出处；查无古说与定论者，则下己意以释之。

由表可知，两汉经学家注经的细目有二十六类之多，略归其属，仍有十六类：一为"传"，二为"章句"，三为"记"，四为"说"，五为"义"，六为"故"（诂），七为"解"，八为"注"，九为"释"，十为"微"，十一为"笺"，十二为"论"，十三为"训"，十四为"异同"，十五为"删"，十六为"条例"。下面，对它们与今古学的关系略作分析。

首先，章句、传、记、说四类作品绝大多数都为《汉书·艺文志》所载，考虑到《艺文志》是班固删取刘歆《七略》的结果，而刘歆又于新莽地黄四年（23）自杀，则可知这四类经注绝大多数为西汉作品。"章句"类中，除却《月令》、《论语》、《孟子》这类与汉时"经"无关的作品，以及卢植的著作外，余者全为今文家所作；"传"类除《毛诗传》、荀爽的《易传》和贾逵的《毛诗》与《周官》之"传"外，余者也都为今文家作品；"记"类作品除景鸾、周防为东汉人，表中其他作品也都为《艺文志》所载，由此推知其为今文家所著者多。"说"类除马融、孔嘉的作品外，余者也是今文家之作。考虑这四类作品在表中所占篇幅超过五分之三，则这四类经注名目所示，即可视为是今文家注经解经的主要方式和方法。

其次，释、笺、训、删、同异五类中没有今文家作品，"注"类中只有张楷一人为今文家，"条例"类中只有荀爽一人不可定，其余的"注"、

"条例"类作品全是古文家或以古文为主要倾向者的作品。也就是说，释、笺、训、删、同异、注、条例共七类经注所示，可视为古文家注经解经的主要方式和方法。

再次，故与解二类作品中，今古文家几乎各半，其中《诗》类之"故"，全为今文经传系统。前文已经指出过，"故"为经学未兴前汉初经师共通的传经之法，而"解"又是多与故（诂）相连，因此这两类方式，即为今古文家共通经注之法。

最后是"论"。"论"类六部作品中，最早的是《石渠礼论》，应该是戴圣对石渠阁会议有关"礼"之争论的记载。而刘向的《洪范五行传论》是《汉书·刘向传》中的说法，在《艺文志》中没有这部书，列在刘向名下的是《五行传记》，如果是一书二名的话，则应该以《艺文志》所说为主而可以归入"记"类。这样，其他的四部书都是东汉作品，三部关于五经的，一部是专论《易》的。无论其所论对象为何，这类名目都与"通"有关联。也就是说，在东汉的今古文家那里，在随文具说之外，他们开始了一种新的尝试——以贯通的方式来看待五经或某一经。而"大义"之类，即"义"类著作，应该是与其相匹而行的。

至此，只有"微"类茫不可考，但从此类作品中三有其二为《左氏》的情形看，探迹索隐、钩沉其义应该是其主要方式。

综合来看，两汉的今文家们以章句、传、记、说等为主要方式注经解经，而东汉的古文家们则以释、注、笺、训、删等为主要方式对经传进行考释和删简，并以比较"同异"的方式去发现经传的优劣。另一方面，他们在运用共通经注方式的同时，也都在为注、解经传寻找更好的途径。最终，他们中的那些"通人"发现，只有跨越分野的鸿沟，正视差异，消弥偏见，才有出路可言。于是，在东汉的中后期，不仅"师法"和"家法"遭到挑战和批评，章句、传、记等类今文著作也被严重删削。在此过程中，注、解经传的新方法被发现和应用，甚至连新思想都萌芽了。

第六章　古文经学的形成及其与今文经学的纷争 / 361

附：两汉经传传承谱系表

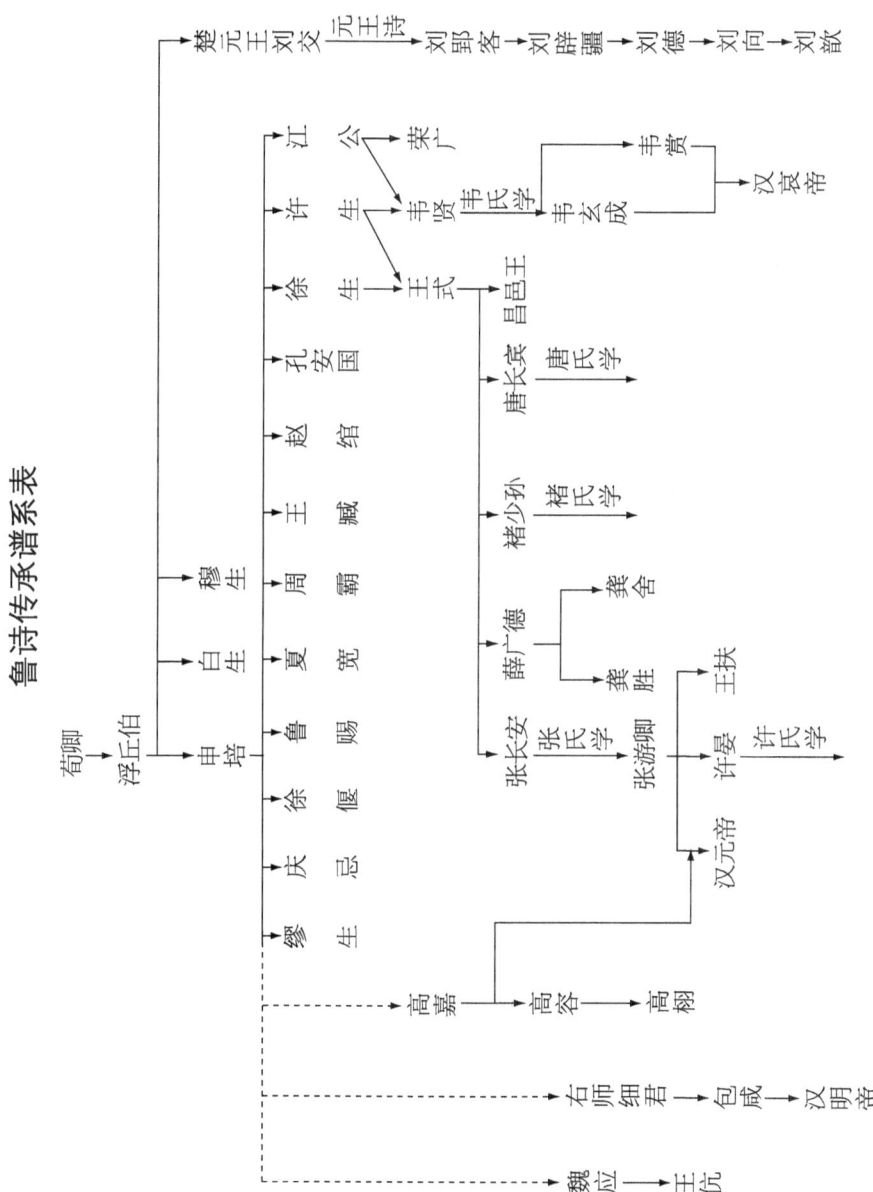

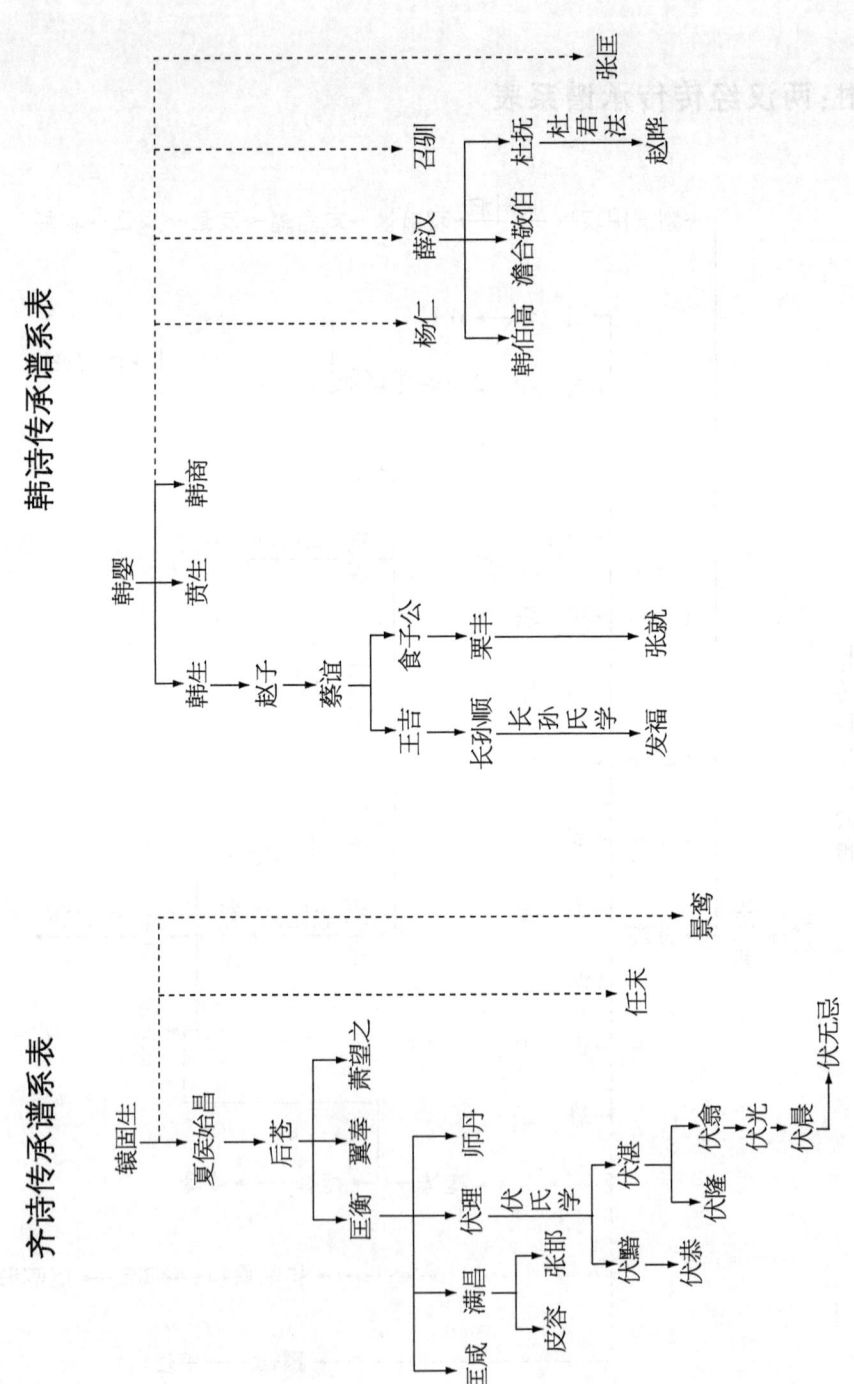

第六章 古文经学的形成及其与今文经学的纷争 / 363

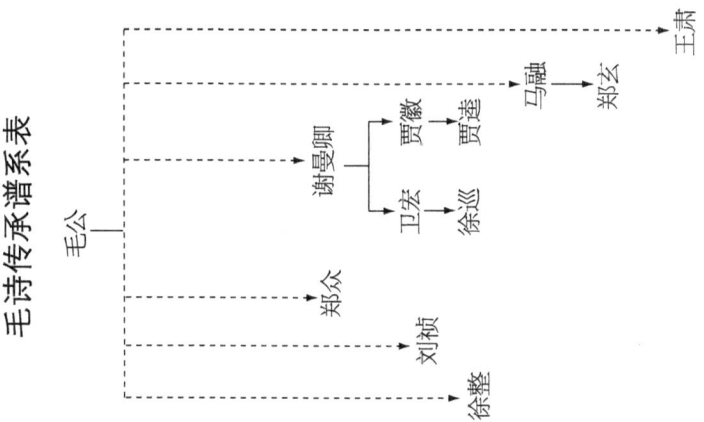

毛诗传承谱系表

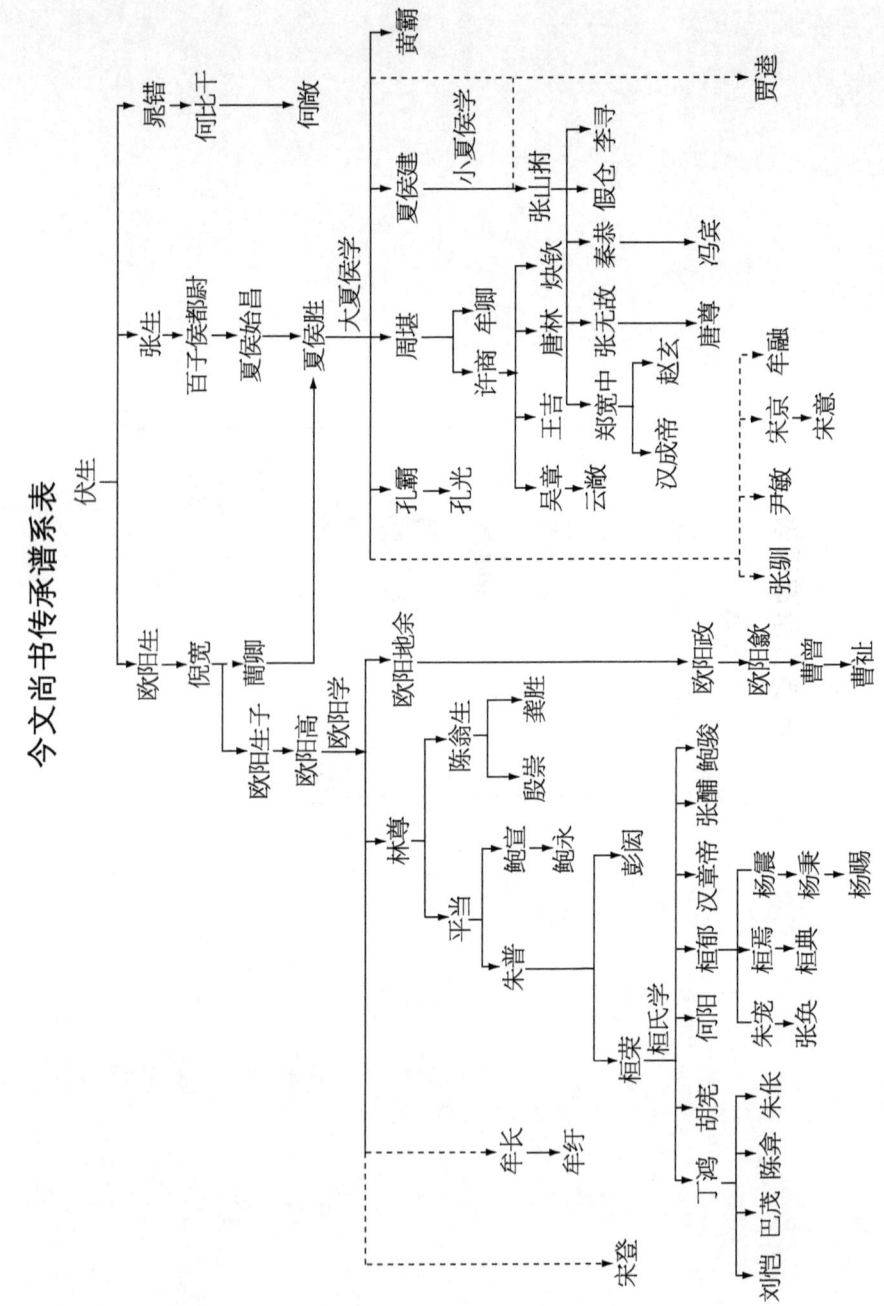

今文尚书传承谱系表

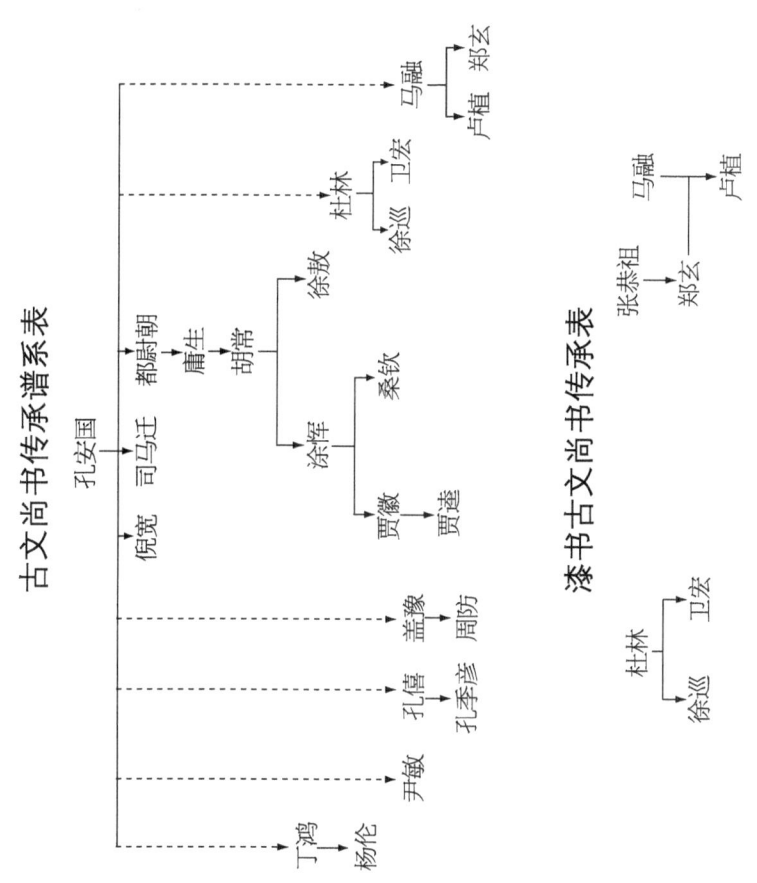

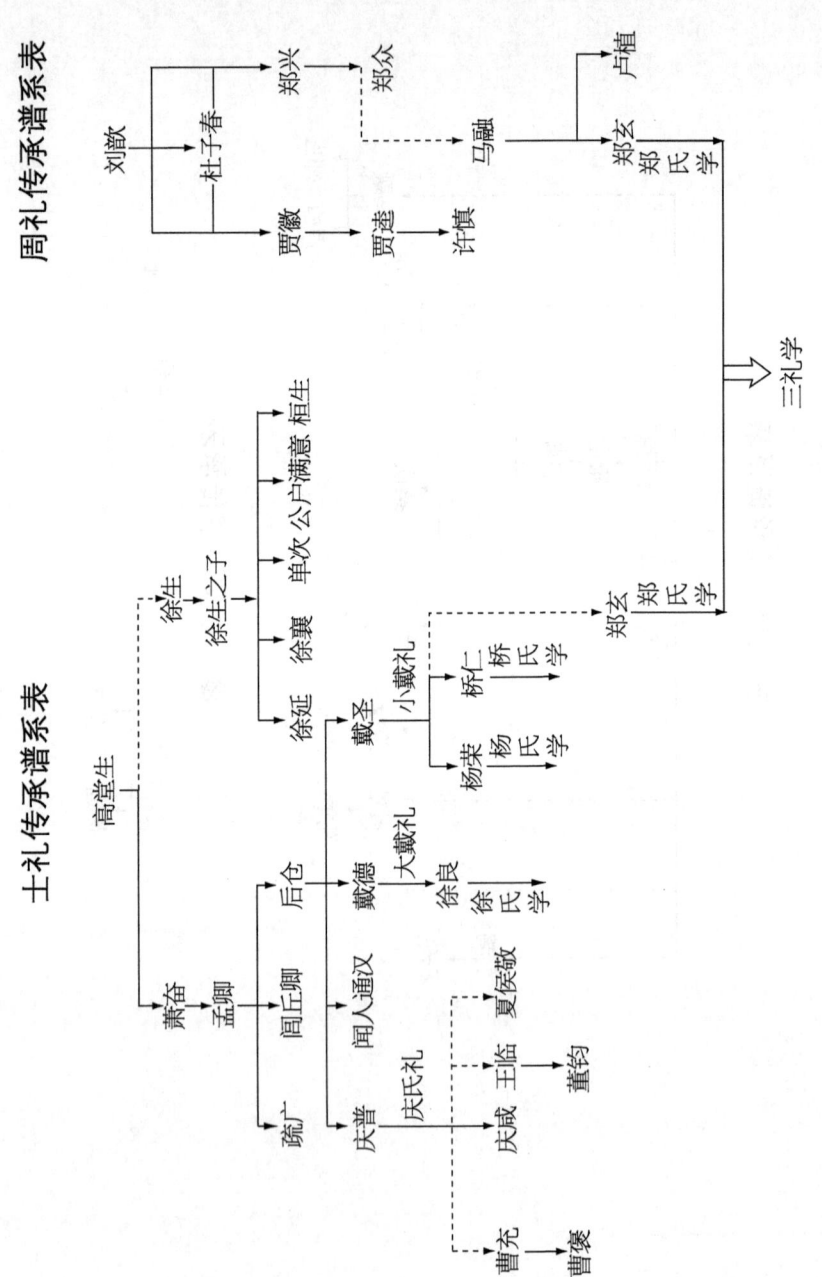

第六章 古文经学的形成及其与今文经学的纷争 / 367

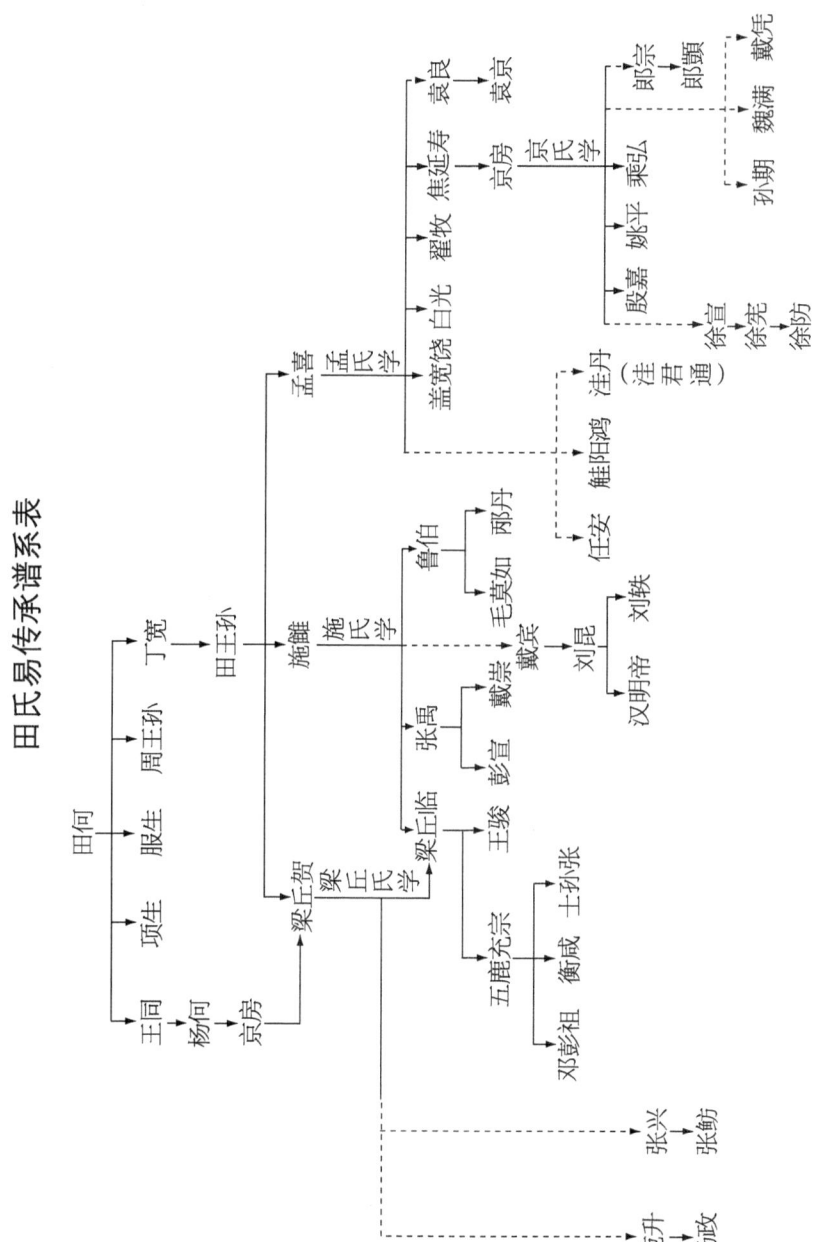

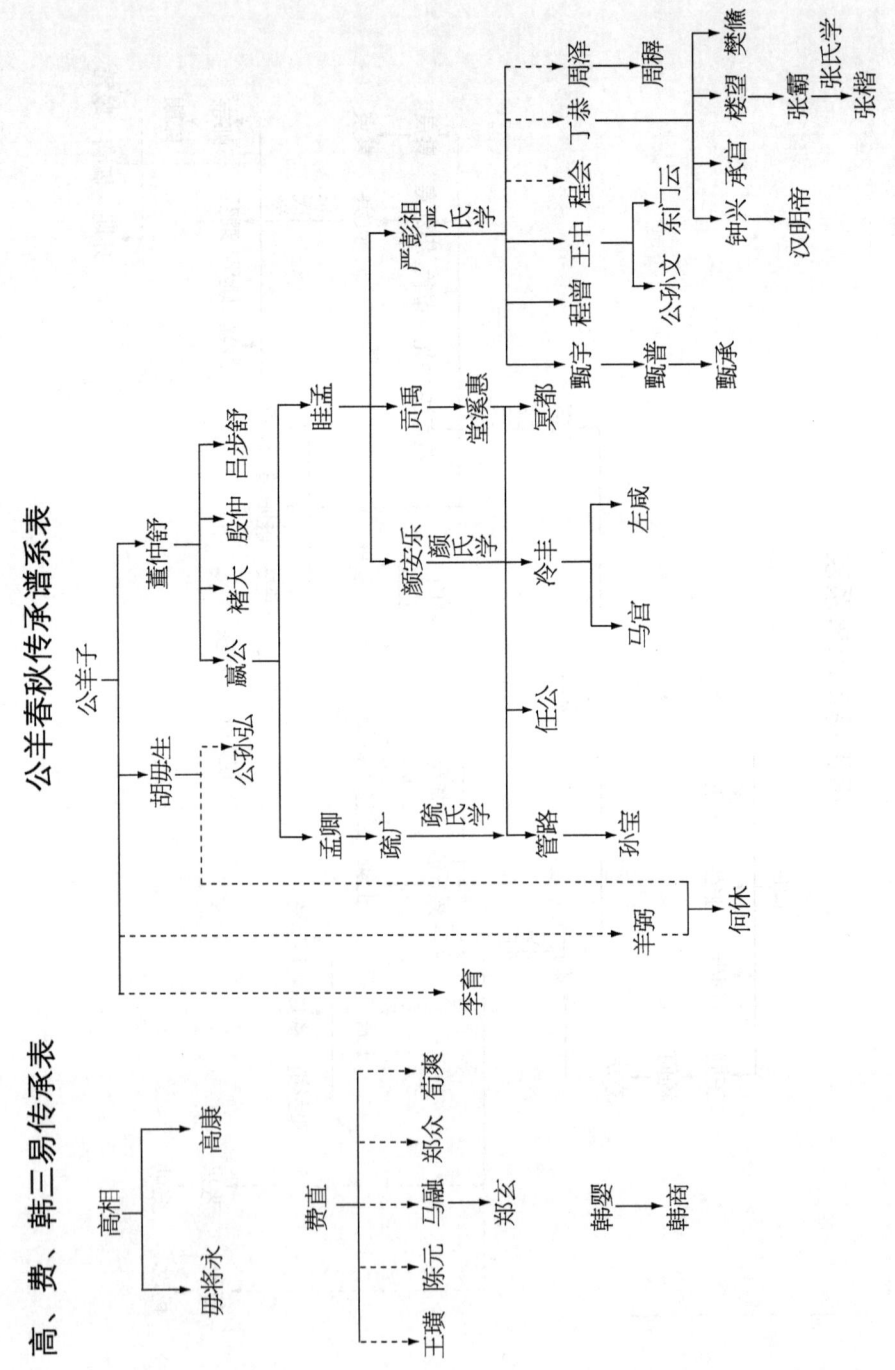

第六章　古文经学的形成及其与今文经学的纷争 / 369

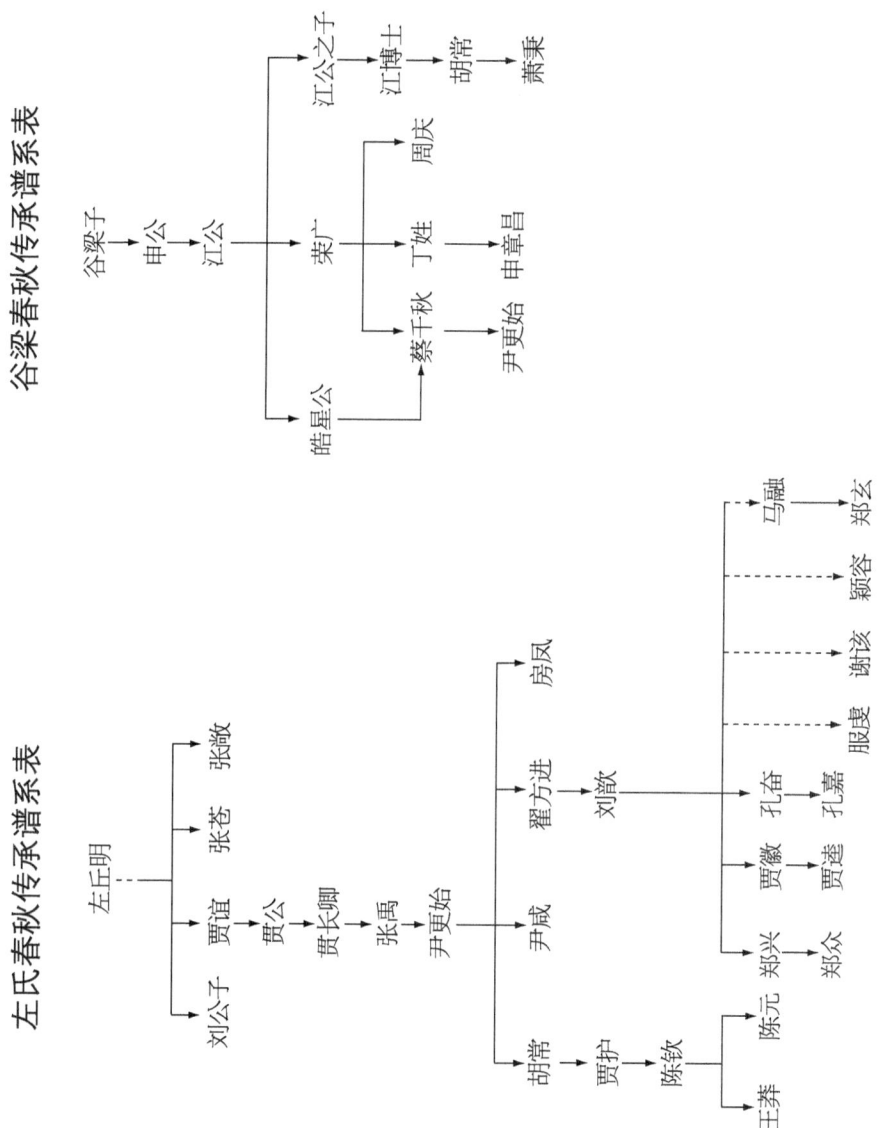

说明:1.各表据《史记》、《汉书》、《后汉书》之《儒林传》以及各书志、传所载索隐而制,亦参清人唐晏《两汉三国学案》相关梳理。2.表中人物谱系之建立,主要依据《诗》、《书》、《礼》、《易》、《春秋》五经的传承谱系,旨在简明呈现各经传传承载体的授受关系。3.由于经之今古文传授系统的繁杂,且各人"学"与"仕"的情况多随时而变,故表中难以标注各人所属系统及其因学而"进退"的具体情况,如是否立官为"博士",或因"学"而征为"博士"、进而为"师傅",等等。4.表中实线表示史有明说的直接授受关系,虚线表示有授受关系但无法考定为直接授受;凡史书未明授受关系且不可考者,皆不入各表;相关考定内容过于繁富,此处略而不录。5.凡表中有某"学"、某"法"、某"通"者,皆为史有名说,以见经传传授过程中的"别自名家"。6.汉时《论语》传承谱系虽可寻绎,因其非"经",故不列表;同理,汉时"小学"虽有谱系,亦不列表。

第七章

扬雄、桓谭的儒学思想

第一节 扬雄的思想创构及其对儒学的弘扬[①]

扬雄字子云,蜀郡成都人。生于公元前53年,卒于公元18年。扬雄五世祖扬季官至庐江太守,在元鼎(前116—前111)年间避仇溯江而上到了蜀地,而后世世以农桑为业。自扬季至于扬雄,五世都是单子独传。

扬雄少而好学,博览群书,但不为章句。因为有口吃缺憾,故沉静好思,"不汲汲于富贵,不戚戚于贫贱,不修廉隅以徼名当世。"[②]青壮年时期,扬雄志趣辞赋,读屈赋而长流涕。

[①] 此节大部分内容已刊于复旦大学哲学学院中国哲学教研室编之《中国古代哲学史》(上册),特此说明。

[②] 《汉书》卷八七上《扬雄传上》,第3514页。

扬雄四十余岁到长安后，待诏承明殿。公元前11年正月，随成帝游甘泉宫，作《甘泉赋》，讽谏游幸奢侈。三月，随成帝游龙门、华山等处，作《河东赋》，劝谏皇帝做实事。十二月，随成帝打猎，作《校猎赋》以为讽谏。此间，任黄门郎，与王莽、刘歆共事。

公元前10年秋，作《长杨赋》，讽谏官僚游猎而误农民秋收。公元前3年，匈奴单于来书要求于次年正月来京朝贺。扬雄谏说哀帝，"唯陛下少留意于未乱未战，以遏边萌之祸。"①

哀平之间，曾经共事的王莽、董贤已位至"三公"，而扬雄历经成、哀、平三世却没得到升迁。王莽篡位后，因"耆老"而转任大夫。但清贫自守，好古而乐道，欲求文章成名于后世。于是，仿《周易》作《太玄》，仿《论语》作《法言》。后来，人家嘲笑他著作而不得禄位，他作《解嘲》辩解；又有人认为《太玄》不好懂，便又为文辩解，号曰《解难》，说："孔子作《春秋》，几君子之前睹也。老聃有遗言，贵知我者希，此非其操与！"②

史书说，扬雄家素贫而嗜酒，门前冷落。刘歆看他时，笑话他说，"空自苦。今学者有禄利，然向不能明《易》，又如《玄》何？吾恐后人用覆酱瓿也。"③扬雄笑而不应。

扬雄的著作，除上面提到的外，尚有记述西汉各地方言的《方言》和其他文、赋、箴等。明人辑有《扬子云集》。清严可均《全上古三代秦汉三国六朝文》收其赋、箴等四卷。司马光的《太玄集注》和汪荣宝的《法言义疏》，是研究扬雄思想的佳著。

一、《太玄》的基本结构和思想

扬雄在《解嘲》中说，司马相如、东方朔等先贤都用才于当世，但

---

① 《汉书》卷九四下《匈奴传下》，第3816页。
② 《汉书》卷八七下《扬雄传下》，第3578页。
③ 《汉书》卷八七下《扬雄传下》，第3585页。

"仆诚不能与此数公者并,故默然独守吾《太玄》"。① 中国古代士人都讲究用进退藏的生存之理,扬雄如此说其著作《太玄》,实际上是他自觉自己作为一个不能用世的儒者,只能退而求其次,以《太玄》作为自己追求"通天地人"的努力。

(一)《太玄》的基本结构

《太玄》仿《周易》而作。《易》以卦为基本单位,《太玄》以"首"为基本单位。从二者的构成看,《太玄》仿《易》之"爻"而作"赞",仿"卦"作"首",仿《象传》作《首辞》,仿《爻辞》作《赞辞》,《太玄》每"首"下从"初一、次二"到"次八、上九"的"九赞"与《周易》每卦中的六爻和爻辞相类。另一方面,类似于《易》之经、传的分野,《太玄》又仿《象辞》作《玄测》,仿《序卦》作《玄冲》,仿《杂卦》作《玄错》,仿《文言》作《玄文》,仿《说卦》作《玄数》,仿《系辞》作《玄莹》、《玄告》等,来进行补充阐释。

两汉之际《易》学以孟喜、京房的卦气说为主,而卦气说又以卦与历法结合立论。大概此类方式在当时颇为流行,《太玄》中也参合了历法。与当时的《太初历》以八十一分作为一日之数相仿,《太玄》以八十一"首"应之。这样,与《易经》只有六十四卦不同,《太玄》是三方、九州、二十七部、八十一家、七百二十九赞,每"家"为一首,每首有四"重"。在方、州、部、家、赞之间,以"三"相生。扬雄的编排思想,可能与《礼记·王制》中的官制有关,这种官制,有三公、九卿、二十七大夫、八十一元士,其中也以"三"为相生之数。

值得注意的是,扬雄在为《太玄》的"首"命名时,也受《周易》的影响。下面以《太玄》"首"名在前、《周易》卦名在后的方式,详举其例,以见二者的的意义相通处。如:周与复,少与谦,上与升,差与小过,增与益,交与泰,从与随,进与晋,释与解,乐与豫,争与讼,更与革,断与夬,敛与小畜,盛与大有,居与家人,遇与姤,大与丰,逃与遯,常与恒,度与节,减与损,聚与萃,积与大畜,视与观,晦与明夷,穷与困,割与剥,成

---

① 《汉书》卷八七下《扬雄传下》,第 3573 页。

与既济,失与大过,将与未济,难与蹇,养与颐,凡此等等,都是明显的字义、词义相通。即便有一些"首"名与卦名有明显差别,但其义经由扬雄自己的解释后,或征诸《周易》的说法,二者还是有很大的相通处。如"童"首与蒙卦,《玄错》云"童无知",[①]则童首与蒙卦相类;又如"交"首与泰卦,由于《周易》说"天地交,泰",则交首与泰卦匹类;再如"礼"首与履卦,由于《序卦》说"履者,礼也",则礼首与履卦相匹。其他如"格"首与大壮卦、傒首与需卦等,[②]循此路向,都能得到较为顺畅的匹类解释。

正如京房对《周易》的结构进行重新解释一样,无论《太玄》与《周易》有多少相类处,扬雄发挥思想的创造力,构建出一个从符号到阐释语言都区别于《周易》的"太玄"体系,正可显现出西汉儒者可贵之处。

(二)《太玄》的思想创构

《太玄》的思想路向,以扬雄自己的话说,是"善言天地者以人事,善言人事者以天地"。[③] 从《太玄》的主旨看,扬雄是想通过对《周易》的形式模仿之后,以自己构建的符号及其阐释来表达自己对宇宙与人生的思考结果。

1.《太玄》的符号

从基本原理看,《周易》以阴阳二爻(—、--)为基石,而《太玄》则以"—、--、---"为基石。二爻本身象征阴阳,在每卦中都有其特定含义,而"—、--、---"则义无定指,在《太玄》中多是"三"之义的符号表征。扬雄说:

---

① 司马光:《太玄集注》,刘韶军点校,中华书局,1998年,第182页。下引《太玄》,皆出此书,只注页码,而标点略有改动者,不复注明。

② "格"首与大壮卦相类,其原因在于:《玄错》说"格,不容",(《太玄集注》,第183页)而《大壮》则意指阳气壮大,阴气消隐,故也可以说阳之刚健而不容阴。"傒"首与需卦相类的原因在于:《尔雅·释诂》说"傒,待也",(周祖谟《尔雅校笺》,云南人民出版社,2004年,第14页)而有待为"需"。扬雄说:"阳气有傒,可以进而进,物咸得其愿。"(《太玄·傒首》,第40页)

③ 《太玄·玄告》,第127页。

> 玄有二道，一以三起，一以三生。以三起者，方、州、部、家也。以三生者，参分阳气，以为三重，极为九营，是谓同本离末，天地之经也。①

扬雄可能受老子"三生万物"的影响，而以"三"来论"玄道"。在扬雄看来，"三"是存在之间相生和谐的原理称谓，由三三之重而至"九"的无穷演化，是天地人的共通之理。

由此看来，与《易》的每卦由六爻组成，每爻都有所指不同，《太玄》的每首由"━、╸╸、╸╸╸"中的任一画或两画或三画组成四画（四重），扬雄并没有说明各画本身在"首"中的意蕴，而代之以"九赞"阐论"首"之义，就可以理解了。

2."九赞"

"九赞"之"赞"，类似于卦之"爻"。按司马光的解释，它是"明圣人顺天之序，修身治国，而示人吉凶者也"。② 而从《太玄》本身来看，每首的"赞"之所以为"九"，是与扬雄对"三"的理解息息相关的。从"历"上说，因"三"生的关系，"玄"有七百二十九赞，赞有昼夜之分，一赞表半日，则二赞合为一日，得三百六十四日半之数。扬雄又以"踦"、"嬴"二赞补足一天，以足一年三百六十五日之数。但是，一年实际上为三百六十五又四分之一日，则扬雄这样的补足之举，仍免不了过或不及的矛盾。即便如此，也不能抹煞《太玄》在建构自己的理解模式时，其深层所涵蕴着的"天人"关系。

按照扬雄自己的解释，《太玄》中每"首"的"赞辞"都与三类基本原则相关，《玄掜》说：

> 玄之赞辞，或以气，或以类，或以事之骫卒。谨问其姓而审其家；观其所遭遇，剧之于事，详之于数，逢神而天之，触地而田之，

---

① 《太玄·玄图》，第212页。
② 《太玄·中首》注，第4页。

则玄之情也得矣。①

很显然,扬雄明确指出"赞辞"的根据有三类:气、类、事,即,阴阳之气的消长与五行之气的生克关系;事与物的比类相从与相对;人事的委曲终始及其蕴含的道理。由于"首者,天性也",②则"谨问其姓而审其家"的意思即是要求明晰了"首"的意义后,才能进一步地具体运用"赞",而这样的运用,又必须根据实际情形来分析其中的道理,进行吉凶判断。因此,赞辞本身的内容如何显得尤为重要。

扬雄对赞辞内容的排列也有说明。他说:

> 逢有下中上。下,思也;中,福也;上,祸也。思、福、祸各有下中上,以昼夜别其休咎矣。③

这是说,九赞之位分下中上:初一、次二、次三在下,是思;次四、次五、次六居中,是福;次七、次八、上九在上,是祸。进一步地,思、福、祸又分下中上,初一为思之始,次二为思之中,次三为思之极;次四为福之初,次五为福之中,次六为福之终;次七为祸之始,次八为祸之中,上九为祸之极。这样的编排"九赞",简单说来就是:下三赞明"思",中三赞论"福",上三赞论"祸"。下面仅以"中首"为例来说明以上内容。中首的"首"辞、"赞辞"和"测"辞全文如下:

> 中,阳气潜萌于黄宫,信无不在乎中。
> 初一,昆仑旁薄,幽。《测》曰:昆仑旁薄,思之贞也。
> 次二,神战于玄,其陈阴阳。《测》曰:神战于玄,善恶并也。
> 次三,龙出于中,首尾信,可以为庸。《测》曰:龙出于中,见其造也。
> 次四,庳虚无因,大受性命,否。《测》曰:庳虚之否,不能大

---

① 《太玄集注》,第208页。
② 《太玄·玄掜》,第208页。
③ 《太玄·玄数》,第194页。

受也。

次五，日正于天，利用其辰作主。《测》曰：日正于天，贵当位也。

次六，月阙其抟，不如开明于西。《测》曰：月阙其抟，贱（或作"明"）始退也。

次七，酋酋，火魁颐，水包贞。《测》曰：酋酋之包，任臣则也。

次八，黄不黄，覆秋常。《测》曰：黄不黄，失中德也。

上九，颠灵气形反。《测》曰：颠灵之反，时不克也。①

从源头上讲，由于扬雄以"中"为冬至之初，阳气潜生于大地之中，汉人以土色为黄，故此"首"的首象是"阳气潜萌于黄宫"。从"首"义而言，"中"首相类于"中孚"卦，"中"为"心"，"孚"为"信"，故此"首"的首象之义是"信无不在乎中"。司马光注"初一"的内容说："昆仑者，天象之大也；旁薄者，地形之广也。……一者，思之始也。……以其思而未形也，故谓之幽。……君子思虑之初，未始不存乎正。"②"次二"中所说的"神"，即指"心之用"，而"二"赞正处于"思之中"，是可善可恶的"玄"际，欲善即可能为善，欲恶即可能为恶，故说"善恶并"。"次三"是说思虑正而有决断，刚健而行，故此"赞"之象为"龙"，吉而有成（"造"）。这是前三赞的"思"。至于第四"赞"，"庳"为下，按照司马光的解释，"四当夜，小人也，而逼于五，不度其德，进取狂简。……夫性命，理之至精者也，非小人之所得知也，故曰'否'。"③依此，则所谓的"福"之初的"次四"，是要人明白自身的定位，否则是无法安身立命的。也正因为此，"次五"之中才有"日中"阳胜的"当位"之福。然而，六为"极大"（其意见后引文），故"次六"中说，月圆（"抟"）之极明而衰与月初之晦暗而明的道理是一样的。范望注"酋"为"就"，司马光以"酋"有"秋杀"义，"次

---

① 《太玄·中首》，第4—7页。
② 《太玄集注》，第4—5页。
③ 《太玄集注》，第6页。

七"中的"酋酋"可引申为治理众臣义。又依司马光解释,君主之心,执法无私,如火之烈烈;宽以容众,如水覆万物。只有如此,才是君王任臣的要则。① "次八"是说,没有"中"德的话,即会丧失"秋收"之功。由于"灵"为"心之主","上九"所说"颠灵"是指人失其根本,而"气形反"是说根本既失,预示一切都要复归于初。

对于《太玄》"九赞"的内容,扬雄又从阴阳消长的层面给予规律性阐释。他在《玄图》中说:

> 一至九者,阴阳消息之计邪!……故思心乎一,反复乎二,成意乎三,条畅乎四,著明乎五,极大乎六,败损乎七,剥落乎八,殄绝乎九。生神莫先乎一,中和莫盛乎五,倨剧莫困乎九。

> 自一至三者,贫贱而心劳。四至六者,富贵而尊高。七至九者,离咎而犯灾。五以下作息,五以上作消。②

"九赞"中一到九的序列演进,实际上是阴阳消息的征兆。因此,"九赞"说明的是事物进程中的序列和程度。就人而言,初一到上九的演进,预示的是贫而劳神、富而尊高、犯灾获咎的遭遇。九赞这样的序列意义初看起来有些机械甚至庸俗,可从《太玄》的内在逻辑来看,并非如此。由于"赞"分昼夜,每首之赞的奇数表征昼和阳,偶数表征夜和阴,则实际上"赞"还是以阴阳为出发点的。③

---

① 参见《太玄集注》,第7页。
② 《太玄集注》,第213页。
③ 事实上,《太玄》有关"赞辞"与筮法的关系更为复杂。大略而言:《太玄》中的赞辞分为经与纬两种,一、二、五、六、七赞为经,三、四、八、九赞为纬。昼筮用经,夜筮用纬,日中夜中杂用二经赞一纬赞。也就是说:如果占筮的时间在早晨,决定吉凶是看一、五、七的赞辞;占筮的时间在晚上,就看三、四、八之赞辞;如果在是日中或夜中,就看二、六、九之赞辞。《太玄》中赞辞的吉凶也有规则可寻,大体而言:阳首(奇数之首)的一、三、五、七、九赞为休,二、四、六、八赞为咎,阴首则二、四、六、八赞为休,一、三、五、七、九赞为咎。实际上,首象一出来,吉凶立可判定,甚至无须看赞辞。如果旦筮逢阳首,那么就一从、二从、三从,始、中、终皆吉;遇阴首则一违、二违、三违,始、中、终皆凶。凡夕筮,逢阳首,那么就是始吉,中、终凶;遇阴首,始凶,中、终吉。若日中、夜中筮,当阳首,那么就是始、中凶,终吉;当阴首,那就是始、中吉,终凶。虽然要看一表之中始、中、终三个赞辞,但最后决断占筮是吉是凶,主要依据终赞之辞而定。参见王青:《〈太玄〉研究》,文载《汉学研究》19卷第1期。

3."玄"的新义

一般说来,老子论"玄"理离不开"道",庄子说"玄"意离不了"自然"。扬雄却有所不同,在文艺类作品中,他注重"气"的原始性,如他在《覈灵赋》中说"自今推古,至于元气始化"①,这似乎意味着他丢开了"玄"而将元气看做宇宙之始。不过,在《太玄》中,扬雄思想的创造力再次从他对"玄"的论说中得到证明。大致说来,扬雄从以下几个层面来赋"玄"以新义。

首先,"玄"似"无"而非"无"。扬雄试图通过以"无"论"有"的方式来说明"玄"的存在和效用。他说:

> 玄者,幽攡万类而不见形者也。资陶虚无而生乎规,揆神明而定摹,通同古今以开类,攡措阴阳而发气。一判一合,天地备矣;天地回行,刚柔接矣;还复其所,终始定矣;一生一死,性命莹矣。②

"攡"为"张"之义。这段描述值得重视的有以下几点,一是"玄"是所有存在("万类")得以生发("攡")的潜在源头,但却寻不到它发挥作用的任何迹象("不见形")。这是总概"玄"义。二是"玄"无空间性,"玄"不是"虚无",却比"虚无"更原始,因为它具有"资陶"虚无的功用,而且这种作用的发挥还有其规则可寻,即"玄"本身也是有"道"的。这是说明"玄"本身并不因为有"玄"之名而意味着它不可认知。三是"玄"无时间性,因为它虽然有分别万"类"之功,却是"通同古今"的,它不仅于古今之间是同一的,而且还使这"同一"得以"同一"。四是它开启了"神明",并使神明本身具有规则。这是说"玄"开启了认知之门。五是它推化阴阳以生发出元气。这是说"玄"是有形之物生成的原始动力。由此五点可知,扬雄试图从"无"的理路来证明"玄"的存在和效用。

---

① 严可均辑:《全上古三代秦汉三国六朝文·全汉文》卷五二《覈灵赋》,中华书局,1958 年,第 408 页。

② 《太玄·玄攡》,第 184—185 页。

其次,"玄"似"有"非"有"。扬雄从以"有"明"无"的角度来论说"玄"的功用。他说:

> 日月往来,一寒一暑。律则成物,历则编时。……是故日动而东,天动而西,天日错行,阴阳更巡,死生相樛,万物乃缠,故玄聘取天下之合而连之者也。缀之以其类,占之以其觚,晓天下之瞆瞆,莹天下之晦晦者,其唯玄乎? 夫玄晦其位而冥其畛,深其阜而眇其根,攘其功而幽其所以然也。故玄卓然示人远矣,旷然廓人大矣,渊然引人深矣,渺然绝人眇矣。①

这就是说,无论万物的边界律则("有")如何复杂难辨,无论万物的新陈流变("有")如何地难以捉摸,"玄"都能照亮它们的所在,并且在明晰其边界律则之后,追溯出它们何以如此的根源。不仅如此,"玄"本身即在那些边界处和律则中,甚至,"玄"即是混合它们之间差异的那个"所以然"之理。

再次,"玄"在"用"中。扬雄明确从"用"的角度来论证"玄"之用具有超越性。他说:

> 玄者,用之至也。……莹天功明万物之谓阳也,幽无形深不测之谓阴也。阳知阳而不知阴,阴知阴而不知阳,知阴知阳,知止知行,知晦知明者,其唯玄乎!②

"玄"在"用"中,这是《太玄》的基石。扬雄认为,阴、阳的作用虽然深妙,但它们往往局限于自身的作用而无法观照彼此和有利于彼此。"玄"不一样,它知阴阳而不停滞于某一方,当止则止,当行则行,所以是"用之至"。也正是在这个意义上,扬雄才在"玄"前加个"太",以示其极致之意。

最后,扬雄复归古老的论证路向,以"道"之名来说明"玄"对人世

---

① 《太玄·玄攡》,第185页,此处标点不从校者多。
② 《太玄·玄攡》,第186页,此处标点不从校者。

的意义。扬雄认为,"阳交于阴,阴交于阳,物登明堂,裔裔皇皇"(《交首》),如果阴阳能够和谐交会,则人世就会呈现出盛美景象。如其他儒道人物一样,扬雄也认为必须由天及人,对"玄"的认知才具有更多意义。他说:

> 夫玄也者,天道也,地道也,人道也。兼三道而天名之,君臣父子夫妇之道。①

贯穿于天地人三道的"玄"之用,在人世的终极体现即为"君臣父子夫妇之道"。有关扬雄这种由天及人的论"玄"趣向,桓谭的评论可谓中肯。他说:

> 扬雄作《玄》书,以为玄者,天也,道也,言圣贤制法作事,皆引天道以为本统,而因附续万类、王政、人事、法度,故宓羲氏谓之易,老子谓之道,孔子谓之元,而扬雄谓之玄。②

实际上,扬雄有关"玄"的看法,是他"和同天人之际,使之无间"思想的体现。③ 如他在《玄告》中说:"玄者,神之魁也。天以不见为玄,地以不形为玄,人以心腹为玄。"④由此可见,扬雄对"玄"的理解并没有超越《周易》、《老子》中的相关思想。更多时候,扬雄是把儒道思想结合于《太玄》和《法言》中,这是他有别于当时儒家经学学者的地方。例如,扬雄把《老子》的"自然"之道与《周易》中的"因革"思想结合起来,认为有所作为的人"贵其有循而体自然",⑤又说,"争不争,道之素也",⑥"毅于心腹,内坚刚也。"⑦这种清静而刚毅的儒道兼综的君子品

---

① 《太玄·玄图》,第212页。
② 《新论·正经》,朱谦之校辑:《新辑本桓谭新论》,中华书局,2009年,第40页。下节所引此书,只出页码。
③ 《法言·问神》,第141页。
④ 《太玄集注》,第215页。
⑤ 《太玄·玄莹》,第190页。
⑥ 《太玄·争首》,第53页。
⑦ 《太玄·毅首》,第62页。

格,扬雄在《法言》中有更充分的论说。

二、《法言》对儒家思想的弘扬

《汉书·扬雄传》说,扬雄对先秦道、法、名诸家非毁儒家的情形非常不满,又由于当时主流形态的今文经学家也"各以其知"解读经典,以致"诡辞"、"小辩"遮蔽了圣人之道,迷惑了大众。对于那些来向他问学的人,扬雄常常辨析这样的道理,并据《论语》的样式,著成十三卷《法言》。

(一)对先秦诸子的评价和吸收

宣、成之后,今文学者往往皓首以穷一经,知识和视野变得越来越窄。扬雄则不同,他自小就博览群书,又经历了人世的冷暖,到了他作《法言》的时候,已经五六十岁了。这样的人生让他对先秦诸子思想有深度感悟。

对于道家和阴阳家,扬雄认为:

> 老子之言道德,吾有取焉耳。及搥提仁义,绝灭礼学,吾无取焉耳。①

> 或曰:"庄周有取乎?"曰:"少欲。""邹衍有取乎?"曰:"自持。至周罔君臣之义,衍无知于天地之间,虽邻不亲也。"②

在扬雄看来,"道也者,通也,无不通也。"③老子的"道德"之理,庄子的"少欲"之途,以及邹衍的"自持"操守,他都是认可的,也是他可以通达的。史书说他清静自守,未尝不是对这类思想"受用"的结果。很显然,扬雄所认为的这些学理,实际上与儒家是相通的。加上他明确排斥老庄思想中与儒家主旨无法融合的"绝圣弃智"之类的思想,则扬雄这类说法,实际上是他自觉地以"通"的方式来援道入儒。

对于法家,扬雄认为:

---

① 《法言·问道》,第114页。
② 《法言·问道》,第134—135页。
③ 《法言·问道》,第109页。

> 或问:"韩非作《说难》之书,而卒死乎《说难》,敢问何反也?"曰:"《说难》盖其所以死乎?"曰:"何也?"曰:"君子以礼动,以义止,合则进,否则退,确乎不忧其不合也。夫说人而忧其不合,则亦无所不至矣。"或曰:"说之不合,非忧邪?"曰:"说不由道,忧也;由道而不合,非忧也。"①

韩非子讲求法、术、势,最终却死于采用其说的秦国之政。扬雄认为,韩非子的死与其书没有关系,而与其"道"有关系。由于韩非子的学说具有很强的功利性,他也孜孜以求得到秦王的任用,为此,韩非甚至会献媚谄谀无所不用。扬雄则认为只要恪守圣人之道,其说其人是否用于当世,都非自己所能决定,更没必要为此忧惧。以扬雄自己的人生路向看,他追寻儒家圣义,不求闻达,当自己觉得不能见用于当世时,便著书立说以求传道于后世。在此意义上,我们可以说扬雄对韩非子的态度,是扬雄自己发扬孔子"人能弘道"的立世观念的体现。

综合看来,扬雄认为"庄、杨荡而不法,墨、晏俭而废礼,申、韩险而无化,邹衍迂而不信"。② 这是说,道、法、墨、阴阳诸家总是有这样那样的致命缺憾。与对这些思想家的批评式吸收不同,在《法言》中,扬雄对孔孟和儒家极度褒扬。比如,他说"好书而不要诸仲尼,书肆也。好说而不要诸仲尼,说铃也","舍五经而济乎道者,末矣"。③ 最为重要的是,扬雄与当时流行的今文经学家和谶纬学说以孔子为"素王"或"圣王"的看法不同,他认为孟子与孔子无异。扬雄说:

> 或问:"孟子知言之要,知德之奥。"曰:"非苟知之,亦允蹈之。"或曰:"子小诸子,孟子非诸子乎?"曰:"诸子者,以其知异于

---

① 《法言·问明》,第209页。
② 《法言·五百》,第280页。
③ 《法言·吾子》,分别见于第74、67页。

孔子也。孟子异乎？不异。"①

允，信之义；蹈，行之义。在扬雄看来，孟子不仅能立说传道，还能身体力行地弘道。与孟子相比，其他思想家只是以理性（"知"）析理与事，而孟子与孔子一样，智慧地生活，刚健地弘道。进一步地，扬雄还以孟子自况。他说：

> 古者杨、墨塞路，孟子辞而辟之，廓如也。后之塞路者有矣，窃自比于孟子。②

孟子以批判杨朱、墨子学说为己任，其刚勇前行的姿态，正合孔子以弘毅君子为儒者的定位。扬雄认为今文学者和谶纬学说遮蔽了圣人之道，他想以孟子为榜样，拨云见日，呈现圣人之道的真面目，也算是延续孔子"志于道"和孟子"立乎其大者"的弘道努力。

需要指出的是，如今研究者往往认为韩愈乃至朱熹之后，孟子在儒家和思想史上的地位才升高，以扬雄这样的评价看，此论有违史实。

(二)"尚智"、"尚勇"的人生取向

扬雄从历史经验出发，认为人应该有"智"（智慧）的追求和运用。《问明》载：

> 或问："人何尚？"曰："尚智。"曰："多以智杀身者，何其尚？"曰："昔乎，皋陶以其智为帝《谟》，杀身者远矣；箕子以其智为武王陈《洪范》，杀身者远矣。"③

皋陶对大禹建言"身修"、"知人"、"安民"、"九德"（均为《尚书·皋陶谟》条目）的平天下要旨，箕子向武王陈"五行"、"五事"、"八政"、"三德"（均为《尚书·洪范》条目）等为政之要，正是因为他们有着洞明幽微的"智"，并充分加以运用。

---

① 《法言·君子》，第498页。
② 《法言·吾子》，第81页。
③ 《法言·问明》，第186页。

进一步地,《寡见》又载:

> 或曰:"奔垒之车,沉流之航,可乎?"曰:"否。"或曰:"焉用智?"曰:"用智于未奔沉。大寒而后索衣裘,不亦晚乎?"①

如同天寒地冻才找保暖服装穿,实际上已经晚了的道理一样,如果灾难已经发生了,那智慧对灾难本身是无能为力的。在扬雄看来,智慧发挥最显著处,在于它能洞幽察微,防患于未然。扬雄劝诫哀帝"留意于未乱未战",主张接纳匈奴使者,即是此意。

另一方面,扬雄认为"智"之所用也要有度,他说,"智也者,知也。夫智用不用,益不益,则不赘亏矣。"②法家所谓的"诈"、"术",儒家所谓的章句,虽然也是"知"的运用,但由于用非其道,用了反倒会招致越来越多的坏处,甚至性命不保。因此,智之效能的发挥,首先在于它是否能够判别何处不可用。

然而,仅仅是"尚智"还不够,人要成为人,还必须有"勇"。《渊骞》载:

> 或问"勇"。曰:"轲也。"曰:"何轲也?"曰:"轲也者,谓孟轲也。若荆轲,君子盗诸?"请问"孟轲之勇"。曰:"勇于义而果于德,不以贫富、贵贱、死生动其心,于勇也,其庶乎!"③

在扬雄看来,荆轲之"勇",与君子之德比起来,只能算是"大盗"之勇,是不值得提倡的。孟子之勇是德义之勇,植根于心灵深处,无论贫富、贵贱、生死,都不能改变其刚健的人生取向。其实,扬雄所谓的"勇",还是孔子所说的"弘毅"和《易传》所主张的"刚健",二者其实都是儒家所倡导的君子人生的态势。

综合来看,这样的勇与智融合于人生的进程,即是哲人的人生。

---

① 《法言·寡见》,第239页。
② 《法言·问道》,第123页。
③ 《法言·渊骞》,第419页。

《问明》载：

> 或问"哲"。曰："旁明厥思。"问"行"。曰："旁通厥德。"①

"哲"是触类旁通的通明之智，"行"是各止其义的德行。二者相融而合，则人生即是知行合一的人生。很显然，这是扬雄对《尚书·说命》"非知之艰，行之惟艰"的发展。

(三)学以成人的人性理论

先秦有关人性善恶的争论颇为复杂，儒家一脉中，孟子主善，荀子主恶。到了董仲舒那里，通过天人比附，认为性仁情贪，其所秉持的还是人性善。扬雄迥异于其前儒家有关人性的争论，而以性为善恶混立论。扬雄说：

> 人之性也，善恶混。修其善则为善人，修其恶则为恶人。气也者，所以适善恶之马也与？②

从扬雄的语气看，他不能肯定"气"是否就是人之所以为善为恶的载体。但是，他对人可以为善或为恶的途径——"修"(习)，则抱有坚定的信念。也就是说，无论人之初的善恶相混是何种状态，人总是可以通过后天的努力来改变其质地和状态的。这点与他关于人生的"弘毅"主张是相通的。扬雄说：

> 学者，所以修性也。视、听、言、貌、思，性所有也。学则正，否则邪。③

孔子说"君子有九思"，④其中就有扬雄所说的"视、听、言、貌"。而扬雄在此把孔子之"思"本身(理性、反省)与其他四者(感性)一起转化成"性之所有"，即"学"是通过对感性和理性的双重修正，达到除恶成善

---

① 《法言·问明》，第211页。
② 《法言·修身》，第85页。
③ 《法言·学行》，第16页。
④ 《论语·季氏》。

的"修性"目的。在扬雄看来,"修性"的目的即是"君子"。他说,"学者,所以求为君子也。求而不得者有矣,夫未有不求而得之者也。"①虽然"学"了不见得一定会有立竿见影的效果,最终也不一定必然就成为君子,但如果不"学",就肯定不会有善的结果。扬雄又说:

> 学以治之,思以精之,朋友以磨之,名誉以崇之,不倦以终之,可谓好学也已矣。②

这里,扬雄把"学"看成是"修性"的基础。但仅仅有单纯的"学"是不够的,还必须有自省的旁通("思")、朋友的砥砺("磨")、舆论和制度的褒扬("崇")以及一以贯之的坚持("终"),才能算是真正的"修性"过程。

扬雄以孔子和颜渊的关系为例,来说明"修性"不仅是成善成君子,而且也是人生的"至乐"。扬雄认为,金子虽然由锻铸而成,但这比起颜渊之学于孔子,孔子之铸就颜渊的过程来,简直不值一提。因此,与学成君子求道为圣人的乐趣相比,那些因高位家财而有的乐趣,也不足道。《学行》载:

> 或曰:"使我纡朱怀金,其乐可量也。"曰:"纡朱怀金者之乐,不如颜氏子之乐。颜氏子之乐也,内;纡朱怀金者之乐也,外。"或曰:"请问屡空之内。"曰:"颜不孔,虽得天下不足以为乐。""然亦有苦乎?"曰:"颜苦孔之卓之至也。"或人瞿然曰:"兹苦也,只其所以为乐也与!"③

按照扬雄的意思,一方面,他分别了内外之"乐",认为成善求道之乐是源自心底的醇厚的内在成就之乐,而为官经商之乐是功利化的无根的外在之乐。另一方面,扬雄发掘出《论语》中孔颜关系的深层蕴含,认为为善成人的过程虽然艰苦,但这样的苦实质上蕴含了大乐。宋代的

---

① 《法言·学行》,第 27 页。
② 《法言·学行》,第 12 页。
③ 《法言·学行》,第 41 页。

周敦颐强调儒者要寻"孔颜乐处",说的不仅是"学"知之乐,也是为善成人的内在之乐。这样的乐,从人生的进程与结果看,其实即是今人屡屡申述的人生"境界"。

依据学以成人的内在理路,扬雄进一步认为,是否"学"、"学"所达到的境界如何,既是人禽之别,也是圣凡之别的根据。他说:"人而不学,虽无忧,如禽何?"又说:"天下有三门:由于情欲,入自禽门;由于礼义,入自人门;由于独智,入自圣门。"①由于扬雄认为人性是善恶混的,则所谓放纵情欲与禽兽无别的说法里,隐含的依然是情欲为恶的意义。这点与先秦儒家有别,但却是后世儒家有关人之情性的主流看法之一。

由此看来,宋明思想的一些主题,扬雄在《法言》中早有所论。这是评价扬雄思想的思想史价值时,尤其值得注意的地方。

(四)"为政日新"的政治思想

扬雄是个有极强现实感悟的人。从上文其生平可以看出,赋是他不停地向当政者劝谏的一种方式。《吾子》载:

> 或问"吾子少而好赋"。曰:"然。童子雕虫篆刻。"俄而,曰:"壮夫不为也。"或曰:"赋可以讽乎?"曰:"讽乎! 讽则已,不已,吾恐不免于劝也。"②

用现在的话说,扬雄认为赋是雕虫小技,是文学青年所从事的事,而不是有抱负的成人所为。不过,如果要说赋有讽谏功能的话,那他自己已经使用了。进一步地,如果这样的形式起不了效用,则要另寻其他途径进行劝诫。于是,扬雄在《法言》中直接提出他的"为政"主张。

首先,扬雄认为治国的根本在于"立政",立政之本在于立身。《先

---

① 《法言·修身》,第104页。
② 《法言·吾子》,第45页。

知》载：

> 或问："何以治国？"曰："立政。"曰："何以立政？"曰："政之本，身也。身立则政立矣。"①

季康子向孔子请教为政之道，孔子答以"政者，正也。子帅以正，孰敢不正？"②扬雄承续这样的理念，认为任何从事于政事的人，都要先修其身。从另一面看，这也是扬雄对《大学》中"修身－平天下"路向的延用。

其次，扬雄认为为政的关键是要有"民本"意识。《先知》载：

> 或问："为政有几？"曰："思斁。"……或问："何思？何斁？"曰："老人老，孤人孤，病者养，死者葬，男子亩，妇人桑之谓思。若污人老，屈人孤，病者遗，死者逃，田亩荒，杼轴空之谓斁。"③

几，要之义；斁，厌之义。在扬雄看来，为政者所应孜孜而虑的是，能否让民众生有所养，壮有所事，死有所安；所应努力避免的是，老无所依，病无所养，死无所葬，田园荒芜，织机空置。很明显，扬雄的这种看法，是对孟子"制民之产"和《礼记·礼运》"小康"社会的综合论说。

再次，扬雄认为为政要不停地引导和教化民众过德性的生活。《先知》载：

> 为政日新。或问："敢问日新。"曰："使之利其仁，乐其义。厉之以名，引之以美，使之陶陶然之谓日新。"④

这是说，国家对于民众负有引导教化之责。但是，与法家主张以利诱民使民争利的主张不同，扬雄主张应以仁义作为民众的价值坐标，并不断以名誉和美德强化他们的德性意识，使得民众都自觉地感受到自

---

① 《法言·先知》，第286页。
② 《论语·颜渊》。
③ 《法言·先知》，第286页。
④ 《法言·先知》，第290页。

我提高的成就感。这样的过程,即是"日新"其德的过程,也是为政的价值基础。为此,扬雄强调人君可以不学"律令",但"君子为国,张其纲纪,谨其教化"。① 在扬雄看来,法律与教化之间的关系,如同春萌秋杀的道理一样,必须要先教后"杀"。

第四,扬雄认为"恶政"是不得人心的。《先知》载:

> 或问"民所勤"。曰:"民有三勤。"曰:"何哉所谓三勤?"曰:"政善而吏恶,一勤也;吏善而政恶,二勤也;政、吏骈恶,三勤也。禽兽食人之食,土木衣人之帛,谷人不足于昼,丝人不足于夜之谓恶政。"②

按照《法言·修身》中"乐天则不勤"的说法,勤是苦、忧之义。参照扬雄《法言·重黎》对秦汉社会政治和人物的评论,则他的这段话可说是对秦汉历史经验的总结。"政善而吏恶"、"吏善而政恶"、"政、吏骈恶"不仅会导致行政溃败,也会夺民之产。所谓禽兽食人之食,大概是针对秦汉皇帝的频繁游猎而发,而说土木夺人衣大概是对秦汉皇帝兴建宫殿而发。诸如此类政治举措,都会导致民众无休止地劳作却一无所获。这样的政治,当然是民之所恶的"恶政"了。

第五,扬雄认为为政应该实事求是。他说:

> 或问"政核"。曰:"真伪。真伪则政核。如真不真,伪不伪,则政不核。"③

所谓"政核",即为政之实。这有两层意思:一是君臣不仅要名副其实,还要各负其责。此由孔子的"正名"而来。二是行政的审查核实之义。按照西汉政体,在宰相总领国务的情形下,皇室以及中央政府都必须受主管监察的御史的监督,地方官则受刺史的监督。此由西汉的政治

---

① 《法言·先知》,第295页。
② 《法言·先知》,第290页。
③ 《法言·先知》,第301页。

实践而来。扬雄此论,出于理想化考虑,认为二者如果都能切实而行,则政治就能清明了。

(五) 对谶纬学说的理性化对待

哀、平之际是谶纬思潮的泛滥期,扬雄身处其时,颇有感触。在《法言》中,扬雄基于儒家的理性主义立场,对其展开辨析。

首先,扬雄认为真正的儒者是明了天地人之间关系的。他说:

> 通天地人曰儒,通天地而不通人曰伎。①

孔子说:"未能事人,焉能事鬼?"②扬雄承续这样的理路,认为对人及人世没有深切的认知,而只知天地阴阳变化,那至多只能算是"伎"(通"技"),还不能成为"儒"。儒之为儒,最重要的是要"通"人。以此为参照,谶纬以符命论人事,即是不通"人"的表现。

其次,扬雄基于孟子"心之官则思"的说法,③认为心之作用深通幽妙,比神明之用有过之而无不及。《问神》载:

> 或问"神"。曰:"心。"请问之。曰:"潜天而天,潜地而地。天地,神明而不测者也。心之潜也,犹将测之,况于人乎?况于事伦乎?"④

> 人心其神矣乎?操则存,舍则亡。能常操而存者,其惟圣人乎?⑤

按照《问神》中"潜心于圣"之义,"潜"指的是深入认知,即今"潜心"之义。在扬雄看来,心所具有的认知功能,使得人若潜心于天地,即知天地阴阳之化。对于"神明"都没办法弄清楚的天地,心都能认知,更何况天地间的人世呢?这是扬雄针对谶纬动辄以符瑞来解释人世的情

---

① 《法言·君子》,第514页。
② 《论语·先进》。
③ 《孟子·告子上》。
④ 《法言·问神》,第137页。
⑤ 《法言·问神》,第140页。

形而发,认为人自身具备了认知之心,谶纬的存在是没必要的。而人之所以热衷于谶纬,是因为人自己忘却了心的神妙之用。

再次,扬雄秉持儒家理性主义的可贵处在于,他连自己钦服的孟子也连带着怀疑和批判。《五百》载:

> 或问:"五百岁而圣人出,有诸?"曰:"尧、舜、禹,君臣也而并;文、武、周公,父子也而处。汤、孔子数百岁而生。因往以推来,虽千一不可知也。"①

孟子认为"五百年必有王者兴",②而谶纬也常以所谓天象来论皇帝的出现。对此,扬雄认为,尧、舜、禹都是圣人,却是君臣关系,文、武、周公都是圣人,却是父子关系,他们之间并没有什么五百岁之期的限定。用这样的道理来看,说不定一千年才有个圣人出现,也说不定一年就会同时出现许多圣人,哪有什么"五百岁而圣人出"的必然之理。

综合来看,如果与《周易》相较,《太玄》自有其诸多局限。但《太玄》的古奥难解,并非是扬雄的故弄玄虚,而是扬雄努力以迥异于今文经学的方式来表达自己思想的尝试。从扬雄甘泊于清贫而作《太玄》和《法言》的弘毅努力看,纵观两汉儒者,与之比肩者有几?故桓谭说扬雄"才智开通,能入圣道,卓绝于众,汉兴以来,未有此人也"。③而从《法言》的诸多论述看,可知扬雄对先秦诸子的涵咏受用程度,并不逊于后世儒者。在论述士人何以安身时,扬雄说:"其为中也弘深,其为外也肃括,则可以禔身矣。"④"禔"为安之义。宋明儒者常讲"变化气质"和"气象",而扬雄以"弘深"为内在修养,以"肃括"为外发气象,其清通简要之义,对后儒未尝没有启发之功。

---

① 《法言·五百》,第247页。
② 《孟子·公孙丑下》。
③ 《新论·正经》,朱谦之校辑:《新辑本桓谭新论》,第41页。
④ 《法言·修身》,第106页。

第二节　桓谭对儒学的反思

桓谭,字君山,生卒年限尚无定论,目前考证多认可卒于 36 年,而生年在前 35—前 41 之间。① 他生年稍晚于扬雄,曾与扬雄交游,也同扬雄一样仕途坎坷。《后汉书》对此记叙道:

> 桓谭字君山,沛国相人也。父成帝时为太乐令。谭以父任为郎,因好音律,善鼓琴。博学多通,遍习五经,皆诂训大义,不为章句。能文章,尤好古学,数从刘歆、扬雄辩析疑异。性嗜倡乐,简易不修威仪,而喜非毁俗儒,由是多见排抵。②

从《后汉书》的记载来看,桓谭身处世家,精于音律鼓琴。但同时他博学多通,熟习五经。他对经学的理解并不拘泥于章句训诂,而是取其大义;同时他对当时流行的谶纬儒学又多所批评。因此可以说他是游离于今古文之间的学者,结果是多被排抵。

王莽即位之时,"天下之士,莫不竞褒称德美,作符命以求容媚,谭独自守,默然无言。"③王莽好谶纬符命,士夫纷纷伪造以迎合,而桓谭默然不作,自然无上进之阶。后光武即位,也笃信谶纬,桓谭上疏反对,光武帝颇为不悦:

> 其后有诏会议灵台所处,帝谓谭曰:"吾欲谶决之,何如?"谭默然良久,曰:"臣不读谶。"帝问其故,谭复极言谶之非经。帝大怒曰:"桓谭非圣无法,将下斩之。"谭叩头流血,良久乃得解。出

---

① 张子侠:《桓谭生卒年驳议》,《安徽教育学院学报》1997 年第 2 期。
② 《后汉书》卷二八上《桓谭传》,第 955 页。
③ 《后汉书·桓谭传》,第 956 页。

为六安郡丞,意忽忽不乐,道病卒,时年七十余。①

光武帝明确提出要以谶纬决定政务,桓谭当面批驳谶纬离经叛道使皇帝大怒,他本人几乎因此丧命。在这种勉强保命的情况下,桓谭仕途不问可期。

一、桓谭反对谶纬的原因

桓谭如此固执反对谶纬的原因有两点:首先他认为谶纬之说不合先秦儒学的传统,其次则是谶纬之说在实际中并无效验。

他在给光武帝的上疏中讲道:"凡人情忽于见事而贵于异闻,观先王之所记述,咸以仁义正道为本,非有奇怪虚诞之事。盖天道性命,圣人所难言也。自子贡以下,不得而闻,况后世浅儒,能通之乎!今诸巧慧小才伎数之人,增益图书,矫称谶记,以欺惑贪邪,诖误人主,焉可不抑远之哉!臣谭伏闻陛下穷折方士黄白之术,甚为明矣;而乃欲听纳谶记,又何误也!其事虽有时合,譬犹卜数只偶之类。陛下宜垂明听,发圣意,屏群小之曲说,述五经之正义,略雷同之俗语,详通人之雅谋。"②他反对当时所盛行的谶纬之说,第一个理由就是:它不合于先秦儒学的传统。所谓"观先王之所记述,咸以仁义正道为本,非有奇怪虚诞之事",的确是儒家从最初便持有的宗教人文化立场。但先秦儒学的人文化立场与桓谭不同之处在于,先秦儒学倡导仁义之说的同时,并没有排斥原始的宗教元素,只不过是予以忽略而已。所谓"子不语怪力乱神"固然是先秦儒家的人文化的特征,但"祭如在"则是先秦儒学与传统信仰结合的另外一面。汉代盛行的谶纬信仰,已经不属于先秦官方所尊奉的信仰系统,而是来自民间,因此它缺少来自传统权威的支持。尽管个别的帝王对此信奉有加,也不妨桓谭等人将其排斥为绝对的异端。所谓"巧慧小才伎数之人,增益图书,矫称谶记,以欺惑

---

① 《后汉书·桓谭传》,第961页。
② 《后汉书·桓谭传》,第959—960页。

贪邪，诖误人主"，关键之处在于"增益图书"，桓谭认为谶纬术士所言之所以虚妄，是因为他们缺少来自经典的支持。他指出，光武帝一方面排斥黄白之术，一方面又采纳谶纬之言，本身自相矛盾。桓谭的言外之意便是，谶纬同黄白术一样，都缺乏来自传统思想的合理证明。

从事实角度看，桓谭认为历史上信奉鬼神而忽略治道者下场可悲：

> 昔楚灵王骄逸轻下，简贤务鬼，信巫祝之道，斋戒洁鲜，以祀上帝，礼群神，躬执羽绂，起舞坛前。吴人来攻，其国人告急，而灵王鼓舞自若，顾应之曰："寡人方祭上帝，乐明神，当蒙福佑焉，不敢赴救。"而吴兵遂至，俘获其太子及后姬以下，甚可伤。①

> 圣王治国，崇礼让，显仁义，以尊贤爱民为务。是为卜筮维寡，祭祀用稀。王翁好卜筮，信时日，而笃于事鬼神，多作庙兆，洁斋祀祭。牺牲淆膳之费，吏卒办治之苦，不可称道。为政不善，见叛天下。及难作兵起，无权策以自救解，乃驰之南郊告祷，抟心言冤，号兴流涕，叩头请命，幸天哀助之也。当兵入宫日，矢射交集，燔火大起，逃渐台下，尚抱其符命书，及所作威斗，可谓蔽惑至甚矣！②

桓谭以楚灵王和王莽为例说明神鬼谶纬之说不足以作为治国的依托。敌人兵临城下，楚灵王依然歌舞祭祀，而王莽抱符命及所作威斗，最后两者都不免于兵败身死。以此为例，桓谭认为政治的关键依然取决于传统的仁义、礼法、明君、贤臣等因素，而不在于鬼神谶纬。至于谶纬偶然言中，桓谭认为不过是巧合："天下有鹳鸟，郡国皆食之，而三辅俗独不敢取，取或雷电霹雳起。原夫天不独左彼而右此，杀鸟适与雷遇耳。"③

---

① 《新论·辨惑》，第54页。
② 《新论·见微》，第15—16页。
③ 《新论·辨惑》，第57页。

二、桓谭的感应思想

桓谭虽然反对淫祠和谶纬,但并没有完全否认天人感应之说:

> 夫异变怪者,天下所常有,无世而不然。逢明主贤臣智士仁人,则修德善政,省职慎行以应之,故咎殃消亡,而祸转为福焉。……《周书》曰:"天子见怪则修德,诸侯见怪则修政,大夫见怪则修职,士庶见怪则修身,神不能伤道,妖亦不能害德。"及衰世薄俗,君臣多淫骄失政,士庶多邪心恶行,是以数有灾异变怪。又不能内自省视,畏天戒。遏绝其端,其命在天也。而反外考谤议,求问厥故,惑于佞愚,而以自诖误,而令患祸得就,皆违天逆道者也。①

与董仲舒天人感应说的不同在于:首先,灾异乃是天下常有,未必是上天谴告,只是衰世更为多见;其次,桓谭认为不应仅由天子一人为谴告负责,而是天子、诸侯、大夫、士庶共同修身立德以转祸为福。他对董仲舒天人感应思想的细节性修改,表现出他试图寻求人文教化同神道设教相贯通的努力。

其中桓谭对于明堂的解说集中体现了他关于天人感应的观点:

> 王者造明堂、辟雍,所以承天行化也。天称明,故命曰明堂,为四面堂,各从其色,以仿四方。上圆法天,下方法地,八窗法八风,四达法四时,九室法九州,十二坐法十二月,三十六户法三十六雨,七十二牖法七十二风。王者作圆池,如璧形,实水其中,以环壅之,名曰辟雍。言其上承天地,以班教令,流转王道,周而复始。②

由此可见桓谭对传统多有继承,但对现实则不乏批判。他批判性

---

① 《新论·遣非》,第22页。
② 《新论·离事》,第46—47页。

的思考方式,使得桓谭在很多方面同汉代盛行的观念产生歧议:

> 刘歆致雨,具作土龙、吹律及诸方术,无不备设。谭问:"求雨所以为土龙,何也?"曰:"龙见者,辄有风雨兴起,以迎送之,故缘其象类而为之。"难以"顿牟、磁石,不能真是,何能掇针取芥"?子骏穷,无以应。①

刘歆以土龙、音律和诸多方术祈雨,他认为以土龙模拟真龙可以感应降雨。桓谭对此驳难道:"以假磁石尚且不能吸附细针,何况用土龙祈求降雨呢?"刘歆无言以对。

桓谭关于感应的观念并不彻底,一方面他认可传统道德意义上天道和人事的关联,另外一方面他又反对以方术的形式来进行天人之间的沟通。基本上看来,他还是偏向于从仁义道德的角度来对待自然和社会中的灾异,而不认可通过纯粹的祭祀巫术等方术来解决社会问题。

三、桓谭思想的主要影响

桓谭的思想在后世获得了很高评价,其中尤其以王充对其思想最为推重,受桓谭的影响也最深。王充对桓谭很多思想都有所继承,但两者最大的相似是对通行观点的批判态度。正因为气质上的共鸣,王充给予桓谭极高的评价:"君山差才,可谓得高下之实矣。采玉者心羡于玉,钻龟能知神于龟。能差众儒之才,累其高下,贤于所累。又作《新论》,论世间事,辩照然否,虚妄之言,伪饰之辞,莫不证定。彼子长、子云说论之徒,君山为甲。自君山以来,皆为鸿眇之才,故有嘉令之文。笔能著文,则心能谋论,文由胸中而出,心以文为表。观见其文,奇伟俶傥,可谓得论也。由此言之,繁文之人,人之杰也。"②

桓谭对王充的影响,主要集中于适偶论、形神论两个方面。

---

① 《新论·辨惑》,第 57 页,标点略有改动。
② 《论衡·超奇篇》,见黄晖:《论衡校释》,第 608—609 页。

桓谭采用适偶论,是为了反驳谶纬学说的预言能力。他认为即便是谶纬对发生的事情有所吻合,也是出于巧合而不是必然。这样他实际上否认了在谶纬与现实事件之间具有必然联系。王充也有类似的观点,他在解释商汤祈祷得雨事件的时候解释说:"由此言之,汤之祷祈,不能得雨。或时旱久,时当自雨,汤以旱久,亦适自责。世人见雨之下,随汤自责而至,则谓汤以祷祈得雨矣。"①王充的结论是:商汤祈祷之后的降雨,纯属偶然巧合,并不能证明天人之间存有某种感应关系。他指出:"世论行善者福至,为恶者祸来。福祸之应,皆天也,人为之,天应之。阳恩,人君赏其行;阴惠,天地报其德。无贵贱贤愚,莫谓不然。[不]徒见行事有其文传,又见善人时遇福,故遂信之,谓之实然。斯言或时贤圣欲劝人为善,著必然之语,以明德报;或福时适,遇者以为然。如实论之,安得福祐乎?"②在王充看来,传统上认为人的善良行为会受到上天赐福的观点,不过是圣人以神道设教劝人为善而编造的劝世之谈。实质上,他认为天地之间福祸际遇皆出于偶然。③比较而言,桓谭的适偶论否定的是谶纬的有效性,而王充则扩展到对整个传统的因果感应的批评。

桓谭对于形神问题的关注起源于对养生的思考:"精神居形体,犹火之然烛矣。如善扶持,随火而侧之,可无灭而竟烛。烛火无亦不能独行于虚空,又不能后然灺。灺,其犹人之耆老,齿堕发白,肌肉枯腊,而精神弗为之能润泽内外周遍,则气索而死,如火烛之俱尽矣。人之遭邪伤病,而不遇供养良医者,或强死,死则肌肉筋骨常若火之顷刺风,而不获救护,亦道灭,则肤馀干长焉。"④他较早提出了以烛火比喻形神不能分离的观点,⑤后来被王充所沿用:"人之死,犹火之灭也。火

---

① 《论衡·感虚篇》,第249页。
② 《论衡·福虚篇》,第261页。
③ 参见《论衡·数偶篇》中的论述。
④ 《新论·祛蔽》,第32页。
⑤ 《庄子·养生主》薪火之说侧重的是"薪尽火传",暗示形尽而神不灭,与桓谭之说相反。

灭而耀不照,人死而知不惠,二者宜同一实。论者犹谓死[者]有知,惑也。人病且死,与火之且灭何以异?火灭光消而烛在,人死精亡而形存,谓人死有知,是谓火灭复有光也。"①桓谭以烛火论形神的目的是反对长生之说,而王充的火光形神论是为了论证死后无鬼,他们对于形神不能分离的立场是一致的。

适偶论和烛火形神观,是后来批判思想家较为通用的两个观点,不仅见于汉代的桓谭、王充反对谶纬鬼神之说,后来还可见于范缜反对佛教。但它们并非中国思想的主流观念,传统的道德因果和形尽神存的观点,依然是更为常见的思想。

---

① 《论衡·论死篇》,第877页。

第八章

白虎观经学会议与《白虎通》的儒学思想

从社会政治角度看,与西汉由黄老到儒家的治国方略不同,东汉光武帝立国"退功臣而进文吏",①光武本人即是太学生,"经学博览,政事文辩,前世无比。"②而帮他登基立业的"中兴"二十八将,近半数有经术文化的背景。这样的情形,使得刘秀在政权稳固后自述其治理策略时说:"吾理天下,亦欲以柔道行之。"③因此,东汉政治可以说是自觉与儒学匹合的政治,儒生们也当然乐意在这样的政权中一展身手。

光武第四子明帝刘庄,十岁便通《春秋》,又从经学大师桓荣学《尚书》,其为政虽然深于法度,但对当世大儒却秉持儒家之仪。桓荣八十

---

① 《后汉书》卷一下《光武帝纪下》,第85页。
② 《后汉书》卷二四《马援传》,第831页。
③ 《后汉书》卷一下《光武帝纪下》,第68—69页。

多岁,年老多病,明帝多次亲至其家问候起居,"入街下车,拥经而前,抚荣垂涕。"①

到了章帝刘炟的时候,他"素知人厌明帝苛切,事从宽简",并且"体之以忠恕,文之以礼乐"。② 其实,章帝本人有极好的经学素养,当时很多今古文经学名儒都曾为其讲授各自所长。其中尤其值得注意的是,章帝对古文大师贾逵恩信有加,以致"皆拜逵所选弟子及门生为千乘王国郎"。③

然而,自汉武帝尊儒到光武崇儒的近两百年间,作为经学载体的章句,也发展至繁琐不堪。于是,皇帝和儒者们又不得不为减省章句而劳精费神。王莽时期,"省五经章句,皆为二十万",④光武帝和明帝两朝都有减省章句以"共正经义,颇令学者得以自助"的企图。⑤ 同时,谶纬在社会政治运作中越来越有影响地发生效用,今古文经学合流也渐成大势。所有这些,使得章帝政权意识到,必须采取措施来保证经典和经术本身的纯正性和权威性。于是,汉帝国第三次儒学会议——白虎观会议就应运而生了。⑥

第一节 白虎观会议与《白虎通》之书

章帝即位后的第四年,即建初四年(79),贾逵、班固等人上表,认为正在坐狱的杨终深通《春秋》,不宜久拘,杨终同时也上表自辩无罪。于是,杨终不仅出狱,还做了议郎。不久,他便上疏章帝说:

---

① 《后汉书》卷三七《桓荣传》,第1253页。
② 《后汉书》卷三《章帝纪》,第159页。
③ 《后汉书》卷三六《贾逵传》,第1239页。
④ 《论衡·效力篇》,《论衡校释》,第583页。
⑤ 《后汉书》卷三《章帝纪》,第138页。
⑥ 前两次为盐铁会议和石渠阁会议。参见前文。

宣帝博征群儒,论定五经于石渠阁。方今天下少事,学者得成其业,而章句之徒,破坏大体。宜如石渠故事,永为后世则。①

章帝即位后的前二年,天灾不断,叛乱迭出,而当时"贵戚近亲,奢纵无度,嫁娶送终,尤为僭侈。有司废典,莫肯举察"。②到了第三年,叛乱被平定之后,班超也击溃了匈奴,章帝立窦贵人为皇后。第四年立太子,并重新任命三公。所有这些都意味着,章帝之初的社会政治渐趋平稳。而在皇太后马氏崩后,没有多少因素可以妨碍章帝自主作为一番。于是,章帝可以做光武帝和明帝都没有好好做的事——整饬经学,为后世立则。在此大背景下,杨终上表,正中章帝之怀。于是,章帝下诏说明要召开精英会议的原委:

盖三代导人,教学为本。汉承暴秦,褒显儒术,建立五经,为置博士。其后学者精进,虽曰承师,亦别名家。孝宣皇帝以为去圣久远,学不厌博,故遂立大小夏侯《尚书》,后又立京氏《易》。至建武中,复置颜氏、严氏《春秋》,大、小戴《礼》博士。此皆所以扶进微学,尊广道艺也。中元元年诏书,五经章句烦多,议欲减省。至永平元年,长水校尉(樊)鯈奏言:"先帝大业,当以时施行。欲使诸儒共正经义,颇令学者得以自助。孔子曰:'学之不讲,是吾忧也。'又曰:'博学而笃志,切问而近思,仁在其中矣。'於戏,其勉之哉。"

于是下太常,将、大夫、博士、议郎、郎官及诸生、诸儒会白虎观,讲议五经同异,使五官中郎将魏应承制问,侍中淳于恭奏,帝亲称制临决,如孝宣甘露石渠故事,作《白虎议奏》。③

诏书的意思很明白:一是继承前两位皇帝的遗志,要为后世立则;二是

---

① 《后汉书》卷四八《杨终传》,第1599页。
② 《后汉书》卷三《章帝纪》,第134—135页。
③ 《后汉书》卷三《章帝纪》,第137—138页。

由于儒学师承太多,章句混乱,不利于学者为学成人。故以孔子为依据,正经义,为仁政。

从会议本身的状况看,会议仿照石渠阁会议的形式,主题是议论五经同异、减省章句,参与者是当时的知识和行政精英。会议有两个重要的秘书——魏应和淳于恭,前者负责传达皇帝等提出的问题,后者整理会议记录,而后报告给皇帝。与石渠阁会议不同,白虎观会议没有评委,那些会上无法得出结论的问题,都得由皇帝裁决("帝亲称制临决")。

征诸史料,可知白虎观会议参与者的概况,可考的共有十三人。皇室成员有两位:一是章帝本人,素有今古文素养,但偏好古文;①另一位是章帝的兄弟,博涉经书的西平王刘羡。② 今文派的学者有:明《春秋》的议郎杨终,习鲁《诗》的鲁恭、魏应,精欧阳《尚书》的鲁阳乡侯丁鸿(桓荣弟子)、屯骑校尉桓郁(桓荣之子),前者由于学识渊博,辩答聪敏,时人谓之"殿中无双丁孝公",后者为章帝、和帝师;长于《公羊春秋》的博士李育,善解《严氏春秋》的太常楼望,为明帝师。属古文派的是卫士令贾逵(贾谊的九世孙)和校书郎班固。③ 无派别的是精通《老子》的侍中淳于恭。大概由于淳于恭不沾今古文两边,又是清静之人,④章帝才派他做会议记录。另有少府成封,史记其人,未见其事。

值得注意的是,此次会议"考详同异,连月乃罢"。⑤ 而在章帝时期,还曾"诏高才生受古文《尚书》、《毛诗》、《穀梁》、《左氏春秋》,虽不

---

① 参见第十章贾逵部分。
② 《后汉书》卷五十《孝明八王列传》载,永平三年(60)明帝封刘羡为广平王。"羡博涉经书,有威严,与诸儒讲论于白虎殿。"(第1667页)建初七年(82),章帝"以广平在北,多有边费,乃徙羡为西平王"。(第1667—1668页)章帝崩,遗诏徙封为陈王。
③ 以上诸人的学术源流各见其本传和《后汉书》卷七九《儒林列传》,如《后汉书》卷三七《丁鸿传》记载:"肃宗诏(丁)鸿与广平王羡及诸儒楼望、成封、桓郁、贾逵等,论定五经同异于北宫白虎观,使五官中郎将魏应主承制问难,侍中淳于恭奏上,帝亲称制临决。鸿以才高,论难最明,诸儒称之,帝数嗟美焉。时人叹曰:'殿中无双丁孝公。'"(第1264页)余者文繁不录。
④ 参见《后汉书》卷三九《淳于恭传》。
⑤ 《后汉书》卷七九上《儒林传上》,第2546页。

立学官,然皆擢高第为讲郎,给事近署,所以网罗遗逸,博存众家"。①由此可见,参加会议的今文家虽多,而古文家在当时也颇有影响。况且,章帝自己也倾向于古文。所有这些,都与《白虎通》的最后成书有很大关系。

一般说来,如石渠阁会议的文本称"议奏"一样,淳于恭所做的会议记录,总谓之《白虎议奏》。按照近人刘师培《白虎通义源流考》一文所论,会议最初的文本,"必条列众说,兼及辩词,临决之后,则有诏制,从违之词,按条分缀。"②此即《议奏》最初的可能情态。但为何后人以"通义"名之呢?

按照刘师培所论,《议奏》作为会议的初始文本,在东汉是一直存在的。而班固按照章帝"撰集其事"的命令,依据《白虎议奏》整理而成的《白虎通义》,"所有之文,均《议奏》所已著,《通义》之于《议奏》,采择全帙,亦非割裂数卷,裁篇别出。"今见的《白虎通义》,"盖就帝制所可者笔于书,并存之说,援类附著,以礼名为纲,不以经义为区。"之所以名之为"通义",是因为石渠阁和白虎观会议都是为了"通经释义",二者均有《通义》之书。又因为《白虎议奏》泯灭,《白虎通义》流传,加上《班固传》中又有"撰集"其书之说,以致后世"歧名挈生",以《通义》代《议奏》。

进一步地,由于《后汉书·班固传》中说:"天子会诸儒讲论五经,作《白虎通德论》,令固撰集其事。"③后人遂以《白虎通德论》为《白虎通义》的别名。刘师培认为这又是一误。在他看来,在《议奏》和《通义》之外,尚有对白虎观会议之事的纪实赞誉之篇,其名为《白虎功德论》,此即《班固传》所言。他说:"建初讲议,汉为殊典,既备称制临决之盛,宜有令德记功之书,故《通义》著其说,《功德论》志其事。"从作者的角

---

① 《后汉书》卷七九上《儒林传上》,第 2546 页。
② 刘氏之文为今新编诸子集成《白虎通疏证》(吴则虞点校)附录七,见该书下册第 783—786 页。引见陈立:《白虎通疏证》(下),中华书局,1994 年,第 783 页。
③ 《后汉书》,第 1373 页。

度看,"《通义》非一人所成,著《论》乃孟坚之笔。"①刘氏之论,虽难以确证,却也不可以之为诬。此特存其说。

今见的《白虎通义》,共四十四篇(实存四十三,另一篇有辑文),每篇一个主题,一主题下又有若干子问题,共计三百一十四子题,几乎涵盖了整个汉代的思想、社会、政治、礼俗等层面。其编纂方式是:每一问题均主一说(多为今文之说),而后以"一曰"、"或曰"的形式录列他说。② 清人陈立的《白虎通疏证》,校引详密,是了解《白虎通义》的佳作。本书依陈立《疏证》,以《白虎通》为其名。

第二节 《白虎通》对汉代思想和制度的整合

据陈立《白虎通疏证》中所校引疏通的情况可知,《白虎通》征引诸经的情况是:《易》有施、孟、梁丘三家,《尚书》有伏生、欧阳、夏侯三家,《诗》主鲁、齐、韩三家,也采《韩诗》和《毛诗》,《春秋》主公羊,也采穀梁、左氏,《礼》采二戴、《周礼》,加上汉人特别重视的《论语》和《孝经》,可谓搜罗殆尽。当然,其中也有大量谶纬内容,且不少是直接引纬书之说为据。在此意义上,用学术的眼光看,《白虎通》是对汉代思想整合的结果;从知识的角度看,它可视为汉代儒学的百科全书;而从社会政治的层面看,它是东汉的"宪法"。下面,我们对其思想面目作大概梳理。

一、天人关系

《白虎通》秉承古老的五行学说,结合汉代兴起的《公羊》学理论和灾异学说,并大量引用谶纬学说,对天人关系做了综合性的解释,认为

---

① 上引刘氏之说,皆出《白虎通义源流考》之文。
② 陈立认为:"《白虎通》杂论经传,多以前一说为主,'或曰'皆广异闻也。"(《白虎通疏证》上册,第13页)又,陈立的"疏证"中,多分别出"前一说"为某今文说,几乎每个条目之下,陈立均有指明,翻检即可见,文多不引。

五行与人世有密切关联,天人关系在社会政治层面是以祥瑞和灾异的形式体现出来的。

(一)天—地—人

在先秦思想中,天尊地卑是近乎古人的常识,且"天"大多被认为是一种有序的具有规律性的终极权威,董仲舒进一步强化了这种权威对人类所具有的意义,申发出对后世影响深远的天人感应之说。《白虎通》深得其意,结合古老的"易"说,对天地人做出了新理解。《天地篇》说:

> 天者,何也?天之为言镇也,居高理下,为人镇也。地者,元气之所生,万物之祖也。地者,易也,万物怀任,交易变化。①

"镇"不仅有统理之义,也有"正"之义。"天"是一种无边无际的物象,相对于地上的万物而言,它的"居高"性既是自然而然的,也是必然的。这种自然而必然的空间特征,经由人经验意识的过滤和反思,自然时空关系中的"高",变成了天人关系中的"镇"(正)之"理",而这样居高而"镇"的"理",即是人道的终极根据。地作为覆载万物的存在,其能覆载的原因在于,它是"元气之所生"。而在"生"的意义上,万物都各有其"生",即万物都有其"生"的变易过程。终而,"地"被赋予"易"的特质,并成为化育万物的力量源泉。在宇宙发生论上,《天地篇》又引证《易纬·乾凿度》的思想并加以发挥说:

> 始起先有太初,然后有太始,形兆既成,名曰太素。混沌相连,视之不见,听之不闻。然后判清浊,既分,精曜出布,庶物施生:精者为三光,号者为五行。五行生情性,情性生汁中,汁中生神明,神明生道德,道德生文章。故《乾凿度》云:"太初者,气之始也;太始者,形之始也;太素者,质之始也。阳唱阴和,男行女随也。"②

---

① 《白虎通》,第420页。
② 《白虎通》,第421—422页。

《白虎通》在此把《周易》的"生生"之义进一步具象化。在《周易》那里，太极阴阳并不具有形象性。《白虎通》依据《乾凿度》中有关太初、太始、太素不可见闻的"混沌"之义(参见第五章)，以清清者为天、浊重者为地的分别之后，乃有在"天"的日月星"三光"，以及组成万物的金木水火土"五行"。而人作为万物之一，其情性也由五行生出，虽然此间的"汁中"今人已不知其意，但天地人的序列在此明确生成了。按照《白虎通》这里的逻辑，"清浊"是宇宙可分判的"形兆"，则宇宙由此可渐次分别为具有"形兆"之物(包括万物和人类)。这样，有了人，情性、神明、道德、文章自然也随之而有了，世界因此变成了有文化和伦理意义的世界。

在《五行篇》中，《白虎通》构建了一个五行、阴阳、四季、四方、四色、五音、五帝、五神相配的宇宙体系。① 这样的宇宙不仅有意义，还有了生命力，有了意志，它是人类伦常的参照系。如："长幼何法？法四时有孟仲季也。"② 这一表述在《姓名》篇中被明晰化，即："称号所以有四何？法四时用事先后，长幼兄弟之象也。故以时长幼曰伯仲叔季也。"凡此之类，都可见天人之学在《白虎通》中地位和影响。

(二)五行与人世

从《白虎通》的内容看，《五行》篇是其中最为复杂的一篇。《五行》一开篇，即对先秦的五行学说作了自己的解释。其文曰：

> 五行者，何谓也？谓金木水火土也。言行者，欲言为天行气之义也。地之承天，犹妻之事夫，臣之事君也，其位卑。卑者亲视事，故自同于一行，尊于天也。③

尽管把"行"解释为"为天行气"，可视为《白虎通》对先秦阴阳五行说的一种理解，但以人事的尊卑来反证五行尊天的逻辑，看起来总是不合

---

① 《白虎通》中，不仅有《天地》、《日月》、《四时》的专论篇章，更有几乎贯穿其始终的五行思想，除《五行》篇有"五行之性"、"五味五臭五方"、"阴阳"、"十二律"、"五行更王相胜变化之义"、"人事取法五行"等专论外，在祭祀上有"祭五祀顺五行"，在教化伦理上也多以"五"为名，如"五宗"，"五常"等。
② 《白虎通·五行》，第 197 页。
③ 《白虎通》，第 166 页。此处标点笔者依意有所改变。

常理的。这样的看似"不合常理"正是谶纬学说的思维方式。由于人世一切的终极之"理"都在天,但对于无边无际的"天"的直接认知,对古人来说往往无从开始。这样,从贴近自身的"人道"来反推"天道",倒不失为认知天道的简要方式。所以,人世有尊卑之分,天道必然也有尊卑之理。所应注意的是,这看起来是循环论证的思维方式里,暗含了一个预设前提——天能"镇"(正)人,则人必可知天。否则,人何以调适自己去遵循天道呢?的确,这是一种循环论证的方法。这种天人关系的神秘处大概也就在这里了。

紧接着,《五行》篇继续论证五行与四方的关系是五行配四方。水位在北方,北方者阴气在黄泉之下,任养万物;木在东方,东方者阳气始动而万物始生;火在南方,南方者阳气用事而万物变化;金在西方,阴始起而万物禁止;土在中央主吐含万物。①《五行》篇认为,这样的关系逻辑基于一种自然的也是经验的认知,即《乐记》所说的"春生、夏长、秋收、冬藏"。而土之所以居于中央,是因为它有无私孕育万物的表现。值得注意的是,汉代一直是以"土德"自况,《易纬·乾凿度》又以"土"为"智",统领"仁义礼信",②这可能是《白虎通》以"土"居中央的思想渊源之一。故其引《春秋纬·元命苞》说:"土五位而道在,故大一不兴化,人主不任部职。"③很显然,这是为君主之尊贵论证了。

那么,五行是否有性质上的不同,它们与人世的关系如何呢?《五行》篇说:

> 五行之性,或上或下何? 火者,阳也,尊,故上;水者,阴也,卑,故下;木者少阳,金者少阴,有中和之性,故可曲直从革;土者最大,苞含物将生者出,将归者入,不嫌清浊为万物。④

---

① 其原文见《白虎通·五行》,第167—168页。
② 参见第四章第三节"八卦方位说"部分。
③ 《白虎通》,第169页。
④ 《白虎通》,第169—170页。此处标点有改变。

火是热的，与阳有意义关联；水是凉的，与阴有相通之义；木可曲直，金可锻造，它们有中和之性，可以为人所用而为器；土者孕育万物而不辞清浊，有容乃大。就这样，《白虎通》通过直观经验，赋予五行以阴、阳、中和、孕育万物的内在特性。

如此这般，《五行》篇对五行的相互关系展开论证。承续先秦思想中的五行相生逻辑，《五行》篇认为五行"以其转相生，故有终始"，①五行之间的关系因此是木生火、火生土、土生金、金生水、水生木。另一方面，《五行》篇认为，与众胜寡、精胜坚、刚胜柔、专胜散、实胜虚的"天地之性"相匹配的是，五行也有相害（相胜）的一面，即水胜火、火胜金、金胜木、木胜土、土胜水。

按照"天人"相应的逻辑，《白虎通》依据阴阳盛衰之理，认为五行之性及其相互关系，与人世间的情境有着相通处。比如，火阳是君之象，水阴是臣之义，则臣所以胜其君是因为君是无道之君，必然要被众臣所害，纣王的下场即是证明；再如，善善及子孙与春生待夏复长的道理相通，恶恶止其身与秋煞不待冬的道理一样，至于子顺父、妻顺夫、臣顺君，则更是地顺天之理的人伦折射。最终，《白虎通》说，明王先赏而后罚的儒家治国方略，与大自然中四时先生而后煞的"道"是息息相通的。此即"明王先赏后罚何法？法四时先生后煞也"。②

就这样，《白虎通》通过经验直观的方式，把五行及其相生相克之理与人世间的种种关系之理联系起来了。五行因此不仅是自然之道，更是人世之理。在此意义上，五行学说是《白虎通》天人关系思想的基础。③

综合看来，《白虎通》中有关天人关系的思想最终是以"质文"之说来体现的。《三正》篇说：

---

① 《白虎通》，第187页。
② 《白虎通·五行》，第198页。
③ 《五行》篇详细讨论的君臣父子等人世关系的处理原则都是取法五行关系的。如："父死子继何法？法木终火王也。……'善善及子孙'何法？春生待夏复长也。……善称君，过称己，何法？法阴阳共叙共生，阳生名，阴生煞。……臣谏君何法？法金正木也。……父为子隐何法？木之藏火也。……丧三年何法？法三年一闰，天道终也。"（第194—198页）凡此之类，都是"人事取法五行"。

> 王者必一质一文者何？所以承天地，顺阴阳。……质法天，文法地而已。故天为质，地受而化之，养而成之，故为文。……帝王始起，先质后文者，顺天地之道，本末之义，先后之序也。事莫不先有质性，后乃有文章也。①

这是说，真正能够治理好人世的君主，必须先通天道，而后通过各种途径慢慢化育它，最终以各种"文"（礼制等规范系统）呈现于人世，并以此作为治理人世的根据。

（三）符瑞和灾异

祥瑞和灾异在先秦思想中已有所论，但其学说的真正兴起与运用，还是董仲舒的《春秋》公羊学。此后，祥瑞和灾异论成为汉代政治思想的一个重要特征。两汉之际，它们与谶纬风潮合流，几成当时政治意识的主流。《白虎通》综合其意，认为政通人和的情形下，会有一些符瑞现象出现，以表明天对天子和人世的嘉许，并在《封禅》篇中对符瑞作了总结和记载。《白虎通》认为，"符瑞"的出现是"应德而至"，其原因在于"王者承天统理，调和阴阳"，②以致万物有序，人世太平。《封禅》篇列举了许多符瑞，如：德至天，则斗极明，日月光，甘露降；德至八方，则祥风至，佳气时喜……；孝道至，则萐莆生庖厨。诸如此类，颇为神秘，这大概都是谶纬学说的影响使然。尤其是《白虎通》说"孝道至"则"萐莆"生，按《白虎通》的说法，萐莆是一种树名，其叶大于门扇，不摇自扇。③ 这种祥瑞之物，简直是匪夷所思。

其实，即便真有什么"符瑞"现象，那也是自然现象，不见得与政治的清明有多大关系。可问题的关键是，在那样的时代，王朝需要某种具有正面价值的东西来增强民众对政权以及政权自身的信心，所谓的天降符瑞，正好满足了这样的社会心理诉求。直到今天，在很多人心

---

① 《白虎通》，第368页。
② 《白虎通·封禅》，第283页。
③ 凡此之类，皆见《白虎通》，第283—288页。

里,风调雨顺还被视为政通人和的自然反映。

与天降符瑞以示对帝王政绩的肯定和褒奖相对,灾异则是天对帝王施政有误乃至帝王德行的负面批评,这在古代被视为"天谴"。《灾变》篇说:

> 天所以有灾变何?所以谴告人君,觉悟其行,欲令悔过修德,深思虑也。①
>
> 灾异者,何谓也?《春秋潜潭巴》曰:"灾之为言伤也,随事而诛。异之为言怪也,先发感动之也。"……变者何谓也?变者,非常也。②

这里延用的是《春秋纬·潜潭巴》对灾异的说法。所谓灾异,是指上天对犯了错误的人君的谴告。在《白虎通》看来,灾异主要包括日月食、霜、雹、水旱灾等自然现象,它们"随事而诛","先发感动",具有当下性和预见性。在汉代人眼里,这些现象是天对帝王的"天谴",它们表明天已经对帝王的政策与德行反感了,如果不改过修正,一意孤行,也许会有更大的灾难降临。

一般说来,灾异发生之后,皇帝会下罪己诏,并采取相应的补救措施,如减免租税,赦免一般犯人,开释奴婢,停建宫殿等等。如公元65年发生日食,明帝即下诏说,"朕以无德,奉承大业,而下贻人怨,上动三光,日食之变,其灾尤大,《春秋》图谶所为至谴。永思厥咎,在予一人。"③在这种情形下,群臣也能得到更多谏争言政的机会,社会和政治情形多少会发生一些变化。

所应注意的是,灾异虽然是"天"针对帝王的行政和德行而发,对帝王也会产生一定的限制和威慑力,但另一方面,从《尚书》就有的"万方有罪,在予一人"反思路向,④恰恰证明了古代政体中为人忽略的一

---

① 《白虎通》,第267页。
② 《白虎通》,第268—269页。
③ 《后汉书》卷二《明帝纪》,第111页。
④ 《尚书·汤诰》。

面,即帝王悔过或代群僚百姓受过,其隐含的意义是只有帝王才有这样的资格。这样,无论从哪方面看,只要帝王悔过了,其权利和地位都是不可动摇的。

在天人关系层面,《白虎通》还从"封禅"、"八风"等方面进行了辨析。就其辨析内容而言,主要采纳了《春秋》公羊学和谶纬的说法。如"德至天,则斗极明,日月光,甘露降"之类,是引《孝经纬·援神契》之说,① 又如"风者,何谓也?风之为言萌也"等,是引《春秋纬·考异邮》之说。② 凡此之类,不一而足。

二、名号系统

董仲舒在其《春秋繁露·深察名号》中认为,名号是达于天意的,循着名号即可知道相应之物和事的"理"。而在日常生活中,汉代士人又格外注重自己的名节,以致后世史家说东汉士人重名节。的确,名号问题是汉儒关注的重点之一。

从《白虎通》的内容看,参与白虎观会议的儒者们肯定对名实问题进行了详细而深入的辩论,以致《白虎通》本身就是以各类"名号"为分类依据的。进一步地,各类"名号"中,与名号本身息息相关的内容有爵、号、谥、封公侯、姓名五个主题共四十一个子问题,加上其他主题中对各种"名"的辨析条目二十多个,则名号辨析占去全书内容的五分之一强。

(一)天子名号

《白虎通》首篇为《爵》,《爵》又从"天子"的名号开始,辨析帝王名号的意义所在。《爵》篇说:

> 天子者,爵称也。爵所以称天子何?王者父天母地,为天之子也。故《援神契》曰:"天覆地载,谓之天子,上法斗极。"《钩命决》曰:"天子,爵称也。"帝王之德有优劣,所以俱称天子者何?以

---

① 参见《白虎通疏证》卷六《封禅》,第 282 页。
② 参见《白虎通疏证》卷七《八风》,第 341 页。

其俱命于天,而王治五千里内也。《尚书》曰:"天子作民父母,以为天下王。"①

这里引用了《孝经纬》两篇,并以《尚书·洪范》之语为证。如天之高高于人世一般,帝王高居人世间等级序列的最高处,他与民众的关系,即如天之与人的关系一样。因此,"王者父天母地"的意思是说,君王是以天的儿子的身份来代理天对人世的"镇",并依据天地之德莅临人世,管理世务。而从古老的"受命"之"理"上讲,由于天之"镇"人具有自然而必然之理,则民众自然有服从天子管理的义务。这样,王者"接上称天子","明以爵事天",而"接下"的管理民众则称之为"帝王",其意在于"明位号天下至尊之称,以号令臣下也"。②

其次,帝王之"号"意味着帝王必须具备与此相应的德性。《号》篇说:

> 德合天地者称帝,仁义合天地者称王,别优劣也。《礼记·谥法》曰:"德象天地称帝,仁义所生称王。"帝者天号,王者五行之称也。皇者,何谓也?亦号也。皇,君也,美也,大也,天人之总,美大之称也。③

真正的帝王必须具有天地化载万物一般的德性,从人的角度说,即是帝王必须有仁义之心。以今人的话说,《白虎通》对帝王名号的如此界定,实际上是对三代圣王治世理想的一种向往和追求,它所具有的意义并非后世以"皇帝"这一名号称谓的帝王意义,而在于它为帝王权利融入了德性内涵的同时,也为帝王的权力行使的终极目标确定了方向——"德合天地"。

第三,帝王应该具有自谦意识。《号》篇说,虽然"朕"也是王者之称,但"朕"即"我"或"予"之义,显现的是王者应该有自谦意识。因为,

---

① 《白虎通》,第1—4页。
② 《白虎通·号》,第47页。
③ 《白虎通》,第44页。

从德性上讲,王与普通人是同质的。《号》篇说:

> 或称君子者何?道德之称也。君之为言群也;子者,丈夫之通称也。……何以知其通称也?以天子至于民。故《诗》云:"恺悌君子,民之父母。"①

君子的称谓对王而言,也并不多出其他意义,它只是历史上自"天子至于民"的通行的道德化称谓而已。从这个意义上讲,《白虎通》列出"君子"为帝王的称谓之一,隐含的不仅是对帝王本身的德性期待,更有一种隐而未发的德性上的平等意识。

这样,如果说天子的称谓是由帝王权力的终极依据——"天"而来,皇帝的称谓是由帝王德性中所应具有的合"天"之"性"而来,则朕、君子之类的称谓,即是人性化的通称了。诸如此类的汉儒辩论,是如今研究者易忽视的地方,特此提出。

第四,《白虎通》还通过辨析"谥"号,以期对君主进行评判和约束。《谥》篇说:

> 谥者,何也?谥之为言引也,引列行之迹也。所以进劝成德,使上务节也。②

"谥"是死后才有的,故它也可视为对一个人一生的言行进行盖棺论定。按照先秦礼制,"生无爵,死无谥",③则"谥"是高位之人(有爵位者)的特权。对君主而言,"谥"号意味着后人对其作为帝王的业绩的总评判,为善者得"善谥",如"慈惠爱民谥曰文,刚强理直谥曰武";④作恶者得"恶谥",如"贼人多杀曰桀,残义损善曰纣"。⑤

---

① 《白虎通》,第48—49页。
② 《白虎通》,第67页。
③ 《礼记·郊特牲》。
④ 《白虎通·谥》,第71页。
⑤ 此举陈立所引,见《白虎通疏证》卷二《谥》,第71页。张守节《史记正义论例》中的《谥法解》无此谥辞。

从历史记载看，汉代有许多臣子因为不满君主的德行和行政方式，而直接上表谴责君主，如汲黯之对汉武帝，谷永之对成帝。（事见《汉书》之《汲黯传》和《谷永传》）这样的历史情形，是有其历史和思想根源的，即先秦的"士为王者师"理念。

由此可见，《白虎通》虽然是为专制权力提供论证的文本，但通过对其中的条理分析，我们依然可以感受到汉代儒者政治意识中隐隐的平等追求。

（二）姓名系统

古人不仅有姓有名，还有氏和字，以及官衔、死后的谥号和追赠，甚至自号之类，颇为复杂。《白虎通》对由姓、氏、名、字四者组成的"姓名"系统进行了简要的辨析，《姓名》篇说：

> 人所以有姓者何？所以崇恩爱，厚亲亲，远禽兽，别婚姻也。故纪世别类，使生相爱，死相哀。同姓不得相娶者，皆为重人伦也。姓者，生也。人禀天气所以生者也。①

这里的第一句话意思颇为重要，即"姓"是万物关系的一种人世表征，表明人是有德性的物类。与我们现在的姓名或姓氏的概念不同，在中国文化形成阶段的殷周剧变时期，姓氏与宗法制度紧密相连，它不仅是重要的封赏分配制度，而且"同姓不婚"更是周代与殷代制度差异的重要内容。《白虎通》秉承其旨，说明姓是人世的情感与伦理得以形成的重要符号系统。按照汉儒的理解，人世之所以有百家之姓，是因为人由五行之常而生，又同"宫、商、角、徵、羽"五律相匹，五五二十五，再与四时相应以乘，以致人世的音声悉备，而以百数为征了。②

进一步地，《姓名》篇说：

---

① 《白虎通》，第401页。
② 《白虎通·姓名》："姓所以有百者何？以为古者圣人吹律定姓，以纪其族。人含五常而生，正声有五，宫、商、角、徵、羽，转而相杂，五五二十五，转四时异气，殊音悉备，故姓有百也。"（第401页）

> 所以有氏者何？所以贵功德、贱伎力。或氏其官，或氏其事，闻其氏即可知其德，所以勉人为善也。①
>
> 人必有名何？所以吐情自纪，尊事人者也。②
>
> 人所以有字何？所以冠德明功，敬成人也。③

早在三代时期，氏的形成与功德和封邑息息相关，氏之名称往往是由父辈的字、封地名、谥号、官位等而来。父辈的功德如何，直接影响到一个宗族的地位和声望。故《白虎通》说，由"氏"就能知道一个人乃至其宗族的德行和社会地位如何（"闻其氏即可知其德"）。这样的风俗制度，目的是鼓励人在保持良好德行的前提下去建功立业。反过来，建立了有利于国家和社会的功业，又会促进人对德行和荣誉的保持和提升。此即"勉人为善"的潜在意思。

另一方面，虽然每个"名"的形成及其意思可能有所不同，但都会因其"名"之字的意义而标示出某些涵义与己相关的重要内容。《白虎通》详细追究了历史上许多圣人与士人之"名"形成的不同情境与意义，最后复归于孔子"名不正则言不顺"的主旨，认为任何人"名"都应该"名顺其文质"。④ 至于"字"，《白虎通》又采纳属今文的《春秋》公羊学和《礼记》的说法，认为它是表明一个人成人后的德行和功业。⑤ 值得注意的是，古代女性也有"字"，但一般是十五岁之后。古人无论男女，多以"伯仲叔季"来标示长幼之序，而人的"字"也多采用"伯仲叔季"中的某个字，以见其在家族中的长幼之序。⑥

历史上最光辉的"姓"无疑是周朝的"姬"姓。以周文王为例，文

---

① 《白虎通》，第402页。
② 《白虎通》，第406页。
③ 《白虎通》，第415页。
④ 《白虎通·姓名》，第414页。
⑤ 《白虎通·姓名》引《礼士冠经》："冠而字之，敬其名也。"又引《礼记·檀弓》说："幼名冠字，五十乃称伯仲。"又，据陈立引证，人之有"字"的说法，是据《公羊传》僖公九年"字而笄之"而来。参见陈立：《白虎通疏证》卷九《姓名》，第415页。
⑥ 参见陈立：《白虎通疏证》卷九《姓名》，第415—417页。

王有十个儿子,长子是伯邑考,余者还有武王发、周公旦、管叔鲜、蔡叔度等,最小的是冉季载。由于他们都姓姬,则周、管、蔡、冉等是封邑成"氏",鲜、度、载与其各自的长幼序列称谓相连,即成其"字"。由此可见,作为一种文化和制度,姓名系统在周朝之初就已经很完善了。

(三)公侯爵位系统

《白虎通》承续先秦礼制思想,认为爵位制度也是由天人关系而来。《爵》篇说:

> 爵有五等,以法五行也;或三等者,法三光也。或法三光,或法五行何?质家者据天,故法三光;文家者据地,故法五行。①

这里有个重要的历史文化背景需要了解。古人基本上都以虞夏尚"质"、殷周尚"文"来理解三代文化的内涵,但是,与郁郁之文的周代相较,殷商文化又显得是"质"有余而"文"不足。按照质天为先、法地为后的序列,殷在周前,则五等周爵自然比三等殷爵更为精致而文了。《白虎通》在此综合今古文家以及谶纬学说对爵位的看法,一方面它取《礼纬·含文嘉》"殷爵三等,周爵五等,各有宜也"之说,以公侯伯三爵为法天的殷"质",是日月星三光的人世化体现,这其实也是今文家的看法;另一方面,它又不排斥古文家对周代公侯伯子男五等爵位的理解,认为五等爵是五行的人世化体现。②

在追溯爵位的历史渊源后,《白虎通》取了今文家的说法,认为公、卿、大夫是介入政府运作的"内爵",并以此来对汉代中央政府的结构框架作了解释。《爵》篇说:

> 公、卿、大夫,何谓也?内爵称也。内爵称公、卿、大夫何?爵者,尽也,各量其职,尽其才也。公之为言公正无私也;卿之为言

---

① 《白虎通》,第6页。
② 参见《白虎通疏证》卷一《爵》,第6—9页。

章也,章善明理也;大夫之为言大扶,扶进人者也。①

这里的"爵"之"尽"义、"卿"之"章"义,都是古义。《白虎通》依据儒家的为政理念,认为公、卿、大夫这样的政府职位都有其德性("公正无私")、能力("章善明理")、心胸境界(延引贤达)的要求。另一方面,"爵"本身隐含的要求是,不仅政府要量才授职,参政者本身也要各尽所能。

就汉代的具体情况而言,汉初有个不成文规定,任丞相者应是公侯。可自公孙弘布衣入相封平津侯后,汉代"公侯入相"的制度便破了个缺口,即布衣入相而侯。故司马贞特引班固之说强调说"丞相封侯,自弘始也"。② 这也是儒生参政的一个标志性事件。自西汉成帝绥和元年(前8)置大司马大司空与丞相鼎立分权以后,汉代中央政府的结构框架即为名副其实的三公九卿制了。《白虎通》认为,这样的设置是"顺成天道"。《封公侯》篇说:

> 王者所以立三公九卿何?曰:天虽至神,必因日月之光。地虽至灵,必有山川之化。圣人虽有万人之德,必须俊贤三公、九卿、二十七大夫、八十一元士,以顺天成其道。③

依据天地之理,天的至上性必须借助日月等才能体现出来。同理,圣人即便集中了所有人的德行优点,也必须借助贤达的三公九卿才能完成其功业。

除了这种与现实政治运作密切相关的"内爵"外,汉代最初承续的是秦二十等爵制。一般而言,汉代女性无爵,这是因为"夫尊于朝,妻荣于室,随夫之行"。④ 在二十等爵中,八级爵位以下是民爵,没什么实际意义,大多是遇到重大庆典时,君主所赐予的,故汉代有时是全民皆

---

① 《白虎通》,第16—17页。标点有改动。
② 《史记》卷一一二《平津侯主父列传》索隐,第2951页。
③ 《白虎通》,第129页。
④ 《白虎通·爵》,第21页。

爵;九级以上则不一样,多有受赐田宅、奴婢、车马等特权。[①] 其实,二十个等爵名号,即是二十个荣誉与利益相融合的价值坐标。在这样的坐标中,几乎每个汉代人都会成为其中的某个点。

综合来看,对名号或某一主题进行历史的、制度的、理论的追溯,正是《白虎通》对四十四个主题进行论说的基本方式。但是,与儒者对远古圣人之世的理想化追求不同,《白虎通》这样的追溯不是要证明现实制度的不合理性。相反,它试图通过这样的追溯来呈现每个主题所具有的历史的、制度的、德性的多重意蕴,并以此说明现行制度的合理性,以及人们遵循它的必要性。又由于在此过程中,儒者采纳了今文、谶纬、古文等各派的观点,则《白虎通》很大程度上可以视为当时儒者对各种不同知识和思想进行整合的努力。正如前文指出的,这种努力与章帝本人的帝业构想,几乎是不谋而合。从另一面看,白虎观会议"连月乃罢",如果仅仅是争论不休所致,而非努力整合达成共识,则凡遇疑义,章帝自己照"石渠故事"进行裁决即可,似乎没必要耗费太多时间。如果再比照章句之学的每经动辄几十万言的章句规模,则《白虎通》以区区五万多言,辨析汉帝国社会、政治、军事、思想、风俗等各类主题,也可视为当时儒者试图改变经学繁琐弊端的努力。

三、情性理论

《白虎通》中的情性理论,直接的思想资源是《春秋》公羊学和谶纬学说,间接的思想资源则是先秦儒家和阴阳五行思想。

首先,从自然人的意义上,《白虎通》认为情性是与阴阳六气匹配而生的。《性情》篇说:

> 性情者,何谓也? 性者阳之施,情者阴之化也。人禀阴阳气而生,故内怀五性六情。情者,静也,性者,生也,此人所禀六气以

[①] 日本学者西嶋定生有《中国古代帝国的形成与结构——二十等爵制研究》(武尚清译,中华书局,2004年),对此有精深的论说,可详参。

生者也。故《钩命决》曰:"情生于阴,欲以时念也;性生于阳,以就理也。阳气者仁,阴气者贪,故情有利欲,性有仁也。"①

这里需要注意两个问题:一是与《公羊》家的看法相似,《白虎通》认为性阳情阴,性仁情贪。二是与先秦儒家性静情动的看法不同,《白虎通》认为性生情静。这里的"生",是气之所生,其意是说性与"生"俱有,在人之"形兆"形成的过程中,性就自然而然地具备了具有主导意味的"阳"之"理"。《礼记·乐记》以性为静,情由欲引而动,这样的理论在教化层面具有的意义是,对欲进行有效的规制即可达到对性的涵养。《白虎通》以情静性生的意义在于,它把具有外在强制倾向的礼对"欲"的规制,转化成人内在的主动的自理,即人之去恶为善,应该遵循"阳"动"阴"随之理。故它引《钩命决》说,情是由当下的欲望牵念而动的,而性是内在的主导之理,具有"仁"的内涵。其潜台词是,情之动应随性之理,以至于善。在这个意义上,《白虎通》实际上是倾向于"性善"论的。

其次,从社会人的意义上,《白虎通》明确地把"性"伦理化,把"情"情感化。《性情》篇说:

> 五性者何谓?仁义礼智信也。仁者,不忍也,施生爱人也。义者,宜也,断决得中也。礼者,履也,履道成文也。智者,知也,独见前闻,不惑于事,见微知著也。信者,诚也,专一不移也。故人生而应八卦之体,得五气以为常,仁义礼智信也。
>
> 六情者,何谓也?喜怒哀乐爱恶谓六情,所以扶成五性。
>
> 性所以五,情所以六何?人本含六律五行之气而生,故内有五藏六府,此情性之所由出入也。②

在此,《白虎通》很简洁地处理了性五情六的问题,即性情之数是自然

---

① 《白虎通》,第381页。此处标点有改动。
② 《白虎通》,第381—382页。

而然的。由"五行六律"到"五藏六府",是天人相应的结果。这样的结果,既是天人关系的逻辑延伸,也是社会人所以为人的根据所在。那么,人体的五脏六腑与仁义礼智信五常,又有怎样的关系呢?《性情》篇说:

> 五藏者,何也?谓肝、心、肺、肾、脾也。……五藏,肝仁,肺义,心礼,肾智,脾信也。①
>
> 六府者,何谓也?谓大肠、小肠、胃、膀胱、三焦、胆也。府者谓五藏官府也。②
>
> 胃者,脾之府也。脾主禀气。胃者,谷之委也,故脾禀气也。膀胱者,肾之府也。肾者主泻,膀胱者常能有热,故先决难也。……胆者,肝之府也。肝者,木之精也。主仁,仁者不忍,故以胆断焉。是以仁者必有勇也。肝胆异趣,何以知相为府也?肝者,木之精,木之为言牧也,人怒无不色青目眦张者,是其效也。大肠小肠,心肺之府也。主礼义,礼义者,有分理,肠亦大小相承受也。③

引文的说法是《白虎通》对黄老道家、医学和今文家相关思想的综合。这些我们今天在医书上才会见到的名词,在古人那儿可能是再平常不过的常识,并以其为申发的概念。而从其论说的理路看,其中虽有不少中医学内容,却也显现出浓郁的比附说理的痕迹。④

按照上文社会人之性情的逻辑,既然五藏六府是情性所能出入的自然途径,则它们各自的功能发挥即是性情扶成关系的关键所在。《白虎通》认为,肺是金之精,以鼻之呼纳为征候,而鼻之高隆之态,象金之所集,故能集义决断,其功能为吐纳;心为火之精,火指南方之阳,

---

① 《白虎通》,第 383 页。
② 《白虎通》,第 386 页。
③ 《白虎通》,第 387—388 页。
④ 《白虎通》有关此类的论说,多为比附牵强之说,在学理上难以分析。再如,其论"目"为"肝"之"侯"说:"目为之侯何?目能出泪,而不能内物,木亦能出枝叶,不能有所内也。"又如其论"肾"说:"肾所以智何?肾者水之精,智者进止无所疑惑,水亦进而不惑。"《白虎通·性情》,分别见第 384、385 页。

阳尊在上,阴卑在下,故主礼;而大肠、小肠为心肺之府的原因是二者具有对大小之物的受理功能,蠕动而得其精髓;脾为土之精,功能是积精气,土生物无私,故主信,而胃是脾之府的原因是它能化"气"之精华体——谷物;肾为水之精,智者进退自如,如水流而不滞,故主智,其功能是泻,而膀胱是肾之府的原因在于它能决流疏导;三焦是水谷之"气"在人体里通途("络")的主要接合点,故为"包络府";肝为木之精,木为东方,其阳动万物始生,故有仁之质,而胆为其府的原因是仁者不忍,必以胆断,二者互相匹配,仁中才会有勇。至今,我们经常使用的成语"肝胆相照",要突出的还是这种仁勇兼备的意蕴。

由此可见,《白虎通》的性情理论与其前的性情理论差别颇大。先秦乃至《春秋》公羊学的性情说,注重性之呈现与情或欲之限制关系,其中的关键是礼乐的运用。而《白虎通》以自然人到社会人的进程立论,认为性情辅成关系的关键在于,人在这个进程中要遵循阴阳之理而调适自身的日常生活。其以五脏六府而论五性六情的潜在意义是,人只有自我培育成身心健康的人,性情才会和谐,伦理德性才能成就。

当然,《白虎通》作为集体议论的结果,没有排斥古老的礼乐化情思想,因此说:"人无不含天地之气,有五常之性者。乐所以荡涤,反其邪恶也,礼所以防淫佚,节其侈靡也。"①很显然,这是它对先秦儒家思想的接纳,但其中已经融入了自己的"五常之性"。而这正可视为它努力整合不同思想的证据。

四、教化纲常

《白虎通》最为后人注目之处是它的教化与"三纲六纪"思想。

汉儒主张教化,与他们对经典的理解是分不开的。《五经》篇说:"经所以五者何?经,常也。有五常之道,故曰《五经》。"②这是说,根据

---

① 《白虎通·礼乐》,第94页。
② 《白虎通》,第447页。

天的五行之理,人也有五常之道。而"经"是这些道的载体,故又说:

> 《乐》仁,《书》义,《礼》礼,《易》智,《诗》信也。人情有五性,怀五常不能自成,是以圣人象天五常之道而明之,以教人成其德也。①

这样的"五经"认同是先秦就有的。但是,由于"学以治性,虑以变情",②则学"经"的目的,不是为了功利,而是为了"教人成其德"。况且,六经本身就具有这样的效用,即所谓"温柔宽厚,《诗》教也;疏通知远,《书》教也;广博易良,《乐》教也;洁静精微,《易》教也;恭俭庄敬,《礼》教也;属词比事,《春秋》教也。"③这是汉代广泛认可的"六经"功用。在汉儒看来,这样的学习教化是成人的根本。

另一方面,教化还有一层含义,即"教者,效也"。④按照《白虎通》的意思,"上为之,下效之,民有质朴,不教而成。"⑤也就是说,只要为上者守圣王君子之道,则普通民众都会以他们为榜样成为好国民的。

与教化密不可分的是纲纪理论。《三纲六纪》篇说:"纲者,张也;纪者,理也。大者为纲,小者为纪,所以张理上下,整齐人道也。"⑥纲纪是形象化的说法,说明人世的治理如同张网一样,纲举而目张。而这样的过程,即是"纲纪为化"的过程。

如果说"五经"的教化是为了个体的成人有德,则"纲纪为化"是为了人与人之间的和谐与温情。《三纲六纪》说:

> 三纲者何谓也? 谓君臣、父子、夫妇也。六纪者,谓诸父、兄弟、族人、诸舅、师长、朋友也。故《含文嘉》曰:"君为臣纲,父为子

---

① 《白虎通·五经》,第 447 页。
② 《白虎通·辟雍》,第 254 页。
③ 《白虎通·五经》,第 448 页。
④ 《白虎通·三教》,第 371 页。
⑤ 《白虎通·三教》,第 371 页。
⑥ 《白虎通》,第 374 页。

纲,夫为妻纲。"又曰:"敬诸父兄,六纪道行,诸舅有义,族人有序,昆弟有亲,师长有尊,朋友有旧。"①

"三纲六纪",很明显是用来协调和维持社会秩序的。

先看三纲。《白虎通》所引《礼纬·含文嘉》的"三纲"来自于董仲舒的思想,其中隐含的专制意味是很清楚的。但是,今人往往以"纲"为"标准"、"统治"之义,并据此以臣、子、妇对君、父、夫是绝对服从的关系。这并非《白虎通》的原义。

《三纲六纪》说,"三纲法天地人",即"君臣法天,取象日月屈信,归功天也;父子法地,取象五行转相生也;夫妇法人,取象人合阴阳有施化端也"。②依据《白虎通》中天地人关系的逻辑,其中的"法"是"法"天地人关系之"理",即"一阴一阳谓之道。阳得阴而成,阴得阳而序,刚柔相配,故六人为三纲"。③这样,天地人之"理"实际上是一种相配相成之理,即三纲所蕴含的关系应该是相配相成关系。即便按照阳主阴随的逻辑来理解,其中也没有一种绝对的无条件的服从关系。由此,君、父、夫对臣、子、妇起码不是一种绝对的服从关系。如果联系上文"五行转相生"的理解,则无道之君也是可以被臣子废黜的。

再看六纪。《三纲六纪》说,"六纪法六合",六合是指四方上下。与三纲的天地人匹配,六合的区位意义当然要以天地人为基础。故《三纲六纪》说:

> 六纪者,为三纲之纪者也。师长,君臣之纪也,以其皆成己也。诸父兄弟,父子之纪也,以其有亲恩连也。诸舅朋友,夫妇之纪也,以其皆有同志为己助也。④

在这样的表述里,六纪中看不出有什么绝对的统治与被统治的关系,

---

① 《白虎通》,第373—374页。
② 《白虎通》,第375页。
③ 《白虎通·三纲六纪》,第374页。
④ 《白虎通》,第375页。

而是亲情与友情的关系。六纪是三纲之纪。"师长,君臣之纪",是说师长能教育自己,成就自己,所以把它视为为君臣之纲的纪。"诸父兄弟,父子之纪",是说诸父兄弟有着慈爱孝悌之情义,所以把它作为父子之纲的纪。"诸舅朋友,夫妇之纪",是说他们都能互相帮助相辅相成,所以说诸舅朋友是夫妇之纲的纪。《三纲六纪》中还说"君,群也",君之为君在于他能领导民众,并使他们都能自觉地信服自己的领导("群下之所归心");①而"臣,繵坚也,厉志自坚固也",②如此之臣,难道会无条件地绝对服从犯有错误的君主而不谏诤吗?即便是日常生活中的"夫妇",虽然《嫁娶》篇中有"三从"之义(在家从父母,既嫁从夫,夫没从子),但《三纲六纪》中又说"夫者,扶也,以道扶接也;妇者,服也,以礼屈服也"。③ 道和礼是夫妇都要遵循的准则,谁也不能违背,可见夫妻关系也并非意味着绝对意义上的服从。

由此看来,基于某些现成理论,为了批判的需要而进行断章取义式的理解,虽然简捷而有力,但对典籍本身而言,可能会产生很多误读乃至误解。

五、制度总结

范晔在《后汉书·曹褒传》末尾"论"中,对汉制变迁以及叔孙通为汉制仪等事件,作了简略评述。④ 紧接着,他对白虎观会议及其结果,不无褒扬地说:

> 孝章永言前王,明发兴作。专命礼臣,撰定国宪,洋洋乎盛德之事焉。⑤

---

① 《白虎通·三纲六纪》,第376页。
② 《白虎通·三纲六纪》,第376页。
③ 《白虎通·三纲六纪》,第376页。
④ 其文曰:"汉初天下创定,朝制无文,叔孙通颇采经礼,参酌秦法,虽适物观时,有救崩敝,然先王之容典盖多阙矣,是以贾谊、仲舒、王吉、刘向之徒,怀愤叹息所不能已也。资文、宣之远图明懿,而终莫或用,故知自燕而观,有不尽矣。"《后汉书》卷三十五《曹褒传》,第1205页。
⑤ 《后汉书》,第1205页。

"国宪"即指《白虎通》。仔细辨析《白虎通》中现存的四十三个主题,其中有三十个主题与古代社会、政治、风俗制度直接相关。因此,在制度层面上,从其"通义"的意义上说,《白虎通》无疑是具有制度总结意义的"国宪"典籍。

从《白虎通》制度类主题的具体内容看,其中有颇具汉代特色的制度总结。除了上文已经述及的祥瑞、灾异、爵位、封禅等内容外,还有谏争、考黜等,其中最有意味的是汉儒对"不臣"和"师"的阐释。

先看儒者们通过怎样的隐晦途径来对王权进行限制,并为自己争取尊严的。在儒者们看来,即便帝王是人世的至尊,也并非拥有绝对的统治力。帝王在敬畏天地先王之外,还必须对人世的很多人和事保持肃敬之心。《王者不臣》篇说:

> 王者有暂不臣者五,谓祭尸、授受之师、将帅用兵、三老、五更。①

这里征引的是《孝经纬·钩命决》之义。② 按照《白虎通》下文的论说,在严格的君臣序列关系中,上述五种情形王者不能以帝王身份与其相处。一是祭祀时的"尸"是祖先之神的象征,为"尸"之人在祭祀中可以不受君臣之礼的约束,王者必须给予足够的尊重。这点体现了孔子"慎终追远"之义。二是对授业的老师,君主不能以帝王身份对待,这点是对西汉中后期帝王"尊师重傅"传统的延续。如前文所引明帝看望老师桓荣,至街口停车舆,步行到桓荣家。三是对在外用兵的将军们,不得以君臣之义掣肘。这是对"将在外,君命有所不受"的古老传统的发挥。最后是对"三老"、"五更",必须持有充分的尊重。一般说来,汉代的"三老"、"五更"是指从三公和九卿位置上退休的且德高寿长的硕望之人。名之以"三老",是指此人已通达天地人之道;名之以

---

① 《白虎通》,第319页。
② 《孝经纬·钩命决》之文曰:"暂不臣者五,谓师也,三老也,五更也,祭尸也,大将军也。此五者,天子诸侯同之。"此为陈立所引,见《白虎通疏证》上册,第319页。

"五更",是指此人深得五行更替之理。① 这两者可以不对君主施礼,也无须答拜君主之礼。而且,君主在重大的国家礼仪中,都必须亲手奉其所祀,"父事三老,兄事五更",即皇帝要像侍奉父亲和哥哥那样对待"三老"、"五更"。② 这是汉代君主倡导儒家之仪的重要内容,也是儒者获取尊严的最高形式。

另外,君主还得对"先王老臣"、"春秋单伯"(代指德高望重的三公九卿)、"盛德之士"、"诸父诸兄"五类人保持必要的尊敬,不得直呼其名。《王者不臣》引《韩诗内传》说:"师臣者帝,友臣者王,臣臣者伯,鲁臣者亡。"③这显然是用来教训君主的。凡此之类条目,实际上是先秦儒者主张的士为王者师在东汉儒者那里的回响。章帝亲自参与了白虎观会议的疑义裁决,但其中尚有许多对君主限制的条目,这不能不说是儒家理念深入政治意识的结果。

再看汉儒如何秉承先秦思想中的尊师重傅观念,来强调"师"的重要性。《辟雍》篇说:

> 虽有自然之性,必立师傅焉。《论语谶》曰:"五帝立师,三王制之。"帝颛顼师绿图,帝喾师赤松子,帝尧师务成子,帝舜师尹寿,禹师国先生,汤师伊尹,文王师吕望,武王师尚父,周公师虢叔,孔子师老聃。天子之太子,诸侯之世子皆就师于外者,尊师重先王之道也。④

举了这么多圣王有师的例子,其实只是为了说明,天子诸侯再怎么秉承天命,也得向老师学习为君之道。这样,在《白虎通》中,儒者们以先

---

① 《白虎通·乡射》说:"老者,寿考也,欲言所令者多也。更者,更也,所更历者众也。即如是,不但言老言三何? 欲其明天地人之道而老也。五更者,欲其明于五行之道而更事也。"陈立引证《孝经纬·援神契》说:"三者,道成于三;五者,训于五品,其言能以善道改更已也。"皆见《白虎通疏证》上册,第250页。
② 《白虎通·乡射》对此有较为详细的论说,参见《白虎通疏证》卷五《乡射》,第248—249页。
③ 《白虎通》,第326页。
④ 《白虎通》,第254—255页。

王之道的名义,为儒家甚至是自己所从事的经学事业争得了"国宪"权利。只不过,他们赖以立论的根据来自《论语谶》而已。而他们之所以选择"谶",不选择先秦子书或《史记》中的相关记载,正好说明谶纬之说在当时具有非凡的影响力。另一方面,正如第四章我们指出过的,谶纬学说之所以要神化孔子,其目的之一可能是汉儒为自己的"经世致用"寻找根据。

还有一个值得注意的问题是,无论是追溯某制度的历史渊源,还是隐晦辨析当代行政,《白虎通》中都贯穿了先秦儒家的民本意识和礼仪精神。如论帝王之有社稷,是为民求福功,此于《社稷》篇可见;论帝王封贤设官都应"为民",此于《封公侯》篇可见。而《礼乐》、《乡射》、《丧服》、《嫁娶》等篇,是对先秦和汉代风俗的综合。至于其中的《谏争》、《考黜》等篇,与汉代的制度更是密切相关。凡此不一而足。

最后,必须注意的是,汉代制度文化作为中国古代大一统帝国制度文化的模板,历经两千年而无根本的变动,这点本身就值得我们深入探究。就《白虎通》而言,其中许多论说虽然为皇权张目,或者有浓郁的荒诞迷信意味。但另一方面,贯穿于《白虎通》的也有一种深重的历史感。这种历史感,一方面使得它以古老的"天人关系"思想作为立论的基础,融合了汉代的今古文经学、谶纬学说、黄老医学;另一方面,它又深入历史文化的源头,为汉代制度和文化寻求渊源和证据。

第九章

王充的儒学思想及其对谶纬的批评

王充虽然不是汉代儒学的典范代表,但是却对儒学有着深入的思考。他对汉代儒学的批判性考察,既具有不同寻常的洞见,也有难以掩盖的偏见。作为一个思想家,他几乎不属于任何理论派系,力图通过独立思考来质疑当时盛行的思想权威。他的结论可能并不圆满,但是他充满批判精神的独立思考态度,却昭示着经院式思维的没落。

《后汉书·王充传》道:

> 王充字仲任,会稽上虞人也,其先自魏郡元城徙焉。充少孤,乡里称孝。后到京师,受业太学,师事扶风班彪。好博览而不守章句。家贫无书,常游洛阳市肆,阅所卖书,一见辄能诵忆,遂博通众流百家之言。后归乡里,屏居教授。仕郡为功曹,以数谏争不合去。

> 充好论说,始若诡异,终有理实。以为俗儒守文,多失其真,乃闭门潜思,绝庆吊之礼,户牖墙壁各置刀笔。著《论衡》八十五篇,二十余万言,释物类同异,正时俗嫌疑。
>
> 刺史董勤辟为从事,转治中,自免还家。友人同郡谢夷吾上书荐充才学,肃宗特诏公车征,病不行。年渐七十,志力衰耗,乃造《养性书》十六篇,裁节嗜欲,颐神自守。永元中,病卒于家。①

依据范晔的记载和《论衡》中《自纪》篇自述,我们可以对王充生平有个大致了解。首先,王充早岁失怙但少年聪慧,两者相结合使得他很容易形成质疑权威的性格。至于他是否乡里称孝,虽经历代学者反复辩驳,②却与他思想风格的形成没有直接关联。因家境窘迫,王充青年时代求学受阻,但他以自己的勤奋和天资弥补了环境的不足。在缺少正规师承的情况下,③依靠自身博闻强记获得学问,也难怪王充后来具有独立不倚的批判精神和广阔的学术视野。显然这种性格不适合从政,因此王充出仕经历不乏坎坷,始终未能进阶高位。晚年王充归家著述,后来同乡谢夷吾上书推荐王充而得汉章帝公车征召,但可惜王充的身体状况已经无法应征。

历史上对于王充思想的评价差异很大。支持者认为王充"洪才渊懿,学究道源,著书垂藻,骆驿百篇,释经传之宿疑,解当世之槃结,或上穷阴阳之奥秘,下虑人情之归极"。④ 宋元之后质疑汉儒学说的学者,多以王充为思想先驱:"后来如金李纯甫、明李卓吾,著书每与孔孟为难,当导源于此。言论解放,不为古今人束缚,表现怀疑派哲学精神,王氏实开其端。盖吾国人奉前言为偶像,……诘难既多,劣者败退,优者长存,而哲理因之以演进。"⑤排除该论所隐含的社会进化假说

---

① 《后汉书》卷四九《王充传》,第1629—1630页。
② 请参考周桂钿:《王充评传》,《桓谭王充评传》,南京大学出版社,1993年,第88—93页。
③ 师事班彪的记载未必准确,详细考订见徐复观《两汉思想史》卷二《王充论考》。
④ 《三国志·吴书·虞翻传》注引《会稽典录》,第1325页。
⑤ 莫伯骥:《五十万卷楼群书跋文》子部一《论衡》。

对错不谈,以王充为中国思想历史中批判派之先导,的确别具慧眼。相比较而言,反对王充者也为数不少。官方立场当然不可能赞成王充的批判态度,《四库全书总目》和乾隆《读王充〈论衡〉》是这派的代表。民间学者反对《论衡》以清代赵坦为代表:"王充,汉儒之慘戾者也。……周秦而下,诸子百家杂出,以淆圣人之道,背仁义者莫若申韩,至充之《论衡》则又甚焉。"①简而言之,后代思想家中以儒家正统自居者多非难王充,而批评传统儒学者往往引王充为同道。

第一节　对儒家神学思想的批评

王充对于汉代及前代的主流思想有很多批判,但是他驳斥的焦点集中于汉代盛行的感应思想。

感应思想在中国哲学中由来已久而且影响广泛,远远不止于董仲舒构建的天人感应系统。王充对于感应观点的批驳,直接针对的是董仲舒及其后学,但实质涉及更深远的中国哲学背景。几乎在中国哲学最初期,感应论就被用来解释天人之间、社会关系甚至自然关联中与人相关的交互作用关系。

《周易》系统为感应论提供了形而上体系的支持,无论是卦象、爻辞还是易传,都体现了"同声相应,同气相求"的感应立场。如二程对于咸卦的解释:"咸,感也。不曰感者,咸有皆义,男女交相感也。物之相感莫如男女,而少复甚焉。凡君臣上下以至万物,皆有相感之道。物之相感,则有亨通之理。君臣能相感,则君臣之道通。上下能相感,则上下之志通。以至父子夫妇亲戚朋友,皆情意相感,则和顺而亨通。事物皆然。故咸有亨之理。利贞,相感之道,利在于正也。不以正,则

---

① 赵坦:《保甓斋文录》卷上《书〈论衡〉后》,清道光八年刻本,第四二—四三页。

入于恶矣,如夫妇之以淫姣,君臣之以媚说,上下之以邪僻,皆相感之不以正也。取女吉,以卦才言也。卦有柔上刚下,'二气感应相与,止而说,男下女'之义,以此义娶女,则得正而吉也。"①男女指代阴阳所产生的感应,是感应最为基本的形式之一,并非直到汉代才由董仲舒所揭示,早在《周易》中已有充分的展开。②

在《周易》确立了感应论的形而上基础之后,无论儒道都把社会范畴的交互作用归于感应。如《论语》中的"为政以德"的立场,如《老子》"我无为而民自化"的论点,如《庄子》中"神凝使物不疵疠而年谷熟"的神人形象,都蕴含了无须通过直接交往而产生社会影响的感应思想。《吕氏春秋·召类》:"类同相召,气同则合,声比则应。"其中体现的是自然界中的感应现象。可以说感应论是上古思想中解释天人、社会、自然现象的普遍理论基础,董仲舒的成就在于把三方面的感应归于统一的体系而不是独创感应说。王充对于感应论的批驳,实际上是质疑整个上古思想传统的有效性。③

在《论衡·感虚篇》中,王充对传统上的感应传说进行了一系列批驳:

> 传书言:"汤遭七年旱,以身祷于桑林,自责以六过,天乃雨。"或言:"五年。祷辞曰:'余一人有罪,无及万夫。万夫有罪,在余一人。天以一人不敏,使上帝鬼神伤民之命。'于是剪其发,丽其手,自以为牲,用祈福于上帝。上帝甚说,时雨乃至。"言汤以身祷于桑林自责,若言剪发丽手,自以为牲,用祈福于帝者,实也。言雨至为汤自责以身祷之故,殆虚言也。孔子疾病,子路请祷。孔

---

① 《二程集》,中华书局,1981年,第854—855页。
② 参见沈顺福:《感应与存在》,《周易研究》2007年第2期。
③ 在中国哲学中,感应论的地位相当于西方哲学中的因果观念,但两者也有明显的区别:感应论多运用于宗教或人事领域,而因果论多应用于物质领域;感应论中的交互双方可以没有时间空间的密接关联,而因果论需要两者在时空上的接近;感应论多涉及宗教、心性与伦理因素,因此涉及信念领域,且与感应的主体相关,而因果关联属于经验层面,排除了主体的特殊因素,因此可以被普遍证实或证伪。

子曰:"有诸?"子路曰:"有之。《诔》曰:'祷尔于上下神祇。'"孔子曰:"丘之祷,久矣。"圣人修身正行,素祷之日久,天地鬼神知其无罪,故曰祷久矣。《易》曰:"大人与天地合其德,与日月合其明,与四时合其叙,与鬼神合其吉凶。"此言圣人与天地鬼神同德行也。即须祷以得福,是不同也。汤与孔子俱圣人也,皆素祷之日久。孔子不使子路祷以治病,汤何能以祷得雨?孔子素祷,身犹疾病。汤亦素祷,岁犹大旱。然则天地之有水旱,犹人之有疾病也。疾不可以自责除,水旱不可以祷谢去,明矣。汤之致旱,以过乎?是不与天地同德也。今不以过致旱乎?自责祷谢,亦无益也。人形长七尺,形中有五常,有瘅热之病,深自克责,犹不能愈,况以广大之天,自有水旱之变,汤用七尺之形,形中之诚,自责祷谢,安能得雨邪?人在层台之上,人从层台下叩头,求请台上之物。台上之人闻其言,则怜而与之;如不闻其言,虽至诚区区,终无得也。夫天去人,非徒层台之高也,汤虽自责,天安能闻知而与之雨乎?夫旱,火变也;湛,水异也。尧遭洪水,可谓湛矣。尧不自责以身祷祈,必舜、禹治之,知水变必须治也。除湛不以祷祈,除旱亦宜如之。由此言之,汤之祷祈,不能得雨。或时旱久,时当自雨;汤以旱久,亦适自责。世人见雨之下,随汤自责而至,则谓汤以祷祈得雨矣。①

这是他批驳感应论的一个典型范例:商汤大旱,汤王自责而代民祈祷以为牺牲,天为之感应从而随之降雨。商汤的行为为后来帝王树立了典范,面对旱灾,帝王必须要以自己的虔诚向上天祈祷。王充并没有怀疑这一历史事件的真实性,他只是从反面质疑它所蕴含的感应观点,从中可以看出王充驳斥感应观点的基本途径:首先,以人文化精神因素取代宗教因素。他提到孔子生病时,子路曾为老师祈祷康复,孔子道:"丘之祷,久矣。"王充的解释是,"圣人修身正行,……天地鬼神

---

① 《论衡校释》卷第五《感虚篇》,第245—249页。

知其无罪",因此可无祷而痊愈。由是王充推论道:既然孔子不倡导以祈祷求无病,那么商汤如何会以祈祷求无旱呢? 其次,"孔子素祷,身犹疾病。汤亦素祷,岁犹大旱。然则天地之有水旱,犹人之有疾病也。疾不可以自责除,水旱不可以祷谢去,明矣。"孔子"祷之久矣"尚且有病,那么商汤同样也遇到旱灾,因此自然界的灾害就如同人身体所遭遇的病痛一样是偶然所至而无法避免。疾病不能通过自责而消除,那么旱灾也不能通过自为牺牲而免除。其三,"人形长七尺,形中有五常,有瘅热之病,深自克责,犹不能愈,况以广大之天,自有水旱之变,汤用七尺之形,形中之诚,自责祷谢,安能得雨邪?"此处王充所用的是以小推大的方法:相比天地,身体可谓微小,微小躯体之疾病尚不能以祈祷而去除,那么广大天地水旱变化,更不能通过祈祷而改变。盖因天人遥远,虽至高至诚不能感动上天。其四,以事实作为反证。尧遭水灾,舜、禹治理,未尝以祈祷为治水之策。水灾如是,旱灾也当如是。

"由此言之,汤之祷祈,不能得雨。或时旱久,时当自雨;汤以旱久,亦适自责。世人见雨之下,随汤自责而至,则谓汤以祷祈得雨矣。"王充的结论是:商汤祈祷之后的降雨,纯属偶然巧合,并不能证明天人之间存有某种感应关系。

王充论证感应论之非的主要方法,是把玄远的感应现象递推到现实的效验现象之中。凡是现实效验无法证明的关联,他认为也不能在感应关联中实现。譬如在上面所举商汤祈雨的例子中,他先是以孔子祷病这个效验范围可以观察的事例,来驳斥感应的有效性,接着又用夏禹治水的历史事例,来证明感应立场对水旱灾害的无效性。王充试图以经验性因果观念来替代超验的感应观念,是中国哲学中很罕见的一次尝试,所以很多学者认为王充代表了更为近代化的思想方向。对此徐复观的观点颇有洞见:"感应说的不可信,乃是大前提中的实质问题,而不是大前提下的推演问题。"①的确如此,感应论和因果效验论,

---

① 徐复观:《两汉思想史》卷二《王充论考》,第601页。

本身就不是可以通约的思想范式。感应论对应的是个人心性层面,效验论对应的是公共经验层面,前者不像后者那样可以成为证实的对象。所以如果我们说王充开拓了一种更接近近现代的思维模式是可以的,但很难认为王充可以凭借效验论来将感应论批驳否定。

除了提出新的推理模式来否定感应说外,王充主要运用元气自然说来解释际遇的差别。首先他提出人的体质取决于先天元气禀赋的多少:"夫禀气渥则其体强,体强则其命长;气薄则其体弱,体弱则命短,命短则多病寿短。始生而死,未产而伤,禀之薄弱也;渥强之人,不卒其寿。若夫无所遭遇,虚居困劣,短气而死,此禀之薄,用之竭也。此与始生而死,未产而伤,一命也,皆由禀气不足,不自致于百也。"①这种观点对后世医学有很大影响,但是王充的目的不局限于论证先天禀赋对人体制的影响,而是扩展到天赋元气对社会际遇的影响:"人生性命当富贵者,初禀自然之气,养育长大,富贵之命效矣。文王得赤雀,武王得白鱼赤乌。儒者论之,以为雀则文王受命,鱼乌则武王受命,文、武受命于天,天用雀与鱼乌命授之也。天用赤雀命文王,文王不受,天复用鱼乌命武王也。若此者,谓本无命于天,修己行善,善行闻天,天乃授以帝王之命也,故雀与鱼乌,天使为王之命也,王所奉以行诛者也。如实论之,非命也。命,谓初所禀得而生也。人生受性,则受命矣。性命俱禀,同时并得,非先禀性,后乃受命也。"②这里所谓"性",就是指天赋元气。王充认为人在接受天赋元气的同时,就已经注定了其命运的兴衰,至于富贵贫贱皆来源于自然所赋而并非人力能成。他的元气自然说,固然有来自道家的因素,但是其命定观念又同道家相去甚远。

在否定传统的感应论之后,王充相应地破除善恶动机同福祸际遇之间的关联。他指出:"世论行善者福至,为恶者祸来。福祸之应,皆天也,人为之,天应之。阳恩,人君赏其行;阴惠,天地报其德。无贵贱

---

① 《论衡校释》卷一《气寿篇》,第 28 页。
② 《论衡校释》卷三《初禀篇》,第 124—125 页。

贤愚，莫谓不然。徒见行事有其文传，又见善人时遇福，故遂信之，谓之实然。斯言或时贤圣欲劝人为善，著必然之语，以明德报；或福时适，遇者以为然。如实论之，安得福佑乎？"①在王充看来，传统上认为人的善良行为会受到上天赐福的观点，不过是圣人以神道设教劝人为善而编造的劝世之谈。实质上，他认为天地之间福祸际遇皆出于偶然。②所以，实际情况是："天下善人寡，恶人众。善人顺道，恶人违天。然夫恶人之命不短，善人之年不长。天不命善人常享一百载之寿，恶人为殇子恶死，何哉？"③他之所以得出善恶无关祸福的观点，是他以效验论证是非的必然结果。因此从局部的效验来看，善恶同祸福没有必然的关联。但是从更广阔的感应背景来看，从《易传》起就有了"积善之家必有余庆"的观点。④

王充排斥感应论的后果，是把道德行为的报应机制也一并废除了。他以偶然论取代感应论，在逻辑上并非没有道理，但是却忽视了感应论在社会和政治层面的作用。董仲舒确立天人感应的理论，既是对前代感应思想的继承，也是对汉代君主专制体系的制衡，也包括对社会风化的影响。王充如果反对以董仲舒为代表的感应论，那么实质上既失去了对君权的制衡，也失去了对民众的教化，将使儒学成为虚设。

第二节　王充的儒学思想

然而王充没有试图推翻整个儒学，他只是出于自由思考者的立场

---

① 《论衡校释》卷六《福虚篇》，第261页。
② 参见《论衡·数偶篇》中的论述。
③ 《论衡校释》卷六《福虚篇》，第271页。
④ 在佛教传入之前，中国通行的善恶与福祸观点是"承负"论，即父辈没有得到报应的福祸会延续到子孙身上。

质疑常见的观念。他对东汉儒学的观念有诸多批评,但是对前代的儒学观念也不乏支持。与其说他在批驳儒学,不如说他是在批评东汉时期对儒学的理解。王充对东汉儒学的批评大致集中于三点:对圣人的神化倾向、谴告的存在和祭礼的作用,他的基本立场是排除儒学中的宗教化内容。

东汉儒学受谶纬影响,试图将传统上的儒学人格神圣化,诸如尧、舜、周、孔都在神化之列。当时"儒者论圣人,以为前知千岁,后知万事,有独见之明,独听之聪,事来则名,不学自知,不问自晓,故称圣,则神矣。若蓍、龟之知吉凶,蓍草称神,龟称灵矣"。① 东汉时期有些儒者认为诸如黄帝、尧、舜等圣人,具有生而知之的能力,不学而知,不问而晓,且前知千岁,后知万事,可谓神圣。这种将思想系统宗教化的趋势,自然成为崇尚效验的王充的批评对象:

> 儒书称:"尧、舜之德,至优至大,天下太平,一人不刑。"又言:"文、武之隆,遗在成、康,刑错不用,四十余年。"是欲称尧、舜,褒文、武也。
>
> 夫为言不益,则美不足称;为文不渥,则事不足褒。尧、舜虽优,不能使一人不刑;文、武虽盛,不能使刑不用。言其犯刑者少,用刑希疏,可也;言其一人不刑,刑错不用,增之也。
>
> 夫能使一人不刑,则能使一国不伐;能使刑错不用,则能使兵寝不施。案尧伐丹水,舜征有苗,四子服罪,刑兵设用。成王之时,四国篡畔,淮夷、徐戎,并为患害。夫刑人用刀,伐人用兵,罪人用法,诛人用武。武、法不殊,兵、刀不异。巧论之人,不能别也。夫德劣故用兵,犯法故施刑。刑与兵,犹足与翼也,走用足,飞用翼。形体虽异,其行身同。刑之与兵,全众禁邪,其实一也。称兵之用,言刑之不施,是犹人耳缺目完,以目完称人体全,不可

---

① 《论衡校释》卷二六《实知篇》,第1069页。

从也。人桀于刺虎,怯于击人,而以刺虎称谓之勇,不可听也。身无败缺,勇无不进,乃为全耳。今称"一人不刑",不言一兵不用;褒"刑错不用",不言一人不畔,未得为优,未可谓盛也。①

此处所谓"增",意谓夸大其实。当时的儒家典籍试图把尧舜文武时期的社会美化为理想的太平治世,在那些时代当中,甚至没有任何人因为过错而受到刑罚。王充并没有否定尧舜文武时代的成就,但是"尧、舜虽优,不能使一人不刑;文、武虽盛,不能使刑不用。言其犯刑者少,用刑希疏,可也;言其一人不刑,刑错不用,增之也。"接着王充又使用类比方法来否定尧、舜、文、武时代不用刑罚的可能性:尧舜曾征讨丹水、有苗,周成王讨伐四国,"夫刑人用刀,伐人用兵,罪人用法,诛人用武。武、法不殊,兵、刀不异。"这些所谓太平时代都有武力征伐的记录,因此无法证明他们长时期不用刑罚来治理天下。现在儒者说当时没有人受到刑罚,但是却回避用兵征讨的事实,在王充看来论证尧、舜、文、武时期为太平时代未尝合理。

从认识论的角度来看,王充从经验论的立场出发更进一步论述了圣人的局限性:"实者,圣贤不能知性,须任耳目以定情实。其任耳目也,可知之事,思之辄决;不可知之事,待问乃解。天下之事,世间之物,可思而〔知〕,愚夫能开精;不可思而知,上圣不能省。孔子曰:'吾尝终日不食,终夜不寝以思,无益,不如学也。'天下事有不可知,犹结有不可解也。见说善解结,结无有不可解。结有不可解,见说不能解也。非见说不能解也,结有不可解。及其解之,用不能也。圣人知事,事无不可知。事有不可知,圣人不能知。非圣人不能知,事有不可知。及其知之,用不知也。故夫难知之事,学问所能及也;不可知之事,问之学之,不能晓也。"②王充认为,即便是圣人也必须通过"耳目以定情实",即通过经验感知来了解事实。而在经验范畴之内,又分为可知

---

① 《论衡校释》卷八《儒增篇》,第359—361页。
② 《论衡校释》卷二六《实知篇》,第1084—1085页。

与不可知两种经验,而不可知的经验要通过学习来获得解答,这才能解释孔子如此注重"问学"的原因。即便在经验范围之内,有些现象是根本无法理解的,那么即便是圣人也不能予以认知。认识到人的经验性知识具有局限,是王充对认识能力的洞见。但是他在采用经验式认识的同时,也无意间忽略了传统上中国哲学中直觉式认知的重要性。

在否定了圣人的神格化之外,王充还试图否定天人关系中的谴告现象:

> 论灾异,谓古之人君为政失道,天用灾异谴告之也。灾异非一,复以寒温为之效。人君用刑非时则寒,施赏违节则温。天神谴告人君,犹人君责怒臣下也。故楚严王曰:"天不下灾异,天其忘予乎!"灾异为谴告,故严王惧而思之也。
>
> 曰:此疑也。夫国之有灾异也,犹家人之有变怪也。有灾异,谓天谴人君;有变怪,天复谴告家人乎?家人既明,人之身中,亦将可以喻。身中病,犹天有灾异也。血脉不调,人生疾病;风气不和,岁生灾异。灾异谓天谴告国政,疾病天复谴告人乎?酿酒于器,烹肉于鼎,皆欲其气味调得也。时或咸苦酸淡不应口者,犹人勺药失其和也。夫政治之有灾异也,犹烹酿之有恶味也。苟谓灾异为天谴告,是其烹酿之误,得见谴告也。占大以小,明物事之喻,足以审天。使严王知如孔子,则其言可信。衰世霸者之才,犹夫变复之家也,言未必信,故疑之。①

董仲舒认为,天象灾异,是上天对君主为政得失的警告,所谓"人君用刑非时则寒,施赏违节则温"。上天谴告君主,就如同君主告诫臣下。王充对此的疑问是:如果说气象之变是上天对君主的谴告,那么是不是个人身体变化是上天对个人的警告呢?就如同身体的康健取

---

① 《论衡校释》卷十四《谴告篇》,第634—636页。

决于个人的保养,在王充看来,社会治理的得失也完全取决于人为的努力。通过以小譬大的方法,王充否认天谴对现实政治的意义。王充在进行类比的时候,忽略了董仲舒天人感应理论的一个重要前提:只有天子具有同上天直接进行感应的能力。因此从董仲舒的角度来看,王充以身体疾病来比附天象变乱是不恰当的。然而王充也意识到天谴之说的社会作用,因此给予它以神道设教的意义:"六经之文,圣人之语,动言'天'者,欲化无道,惧愚者。之言非独吾心,亦天意也。及其言天,犹以人心,非谓上天苍苍之体也。变复之家,见诬言天,灾异时至,则生谴告之言矣。"①王充也无法否认,六经之中记载有很多天道变化对应人事的事件。但是他认为前辈圣人之所以如此解释,是出于感化无道、恐惧愚民的目的,所以才会将自然变异推导为上天谴告。后代执象数者,误以灾异为上天神明谴告,不合圣人本意。

在否定了从上至下的谴告现象之后,王充随之否认从下至上祭祀礼仪的作用。

王充首先叙述了祭祀礼制的概要:

> 礼:王者祭天地,诸侯祭山川,卿、大夫祭五祀,士庶人祭其先。宗庙、社稷之祀,自天子达于庶人。《尚书》曰:"肆类于上帝,禋于六宗,望于山川,遍于群臣。"《礼》曰:"有虞氏禘黄帝而郊喾,祖颛顼而宗尧;夏后氏亦禘黄帝而郊鲧,祖颛顼而宗禹;殷人禘喾而郊冥,祖契而宗汤;周人喾而郊稷,祖文王而宗武王。燔柴于大坛,祭天也,瘗埋于大折,祭地也,用骍犊。埋少牢于大昭,祭时也;相近于坎坛,祭寒暑也;王宫,祭日也;夜明,祭月也;幽宗,祭星也;雩宗,祭水旱也;四坎坛,祭四方也。山林、川谷、丘陵能出云,为风雨,见怪物,皆曰神。有天下者祭百神。诸侯在其地则祭,亡其地则不祭。"此皆法度之祀,礼之常制也。②

---

① 《论衡校释》卷十四《谴告篇》,第647页。
② 《论衡校释》卷二五《祭意篇》,第1056—1057页。

他列举了东汉时期常见的祭祀活动,包括帝王的天地祭祀、诸侯的山川祭祀以及自上及下的宗庙祭祀等,也列举了特殊情况下的祭祀活动,诸如日月之祭、水旱之祭、四方之祭等等。他承认这些祭祀活动是礼制的规范,然而却认为这些祭祀没有实质意义:"凡人之有喜怒也,有求得与不得。得则喜,不得则怒。喜则施恩而为福,怒则发怒而为祸。鬼神无喜怒,则虽常祭而不绝,久废而不修,其何祸福于人哉?"①王充的辩驳方式是对比论证:凡人有喜怒哀乐,因此得之则喜而施恩为福、失之则怒而降灾为祸;而鬼神无喜怒,即便是祭祀不绝也不会为之而喜,祭祀久废也不会为之而怒,因此祭祀与人事祸福无关。

继否定了天人感应的基本原则之后,王充继续排斥圣人的神化、天道的谴告和祭祀的功用。虽然王充的论证未必完全有效,但很明显他的动机是祛除儒学中所有超越经验性因素的宗教内容,的确具有近现代思想家凭借个人思考质疑传统信念的自由思考气质。

第三节　王充思想中的矛盾

虽然王充的思考具有很多独到见解,但是他思想的激进同时代传统之间产生了一系列矛盾。这种矛盾不仅表现在他的思想难以得到当时的认可,同时也表现在王充思想本身就充满对立,在他的立场当中不乏牴牾混乱之处,因此最终无法构建起圆满的系统性思想体系。

首先,在王充思想体系中,对天人感应的批评和瑞应思想是矛盾的。他从各种角度反对天人之间具有感应关联的存在:"人道,君谴告臣,上天谴告君也,谓灾异为谴告。夫人道,臣亦有谏君,以灾异为谴

---

① 《论衡校释》卷二五《祭意篇》,第1068页。

告,而王者亦当时有谏上天之义,其效何在？苟谓天德优,人不能谏,优德亦宜玄默,不当谴告。万石君子有过,不言,对案不食,至优之验也。夫人之优者,犹能不言,皇天德大,而乃谓之谴告乎？夫天无为,故不言,灾变时至,气自为之。夫天地不能为,亦不能知也。腹中有寒,腹中疾痛,人不使也,气自为之。夫天地之间,犹人背腹之中也。"① 他采用的方法,除了逻辑上的类比之外,主要依据元气自然说来驳斥儒家的道德目的论,从而得出所谓谴告不过是偶然发生的自然现象而已。但是另外一方面,王充又认为:"凡人禀贵命于天,必有吉验见于地,见于地,故有天命也。验见非一,或以人物,或以祯祥,或以光气。"② 但凡贵人必有相应的祥瑞吉兆出现,这种吉兆可能有很多种形式。不仅贵人有瑞应,特殊的时代也会有瑞应:

> 光武且生,凤皇集于城,嘉禾滋于屋。皇妣之身,夜半无烛,空中光明。初者,苏伯阿望春陵气,郁郁葱葱。光武起,过旧庐,见气憧憧上属于天。五帝三王初生始起,不闻此怪。尧母感于赤龙,及起,不闻奇祐。禹母吞薏苡,将生,得玄圭。契母咽燕子,汤起,白狼衔钩。后稷母履大人之迹;文王起,得赤雀,武王得鱼、乌。皆不及汉太平之瑞。
>
> 黄帝、尧、舜,凤皇一至。凡诸众瑞,重至者希。汉文帝,黄龙、玉栝。武帝,黄龙、麒麟、连木。宣帝凤皇五至,麒麟、神雀、甘露、醴泉、黄龙、神光。平帝白雉、黑雉。孝明麒麟、神雀、甘露、醴泉、白雉、黑雉、芝草、连木、嘉禾,与宣帝同,奇有神鼎黄金之怪。一代之瑞,累仍不绝。此则汉德丰茂,故瑞祐多也。孝明天崩,今上嗣位,元二之间,嘉德布流。三年,零陵生芝草五本。四年,甘露降五县。五年,芝复生六年(本),黄龙见,大小凡八。前世龙见不双,芝生无二,甘露一降,而今八龙并出,十一芝累生,甘露流五

---

① 《论衡校释》卷十八《自然篇》,第 784—785 页。
② 《论衡校释》卷二《吉验篇》,第 84 页。

县,德惠盛炽,故瑞繁夥也。自古帝王,孰能致斯?①

王充对于光武帝时代极尽称颂,认为光武帝的瑞应甚至超过了三皇五帝。这种评价已经接近阿谀的地步,也难怪徐复观推测王充别有用心。王充的潜在动机很难确定,但是我们从之可断定他对瑞应现象深信不疑。王充对于天人感应的批评和对瑞应现象的推崇,应是比较明显的冲突。但也有学者认为这种差异在王充体系中不构成矛盾,因为王充应用的"仍然是自然气化论和偶然论,认为瑞物乃和气所生,……和气与治世有关,……吉人和善政同瑞物之间是自然偶合,不是天神巧妙安排的结果"。② 这种理解把瑞物和善政都当做自然气化的不同表现,或把瑞物和善政当做偶然巧合,那么无论哪种说法实际上都会消解王充对汉朝政治成就的宣扬。因为如果善政是气化的自然结果,那么与汉朝及其帝王无关;如果瑞物和善政是偶然巧合,那么无法用瑞应来证明汉代政治的出类拔萃。总之,王充思想中反对感应但赞成瑞应的矛盾并非容易解决。

其次,王充思想体系中还存在命定论与治世论的矛盾。他抛弃以往通过道德因素来改变现实的观点,用命定论和偶然论来解释善恶祸福的关联。但是同时他又认为可以通过人为的努力来改变现实:

> 论人之性,定有善有恶。其善者,固自善矣;其恶者,故可教告率勉,使之为善。凡人君父审观臣子之性,善则养育效率,无令近恶;近恶则辅保禁防,令渐于善。善渐于恶,恶化于善,成为性行。
>
> 召公戒成曰:"今王初服厥命,於戏!若生子罔不在厥初生。""生子"谓十五子,初生意于善,终以善;初生意于恶,终以恶。《诗》曰:"彼姝者子,何以与之?"传言:"譬犹练丝,染之蓝则青,染

---

① 《论衡校释》卷十九《恢国篇》,第829—831页。
② 任继愈:《中国哲学发展史·秦汉卷》,人民出版社,1985年,第533页。

之丹则赤。"十五之子其犹丝也,其有所渐化为善恶,犹蓝丹之染练丝,使之为青赤也。青赤一成,真色无异。是故杨子哭岐道,墨子哭练丝也。盖伤离本,不可复变也。人之性,善可变为恶,恶可变为善,犹此类也。蓬生麻间,不扶自直;白纱入缁,不练自黑。彼蓬之性不直,纱之质不黑,麻扶缁染,使之直黑。夫人之性犹蓬纱也,在所渐染而善恶变矣。①

王充认为人性禀赋于自然,有善恶中人之分别。但是后天的环境依然能起作用:使善可以变为恶,恶可以变为善。但是他在《论衡·天性篇》中却认为人性犹如"面色或白或黑,身形或长或短,至老极死不可变易,天性然也"。认为天性可以变化,是同自然气化说相违背的;而如果认为人性不可教化,又同他宣扬汉家盛世的立场相违背。因此可见,王充的气化自然说同明君治世说形成难以调和的矛盾。

但这些矛盾并不能掩盖王充思想的意义,那就是通过独立的思考能力而不是传统信念来确定各种通行思想的价值。王充的出现,一方面意味着传统儒学意识形态的衰微,另外也意味着自由思考时代的兴起。

---

① 《论衡校释》卷二《率性篇》,第68—71页。

第十章

东汉后期经学的发展

自和帝时(89—105)开始,东汉开始进入动荡的时期。和帝刘肇生母梁贵人,"为窦皇后所谮,忧卒,窦后养帝以为己子",①章帝死后,继位的和帝才十岁,于是由太后(即章帝窦皇后,大司空窦融曾孙女)临朝称制,窦氏掌权。对此,范晔在《宦者列传》的序中说:"和帝即祚幼弱,而窦宪兄弟专总权威,内外臣僚,莫由亲接,所与居者唯阉官而已。"②这里所说的皇帝幼弱与外戚专权,即是指和帝以后近百年的东汉帝国的权力角斗序幕。永元四年(92),和帝依靠宦官郑众谋诛了大将军窦宪,太尉宋由随即自杀。永元十四年(102),和帝封郑众为鄛乡侯,宦官封侯自此始。和帝死于元兴元年(105)十二月,生下来才百余天的太子刘隆即位,在位不到一年就死了,太后邓绥(光武帝的得力助手太傅邓禹孙女)与兄邓骘策立清河王刘庆之子、章帝之孙刘祜,是为

---

① 《后汉书》卷四《和帝纪》,第165页。
② 《后汉书》卷七八《宦者列传》,第2509页。

安帝(107—125 年在位,即位时 13 岁)。邓太后少有慧能,入宫后深谙权术,故范晔在《安帝纪》"论"中颇有讽刺味地说:

> 孝安虽称尊享御,而权归邓氏,至乃损彻膳服,克念政道。然令自房帷,威不逮远,始失根统,归成陵敝。遂复计金授官,移民逃寇,推咎台衡,以答天眚。既云哲妇,亦"惟家之索"矣。①

这段议论表明,与和帝时期相比,安帝时期的东汉政权更是开始了全面的溃乱。也正因为此,后世论者多以安帝时期作为东汉社会治与乱的分水岭。本章所说的后期即自安帝始。

第一节　今文经学的转衰与今古文经学的合流

与东汉社会政治在和、安二帝之际发生转折的情形相似,儒学演进至东汉后期,许多迹象表明今文经学已经势衰。对此,范晔在《儒林传》的序言中所论颇为明了:

> 孝和亦数幸东观,览阅书林。及邓后称制,学者颇懈。时樊准、徐防并陈敦学之宜,又言儒职多非其人,于是制诏公卿妙简其选,三署郎能通经术者,皆得察举。自安帝览政,薄于艺文,博士倚席不讲,朋徒相视怠散,学舍颓敝,鞠为园蔬,牧儿荛竖,至于薪刈其下。顺帝感翟酺之言,乃更修黉宇,凡所构造二百四十房,千八百五十室。试明经下第补弟子,增甲乙之科员各十人,除郡国耆儒皆补郎、舍人。本初元年,梁太后诏曰:"大将军下至六百石,悉遣子就学,每岁辄于乡射月一飨会之,以此为常。"自是游学增盛,至三万余生。然章句渐疏,而多以浮华相尚,儒者之风盖衰

---

① 《后汉书》卷五《安帝纪》,第 243 页。

矣。党人既诛,其高名善士多坐流废,后遂至忿争,更相言告,亦有私行金货,定兰台漆书经字,以合其私文。熹平四年,灵帝乃诏诸儒正定五经,刊于石碑,为古文、篆、隶三体书法以相参检,树之学门,使天下咸取则焉。①

若如皮锡瑞所言,"经学自汉元、成至后汉,为极盛时代",②则其所论与范晔所论颇不相符。其实,这是二者的立足点不同而导致的差异。皮锡瑞认可班固在《汉书·儒林传》"赞"中所论,他说:"经学之盛,由于利禄,孟坚一语道破。在上者欲持一术以耸动天下,未有不导以利禄而翕然从之者。"③但他在《经学历史》的第四部分《经学极盛时代》所论的"经学"盛况,实际上是就习经儒学者数量上的众多而言的,而范晔立论的基点却是儒者的质量,故有"职非其人"、"倚席不讲"、"浮华相尚"、"忿争"、"私行"之类的批评。

一、今文经学的转衰原因

范晔所论虽然揭示出儒学转衰的大致情况,但就今文经学而言,其衰弱的原因还是有必要进一步探究。

确实,西汉与东汉的社会政治有巨大差异。在西汉,经过文景之治,加上汉武帝重儒政策的施行,帝国行政逐步由军功阶层向士人阶层过渡,民间诸多儒者那种长期被压抑的经世致用精神在此背景下得到释放和阐扬。④ 在士人那里,经学虽然成为利禄之途,但在黄老背景下长期被忽视的儒学却因此而显现出勃勃生机,此即今文经学的兴起。而与西汉武帝等抑制豪强势力的做法不同,⑤东汉的光武帝"总揽权纲","退功臣而进文吏",对"云台二十八将"在政治和经济上都颇为

---

① 《后汉书》卷七九上《儒林列传上》,第2546—2547页。
② 皮锡瑞:《经学历史》,第65页。
③ 皮锡瑞:《经学历史》,第88页。
④ 参见钱穆:《国史大纲》,商务印书馆,1996年,第144—149页。
⑤ 参见瞿同祖:《汉代社会结构》,上海世纪出版集团,2007年,第202—203页。

优待。① 这样的设置对相对英明的光武帝自己而言,自可控制大局,但到了和、安、顺三帝时期,皇帝非幼即弱,以致中央有外戚和宦官擅权干政,地方上有豪强兴风作浪,有限的帝国行政资源大多被外戚和豪强所掌握,一般的儒者士人事实上难以像西汉那样通过"通经"来进入帝国的行政中心。即便有儒者能位居三公之位,但由于东汉帝国的行政是权归"台阁",三公实际上已经失去了西汉时那种"外朝"作为行政中枢的地位。② 也就是说,东汉后期的社会政治中,外戚和豪强作为当时社会中的强势群体,他们事实上已经形成一个相对封闭的社会系统。③ 值得注意的是,这个系统中许多人也有儒学背景或渊源,却排斥儒生分享自己的权力和荣耀。他们不仅与儒生群体有着价值观的重大差异,二者之间也存在非常严重的利益冲突,以致在汉末发生了"党锢之祸",从而给儒生以沉重的打击,使得官方儒学走上了衰颓之路。关于这一点,我们将在第十一章中再作详细的论说。

除社会政治原因之外,作为统治思想的今文经学还有着自身致命的弱点:首先,汉代经学尤重师法与家法的传承,而师法和家法虽然在今文经学的传授过程中发挥了巨大作用,但其弊端对经学本身的发展而言,也是致命的。现举若干重要例证如下:

> 传先师之业,习口说以教,无胸中之造,思定然否之论。邮人之过书,门者之传教也。封完书不遗,教审令不误者,则为善矣。儒者传学,不妄一言,先师古语,到今具存。④

> 秦近(延)君能说《尧典》,篇目两字之说,至十余万言。但说"曰若稽古"二三万言。⑤

---

① 参见《后汉书》卷一下《光武帝纪》及卷二十二之"论"。
② 参见祝总斌:《西汉宰相制度变化的原因》,文载氏著《中国古代政治制度研究》,第145—171页。
③ 参见何兹全:《中国古代及中世纪史》,鹭江出版社,2003年,第89—91页。
④ 《论衡·定贤篇》,《论衡校释》,第1114页。
⑤ 《新论·正经篇》,《新辑本桓谭新论》,第38页。

> （桓）荣受朱普学章句四十万言，浮辞繁长，多过其实。及荣入授显宗，减为二十三万言。（桓）郁复删省定成十二万言。由是有《桓君大小太常章句》。①

以上第一段是范晔对经学传授中师法（家法）状况的介绍。第二、三段引文是今文经学的繁琐例证。这种繁琐的东西要用师法与家法传授下去实是十分困难的。这种繁琐的危害在王充的记述中有一个极端例子，博士弟子郭路因彻夜研习今文章句，造成了"死于烛下"的悲剧。②

从学理上讲，繁琐只是师法和家法发达以后今文经学的表现形态，而非今文经学的本质。在此意义上，我们不能简单地说今文经学因繁琐而衰。

其次，除繁琐之外，在经学演进的进程中，当恪守师法和家法的儒者们强化以章句等方式作为传经途径的同时，也削弱了儒者的传道功用。正如班固所批评：

> 古之学者耕且养，三年而通一艺，存其大体，玩经文而已，是故用日少而畜德多，三十而五经立也。后世经传既已乖离，博学者又不思多闻阙疑之义，而务碎义逃难，便辞巧说，破坏形体，说五字之文，至于二三万言。后进弥以驰逐，故幼童而守一艺，白首而后能言；安其所习，毁所不见，终以自蔽。此学者之大患也。③

的确，当习经者所学的大多为经师的个人见解时，经之"大体"就很难得到阐明。而最为致命的是，"博学者又不思多闻阙疑之义"，"安其所习，毁所不见，终以自蔽"。这样，习经者不知不觉地局限于所习章句，经典本身所具有的根本思想（"道"）则隐而不显，而作为传道载体的师

---

① 《后汉书》卷三七《桓荣传》附《桓郁传》，第1256页。
② 事见《论衡·效力篇》，《论衡校释》，第583页。
③ 《汉书》卷三十《艺文志》，第1723页。

者的传道之功随之弱化,也就在情理之中了。

再次,就今文经学本身而言,其所谓今文经学十四家,是因为政治因素的影响使所谓经中的"微言大义"得以确定的,并非基于儒学发展本身的要求而以"实事求是"的学理辨析而有。而随着古文经学在两汉之际的发展,作为儒学发展本身重要内容的古文经在儒者那里也逐步被重视起来,从而对今文经学原有的地位形成很大的冲击。这点在第四、六章中已经有所论述,在此略过。

所要注意的问题是,就整个汉代儒学的演进进程来看,作为经学源头的五经,其内涵和功用也非今文一脉的学习和阐释就可穷尽,更何况今文之盛与政治和利禄之途息息相关。因此,正如上文已经指出的,当东汉的整个社会政治结构的大势不能为儒者的经世致用提供足够的时空情境时,转而对儒学发展本身的"实事求是"的追溯,对五经自身源流的切实探求,成为儒者努力的趣向。而这样的努力,必须有待于"通才"、"通儒"才可能实现。从经学的角度讲,这就是今古文经学的合流。

二、今古文经学合流的原因

考诸史籍,今古文经学合流的原因,从以下几个方面可以得到说明。

其一,合流的最基本要素乃是因为二者的源头都是五经,而今文经学发轫之初,今文家大多是通多经的"通学"大儒,非如今文经学发达以后,学者多通一经而已。由此可见,通习多经是汉代经学本有的传统。且据《汉书》诸传所载,择要举其例证综述并说明如下:

孟喜父号孟卿,善为《礼》、《春秋》,授后苍、疏广。世所传《后氏礼》、《疏氏春秋》,皆出孟卿。孟卿以《礼经》多、《春秋》烦杂,及使喜从田王孙受《易》。① 是为今文《易》孟氏通多经之证。

---

① 事见《汉书》卷八八《儒林传》,第3599页。

"初,吉兼通五经,能为驺氏《春秋》,以《诗》、《论语》教授,好梁丘贺说《易》,令子骏受焉。"①是为今文经学未定之时,儒生通多经之证。

"(孔)安国为谏大夫,授都尉朝,而司马迁亦从安国问故。迁书载《尧典》、《禹贡》、《洪范》、《微子》、《金縢》诸篇,多古文说。都尉朝授胶东庸生。庸生授清河胡常少子,以明《榖梁春秋》为博士、部刺史,又传《左氏》。常授虢徐敖。敖为右扶风掾,又传《毛诗》,授王璜、平陵涂恽子真。"②是为《尚书》诸家通多经之证。

"申公卒以《诗》、《春秋》授,而瑕丘江公尽能传之,徒众最盛。及鲁许生、免中徐公,皆守学教授。韦贤治《诗》,事大江公及许生,又治《礼》,至丞相。"③是为今文《诗》家通多经之证。

萧望之"好学,治《齐诗》,事同县后仓且十年。以令诣太常受业,复事同学博士白奇,又从夏侯胜问《论语》、《礼服》"。④是为今文经学正定之时,作为"裁判"的名儒通多经之证。

张禹及壮,"至长安学,从沛郡施雠受《易》,琅邪王阳、胶东庸生问《论语》,既皆明习,有徒众,举为郡文学。甘露中,诸儒荐禹,有诏太子太傅萧望之问。禹对《易》及《论语》大义,望之善焉。奏禹经学精习,有师法,可试事。久之,试为博士。"⑤张禹所传《论语》被誉为"张侯论",是为博士通经之证。

以上诸例,都在石渠阁会议正定今文十四家之前。由此可见今文经学形成之前或之初,今文家都非师法、家法发达后的通一经以获利禄之人。这样也就为以后的今古文经学的合流提供了条件。

其二,东汉朝对"通人"、"通才"、"通儒"之学的追求,以克服今文

---

① 《汉书》卷七二《王俊传》,第3066页。又,《汉书》卷八八《儒林传》载其事为:"琅邪王吉通五经,闻(梁丘)临说,善之。时,宣帝选高材郎十人从临讲,吉乃使其子郎中骏上疏从临受《易》。"此可互证。
② 《汉书》卷八八《儒林传》,第3607页。
③ 《汉书·儒林传》,第3608—3609页。
④ 事见《汉书》卷七八《萧望之传》,第3271页。
⑤ 事见《汉书》卷八一《张禹传》,第3347页。

经学中出现的只通一经一艺之弊端的局限,促使儒者打破今文经学的师法、家法束缚,从而为今古文经学的合流提供了学术氛围。下面择要录举东汉儒者兼习今古文以成其"通"的例证:

桓谭:"好音律,善鼓琴。博学多通,遍习五经,皆诂训大义,不为章句。能文章,尤好古学,数从刘歆、扬雄辩析疑异。"①

鲁丕:"性沉深好学,孳孳不倦,遂杜绝交游,不答候问之礼。士友常以此短之,而丕欣然自得。遂兼通五经,以《鲁诗》、《尚书》教授,为当世名儒。……门生就学者常百余人,关东号之曰'五经复兴鲁叔陵'。"②

曹褒:"结发传充业(父曹充善庆氏《礼》),博雅疏通,尤好礼事。……昼夜研精,沉吟专思。……褒博物识古,为儒者宗。……作《通义》十二篇,演经杂论百二十篇,又传《礼记》四十九篇,教授诸生千余人,庆氏学遂行于世。"③

任安:"少游太学,受《孟氏易》,兼通数经。又从同郡杨厚学图谶,究极其术。时人称曰:'欲知仲桓问任安。'又曰:'居今行古任定祖。'"④

景鸾:"能理《齐诗》、《施氏易》,兼受《河》、《洛》图纬,作《易说》及《诗解》,文句兼取《河》、《洛》,以类相从,名为《交集》。又撰《礼内外记》,号曰《礼略》。又抄风角杂书,列其占验,作《兴道》一篇。及作《月令章句》。凡所著述五十余万言。"⑤

程曾:"习《严氏春秋》,积十余年,还家讲授。……著书百余篇,皆五经通难,又作《孟子章句》。"⑥

---

① 《后汉书》卷二八上《桓谭传》,第955页。
② 《后汉书》卷二五《鲁丕传》,第883页。
③ 《后汉书》卷三五《曹褒传》,第1201—1205页。
④ 《后汉书》卷七九上《儒林列传》,第2551页。
⑤ 《后汉书》卷七九下《儒林列传》,第2572页。
⑥ 《后汉书》卷七九下《儒林列传》,第2581页。

以上所列诸人，除桓谭外，都是本书前后文未曾论及的"通人"，其他如王充、扬雄、郑兴、贾徽、贾逵、郑玄等"通儒"或于前文已论，或于后文述及，在此略而不录。而今古文经学的合流，在"通"经的意义上，可以视为东汉儒者试图向作为整体的儒学复归。关于通人之学，王充所论颇为中肯：

> 故夫能说一经者为儒生，博览古今者为通人，采掇传书以上书奏记者为文人，能精思著文连结篇章者为鸿儒。故儒生过俗人，通人胜儒生，文人逾通人，鸿儒超文人。①

由此看来，那些通一经以求利禄的儒者，在王充那里是被鄙薄的。王充所注重的是，"凡贵通者，贵其能用之也。即徒诵读，读诗讽术虽千篇以上，鹦鹉能言之类也。"记诵经传只是基本功夫，能把记诵的知识转化成为文致用的能力，才是真正的儒者，即"鸿儒"。故他以为："近世刘子政父子、扬子云、桓君山，其犹文、武、周公，并出一时也。"②当然，这只是王充个人基于当世情形而作出的判断，而从整个汉代经学发展的脉络看，东汉儒者之所以多能融合今古文之学，与东汉时期"通经"、"通儒"之学息息相关。

三、今古文经学合流的代表人物

就东汉后期经学的发展情势而言，从史籍记载来看，贾逵、许慎、马融、郑玄可视为今古文经学合流的代表。他们都是著名的古文经学家，同时又都研习今文经学。遗憾的是，他们的经学著作大多散逸了。由于史料阙如，在此仅对贾、许、马三人对经学的贡献稍作述介。郑玄留待后文专节述论。

贾逵（30—101），字景伯，扶风平陵人（今陕西咸阳），生于儒学世

---

① 《论衡·超奇篇》，《论衡校释》，第607页。
② 《论衡·超奇篇》，《论衡校释》，第606页。

家。其九世祖为西汉名儒贾谊,"曾祖父光,为常山太守。……父徽,从刘歆受《左氏春秋》,兼习《国语》、《周官》,又受古文《尚书》于涂恽,学《毛诗》于谢曼卿,作《左氏条例》二十一篇。"①可见其父不仅"学无常师",还融通今古文之学。贾逵在这样的家世背景下,"弱冠能诵《左氏传》及五经本文,以《大夏侯尚书》教授,虽为古文经学者,同时又兼通五家《穀梁》之说。"②在白虎观会议上,他曾与李育反复论难。因为"不修小节,当世以此颇讥焉,故不至大官"。③到了六十多岁时,才被委任为左中郎将、侍中。

贾逵对于经学的贡献,主要体现在以下几个方面:

首先是进一步阐明了属于古文经学的《左传》的价值。贾逵除了为《左传》和《国语》作过共五十一篇《解诂》外,还应章帝之命,写出论《左传》比《公羊传》和《穀梁传》更有深义的篇章,《后汉书》载其章奏:

> 臣谨擿出《左氏》三十七事尤著明者,斯皆君臣之正义,父子之纪纲。其余同《公羊》者什有七八,或文简小异,无害大体。至于祭仲、纪季、伍子胥、叔术之属,《左氏》义深于君父,《公羊》多任于权变,其相殊绝,固以甚远,而冤抑积久,莫肯分明。
>
> 臣以永平中上言《左氏》与图谶合者,先帝不遗刍荛,省纳臣言,写其传诂,藏之秘书。建平中,侍中刘歆欲立《左氏》,不先暴论大义,而轻移太常,恃其义长,诋挫诸儒,诸儒内怀不服,相与排之。……至光武皇帝,奋独见之明,兴立《左氏》、《穀梁》,会二家先师不晓图谶,故令中道而废。凡所以存先王之道者,要在安上理民也。今《左氏》崇君父,卑臣子,强干弱枝,劝善戒恶,至明至切,至直至顺。且三代异物,损益随时,故先帝博观异家,各有所采。《易》有施、孟,复立梁丘,《尚书》欧阳,复有大小夏侯,今三传

---

① 《后汉书》卷三六《贾逵传》,第1234页。
② 《后汉书》卷三六《贾逵传》,第1235页。
③ 《后汉书》卷三六《贾逵传》,第1240页。

之异亦犹是也。又五经家皆无以证图谶明刘氏为尧后者,而《左氏》独有明文。五经家皆言颛顼代黄帝,而尧不得为火德。《左氏》以为少昊代黄帝,即图谶所谓帝宣也。如令尧不得为火,则汉不得为赤。其所发明,补益实多。①

按照贾逵的论述,《左传》之所以优于其他二传,一是因为它有更多的内容符合儒学的政治伦常,如君臣父子的纲纪,强干弱枝,劝善戒恶等;二是它能为刘汉政权作合理的论证,如能与图谶相符,证明刘氏为尧后,汉为火德之类;三是《左传》承续儒家伦常和有益于现实政治的双重效用,正是其他二传所缺乏的。在贾逵看来,刘歆虽然"轻移太常",但那也不能说明《左传》的"大义"有亏。《易》、《书》等经都不偏废三家之传以立于学官,对《春秋》三传却偏尊《公羊》、《穀梁》而废《左传》,这显然有失公允。需要说明的是,贾逵强以属于今文经学的图谶与古文经学《左传》相符来为刘汉政权作附会论证,事实上丧失了儒者本有的品格。对此,范晔在其传后"论"中说:"贾逵能附会文致,最差贵显。世主以此论学,悲矣哉!"②也许,这是风气所致,不能苛责贾逵。

其次是贾逵发扬了古文经学的史识特质。如上引章奏中,贾逵认为三传的差异,如同《易》、《书》诸家之学所具有的差异一样,都是"损益随时"而然,其效用价值在于能为时所用,如果只强调各自的长处,而攻击对方的短处,只会造成"冤抑积久,莫肯分明"的两败俱伤。

再次是贾逵会通今古文经学,对今古文诸经作了比较研究,不仅在文本上有正本清源之效,在义理上也有异同的辨析。《后汉书·贾逵传》记载说:

> 逵数为帝言古文《尚书》与经传《尔雅》诂训相应,诏令撰欧阳、大小夏侯《尚书》古文同异。逵集为三卷,帝善之。复令撰《齐》、

---

① 《后汉书》卷三六《贾逵传》,第1236—1237页。
② 《后汉书》,第1241页。

《鲁》、《韩诗》与《毛氏》异同。并作《周官解故》。①

由此可见,贾逵不仅精通今古文经传,还精通"小学",后世以"通儒"称之,名副其实。

最后,贾逵通过展现自己的博通之学,促进了古学的光大。贾逵融通今古文的著作,对经学的光大自不待言。在现实社会政治中,因为贾逵的努力,朝廷也为古学的传播提供了支持。《后汉书·贾逵传》记载:

> (建初元年,即公元 76 年,章帝)令逵自选《公羊》严、颜诸生高才者二十人,教以《左氏》,与简纸经传各一通。
>
> (建初)八年,乃诏诸儒各选高才生,受《左氏》、《穀梁春秋》、古文《尚书》、《毛诗》,由是四经遂行于世。皆拜逵所选弟子及门生为千乘王国郎,朝夕受业黄门署,学者皆欣欣羡慕焉。②

由此可见,贾逵对融通今古文经学尤其是光大古文经学居功至伟。也正因为有了如贾逵这样的博通之儒的努力,儒学在东汉后期才能承续下去。

相较于贾逵在经学、教育和现实政治中的三重影响,马融对经学的贡献,主要体现在他培育后学和注经的方式上。

马融(79—166),字季长,扶风茂陵人(今陕西兴平),东汉名将马援的侄孙,父马严为将作大匠。"为人美辞貌,有俊才。"马融现实生活乏善可陈,由于羡慕权贵生活,应大将军邓骘之召,又不能与外戚坚决斗争,为跋扈将军梁冀作章奏诬陷名臣李固。更为士林所羞的是,马融"尝坐高堂,施绛纱帐,前授生徒,后列女乐,弟子以次相传,鲜有入其室者"。③ 不过,由于马融长期在皇家藏书处东观校书,他在博览经

---

① 《后汉书》,第 1239 页。
② 《后汉书》,第 1239 页。
③ 《后汉书》卷六十《马融传》,第 1972 页。

传之余,也遍注群经。《后汉书·马融传》记载说他"注《孝经》、《论语》、《诗》、《易》、三《礼》、《尚书》、《列女传》、《老子》、《淮南子》、《离骚》,所著赋、颂、碑、诔、书、记、表、奏、七言、琴歌、对策、遗令,凡二十一篇"。遗憾的是,这些著作大多散逸不存了。范晔还记载说:

> (马融)尝欲训《左氏春秋》,及见贾逵、郑众注,乃曰:"贾君精而不博,郑君博而不精。既精既博,吾何加焉!"但著《三传异同说》。①

这显现出马融对自己的学问有强烈的自信。马融注经,可从唐人所作注疏中略知一二。从收集辑佚的情况看,《尚书正义》中所存的马融之注较多,他对今古文家之注并不偏废,多有录存,但因为是只言片语,已无法知悉其学问概貌。贾公彦《周礼正义》之《序周礼废兴》引《马融传》,以马融自述的口吻论贾逵和郑众《周官》之"解":"逵《解》行于世,众《解》不行。兼揽二家,为备多所遗阙。然众时所解说,近得其实。"并例举郑众若干错误,终而说自己年六十后才得以倾心完成《周官传》。② 从其行文来看,马融的《周官传》是本着实事求是的态度而作的,不然他不会说要"兼揽二家,为备多所遗阙",而后还会辨析郑众所说为何有误。显然,这是不偏废某家而存其真的态度,但存其真并不意味着马融自己就认可其错误的存在,故又费心辨析其是非。这大概就是他自诩的"既精既博"吧。以此,马融的精与博是超越了今古文流派的分野,而注重博采诸家,以见其实,再求真求是。虽然这样的学问态度与其人生情态形成鲜明对比,但我们还是不能因其人而废其学。

马融对经学的另一个贡献是培育了诸多弟子,其本传记载说:"融才高博洽,为世通儒,教养诸生,常有千数。涿郡卢植,北海郑玄,皆其

---

① 《后汉书·马融传》,第 1972 页。
② 所引《马融传》,参见贾公彦:《周礼正义》,《十三经注疏》(上册),第 635—636 页。

徒也。"虽然郑玄也转益多师，但据郑玄本传记载，当郑玄辞别马融后，"融喟然谓门人曰：'郑生今去，吾道东矣。'"①可见郑玄是深得马融之学的，而后郑玄也遍注群经，并多如马融注经那般，博采众家，而后辨析是非，标注己意。此见后文。

与贾逵和马融不同，许慎对经学的贡献主要是他的两部著作：《五经异义》和《说文解字》。前者散佚，后者完存至今。范晔《后汉书·儒林列传》中关于许慎的记载只是几行字，连生卒年月都没有。清人陈寿祺对《五经异义》作了辑佚，成《五经异义疏证》，从中可以窥见许慎注经之方法，多为每一问题后录存诸家之说，再提出自己的看法。至于《说文解字》，自唐代以后，即被视为文字学、音韵学、训诂学的经典著作。到了清代，《说文解字》更成为乾嘉时期的显学。所应提及的是，虽然《说文解字》现今多被当做文字、音韵、训诂三学的经典去看待和研究，但按照乾嘉学人的看法，"夫学必以通经为要，通经必以识字为基"，②"有文字而后有诂训，有诂训而后有义理。诂训者，义理之所由出，非别有义理出乎诂训之外者也。"③"故训明则古经明，古经明则贤人圣人之理义明，而我心之所同然者，乃因之而明。"④则《说文解字》的功用，不仅是小学的经典，还是理解经传的钥匙。

许慎在《说文解字序》中说明了他著作的原因和目的，一方面是当时儒生中不仅少见"通学"者，有的甚至以"乡壁虚造不可知之书，变乱常行，以耀于世"，如此"诸生竞逐说字解经谊"，自然会导致"是非无正"而使学者疑窦丛生。故他作《说文解字》是"博采通人，至于小大，信而有证"，目的是"将以理群类，晓学者，达神恉"。另一方面，许慎认为："盖文字者，经艺之本，王政之始，前人所以垂后，后人所以识古。

---

① 《后汉书》卷三五《郑玄传》，第 1207 页。
② 王鸣盛：《问字堂集序》，转引自陈祖武等：《乾嘉学术编年》，河北人民出版社，2005 年，第 482 页。
③ 钱大昕：《经籍籑诂序》，转引自陈祖武等：《乾嘉学术编年》，第 558 页。
④ 章学诚：《题惠定宇先生授经图》，转引自陈祖武等：《乾嘉学术编年》，第 182 页。

故曰'本立而道生','知天下之至迹而不可乱也'。"① 则《说文解字》不仅要有助于读经、解经,还要发挥传承历史、思想、文化之功,以有助于"王政"的实现。

第二节 今文经学的余辉——何休的公羊学

按照范晔所论,汉末之世是"君道秕僻,朝纲日陵,国隙屡启"。② 何休即是于此情境中为《春秋》公羊学张目,试图以学术挽救政治的。

何休(129—182),字邵公,任城樊人(今山东兖州),父豹曾为掌管皇家财政的少府(九卿之一)。古有荫仕任子之制,何休以列卿子被召拜为郎中,"非其好也,辞疾而去。"后来太傅陈蕃辟之为属,参与政事,结果因为陈蕃谋诛宦官失败,何休遭受株连,被禁锢十几年。③ 于是,他"作《春秋公羊解诂》,覃思不窥门,十有七年"。光和二年(179)党锢解禁之后,何休时誉日隆,"群公表休道术深明,宜侍帷幄,侍臣不悦之,乃拜议郎。屡陈忠言,再迁谏议大夫。"光和五年卒。

史书说何休"为人质朴讷口,而雅有心思,精研六经,世儒无及者",大概不是虚辞。他还"注训《孝经》、《论语》、风角七分,皆经纬典谟,不与守文同说。又以《春秋》驳汉事六百余条,妙得《公羊》本意"。为了光大《公羊》学,何休承其师羊弼之学,追述白虎观会议上与贾逵激烈论难的李育之意,作《公羊墨守》、《左氏膏肓》、《穀梁废疾》与服虔、郑玄进行论战。可惜的是,除《春秋公羊传解诂》之外,何休其他著

---

① 此处所引皆出许慎之"叙",文见段玉裁:《说文解字注》,浙江古籍出版社,1998年,第753—765页。
② 《后汉书》卷七九下《儒林列传下》,下引何休生平未注者,皆出于此。《何休传》见第2582—2583页。
③ 这段史实难辨,已于本书第六章引王利器先生之说。可参看。

作都亡逸了。今有浦卫忠整理的标点本《春秋公羊传注疏》,系李学勤主编标点本《十三经注疏》之一,颇便阅读,本书关于何休解诂的引文皆据此本。

一、重整条例

东汉时期,今文经学师法、家法已经淆乱,徐防、鲁丕等都曾上疏,以求朝廷取士注重师法与家法的纯正。① 而范晔对今文经学传授中的混乱情形也颇有批评,他说:

> 汉兴,诸儒颇修艺文。及东京,学者亦各名家。而守文之徒,滞固所禀,异端纷纭,互相诡激,遂令经有数家,家有数说,章句多者或乃百余万言,学徒劳而少功,后生疑而莫正。②

在汉代儒学演进过程中占据主流地位的《春秋》公羊学,其混乱情形可能更为严重。何休于其《解诂》序中说:

> 传《春秋》者非一。本据乱而作,其中多非常异义可怪之论,说者疑惑,至有倍经、任意、反传违戾者。其势虽问不得不广,是以讲诵师言至于百万犹有不解,时加让嘲辞,援引他经失其句读,以无为有,甚可闵笑者,不可胜记也。是以治古学贵文章者谓之俗儒,至使贾逵缘隙奋笔,以为《公羊》可夺,《左氏》可兴,恨先师观听不决,多随二创。此世之余事,斯岂非守文、持论、败绩、失据之过哉! 余窃悲之久矣。往者略依胡毋生《条例》,多得其正,故遂隐括使就绳墨焉。③

在何休看来,今文经学的转衰,今文家自己难辞其咎。他认为,《春秋》经本身的复杂性决定了传经和习经的难度。而在传习的过程

---

① 参见《后汉书》卷二五《鲁丕传》、卷四四《徐防传》。
② 《后汉书》卷三五《郑玄传》,第1212—1213页。
③ 浦卫忠整理:《春秋公羊传注疏》,北京大学出版社,1999年,第3—7页。

中,说经者不仅会对经本身有误说和错解,还会因为引证别的经传而造成经文的混乱,更不用说传习过程中不断增加的说辞了。以此,古文家说今文家是"俗儒"。但更令何休痛心的是,《公羊》先师们的"守文、持论、败绩、失据",不但没有弘扬《公羊》学,反倒予古文家批驳的把柄。因此,他自己要接续《公羊》学之祖——胡毋生之学,重整传习《公羊》学的"条例"。

按照徐彦的注疏,何休有《春秋文谥例》,其中明确地说明了何休所要重整的"条例"内容。

首先是"三科九旨",它们既是何休《公羊》学新思想的创新理路,也是理解其《公羊》学的纲目。徐彦说:

> 何氏之意,以为三科九旨正是一物。若总言之,谓之三科,科者,段也;若析而言之,谓之九旨,旨者,意也。言三个科段之内,有此九种之意。故何氏作《文谥例》云"三科九旨者,新周,故宋,以《春秋》当新王",此一科三旨也;又云"所见异辞,所闻异辞,所传闻异辞",二科六旨也;又"内其国而外诸夏,内诸夏而外夷狄",是三科九旨也。①

其中,一科三旨的"新周,故宋,以《春秋》当新王"可视为何休政治哲学的核心;二科六旨的"所见异辞,所闻异辞,所传闻异辞"可视为其历史哲学的核心;三科九旨的"内其国而外诸夏,内诸夏而外夷狄"可视为其文化哲学的核心。它们贯穿于何休的整个"解诂"过程中,相互联系和支持,构成何休《公羊》学理论的基石。

其次是"五始、七等、六辅、二类"。它们是何休分类"解诂"《公羊传》的具体方法。按照《春秋文谥例》所说,这些"条例"的具体内容是:

> 五始者,元年、春、王、正月、公即位是也。七等者,州、国、氏、

---

① 《春秋公羊传注疏》卷一,第5页。

人、名、字、子是也。六辅者,公辅天子,卿辅公,大夫辅卿,士辅大夫,京师辅君,诸夏辅京师是也。二类者,人事与灾异是也。①

细览《春秋公羊解诂》,《公羊传》的传文若涉及"五始"内容,即阐发传文与"五始"中某类内容相应的史实和理义,其最著名的一段即是对"隐公元年"下"公何以不言即位"的"解诂";②若涉及"七等"爵位内容,即阐发传文中与"七等"某类或某几类内容相应的史实和理义。何休对"庄公十年"中"州不若国,国不若氏,氏不若人,人不若名,名不若字,字不若子"的传文"解诂"最能说明他为何以"七等"为条例。③ 不过,这些阐发都围绕"三科九旨"进行,即何休对"五始、七等、六辅、二类"内容的阐发,都是为了说明"三科九旨"的相应内容。经过这样有意识的分类解诂,整个《公羊传》即成为条理和层次都相对清晰的思想理论。何休申述如此"解诂"的目的是:"此《春秋》五始、三科、九旨、七等、六辅、二类之义,以矫枉拨乱,为受命品道之端,正德之纪也。"④

二、"张三世"

"三世"的概念在《公羊传》中并没有明确的说明,但历来公羊家深信孔子作《春秋》根据时间远近和材料差异,而在写作的语辞上显现出褒贬之义,此即古人常说的"《春秋》笔法"之一。所谓"三世",指的是"所见异辞,所闻异辞,所传闻异辞",其在《公羊传》中最原始的表述,

---

① 《春秋公羊传注疏》,第5页。
② 何休的"解诂"之文为:"据文公言即位也。即位者,一国之始,政莫大于正始,故《春秋》以元之气,正天之端;以天之端,正王之政;以王之政,正诸侯之即位;以诸侯之即位,正竟内之治。诸侯不上奉王之政,则不得即位,故先言正月,而后言即位。政不由王出,则不得为政,故先言王,而后言正月也。王者不承天以制号令,则无法,故先言春,而后言王。天不深正其元,则不能成其化,故先言元,而后言春。五者同日并见,相须成体,乃天人之大本,万物之所系,不可不察也。"这段解诂事实上即是说明何为"五始"。《春秋公羊传注疏》,第10页。
③ 何休的"解诂"之文为:"爵最尊,《春秋》假行事以见王法,圣人为文辞孙顺,善善恶恶,不可正言其罪,因周本有夺爵称国氏人名字之科,故加州文,备七等,以进退之,若自记事者书人姓名,主人习其读而问其传,则未知己之有罪焉尔,犹此类也。"《春秋公羊传注疏》,第145页。
④ 《春秋公羊传注疏》,第5页。

出现于公羊家注"隐公元年"末《春秋》经文"公子益师卒"时说:"何以不日？远也。所见异辞,所闻异辞,所传闻异辞。"①其意是说《春秋》经文之所以没有记载"公子益师"死时的具体日子,是因为年代久远而不能明确知悉的缘故,由此推论出孔子作《春秋》有"见、闻、传闻"的时间和材料差异。对此段传文,何休"解诂"说:

> 所见者,谓昭、定、哀,己与父时事也。所闻者,谓文、宣、成、襄,王父时事也;所传闻者,谓隐、桓、庄、闵、僖,高祖曾祖时事也。异辞者,见恩有厚薄,义有深浅,时恩衰义缺,将以理人伦,序人类,因制治乱之法,故于所见之世,恩己与父之臣尤深,大夫卒,有罪无罪,皆日录之,"丙申,季孙隐如卒"是也。于所闻之世,王父之臣恩少杀,大夫卒,无罪者日录,有罪者不日略之,"叔孙得臣卒"是也。于所传闻之世,高祖曾祖之臣恩浅,大夫卒,有罪无罪皆不日略之也,公子益师、无骇卒是也。
>
> 于所传闻之世,见治起于衰乱之中,用心尚麁觕,故内其国而外诸夏,先详内而后治外,录大略小,内小恶书,外小恶不书,大国有大夫,小国略称人,内离会书,外离会不书是也。于所闻之世,见治升平,内诸夏而外夷狄,书外离会,小国有大夫,宣十一年"秋,晋侯会狄于攒函",襄二十三年"邾娄劓我来奔"是也。至所见之世,著治大平,夷狄进至于爵,天下远近小大若一,用心尤深而详,故崇仁义,讥二名,晋魏曼多、仲孙何忌是也。
>
> 所以三世者,礼为父母三年,为祖父母期,为曾祖父母齐衰三月,立爱自亲始,故《春秋》据哀录隐,上治祖祢。所以二百四十二年者,取法十二公,天数备足,著治法式,又因周道始坏绝于惠、隐之际。主所以卒大夫者,明君当隐痛之也。君敬臣则臣自重,君爱臣则臣自尽。

---

① 另外两段同样的表述在《公羊传》"桓公二年"和"哀公十四年"的传文中。

> 公子者，氏也。益师者，名也。诸侯之子称公子，公子之子称公孙。①

这是何休《解诂》中的较长注文之一，也是他公羊学思想的总纲性注文。

首先，何休全盘接受董仲舒把春秋时期分为三等十二世的公羊学基本思想，明确了"三世"及其所以成"三世"的素材来源问题。"三世"即"所见之世"——昭、定、哀三公时，为孔子所见，用现在的话说，孔子所用的是第一手材料。"所闻之世"——文、宣、成、襄四公时，为孔子不能亲见，却能从父祖辈那儿听说，这可以说是第二手材料。"所传闻之世"——隐、桓、庄、闵、僖五公时，孔子只能利用先人流传下来的传闻材料，而这是间接材料中的间接材料了。

其次，何休也承续董仲舒关于"三世"记载的语辞与善恶、亲疏、贵贱、轻重、远近等价值分判密切相关的思想，但对"异辞"本身作出自己的理解。他认为，记载"三世"之辞之所以不同，是因为语辞是依据恩、义等人伦的深浅厚薄而来的，不同语辞中所包含的各种人伦价值分判是"治乱之法"。基于此，《春秋》经在记载"所见世"时有明确的"日"之记载，不仅是因为"所见"的真实性和准确性，还有君臣恩义深厚的缘故；"所闻世"对无罪的人有明确的"日"之记载，有罪的人没有明确的"日"之记载，是因为无罪恩厚、有罪义薄之故；至于"所传闻世"，由于年代久远，恩义浅远，录存其事而已。由此可以推知，何休提出"五始"、"七等"条例，与这里关于"异辞"的"二科三旨"是密切相关的。更重要的意义是，在何休这样的阐释中，《春秋》经中的具体日期不仅是历史与时间问题，更是政治与伦理的价值分判问题，关于时间的语辞因此而被何休融进历史、思想、政治、伦理等多重内涵。

再次，何休赋予"三世"本身以治乱的历史哲学意义。按照他的理

---

① 《春秋公羊传注疏》，第 25—26 页。

解,"所传闻之世"是"衰乱世","所闻之世"是"升平世",而"所见之世"则为"太平世"。从人类历史进化大势看,何休这种由乱到治、由低级向高级的世代进阶理论,是有其道理的。但问题是,仅以春秋时期近二百五十年的历史现实看,当时其实不是"升平世",更没有什么"太平世"。那么,何休为何于众儒之外,别立一说呢? 也许,这与作为儒者的何休对古老华夏文明抱有的深沉文化信念有关。

最后,何休从古老的"以夏变夷"的文化观念出发,认为文明必有一个自我成熟再扩散影响的过程。此是"三科九旨"中的"三科三旨"的内容。何休认为,治乱之始的"所传闻之世","用心尚麁觕",这时最重要的是"明当先自详正,躬自厚而薄责于人"。① 在"王天下"的意义上,他说:

> 于内大恶讳,于外大恶书者,明王者起当先自正。内无大恶,然后乃可治诸夏大恶,因见臣子之义,当先为君父讳大恶也。内小恶书,外小恶不书者,内有小恶,适可治诸夏大恶,未可治诸夏小恶,明当先自正然后正人。②

很明显,何休这里论说的理路,与古老的"内圣外王"之义相通。他以为,要想成为"王者",必须对自身的"恶"保持高度警惕,只有先把自己和属国治理好了,才有可能治理"诸夏",此即"外诸夏"。而在"所闻之世"还要同化"诸夏",使其深造于礼义,与它们融合为一,此即"内诸夏",与此同时,还要知道夷狄在外,尚需防备和同化,即"所闻世治近升平,内诸夏而详录之,殊夷狄也"。③ 进一步地,必须要以"内诸夏"的方式去同化"夷狄",这就是"内诸夏而外夷狄",这里的"外"不再是"防",而是内治之后的"外化"。在"外化"的过程中,"夷狄"、"诸夏"与我融为一体,即"夷狄进至于爵,天下远近小大若一",这时仁义流行,

---

① 文见"隐公二年"解诂,《春秋公羊传注疏》,第29页。
② 文见"隐公十年"解诂,《春秋公羊传注疏》,第63页。
③ 文见"宣公十一年"解诂,《春秋公羊传注疏》,第346页。

人心纯厚,进入了太平世。

由此可见,何休的"三世"之说,实际上是古老的"王道"文化理念的公羊学化。而所谓的公羊学"张三世",其所"张"者,即是《尚书》大力弘扬的"王道"。至于何休说"三世"之"三"与丧服的三年三月之制相匹,"十二世"与《春秋》的年限和《春秋》十二公相关,这些都是汉儒常有的附会之说,是为了在逻辑上自圆其说,并没有多少深义可究。

三、"通三统"

如果说何休的"三世"之说是对其"二科三旨"的历史哲学和"三科三旨"的文化哲学进行阐发的话,其"通三统"理论则是对"一科三旨"的"新周,故宋,《春秋》当新王"进行深化阐释。

所谓"通三统",按《尚书大传·夏传》的说法是"王者存二王之后,与己为三,所以为通三统"。西汉董仲舒深化和丰富了"通三统"之说,一方面以"亲周"、"故宋"、"《春秋》当新王"来说明王之号尊于帝和皇,另一方面又把夏商周三代的更替分别归为黑统(夏)、白统(商)、赤统(周)的交替。① 何休继承了董仲舒的此类思想,赋予"通三统"以一些新义。他对"隐公三年"的经文"三年,春,王二月"解诂说:

> 二月三月皆有王者,二月,殷之正月也;三月,夏之正月也。王者存二王之后,使统其正朔,服其服色,行其礼乐,所以尊先圣,通三统,师法之义,恭让之礼,于是可得而观之。②

由于《春秋》经文有诸多"王正月"的说法,何休在此补以"二月"为"殷

---

① 董仲舒有"三正"、"三统"之说,他在《春秋繁露·三代改制质文》中说:夏正建寅,以农历一月为岁首,以平旦为朔,色尚黑,故称"黑统";殷正建丑,以农历十二月为岁首,以鸡鸣为朔,色尚白,故称"白统";周正建子,以农历十一月为岁首,以夜半为朔,色尚赤,故称"赤统"。他认为历史就是按照这三正、三统的次序循环往复的。

② 《春秋公羊传注疏》,第35页。

之正月"、"三月"为"夏之正月"的说法来说明所谓的"三统"。他认为"统"的意义在于朔服礼乐各得其正,而"通三统"的目的则是要知晓先圣的法度礼义。但由于新王受命必改制是公羊家的一贯思想,故新王必有新统。

董仲舒的"《春秋》当新王"之说是为刘汉的正当性论证。何休则不然。他认为:

> 新周,故分别有灾,不与宋同也。孔子以《春秋》当新王,上黜杞,下新周而故宋,因天灾中兴之乐器,示周不复兴,故系宣谢于成周,使若国文,黜而新之,从为王者后记灾也。①

这里有几个史实需要稍作说明,才能理解何休的"解诂"。一是何休所注的此段传文记载的是"成周宣谢灾",即东周宣王之庙有"谢"(一种无室的祭祀建筑),宣王为中兴之主,此"谢"中藏有宣王中兴时期的乐器,但不知何故遭灾受损。二是《公羊传》"襄公九年"记载说"春,宋火"。按照徐彦的解说,"何氏以为《春秋》之义不记人火,火者皆是天害也。但害于大物则言灾,害于小物则言火。"②把这几个因素联合起来看,即知何休说"分别有灾,不与宋同"说的是记周火为"灾"、宋火为"火",而孔子如此记的目的,一方面是因为二者都是先世,不得尊于新王,另一方面是灾毁中兴乐器,启示出周是不可能复兴了。因此,所谓"上黜杞"即"黜夏"之意,"新周"是"黜周"而以新统代之之意,宋为此"二王"之后,黜之也是一样的道理,此即"故宋",意指逝去不可复兴之宋。这些都是孔子的笔法。何休认为孔子如此作述的意图在于"王鲁",而为新王的"鲁统"即是儒家的"王道"。

"王鲁"之说是何休的新发明,他于《解诂》中频繁说《春秋》当新王的"王"即是"鲁"。试举三例如下:

---

① 文见"宣公十六年"解诂,《春秋公羊传注疏》,第363页。
② 《春秋公羊传注疏》,第427页。

>《春秋》王鲁，讬隐公以为始受命王。因仪父先与隐公盟，可假以见襃赏之法，故云尔。①
>
>滕，微国，所传闻之世未可卒，所以称侯而卒者，《春秋》王鲁，讬隐公以为始受命王，滕子先朝隐公，《春秋》襃之以礼，嗣子得以其礼祭，故称侯见其义。②
>
>《春秋》王鲁，因其始来聘，明夷狄能慕王化，修聘礼，受正朔者，当进之，故使称人也。称人当系国，而系荆者，许夷狄者不一而足。③

由此看来，何休之所以把"《春秋》当新王"的新王解释成"讬隐公以为始受命王"，是与他的"三世"说相匹而论的。按照何休"三世""十二公"的逻辑，由于隐公受命为王，则鲁国的"十二公"即分别成为"衰乱"、"升平"、"太平"三世之王。意义还不止于此。又因为"《春秋》王鲁，因其始来聘，明夷狄能慕王化，修聘礼，受正朔者，当进之"，则遵循和实践以鲁为中心的儒家王道即是"内其国而外诸夏，内诸夏而外夷狄"。很显然，这是何休从"通三统"的层面来说明"一科三旨"的政治理念。从儒学发展的意义上说，这是儒者何休试图在颓败的当时社会情境中，重振儒家政治与伦常的努力。

四、重异不重灾

与汉代大多儒者喜欢以灾异论人事一样，何休对《春秋》中的灾异记载几乎每条必"解诂"，而在其"条例"当中，"灾异和人事"被归结为"两类"。

从其灾异理论基点看，何休综合了董仲舒和刘向的灾异理论，其立足点依然是"天人感应"。他说："天之与人，昭昭著明，甚可畏也。

---

① 文见"隐公元年"解诂，《春秋公羊传注疏》，第15页。
② 文见"隐公七年"解诂，《春秋公羊传注疏》，第55页。
③ 文见"庄公二十三年"解诂，《春秋公羊传注疏》，第165页。

于晦朔者,示其立功善甫始而败,将不克终,故详录天意也。"①又说:"明天人相与报应之际,不可不察其意。"②

就其说灾异的特点而言,何休区别了灾与异的不同。对于"灾",何休说:"灾者,有害于人物,随事而至者,先是隐公张百金之鱼,设苛令急法,以禁民之所致。"③对于"异",他说:"异者,非常可怪,先事而至者。是后卫州吁弑其君完,诸侯初僭,鲁隐系获,公子翚进谄谋。"④考诸《解诂》之文,大凡说灾异者,与这里的表述方式相似,即:说"灾"多有"先是"之语说明人事之非,而后有天灾之害;说"异"多有"是后"之语说明天象有异常在先,人事之非在后。两相比较,何休更为注重"异"。其原因在于,"天"之异常在先,可警告人避免伤害,这比人事伤害已然发生,再由灾来惩罚警示要好得多。况且,由于灾异大多针对政治而言,以"异"的方式来说人事之非,具有规谏和预防的现实效用。因此,何休明确说:"异者,所以为人戒也。重异不重灾,君子所以贵教化而贱刑罚也。"⑤

就灾异与汉代儒学其他层面的关系而言,以阴阳说灾异是汉儒的通行方式,何休自然也不能免,此为常识,在此略过。所应注意的是,正如上文已经指出,由于东汉谶纬比较流行,何休常常以纬解经传,故其说灾异时也多引谶纬。文繁不录。

五、大一统

前文已经重点介绍了董仲舒的公羊学大一统理论,何休在《解诂》中对董仲舒的理论作了进一步阐发。

从《解诂》的注文看,何休"五始"条列的"元年、春、王、正月、公即

---

① 文见"僖公十六年"解诂,《春秋公羊传注疏》,第235页。
② 文见"僖公三年"解诂,《春秋公羊传注疏》,第210页。
③ 文见"隐公五年"解诂,《春秋公羊传注疏》,第52页。
④ 文见"隐公三年"解诂,《春秋公羊传注疏》,第35页。
⑤ 文见"定公元年"解诂,《春秋公羊传注疏》,第551页。

位",涉及的都是王者。何休认为,"《春秋》以元之气,正天之端;以天之端,正王之政。"①以此,他从自然推论人事,在"隐公元年"的"解诂"中特别注重对"元"的阐论。他说:

> 变一为元,元者,气也,无形以起,有形以分,造起天地,天地之始也,故上无所系,而使春系之也。……《春秋》托新王受命于鲁,故因以录即位,明王者当继天奉元,养成万物。②

在何休看来,受命之王即位的第一年("始年")不说"一"而作"元",是因为"元"为"气",是一切的初始,天地也由之而起。这意味着受命之王应该接续天地的养育之德,"继天奉元,养成万物"。然而,王者之所以能承担"大一统"的重任,是因为"夫王者,始受命改制,布政施教于天下,自公侯至于庶人,自山川至于草木昆虫,莫不一一系于正月,故云政教之始"。③ 但对于一个国家而言,"即位者,一国之始,政莫大于正始",故"元年、春、王、正月、公即位","五者同日并见,相须成体,乃天人之大本,万物之所系。"④

何休之所以如此注重"大一统",是有其现实原因的。汉末外戚宦官交替干政擅权,作为"大一统"载体的王权非弱即衰。何休认为要摆脱这样的困境,必须重振王纲,"一法度,尊天子",⑤在他看来,"君臣之义正,则天下定矣。"⑥所以,《解诂》中随处可见何休强调王权的权威。一方面,他认为天子的地位和尊严应该得到尊重,他说:"衔王命会诸侯,诸侯当北面受之,故尊序于上。"⑦另一方面,他又强调诸侯、卿、士等不得专权,更不能侵权和擅权。在晋人执卫侯归之于京师的问题

---

① 文见"隐公元年"解诂,《春秋公羊传注疏》,第10页。
② 《春秋公羊传注疏》,第6页。
③ 《春秋公羊传注疏》,第10页。
④ 《春秋公羊传注疏》,第10页。
⑤ 文见"隐公七年"解诂,《春秋公羊传注疏》,第56页。
⑥ 文见"庄公二十九年"解诂,《春秋公羊传注疏》,第181页。
⑦ 文见"僖公八年"解诂,《春秋公羊传注疏》,第220页。

上，何休说："未得白天子分别之者，但欲明诸侯尊贵，不得自相治，当断之于天子尔。"①

还有一点值得注意，何休试图以强化德性修养和礼制伦常的方式来为大一统奠定文化与道德基础。他说："郑背叛，本由桓公过陈不以道理，当先修文德以来之，而便伐之，强非所以附疏。"②认为没有德性的统治或交往是不能服人的。他又以齐桓公和晋文公为例来说明德性对于治理天下的有效性，说："唯齐桓、晋文能以德优劣、国大小相次序。"③

总的说来，虽然今文经学在汉末衰败有加，但何休倾心倾力建构起来的公羊学理论，不仅是公羊学本身的新发展，也是今文经学在汉末的回光返照。但何休《解诂》的公羊学返照并非转瞬即逝，到了十九世纪末二十世纪初，《春秋》公羊学成为当时的显学。故钱穆先生说："晚清今文经师之所以张大其说者，尤恃何休之《春秋公羊解诂》，以为今文博士微言大义所赖以存。"④

第三节　郑玄对汉代经学的总结

郑玄(127—200)，字康成，北海高密人(今山东高密县)。其先祖"本高密大族，世与王家相嫁娶"，八世祖郑崇为西汉哀帝时的尚书仆射，"数求见谏争，上初纳用之。每见曳革履，上笑曰：'我识郑尚书履声。'"郑崇曾得罪哀帝母傅太后和宠臣董贤，尚书令赵昌又诬陷其交游有谋，对此，郑崇坦然对哀帝说："臣门如市，臣心如水。"最后冤死狱

---

① 文见"僖公二十八年"解诂，《春秋公羊传注疏》，第261页。
② 文见"僖公六年"解诂，《春秋公羊传注疏》，第219页。
③ 文见"昭公十二年"解诂《春秋公羊传注疏》，第494页，
④ 钱穆：《中国学术思想史论丛》(卷三)，安徽教育出版社，2004年，第43页。

中。① 据贾公彦引郑玄《周礼注》之"序"称,对东汉古学兴起有功的郑兴、郑众父子是其"同宗大儒"。② 以此可见郑氏宗族的学行趣向。

郑玄自幼"好学书数",兴趣极为广泛,十三岁时能"诵五经,好天文、占候、风角、隐术"。③ 稍长为"乡佐",在休假期间常到郡县学校学习。其父曾因其"不乐为吏"而"数怒"。当时的北海相杜密到高密巡视,很欣赏郑玄,于是召为署吏。再后来,郑玄到太学学习,先师事京兆第五元先通晓《京氏易》、《公羊春秋》、《三统历》、《九章算术》,又从东郡张恭祖受《周官》、《礼记》、《左氏春秋》、《韩诗》、古文《尚书》。这样,郑玄"年二十一,博极群书,精历数图纬之言,兼精算术"。④

此后,郑玄游学于幽、并、兖、豫州各地。桓帝延熹二年(159),由于山东"无足问"者,三十三岁的郑玄通过卢植而得以到马融门下学习,但马融弟子多,又因是皇亲而慢待士人,以致他三年都未能得到马融亲授。但郑玄未尝怠倦,直到某天郑玄解决了马融和卢植都不能解决的天文历算问题,"融见奇之,引与相见,自篇籍之奥,无不精研。"⑤ 郑玄后来辞别马融,马融"喟然谓门人曰:'郑生今去,吾道东矣。'"⑥

桓帝延熹九年,郑玄回到故乡高密,"家贫,客耕东莱,学徒相随已数百千人。"灵帝建宁二年(169),第二次党锢祸起,郑玄因是杜密故吏受牵连,"坐党禁锢,十有四年",此间,"隐修经业,杜门不出。"⑦ 这段时间是郑玄学问成熟期,一方面他与何休论战,光大了古学,另一方面,成就其嘉惠后世的"三礼"之注。

---

① 以上皆《汉书》卷七七《郑崇传》,第3254—3256页。
② 引出贾氏《序周礼废兴》,见《汉魏古注十三经》(上)之《周礼注》,页五上。
③ 《世说新语·文学》注引《郑玄别传》。见余嘉锡《世说新语笺疏》(修订本,上册),1993年,第189页。
④ 《世说新语·文学》注引《郑玄别传》,见《世说新语笺疏》,第189页。
⑤ 袁宏《后汉纪》卷二九《献帝纪》"建安三年"条,第557页。
⑥ 《后汉书》卷三五《郑玄传》,第1207页。据王利器考证,郑玄在马融门下问学共有七年时间。参见《郑康成年谱》,第51—52页。
⑦ 《后汉书》卷三五《郑玄传》,第1207页。

灵帝中平元年(184),朝廷被迫解除党禁,被赦的郑玄此时已享誉士林。自此而后,朝士豪强争相举荐,郑玄都不应:186年以平民装束见大将军何进,不应其府辟;188年被征为博士,不至,又被后将军袁隗举为侍中,以父丧不至;189年被董卓征,不应;191年避难徐州,徐州刺史陶谦对其颇为敬重;195年刘备继任徐州刺史,以师礼待之;196年受北海相孔融之邀回高密,作《戒子书》;197年袁绍邀其相会,表为左中郎将,不应,朝廷又征为大司农,"以病自乞还家"。

献帝建安五年(200)春,郑玄病,袁绍令其长子袁谭遣使逼迫郑玄随军到元城(今河北大名东),六月卒。"遗令薄葬。自郡守以下尝受业者,缞绖赴会千余人。"①

范晔在《儒林传》"赞"中不无遗憾地说:"斯文未陵,亦各有承。涂方流别,专门并兴。精疏殊会,通阂相征。千载不作,渊原谁澄?"②其实,他在《郑玄传》"论"中已经自答了"千载不作,渊原谁澄"的追问,即"郑玄括囊大典,网罗众家,删裁繁诬,刊改漏失,自是学者略知所归"。③的确,在很大程度上讲,郑玄穷其毕生才力综合两汉今古文之学,既是对汉代儒学尤其是经学发展的总结,又为后世儒学的光大奠定了文本和阐释的基础。

今见郑玄著作比较完整的有《周礼注》、《礼记注》、《仪礼注》、《毛诗笺》,以及《周易注》中的《文言》、《说卦》、《序卦》、《杂卦》四篇注,它们都收录于《清人注疏十三经》中,中华书局有新式标点整理本行世。郑玄其他的著作都散逸了,少数残篇散见于后人的注疏之中。

一、遍注群经

如果说贾逵注重《诗》、《尚书》、《春秋》之学的话,马融则在融通今

---

① 《后汉书》卷三五《郑玄传》,第1211页。
② 《后汉书》卷七九下,第2590页。
③ 《后汉书》卷三五,第1213页。

古文经学的同时，还注重子学，注解了《老子》、《淮南子》、《离骚》等。由于资料的缺失，如今我们难以知悉贾、马之学对郑玄的具体影响，但从郑玄的著作目录和流传至今的著作上，我们依然能看出郑玄承续了贾、马融通汉代今古学的趣向。从整个儒学演变的情形看，贾、马之作百不存一，而郑玄有关《诗》、《礼》的作品自唐太宗时代开始，就一直被视为士人的标准读本，并流传至今。撇开不可知的典籍流传过程中的失传因素不谈，这种情况起码说明郑玄的著作在汉后的世代儒者那里得到了广泛认可。而无论其原因如何，有一点毋庸置疑：从他们整个人生进程看，相较于贾、马二人，郑玄不仅更具儒者的君子品格，也更具"实事求是"的学者精神。因此，虽然贾、马、郑三人都有融通今古文经学之功，但郑玄在融通之外，既有总结之功，又有启发之用。

皮锡瑞说："今古之学若无郑注，学者欲治汉学，更无从措手矣！"① 的确，郑玄对汉代经学的总结，最明显的证据即是他遍注群经。现据可考的史籍记载，把郑玄的著作列表（表十五）如下，再稍作申述。

表十五 郑玄著作表

述作名目	诗	书	礼	易	春秋	孝经	纬	论语	天文历律术算
注		1.尚书注 2.尚书大传注	1.周礼注 2.仪礼注 3.礼记注 4.丧服纪注 5.丧服变除注 6.丧服谱注	周易注	左传注 附： 1.春秋左氏分野 2.春秋十二公名	孝经注	1.诗纬注 2.尚书纬注 3.尚书中候注 4.礼纬注 5.礼记默房注 6.易纬注	1.论语注 2.论语释义注	1.乾象历注 2.九宫经注 3.九宫行棋注 4.日月交会图注 5.汉宫

---

① 皮锡瑞：《经学历史》，第103页。

续表

述作名目	诗	书	礼	易	春秋	孝经	纬	论语	天文历律术算
							7.乐纬注 8.春秋纬注 9.孝经纬注 10.河图洛书注		香方注 附:九旗飞变
笺	毛诗笺								
论		书论		易论					天文七政论
			六艺论						
问		尚书义问							
答			答林存孝周礼难	答何休					答甄子然书
议			1.礼议 2.皇后敬父母议						
难									周髀二难
驳			驳许慎五经异义						
	1.驳何氏汉议 2.驳何氏汉议叙 3.发公羊墨守 4.针左氏膏肓 5.起穀梁废疾								
赞		书赞		易赞					
图			三礼图						
谱	毛诗谱								
叙	诗谱叙	尚书大传叙				孝经注叙			

续表

述作名目	诗	书	礼	易	春秋	孝经	纬	论语	天文历律术算
目录			三礼目录					论语孔子弟子目录	
章句									汉律章句

说明：1. 此表主要据王利器先生《郑康成年谱》中的"著述"部分内容，以及杨天宇先生《郑玄三礼注研究》第二章《郑玄著述考》的内容制成，择善而从。2. 表中"纬"部一栏所列书目，并不表示郑玄事实上遍注了纬书，只是因为典籍中有证据证明郑玄曾注过某类"纬"下的某部或某几部纬书，故以类"纬"之名为其书目名，如郑玄曾注《春秋》纬《春秋运斗枢》，而《春秋》纬有十三种之多，我们无法证明郑玄没有注过其他《春秋》纬，故以《春秋纬注》名之，余者类推。3. 表中"驳"目下，《发公羊墨守》、《针左氏膏肓》、《起穀梁废疾》虽没有"驳"之名，但考虑到三者是反驳何休之作，故归入"驳"类。4. "春秋"栏中《春秋左氏分野》、《春秋十二公名》的内容不可考，但其出现在《隋书·经籍志》《春秋左传例苑》十九卷注中，勉强以附录形式列入《春秋》类的"注"中。5.《隋书·经籍志》又载有《郑玄集》，但其时已亡，故篇目内容皆不可考，故不入本表。又，郑玄门人弟子编郑玄与弟子问答的《郑志》以及门人弟子所记郑玄之言而成的《郑记》，由于二者非郑玄亲著，且多散佚，也不入本表。6. 郑玄尚有《戒子益恩书》未入本表，以其难以入类故。后文有论。

由上表可知，郑玄不仅遍注群经，还注纬历术算等，这说明前引袁宏于《后汉纪》中说郑玄和马融"于篇籍之奥，无不精研"，范晔于《郑玄传》"论"中称其"括囊大典，网罗众家"，绝非虚言。就表中所示，应作申述的有如下几点：

首先，郑玄所有述作名目中，"注"类作品最多。在"注"类中，郑玄对《书》、《礼》、《易》、《左传》以及众多纬书等都作了注，且以"礼"、"纬"二类居多。由于上述"说明"中的缘故，郑玄注纬名目多，并不说明注纬是其"删裁繁诬，刊改漏失"的主要内容。从上文生平介绍可知，其中年之后用力最多的是注"三礼"，而注纬大概是青壮年时受当时流俗影响所成。

其次，参照第六章的"经注名目"表可知，"笺"是郑玄唯一使用的汉儒经注形式，而《毛诗笺》也是"笺"这一形式的唯一汉代作品。考郑玄《六艺论》："注《诗》宗毛为主，毛义若隐略，则更表明；如有不同，即下己意，使可议别也。"①由此可知，"笺"是郑玄发明《毛诗》幽旨的一种经注方式。也就是说，这是郑玄独创的申述己意的注经方式。再考史籍，"谱"也是当时郑玄独用的方式，其《诗谱叙》曰："此《诗》之大纲也。举一纲而万目张，解一卷而众篇明，于力则鲜，于思则寡，其诸君子，亦有乐于是与！"②两相参看，即知郑玄以《毛诗谱》来统率其"笺"，而"笺"反过来又申"谱"义。如此咏注《诗经》篇章，郑玄乐在其中。考虑到汉时注《诗》儒者众多，而今三家《诗》已渺茫难知，独有郑"笺"的《毛诗》流传至今。这不能说没有郑玄此类经注的独创之功。

再次，在非"注"类作品中，除了"谱"外，尚有"图"和"目录"。这说明，郑玄在通行的"注"之外，力求以更为直观简明的方式来呈现经的面貌。尤其是"目录"，正如我们在第四章已经指出过的，这是郑玄承续刘向之意整理注释"三礼"的重要门路。"三礼"流传至今，与郑玄这种努力是分不开的。详后文。

至于非"注"名目中以"驳"和"答"类居多，其中又以与何休的论难居多，这是众所周知的郑何论战，已于第六章有论，在此略过。

还有一个值得注意的问题是，郑玄遍注群经，其次序如何？按照清代礼学研究重镇黄以周在其《答郑康成学业次第问》中所论：以郑玄从学的先后论，先通《京氏易》《公羊春秋》，次治《周官》《礼记》《左氏春秋》《韩诗》、古文《尚书》，最后治《毛诗》；而以注经的先后论，则先注《周官》，次《礼记》，次《礼经》，次古文《尚书》，次《论语》，次《毛诗》，最后注《易》。③而皮锡瑞在其《六艺论疏证》中说："郑学宏通，本

---

① 严可均辑：《全上古三代秦汉六朝文》（第一册）之《全汉后文》卷八四《六艺论》。以下皆简称《全后汉文》卷八四。文见该书第926—928页，下引不注页码。
② 严可均：《全后汉文》卷八四《诗谱叙》。文见该书第926页。
③ 参见《郑康成年谱》所引黄以周之说，第83—85页。

先今而后古,著书次序,实始纬而后经。"①

皮氏之论,是就今、古之学和经、纬之别而论,其意正好说明黄以周所论之理。

二、辨彰"六艺"

郑玄之遍注群经,并非随读随注,而是有着他自己对经纬子算历律等的总体理解。张舜徽先生在其《郑氏校雠学发微》中说:"《六艺论》虽已早佚,然就其残存者观之,知郑氏理董旧文,首在辨章六籍体用。"②下面,主要以严可均和马国翰所辑佚的《六艺论》为主,来看郑玄是如何看待"六艺"的。

对于《诗经》,郑玄认为:

> 诗者,弦歌讽谕之声也。自书契之兴,朴略尚质,面称不为谄,目谏不为谤,君臣之接,如朋友然,在于恳诚而已。斯道稍衰,奸伪以生,上下相犯,及其制礼,尊君卑臣,君道刚严,臣道柔顺。于是箴谏者希,情志不通,故作《诗》者以诵其美而讥其过。③

很明显,所谓"弦歌讽谕",即"诵其美而讥其过",这是汉儒"诗教"之说的延续。不过,郑玄还是有自己的理解,他认为远古之时的社会政治情态是朴质诚恳的,之后防止奸伪的礼制兴起,改变了原来那种君臣之间的朋友关系,以致"尊君卑臣,君道刚严,臣道柔顺",这就又弱化了谏诤效果,于是人们只能通过《诗》来曲折表达。而《诗经》对于诵注者的效用是:"欲知源流清浊之所处,则循其上下而省之;欲知风化芳臭气泽之所及,则傍行而观之。"④《诗经》因此成为人乃至社会政治的一面镜子。

对于《尚书》,由于《六艺论》仅载"若尧知命在舜,舜知命在禹,犹

---

① 转引自王利器:《郑康成年谱》,第87页。
② 张舜徽:《郑学丛著》,齐鲁书社,1984年,第44页。
③ 严可均:《全后汉文》卷八四《六艺论》。
④ 严可均:《全后汉文》卷八四《诗谱叙》。

求于群臣，举于侧陋，上下交让，务在服人。孔子曰：'民可使由之，不可使知之。'此之谓也"。这说明郑玄比较注重君主的任贤。但这不足以说明是郑玄对《尚书》的综合看法。孔氏正义引郑注虽多，但多为史实条梳与字声字义正读，①难见郑玄《尚书注》之大体。

对于《礼》，郑玄认为，"礼其初起，盖与诗同时。"而"唐虞有三礼，至周分为五礼"。其内容和功用是："礼者，序尊卑之制，崇让合敬也。"②郑玄的礼学以《周礼》为核心，已为研究者共识。郑玄对《周礼》的起源看法是：

> 周公居摄，而作六典之职，谓之《周礼》。营邑于土中，七年，致政成王。以此礼授之，使居洛邑治天下。③

这说明郑玄认为《周礼》为周公所作，且是周代礼制根基。他精研《周礼》，并以"吉凶军兵嘉"作为其注"礼"的纲目，其《三礼目录》集中体现了这点。第四章已经论及，在此略过。

从来源上讲，郑玄认为《春秋》是"右史所记之制，动作之事也"。④而从其在六艺中的地位上看，则《春秋》为"大经"，《孝经》为"大本"。他注《礼记·中庸》说："孔子祖述尧舜之道而制《春秋》，而断以文王、武王之法度。"⑤又认为："大经，谓六艺而指《春秋》也；大本，《孝经》也。"⑥另外，郑玄认为《春秋》三传也有优劣，他说："《左氏》善于礼，《公羊》善于谶，《穀梁》善于经。"⑦

郑玄最后注《易》，其《易》学源自费氏《易》，这是《后汉书·儒林

---

① 孔颖达《尚书正义》卷九《盘庚上》"正义"引郑玄注曰："夫射者，张弓属矢而志在所射，必中然后发之。为政之道亦如是也，以己心度之，可施于彼，然后出之。"以此可推知郑玄对于政道的施行是注重儒家一贯的以己度人的路向的。
② 皆严可均：《全后汉文》卷八四《六艺论》。
③ 郑玄：《周礼·天官注》，载《汉魏古注十三经》（上册），第15页上。
④ 严可均：《全后汉文》卷八四《六艺论》。
⑤ 郑玄：《礼记·中庸注》，载《汉魏古注十三经》（上册），第199页上。
⑥ 郑玄：《礼记·中庸注》，载《汉魏古注十三经》（上册），第199页下。
⑦ 严可均：《全后汉文》卷八四《六艺论》。

传》所明言的。郑玄认为《易》有三源：

> 夏曰《连山》，殷曰《归藏》，周曰《周易》。《连山》者，象山之出云，连连不绝。《归藏》者，万物莫不归藏于其中。《周易》者，言周道周普，无所不备。①

郑玄此说的确切渊源不详，但他以为《周易》为"周道"的观点，则广为称引。至于"易"为何义，郑玄说：

> 易之为名也，一言而函三义：易简一也，变易二也，不易三也。……据兹三义之说，易之道，广矣大矣。②

有不少研究者认为这里"易"之"三名"源自《易纬·乾凿度》。无论其源如何，郑玄以之为"易之道"，正好印证他以生生不息的创造力遍注群经的刚健人生态势。

至于《六艺论》中条数最多的有关纬书的看法，则多为对纬书篇目和起源的论说，并没有多少如上述关于五经的综合性论说，在此略过。③

总的说来，郑玄如此深谙"六艺"幽旨，可视为他遍注群经的思想基础。试想，如果没有对"五经"全面深入的认知，他所注的《诗》、《礼》又怎会得到后人长久而广泛的推崇？

三、"礼是郑学"

郑玄著作中最为后人所称道的即是"三礼"注。范晔于《后汉书·儒林列传下》论郑玄的礼学渊源说：

> 中兴，郑众传《周官经》，后马融作《周官传》，授郑玄，玄作《周官注》。玄本习《小戴礼》，后以古经校之，取其义长者，故为郑氏

---

① 严可均：《全后汉文》卷八四《六艺论》。
② 严可均：《全后汉文》卷八四《六艺论》。
③ 马国翰说："《六艺论》多用纬候说，宋儒以是诟议。而叙述经学源流，则非唐以后人所能望其项背也。"见马国翰：《玉函山房辑佚书》第三册，广陵书社，2004年，第2036页下。

学。玄又注小戴所传《礼记》四十九篇,通为《三礼》焉。①

这里没有说到《仪礼》,是因为汉时尚无"仪礼"之名。②按照范晔的意思,由于郑玄既融通了"三礼",又融通了今古文礼,故"三礼"之名之学,实际上自郑玄始。黄侃在其《礼学略说》中明确说:

> 董景道说经,《三礼》之义,皆遵郑氏;著《礼通论》,非驳诸儒,演广郑旨。此由郑学精博贯通,亦缘郑氏以前,未有兼注《三礼》者,(黄侃自注:以《周礼》、《仪礼》、小戴《礼记》为《三礼》,亦自郑始。《隋书·经籍志》:《三礼目录》一卷,郑玄撰。)故舍郑无所宗也。……今惟郑康成注(引注:指《周礼注》),孤行百代。说《仪礼》者,仅马季长注《丧服》经传一篇,至全注十七篇,亦自郑氏始。……然后言小戴者,皆传郑氏。郑又考正礼图,存古遗制;是《三礼》之学,萃于北海(引注:此指郑玄)。故《大戴记》,郑所未注,则若存若亡,八十五篇,遂残其半矣。由晋及唐,诸经所主,或有不同;至于《诗》共宗毛,《礼》同遵郑。③

黄氏所论颇为明了。其要在于:以一人才力深究"三礼"之学,无论从注解还是融通而言,皆自郑玄创始。更为重要的是,从礼学的传承看,没有郑玄的注,其书非逸即残,而有了郑玄的注,则为后学所"同遵"共传。正因为郑氏"三礼"学如此"精博贯通",故孔颖达说"礼是郑学"。④

---

① 《后汉书》卷七九下,第2577页。
② 郑玄《六艺论》云:"汉兴,高堂生得《礼》十七篇,后得孔氏壁中古文《礼》凡五十六篇,《记》百三十一篇,《周礼》六篇。其十七篇与高堂生所传同,而字多异,其十七篇外,则逸《礼》是也。"这里的《记》即是两戴《礼》之源,《礼》即为后来的《仪礼》,加上明确的《周礼》之说,则"三礼"于郑玄那里虽无其名,但已具其实。至于"仪礼"之名成于何时,尚有进一步探究余地,但汉无"仪礼"之名,则为共识。
③ 黄侃:《黄侃论学杂著》,上海古籍出版社,1980年,第448—449页。
④ 孔颖达在《礼记正义》卷十四《月令》"正义"中说:"此皆历乖远,于数不合,郑无指解,其事有疑。但礼是郑学,故具言之耳,贤者裁焉。"(《十三经注疏》上册,第1352页中)又于卷三十一《明堂位》说:"礼既是郑学,故具详焉。"(同前书下册,第1488页下)还于卷四十《杂记》中说:"至后世以来,士与大夫有异,故记者载之,郑因而解之。礼是郑学,今申郑义。"(同前书,第1550页下)此类说法,是其承续郑学、申郑义的明证。故他于卷五十八《三年问》"正义"中明确说:"郑之此释,恐未尽经意,但既祖郑学,今因而释之。"(同前,第1663页下)由此可见,孔氏之学,是以郑学为源了。

在此意义上,我们可以说,郑氏礼学重要的不是继承总结,而是开启后学。而后,在清代遵汉抑宋的学术大背景下,礼学蔚然大观,孙诒让的《周礼正义》、胡培翚的《仪礼正义》、孙希旦的《礼记集解》、秦蕙田的《五礼通考》、孙以周的《礼书通故》等等,现今都成为礼学研究的必备书目。

四、创新体例

郑玄对汉代经学总结的另一个突出成就是综合了汉儒的经注方式,并在自己的注经实践中灵活运用与创新。张舜徽先生对郑学有精深的系统研究,其结晶为《郑学丛著》六种,① 其中《郑氏校雠学发微》和《郑氏经注例释》是关于郑玄经注体例研究的名作。本小节内容,多据后者而成。②

按照马宗霍的研究,汉代儒者注经的途径有如下几种:一为"以经解经",这又分两类:"以本经解经",如刘向解《左传》;"以他经解本经",如孔安国校理《尚书》。二为"以字解经",这些属于字疑而正读,段玉裁分之为"读如读若"、"读为读曰"和"当为"三类。三为"以师说解经",如郑玄注《周礼》用郑众说。四为"以事义解经",如韩婴作《诗》之内外传。③ 马氏所总结的这四大类方式基本涵盖了汉儒经注的样式,但其过于疏阔,尚不能清晰展现儒者经注的详情。

张氏总结郑玄经注的体例共有十八种,它们是:沿用旧诂不标出处例,宗主旧注不为苟同例,循文立训例,④订正衍讹例,诠次章句例,旁稽博证例,声训例,⑤改读例,改字例,征古例,证今例,发凡例,阙疑

---

① 此书包含《郑学叙录》、《郑氏校雠学发微》、《郑氏经注例释》、《郑学传述考》、《郑雅》和《演释名》六种。后两者中,《郑雅》就《尔雅》十九类而分类整理郑氏经注的具体注文,《演释名》是就郑氏经注中的"声训之理,效《释名》之体,以究万物得名之原"。见《郑学丛著》前言。

② 《郑氏经注例释》一书于《郑学丛著》第77—157页,本节综述该书内容,皆出此。

③ 参见马宗霍:《中国经学史》,商务印书馆,1998年,第56—57页。

④ 此例表述方式为:"某,某也"或"某,某也,某也"或"某犹某也"等等。如注《仪礼·士冠礼》"宜之于假"曰:"假,大也。"

⑤ 此例即上引马宗霍论中段玉裁所论的三种情况。

例,考文例,尊经例,信纬例,注语详赡例,注语互异例。在这些名目之下,张氏详列不同郑注形式数百例,以见各目之下,尚有诸多精微处。参诸如今我们可见的传统典籍整理和研究的情况,除了"信纬例"之外,其他十七种都是今人必用的方式。下面,仅就张氏之论,择其要者略作申述。

首先,郑玄"宗主旧注不为苟同",事实上是不盲目信古从师,这与今文经学的执师法、家法而不敢违有本质上的不同。据张氏此目之下所举例证,郑玄笺《诗》训诂名物不同于毛氏的,多据《尔雅》而正,其发明诗旨的,又多本三家《诗》而来。① 而郑玄据《尔雅》以非毛,实即据古以非古;据三家《诗》以发《毛诗》之旨,则是依今而释古。以通今古学而论,郑玄此类经注与其"征古"和"证今"方式一起,通的不仅是经学意义上的今古学,也是通先秦之古与汉代之今的今古学。是为郑学的"博通古今"。

其次,"订正衍讹"方式中,其注《仪礼》以今、古二本参校,而注《周礼》又常以"古书"、"今书"参校,注《礼记》或据礼制,或据风俗,或据文义,判析何为衍文、何为错简等等。② 凡此之类,既保存了今、古二本的真实面貌,又为后世形成更好的范本奠定了基础。这类经注方式与"征古"、"阙疑"、"考文"等方式相互支持,为儒学的正本清源提供了很好的方法。是为郑学的"实事求是"。③

再次,郑玄运用"发凡"的方式,对经传中可以触类旁通的地方进行注解。此类例证,以《仪礼注》居多,如注《仪礼·聘礼》"醙黍清皆两壶"曰:"凡酒,稻为上,黍次之,粱次之,皆有清白。"注《仪礼·士丧礼》"巫止于庙门外"曰:"凡宫有鬼神曰庙。"凡此之类,不一而足。张氏认为:

---

① 参见张舜徽:《郑学丛著》,第83—84页。
② 参见张舜徽:《郑学丛著》,第92—97页。
③ 此类精神,参之张氏《郑氏校雠发微》所论"广罗异本"、"求同存异"、"考辨遗编"、"校正错简"、"补脱定讹"等类,则更为显明。该书载《郑学丛著》,第41—73页。

乾嘉诸儒,如凌廷堪推广此法以作《礼经释例》,焦循用其法以治《易》,段玉裁用其法以治《说文》。(原注:《说文》注中最精粹处在发凡起例。)皆以专门名家,取重于世,此其尤大章明较著者。而诸家治学之法,实亦郑氏导夫先路也。①

很明显,此类经注方式,只要读经说经注经者明晰其义,既可省去遇阻即注寻注的麻烦,又能启发人会通典籍以高效为学。是为郑学的"清通简要"。

简而言之,这些经注体例的综合与创新,绝非只是经注本身的改变。郑玄穷其毕生才力,念兹在兹,才有如此成就,其蕴含的意义在于:为学者必博通古今方有事实求是、清通简要的可能。否则,非一叶障目,即信口雌黄,道之大体,学之要义,即隐而不显。

五、"布衣雄世"

郑玄一生,既无万贯家财,更无高爵显位,但直到如今,大凡论及儒学者,莫不引之而后安。《左传》有"太上有立德,其次有立功,其次有立言"的"三不朽"之说,②以郑玄一生而论,粗看他是因"立言"而"不朽",事实上"立德"、"立功"都在其整个"立言"的进程中。

郑玄有《戒子益恩书》,③七十岁时所作。名为"戒子",实为"自白",是汉儒"戒子书"的典范。"书"中自述其平生趣向说:"吾自忖度,无任于此(引注:指为官),但念述先圣之元意,思整百家之不齐,亦庶几以竭吾才,故闻命罔从(引注:指不从各类征辟)。"可见,郑玄是以"思整百家之不齐"的"立言"使命为其生命意义的。而其"功"与"德"正是建立在这种"学"的基础上,才能成其大。故其注《礼记·中庸》说:"由明德而有至诚,是贤人学以成人也。"④

---

① 张舜徽:《郑学丛著》,第142页。
② 《左传》襄公二十四年。
③ 《后汉书》卷三五《郑玄传》,第1209—1210页。
④ 《礼记·中庸注》,载《汉魏古注十三经》(上册),引见第197页下。

从"功"的角度说,郑玄遍注群经,而《诗》、《礼》赖其注笺而传世,其对儒学发展之功,不可谓不大。即便在当世,郑玄也有传播儒学之功。一方面,自其在马融门下始,即自起"精庐",边求学边授业;另一方面,自他四十岁时返回高密之后,追随其问学的弟子就一直以百千计。① 为史书所称道的是,在与何休的论战中,何休看到郑玄反驳他的三篇著作,叹曰:"康成入吾室,操吾矛,以伐我乎!"② 范晔于其传中论其授业成就说:

> 至于经传洽孰,称为纯儒,齐、鲁间宗之。其门人山阳郗虑至御史大夫,东莱王基、清河崔琰著名于世。又乐安国渊、任嘏,时并童幼,玄称渊为国器,嘏有道德,其余亦多所鉴拔,皆如其言。③

可见郑玄不仅善于授业,也长于品鉴,与其学有"清通简要"之质相类,这些对后来的玄学未尝没有潜在影响。

从"德"的角度看,郑玄不应各类征辟,不为名利所动,笃实为学,可谓"学""德"双修。因其"德""学"兼备,当时的北海相孔融令高密县名郑玄之乡为"郑公乡",乡门号为"通德门"。④ 不仅如此,郑玄在当时的权贵豪强之中也获得了广泛的尊敬。何进曾对"不受朝服,而以幅巾见"的郑玄"设几杖,礼待甚优";⑤ 刘备也说他曾顾问过郑玄;⑥ 就连黄巾军也对郑玄崇敬备至,史载:"黄巾贼数万人经玄庐,皆为之拜,高密一县,不被抄掠。"⑦

---

① 《后汉书》其本传记载说:"玄自游学,十余年乃归乡里。家贫,客耕东莱,学徒相随已数百千人。"(第1207页)《后汉纪》卷二九《献帝纪》"建安三年"条记载说:"会党事起,而玄教授不辍,弟子数百人。"
② 《后汉书》卷三五《郑玄传》,第1212页。
③ 《后汉书》卷三五《郑玄传》,第1208页。
④ 《后汉书》卷三五《郑玄传》,第1208页。
⑤ 《后汉书》卷三五《郑玄传》,第1208页。
⑥ 《三国志》卷三三《后主传》裴松之引《华阳国志》,第903页。
⑦ 《后汉纪》卷二九《献帝纪》,第558页。

郑玄说："用中为常道也。……君子而时中者,其容貌君子,而又时节其中也。"①这点为他在以下情境中所受用。范晔记载说:

> 大将军袁绍总兵冀州,遣使要玄,大会宾客,玄最后至,乃延升上坐。身长八尺,饮酒一斛,秀眉明目,容仪温伟。绍客多豪俊,并有才说,见玄儒者,未以通人许之,竞设异端,百家互起。玄依方辩对,咸出问表,皆得所未闻,莫不嗟服。时汝南应劭亦归于绍,因自赞曰:"故太山太守应中远,北面称弟子何如?"玄笑曰:"仲尼之门,考以四科,回、赐之徒不称官阀。"劭有惭色。②

郑玄遇无理者不怒,遭论难者"依方辩对",对自以为是者(应劭)不卑不亢,机智回应。如此情境中,郑玄的才、智、学、行、礼都恰到好处地得以呈现。其为通儒君子,名副其实。也正是袁绍,在其初见郑玄时,道出了郑玄能以柔弱胜刚强的质地,虽然这是以小说家的说法来呈现的:

> 袁绍一见玄,叹曰:"吾本谓郑君东州名儒,今乃是天下长者。夫以布衣雄世,斯岂徒然哉?"③

的确,"布衣雄世",德为根本,学为途径,行为载体。郑玄得此评价,良有以也!在此意义上,我们又可以说,郑玄在生活修养和人生境界层面对汉代儒学又做了总结和提高。

郑玄与许慎历来被合称为"许郑之学",以此代称与"宋学"相对的"汉学"。除上引张舜徽论及郑玄对清儒的重大影响外,唐代之后儒者对郑玄一直赞誉有加。仅举三段以见其意:

> 郑康成是个好人,考礼名数大有功,事事都理会得。如汉《律令》亦皆有注,尽有许多精力。东汉诸儒煞好。卢植也好。康成

---

① 《礼记·中庸注》,载《汉魏古注十三经》(上册),引见第193页上。
② 《后汉书》卷三五《郑玄传》,第1211页。
③ 李昉等编:《太平广记》卷一六四《名贤》引《商芸小说》。

也可谓大儒。①

《三礼》之有郑注,所谓悬诸日月不刊之书也。②

惟康成说经,集今古文说之大成,不守一先生之言,以实事求是为指归,与汉儒之抱残守缺者迥然不同。故康成之书,皆以师学代官学也。③

郑玄之学,若以当代学科分野而论,则其涉及有哲学、政治学、社会学、文献学、音韵学、训诂学、文学理论、天文学,等等。若以传统的儒学(或经学)称谓论之,则郑玄既对其前的儒学有涵咏总结之功,又对后世的儒学有传承启发之用。若以汤一介先生近年阐扬的中国解释学论之,则郑学奠定了中国解释学几乎所有的解释样式,视其为中国解释学的奠基人,或不为过。

---

① 黎靖德编,王星贤点校:《朱子语类》卷八七,中华书局,1994年,第2226页。转引自《郑康成年谱》,第326页。
② 钱大昕:《潜研堂集》卷二四《仪礼管见序》,上海古籍出版社,2009年,第388页。
③ 刘师培:《刘师培史学论著选集》,第141页。

第十一章
汉末官方儒学的衰败与社会批判思潮的兴起

史家对汉末社会动荡的原因分析,几乎集中在东汉多幼主、豪族兴盛、外戚干政、宦官专权等层面。如赵翼在《二十二史劄记》,据史书而梳理出"两汉外戚之祸"、"东汉诸帝多不永年"、"东汉多母后临朝、外藩入继"、"四世三公"、"东汉宦官之害民"、"汉末诸臣劾治宦官"等条目,证说汉末之乱自有其特殊的历史境况。在这些因素之外,诸如自然灾害及其持续影响,光武建国多依豪族,儒学及其功能衰败等原因也不容忽视。史学研究表明,东汉时期自然灾害的频繁发生是在公元 100 年以后。① 进一步地,由天灾带来的"人祸",最直接的便是民生

---

① 五井直弘综合日本学者的研究结果而编制出《东汉时期灾害、叛乱表》,摘引如下:

年代	20	30	40	50	60	70	80	90	100	110	120	130	140	150	160	170	180	190
水灾	1	2		2	2		1	1	5	2		1	3	2	1	4	2	1
旱灾	3	2	2	2	1	2	2		4	8	4	6	2	2	1	4	2	2
叛乱									3	2		6	14	3	9	2	2	

引自五井直弘:《中国古代史论稿》,姜镇庆、李德龙译,北京大学出版社,2001 年,第 134 页。

凋敝、流民增加,终而引发叛乱;间接的则是贫民变成奴婢与佃客,同时豪强也因应对这些变故而会相互提携或斗争,并与中央和地方权力层产生错综复杂的关系。① 最终,一统的东汉帝国在天灾与人祸的双重打击下,滑入分崩离析的深渊,儒学因此也衰而不振。

第一节 清、浊二流的斗争与官方儒学的衰败

汉帝国的历史演进表明:西汉的三公九卿制从制度上保证了帝国的有序运行,即便是宣帝前中期霍光专权时,作为帝国管理核心层的九卿和郡守却是整个汉代表现最优秀的。而自西汉元帝时宦官弘恭、石显窃权干政,东汉光武帝过度优待功臣后,帝国的权力核心层就开始慢慢发生重大变异。再经过近百年的演变,终于引发皇帝、外戚、宦官、豪族、士人都参与其中的绵延不断的权力争夺。在此过程中,东汉中后期社会政治层面逐步形成潜在的清流和浊流的分野。② 大致而言,浊流以外戚、宦官为主体,皇帝和部分豪族附着其中;清流以儒生为主体,少数外戚和部分豪族也参与其中。浊流以争权贪利为事,清流以救弊匡世为务。而就官方儒学而言,当国家和社会处于混乱不堪

---

① 何兹全对东汉农民流亡、暴动以及依附关系的发展有精审的梳理,参见何兹全:《中国古代社会》,北京师范大学出版社,2001年,第388—401、442—453、459—464页。

② 有关清流、浊流的说法,基本上是针对参与社会政治的各类群体的言行而言的,其最初意味大概源自司马迁在《史记·酷吏列传》序中所言"法令者治之具,而非制治清浊之源也"。把"清流"一词作为政治清明代称的应是汉末杨震在批评宦官危害时所说的"无所兴造,欲令远近咸知政化之清流,商邑之翼翼也"(《后汉书·杨震传》)以后,史书中常以"任职清流"等评论士大夫,至清朝同治、道光年间乃有"清流党"之谓。如《清史稿》卷四百三十七《张之洞传》说:"往者词臣率雍容养望,自之洞喜言事,同时宝廷、陈宝琛、张佩纶辈崛起,纠弹时政,号为清流。"(中华书局,1977年,第12377页)此中意味,即是由汉末而来。至于浊流之称,乃是与"清流"相对才有的。杨联陞在《东汉的豪族》一文中认为汉末的党锢之祸即是清流和浊流两大豪族集团争夺政治权力和地位的搏斗。文载1936年的《清华学报》11卷4期。

的状态时,清流因为以澄清天下为己任,其言行的重心不得不转向政治斗争,清流中的儒者因此也不可能像明帝、章帝时期的儒者那样,致力于儒学的传播和发展。又因为"党锢"使得"海内涂炭,二十余年,诸所蔓衍,皆天下善士",①则原来那些担负着儒学传播和发展重任的儒者,要么惨遭废锢,要么退隐,要么与浊流同污,官方儒学因此也失去了支撑的基础,其衰败则是自然而必然了。

一、权力的消长

就汉帝国而言,西汉何以强盛,东汉所以衰败,除了经济因素外,制度和社会力量因素也颇为重要,贺昌群在审视汉唐经济发展②和政治制度演变后认为:

> 汉治之隆,多由政治机构之优良,中央权在三公,尤尊宰相,地方则重太守,而整饬官邪,分别黑白所凭藉之法制,则有时以经义之判断代替之,盖两汉去古未远,制度风俗于经义为近,故颇近于王道。提高监司之权以督察之,故汉法严,近于霸道。内外相维,大小相统,其九卿制度,复能异官通职,此汉代政制之特色也。然天下之纲纪,非徒以其名,其实在,其名虽易,纲纪存焉。名数易而权数移,移之有得有失,而论者举而归其功过于名,夫岂其名哉! 操之者之失其实,则末由治矣。大抵此种特色之维系,由于西汉上多英断之主,下多刚毅之臣,迄于东汉,虽不乏继体守文之君,然皆小心谨畏,蒙业而安,加以权臣阉官之势日张,虽无暴君,但有庸主,故终不能维系之不坠。③

这里说的东汉状况,即是指东汉帝国权力阶层的名不副实。先看最高

---

① 《后汉书》卷六七《党锢列传》,第2189页。
② 相关研究参见贺昌群:《论两汉土地占有形态的发展》,载《贺昌群文集》第二卷,商务印书馆,2003年,第405—478页。
③ 贺昌群:《贺昌群文集》第一卷,第338—339页。

权力——皇权的演变情形,列表(表十六)如下:

表十六　东汉中后期皇帝即位、死亡年份表

皇帝名号	和帝肇	殇帝隆	安帝祜	顺帝保	冲帝炳	质帝缵	桓帝志	灵帝宏	少帝辩	献帝协
即位年份	89	105	107	125	145	146	147	168	189	189
即位年龄	10	百余日	13	11	2	8	15	12	17	9
死亡年龄	27	2	32	30	3	8	36	34	17	54

说明:此表数据综合《后汉书》各帝纪及《二十二史劄记》卷四"东汉诸帝多不永年"条。

此表显现的即是史家所说的东汉多幼主。参诸史籍,有以下史实值得注意:

一是皇位更替时,继位者多非前皇帝的嫡子,即"外藩入继"。此种情形在西汉末已显现,即"成帝无子而哀帝入继;哀帝无子而平帝入继;平帝无子而王莽立孺子婴"。① 到了东汉,皇后多未生子,明帝九子、章帝八子皆非皇后所生。如章帝母为贾贵人,和帝母为梁贵人。安帝的阴后和邓后均未生子女,顺帝母李贵人又被阎后毒死。顺帝的梁后也未生子,其独子即位不久又被梁冀毒杀。质帝、桓帝无子,灵帝长子辩在位不久为董卓所弑,次子协即献帝。这种最高权力的无序更迭,必然引发帝国权力核心层的频繁变动,政局不稳自是情理中事。

二是皇位更替时,继位者的选择权多在外戚手中,即外戚僭政。范晔对此议论说:

> 东京皇统屡绝,权归女主。外立者四帝,临朝者六后。(按李贤注:四帝,安、质、桓、灵也。六后,窦、邓、阎、梁、窦、何也。)②

由《后汉书》中的纪、传可知,这些外戚分别来自南阳新野(阴氏、邓氏)、西北扶风茂陵(马氏、梁氏)和平陵(窦氏),他们或为地方豪强,或

---

① 赵翼:《二十二史劄记》卷四"东汉诸帝多不永年"条,中华书局,1987年,第57页。
② 《后汉书》卷十上《皇后纪上》,第401页。

是前代世家。在公元168年前，东汉的十一名皇后中有九位出自他们之中，而六名大将军中他们也占了五名。① 值得指出的是，质帝被梁冀毒死后，后继的桓帝为梁氏所立。建和元年(147)，桓帝封梁冀之弟梁不疑、梁蒙以及梁冀之子梁胤为侯，各食邑万户。而梁冀妹妹梁女莹被立为皇后，梁妻孙寿也被封为襄城君，"兼食阳翟租，岁入五千万，加赐赤绂，比长公主。"于是，梁冀"威行内外，百僚侧目，莫敢违命"，更有甚者，梁冀"每朝会，与三公绝席"，而"宫卫近侍，并所亲树。禁省起居，纤微必知。百官迁召，皆先到冀门笺檄谢恩，然后敢诣尚书"。就这样，梁冀一门前后七封侯，三皇后，六贵人，二大将军，夫人、女食邑称君者七人，尚公主者三人，其余卿、将、尹、校五十七人，以"跋扈将军"梁冀为代表的梁氏专权近三十年之久。②

三是宦官在皇位更替和巩固皇位斗争中的作用，即宦官专权。这是更为复杂的情形，以致范晔作《后汉书》时不得不另立《宦者列传》。综合《后汉书》纪、传的记载，宦官看似依附皇帝，实际上是操纵着皇帝。其争权的对立面，一是外戚，一是以儒生为主体的士大夫。东汉宦官与外戚的争权，自和帝到献帝，大的冲突有六次。第一次发生在和帝永元四年(92)，宦官郑众助和帝成功谋诛大将军窦宪后被封侯，这标志着宦官在制度层面取得了与外戚或世族豪强同等的社会身份。第二次是建光元年(121)宦官李润、江京诬邓氏谋反，助邓太后死后的安帝亲政。结果是邓骘自杀，邓氏皆免官。第三次在安、顺帝之际的124—125年，先是江京等诬废太子刘保，逼太尉杨震自杀，后因安帝死后，安帝阎后与其兄弟阎显、阎景谋立殇帝刘隆以窃权，宦官孙程等十九人迎立刘保，诛杀阎氏兄弟。结果是宦官十九人封侯，势力大盛。第四次在延熹二年(159)，桓帝的梁后死，宦官单超等五人谋诛梁冀成

---

① 对此问题比较简明的述说，可参见《剑桥秦汉史》，第297—307页。
② 参见《后汉书》卷三四《梁统列传》，第1179—1185页。

功,结果是单超等封侯,其"宗族宾客,虐遍天下"。① 第一次党锢之祸随后而起。第五次在桓、灵间的168—169年,中常侍曹节、侯览等幽禁窦太后,杀大将军窦武、太傅陈蕃等,酿成第二次党锢之祸。第六次在灵帝中平六年(189),宦官张让杀大将军何进,袁绍进兵诛杀全部宦官二千多人,结果是宦官干政结束,豪强争权开始。②

值得注意的是,当外戚以权力作为自己争斗的唯一目标时,在有着强烈的"刘家"天下的汉代政治传统中,他们无法为自己建立起正当而合理的夺权逻辑,只能成为权力斗争的牺牲品。而宦官无论是为了效忠皇帝,还是为在倾轧中自我保存,他们的身份决定了自己只能站在皇帝一边。但东汉那些或年幼或软弱或无经验的皇帝,并不能给他们多少实质性的保护,他们只能通过操纵皇帝,依靠皇权这个已经极度脆弱的平台来侵权和夺权。而这在浸习儒学几百年的汉代士人眼里,不仅是危险的,更是不道德的。在此背景下,清流反抗浊流、浊流镇压清流的"清浊之争",贯穿于整个汉末。

二、清浊之争

日本学者川胜义雄对汉末浊世中的清流颇有研究。他认为,清流势力由志在匡世救弊的士大夫,以及部分豪族和逸民人士等组成,其权力表现形态主要是一些在朝士大夫掌握的公共权力和在野的乡里舆论等。另一方面,东汉士大夫基于原始儒家的传统,把国家理解成天命在地上的一种秩序化证明,在汉末的动荡情形中,这种理念被当时士大夫中的清流势力所强化,以致他们对那种歪曲君主权力,扰乱国家和社会正常运行的浊流势力,采取断然的反对立场。③

---

① 事见《后汉书》卷七八《宦者列传》之《单超传》,第2520、2522页。
② 对这些事件较为简明扼要的述说,可参见侯外庐等:《中国思想通史》第二卷,人民出版社,1957年,第331—346页;以及何兹全:《中国古代社会》,第357—361页。
③ 参见川胜义雄:《六朝贵族制社会研究》,徐谷芃、李济沧译,上海古籍出版社,2007年,第6—41页。

大致说来，汉末清流的抗争最初是个体化的，至党锢祸起才演变成具有自觉的群体抗争。但无论是个体还是群体，斗争的焦点都逐步由同时针对外戚和宦官转变为专门针对宦官。据《后汉书》和《后汉纪》记载，清流对浊流的斗争最初表现为来自帝国权力核心层的高级官僚的议政活动。在党锢之祸发生三十多年前，清流人士对外戚和宦官的危害就早有认识，如司徒李郃之子李固针对外戚贵盛、宦官权力滋长的情况，于阳嘉二年(133)对策说：

> 今封阿母，恩赏太过，常侍近臣，威权太重。臣案图书，灾异之发，亦以为然。今宜斥退邪佞，投之四裔，引纳方直，令在左右。……
>
> 梁氏子弟群从，征为列侯，永平、建初故事，殆不如此。妃后之家，所以少有存全者，非天性皆然，但坐权宠太过，天道恶盈也。①

这些理解比同时应对的马融、张卫等人的看法都要深切，《后汉纪》说"上览众对，以李固为第一"。而《后汉书·李固传》则记载说："顺帝览其对，多所纳用，即遣出阿母还弟舍，诸常侍悉叩头谢罪，朝廷肃然。以固为议郎。"后来，与李固齐名的太尉杜乔也于桓帝建和元年(147)上疏，批判梁氏专权，认为"大将军梁冀兄弟奸邪倾动天下，皆有正卯之恶，未被两观之诛，而横见式叙，各受封爵，天下惆怅，人神共愤，非所为赏必当功、罚必有罪也"。② 杜乔的这种批判，揭示出当时汉帝国的政治秩序已经陷入混乱当中，而正直士大夫对导致这种混乱的外戚专权，则怀有切齿的痛恨。

然而，也因为李固、杜乔在维护帝国管理的正常秩序上，与外戚和宦官进行了这种不妥协的斗争，以致他们最终被暴尸城中。他们的

---

① 袁宏：《后汉纪》卷十八《顺帝纪》，张烈点校，中华书局，2002年，第354—355页。
② 《后汉纪》卷二一《桓帝纪》，第396页。

死,是皇帝、外戚、宦官共谋而致的。① 值得反思的是,李、杜这样的清流对浊流的斗争,总是把对浊流的惩罚寄托于皇帝或临朝的太后,与后来的李膺等人自作主张地惩杀浊流人物有很大不同,这也是清浊斗争前后期的重大差别。

与那些处于高位的同外戚和宦官相对立的清流领袖的直接抗争活动不同,他们的门生故吏以哭尸守丧等间接形式来表达自己对外戚宦官的不满和对道义的坚守。《后汉书·李固传》记载:

> (梁)冀乃封广、戒(即司徒胡广、司空赵戒)而露固尸于四衢,令有敢临者加其罪。固弟子汝南郭亮,年始成童,游学洛阳,乃左提章钺,右秉鈇锧,诣阙上书,乞收固尸。不许,因往临哭,陈辞于前,遂守丧不去。夏门亭长呵之曰:"李、杜二公为大臣,不能安上纳忠,而兴造无端。卿曹何等腐生,公犯诏书,干试有司乎?"亮曰:"亮含阴阳以生,戴乾履坤。义之所动,岂知性命,何为以死相惧?"②

不仅李固的弟子如此,连志在隐逸的南阳人董班也临尸痛哭,久不肯去。与此相类,陈留人杨匡为杜乔"故掾",在做平原令时,平原相是中常侍徐璜的哥哥徐曾,他"耻与接事,托疾牧豕"。在得知杜乔死讯后,"号泣星行到洛阳,乃著故赤帻,托为夏门亭吏,守卫尸丧,驱护蝇虫,积十二日。"随后,杨匡还"诣阙上书,并乞李、杜二公骸骨"。最终"成礼殡殓,送乔丧还家,葬送行服,隐匿不仕"。③ 这类带有隐逸倾向的抗争,在党锢之祸后的清流群体中越来越多。

清流人士对外戚、宦官进行抗争的第三种类型是太学生的讼议运

---

① 据《后汉书·李杜列传》载,李固出狱时,"京师市里皆称万岁。冀闻之大惊,畏固名德终为己害,乃更据奏前事(指诬李固'妖言'事),遂诛之。"(第2087页)而杜乔则是"桓帝将纳梁冀妹,冀欲令以厚礼迎之,乔据执旧典,不听"。于是宦官唐衡等向桓帝污蔑说:"陛下前当即位,乔与李固抗议,言上不堪奉汉宗祀。"结果二者"暴尸于城北,家属故人莫敢视者"。(皆见第2093页)
② 《后汉书》,第2088页。
③ 《后汉书》卷六三《杜乔传》,第2094页。

动。据《后汉书·刘陶传》记载,济北贞王刘勃之后,颍川颍阴人刘陶"为人居简,不修上节。所与交友,必也同志。好尚或殊,富贵不求合;情趣苟同,贫贱不易意"。① 永兴元年(153),时为冀州刺史的朱穆因痛恨宦官,不与出身州中的中常侍交接而引起宦官的不满,加上严惩了宦者赵忠,被桓帝下廷尉问罪,罚做苦役。游学太学的刘陶连同数千人为朱穆上书,讼其所遇不公:

> (朱穆)处公忧国,拜州之日,志清奸恶。诚以常侍贵宠,父兄子弟布在州郡,竞为虎狼,噬食小人,故穆张理天网,补缀漏目,罗取残祸,以塞天意。……当今中官近习,窃持国柄,手握王爵,口含天宪,运赏则使饿隶富于季孙,呼嚧则令伊、颜化为桀、跖。而穆独冗然不顾身害。非恶荣而好辱,恶生而好死也,徒感王纲之不摄,惧天网之久失,故竭心怀忧,为上深计。臣愿黥首系趾,代穆校作。②

由于朱穆是与宦者斗争而遭打击报复的,刘陶等人的批判矛头直指宦官的危害:一是宦者本身的贵宠导致其家族有恃无恐,其势力在州郡"竞为虎狼";二是宦者专权,国柄为其操持,其"口含天宪",任意赏罚,使得善恶淆乱、黑白颠倒;三是朱穆的抗争是基于儒家政治伦理,为了"张理天网",挽救王纲。基于这样的理解,刘陶等自愿代朱穆受罚。大概是群情耸动、众怒难犯的缘故,桓帝赦免了朱穆。后来,仍在太学的刘陶见国家管理失序,民不聊生,于永寿元年(155)再次上书,认为宦者为害关系到皇权存亡。黄巾起义发生后,时任谏议大夫的刘陶上条陈言论八事,"大较言天下大乱,皆由宦官"。于是,宦官诬告他与黄巾交接,刘陶愤而"闭气而死"。③ 作为深谙儒学的宗室子弟,刘陶为刘氏天下忧愤而死,未尝不可视为儒家政治伦理深刻影响了士人的反

---

① 《后汉书》,第1842页。
② 《后汉书》卷四三《朱穆传》,第1470—1471页。
③ 事见《后汉书》卷五七《刘陶传》,第1849—1850页。

映,这点在党锢祸后显得更为明显。

发生在延熹四年(161)的太学生第三次讼议活动,是为营救文武全才的大儒皇甫规。① 史书说皇甫规"好推贤达士,太傅陈蕃、太尉杨秉、长乐少府李膺、太守张奂,皆规所教授,致显名于世"。② 又"恶绝宦官,不与交通"。③ 在皇甫规击败群羌、安定西北之际,宦官诬告他"货赂群羌",他上书自救获免,且论功当封。中常侍徐璜、左悺恃功名状向皇甫规索贿,他没予理睬。于是宦官再次诬告,他被下系廷尉,引发不满,以致"诸公及太学生张凤等三百余人诣阙讼之",结果是"会赦"还家。④

以上三种形式的抗争为党锢祸前清流人士所普遍认可,而这三种抗争的清流主体在党锢祸起后分别对应着以下三个清流抗争所具有的要素:一是有领袖,即引领抗争的领袖人物多为居于权力核心层的清流公卿,如窦武、李膺、范滂、郭泰;二是多交引,即抗争中各个层面的人物交相荐引,其中又以"同志"和门生故吏的表现最为突出;三是有目标,以太学生为主体的士人群体进行越来越有针对性的集体抗争,形成规模化的打击宦官的抗争风潮。进一步地,清流之所以能前赴后继地进行越来越坚决的抗争,更重要的因素是他们心中所坚守的道义,以及汉代士人所共同认可的国家与社会理念。这正是范晔在《李杜列传》"论"所明晰表达的:

> 立言践行,岂徒徇名安己而已哉,将以定去就之概,正天下之风,使生以理全,死与义合也。夫专为义则伤生,专为生则骞义,

---

① 《后汉书·皇甫规传》记载说:冲、质之际(145年左右),皇甫规举贤良对策说:"(梁冀)今日立号虽尊可也,实宜增修谦节,辅以儒术,省去游娱不急之务,割减庐第无益之饰。"(第2131页)被梁冀所忌,"遂以《诗》、《易》教授,门徒三百余人,积十四年。"(第2132页)延熹四年,"三公举规为中郎将,持节监关西兵,讨零吾等,破之,斩首八百级。先零诸种羌慕规威信,相劝降者十余万。"(第2133页)
② 《后汉纪》卷二二《桓帝纪》,第418—419页。
③ 《后汉书》卷六五《皇甫规传》,第2133页。
④ 《后汉书》卷六五《皇甫规传》,第2135页。

专为物则害智,专为己则损仁。若义重于生,舍生可也。生重于义,全生可也。上以残暗失君道,下以笃固尽臣节。臣节尽而死之,则为杀身以成仁,去之不为求生以害仁也。顺、桓之间,国统三绝,太后称制,贼臣虎视。李固据位持重,以争大义,确乎而不可夺。岂不知守节之触祸,耻夫覆折之伤任也。观其发正辞,及所遗梁冀书,虽机失谋乖,犹恋恋而不能已。至矣哉,社稷之心乎!①

在清浊斗争混乱的情形下,具备如此政治伦理和超群品格的清流公卿,并不能扭转整个帝国颓败的局势。随着桓、灵两帝时期宦官权力的日益膨胀及其为害的深广,清流对浊流的抗争,浊流对清流的迫害,变成了两个阵营你死我活的残酷争斗。而且,清流的抗争对象从原来的外戚与宦官,变成了联合外戚以打击宦官,这是清浊争斗中值得注意的另一个方面。下面几则材料充分说明了宦官的危害程度:

(延熹二年八月,桓帝与宦官单超、具瑗、左悺、徐璜、唐衡密谋,灭梁氏。)五人同日封,故世谓之"五侯"。又封小黄门刘普、赵忠等八人为乡侯。自是权归宦官,朝廷日乱矣。②

天下为之语曰:"左回天,具独坐,徐卧虎,唐两堕。"皆竞起第宅,楼观壮丽,穷极伎巧。……又养其疏属,或乞嗣异姓,或买苍头为子,并以传国袭封。兄弟姻戚皆宰州临郡,辜较百姓,与盗贼无异。③

(侯览)以佞猾进,倚势贪放,受纳货遗以巨万计。……起立第宅十有六区,皆有高楼池苑,堂阁相望。……又豫作寿冢,石椁双阙,高庑百尺,破人居室,发掘坟墓。④

---

① 《后汉书》,第 2094—2095 页。
② 《后汉书》,第 2520 页。
③ 《后汉书》,第 2521 页。
④ 《后汉书》,第 2523 页。

第十一章 汉末官方儒学的衰败与社会批判思潮的兴起 / 499

> （灵帝时）凡诏所征求，皆令西园驺密约敕，号曰"中使"，恐动州郡，多受赇赂。刺史、二千石及茂才孝廉迁除，皆责助军修宫钱，大郡至二三千万，余各有差。当之官者，皆先至西园谐价，然后得去。有钱不毕者，或至自杀。其守清者，乞不之官，皆迫遣之。①

> （灵）帝本侯家，宿贫，每叹桓帝不能作家居，故聚为私藏，复寄小黄门常侍钱各数千万。常云："张（让）常侍是我公，赵（忠）常侍是我母。"②

以上所引，都是桓、灵间事，这说明东汉末期宦官的危害已经深入涉及帝国社会政治经济的各个层面。主要体现为：一是宦官对皇帝进行全面操控，以致皇帝可以不顾政统的渊源，而甘愿以宦官为父母，这与其说是对汉帝国"刘家"政统理念的讽刺，还不如说是大一统政治的悲哀；二是作为政治身份与社会地位表征的侯爵封号，宦官也多有所得，这说明在汉代政统意识中一直被抑制的宦官，不仅依附皇帝获得了权柄，也获得了的尊荣，国家和社会伦理的核心价值因此被扭曲了；三是宦官控制着选举和官员任免，破坏了帝国治理和官员晋升的正常渠道，清者遭害，浊者得势；四是郡守刺史等重要地方行政职位，被宦官的亲属大量占据，这说明宦官的势力已经深入到地方，破坏了帝国的行政基石；五是宦官聚敛社会财富，肆意挥霍，使得濒临崩溃的帝国财政雪上加霜；六是宦官们豢养私属，承继爵位，不仅破坏礼仪，扰乱风俗，还培植和增强了浊流势力。

按照现在一般的说法，第一次党锢之祸的导火索是李膺对术士张成的自作主张的打击。但征诸《后汉书》列传和《后汉纪·桓帝纪》延熹三年到九年(160—166)所载，在李膺案杀张成之前，有以下诸事值得注意。

---

① 《后汉书》，第 2535—2536 页。
② 《后汉书》卷七八《宦者列传》，第 2536 页。

一是这期间的秉政者中,"太傅陈蕃、太尉杨秉、长乐少府李膺、太守张奂,皆(皇甫)规所教授",①这也就是说,党锢之祸发生前的几年中,朝中的三公九卿有不少是那些持续与外戚宦官斗争的人,或是这些人的门生故吏。

二是李膺自作主张地对宦官张让的间接打击。据《后汉书·党锢列传》载,张让的弟弟野王令张朔无恶不作,因惧怕司隶校尉李膺而藏到张让家的"合柱"中。李膺带人闯到张让家中,"破柱取朔,付洛阳狱。受辞毕,即杀之。"结果是:

> 自此诸黄门常侍皆鞠躬屏气,休沐不敢复出宫省。帝怪问其故,并叩头泣曰:"畏李校尉。"②

张朔事件的影响如此,不可能不加深宦官对清流人士的忌恨和防备。③

三是延熹五年(162)时任尚书的朱穆对宦官的又一次激烈批判。他认为从安帝以来,宦官"天朝政事,一更其手,权倾天下,宠逼人主"。因此主张"可皆遣罢,率由旧章,博选天下清纯之士,达国体者,以补其虚"。桓帝当然没有采纳他这种激烈的谏议。于是朱穆又"复见,口陈奏,上不悦。穆伏不起,左右叱穆出"。最终,"宦官更共称诏以诘让,穆愤激发疽而卒。"对此,与上几次上书引发太学生讼议不同,这次是在位的公卿们认为朱穆是"立节忠清,守死善道,宜蒙旌宠,以劝忠勤",桓帝被迫追赠朱穆为益州刺史。④

四是延熹五年开始任太尉的杨秉(杨修曾祖父)领导清流对宦官进行打击。针对宦官"任人及子弟为官,布满天下,竞为贪淫"的情况,杨秉与司空周景上书,要求"遵用旧章,退贪残,塞灾谤",最终

---

① 《后汉纪》卷二二《桓帝纪》,第418页。
② 《后汉书》卷六七《党锢列传》,第2194页。
③ 《后汉纪》卷二二《桓帝纪》载此事为李膺任河南尹时,结果是"上不省,(李膺)论输左校",与范书迥然不同,此从范书。
④ 皆《后汉书》卷四三《朱穆传》,第1472—1473页。

使得"匈奴中郎将燕瑗、青州刺史羊亮、辽东太守孙谊等五十余人，或死或免"。① 到了延熹八年，杨秉又劾奏中常侍侯览的弟弟侯参（时为益州刺史），把他"槛车征诣廷尉"。侯参惶恐不已，在路上自杀了。接着，杨秉又劾奏侯览本人和中常侍具瑗，要求桓帝把他们免官送回本郡。由于杨秉的劾奏合情合理，桓帝也不好再袒护，结果是侯览免官，具瑗削国。这样，原来作威作福的"五侯"，剩下的两个也被杨秉打击掉了。

五是延熹八年中地方官也自觉地对宦官加大了打击的力度。当时，小黄门赵津、南阳的奸猾豪族张汜等依附宦官，陷害忠良，作奸犯法，太原太守刘瓆、南阳太守成瑨不顾皇帝的赦令而"考杀之"。同时，山阳太守翟超，罚没侯览财产，东海相黄浮诛杀下邳令徐宣（宦官徐璜之侄）。宦官们怨恨这种遭遇，反奏瓆、瑨罪当弃市，而翟超、黄浮也被罚作苦役。这时，陈蕃已代杨秉为太尉，独自上疏诘问皇帝："产兼天下，受之先帝，而欲懈怠以自轻忽乎？诚不爱己，不当念先帝得之勤苦邪？"并要求皇帝摒罚宦官，重视朝臣。桓帝看了后，更加不满，宦官也"疾蕃弥甚，选举奏议，辄以中诏谴却，长史已下多至抵罪"。② 而刘瓆、成瑨最终死于狱中，陈蕃因是名臣，宦官暂未加害。但这样的情形，显现出清浊阵营的冲突已经极为紧张，一场斗争风暴即将到来。

延熹九年前后，河内术士张成推算朝廷将有赦令，便唆使自己的儿子杀人，时任司隶校尉的李膺不顾赦令已发，督促收捕，并自作主张地把张成等收杀了。③ 被清流整治多次的宦官利用此事为借口，唆使张成弟子牢修（《后汉纪》作"牢顺"）上书诬告李膺等人说：

> 司隶李膺、御史中丞陈（蕃）〔翔〕、汝南范滂、颍川杜密、南阳岑晊等相与结为党，诽谤朝廷，迫胁公卿，自相荐举。三桓专鲁，

---

① 参见《后汉书》卷五四《杨震列传》，第1772—1774页。
② 参见《后汉书》卷六六《陈蕃传》，第2163—2165页。
③ 关于李膺杀张成事，《后汉书·党锢列传》与《后汉纪·桓帝纪》所载有些不同，范晔以其事为李膺河南尹任上，亦未明捕杀者为张成，故此处李膺任职、捕人从《后汉纪》。至于案发时间，二书均未明说，袁宏把此事归在延熹九年下，此处亦从之。特此说明。

> 六卿分晋,政在大夫,《春秋》所讥。①

桓帝大怒,于当年九月下令收系李膺,抓捕党人,"其辞所连及陈寔之徒二百余人,或有逃遁不获,皆悬金购募。使者四出,相望于道。"②进一步地,桓帝又让中常侍王甫负责"党事",他与范滂在黄门北寺狱里有一段精彩的讯问对话,可见清浊二流的质地分别。《党锢列传》载:

> 王甫诘曰:"君为人臣,不惟忠国,而共造部党,自相褒举,评论朝廷,虚构无端,诸所谋结,并欲何为?皆以情对,不得隐饰。"滂对曰:"臣闻仲尼之言,'见善如不及,见恶如探汤。'欲使善善同其清,恶恶同其污,谓王政之所愿闻,不悟更以为党。"甫曰:"卿更相拔举,迭为唇齿,有不合者,见则排斥,其意如何?"滂乃慷慨仰天曰:"古之循善,自求多福;今之循善,身陷大戮。身死之日,愿埋滂于首阳山侧,上不负皇天,下不愧夷、齐。"甫愍然为之改容。③

这里显现出两种截然不同的观念:王甫所关注的只是是否对皇帝忠诚,清流的清议、荐引活动是否为了打击自己,并把讯问导向"结党"和阴谋。而范滂关注的则是扬善惩恶,关注自己行为本身是否能促进王政的实行和"清士"人格的实现。

在后来的处理进程中,清流人士的据理抗争与王甫等人的审讯构陷形成鲜明对照。作为太尉的陈蕃不仅拒绝受理"党案",而且还为"党人"辩护,认为他们"正身无玷,死心社稷"。如果对他们"横加考案,或禁锢闭隔,或死徙非所",则无疑是"杜塞天下之口,聋盲一世之人,与秦焚书坑儒,何以为异"?④ 与此同时,城门校尉窦武、尚书霍谞等

---

① 《后汉纪》卷二二《桓帝纪》,第 430 页。又,《后汉书·党锢列传》的措辞是李膺等"养太学游士,交结诸郡生徒,更相驱驰,共为部党,诽讪朝廷,疑乱风俗"。(第 2187 页)两相参看,正见宦官诬告内容都是要把清流置于皇帝的对立面,这自然会引发皇位得来不正(为梁冀所立)的桓帝的猜忌。
② 《后汉书·党锢列传》,第 2187 页。
③ 《后汉书》,第 2205—2206 页。
④ 皆《后汉书》卷六六《陈蕃传》,第 166 页。

人也强烈要求释放党人,作为桓帝岳父的窦武,甚至以辞职和退还封侯的印绶向桓帝施压。① 最终,永康元年(167)李膺等人获释,"赦归田里,禁锢终身。而党人之名,犹书王府。"②这就是有名的"党锢之祸"。

第一次党锢之祸看似以皇帝、宦官与清流的妥协而告终,但事实的情形并非如此,更为强大的抗争力量在暗暗地集聚着。《党锢列传》对此情形有一段经典记述:

> 自是正直废放,邪枉炽结,海内希风之流,遂共相标榜,指天下名士,为之称号。上曰"三君",次曰"八俊",次曰"八顾",次曰"八及",次曰"八厨",犹古之"八元"、"八凯"也。窦武、刘淑、陈蕃为"三君"。君者,言一世之所宗也。李膺、荀翌、杜密、王畅、刘祐、魏朗、赵典、朱㝢为"八俊"。俊者,言人之英也。郭林宗、宗慈、巴肃、夏馥、范滂、尹勋、蔡衍、羊陟为"八顾"。顾者,言能以德行引人者也。张俭、岑晊、刘表、陈翔、孔昱、苑康、檀敷、翟超为"八及"。及者,言其能导人追宗者也。度尚、张邈、王考、刘儒、胡母班、秦周、蕃向、王章为"八厨"。厨者,言能以财救人者也。③

结合史书各传,这些称号都蕴含了当时清流对自家阵营中精英的社会地位、抗争作用和道德价值的分判。"三君"大体是指三公类高官,④他们是当然的清流领袖;"八俊"大致为九卿、秩比两千石之流,⑤他们的德性和才能都是清流中的佼佼者,有的如李膺也是清流的公认领袖;"八顾"既有类似九卿的高级官员,也有享高誉的游士;⑥"八及"多为地

---

① 事见《后汉书》卷六九《窦武传》,第2240页。
② 《后汉书》卷六七《党锢列传》,第2187页。
③ 《后汉书》,第2187页。
④ 据各人本传可知,窦武时为大将军,位比三公,且是实权人物;刘淑虽止于虎贲中郎将,但却是贤明宗室;陈蕃时为太尉。
⑤ 据《党锢列传》及王畅、赵典本传,李膺时为司隶校尉、杜密时为太仆、王畅时为议郎(后为司空)、刘祐时为大司农、魏朗时为河内太守(旋转尚书)、赵典时为太常。此类职位或为九卿,或比两千石。
⑥ 郭泰、夏馥为高士,宗慈时为议郎、巴肃时为修武令、范滂时为太尉掾属、尹勋时为汝南太守、蔡衍时为议郎、羊陟时为河南尹。

方上的名士或守令。这两个层级中的人,有的出身世家名门,如孔昱即西汉名臣孔光之后,也即是孔子之后。而以财见称的"八厨"位于整个序列的末尾,这在轻商的士人眼里,是自有其理的。值得重视的是,清流们既然把散财救人的人视为己类,则显现出清流的社会基础是广泛而深厚的。

此类称号所关涉的另一个更为重要的问题是,它们作为当时德行与能力的双重表征,与之相应的人,除了在对抗浊流的斗争中起着中流砥柱的作用,①他们对社会风气和伦理价值的取向也产生了实实在在的影响。如陈蕃与李膺并称,当时的太学生们都以他们为学习的榜样,故有"天下模楷李元礼,不畏强御陈仲举"之说。而士人若被李膺所接纳,则有"登龙门"之誉。② 至于李膺和郭泰的风采气度,更是世所景仰。《后汉书·郭泰传》记载郭泰从京师回乡里的盛况说:"衣冠诸儒送至河上,车数千辆。林宗唯与李膺同舟共济,众宾望之,以为神仙焉。"③

然而,上述这些为士人们所标举的德行义举,对正在肆虐的宦官和走向崩溃的帝国社会而言,并不能起到什么扭转乾坤的效用,它们至多是一种"风流"而已。④ 永康元年冬,桓帝死,窦太后与其父窦武策迎十二岁的河间王刘苌之子刘宏继位,是为灵帝。灵帝幼弱,太后临朝,以窦武为大将军、太尉陈蕃为太傅,二者共同辅政。窦、陈二人为诛灭宦官,引"同志"尹勋为尚书令、刘瑜为侍中、冯述为屯骑校尉,又

---

① 范晔在《陈蕃传》的末尾评说陈蕃道:"懔懔乎伊、望之业矣!功虽不终,然其信义足以携持民心。汉世乱而不亡,百余年间,数公之力也。"《后汉书》,第2171页。
② 皆见《后汉书》,第2186、2195页。
③ 《后汉书》,第2225页。
④ 袁宏在《后汉纪》卷二二《桓帝纪》中针对党锢中出现的种种情形议论说:"为仁者博施兼爱,崇善济物,得其志而中心倾之,然忘己以为千载一时也。为义者洁轨迹,崇名教,遇其节而明之,虽杀身糜躯,犹未悔也。故因其所弘则谓之风,节其所托则谓之流。因风而观,则同异之趣可得而见;以流而寻,则好恶之心于是乎区别。"(第432—433页)又认为章帝之后,"自兹以降,主失其权,阉竖当朝,佞邪在位,忠义之士,发愤忘难,以明邪正之道,而肆直之风盛矣。"(第433页)

征天下名士前司隶校尉李膺、太仆杜密、庐江太守朱瑀等列于朝廷。灵帝建宁元年(168)五月，窦、陈二人与太后一起诛杀了宦官管霸和苏康，但直到九月，窦太后对是否收杀曹节等宦官还是犹豫不决。不久，密谋泄露，曹节先下手劫持太后和皇帝，而后矫诏发兵攻打窦武，窦武兵散自杀。七十多岁的陈蕃率领部属八十多人也战败被执，即日遇害。二人家属徙边，门生故吏都被禁锢。①

清流诛灭宦官计划的失败，进一步触发了浊流对清流的报复之心。建宁二年，张俭曾经得罪过的乡人朱并，迎合中常侍侯览之意，上书诬告张俭与同郡二十四人结党。而时为大长秋的宦官曹节也奏捕"前党"故司空虞放、太仆杜密、长乐少府李膺、司隶校尉朱瑀、颍川太守巴肃、山阳太守翟超、太尉掾范滂等百余人，后来他们都死于狱中。更坏的结果是，宦官控制皇帝"制诏州郡大举钩党，于是天下豪杰及儒学行义者，一切结为党人"，②死徙废禁者达六七百人。这就是第二次"党锢之祸"。

此后，宦官对党人还有两次大的反扑行动，一是熹平元年(172)，窦太后死，有人在洛阳朱雀门贴出写着宦官恶行的文字，称曹节、王甫幽杀太后，宦官再次将太学生千余人抓捕入狱。③ 二是熹平五年，永昌太守曹鸾上书为党人申冤，宦官又操纵灵帝下诏，令"司隶、益州槛车收鸾，送槐里狱掠杀之。于是又诏州郡更考党人门生故吏父子兄弟，其在位者，免官禁锢，爰及五属"。④ 这样的禁锢持续了多年，直到黄巾起义的中平元年(184)，中常侍吕强对灵帝说："党锢久积，人情多怨。若久不赦宥，轻与张角合谋，为变滋大，悔之无救。"⑤已长大成人的灵

---

① 事见《后汉书》之《窦武传》、《陈蕃传》。
② 《后汉纪》卷二三《灵帝纪》，第330—331页。
③ 事见《后汉书·宦者列传》，第2525页。
④ 《后汉书》卷六七《党锢列传》，第2189页。
⑤ 《后汉书》，第2189页。

帝害怕真有这样的结果,于是大赦党人,"诛徙之家皆归故郡。"①

宦官这些残酷无理的报复行动,让那些具有责任感和道义心的清流人士越发坚决地同他们进行斗争。甚至与宦官那些报复行动相类,清流中的一些官员也对宦官进行无情的诛杀。大概因为惩罚的手段过于严厉,范晔把这种抗击人士归入到"酷吏"一类。据《后汉书·酷吏传》载,光和二年(180)迁任司隶校尉的阳球收捕中常侍王甫父子、谄附佞幸的太尉段颎等人,以"棰朴交至"等方式酷杀王氏父子三人,并对自杀的段颎碎尸。由于宦官的恶行在当时是"天意愤盈,积十余年",②故清流人士以酷烈手段惩罚宦官,或许正是这种愤怒情绪的宣泄,甚至是清流抗争的无奈选择。而自西汉武帝以后就一直尊崇的儒学,在这种剪不断理还乱的清浊之争中,也滑入衰败的深渊。

三、官方儒学的衰败

在浊流的持续打击下,许多清流儒者被迫远离政治,而原来由儒者参与和主导的太学也名存实亡。虽然灵帝尚有向学之心,但官方儒学的衰败已势不可救。究其盛衰原因,范晔在《后汉书·左周黄列传》"论"中说:

> 汉初诏举贤良、方正,州郡察孝廉、秀才,斯亦贡士之方也。中兴以后,复增敦朴、有道、贤能、直言、独行、高节、质直、清白、敦厚之属。荣路既广,众望难裁,自是窃名伪服,浸以流竞。权门贵仕,请谒繁兴。……故雄在尚书,天下不敢妄选,十余年间,称为得人,斯亦效实之征乎?顺帝始以童弱反政,而号令自出,知能任使,故士得用情,天下嗢嗢仰其风采。……若李固、周举之渊谟弘深,左雄、黄琼之政事贞固,桓焉、杨厚以儒学进,崔瑗、马融以文章显,……东京之士,于兹盛焉。向使庙堂纳其高谋,疆场宣其智

---

① 《后汉书·党锢列传》,第2189页。
② 《后汉书》,第2526页。

力,帷幄容其謇辞,举厝禀其成式,则武、宣之轨,岂其远而?《诗》云:"靡不有初,鲜克有终。"可为恨哉!及孝桓之时,硕德继兴,陈蕃、杨秉处称贤宰,皇甫(规)、张(奂)、段(颎)出号名将,王畅、李膺弥缝衮阙,朱穆、刘陶献替匡时,郭有道(泰)奖鉴人伦,陈仲弓(寔)弘道下邑。其余宏儒远智,高心洁行,激扬风流者,不可胜言。而斯道莫振,文武陵坠,在朝者以正议婴戮,谢事者以党锢致灾。往车虽折,而来轸方遒。所以倾而未颠,决而未溃,岂非仁人君子心力之为乎?呜呼!①

范晔此论,道出东汉中期后官方儒学由盛到衰的原因,主要是朝廷不能实用其人。桓帝之后,虽有众多名儒在朝,但因外戚和宦官交替擅权,使得在位"贤宰"有其名而无其实,即东汉三公"任轻而责重"。这点也是后文王符、崔寔、仲长统着力批判和反思的问题之一。更为残酷的是,正如清浊斗争中李膺被"考掠"至死、刘陶自杀、陈蕃战死那样,"在朝者以正议婴戮,谢事者以党锢致灾"。这样的结果,既是国家的灾难,也是儒学发展的灾难。虽然熹平四年(175)灵帝支持蔡邕、杨赐、马日䃅等"正定六经文字"的要求,立"石经"于太学门外,以致"观视及摹写者,车乘日千余两,填塞街陌",②但那已是官方儒学在东汉的最后一抹光辉。

再看灵、献时期官方儒学的活动,即可知晓其衰败的程度。首先是熹平五年十二月"试太学生年六十以上百余人,除郎中、太子舍人至王家郎、郡国文学吏"。③ 姑且不论这些太学生都是六十多岁的衰暮之人,在此之前,充斥这些职位的已非儒生。《后汉书·蔡邕传》载:

> 初,(灵)帝好学,自造《皇羲篇》五十章,因引诸生能为文赋者。本颇以经学相招,后诸为尺牍及工书鸟篆者,皆加引召,遂至

---

① 《后汉书》,第2042—2043页。
② 《后汉书》卷六十下《蔡邕传》,第1990页。
③ 《后汉书》卷八《灵帝纪》,第338页。

数十人。侍中祭酒乐松、贾护,多引无行趣势之徒,并待制鸿都门下,熹陈方俗闾里小事,帝甚悦之,待以不次之位。又市贾小民,为宣陵孝子者,复数十人,悉除为郎中、太子舍人。①

由此可见,本以经学、文章为考察标准的"贡士"之举,招来的是许多只会写字的技艺之人,最终成为宦官小人迷惑皇帝的媚主之途。如果那些被举的老太学生们愿意就职的话,他们的同僚不是喜道"方俗闾里小事"的闲杂人,即是"市贾小民";不是"无行趣势之徒",即是作奸犯科的"宣陵孝子"。②

其次是光和元年(178)设置的"鸿都门学",虽然有孔子及弟子像点缀其门面,甚至还有"其诸生皆敕州郡三公举用辟召,或出为刺史、太守,入为尚书、侍中,乃有封侯赐爵者"这样的现实诱惑,但结果是"士君子皆耻与为列焉"。

第三是原先为儒者们孜孜以求的儒学"博士"竟无人问津。中平五年(188),灵帝下诏说:

"顷选举失所,多非其人,儒法杂揉,学道浸微。处士荀爽、陈纪、郑玄、韩融、张楷耽道乐古,志行高洁,清贫隐约,为众所归。其以爽等各补博士。"皆不至。③

诏书的前半段是灵帝自己承认原先朝廷扶助儒者和儒学的制度衰败,后半段则说明当世名儒对朝廷的失望和不满。正如前文论及的大儒郑玄等人不再应朝廷之征一样,虽然官方儒学风光不再,但儒学还是有它自己的传承载体存在。此见后论。

第四是献帝时期唯一一次朝廷"救助"儒生的事,看起来令人颇为

---

① 《后汉书》,第1991—1992页。
② 蔡邕在熹平六年上书中批评说:"伏见前一切以宣陵孝子为太子舍人,……群聚山陵,假名称孝,行不隐心,义无所依,至有奸轨之人,通容其中。……太子官属,宜搜选令德,岂有但取丘墓凶丑之人?"《后汉书》,第1997—1998页。
③ 《后汉纪》卷二五《灵帝纪》,第488—489页。

酸楚。《后汉书·献帝纪》记载说：

> 初平四年(193)九月甲午,试儒生四十余人,上第赐位郎中,次太子舍人,下第者罢之。诏曰:"孔子叹'学之不讲',不讲则所识日忘。今耆儒年逾六十,去离本土,营求粮资,不得专业。幼童入学,白首空归,长委农野,永绝荣望,朕甚愍焉。其依科罢者,听为太子舍人。"①

由此可见,那些在正常状态下本可通过明经察举等渠道走向仕途的儒生们,经由党锢之祸和战乱的摧残,"永绝荣望"倒不重要,可怕的是他们背井离乡后,"长委农野",而他们如何"营求粮资",让自己的老弱之躯能得饱食,有盘缠回归故里,倒成了最紧迫的事情。大概这种情形较为普遍,以致自身难保的献帝不得不发一次慈悲"救助"他们。汉末官方儒学的全面衰败,由此可见一斑。

不过,从汉魏历史的发展进程看,自地方豪强袁绍入京诛灭宦官之后,献帝从宦官的傀儡和工具变成了割据豪强的工具,此即众所周知的"挟天子以令诸侯"。又因为黄巾起义引发了群豪割据,流荡无依的士人们也不得不随之分化流散到各个豪族阵营中。进一步地,割据势力的形成,对原有的大一统国家理念起到了瓦解作用,这让那些以恢复国家和社会秩序为目标的士人们,一时失去了可以为之共同努力乃至献身的目标。另一方面,那些各自为主的割据豪强们,对包括儒者在内的各类士人,极尽拉拢利用之能事,这些都在客观上造成士人群体本身的离散和分化。因此,失去共同抗争和共同努力对象的士人们,要么积极地为各自所依附的势力尽心竭力,要么首鼠两端地力求自保,要么退隐于纷争之外,静观世变。也正是在这样的背景里,正统官方儒学不得不走向衰落,儒者自身也不得不分化和转向。此见后论。

---

① 《后汉书》,第374页。又,《后汉纪》卷二七《献帝纪》记载此事为初平三年七月,人数是三十人,余者内容相同,语稍差异。袁、范两书均载此事,虽时间有异,但其为史实则是肯定的。

第二节　王符融法于儒的批判思想

针对东汉末期朝政的腐败、社会世道的混浊、官方儒学的衰败,一些有识之士纷纷起来批评这些社会乱象,提出了各自的救世主张,形成了一股东汉末年的社会批判思潮。其中尤以王符、崔寔、仲长统等人为主要代表。

王符字节信,凉州安定郡临泾人(今甘肃镇原县)。史书未确载其生卒年,考诸《后汉书》各传,他大约生于东汉章帝建初年间(80年左右),于桓、灵之际去世(167年左右)。王符出生微贱,《后汉书》本传说他"无外家,为乡人所贱",年轻时去洛阳游学,与马融、张衡、崔瑗相友善。王符性情耿直,不事权贵,终生未仕,以"潜夫"自居而著《潜夫论》,共三十六篇。[①]《新编诸子集成》中有彭铎《潜夫论笺校正》,校正详密,是研究王符思想的佳作。

一、对"当今衰世"的批判

王符一生长住西北民族杂居之地,深味战争之苦,又历经章、和、安、顺、桓五朝,切身感受到国家社会由治到乱的衰败进程,这样的人生让他在自己的著作中把自己生活的时代称为"衰世"、"末世"。也因为此,《潜夫论》除《赞学》、《德化》、《本训》、《五德志》、《志氏姓》四篇外,其余篇章都或多或少地直接对当时社会政治进行批判,这相对于同时代其他著作而言,不仅是全面的,也是深刻的。大致说来,王符的

[①] 据刘文英考证,王符大约在二十岁左右去洛阳游学,结识年龄相仿的当时才俊马融等。《潜夫论》为逐篇断续而作,于安帝时成书。参见刘文英:《王符评传》,南京大学出版社,1998年,第20—28页。另,有关王符姓名、生卒年,刘氏也有辨正,参见同书第3—6、13—20页。

批判主要集中在以下几个方面：

(一) 本末不相供

王符秉承儒家农本商末的基本理念，认为"一夫不耕，天下必受其饥者；一妇不织，天下必受其寒者"。① 但现实的情形却是"举世舍农桑，趋商贾。……治本者少，浮食者众"。② 而这种情况，在都城洛阳颇为突出。王符记述自己的见闻说：

> 今察洛阳，浮末者什于农夫，虚伪游手者什于浮末。是则一夫耕，百人食之；一妇桑，百人衣之。以一奉百，孰能供之？天下百郡千县，市邑万数，类皆如此，本末何足相供？③

王符至洛阳大概在和帝永元(89—105)后期，而如前章所论，和、安二帝时期正是东汉帝国由盛转衰的时期，但这样的过程并非如堕崖坠渊那般直落而下。从社会经济生活的角度看，消耗前朝积累的财富以及生产与再生产活动趋缓，应是衰败过程的一体两面。在王符的见闻中，浮末者多为小商小贩，虚伪游闲者则只消费不生产，但不管何种情形，商品的来源和消费的对象大多来自农产品，在农业社会自是常态。而浮末和游闲者大大超过农业生产者，导致"以一奉百"，"本末"不"相供"自在情理之中。

造成"本"弱的另一原因是战争。王符所居的凉州，与羌族的居住地相邻，也是东汉对羌战争的主战场。因此，《潜夫论》有《救边》、《边议》、《实边》三篇专论对羌战争和如何安宁边境的问题。在《救边》中，王符疾呼：

> 今羌叛久矣！伤害多矣！百姓急矣！忧祸深矣！上下相从，未见休时。……今数州屯兵十余万人，皆廪食县官，岁数百万斛，

---

① 《潜夫论·浮侈》。见《潜夫论笺校正》，汪继培笺，彭铎校正，中华书局，1985年，第120页。下引王符之论，皆出此书，只出篇名及页码。

② 《潜夫论·浮侈》，第120页。

③ 《潜夫论·浮侈》，第120页。

又有月直。但此人耗,不可胜供。①

战争的高昂代价,还不止于此。为了支持边境这无休止的战争,政府又"从民假贷,强夺财货",以致"万民匮竭"。更为严重的是,与那种遭受寇贼劫虏,多破财不丧命的情形相比,官吏的搜索剽夺,使得百姓"或覆宗灭族,绝无种类;或孤妇女,为人奴婢,远见贩卖,至令不能自活者,不可胜数也"。王符从汉代的灾异谴告理论出发,认为这样会"感天致灾,尤逆阴阳"。② 上文已指出东汉时期灾害自和帝末年增多,参以王符的批判,则其所言并非无由。

(二)位非其人

与社会经济衰败相应的是,政治层面也好不到哪儿去。王符通过对汉代历史的审察,认为"治世之德,衰世之恶,常与爵位自相副也"。③ 在他看来,从西汉成帝到王莽时期,"大小之官,且十万人",而在王莽篡位时,只有安众侯刘崇、东郡太守翟义两个人能"义勇奋发",其余的都是"其官益大者罪益重,位益高者罪益深"。④ 这样的情形,在东汉有过之而无不及,王符认为:

> 当今列侯,率皆袭先人之爵,因祖考之位,其身无功于汉,无德于民,专国南面,卧食重禄,下殚百姓,富有国家,此素餐之甚者也。⑤

这点大概是指光武帝优待功臣之后,功臣子孙因"荫封"之制,既能得高位,又能敛财富的情况。比这种由祖上"荫功"得位而"素餐"的情形更坏的是:

> 今世得位之徒,依女妹之宠以骄士,借亢龙之势以陵贤,而欲

---

① 《潜夫论·救边》,第267页。
② 皆见《潜夫论·实边》,第280页。
③ 《潜夫论·本政》,第92页。
④ 《潜夫论·本政》,第92页。
⑤ 《潜夫论·三式》,第200页。

第十一章　汉末官方儒学的衰败与社会批判思潮的兴起 / 513

使志义之士,匍匐曲躬以事己,毁颜谄谀以求亲,然后乃保持之。①

这里的批评所指应该是窦宪妹为章帝皇后,邓骘妹为和帝皇后,梁冀二妹为顺帝和桓帝皇后,以及和帝时期窦宪兄弟以外戚擅权,顺、桓时期梁冀以外戚跋扈的情形。这些在位的外戚,不仅要凌辱控制"志义之士",还会让"贞士采薇冻馁,伏死岩穴之中"。这样的情形,王符当然不肯"践其阙而交其人",②其终生不仕,原因恐怕主要在此。

进一步地,王符从国家行政和选官的角度展开更深入的批判。他说:

> 今则不然,……尚书不以责三公,三公不以让州郡,州郡不以讨县邑,是以凶恶狡猾易相冤也。侍中、博士、谏议之官,或处位历年,终无进贤嫉恶拾遗补阙之语,而贬黜之忧。群僚举士者,或以顽鲁应茂才,以桀逆应至孝,以贪饕应廉吏,以狡猾应方正,以谀谄应直言,以轻薄应敦厚,以空虚应有道,以罝暗应明经,以残酷应宽博,以怯弱应武猛,以愚顽应治剧,名实不相副,求贡不相称。富者乘其材力,贵者阻其势要,以钱多为贤,以刚强为上。凡在位所以多非其人,而官听所以数乱荒也。③

王符的分析有以下几层意思:一是中央到地方的行政秩序紊乱,从三公到邑里,整个国家的行政官员没有责任意识,而多以奸猾相敷衍;二是知识精英的不作为,他们只顾自己是否能保持住禄位,没有发挥其应有的顾问和谏诤职责;三是行政官员的选拔过程名不副实,以致选拔的都是"群邪"而非贤士;四是行政风气的溃坏,富人以财得位,贵者以权谋私。最终,政治伦理和行政功能被双重败坏,结果是"正士"遭闭塞,群邪以"党进"。④

---

① 《潜夫论·本政》,第95页。
② 《潜夫论·本政》,第95页。
③ 《潜夫论·考绩》,第68页。
④ 《潜夫论·本政》,第94页。

(三)赦恶劝奸

国家行政紊乱的另一层面体现在法律的效用适得其反。在王符看来,"立法之大要,必令善人劝其德而乐其政,邪人痛其祸而悔其行。"①法律的精神本是惩恶扬善,但王符看到的情形却正相反。按照《汉旧仪》所载,"践祚,改元,立皇后、太子,赦天下。"②但以东汉早期几个皇帝看,"赦天下"的次数并不多。和帝之前,皇帝颁布赦令是颇为慎重的,一般是皇帝即位时和其他极为重要的时刻各大赦一次,其余减罪情形都是民情有异的时候。但自和帝开始,大赦变得经常起来。王符敏锐地觉察出其中问题的关键所在。他举例分析说:

> 洛阳至有主谐合杀人者,谓之会任之家,受人十万,谢客数千。又重馈部吏,吏与通奸,利入深重,幡党盘牙,请至贵戚宠臣,说听于上,谒行于下。是故虽严令尹,终不能破攘断绝。何者?凡敢为大奸者,材必有过于众,而能自媚于上者也。多散苟得之财,奉以诌谀之辞,以转相驱,非有第五公之廉直,孰能不为顾?今案洛阳主杀人者,高至数十,下至四五,身不死则杀不止,皆以数赦之所致也。由此观之,大恶之资,终不可化,虽岁赦之,适劝奸耳。③

由此看来,那些杀人几十的大恶,之所以能"身不死则杀不止",一是因为他们没有好好利用自己的材质为善,故其才愈出众,为恶越多。二是这些人有能力聚敛财富,当其为恶遭狱时,便散财行贿,既与奸吏结党,又能邀宠于权贵。三是权贵操纵皇帝,一赦再赦,即便是杀人重罪,也能因赦而免。逃避惩罚后,继续为恶。这样,"赦"本劝善的愿望不仅没有实现,反倒帮助恶人继续为恶,鼓励奸人继续结党营私。王符这种对"材"与"赦"之悖论的反思具有深刻的现实意义,如何避免法

---

① 《潜夫论·断讼》,第236页。
② 《太平御览》卷六百五十二。
③ 《潜夫论·述赦》,第183页。

第十一章 汉末官方儒学的衰败与社会批判思潮的兴起 / 515

为恶所用,至今还是政治家和法学家难以彻底解决的问题之一。

除此而外,王符还注意到法律正义如何实现的问题。他分析说:

> 夫直者贞正而不挠志,无恩于吏。怨家务主者结以货财,故乡亭与之为排直家,后反复时吏坐之,故共枉之于庭。以赢民与豪吏讼,其势不如也。是故县与部并,后有反复,长吏坐之,故举县排之于郡。以一人与一县讼,其势不如也。故郡与县并,后有反复,太守坐之,故举郡排之于州。以一人与一郡讼,其势不如也。故州与郡并,而不肯治,故乃远诣公府尔。公府不能察,而苟欲以钱刀课之,则贫弱少货者终无以旷旬满祈。豪富饶钱者取客使往,可盈千日,非徒百也。治讼若此,为务助豪猾而镇贫弱也,何冤之能治?①

《爱日》篇的主旨本是从时间的角度来论证为政者要给予民众休养生息的时间,扭曲繁杂的行政管理会引发民众疲于应付官府,以致他们无法进行正常的生产和生活。这段话涉及的即是从时间角度来论说诉讼成本、诉讼效用和法律正义的问题。在王符看来,当执法者结党营私不能践履法律正义,而诉讼原告又是贫弱者时,枉法的官吏便以推诿和反诉的方式把原告投入无尽头的诉讼深渊。即使是在乡、亭这样的基层单位,原告事实上不是与被告打官司,而是同豪吏打官司。当原告无法在基层获得法律正义的支持而上诉时,由于同样的原因,他要面对的是整个郡县的枉法官员,其诉讼成本自然也水涨船高(如时间和精力等)。而即便是到了中央朝廷的三公之府,即使司法部门能依法而断,但因为贫弱的原告事实上无法在短期内直接向"公府"诉讼,他必须依照法律程序一个层级一个层级地进行诉讼活动,这样的过程"可盈千日",豪富们有能力支撑下去,贫弱者总是无以为继的。这样,王符事实上提出了一个更为深层次的法律悖论:当法律是正义

---

① 《潜夫论·爱日》,第217页。

的,而执法行为(包括执法者本身)却是非正义的,法律的正义如何得到实现。随之而来的另一个问题是,当法律正义可以实现,但这需要付出极大的诉讼成本,而诉讼者又无能支付时,法律如何来保障这法律正义实现的可能。在这些问题上,王符看来是有些悲观的。故他不无愤怒地反问:"治讼若此,为务助豪猾而镇贫弱也,何冤之能治?"也正是在这样的追问中,儒家的贤人政治理论才会有其特殊的价值。

(四)名实不符

事实上,王符以上三个方面的批判,都是基于他对现实中种种名不副实的情形的考察而发。如上文所论的"位非其人",王符即是从名实相符的角度论证"位无非人"的道理,并以之为参照。他说:

> 圣王之建百官也,皆以承天治地,牧养万民者也。是故有号者必称于典,名理者必效于实,则官无废职,位无非人。[①]

也就是说,由于职位设置的终极依据是天地运行的"中和"之道,其历史依据是三代圣王之制、五经之义("典"),其目的是通过这些在位者的管理,使得民众"明德义之表,作信厚之心",最终达到"理其政以和天气,以臻其功"的目的。因此,即如"鹿之与马者,著于形者也,已有定矣"一样,[②]有鹿马之形才有鹿马之名,故凡有名号之起,必须要校验这名号之为名号的理是否符合实际情形;而凡是制度律令的颁布,都必须符合"典",即如汉代施行的察举之制,其"孝廉"、"有道"、"明经"、"武猛"等名号,都是君主依据选贤任能的原则,按照人世的实际经验以及人所具有的不同才性而布令的。察举之所以立"孝廉"科目,是因为人世有着相应的孝廉之行。而要察举某人"孝廉",则其人必须有孝悌廉洁之实行。正是基于这样的理路,王符才对当世展开上文那样措辞激烈的"位非其人"的批判。

---

① 《潜夫论·考绩》,第65页。
② 《潜夫论·潜叹》,第102页。

第十一章 汉末官方儒学的衰败与社会批判思潮的兴起 / 517

另一方面,当时之所以出现那么严重的名实相悖的情形,是因为整个社会风气和士人品格都败坏了的缘故。就日常生活而言,人们"言方行圆,口正心邪,行与言谬,心与口违",这使得人们在交际的过程中,彼此"情实薄而辞称厚,念实忽而文想忧,怀不来而外克期",王符称之为"三患",是"俗士可厌之甚者"。① 就士人品行而言,王符认为当世的"学问之士"和"赋颂之徒"都以说虚诞之事、作雕丽文赋的方式求取高名;所谓的"列士"和"孝子"又舍弃真情实孝,以刻意的节俭和过度的交游来"偷世窃名";而"居官"者也置忠信于不顾,"奸谀以取媚,挠法以便佞"。凡此五者,都"外虽有振贤才之虚誉,内有伤道德之至实"。② 也就是说,过于注重"名",必然会以伤害"实"为代价。在名实关系中,名是末,实是本。以此,王符从本末关系的角度来论证如何避免伤"实"。他说:

> 夫本末消息之争,皆在于君,非下民之所能移也。夫民固随君之好,从利以生者也。是故务本则虽虚伪之人皆归本,居末则虽笃敬之人皆就末。③

"本"是"富民"和"正学","末"是"私利"和"虚誉"。君主倡导什么,臣民即会追随什么。又因为"治之大体"在于"抑末而务本",故"明君莅国,必崇本抑末"。④ 很显然,王符并没有突破其前的"圣王"政治理念,而把纠正名实乖离的希望寄托在君主身上,这也是他要对君主本身作诸多界定和限制的潜在缘由。此见后论。

就王符论说名实关系的逻辑而言,他运用的是矛盾律。如他说"公法行则轨乱绝"、"私术用则公法夺",⑤ 即是以是非不能两可、公私

---

① 《潜夫论·交际》,第352—353页。
② 《潜夫论·务本》,第19—20页。
③ 《潜夫论·务本》,第23页。
④ 《潜夫论·务本》,第14、23页。
⑤ 《潜夫论·潜叹》,第97页。

不可并存这种内在逻辑而立论的。王符进一步论证说：

> 夫譬喻也者,生于直告之不明,故假物之然否以彰之,物之有然否也,非以其文也,必以其真也。①

这是说,即便是用比喻去说理,所要遵循的规则依然是通过对论说对象正反("然否")两面的考察,但事物正反面的确定,不是根据事物的现象("文"),而是来自事物的真实情形("真")。

需要说明的是,王符如此重视名实、本末关系,对后来曹魏政权的刑名之治,以及魏晋思想中的本末、有无主题,可能产生了潜在的影响。

除了以上四个层面外,王符还对当时流行的卜筮相术等现象,以《卜列》、《巫列》、《相列》等专篇论说。对卜筮,他认为"卜筮以质神灵",②但若以其定住宅吉凶,以其进行"邪淫诳惑",则非正道;对巫觋之类,王符认为他们是"所以交鬼神而救细微尔",③若以之决定人生、国家的祸福,则又是荒谬的,因为"却凶灾而致福善之本"取决于人或君主自身的德性和行为。

总而言之,王符对现实的批判和反思,是基于他对历史和现实、理想与现实的双重考虑而有的。因为有历史的经验和事实作为镜子,他把现实的丑恶揭露得更清晰;因为有理想的参照,他对现实的关切显得格外沉重而无奈。

二、对"民本"理念的再诠释

"民为邦本"是原始儒家最重要的政治理念,王符予以更为清晰的阐释。他说:

---

① 《潜夫论·释难》,第 326 页。
② 《潜夫论·卜列》,第 291 页。
③ 《潜夫论·巫列》,第 301 页。

> 国之所以为国者,以有民也;民之所以为民者,以有谷也;谷之所以丰殖者,以有人功也;功之所以能建者,以日力也。①

这是从国家与社会经济的载体层面来说明"民"是国家的根本。虽然自然资源是国家和社会存在的先天基础,但国家和社会的进一步存在和发展,则是以充裕的物质为基础的,而这些又依赖于民众常年累月的生产和创造活动("日力"和"人功")。在这样的关系中,民众事实上才是国家和社会存在与发展的基础,即民是"国之所以为国者"。

在注重君权天授的传统政治思维影响下,汉代《公羊》家从"天人相符"的角度来说明政治的正当性和合理性问题。王符循着这样的思考路向,从"天心"和天、民关系的角度来说明"民"的根本性和重要性,即"天以民为心,民安乐则天心顺,民愁苦则天心逆"。② 也就是说,民之为本不仅仅是"民"为国之民,在终极的意义上,民是天道的价值载体,而民之安乐与否是天道是否在人世间显现的证明。在此意义上,王符承续前人的思想,认为"君"之存在,并非是上天眷顾其人,而是因为"君"有过人之能,能引导管理"民"来"诛暴除害"。他说:

> 故天之立君,非私此人也,以役民,盖以诛暴除害利黎元也。是以人谋鬼谋,能者处之。③

事实上,这里说的不仅是"君"的资格性问题(有"能"),还有君主发挥才能的价值问题。君主的领导才能不能为一己之位,而应该利用"君"这个职位来完成除暴安良以"利黎元"的目标。所以,"利民"是基本要求,主动地"养民"才是更高的政治伦理。他说:

> 且夫国以民为基,贵以贱为本。是以圣王养民,爱之如子,忧

---

① 《潜夫论·爱日》,第 210 页。
② 《潜夫论·本政》,第 88 页。
③ 《潜夫论·班禄》,第 162 页。

之如家,危者安之,亡者存之,救其灾患,除其祸乱。①

从国家与国民的关系看,"民"为国基;从治理的角度,则是统治者("贵")以被统治者("贱")为"本"。没有民众,统治就失去了对象,统治者因此就无法成就其"统治"本身,而君主作为最高的统治者,自然也就没有存在的可能和必要。因此,在"民为国基"的关系中,事实上暗含着对君主本身的德性要求,君主只有主动地为民救灾除祸,"爱之如子,忧之如家",才有可能成为"圣王"。

君主如此,臣僚亦然。王符认为这是天意的内在要求。他说:

> 帝王之所尊敬[者,天也];天之所甚爱者,民也。今人臣受君之重位,牧天之所甚爱,焉可以不安而利之,养而济之哉?是以君子任职则思利民,达上则思进贤,功孰大焉?②

君为"民之统",③与其说这是"天授",倒不如说是上古社会发展的必然。而在现实中,君主不可能包办百事,正如君主替天统理民众一样,人臣也是"受君之重位",担负起管理国家和社会的职责。又因为"天之甚爱者,民也",民为邦本,则作为日常管理者的人臣,"安而利之,养而济之",既是其"任职"的内容,也是其替君主"牧民"的职责。

面对遭遇内忧外患的东汉王朝,王符在《潜夫论》中退而求其次,把上述这种"民为国基"的政治理念,转化为一种君主当下必须慎重处理的利害关系。他说:

> 除其仁恩,且以计利言之。国以民为基,贵以贱为本。愿察开辟以来,民危而国安者谁也?下贫而上富者谁也?故曰:"夫君国将民之以,民实瘠,而君安得肥?"夫以小民受天永命,窃愿圣主

---

① 《潜夫论·救边》,第266页。
② 《潜夫论·忠贵》,第108页。
③ 《潜夫论·本政》,第90页。

深惟国基之伤病,远虑祸福之所生。①

如上所述,对羌战争的耗费达二百四十亿之巨。这样的耗费,自是以民生凋敝为代价的。故王符引用《国语·楚语》"民实瘠,而君安得肥"所蕴含的道理,来说明"国基之伤病"即是祸难之所生。这是忧虑,更是警告。除此而外,王符还有同情和期待。他说:

> 一人吁嗟,王道为亏,况灭没之民百万乎?《书》曰:"天子作民父母。"父母之于子也,岂可坐观其为寇贼之所屠剥,立视其为狗豕之所噉食乎?②

很明显,这是孟子式的"不忍人"之政。虽然这样的呼告没能摆脱"家天下"的传统政治取向,也显现出王符并没有超出前人而建构出更值得后人汲取的政治理论,但其中所包含的对民众的同情和对当权者的失望与愤怒,则表明王符作为"衰世"的儒士,有一颗正直而温暖的心,而这是最可贵的。

三、对"法治"思想的新发展

汉承秦制,即是说汉代的国家制度(如郡县制和三公九卿制)和行政方式(如"以吏为师"),基本上是承续了秦帝国所遵循和运用的法家模式。这作为一种共识已经被研究者所认可。前文已经论及西汉时宣帝说"汉家自有制度,霸王道杂之"的意味所在。到了东汉,光武帝虽说以儒家的"柔术"治世,但汉帝国的行政理路还是法家式的。只不过,到了东汉中后期,这种治理方式的效用大打折扣,以致王符有"衰世"之论。从《潜夫论》看,王符深度反思了之前儒法杂糅的治理方式在东汉效用不著的原因。他说:

> 昔宣皇帝兴于民间,深知之,故常叹曰:"万民所以安田里无

---

① 《潜夫论·边议》,第274页。
② 《潜夫论·边议》,第272页。

忧患者,政平讼治也。与我共此者,其惟良二千石。"于是明选守相,其初除者,必躬见之,观其志趣,以昭其能,明察其治,重其刑赏。奸宄减少、户口增息者,赏赐金帛,爵至封侯。其耗乱无状者,皆衔刀沥血于市。赏重而信,罚痛而必,群臣畏劝,竞思其职。故能致治安而世升平,降凤皇而来麒麟,天人悦喜,符瑞并臻,功德茂盛,立为中宗。由此观之,牧守大臣者,诚盛衰之本原也,不可不选练也;法令赏罚者,诚治乱之枢机也,不可不严行也。①

《三式》是王符反思汉代制度得失的专论之篇。这里王符总结了宣帝庙号之为"中宗",宣帝之世"治安世平"、"天人悦喜"的原因,是因为宣帝深谙儒法诸家都强调的"名实相符"的治世精神,以及法家"赏重而信,罚痛而必"的治乱之道。而相对于宣帝的"中兴"之治,王符认为自己所处的时代,失去了原初的治世精神和治理效用,以致"有功不赏,无德不削"。②按照"牧守大臣者,诚盛衰之本原"的经验化的思考路向,王符认为:

今者刺史、守相,率多怠慢,违背法律,废忽诏令,专情务利,不恤公事。细民冤结,无所控告,下土边远,能诣阙者,万无数人,其得省治,不能百一。郡县负其如此也,故至敢延期,民日往上书。此皆太宽之所致也。③

王符这里说的是光武倡导的"柔术"治理,在现实社会中造成了"太宽"之弊。其表现形态是,作为国家治理之关键的地方官不能严守律制,以致管理者废"公事"而"专情务利",这不仅会导致法律和政令双重废怠,也让行政和司法部门陷入不作为的境地。而这样又会带来另一个更为严重的结果——作为"国基"的民众,有冤不得申,有讼不可断。

---

① 《潜夫论·三式》,第207页。
② 《潜夫论·三式》,第205页。
③ 《潜夫论·三式》,第208页。

王符进一步追溯造成这种"宽猛"失衡的原因,认为看似剪不断理还乱的众多社会和法律问题,其源头其实并不复杂。他说:

> 今一岁断狱,虽以万计,然辞讼之辩,斗贼之发,乡部之治,狱官之治者,其状一也。本皆起民不诚信,而数相欺绐也。①

貌似千头万绪的问题中,有一个根本的原因,即是民众失去诚信而相欺。抓住这个引发问题的"原",就找到了解决问题的关键。故王符又从"法令赏罚者,诚治乱之枢机"的治理路向来论说他的法治思想。

首先,对"法"本身,就其起源来看,是"先王因人情喜怒之所不能已者,则为之立礼制而崇德让;人所可已者,则为之设法禁而明赏罚"。② 这是说,儒家注重的礼与德是因人类固有的"情性"而有,因情性的不可绝去,故其精神在疏导节制,而法家所注重的法令则是因人类可去可有的东西而立,故可去者禁罚,可有者劝赏,其目的是"惩恶扬善"。

就立"法"的精神看,王符认为:

> 立法之大要,必令善人劝其德而乐其政,邪人痛其祸而悔其行。③

这是说,立"法"的终极依据是人类社会的善恶价值。之所以要"立法",是因为善人可以为善,故要保护善人为善的诸多权利和可能;而邪人必须改过,故要惩罚其祸而促其改过。这就是"法"的实质。但问题是,如果等到恶行发生了再去惩罚的话,法挽救不了恶行已经造成的损失和伤害。王符非常敏锐地看到这一未曾引起前人足够重视的问题,于是,他提出"制法之意"。王符说:

> 夫制法之意,若为藩篱沟堑以有防矣,择禽兽之尤可数犯者,

---

① 《潜夫论·断讼》,第226页。
② 《潜夫论·断讼》,第235页。
③ 《潜夫论·断讼》,第236页。

> 而加深厚焉。今奸宄虽众,然其原少;君事虽繁,然其守约。知其原少,奸易塞;见其守约,政易持。塞其原则奸宄绝,施其术则远近治。①

王符的这一说法有其较为直接的儒、法思想渊源。但更重要的可能是,他意识到既然刑杀不可能惩绝所有恶行,而"塞原"又应有起始处,则从何处"塞"和如何"塞"就是问题的关键。这就是"立法"设"防"之"意":恶行总有其藏身地以及其未行而将起之时,在此时此地设防,是"法"发挥效用的最佳选择;如果有恶行已经发生,则择其最具有代表性的案例进行惩戒,以对相类的恶行起到警防的效用,这也不失为塞原守约之法。

进一步地,王符还就"法"的适应性问题,提出"变"与"不变"的主张。他说:

> 俗化异则乱原殊,故三家符世,皆革定法。高祖制三章之约,孝文除克肤之刑,是故自非杀伤盗臧,文罪之法,轻重无常,各随时宜,要取足用劝善消恶而已。②

法的精神既然是"劝善消恶",但因为善恶的形态在不同的时空中可能有不同的表现,故要"各随时宜","革定法"以应时。对于那些人类社会中的一贯之恶(如杀人、盗窃),因为法的惩恶的实质要求,对其进行惩罚的原则是不可变革的。

就"法"的具体执行而言,王符秉承法家的"严行"理路,认为"法禁所以为治也,不奉必乱",主张"政令必行,宪禁必从"。他举例说:

> 诸一女许数家,虽生十子,更百赦,勿令得蒙一还私家,则此奸绝矣。不则髡其夫妻,徙千里外剧县,乃可以毒其心而绝其后,

---

① 《潜夫论·断讼》,第 225—226 页。
② 《潜夫论·断讼》,第 224 页。

奸乱绝则太平兴矣。①

这大概是针对当时婚配情形混乱的现实而言。王符认为,对那种一女许数家的人而言,无论其情况多么特殊,即便是有"大赦天下"的诏令,也不能因为赦令而姑息这种破坏风俗道德的奸猾之行。这说明,即便是君主施行仁德的举措,也不得破坏"法"之惩恶的基本原则和精神。在此意义上,法的尊严高于君主的权威。另一方面,如果犯法之人不遵守这样的法令,则对其进行严酷惩罚("髡其夫妻,徙千里外剧县")。这说明,必须以严格执法的方式来实践立"法"设"防"(此案中体现为"毒其心而绝其后")的原则和精神。

其次,王符就如何进行"法治"展开了他带有浓重儒法互补意味的论说。在他看来,由于"法也者,先王之政也",②又因为"法以君为主,君信法则法顺行,君欺法则法委弃",③则君主自身必须对"法"保持尊重和信从,法的尊严和君主的权威才能同时得到保证。在此意义上,政令才能畅通,法的效用才能得以发挥。他说:

> 是故民之所以不乱者,上有吏;吏之所以无奸者,官有法;法之所以顺行者,国有君也;君之所以位尊者,身有义也。义者君之政也,法者君之命也。人君思正以出令,而贵贱贤愚莫得违也,则君位于上,而民氓治于下矣。④

法的内容有其自身的历史价值性("先王之政"),其效用的发挥,体现在它对国家社会中的合理秩序的维系上,但这种价值性和秩序性如何在现实中体现出来,首先即取决于君主是否能"思正以出令"。这事实上对"布令"之"君"有了正义的要求,即君主之有尊位,是因为君主必须是"身有义"。另一方面,"明王审法度而布教令,不行私以欺法,不

---

① 《潜夫论·断讼》,第236页。
② 《潜夫论·衰制》,第243页。
③ 《潜夫论·本政》,第88页。
④ 《潜夫论·衰制》,第239页。

黩教以辱命"，①君主在出令和行法的过程中，都应该"官政专公，不虑私家"。② 这样才能"臣下敬其言而奉其禁，竭其心而称其职"。③

那么，如何才能达到这样的效果呢？王符承继申、韩的术势理论，认为那是君主"法术明而威权任"使然。④

在王符看来，君主之"明"来自纳谏"兼听"，而君主之不拒言，虽然"未必言者之尽可用"，却能拒"无用而让有用"。⑤ 基于此，王符说：

> 夫明据下起，忠依上成。二人同心，则利断金。能知此者，两誉俱具。要在于明操法术，自握权秉而已矣。所谓术者，使下不得欺也；所谓权者，使势不得乱也。术诚明，则虽万里之外，幽冥之内，不得不求效；权诚用，则远近亲疏，贵贱贤愚，无不归心矣。⑥

显而易见的是，明主能纳下言，则臣下言无不尽。但问题的关键不在于此，而在于君主如何驾驭"言无不尽"后的臣下。王符归之于"术"和"势"。与申、韩不同的是，这里的"术"不仅是申、韩所注重的"以上驭下"之法，更有一种求"实"讲"信"的行政精神。同样地，王符也并不把"势"简单理解为时代或国家的"大势"，他更注重在尊卑有序的权"势"的前提下，由"术"的恰当运用而营造出的治理氛围，如纳谏兼听使得群臣不得不追求实效而不敢欺上瞒下，即是一种臣下的为官任职的心理之"势"。在此意义上，王符说：

> 凡为人上，法术明而赏罚必者，虽无言语而势自治。治势一成，君自不能乱也，况臣下乎？法术不明而赏罚不必者，虽日号

---

① 《潜夫论·明忠》，第363页。
② 《潜夫论·班禄》，第166页。
③ 《潜夫论·明忠》，第363页。
④ 《潜夫论·明忠》，第363页。
⑤ 《潜夫论·明暗》，第56页。
⑥ 《潜夫论·明忠》，第357页。

令,然势自乱。乱势一成,君自不能治也,况臣下乎?是故势治者,虽委之不乱;势乱者,虽懃之不治也。①

这里的"势",即是由严格遵循法令而形成的治理氛围("治势")。这样的氛围,与其说是明法术的结果,倒不如说守法令的结果。

综合《潜夫论》的"法治"思想,王符要表达的主要内容是:君主是接受天所授予的"民之统"的职责之人,"明"、"公"、"义"等是这一职责的内在要求。君主虽然掌握并行使权力进行赏罚,但却不应当把这种重要的权力和职责让渡给他人。②君主应当以"明"治国,而"明"则意味着没有偏见、下情上达,同时也意味着君主应该是一个有着非凡辨别力和心胸博大的聪明人。③君主必须以"公"的原则来制定和推行法令,④不然他就辜负了天意。君主"法天而建官",他必须秉"公"按照为"民"的原则来委任臣僚,臣僚也必须为了"民"的利益而"任职"。否则,他们就是"偷天官以私己"。⑤

这样的制度设计,特别是他对君主本身进行"明"、"公"、"义"的品格和责任的限制,以及君主本身也必须维护"法"的尊严,使得他的思想与其前法家的理论有很大不同。他说:

> 国无常治,又无常乱,法令行则国治,法令弛则国乱;法无常行,亦无常弛,君敬法则法行,君慢法则法弛。⑥

---

① 《潜夫论·明忠》,第363页。
② 此即《明忠》篇所说:"忠之贡与不贡,法之奉与不奉,其秉皆在于君,非臣下之所能为也。是故圣人求之于己,不以责下。"(第363页)又,《衰制》篇说:"先王之政所以与众共也,己之命所以独制人也。"(第243页)
③ 《明忠》篇说:"忠臣必待明君乃能显其节,良吏必得察主乃能成其功。"《潜夫论》,第362页。
④ 此即《潜叹》篇所说:"夫国君之所以致治者公也,公法行则轨乱绝。佞臣之所以便身者私也,私术用则公法夺。"(第97页)《述赦》篇也说:"为国者,必先知民之所苦,祸之所起,然后设之以禁,故何可塞国可安矣。"(第173页)
⑤ 此即《忠贵》篇中所说:"王者法天而建官,自公卿以下,至于小司,辄非天官也?是故明主不敢以私爱,忠臣不敢以诬能。夫窃人之财,犹谓之盗,况偷天官以私己乎?以罪犯人,必加诛罚,况乃犯天,得无咎乎?"(第108页)
⑥ 《潜夫论·述赦》,第190页。

由于法是"先王之政","令"是君主一"己之命",则所谓的"法令行"能否达到"国治"的效果,是以"明主"及其"敬法"为前提的。王符注重"法"的作用同时又过于依赖君主的作用,与其说是其思想中难以解决的矛盾,倒不如说是他在融合儒法治世理论时所遭遇的困难。或者说,这是作为儒者的王符试图以法家的治世方式与精神,建构挽救正在快速衰败的东汉王朝的理论时所面临的困难。陈启云因此而评论道:"对王符来说,圣君和'大同'之世只不过是悠远的希望。"①王符自己大概也意识到这样的困难,于是他试图以古老的"选贤任能"理论来解决它。

四、"贤治"理论的再梳理

"选贤任能"作为古人一直追求和实践的行政方略,在先秦诸子那里即已得到充分阐释。《潜夫论》有《思贤》和《贤难》两篇专门论"贤",王符之所以老调重弹,与他着重批判的国家和社会管理中的"位非其人"现象息息相关,这或许正是他"贤治"理论的老调新声。

大概是先前的同类思想资源较为丰富,王符汲取较多,故其"贤治"说层次极为清晰。大致说来,其内容体现为以下几个方面:

一,贤与"国基"。王符在追溯政治何以清明有效的《本政》篇中,从天人关系的角度论说得天下"真贤"是周公可以为宰辅致太平的关键。基于此,他说:

> 夫天者国之基也,君者民之统也,臣者治之材也。工欲善其事,必先利其器。是故将致太平者,必先调阴阳;调阴阳者,必先顺天心;顺天心者,必先安其人;安其人者,必先审择其人。是故国家存亡之本,治乱之机,在于明选而已矣。圣人知之,故以为黜陟之首。书曰:"尔安百姓,何择非人?"此先王致太平而发颂声也。②

---

① 陈启云:《中国古代思想文化的历史论析》,北京大学出版社,2001年,第209页。
② 《潜夫论·本政》,第90页。

这里的主旨是：由于天以民为心，则顺天之道即是安民之法。而人臣之所以为"治材"，实际是因为他们是君主治理天下之"器"。因此，安民之事的首要事务即是"审择其人"。不得其人，则失其政，终而会"逆天心"，毁"国基"。王符在此有一个反向思考，即"明选"虽是存亡治乱的基础和关键，但所"明"的首要事并非是选贤人，而是黜奸邪。否则，奸邪在位，贤人选出来也无法发挥作用。由此，王符又注重另一层面的问题，即下面的第二点。

二，是否有贤。从逻辑上讲，选贤的前提是要有贤可选，否则选贤的策略和制度本身就失去存在的基础。王符坚信贤人在任何时代和国家都会存在，他重复先秦诸子的老调说："夫十步之间，必有茂草，十室之邑，必有俊士。贤材之生，日月相属，未尝乏绝。是故乱殷有三仁，小卫多君子。"① 即便是"乱殷"、"小卫"，也多仁人君子，更何况"以汉之广博，士民之众多"，怎么能说没有贤人呢？由此，引发第三个问题，何以当世"官无直吏，位无良臣"。②

三，"贤难"。《潜夫论》中有《贤难》篇，专门论说为贤、进贤、用贤的难处在哪里。其开篇即说："世之所以不治者，由贤难也。"王符的"贤难"，有三层意义，一是所谓贤难，并非是说贤的资质和内涵（"直体聪明服德义"）缺失，而是"贤之难得尔"，故难的不是贤者本身，而是贤者"循善则见妒，行贤则见嫉"。③ 二是贤难并非指贤人没有为官任职的能力，而是指为官任职建功后不能免除"宿夜侍宴"之类无益于世的俗务，以致难副"贤"名。"大圣群贤，功成名遂"既然都得如此，那些"畎亩佚民、山谷隐士"如果为官任职后，时论还能相信他们是"贤"么？④ 王符在此敏锐觉察到人世评论中"贤"之标准过于严苛乃至混乱的问题，即"名"到底依据什么才算是真正的副"实"。三是贤进之难，

---

① 《潜夫论·实贡》，第151页。
② 《潜夫论·实贡》，第151页。
③ 《潜夫论·贤难》，第39页。
④ 《潜夫论·贤难》，第47页。

王符认为："凡有国之君，未尝不欲治也，而治不世见者，所任不贤故也。"如此，"主有索贤之心，而无得贤之术；臣有进贤之名，而无进贤之实。"①造成进贤难的原因除了君主无"术"得贤外，还有在位的奸邪群臣嫉贤妒能的缘故。这样，王符就不得不探讨如何选贤的问题。

四，选贤。王符认为当世是"衰世"，在他眼里，朝乏良臣，县无良吏，君主难辞其咎。故在如何选贤的问题上，王符对君主提出严正的要求。他说：

> 人君求贤，下应以鄙，与直不以枉。己不引真，受猥官之，国以侵乱，不自知为下所欺也。乃反谓经不信而贤皆无益于救乱，因废真贤不复求进，更任俗吏，虽灭亡可也。②

这就是说，如果君主不能如周公一样"以谦下士"，③不能"与直不以枉"，反倒受奸猾蛊惑，不信"真贤"而"更任俗吏"的话，则这样的君主"虽灭亡可也"。很显然，这与上文论说的君主必须具备"明"、"公"的素养和品格，道理是一贯的。

如果是明君，则选贤又是另一番道理。王符说：

> 智者弃其所短而采其所长，以致其功，明君用士亦犹是也。物有所宜，不废其材，况于人乎？

> 选贤贡士，必考核其清素，据实而言，其有小疵，勿强衣饰，以壮虚声。一能之士，各贡所长，出处默语，勿强相兼。……各以所宜，量材授任，则庶官无旷，兴功可成，太平可致，麒麟可臻。④

这里王符摒弃了儒家贤人思想中德性优先的取向，转而以才能为依据。但需要注意的问题是，王符特别强调在才能之外，"清素"是必备

---

① 《潜夫论·潜叹》，第96页。
② 《潜夫论·思贤》，第80页。
③ 《潜夫论·本政》，第95页。
④ 《潜夫论·实贡》，第156、158页。

的素养,除此而外,"据实而言"即可,无须对人求全责备("勿强相兼")。由此可以说,在注重才能为标准的意义上,王符的贤人是法家式的;在其强调"清素"的不可或缺的意义上,则又是儒家乃至道家式的。

五,考贤。终汉一代,察举是选贤的主要方式和途径。但察举之人是否真的能有其治世之能之功,则须综核名实。《潜夫论》中,《实贡》篇专论察举,《考绩》专论综核名实。王符认为:

> 凡南面之大务,莫急于知贤;知贤之近途,莫急于考功。功诚考则治乱暴而明,善恶信则直贤不得见障蔽,而不得窜其奸矣。①

从逻辑上讲,为官任职的士人,不可能全为贤人。故必须通过实实在在的"考功"之法辨别出贤与不肖,终而贤者留任升职,继续发挥其治世之能;佞巧则黜罢受惩,以无用让有用。另一方面,"世主不循考功而思太平,此犹欲舍规矩而为方圆,无舟楫而欲济大水,虽或云纵,然不知循其虑度之易且速也。"②在此意义上,以真实功绩为根据的官吏选拔推荐制度,既会保证官吏的才能和品德的双重优秀,又将因为他们而导向更好的统治,此谓"国以贤兴"。③

六,"贤疗"。《潜夫论》诸篇论说其他主题的方式一般是直接提出论点,而后引证大量历史与当世事实进行层级论说。唯有对"贤治"说,王符频繁采用比喻的方式来说明贤人为衰世之医。他说:

> 上医医国,其次下医医疾。夫人治国,固治身之象。疾者身之病,乱者国之病也。身之病待医而愈,国之乱待贤而治。治身有黄帝之术,治世有孔子之经。④

---

① 《潜夫论·考绩》,第62页。
② 《潜夫论·考绩》,第73页。
③ 《潜夫论·实贡》,第151页。
④ 《潜夫论·思贤》,第78页。

王符延续先秦家国一体的思维方式,认为治国与治身同理,故医生治疾是去身病,贤者治国是去国乱。但是,就"医"的价值而言,由于医生治病,受惠者至多也就数万人而已,而贤者治国,得益者不可计数。故前者为"下医",后者为"上医"。这样的价值分判,可能与古代读书人把"医"视为技术,把"治"视为"道术"有关。

进一步地,"夫治世不得真贤,譬犹治疾不得真药也。"①那么"真贤"不得的原因何在?王符认为,不是没有真贤,而是贤者被"废锢","忠信正直之道不得行尔"。②即便贤者没有被废锢或阻塞于仕途,如果举而不用,还是枉然。正如"病家之厨"有许多佳肴,而病人不能吃以至于死亡一样,"乱国之官,非无贤人也,其君弗之能任,故遂于亡也。"③由此看来,病根是在君主那儿,又因为君权天授,王符便以古老的天人关系来说明不能任贤的致命危险。他说:

> (人君)苟以亲戚色官之人典官者,譬犹以爱子易御仆,以明珠易瓦砾,虽有可爱好之情,然而其覆大车而杀病人也必矣。……由此观之,世主欲无功之人而强富之,则是与天斗也。使无德况之人与皇天斗,而欲久立,自古以来,未之尝有也。④

王符的意思是:如果君主不真心选贤,不有效任贤,不据实考贤,而以"亲戚色官"⑤任职为官,则如同让不知驾驭事的爱子替代驭事娴熟的御者,结果必然是车毁人亡。更重要的道理是,君主如果不秉公任职,而任私情强使无功者富、无德者贵,则无异让自己与授权给自己的"天"斗,这不仅是荒谬的,还是不道德的。况且,以这种情形而能久居

---

① 《潜夫论·思贤》,第79页。
② 《潜夫论·实贡》,第151页。
③ 《潜夫论·思贤》,第76页。
④ 《潜夫论·思贤》,第86—87页。
⑤ 按照《墨子·尚贤中》所载:"王公大人有所爱其色而使其心,不察其知而与其爱。是故不能治百人者,使处乎千人之官;不能治千人者,使处乎万人之官。此其故何也? 曰:若处官者,爵高而禄厚,故爱其色而使之焉。"则"色官"之意本此。这里大概是指文帝男宠邓通类的嬖佞之人。

尊位,自古以来就没有过。

同对"法治"思想深入阐释的道理一样,王符之所以如此重新论说先秦的"贤治"理论,乃是因为对现实的关切使他意识到,导致当世成"衰世"的原因是"众小朋党而固位,谗妒群吠啮贤"。① 在他对何以如此的原因进行追究时,其自身无法展志而不得不陋居乡里的无奈人生,暗合了他所要批判的情境,即"智士""钳口结舌,括囊共默而已"。② 当他无法解释古代君主制的最大弊端即在于皇权本身无有效约束时,他又不得不回溯到古老的"贤治"理路,认为国乱的病根是君主的不选贤任贤。而这样的思考本身,忽略了一个更为关键的问题:"贤人"事实上是无法包治"百病"的,尤其是在有效的民主制度尚未发达起来的情形下。

王符是处于盛衰变化之际的儒士,在他意识到自己无力救治千疮百孔的帝国时,便转而把自己定位为"潜夫",在著作中为自己建构一个"德化"图景,而那个前景,就是他所认为的"学问"方向。

五、"学问"的方向和价值

王符在《赞学》的开篇即对人自身才智与学问的关系作了明确的界定。他说:

> 天地之所贵者人也,圣人之所尚者义也,德义之所成者智也,明智之所求者学问也。虽有至圣,不生而知;虽有至材,不生而能。③

按照古老的人为五行之秀、天地之灵的思想,王符认为德行与能力双重完美的人,其所以能成就完美,即在于人有"明智"的才质。而这种内在于人的"明智"之才,其存在的意义与价值即是对"学问"的追求。

---

① 《潜夫论·贤难》,第52页。
② 《潜夫论·贤难》,第47页。
③ 《潜夫论·赞学》,第1页。此处"不"以"非"训,即王符认为圣人并非天生的。

王符从古老的传说记载和历史经验出发,例举"黄帝师风后,颛顼师老彭,帝喾师祝融,尧师务成,舜师纪后,禹师墨如,汤师伊尹,文、武师姜尚,周公师庶秀,孔子师老聃"十一位圣人就学的例子,①说明"人不可以不就师"。而"此十一君者,皆上圣也,犹待学问,其智乃博,其德乃硕,而况于凡人乎"?② 由此看来,王符所理解的"学问"的价值在于:圣人和凡人都必须经由"学问"之途而成就自己。

"学问"的意义还不限于此。在王符看来,"学问"之所以具有价值,乃是人类心智和文明经验的结果。而"经典"作为"学问"的载体,其形成本身就蕴含了完美成人的经验价值。更重要的是,经典也是圣人向后人传递文明价值("德义之理")的载体。他说:

> 先圣之智,心达神明,性直道德,又造经典以遗后人。试使贤人君子,释于学问,抱质而行,必弗具也;及使从师就学,按经而行,聪达之明,德义之理,亦庶矣。是故圣人以其心来造经典,后人以经典往合圣心也,故修经之贤,德近于圣矣。③

这就是说,具有明智之才的人,如果不经过"学问"之途,他能成就的也仅是由其明智之才而有的技艺才能,对关涉人类的德性价值还是无法明了("必弗具"),更不用说成就"经世致用"的圣人之道了。他说:

> 索物于夜室者,莫良于火;索道于当世者,莫良于典。典者,经也,先圣之所制。先圣得道之精者以行其身,欲贤人自勉以入于道。故圣人之制经以遗后贤也,譬犹巧倕之为规矩准绳以遗后工也。④

在王符看来,作为人类智慧和价值浓缩品("道之精者")的"经典"是暗

---

① 《潜夫论·赞学》,第1页。
② 《潜夫论·赞学》,第1页。
③ 《潜夫论·赞学》,第13页。
④ 《潜夫论·赞学》,第11—12页。

夜之光,能给人带来光明,并以价值坐标的形式为人类行为确立边界(即"为规矩准绳以遗后工")。在此意义上,"士欲宣其义,必先读其书。"①

但问题是,上文所言的"人不可以不就师",是经验化的结论,只是应然性的判断,其必然性理由尚不充分,而仅仅因有其义而"必"读其书,又总有德性优先的道德专制嫌疑。王符在此敏锐觉察到其中有一个"结"必须解开,即人为何"必"学,为何"学"必尚"德义"。他从三个层面来论证这个问题:

一是人的先天质地有别使然。人生来就参差不齐,是一个不言自明的公理。但由此会导致人之所明者,或为我之所暗;人有所知,或为我所不知;人有所成者,或为我所难成。凡此之类,反之亦然。因此,必须借助"学"来取人之长补己之短,扬己之长补人之短。王符说:

> 是故君子者,性非绝世,善自托于物也。人之情性,未能相百,而其明智有相万也。此非其真性之材也,必有假以致之也。君子之性,未必尽照,及学也,聪明无蔽,心智无滞,前纪帝王,顾定百世。此则道之明也,而君子能假之以自彰尔。②

这就是说,由于人天生即有的千差万别,决定了每个人的"明智"都"未必尽照",又由于人"性非绝世,善自托于物",其生来就具有利用环境(包括他人)的能力,故要让自己的"真性之材"为自己的人生所用,发挥其固有的价值,达到"聪明无蔽,心智无滞",就必须借助他人他物而成就("有假以致之")。这样的"假之以自彰"的过程,即是"学"。

二是德性的内在要求。王符从"学"的对应面——"教"和"化"的内容必然以"德性"为要,来证明"学"是德性的内在要求。他认为:

> 是故上圣不务治民事而务治民心,故曰:"听讼,吾犹人也。

---

① 《潜夫论·赞学》,第3页。
② 《潜夫论·赞学》,第10页。

必也使无讼乎!"导之以德,齐之以礼,务厚其情而明则务义,民亲爱则无相害伤之意,动思义则无奸邪之心。夫若此者,非法律之所使也,非威刑之所强也,此乃教化之所致也。①

德与礼作为教化的内容,是儒家的一贯主张。其所以要以德礼教化民众,目的是要人之间"相利"而"并育",即无奸邪之心而厚情相爱。这样的教化目标,是德性本身的内在要求,否则德性就不成为德性。而从受教化的对象看,德性所要求的,即是人所必"学"的,否则,教化就失去其应有的价值。

三是治理的要求。在王符看来,"法令刑赏者,乃所以治民事而致整理尔,未足以兴大化而升太平也。"②法令刑赏具有强制性,但这种强制性功用的发挥,仅仅能"防奸恶而救祸败",③而并不能减少乃至消除奸恶和祸败。因此从治理的效果看,法令刑赏只能保平安,而无法"致太平"。只有通过"化变民心"的方式,才能达到"政变民体"的效果。④王符说:

> 故民有心也,犹为种之有园也。遭和气则秀茂而成实,遇水旱则枯槁而生蘖。民蒙善化,则人有士君子之心;被恶政,则人有怀奸乱之虑。……是以圣帝明王,皆敦德化而薄威刑。德者所以修己也,威者所以治人也。上智与下愚之民少,而中庸之民多。中民之生世也,犹铄金之在炉也,从笃变化,方圆薄厚,随镕制尔。⑤

因为"人心"如种子与土地的关系一样,随环境的影响而有不同的变化结果,"中民之性"尤其如此。但中民如此之多,"遭良吏则皆怀忠信而

---

① 《潜夫论·德化》,第376页。
② 《潜夫论·本训》,第370页。
③ 《潜夫论·德化》,第376页。
④ 《潜夫论·德化》,第372页。
⑤ 《潜夫论·德化》,第377—378页。

履仁厚,遇恶吏则皆怀奸邪而行浅薄",①而法令刑赏又不可能穷究奸邪,故必须以教化的方式来从人自身培育德义,此即"修德"以"自化"。更为重要的是,"中民之生世也,犹铄金之在炉也",其终究成为怎样的人,完全取决治理者的教化内容及其方式("惟冶所为")。因此,王符按照德本刑末的古老理路认为:

> 人君之治,莫大于道,莫盛于德,莫美于教,莫神于化。道者所以持之也,德者所以苞之也,教者所以知之也,化者所以致之也。②

由此可以看出,王符在治世的终极价值取向上,是儒家而非法家的。

最终,王符给出了他的"学问"路线,这就是:

> 君子敦贞之质,察敏之才,摄之以良朋,教之以明师,文之以《礼》《乐》,导之以《诗》《书》,赞之以《周易》,明之以《春秋》,其不有济乎?③

很显然,这其实也是前文已经论说过的"六艺"教化。而当王符以"学问"来概括如何学习它们时,则显现出经学对东汉文人的潜在影响。只不过,王符与经学家着力阐释和训诂六经不同,他更为注重它们作为"经典"对于文人乃至统治者所具有的意义和价值。甚至,他把实现经典所内蕴的价值即当做"学问"本身的价值,而如何实现其价值,则成为王符乃至整个古代文人的"学问"方向。

总的说来,置身东汉衰乱加速进程中的王符,其退处边陲以著述立身的行为本身,多少符合了儒家讲求的进退有止的处世原则。其著作《潜夫论》虽然缺少西汉思想家如贾谊的磅礴气派,也没有《论衡》那样丰富和深刻,但正如《四库全书总目》所评:"符书洞悉政体,似《昌

---

① 《潜夫论·德化》,第378页。
② 《潜夫论·德化》,第371页。
③ 《潜夫论·赞学》,第3页。

言》而明切过之;辨别是非,似《论衡》而醇正过之。前史列之为儒家,斯为不愧。"①作为一位批判型思想家,他的著作中虽充满了对先秦思想的引用和发挥,但我们很难发现他对那些思想的批判锋芒。不过,王符对时代的体察和反思,既承续了王充、桓谭的批判意识,又启示出后来批判的路向。他对汉世衰败的许多看法,在其后继者崔寔和仲长统的著作中,可以找到明显的痕迹。

第三节 崔氏门风与崔寔"达权救弊"的思想

崔寔字子真,一名台,字符始。幽州涿郡安平(今河北安平)人。史书未明载其生卒年。考诸《后汉书》相关列传,可知其大约生于永初年间(107—113)或稍后的元初(114—120)早期,约卒于灵帝建宁三年(170)前后。②《后汉书》卷五二《崔骃传》所附《崔寔传》说他"少沉静,好典籍",父丧,"剽卖田宅,起冢茔,立碑颂。葬讫,资产竭尽,因穷困,以酤酿贩鬻为业。"当时人多讥笑他不务正业,他却仍怡然为商贩,但"亦取足而已,不致盈余"。服丧期间他隐居墓侧,服满后不应三公之辟。元嘉元年(151),③他因郡举"至孝独行之士",征诣公车,因生病没有对策,只做了郎官。后来太尉袁汤、大将军梁冀又辟,都不应。稍后,大司农羊傅、少府何豹力荐,拜为议郎,再迁大将军梁冀司马,又与边韶、延笃等文章名家著作东观。再后来,崔寔出任五原太守,其母"常训以临民之政",结果其治民则"民得以免寒苦",守边则"虏不敢犯,常为边最"。后因病回京师,再拜为议郎。延熹二年(159),"与诸

---

① 四库全书研究所整理:《钦定四库全书总目》(上),中华书局,1997年,第1199页。
② 刘文英《王符评传》所附《崔寔评传》认为崔寔生于安帝永宁元年(120)左右。参见该书第223页。据《后汉书》卷五二《崔骃传》附《崔瑗传》,知瑗卒于顺帝汉安二年(143),生于建初二年(77)。
③ 此时间据《后汉纪》卷二一《桓帝纪》中"元嘉元年"条,《后汉书·崔寔传》只说是"桓帝初"。

儒博士共杂定五经"。其时梁冀遭诛,崔寔因是其故吏遭免官禁锢。至延熹四年,司空黄琼荐为辽东太守,①赴任途中因母丧求归,服丧三年后,拜尚书,崔寔"以世方阻乱,称疾不视事,数月免归"。此后的五六年,崔寔大概就在家中度过,直到"建宁中"病死。死后,"家徒四壁立,无以殡敛",靠光禄勋杨赐、太仆袁逢、少府段颎为其出资备棺葬具,大鸿胪袁隗为其树碑颂德。②

关于崔寔的著作,本传说"所著碑、论、箴、铭、答、七言、祠、文、表、记、书凡十五篇"。流传至今的,可见于清严可均所辑《全后汉文》卷四五至四七三卷,第四十五卷收四篇赋、箴等残篇,第四十六卷为《政论》,第四十七卷为《四民月令》,均非完本。③仲长统评论其《政论》说:"凡为人主,宜写一通,置之坐侧。"④

一、家学与门风

崔寔的祖上多博学正直之人。以家学而言,崔寔的六世祖以下,多精通经、子之学,善为文辞。据《后汉书·崔骃传》记载,崔寔的六世祖母师氏在王莽时期,即以能通经学、百家之言,而被王莽"宠以殊礼,赐号义成夫人"。⑤高祖崔篆在光武初期归隐,"客居荥阳,闭门潜思,著《周易林》六十四篇,用决吉凶,多所占验。"⑥祖父崔骃(字亭伯,?—92年)十三岁便能通《诗》、《易》、《春秋》,"尽通古今训诂百家之言,善

---

① 刘文英《崔寔评传》中以其年为延熹九年,误。据《后汉书》卷六一《黄琼传》,黄琼于延熹七年去世,《后汉纪》卷二二《桓帝纪》也于"延熹七年"条下说"春二月,太尉黄琼薨"。据《黄琼传》载,琼曾两度为司空,第一次是元嘉元年(151),由太常任上代胡广为司空。第二次为延熹四年,琼罢太尉后,复为司空。两次都是当年因地震策免。按《崔寔传》所载诸事,琼荐寔应为第二次司空任上。
② 皆《后汉书》卷五二《崔寔传》,第1725、1730—1731页。
③ 本节所引崔寔论说之文,除特别注明者,均出自严辑《政论》,并参照《后汉书·崔寔传》、《群书治要》和《艺文类聚》等所引之文,择善而从,不再一一指明其差异处。特此说明。另,卷四五是崔氏赋文之合卷,寔文在第721页,卷四六在第722—728页,卷四七在第729—732页。
④ 《后汉书》卷五二《崔寔传》,第1725页。
⑤ 《后汉书》,第1704页。
⑥ 《后汉书》,第1705页。

属文。"崔骃游学京都时,与班固、傅毅齐名。其性情上"以典籍为业,未遑仕进之事",而才学文章之美,举世称颂。① 崔寔的父亲崔瑗(77—143),"锐志好学,尽能传其父业。"十八岁到京师从侍中贾逵学,贾逵很器重他,崔瑗因此留京继续游学,"遂明天官、历数、《京房易传》、六日七分,诸儒宗之。"②在此期间,他与马融、张衡特相友好。崔瑗四十多岁开始为郡吏,因故入狱后,在被审讯时,也不忘向擅长《礼》学的狱吏学习《礼》说。本传说他"高于文辞,尤善为书、记、箴、铭,所著赋、碑、铭、箴、颂、《七苏》、《南阳文学官志》、《叹辞》、《移社文》、《悔祈》、《草书艺》七言,凡五十七篇。其《南阳文学官志》称于后世,诸能为文者皆自以弗及"。③

也正因为崔寔上述家学之风,范晔在《崔骃传》"论"中评论道:"崔氏世有美才,兼以沉沦典籍,遂为儒家文林。"④

就门风而言,崔寔的祖上不仅多有正直品格,还有轻利重义和隐逸取向。七世祖崔朝曾在西汉昭帝时以"州从事"的卑弱身份谏劾刺史和王侯,后任侍御史。六世祖崔舒"历四郡太守,所在有能名"。⑤ 高祖崔篆(崔舒的小儿子)不附王莽遭忌,后来不得已出任"建新大尹",三年"称疾不视事",属吏倪敞强谏其巡察所辖县邑,有一县狱满为患,经崔篆"平理",以无罪释放的有两千多人。属吏认为崔篆审判过宽,怕朝廷追究责任,崔篆则豪气风发地说:"如杀一大尹赎二千人,盖所愿也。"⑥

---

① 《后汉书》,第1708页。《崔骃传》载,章帝元和年间(84—87),崔骃上《四巡颂》赞美汉德,辞甚典美。章帝"见骃《颂》后,常嗟叹之,谓侍中窦宪曰:'卿宁知崔骃乎?'对曰:'班固数为臣说之,然未见也。'帝曰:'公爱班固而忽崔骃,此叶公之好龙也。试请见之。'骃由此候宪。宪屣履迎门,笑谓骃曰:'亭伯,吾受诏交公,何何得薄哉?'遂揖入为上客。居无几何,帝幸宪第,时骃适在宪所,帝闻而欲召见之。宪谏,以为不宜与白衣会。帝悟曰:'吾能令骃朝夕在傍,何必于此!'"《后汉书》,第1718—1719页。

② 《后汉书》,第1722页。
③ 《后汉书》,第1724页。
④ 《后汉书》,第1732页。
⑤ 《后汉书》,第1703页。
⑥ 《后汉书》,第1704页。

第十一章　汉末官方儒学的衰败与社会批判思潮的兴起 / 541

结果称疾而去。到了光武帝时期，崔篆以其兄"受莽伪宠，惭愧汉朝，遂辞归不仕"，①潜心为学。大概是受父亲的影响，崔寔的曾祖父崔毅干脆就"以疾隐身不仕"。

祖父崔骃因自身才学出众和章帝的褒扬，得到当时的外戚权贵窦宪的格外任用，在窦宪专权后，其掾属三十人，都是故刺史、二千石之类的重要人物，而只有崔骃"以处士年少，擢在其间"。但是，对窦宪的"擅权骄恣"，崔骃基于国情、友情对其进行毫不客气的批评。如在窦宪初握权柄时，崔骃就真诚地作书劝诫说：

> 生富贵而能不骄傲者，未之有也。今宠禄初隆，百僚观行，当尧、舜之盛世，处光华之显时，岂可不庶几夙夜，以永众誉，弘申伯之美，致周、邵之事乎？《语》曰："不患无位，患所以立。"……汉兴以后，迄于哀、平，外家二十，保族全身，四人而已。《书》曰："鉴于有殷。"可不慎哉！②

引文前半段是崔骃要求窦宪立德立功，后半段以汉代外戚的命运警告窦宪，如果不能立德立功，将有灭门之祸。后来窦宪领军攻击匈奴，崔骃为主簿，见窦宪等在进军路上多有不法事，于是"前后奏记数十，指切长短"。窦宪受不了这些指责警诫，借故让他去做一个县官。崔骃知道世不可救，"遂不之官而归。"③

崔寔的父亲崔瑗，虽经历坎坷，但绝不向宦官献媚取巧，淡然面对可能的功勋禄位。《崔瑗传》载，安帝废太子刘保为济阴王，死后由幼小的北乡侯刘隆（殇帝）即位，其时崔瑗私下同掌权的车骑将军外戚阎显的长史陈禅说：

> 中常侍江京、陈达等，得以幸宠惑蛊先帝，遂使废黜正统，扶

---

① 《崔骃传》载，"篆兄发以佞巧幸于莽，位至大司空。"《后汉书》，第1703页。
② 《后汉书·崔骃传》，第1719—1720页。
③ 皆《后汉书》卷五二《崔骃传》，第1721、1722页。

> 立疏孽。……今欲与长史君共求见,说将军白太后,收京等,废少帝,引立济阴王,必上当天心,下合人望。

陈禅犹豫不从。后来宦官孙程等在刘隆死后迎立废太子为顺帝,阎显兄弟被诛,孙程等十九人封侯,陈禅也迁为掌管司法的司隶校尉。与此相对的是,崔瑗却被废斥不用。其门生苏祗知道老师以前有利于当今皇上的谋划,准备上书为老师辩白,被崔瑗制止。陈禅此时也私下向崔瑗保证自己可以作证,崔瑗却拒绝了陈禅的好意,说当时的谋划"譬犹儿妾屏语耳,愿使君勿复出口"。① 此后,他归家不再应州郡辟命。过了许久,掌权的外戚梁商幕府招揽人才,以崔瑗为首辟之人,崔瑗托故不应,转而进入正常的国家察举渠道,"中举茂才,迁汲令。"② 这大概就是他践履其父"举以公心,不私其体"的原则使然。③

范晔称崔寔"明于政体,吏才有余",④ 这其实是崔氏家族的另一个值得注意的现象,即崔氏族人几乎都具备出众的治世才干。自崔寔七世祖起,除了曾祖父崔毅隐身不仕外,其余凡从政者,都有民众认可的政绩。上文已论及其七世祖、六世祖、高祖为官皆为史家称道,而其祖父崔骃虽未能主政一方,但其针砭时世的切实之论,却是"明于政体"的明证。崔寔父亲崔瑗在河内汲县令任上,"为人开稻田数百顷。视事七年,百姓歌之。"⑤ 崔寔自己在五原太守任上,针对未充分开化的五原人"不知织绩"的情况,变卖政府物资,购买纺织机械,教民纺织,结果是"民得以免寒苦",又能"整厉士马,严烽候,虏不敢犯"。崔寔的堂兄崔烈虽因出钱买司徒官而为人诟病,但之前他作为郡守、九卿却是有"重名"的。崔烈的儿子崔均以父亲司徒位有"铜臭"而遭父亲杖责,

---

① 《后汉书》卷五二《崔瑗传》,第1723页。
② 《后汉书》卷五二《崔瑗传》,第1724页。
③ 《后汉书》卷五二《崔骃传》,第1711页。
④ 《后汉书》卷五二《崔寔传》,第1725页。
⑤ 《后汉书》卷五二《崔骃传》,第1723—1724页。

后来为西河太守,与袁绍一起起兵山东以反对董卓。①

崔氏之所以有如此家学源流和可贵门风,除了"先人有则而我弗亏,行有枉径而我弗随"这种家训式的原则外,②还有以下几点值得注意:一是因为东汉儒学盛行的大环境,使得崔氏之人自觉或不自觉地成为其中的一分子;二是崔氏浸染儒学,既能得其"经世"之学问,又能一以贯之地践履其重义轻利的德性原则,还能体味其进退有止的入仕智慧;三是相对于邓、窦、梁那样的外戚权贵和桓(荣、郁、焉、典)③、杨(秉、赐、彪)④那样的儒门显贵而言,崔氏与以史传家的班(彪、固)氏⑤、应(奉、劭)氏⑥,以法传家的郭(躬、宏)氏、陈(宠、忠)氏⑦等家族一样,作为东汉中后期在社会政治层面并不显赫的家族,他们或许意识到,只有通过形成可以传诸后世的知识与文章,确立可以为后世所能效仿的价值榜样,才能与那些在社会和政治上呼风唤雨的显贵家族相抗衡。事实也表明,只要给予这些家族之人机会,他们就能发挥其才干,让知识转化成能力,让德性体现在生活中。这正是我们在此追溯其家学和门风的原因所在。

二、"达权救弊"的批判意识

与王符在《潜夫论》中大量征引历史事实说明道理不同,崔寔很明确地论说了古今制度及其效用的不同。在他看来,历史与制度中都有其变与不变的两面,而这与时势以及君主本身有莫大关系。历史的发展表明,有"创制"的"受命"之主,有"继体""守文"的"中兴之君",还有不知"旧章"可变的"凡君",其区别在于是否能明晓"达权救弊之理",

---

① 《后汉书》卷五二《崔寔传》,第 1730、1731 页。
② 《后汉书》卷五二《崔骃传》,第 1715 页。
③ 《后汉书》卷三七《桓荣传》有详细谱系。
④ 《后汉书》卷五四《杨震列传》述说了其"四世三公"的盛况。
⑤ 《后汉书》卷四十《班彪列传》(上、下)有详载。
⑥ 《后汉书》卷四八《杨李翟应霍爰徐列传》有记载。
⑦ 《后汉书》卷四六《郭陈列传》详载其情。

是否能与世推移,兴革除弊。崔寔说:

> 自汉兴以来,三百五十余岁矣。政令垢玩,上下怠懈,风俗彫敝,人庶巧伪,百姓嚣然,咸复思中兴之救矣。且济时拯世之术,岂必体尧蹈舜然后乃理哉?期于补绽决坏,枝柱邪倾,随形裁割,取时君所能行,要措斯世于安宁之域而已。故圣人执权,遭时定制,步骤之差,各有云设。①

这是说汉代自其创立时起(前 206)到崔寔自己所处的桓帝时代(桓帝 147 年即位),已经有三百五十多年。但当时的汉帝国很是不妙,其"政令垢玩"、"风俗彫敝"的情形,与历史上曾经出现的衰乱时代类似,都像一辆破旧的"弊车",艰难负载。造成这种情形的原因也大致相同,是由于"世主承平日久,俗渐弊而不寤,政浸衰而不改,习乱安危,逸不自睹"。而要改变这种情形,就应该像武丁任用傅说、宣王任用申甫那般,中兴之主用"巧工",对帝国这辆大破车进行修理,"折则接之,缓则楔之",这样破车会被修理得像新车一样,结果则是"新新不已,用之无穷"。历史经验中的道理如此,但"济时拯世"的关键何在呢?崔寔认为,不必墨守陈规,非得如尧舜那样,而是要针对现实中的情形,"随形裁割","遭时定制"。也就是说,"变"是应对不同时期出现不同问题的关键,这个"变"是历史经验中的"不变"之理。但这个以变应变的"不变"道理,对"变"本身有一种内在要求,它要求施行"变"的路径和方法是"时君所能行",而"变"的目的是"措斯世于安宁之域"。这就是"达权救弊"之理。

在此意义上,崔寔对当时在其位不谋其政的掌权者展开批判。他说:

> 俗人拘文牵古,不达权制,奇伟所闻,简忽所见,策不见珍,计不见信。夫人既不知善之为善,又将不知不善之为不善,乌足与

---

① 《后汉书》,第 1726 页。

论国家之大事哉！故每有言事，颇合圣听者，或下群臣，令集议之，虽有可采，辄见掎夺。何者？其顽士暗于时权，安习所见，殆不知乐成，况可与虑始乎？心闪意舛，不知所云，则苟云"率由旧章"而已。其达者或矜名嫉弃，虽稷、契复存，犹将困焉。斯贾生之所以排于绛、灌，吊屈子以摅其愤者也。夫以文帝之明，贾生之贤，绛、灌之忠，而有此患，况其余哉！况其余哉！①

崔寔在此批判的是两类人及其危害。一是指那些上书只称道三代圣主之制，却提不出任何可以切实施行的救世良方的腐儒，这是"拘文牵古，不达权制"；二是指那些好灾异而不察民情的俗儒，这是"奇伟所闻，简忽所见"。崔寔认为他们并没有明白圣王之可以为善，是因为有"明哲之佐，博物之臣"的辅助，才能善行天下的道理。同样地，他们也没有明白"不善"之事在现实中如此之多，是因为主政者"习乱安危，逸不自睹"的缘故。既然这些人正反两面都没弄明白，当然也就不明白如何应时而变，"达权救弊"。如此，又怎么能让他们来讨论决定国家大事呢！更坏的情况是，这些人不仅排斥打击异己，还对现实中的真正危害熟视无睹，他们一旦占据权位，不用说其不思进取地"率由旧章"，还嫉贤妒能以保禄位。也正因为此，崔寔对贾谊遭遇的慨叹才那么沉重。

遗憾的是，崔寔虽然说"圣人能与世推移，而俗士苦不知变"，认为随世变化可以化解当世困境，但当他在强调必有所变，不拘前世空言的同时，却又把"变"的蓝图引向古代圣王之制。他说：

世有所变，何独拘前。必欲行若言，当大定其本，使人主师五帝而式三王，荡亡秦之俗，遵先圣之风，弃苟全之政，蹈稽古之踪，复五等之舜，立井田之制。然后选稷、契为佐，伊、吕为辅，乐作而

---

① 《全后汉文》，第722—723页。此段与《后汉书》所载有异。

凤皇仪,击石而百兽舞。若不然,则多为累而已。①

很显然,这是儒者的慕古情结在崔寔那里的再现。不过,崔寔《政论》中所重点论说的还是如何继承"汉制"。

三、严宽相济的"霸政"思想

崔寔所分析的"达权救弊"之理,落实在社会与国家的机制运行上,即是借鉴并实行"霸政"。他认为,"图王不成,弊犹足霸",汉代虽非圣王之治,但有许多治理经验还是值得继承的。尤其是"霸政"对治理的宽严尺度的把握,为修理当时这辆时代"弊车"提供了极好的经验参照。他说:

> 今既不能纯法八世,故宜参以霸政,则宜重赏深罚以御之,明著法术以检之。自非上德,严之则理,宽之则乱。何以明其然也?近孝宣皇帝明于君人之道,审于为政之理,故严刑峻法,破奸轨之胆,海内肃清,天下密如。喜瑞并集,屡获丰年。荐勋祖庙,享号中宗。算计见效,优于孝文。元帝即位,多行宽政,卒以堕损,威权始夺,遂为汉室基祸之主。治国之道,得失之理,于是可以鉴矣。②

由于圣王难以知晓,也无法效法,崔寔退而求其次,"图王不成,弊犹足霸"。崔寔认为,"霸政"的要义是"重赏深罚"和"明著法术",体现在制度执行上,即是"严刑峻法"。崔寔以西汉三个皇帝的治世结果作比较,认为宣帝的严明法术在如何察计官吏的职效上,要优于其前文帝时的黄老无为之治,在保持皇帝和中央权威上,又优于其后元帝时的儒家柔顺之治。

崔寔之所以褒扬和倡导宣帝的严明法术,是基于他对当下现实的

---

① 《全后汉文》,第723页。
② 《全后汉文》,第723页。

基本判断。他说：

> 方今承百王之敝,值厄运之会。自数世以来,政多恩贷,驭委其辔,马骀其衔,四牡横奔,皇路险倾。①

由于刑罚是"治乱之药石",德教是"兴平之梁肉",主张以德教的方式铲除乱源,就如同以干肉为药材去治病一样荒谬,同样地,在治世实行严刑峻法,即如同硬给健康人吃药。因此,刑罚与德教各有其适应之世之时,而对这样的"厄运"和"险倾"之世,严明刑罚无疑是必然的选择。崔寔甚至还主张恢复肉刑,以惩奸罚恶。

崔寔主张刑罚理乱的另一个更为深切的理由是人性问题。他继承法家关于人性欲利好逸的理路,认为人对佳肴华服尊位的追慕,"无须臾不存于心",其势如"急水之归下",滔滔难止。如果"不厚为之制度"进行规制和防范,则人人都穿王侯服装,用天子器物,那岂不是"僭至尊,逾天制",终而导致乱天下的"三患"。②对此,崔寔又提出"防治"的观点来。他说：

> 是故先王之御世也,必明法度以闭民欲,崇堤防以御水害。法度替而民散乱,堤防堕而水泛溢。③

崔寔在《政论》中虽没有对刑罚和法度作严格区分,但在其相应的语境中,刑罚侧重惩罚,其对象是已然之恶;法度侧重防治,其对象为未发之欲。

基于此,崔寔提出在今天看来也是颇有道理的"高薪养廉"制度。他从"济其欲而为之节度"的角度认为,官员同民众一样,都有仰足以养父母、俯足以活妻子的基本生活责任,而一旦其俸禄不足以如此,面对忍饥挨饿的亲人,其冒着杀头的危险也要设法得利。如此情形,要

---

① 《全后汉文》,第723页。
② 参见《全后汉文》,第724页。
③ 《全后汉文》,第723页。

让他廉洁公正地管理和分配财富,就如同"渴马守水,饿犬护肉",想让其不侵贪,怎么可能呢!即便有清廉之人,那也是百中有一,其清廉之守"不可为天下通率"。也就是说,这种以德性绝对优先的清廉作为制度内涵,并不具有普遍性和可行性。因此,崔寔说:

> 圣王知其如此,故重其禄以防其贪欲,使之取足于奉,不与百姓争利。①

高薪之后,若有再犯,则对其侵贪枉取,处以重罚。这样,官吏对于财利,就会"外惮严刑,人怀羔羊之洁,民无侵枉之性矣"。即防与治(惩)得以双重实现。

另一方面,注重总结历史经验的崔寔,在其刑罚理乱要严明的主张之外,又认为很多制度的实行应以宽惠为主。比如行政治理过程中,对官吏政绩的考察,就不应过于严猛,要给予官员实现自己治理才能的时间。他说:

> 人主莫不欲豹、产之臣,然西门豹治邺一年,民欲杀之;子产相郑,初亦见诅,三载之后,德化乃洽。今长吏下车百日,无他异观,则州郡睥睨,待以恶意,满岁寂漠,便见驱逐。……近汉世所谓良吏,黄侯、召父之治郡,视事皆且十年,然后功业乃著。②

西门豹、子产那样的先秦能臣,其主政之初也不免遭受抱怨和误解,过了二三年后,其治世措施才发挥效用。西汉"治为天下第一"的黄霸和召信臣主政一方,需十年之久,才能建立功业。那些到官三月的官吏,其能力又怎可与这些人相比。如此,不能因为他们最初没有什么政绩,就恶意相向,动辄罢黜。因此,从"必欲求利民之术"的角度考虑,应该改革那种"重刑阙于大臣,而密网刻于下职"的劾察制度,对主政

---

① 《全后汉文》,第726页。
② 《全后汉文》,第725页。

官吏"原其小罪,阔略微过,取其大较惠下而已"。①

另外,崔寔出于对制度的稳定性和执行的连续性的考虑,认为对重要官员更应该予以充分信任,不应随意调换。他说:

> 近日所见,或一期之中,郡主易数二千石,云扰波转,溃溃纷纷,吏民疑惑,不知所谓。及公卿尚书,亦复如此。且台阁之职,尤宜简习。……昔舜命九官,自受终于文祖,以至陟方,五十年不闻复有改易也。……若不克从,是羞效唐虞,而耻遵先帝也。②

崔寔的这些说法也有其现实针对性。和帝之后的东汉政局因外戚和宦官的侵权而越发动荡,加上天灾人祸的频繁发生,朝廷的三公九卿和地方郡守,或避祸自辞,或因担责策免,或由诬告下狱,这样的情形导致"吏民疑惑",不知朝廷要干什么。而参诸历史经验,宣帝时,王成为胶东相,黄霸为颍川太守,都有十年,朝廷对他们"增秩赐金,封关内侯,以次入为公卿,然后政化大行,勋垂竹帛"。崔寔认为,这种既保持地方行政的稳定性,又能为朝廷的三公九卿提供优秀备员的制度,"皆先帝旧法,所宜因循。"如果不能有效地继承这种制度以救时弊,则远羞于创制的三代唐虞,近愧于立国的先朝明主。

总的说来,在如何治乱的问题上,崔寔是个历史经验主义者,他通过对西汉文、景、宣、元四帝治世经验的总结分析,得出"以严致平,非以宽致平"的治乱理念。有必要说明的是,当他提出"宽"的原则时,并不与他"严"的主张相悖,因为在崔寔看来,治国中那些"宽"的原则针对的不是"恶",而是可以为善的治国之臣,以及啼饥号寒的贫困百姓。

最后需要申述的是,崔寔的《四民月令》对古代农耕生活作了简洁的概说,与其说那是重农轻商的传统思想的反映,还不如说是处于乱

---

① 崔寔的这一主张,有其现实原因。后汉时,政敌之间多有"飞章"诬告情形,尤其是宦官在打击报复清流时,更是常见(上文所论的李固、李膺都有此遭遇)。而"飞章"内容除无中生有的捏造外,也有曲解和夸大。崔寔此论虽非专门针对这种情况,却也有曲折辩护的可能。

② 《全后汉文》,第725页。

世中的崔寔对淳朴安宁的农耕生活的向往,以及对重义轻利、讲信修睦等伦理的注重。而其中有关教育的记载和描述,表明的不仅是儒学在东汉的可能影响,也显现出古老的"学以成人"的理路在崔寔思想中留下的印痕。

第四节　仲长统的社会批判和制度反思

仲长统复姓仲长,名统,字公理,后世称其为仲长子。兖州山阳郡高平(今山东邹县)人,生于汉灵帝光和三年(180),卒于献帝延康元年(220)。《后汉书》卷四九《仲长统传》称其"少好学,博涉《书》、《记》,赡于文辞",性俶傥,"敢直言,不矜小节,默语无常,时人或谓之狂生。"二十多岁时"游学青、徐、并、冀之间,与交友者多异之"。这期间,袁绍外甥高幹为并州刺史,向过访的仲长统咨询世事,仲长统对高幹说:"君有雄志而无雄才,好士而不能择人,所以为君深戒也。"但高幹自以为是,未纳其言,不久即为曹操所败。这件事让仲长统声名远扬,"并、冀之士,以是识统。"①大约在二十七八岁时,时任尚书令的荀彧推荐他为尚书郎,《答邓义社主难》应为此间所作。后到曹操那里参与军事,可不知什么原因,又返回许昌重做尚书郎。至于著作,缪袭《〈昌言〉表》说其"每论说古今世俗行事,发愤叹息,辄以为论,名曰《昌言》,凡二十四篇"。② 严可均《全后汉文》卷八七至八九收集仲长统佚文,分《昌言》为上下卷。③

---

① 此据《三国志·魏书·刘劭传》注引缪袭《〈昌言〉表》,文见第620页。《后汉书·仲长统传》所说亦同,唯词语稍异。据《后汉书》卷九《献帝纪》,曹操败高幹事在建安十一年(206)三月,统时为二十六岁。

② 此据上引《三国志》裴注,《后汉书·仲长统传》说其"因著论名曰《昌言》,凡三十四篇,十余万言"。

③ 本书所引仲长统之文,以严辑为主,参照其所引各书,择善而从。异文不出注,特此说明。

一、"人事为本,天道为末"的天人观

天人关系是汉儒着重论说的主题,前文董仲舒和谶纬等章节已有详论。仲长统一反其前天人感应、灾异谴告等主流思想,反思所谓的"天道"对于人世治理的意义,进而提出"人事为本"的思想。他认为,两汉政权的建立,并非是什么汉继尧德的天运结果,而是尽人事使然。他说:

> 昔高祖诛秦、项,而陟天子之位,光武讨篡臣,而复已亡之汉,皆受命之圣主也。萧、曹、丙、魏、平、勃、霍光之等,夷诸吕,尊大宗,废昌邑而立孝宣,经纬国家,镇安社稷,一代之名臣也。二主数子之所以震威四海,布德生民,建功立业,流名百世者,唯人事之尽耳,无天道之学焉。然则王天下、作大臣者,不待于知天道矣。所贵乎用天之道者,则指星辰以授民事,顺四时而兴功业,其大略也。吉凶之祥,又何取焉?故知天道而无人略者,是巫医卜祝之伍,下愚不齿之民也。信天道而背人略者,是昏乱迷惑之主,覆国亡家之臣也。①

这里的"受命之圣主",虽是传统的说法,但其所论的主要内容,已非传统的必须受天命而为王,而是用天道以尽人事才可"王天下"。在仲长统看来,所谓的天道,并非指政权的继承或更迭关系,而是指自然的规律。之所以要懂得"天之道",不是为了政权的名分,而是为了有利于社会生产。如果无视自然规律对于社会生产的意义,而只以政治和宗教意义上的"天道"来说灾异吉凶,那是愚昧无知的巫医卜祝的伎俩,也是覆国亡家的君臣的借口。而如果说天道对于治理真有什么意义的话,也仅仅是"四时之宜"而已,其他的都应"壹之于人事"。在此意义上,星占灾异之类至多也就是"大备于天人之道耳","是非治天下之

---

① 《昌言》下,《全后汉文》,第955页。

本也,是非理生民之要也。"①

在破除"天道"神秘的、至高无上的宗教与政治意义后,仲长统认为天人关系的关键是统治者能否合理合法地尽人事。如果"王者官人无私,唯贤是亲,勤恤政事,屡省功臣",能公正而合理地进行国家治理,其结果是"政平民安,各得其所","恶物将自舍我而亡矣"。反之,如果国家的治理者不是王者的亲属就是其宠幸,王者所爱慕的不是美色就是巧佞,王者不是以自己的好恶为善恶就是以自己的喜怒为赏罚标准,其结果必然是"黎民冤枉,庶类残贼"。那样的话,即便能在冬季惩罚罪犯,但由于赏罚无序,罪犯本身根本无罪,则无论怎样观星测日和献祭祈祷,"犹无益于败亡也"。② 在此意义上,仲长统说:

> 人事为本,天道为末。不其然与?故审我已善,而不复恃乎天道,上也;疑我未善,引天道以自济者,其次也;不求诸己,而求诸天者,下愚之主也。③

这就是说,如果人主能自我审视,明白自己的言行都是善的,则其治理本身是无需"天道"支撑的,这是最好的治理。其次是自己不能确认所行都是好的,而借助天道来明晰自身的缺陷,这多少还会有"自济"功效。但如果不积极地自我审视,连自己有什么和可以做什么都不知道,只懒惰地迷信地企求上天给予保佑,那就是亡国的"下愚之主"了。

实际上,仲长统如此分析天人关系,在批判汉代扭曲的天人感应论和灾异说的同时,更重要的是要说明人可以不依靠天,其自身是可以为善的。或者说,天道是什么并不重要,重要的是人如何通过自身的积极努力来成就"善"。

二、对天命史观的批判

与王符、崔寔等着重探究东汉王朝何以衰败的具体原因不同,仲

---

① 《昌言》下,《全后汉文》,第955页。
② 《昌言》下,《全后汉文》,第955页。
③ 《昌言》下,《全后汉文》,第955页。

长统从整个历史大势来总结两汉的兴亡得失,探寻治乱之道。从逻辑上讲,当仲长统认为"天道为末",反对《公羊》家的天人感应和灾异说时,就意味着他也会遗弃《公羊》学家们的五德终始说和黑白赤三统的继运论;当他注重"人事为本"时,意味着他会把历史的治乱归结到人自身。事实上也正是如此,仲长统并不认为有什么"天命"来规制天下,只有人的才智勇力决定谁可以"得"天下。他说:

> 豪杰之当天命者,未始有天下之分者也。无天下之分,故战争者竞起焉。于斯之时,并伪假天威,矫据方图,拥甲兵与我角才智,程勇力与我竞雌雄,不知去就,疑误天下,盖不可数也。角知者皆穷,角力者皆负,形不堪复抗,势不足复校,乃始羁首系颈,就我之衔继耳。夫或曾为我之尊长矣,或曾与我为等侪矣,或曾臣虏我矣,或曾执囚我矣。彼之蔚蔚,皆匈詈腹诅,幸我之不成,而以奋其前志,讵肯用此为终死之分邪?①

仲长统这里的确提出了一个严肃的问题,即,如果人类社会一开始即有"天命"要某人得天下的话,那为何还有那么多战争呢?而历史的事实是,王朝的建立,无不经历了血雨腥风的角智斗力的过程。因此,豪杰之所以并起而争天下,是因为天下并没有为某个豪杰所命受,故大家都能以天命为借口争霸一方("伪假天威,矫据方图")。在这样的争斗过程中,谁都会穷智竭力地想获得胜利,谁也不想主动退出,甚至还不停地彼此诅咒,希望对方失败,其结果是"疑误天下,不可数也"。最终,无论争斗者之间以前的地位、关系如何,那些"形"无法抗拒,"势"不能维系的人,均臣服于才智和勇力都高过自己的人,结果自是形与势强者胜,劣者败。这样,经由战争之乱,某个王朝建立了,这是历史的第一期。

仲长统认为,接下来是"治"的历史第二期,即这个王朝的"继体之

---

① 《昌言》上《理乱篇》,《后汉书》,第 1646—1647 页。

时"。这个时候,大家安居乐业,不再争斗,"豪杰之心既绝,士民之志已定,贵有常家,尊在一人。"在这种"天下晏然"的情形下,即便是愚笨的人做统治者,"犹能使恩同天地,威侔鬼神。"可不幸的是,"富贵生不仁,沈溺致愚疾",在稳定繁荣的背后,危机又在酝酿着。尤其是"愚主"当政时,"见天下莫敢与之违,自谓若天地之不可亡也",于是便纵欲肆虐,"荒废庶政",国家的治理机构不是被"佞谄容悦"者把握,就是被"后妃姬妾之家"所充斥。慢慢地,祸乱并起,四夷侵叛,"昔之为我哺乳之子孙者,今尽是我饮血之寇仇。"①历史进入第三期,即如第一期那般,又是乱世。仲长统把这样的情形叫做"存亡以之迭代,政乱从此周复,天道常然之大数也"。也就是说,历史总是沿着"乱—治—乱—治"的路子迭代演进,没有什么天命来决定谁必然是治乱之主。而且,在这样的进程中,"乱世则小人贵宠,君子困贱",即便是"清世",政治与伦理都免不了矫枉过正的缺憾,以致老者愈老,"不能及宽饶之俗",少者虽然渐壮,却又不得不"困于衰乱之时",这样,治世也会使"奸人擅无穷之福利,而善士挂不赦之罪辜"。②

仲长统以汉代为例展开批判,他认为汉代以"财力"和运用"智诈"而成为君长的,每朝每世都很多,这些"豪人之室",良田遍野,房屋数百,奴婢以千数,依附者以万计。关键的问题是,只要他们得到这些,人们也并不以为其所得有什么罪过。而相对于他们的"废居积贮,满于都城,琦赂宝货,巨室不能容"的情形,"清洁之士"却只能"自苦于茨棘之间",无法改变这种不合理的现象。这样的现实审察,成为仲长统提出"乱世长而化世短"的历史批判的重要原由。他说:

> 昔春秋之时,周氏之乱世也。逮乎战国,则又甚矣。秦政乘并兼之势,放虎狼之心,屠裂天下,吞食生人,暴虐不已,以招楚汉用兵之苦,甚于战国之时也。汉二百年而遭王莽之乱,计其残夷

---

① 皆《后汉书》,第 1647 页。
② 《昌言》上《理乱篇》,《后汉书》,第 1649 页。

灭亡之数,又复倍乎秦、项矣。以及今日,名都空而不居,百里绝而无民者,不可胜数。此则又甚于亡新之时也。①

在仲长统看来,历史的进程不仅是一部战乱的血帐簿,更是一代不如一代的衰亡史。很显然,这与道家的历史观有共通处。对这样的历史进程,仲长统有点无奈地慨叹说:

悲夫!不及五百年,大难三起,中间之乱,尚不数焉。变而弥猜,下而加酷,推此以往,可及于尽矣。嗟乎!不知来世圣人救此之道,将何用也?又不知天若穷此之数,欲何至邪?②

仲长统在此又提出一个更为严肃而迫切的问题——历史的经验与价值,即,历史如果真的是那样的血帐簿和衰亡史,那历史的意义何在,人类的发展岂不是没有指望了吗?("推此以往,可及于尽矣。")这样,他在后一层慨叹中转而追问历史对于未来的意义,即,来世之人应该从这看似残酷的历史经验中寻出有益的东西,如果还是停留在"天命"层面进行追寻的话,是没有什么希望的。

由此可见,在仲长统看似悲观的叹息中,他对汉代的"天命"历史观作了彻底的怀疑。但这样的怀疑,并没有让仲长统脱离儒家的核心价值观——仁爱、至公,也没有促使他建构新的治世理论。相反,他又不自觉地朝向中国古代知识人的共通向往——从圣王明主那里寻求治世的良方,这便是他对制度的总结和反思。

三、因时"变复"的制度反思

大概由于历代文人和统治者过于注重以古鉴今,而在如何总结历史经验和制度得失层面上,仲长统又有着异于他人的见解,故在现存的仲长统著作中,论析前代历史经验和制度得失的篇幅,保留最多。

---

① 《昌言》上《理乱篇》,《后汉书》,第1649页。
② 《昌言》上《理乱篇》,《后汉书》,第1649—1650页。

仲长统从历史大势论治乱时,其悲观色彩是浓郁的。可一旦他进行历史经验的总结时,那种悲观意味便消弥殆尽。

首先,仲长统在《损益篇》的开头即提出"变复"的观念,他说:

> 作有利于时,制有便于物者,可为也。事有乖于数,法有翫于时者,可改也。故行于古有其迹,用于今无其功者,不可不变。变而不如前,易而多所败者,亦不可不复也。①

仲长统从是否有利于今世治理的角度出发,先分别出"可为"和"可改"的对象,前者有利于时世,后者有悖于理与时。而对于历史上那些无用于今世的东西,必须改变("变"),而对那些已经"损"和"变"的举措,如果其效用不如从前,或者变革的新举措根本无法施行,则应该遵循原来的举措原则("复")。

按照这样的理路,仲长统举出分封和郡县两大制度,说明"变"的必要和可行。他认为,汉初的同姓分封,使得刘姓子弟"骄逸自恣,志意无厌;鱼肉百姓,以盈其欲;报蒸骨血,以快其情",②结果造成上有篡权叛逆的奸谋,下有暴乱残贼的危害。而汉代分封之所以有这样的坏结果,是因为周代施行分封制时就已发生过那样的危害,这是"源流形势使之然也"。在仲长统看来,这样的制度属于必须"损"的对象,其"变"的新举措即是郡县制的施行。他说:

> 是故收其奕世之权,校其从横之势,善者早登,否者早去,故下土无壅滞之士,国朝无专贵之人。此变之善,可遂行者也。③

由于"时政凋敝,风俗移易",对那种依靠帝系血缘而作威作福的分封子弟,必须剥夺他们的爵位和权力,而让有才能的人管理其封地,没有管理才能的尽早黜罢。如此,民间的才士可得登用,朝廷也没有擅权

---

① 《后汉书》,第1650页。
② 《昌言》上《损益篇》,《后汉书》,第1650页。
③ 《昌言》上《损益篇》,《后汉书》,第1651页。

专贵之人。这样的损变举措,是"变之善",是应该实行和坚持的。其实,仲长统这样的主张是有针对性的。郡县制虽为汉代施行,但到东汉中后期,外戚、宦官等都因专权擅政而封侯食邑。仲长统强调分封之弊,主张"善者早登,否者早去",大概即是对此而言。

另一方面,仲长统又以废井田制和肉刑为例,认为二者之"变",效果不好,应该恢复原初之制。他认为由井田制而变为分田私有制,其结果是土地兼并加剧,产生了"豪人货殖"的现象,而豪强地主虽没有朝廷给的官职和爵位,却"荣乐过于封君,势力侔于守令,财赂自营,犯法不坐"。这种状况是废井田之"变有所败",要改变它,达到财富共享,风俗醇化,"非井田实莫由"。故井田制是"宜复者也"。① 对于文帝的废肉刑之"变",仲长统认为也是不妥当的。因为有些罪刑如"鸡狗之攘窃,男女之淫奔,酒醴之赂遗"之类,杀之则量刑过重,拘髡则惩罚过轻,应该有一种"中刑"如"肉刑"来恰当地惩罚其罪。仲长统目睹东汉时期"科条无所准,名实不相应"的治理现象,故要以恢复肉刑的方式来达到"五刑有品,轻重有数,科条有序,名实有正"的治理效果。②

需要说明的是,仲长统有关复井田和肉刑的思想,并非在开历史倒车,只是因为他看到土地兼并和刑罚无所准的弊端,想从历史的经验中发现可以补救时世的制度。虽然如今看来这种"复"的主张不可取,但这也只能视为历史的局限,而不能强求古人应有现代法制思想。

其次,仲长统在《法诫篇》中对其前政治制度进行反思,认为"一卿为政"是比较好的治理方式。这与其他古代政治思想家的观点有很大差异。仲长统总结春秋以来的政体效用后认为:"夫任一人则政专,任数人则相倚。政专则和谐,相倚则违戾。"春秋时候的明德诸侯,都以"一卿为政",战国时的群雄可霸,也是这个道理。到了汉帝国建立,汉承秦制,"秦兼天下,则置丞相,而贰之以御史大夫。自高帝逮于孝成,

---

① 皆《后汉书》,第1651页。
② 皆《后汉书》,第1652页。

因而不改，多终其身。汉之隆盛，是惟在焉。"但是到了东汉的光武帝，鉴于元、成、哀、平等朝强臣对皇权构成威胁的历史教训，而"矫枉过直，政不任下，虽置三公，事归台阁"。这样的变革结果是，丞相职权被分化，而三公成为荣誉性官职，政务的实际处置权归于事务官尚书。但吊诡的是，不能真正行使治理权的三公，在国家遭遇天灾人祸时，却又被"谴责"和"策免"，那些实际上掌握着治理权的外戚亲党却依然能作威作福，毫发无伤。仲长统分析其原因，认为除了光武的制度改革不当外，另有二点值得反思：一是光武之后的三公人选，"务于清悫谨慎，循常习故者"，①这如同让恪守妇道的妇人和安居乐业的乡民担任三公之职，并要他们为国家建立功勋为百姓造福，岂不荒谬？二是自安、顺帝时期外戚宦官专权以来，他们"立能陷人于不测之祸"，无权的三公自身都难保，哪还能期望他们纠劾这些权贵呢？参之以文帝时丞相申屠嘉自作主张惩罚文帝宠臣邓通而未受责，②则西汉时丞相是"任之重而责之轻"，东汉三公是"任之轻而责之重"。③

基于以上的历史经验，仲长统认为：

> 未若置丞相自总之。若委三公，则宜分任责成。夫使为政者，不当与之婚姻；婚姻者，不当使之为政也。④

仲长统在此提出一个至今都有重要意义的制度原则——任职回避制度。在他看来，最好的制度方式当然是"一卿为政"，因为"政在一人"，看似丞相权重，实际上在遇到责任问题时，这样的制度能更有效地解决问题，即如窦宪、梁冀的专权一样，一旦铲除了他们，其危害也就消弭了。更何况如果选任得人，"人实难得，何重之嫌"呢？⑤退而求其

---

① 《后汉书》，第 1657 页。
② 事见《汉书》卷四二《申屠嘉传》。
③ 《昌言》上《法诫篇》，《后汉书》，第 1658 页。
④ 《昌言》上《法诫篇》，《后汉书》，第 1658 页。
⑤ 《昌言》上《法诫篇》，《后汉书》，第 1659 页。

次,如果政委三公,也要依据"分任责成"的原则,①明确其权责。而就整个制度而言,如果是当权者,皇帝是不能与之联姻的,反之,如果是外戚之家,则又是不能参与政权的。这样的制度总结,无疑是针对东汉后家多豪族、外戚多干政的情形而言的。

第三,仲长统在总结历史经验和制度得失的同时,也依据古制,提出一些制度原则。他说:

> 明版籍以相数阅,审什伍以相连持,限夫田以断并兼,定五刑以救死亡,益君长以兴政理,急农桑以丰委积,去末作以一本业,敦教学以移情性,表德行以厉风俗,聚才艺以叙官宜,简精悍以习师田,修武器以存守战,严禁令以防僭差,信赏罚以验惩劝,纠游戏以杜奸邪,察苛刻以绝烦暴。审此十六者以为政务,操之有常,课之有限,安宁勿懈堕,有事不迫遽,圣人复起,不能易也。②

这十六条制度设计中,第一条是户籍制度,第二条是社会治安,二者承续先秦的乡里制度而来;第三、六、七条与国家经济息息相关,是农本问题,也是古人的一贯主张;第四、十三、十四、十五条是司法制度及其执行问题,这是汉末批判思潮反思的重点所在;第五、十、十六条是行政与任官考课问题;第八、九条是教化风俗问题;第十一、十二条是军事战备问题。由此看来,在经济、军事、行政、司法、教化、吏治各个层面,仲长统都确立了原则,并认为如果能对它们"操之有常,课之有限",且不急不缓地一以贯之地执行的话,即便是圣人,也难更改。时人称仲长统为"狂生",由此可见一斑。

除了这样的制度设计外,与王符一样,仲长统对君主本身的品格素养也提出了看法。他认为,君主必须有"公心"、"平心"、"俭心"。有无私的公心,则臣民不敢逞私欲以邀宠;有依制评判的平心,则臣民不

---

① 《昌言》上《损益篇》,《后汉书》,第 1658 页。
② 《昌言》上《损益篇》,《后汉书》,第 1653 页。

敢巧佞行诈以求利；有节俭自制的俭心，则臣民不敢浮奢铺张以显荣。另一方面，君主若有五大毛病，①"人臣破首分形，所不能救止也。"为避免这样的恶果，君主必须有处理君臣关系的智慧。他说：

> 不忌[忘]初故，仁也；以计御情，智也；以严专制，礼也；丰之以财而勿与之位，亦足以为恩也；封之以土而勿与之权，亦足以为厚也。何必友[久]年弥世，惑贤乱国，然后于我心乃快哉？②

也就是说，君主不忘与自己共荣辱的皇后，不专宠废后，是仁的表现；以恰当计谋抵御那些诱惑自己的伎俩，是明智的表现；而对那些不得不笼络的外戚等人，可以用赐财食邑的方式显示恩厚，但决不可授以治理国家的权位。这样，就不会失贤乱国。

第四，仲长统也如王符和崔寔一样，对东汉的任官制度和士人风尚提出尖锐批判。他说：

> 彼君子居位为士民之长，固宜重肉累帛，朱轮四马。今反谓薄屋者为高，藿食者为清，既失天地之性，又开虚伪之名，使小智居大位，庶绩不咸熙，未必不由此也。得拘絜而失才能，非立功之实也。以廉举而以贪去，非士君子之志也。夫选用必取善士。善士富者少而贫者多，禄不足以供养，安能不少营私门乎？从而罪之，是设机置阱以待天下之君子也。③

这里的批判，与王符对当时现实的名实不副的批判，以及崔寔的高薪养廉说法，异曲同工。但仲长统更深入一层，认为造成这种名实不副的原因是制度设计和价值评判标准的双重不合理。更为可怕的

---

① 《全后汉文》卷八九辑自《群书治要》的佚文说："人主有常不可谏者五焉：一曰废后黜正，二曰不节情欲，三曰专爱一人，四曰宠幸佞谄，五曰骄贵外戚。废后黜正，覆其国家者也。不节情欲，伐其性命者也。专爱一人，绝其继嗣者也。宠幸佞谄，壅蔽忠正者也。骄贵外戚，淆乱政治者也。此为疾痛在于膏肓，此为倾危比于累卵者也。然而人臣破首分形，所不能救止也。"第954页。

② 《昌言》下，《全后汉文》，第954页。

③ 《昌言》上《损益篇》，《后汉书》，第1655页。

是,朝廷不反思不改变这些不合理,不解决"禄不足以供养"的问题,而只追究因此而有的贪取之罪,则无异于朝廷设置陷阱以陷害天下"善士"。

另一方面,仲长统也对士人品行作出精辟的批判。他说:

> 天下士有三俗:选士而论族姓阀阅,一俗;交游趋富贵之门,二俗;畏服不接于贵尊,三俗。
>
> 天下之士有三可贱:慕名而不知实,一可贱;不敢正是非于富贵,二可贱;向盛背衰,三可贱。
>
> 天下学士有三奸焉:实不知,详不言,一也;窃他人之记,以成己说,二也;受无名者,移知[名]者,三也。①

这样的批判可谓一针见血,字字珠玑。其中,"三俗"的批判是针对东汉外戚宦官专权后,士人不得已而有的情形;"三可贱"批判的是士人德行的衰堕;"三奸"批判的是士人学行的无耻。这些批判,事实上可视为仲长统何以不应州郡辟命,又何以狂以傲人的原由所在。进一步的推理是,既然世间士人如此无可救药,仲长统不与其交引相接而趋向出世之途,也在情理之中。

四、依违于儒道的个体向往

由于仲长统著作的具体时间除《答杜义社主难》可大致确定外,其他篇章的写作时间都不可考,因此,我们无法断定那些充满儒家含蕴的篇章即是其早年所著,而那些充满道家意味的诗论篇章为其晚年作品。下面仅就其现存篇章所呈现的意味,尝试分析仲长统的人生趣向和心境。

仲长统的人生情态,世人目之为"狂",而据其自我述志,其狂并非狂傲,而是一种想摆脱约束而不得的苦闷心境的异态显现。《后汉

---

① 皆《昌言》下,《全后汉文》,第 954 页。

书·仲长统传》录其《乐志论》一篇和《见志诗》二首,可视为仲长统的自我表白。先看《乐志论》中他为自己想象和营造的生活情境。其文曰:

> 使居有良田广宅,背山临流,沟池环匝,竹木周布,场圃筑前,果园树后。舟车足以代步涉之艰,使令足以息四体之役。养亲有兼珍之膳,妻孥无苦身之劳。良朋萃止,则陈酒肴以娱之;嘉时吉日,则亨羔豚以奉之。踯躅畦苑,游戏平林,濯清水,追凉风,钓游鲤,弋高鸿。讽于舞雩之下,咏归高堂之上。安神闺房,思老氏之玄虚;呼吸精和,求至人之仿佛。与达者数子,论道讲书,俯仰二仪,错综人物。弹南风之雅操,发清商之妙曲。①

这里有几点值得注意,一是以老子的"小国寡民"与庄子的"至德之世"为理想生活情境的参照,则仲长统在此为自己描述的理想生活情境与老庄的趣味是有很大不同的。这里的"其良田美宅……则亨羔豚以奉之"一段,与他在《昌言·理乱篇》中所批判的"豪人之室"是有相似之处的,②其区别仅在于豪人之家更为奢靡浪费、更为等级化的炫耀而已。在此意义上,我们可以说,仲长统理想的物质生活情境,是以当时的豪贵人家的生活场景为参照的。二是他所说的"与达者数子,论道讲书,俯仰二仪,错综人物"之类,实际上是汉末清议风潮在他理想生活中的余响。三是他追求老庄式的养生之道,与其日常自娱的儒家之乐中的《南风》、《清商》之曲并存。由此看来,以《乐志论》而定其道家出世倾向,是因为研究者过于注重《乐志论》最后的这几句话:"消摇一世之上,睥睨天地之间。不受当时之责,永保性命之期。如是,则可以

---

① 《后汉书》卷四九《仲长统传》,第1644页。
② 《昌言》上《理乱篇》对"豪人之室"的描述是:"豪人之室,连栋数百,膏田满野,奴婢千群,徒附万计。船车贾贩,周于四方,废居积贮,满于都城,琦赂宝货,巨室不能容;马牛羊豕,山谷不能受。妖童美妾,填乎绮室;倡讴妓乐,列乎深堂。宾客待见而不敢去,车骑交错而不敢进。三牲之肉,臭而不可食;清醇之酎,败而不可饮。睇盼则人从其目之所视,喜怒则人随其心之所虑。此皆公侯之广乐,君长之厚实。"见《后汉书》,第1648页。

陵霄汉,出宇宙之外矣。岂羡夫入帝王之门哉!"①但这几句极具道家意味的话,我们以为其中心是"不受当时之责,永保性命之期"二句,而非其前后几句。即,仲长统要表达的主要是如何逃避当时严峻的社会环境对自身的逼迫,而非主动的精神境界上的逍遥。这样的趣向,与后来魏晋时期玄士的苦闷有相通处。

下面再看其《见志诗》,其中第一首中"至人能变,达士拔俗"、"六合之内,恣心所欲"等语,以及第二首中"任意无非,适物无可"、"叛散五经,灭弃风雅"、"元气为舟,微风为柂。敖翔太清,纵意容冶"等语,可见其道家意蕴的浓郁。然而,第一首中有"人事可遗,何为局促"的无奈,第二首中也有"寄愁天上,埋忧地下"的忧愁的不可消弥。② 因此,考虑到诗歌的抒怀功能和抒情特征,他心中隐藏的儒家式的忧愁和无奈,让位于更浓郁的道家式的向往,是自有其情理的。

另一方面,在如何维系德性和社会治理层面,仲长统主张儒家式的修养功夫和礼法并治。他说:

> 道德仁义,天性也。织之以成其物,练之以致其情,莹之以发其光。③

这是说,道德仁义在他看来是根本性的东西,人只要踏实地涵养它们,就可以让其价值显现出来。正因为此,仲长统又说:

> 情无所止,礼为之俭;欲无所齐,法为之防。越礼宜贬,逾法宜刑,先王之所以纪纲人物也。若不制此二者,人情之纵横驰骋,谁能度其所极者哉!④

也就是说,从社会治理的角度看,以礼、法对人的情、欲进行防范,是王

---

① 《后汉书》,第1644页。
② 二诗见于《后汉书》,第1645—1646页。
③ 《昌言》下,《全后汉文》,第954页。
④ 《昌言》下,《全后汉文》,第953页。

者能够治理社会、救民于褊狭的深层原因。

可是,如果从个体生命的角度看,则是另一番道理。仲长统说:

> 和神气,惩思虑,避风湿,节饮食,适嗜欲,此寿考之方也。①

很明显,这是基于个体生命的完美延续而言的。也就是说,人若想尽其"天年",依靠自己的养生功夫即可达致。那些"丹书"求宝、"卜筮"吉凶的迷信做法,是"通人所深疾也"。②

结合上文仲长统诗、论中的意蕴,我们可以知道,当仲长统把个体置于世俗的对立面时,他便不再留恋儒家的价值,而奔向道家式的养生和逍遥之途。也正是出于这样的深层心理,仲长统才对千差万别的人与人之间的相处关系如此期待:"同于我者,何必可爱?异于我者,何必可憎?"③这是说人与人应该相互理解和宽容,不必局限于一己的价值判别而生出爱憎情怀。很显然,这是庄子在《齐物论》等篇中论说的潜在意旨之一。

综合看来,仲长统作为汉末社会批判思潮的最后代表人物,他对"天命"的彻底怀疑,启示了后来玄士的思考方向,他摆脱了比附性的天人关系的局限,转而朝向更为精致的本体理论的探求。他的"论道必求高明之士,干事必使良能之人"的治世取向,④既可视为曹操收拢人才争霸一方策略的简明总结,也可视为其制度反思的必然结论。最重要的一点是,他摆脱了后汉士人重名节的价值束缚,在社会与人的紧张关系中,主张个体依靠自己的努力,成就逍遥人生。很显然,这已经具有了魏晋玄士的某些特征。在此需要指出的,在汉末并非只有仲长统如此,与他的这种主张相似,甚至在仲长统之前,汉末即有一大批士人开始了这种转向。这种情形说明,如同批判思潮是儒学的思想和

---

① 《昌言》下,《全后汉文》,第 952 页。
② 《昌言》下,《全后汉文》,第 953 页。
③ 《昌言》下,《全后汉文》,第 954 页。
④ 《昌言》下,《全后汉文》,第 954 页。

政治功能的转向一样,儒者的人生和价值趣向也在汉末发生了变化。

第五节　汉末士人的思想转向及其对玄学的影响

在尊儒和察举的双重意义上,大一统的汉帝国为士人的入世提供了优良而便捷的途径。但是,士人要想在政治领域实现自己的抱负,在社会生活中展现自身的价值,总免不了皇帝、同僚、社会舆论以及整个国家情势的影响,特别是在皇权至上、外戚和宦官专权的政治环境中,稍有不慎,即有可能遭杀身乃至灭族之祸。因此,入世的不易,实现自身理想和价值的艰难,引发了汉代士人对世事无常的诸般感触,并因此而有不同的人生转向。尤其在汉末,士人们的那些感触和转向对儒学的传承和玄学的兴起,都有重大影响。

一、儒士思想转向的类型与意义

从士人与政治的关系看,前文所论浊流与清流的斗争,可视为汉末社会政治层面的突出现象。但是,如果从整个汉末时期的士人状态来看,过分注重那样的突出现象,事实上也会遮蔽当时更多的其他士人的具体情态,及其所具有的历史影响和意义。考诸《后汉书》和《三国志》,这些其他类型的士人情态,对儒学及其传承也潜在地产生了不小的影响。下面仅就有儒学背景的士人(包括家族)转向活动类型及其意义作大略梳理。

一,悲愤赴死。汉末,儒者的自杀屡屡见诸史家笔下,但细究他们临死前的言语与其立身行事的关系,则他们的死是有不同意蕴的。先看杨震之死。杨修高祖杨震字伯起,从太常桓郁受《欧阳尚书》,明经博览,时人誉为"关西孔子杨伯起"。五十岁前隐居乡里湖边,入仕后在安帝朝长期任三公，与外戚宦官不屈斗争二十多年，后被中常侍樊丰等诬陷，诏遣本郡（华阴弘农）。《后汉书》本传记载说：

> 震行至城西几阳亭，乃慷慨谓其诸子门人曰："死者士之常分。吾蒙恩居上司，疾奸臣狡猾而不能诛，恶嬖女倾乱而不能禁，何面目复见日月！身死之日，以杂木为棺，布单被裁足盖形，勿归冢次，勿设祭祠。"因饮酖而卒，时年七十余。①

杨震自杀后，其后代除玄孙杨修炫才傲物、忤逆曹操被杀外，余者虽饱受磨难，却都没像杨震那样从容殉道。杨秉、杨赐、杨彪都以高寿老死于家中，且死前死后备受朝廷优待。

对杨氏一门，范晔称道说："自震至彪，四世太尉，德业相继。"②但就在这"德业相继"的过程中，有一关涉官方儒学由盛到衰的隐秘脉络。据杨氏各传载，震子杨秉"少传父业，兼明《京氏易》，博通书传，常隐居教授"。大概受父亲的直接影响，他到四十余岁才应司空辟，"桓帝即位，（杨秉）以明《尚书》征入劝讲。"入仕后，正直廉洁，政绩彪炳，前文已论。秉子杨赐"少传家学，笃志博闻"。大概门风影响所及，他退居教授门徒，不答州郡礼命。但与其父祖坚决不事外戚宦官不同，杨赐"后辟大将军梁冀府，非其好也"。169年左右，"灵帝当受学，诏太傅、三公选通《尚书》桓君章句宿有重名者，三公举赐，乃侍讲于华光殿中。迁少府、光禄勋。"也就是说，170年左右，杨赐即位列九卿（光禄勋为九卿之一）。到熹平二年（174），杨赐代唐珍为司空，熹平五年又代袁隗为司徒，直到中平二年（186），他几乎没怎么离开过九卿与三公之位。考虑到这些年间（184年前）正是党锢最烈时期，其间他虽也因党人坐免，但很快就复拜光禄大夫（光和元年，即178年前）。此后，宦官虽常折辱杨赐，但他终老之前还被拜为司空。由此可见，即便由

---

① 《后汉书》卷五四《杨震传》，第1766—1767页。
② 《后汉书》卷五四《杨震传》，第1790页。

第十一章　汉末官方儒学的衰败与社会批判思潮的兴起 / 567

于他曾是帝师而拥有某种豁免权,但在党锢严酷之世还能周旋同僚、宦官、皇帝之间而不倒,正可见他渐失其父祖刚直不折的门风,而深谙为官自保之术。特别值得注意的是,杨氏擅长的《尚书》研究和传承,在杨赐那里也因世乱而没多少起色。其遭锢复起后的上书,所引主要是谶纬之书,与其父祖的上书频繁引用《尚书》、《春秋》、《诗经》等颇相异趣。① 比起杨赐晚年这种周旋更令人失望的是,其子杨彪的晚年,简直就是苟活。杨彪也是"少传家学",其初不应察举,似存家风。但自175年左右"以博习旧闻,公车征拜议郎,迁侍中、京兆尹"后,除了180年左右以密告方式揭发宦官王甫贪取国家财富外,其余诸事,多是遇阻即止,甚至惧罪乞怜,更失其祖上刚劲之风。到了其子杨修被杀,面对曹操"公何瘦之甚"的假意恤问,他也只能以"愧无日䃅先见之明,犹怀老牛舐犊之爱"的曲意自悔作答。更糟糕的是,杨彪后来既不满曹氏父子挟天子、篡位,又不能与之坚决斗争,而在曹丕受禅后,他一面辞官,一面又受其礼,可谓首鼠两端,比其儿子的恃才傲物更为不幸。

由此看来,杨氏的家学不仅没能在杨彪那里发扬光大,其刚劲匡政的门风到他那里也衰失殆尽。儒学及其自身所含蕴的价值在汉末的衰败遭遇,杨氏家族的演变轨迹可视为它的一个缩影。

另外,前文已经论及的宗室刘陶,"明《尚书》、《春秋》,为之训诂。推三家《尚书》及古文,是正文字七百余事,名曰《中文尚书》。"② 在黄巾起义之后,他上书指斥宦官后遭诬陷,自知必死,对来收捕他的使者说:"今反受邪谮,恨不与伊、吕同畴,而以三仁为辈。"说完便自己"闭气而死"。③ 其死与杨震不愿受辱同理。

所应说明的是,这种悲愤赴死与李膺、陈蕃、范滂的慨然赴死,④ 意蕴稍有不同,杨、刘之死,是对儒学所蕴含的治国平天下的政治价值无

---

① 此可参看《后汉书》卷五四中杨氏各传所载"上书",文繁不具引。
② 《后汉书》,第1849页。
③ 参看《后汉书》卷五七《刘陶传》,第1850页。
④ 参看《后汉书》卷六六《陈蕃传》,卷六七《党锢列传》。

从发挥的悲愤之举,也是他们对自己无力惩奸罚恶的无奈选择,他们的自杀,看似对社会、政治、君主的绝望,实际上其深层包含的是对自己毕生精研的儒学及其价值的遗憾。而李、陈之死,则是一种慷慨意气,他们甚至期望由此一死而实践和成就儒学担责行义的政治伦理。这种对死的态度和期望,与其说是对儒家思想的践履,不如说是一种风度的表征,而这与超脱对死的恐惧的庄子思想,事实上有着相通之处。或许,玄士对死的态度也可由此析出一点历史的渊源。[1]

二,明哲保身。明哲保身之法,素为中国士人所重,其原因乃在于士人生活情境的复杂和君主意愿的难以测度。早在西汉早期,名相萧何为民治产却遭系狱,他自己便不得不以穷俭之法为子孙后代的安全作谋划。[2] 到了中兴之主宣帝时期,司隶校尉盖宽饶一番话,更是别有意味。史载,盖宽饶针对宣帝岳父平恩侯许伯迁居侯第的盛大欢舞场景,仰视华屋而叹:"美哉!然富贵无常,忽则易人,此如传舍,所阅多矣。唯谨慎为得久,君侯可不戒哉!"[3]即如前文崔骃劝诫窦宪的话语一样,在盖宽饶这种感叹与劝诫相交织的话语中,显现出入世儒者的审慎心态。后来,刚直廉洁、体恤下情的盖宽饶认为多用文法吏的宣帝使得"方今圣道浸废,儒术不行",[4]乃依据四时运行之理,劝诫宣帝不可"以刑余(指宦官)为周、召,以法律为《诗》、《书》",惹得宣帝大怒,要拿他系狱审问,盖宽饶为保持儒臣气节,不愿受法吏审问,"引佩刀自刭北阙下。"[5]汉宣帝处理盖宽饶的事件表明:在专制政体下,皇权总

---

[1] 王衍临死前的慨叹与杨秉何其相似,而嵇康临刑前的风度,与陈蕃赴死前的壮烈,与其说是对照,不如说是辉映。

[2] 事见《史记》卷五三《萧相国世家》,其书又载:"(萧)何置田宅必居穷处,为家不治垣屋。曰:'后世贤,师吾俭;不贤,毋为势家所夺。'"(第2019页)

[3] 《汉书》卷七七《盖宽饶传》,第3245页。

[4] 《汉书》卷七七《盖宽饶传》载,"宽饶初拜为司马,未出殿门,断其禅衣,令短离地。冠大冠,带长剑,躬案行士卒庐室,视其饮食居处,有疾病者身自抚循临问,加致医药,遇之甚有恩。及岁尽交代,上临飨罢卫卒,卫卒数千人皆叩头自请,愿复留共更一年,以报宽饶厚德。"(第3245页)可见其为政的严整和儒者恤人的宽厚情怀。

[5] 《汉书》卷七七《盖宽饶传》,第3248页。

是无法克服自身狭隘的好恶,尤其是入世儒者与皇权处于紧张态势时,与皇帝的刚愎自用、少有忌惮相对,士大夫总是处于一种履冰临渊的弱势境地。这样的情形,如果没有萧何那样的生存智慧,则入世儒者要么屈服以保身,要么退处以隐居,要么如盖宽饶那般以死抗争。但正如刘向所言,"贤者非畏死,避害而已。"①在整个入世的儒者那里,真正以死抗争的毕竟是少数,大多数人选择的是前二者。下面看汉末两位重要人物是如何明哲保身的。

胡广字伯始,南郡华容人,"广少孤贫,亲执家苦。"后来到京师,试以章奏,"安帝以广为天下第一。旬月拜尚书郎,五迁尚书仆射。"②自此,胡广"典机事十年",后又任济阴和汝南太守,以及掌管国家财政的大司农。汉安元年(142),迁司徒。146年,梁冀毒死质帝后,起初胡广与李固等一道主张立清河王,与梁冀相左,但当梁冀第二天"重会公卿",意气凶凶地要立蠡吾侯时,"自胡广、赵戒以下,莫不慑惮之。皆曰:'惟大将军令。'而固独与杜乔坚守本议。"③但李、杜独木难支,在胡广等公卿默许下,梁冀立了桓帝,而胡广在此之前也代李固为太尉,录尚书事,且因"定策立桓帝,封育阳安乐乡侯"。李固临死前,作书深责墙头草胡广、赵戒只重禄位而不以国家为念。广、戒虽然"得书悲惭,皆长叹流涕",④但这或许只是一时感动而已。而后,胡广又拜司空,告老致仕没多久即以"特进征拜太常,迁太尉"。此后,无论政局如何变幻,无论胡广是否受罚,他总能去而复来,在太常、太尉、司徒、太傅等高位上转来转去,安然地看着同僚杨震、李膺、陈蕃相继死去。当时有谣谚评论他说:"万事不理问伯始,天下中庸有胡公。"⑤更为人所痛的是,他还与中常侍丁肃联姻以求更多的自保力量。《胡广传》记载说:

---

① 《说苑·杂言》。
② 《后汉书》卷四四《胡广传》,第1505页。
③ 《后汉书》卷六三《李固传》,第2086页。
④ 《后汉书》卷六三《李固传》,第208页。
⑤ 《后汉书》卷四四《胡广传》,第1510页。

> （胡广）自在公台三十余年，历事六帝，礼任甚优，每逊位辞病，及免退田里，未尝满岁，辄复升时。凡一履司空，再作司徒，三登太尉，又为太傅。其所辟命，皆天下名士。与故吏陈蕃、李咸并为三司。蕃等每朝会，辄称疾避广，时人荣之。①

考虑到顺、桓二帝时期是外戚和宦官势力大张时，而胡广在三公位三十多年，如果他真的"所辟命，皆天下名士"，那么他所举荐的人，大概也多同他一样，是深谙自保之道的庸才"名士"，而这样的庸才充斥着当时的朝廷。②唯有如此解释，才能说明本章第一节所论的"清流"斗争为何屡斗屡败。其原因即在于朝廷无所作为的"名士"乃至"浊流"人士太多，"清流"无论是数量还是力量上，都是少而小的。

吊诡的是，就是胡广这样的人，竟然还对扬雄所作的《十二州二十五官箴》进行补缺，"悉撰次首目，为之解释，名曰《百官箴》，凡四十八篇。"③由其一贯自保的为政作风来看，这《百官箴》也同他无所作为、八面玲珑的为官之术相类，空洞无物，却装腔作势。

胡广活了八十二岁，172 年死去。死后极尽尊荣，"（灵帝）使五官中郎将持节奉策赠太傅、安乐乡侯印绶，……故吏自公、卿、大夫、博士、议郎以下数百人，皆缞绖殡位，自终及葬。汉兴以来，人臣之盛，未尝有也。"④

另一个明哲保身的著名例子是荀爽。荀爽十二岁时即通《春秋》、

---

① 《后汉书》，第 1510 页。
② 也正因为此，王符、仲长统等才有那么多针对三公、九卿、郡守的现实批判。习《京氏易》的郎𫖮的批判，最见汉末君臣的庸碌可鄙。他说："今之在位，竞托高虚，纳累钟之奉，忘天下之忧，栖迟偃仰，寝疾自逸，被策文，得赐钱，即复起矣。何疾之易而愈之速？以此消伏灾眚，兴致升平，其可得乎？今选举牧守，委任三府。长吏不良，既咎州郡，州郡有失，岂得不归责举者？而陛下崇之弥优，自下慢事愈甚，所谓大网疏，小网数。三公非臣之仇，臣非狂夫之作，所以发愤忘食，悬悬不已者，诚念朝廷欲致升平，非不能面誉也。"（《后汉书》卷三十下《郎𫖮传》，第 1056 页）"何疾之易而愈之速"一语，最能道出那些为官自保、进退有术的官僚心理和形态。
③ 《后汉书》卷四四《胡广传》，第 1511 页。
④ 《后汉书》卷四四《胡广传》，第 1510—1511 页。

《论语》,太尉杜乔见而称之说"可为人师"。起初,荀爽有乃父之风,不仕而隐,延熹九年(166)被举为郎中,对策上闻之后,即弃官。后"遭党锢,隐于海上,又南遁汉滨,积十余年,以著述为事,遂称为硕儒"。献帝即位,董卓辅政后征辟他,虽然荀爽欲逃跑,但由于"吏持之急,不得去,因复就拜平原相"。还没到官,路上又被追为光禄勋。到官后,"视事三日(月),进拜司空。"这样,从被征命起,到他位居三公,连着赴任赶路的日子,才九十五天。① 这些看起来是董卓逼迫使然,但征诸《后汉书·杨彪传》,初平元年(190),司徒杨彪与董卓争议是否迁都长安,司空荀爽见董卓怒气冲冲,便从容地说:"相国岂乐此邪?山东兵起,非一日可禁,故当迁以图之,此秦、汉之势也。"听了荀爽的这番话,董卓的怒气稍稍平息下来。危乱之际,这样的从政之术自可视为助人避祸的好心。但此事后,"爽私谓彪曰:'诸君坚争不止,祸必有归,故吾不为也。'"②如此惧祸自保,对已位在三公的人而言,即是助董为虐。荀爽号称"硕儒",不可能不知儒学一直强调的在其位谋其政的政治伦理,而其在位无所作为,虽可以董卓暴虐强作辩解,但越是乱世,士大夫应该越有作为才是。否则,上文所论的清流抗争,是不会那么持久而激烈的。退一步说,即便要不争以全生,也应退处朝外,不与浊流,这未尝绝对不可行。汉末的退隐之风渐长,可为其证明。此见后论。

所要辨析的是,为何这些当时享有盛名的三公选择明哲保身,而不勉力匡政呢?大致说来,有三方面原因,一是汉朝创制之初,文景时期的"无为而治",成就了西汉的盛世,而自萧何到曹参的"萧规曹随"的行政继承原则对后世三公九卿的治理原则产生了潜在的影响,以致到了需要君臣"有为"治理的汉末时,担责的三公九卿反倒失去了变革

---

① 皆《后汉书·荀爽传》,参同书第 2050、2057 页。
② 《后汉书》卷五四《杨彪传》,第 1787 页。

旧制以救时弊的勇气和能力,①这也是崔寔那么注重"达权救弊"的原因所在。二是儒者之治,"难与进取,可与守成",②其"难"的关键在于,许多儒者"守"的是私利而不愿进取。自今文经学成为两汉朝廷的主流思想后,明经术而至高位成为"利禄之途",这事实上削弱乃至瓦解了儒学所内蕴的以"公"、"义"为核心的政治伦理,在位的三公九卿为了守住自己的禄位,而不得不"无为"自保,汉末名士甚至买官以固位,彻底失去了儒学"弘毅"、"笃行"的行事品格。三是道家思想虽未在两汉时期成为主流,但其影响一直持续着,其中所蕴含的进退有止的人生智慧,在士大夫那里容易蜕化为庸俗的生存之术。而其中蕴涵的洁身自好、逍遥自乐的精神追求,则成为汉末士人另一种迥异于儒者的人生趣向。

三,退隐不仕。退隐之风由来已久,而之所以隐,却原因各异,或避害、或养生、或自清其神、或自守自志,等等。就汉末士人的退隐来看,避害与守志为主要原因。寻诸《后汉书》各传,汉末士人的退隐,大略有以下几种类型:

一是儒者隐以教授。汉代士人多为儒者,但汉末居高位的儒者多未能光大儒学,相反,倒有不少民间儒者,隐居教授,成为儒学发展和传播的重要力量。除前论的王符外,还有几个重要例证:

姜肱字伯淮,彭城广戚人,家世名族。"肱博通五经,兼明星纬,士之远来就学者三千余人。诸公争加辟命,皆不就。"③

申屠蟠字子龙,陈留外黄人。九岁丧父,哀毁过礼。"隐居精学,

---

① 蔡邕针对这种情形认为,除了极少数官员能尽责之外,"余皆枉桡,不能称职。或有抱罪怀瑕,与下同疾,纲网驰纵,莫相举察,公府台阁亦复默然。"《后汉书》卷六十下《蔡邕传》,第1995—1996页。
② 《史记》卷九九《叔孙通传》,第2722页。
③ 据《后汉书》卷五三《姜肱传》,第1749页。桓帝慕姜肱名而令画工绘其行状,他却借口有眼病不能见风吹风,睡到幽暗处以被蒙面,"工竟不得见之"。后来,他宁愿藏行民间,以占卜为生,也不事宦官。他对友人说"吾以虚获实,遂藉身价。明明在上,犹当固其本志,况今政在阉竖,夫何为哉"!(第1750页)年七十七,熹平二年(173)终于家。

博贯五经,兼明图纬。"在范滂等人议论朝政,士人争慕其风的时候,他"绝迹于梁、砀之间,因树为屋,自同佣人"。185年,董卓废立,"蟠及爽、融、纪等复俱公车征,惟蟠不到。""蟠处乱末,终全高志。"①

颍容字子严,陈国长平人。"博学多通,善《春秋左氏》,师事太尉杨赐。郡举孝廉,州辟,公车征,皆不就。初平中,避乱荆州,聚徒千余人。"著有五万言《春秋左氏条例》,建安中卒。②

与那些位至三公的儒者在位的庸庸碌碌相比,这些人可视为儒学在民间的传播者。也正因为有这些人的隐居传授和著述,儒学的传承才会有人和言的载体。因此,此类退隐者,就其行而言,实际上是守志以传道。

二是清者隐以自守。与上述纯儒隐以教授或著述不同,汉末也有士人坚守儒学之义,但因为对世事失望,远离浊流,终生不仕,清以守志。著名的事例有:

周燮字彦祖,汝南安城人。"十岁就学,能通《诗》、《论》;及长,专精《礼》、《易》。不读非圣之书,不修贺问之好。有先人草庐结于冈畔,下有陂田,常肆勤以自给。非身所耕渔,则不食也。乡党宗族希得见者。"③

徐稚字孺子,豫章南昌人。"家贫,常自耕稼,非其力不食。恭俭义让,所居服其德。"陈蕃、胡广、黄琼屡屡征辟,都拒而不应。后来太尉黄琼死而归葬,"稚乃负粮徒步到江夏赴之,设鸡酒薄祭,哭毕而去,不告姓名。"灵帝初卒,年七十二岁。④

---

① 申屠蟠曾"与济阴王子居同在太学,子居临殁,以身托蟠,蟠乃躬推辇车,送丧归乡里"。大将军何进辗转与其交接,请人作书,他也不回信。蔡邕称赞他"禀气玄妙,性敏心通,……安贫乐潜,味道守真,不为燥湿轻重,不为穷达易节"。年七十四,终于家。《后汉书》卷五三《申屠蟠传》。
② 《后汉书》卷七九下《儒林列传下》,第2584页。
③ 延光二年(124),安帝征聘周燮,他面对宗族要其入仕的劝说,对答说:"吾既不能隐处巢穴,追夷季之迹,而犹然不远父母之国,斯固以滑泥扬波,同其流矣。夫修道者,度其时而动。动而不时,焉得亨乎!"后到颍川阳城,"遣门生送敬,遂辞疾而归"。年七十多而卒。《后汉书》卷五三《周燮传》,第1742页。
④ 《后汉书》卷五三《徐稚传》,第1746—1747页。

与前论抗争型的清流人士相比,汉末这类清以自守的隐者是以非暴力的、非直接对抗的形式,既保持自身志气的纯洁,又力行儒家的伦理。或许,正是有这类人的大量存在,加上他们践履儒家伦理的方式,使得儒学的价值在民间得到深度认同。儒学能流传至今,这类隐者的功用,不可忽略。①

三是达者隐而不返。《后汉书·逸民传》记载了许多隐逸人士,其中以下面两人的记载最为有趣。

> 陈留老父者,不知何许人也。桓帝世,党锢事起,守外黄令陈留张升去官归乡里,道逢友人,共班草而言。升曰:"……今宦竖日乱,陷害忠良,贤人君子其去朝乎?夫德之不建,人之无援,将性命之不免,奈何?"因相抱而泣。老父趋而过之,植其杖,太息言曰:"吁!二大夫何泣之悲也?夫龙不隐鳞,凤不藏羽,网罗高县,去将安所?虽泣何及乎!"二人欲与之语,不顾而去,莫知所终。②

> 庞公者,南郡襄阳人也。居岘山之南,未尝入城府。夫妻相敬如宾。荆州刺史刘表数延请,不能屈,乃就候之。谓曰:"夫保全一身,孰若保全天下乎?"庞公笑曰:"鸿鹄巢于高林之上,暮而得所栖;鼋鼍穴于深渊之下,夕而得所宿。夫趣舍行止,亦人之巢穴也。且各得其栖宿而已,天下非所保也。"因释耕于垄上,而妻子耘于前。表指而问曰:"先生苦居畎亩而不肯官禄,后世何以遗子孙乎?"庞公曰:"世人皆遗之以危,今独遗之以安。虽所遗不同,未为无所遗也。"表叹息而去。后遂携其妻子登鹿门山,因采药不反。③

---

① 葛洪对这类隐者给予很高评价,认为他们与在朝的有为者一样,是同归而殊途。此即《抱朴子外篇·逸民》所说:"在朝者陈力以秉庶事,山林者修德以厉贪浊,殊涂同归,俱人臣也。"杨明照:《抱朴子外篇校笺》,中华书局,1991年,第100页。
② 《后汉书》,第2775—2776页。
③ 《后汉书》,第2776—2777页。

陈留老父与弃官归乡的张升的对话,有一种鲜明的对比,即,有入世情怀的人总是怀有不可消解的忧愁,真正洞明人世的达者却不忧其所不可救的对象。庞公夫妇更是深得道家真谛,人情千差万别,每个人都有自己的"趣舍行止",各人"趣舍行止"的结果,其实即是各自的寄托和归宿。而对这样差异的个体,天下也无法一一保全其差异,更无法令行划一。因此,由于天下并非一人之力所可保全,乱世也不可能为我提供安宁之所,故乱世中以安生为先,不以保全天下为事。而天下自会在那些争斗者分出胜负后,渐趋安宁。这二人的隐而不返,是洞明世事使然。他们是名副其实的真隐者。

除了以上三种退隐类型外,汉末尚有儒法兼宗的士人隐居教授,最有影响的是书法家钟繇的祖父钟皓(即钟会的曾祖)。钟氏为颍川郡著姓,世善刑律。钟皓少以笃行为公府连辟,但因两个哥哥未仕,他"避隐密山,以诗律教授门徒千余人"。后出为郡吏,但自劾而去。再后"九辟公府",均不应。①

在此需特别指出的是,汉末有许多仕而隐、隐而复仕、复又隐的儒者,这样的人生情态,说明当时的士人依违于经世致用与退处自守的两难境地中。这类儒者以杨伦最为著名。按《后汉书·杨伦传》所载,杨伦字仲理,陈留东昏人。从司徒丁鸿习古文《尚书》。初入仕不满世事,归隐,"讲授于大泽中,弟子至千余人。"后来安帝特征为博士,为清河王傅,安帝死,弃官奔丧而获罪免归。阳嘉二年(133)左右,征拜太中大夫后,在大将军梁商长史任上,与当权者谏诤不合,被出补常山王傅,"病不之官",无论诏书如何催遣,杨伦还是留在河内朝歌,并上书自辩说:"有留死一尺,无北行一寸。刎颈不易,九裂不恨。匹夫所执,强于三军。固敢有辞。"顺帝宽容了他,他也自此归家,不再应征,"闭

---

① 钟皓与年少于己的同郡陈寔交好,又与荀淑并为士大夫所归慕。故李膺常叹曰:"荀君清识难尚,钟君至德可师。"可见钟皓不仅为法律专家,其儒家德行也非常优秀。参见《后汉书》卷六二《钟皓传》。

门讲授,自绝人事"。①像杨伦的这种反复仕隐,其实是汉末入仕儒者的常态。所不同的是,杨伦的仕与隐,都是基于儒家政治伦理的衰败和他自己刚直有志的品性,这与前论崔氏、仲长统的归隐质地相同,但与前论弘农杨氏的先隐后仕的做法不同。杨氏的先隐后仕,实际上是一种入仕策略,即,先以隐获高名,再以高名得高位。自此而后,即如胡广那样仕而不隐,但终究还是乏善可陈。汉末此类儒者的入仕策略,通过隐者法真友人郭正的一番话,道出了"隐"对士人所具有的重要价值。郭正说:

> 法真名可得闻,身难得而见,逃名而名我随,避名而名我追,可谓百世之师者矣!②

这是说,越隐越出名,高名追着隐者跑,隐者避得越快越远,其名就越大越高。这种看似吊诡的逻辑,实际上正是中国古代"隐"之最重要的蕴含。对那些入世的人而言,以隐获名,是一种策略,所获之名更成为入仕的资本;对那些先有名却又想真隐的人而言,无论其是否可以隐得成功,其隐之行为本身都会引发人们追溯其何以隐的原因。而在这样的追溯中,后人即可发现隐所包含的诸多意义,如隐者本身的价值,社会对人的影响,政治与人的紧张关系,人自身价值的可贵,精神与志向的崇高性,等等。以"隐"所包含的这么多意义来观照魏晋时期士人的各种情态,我们即可知道,魏晋人的隐逸和旷达,其逻辑与这里"隐"的逻辑是同质的。对谢安那样的人而言,其隐居东山,事实上为其复出执政攒足了社会舆论;对阮籍那样的放达者来说,越放达,他的"达"名就越大,在那样紧张的环境里,即便不满意阮籍的不合作,在没有掌握充足证据的情形下,司马氏却也如董卓忌惮黄琬、卢植等人的高名一样,③不会轻易地置之于死地。

---

① 皆见《杨伦传》,传在第 2564—2565 页。
② 《后汉书》卷八三《逸民列传》,第 2774 页。
③ 董卓不杀卢植、黄琬,事见《后汉书》各人本传。

二、汉末士风及其对玄风的影响

汉魏巨变之际,尽管政治上的三国鼎立与其前的大一统是天壤之别,尽管裁量公卿的"清议"与难解难分的"清谈"有着巨大差异,但这并不意味着汉末的士人和魏晋的玄士之间全是截然的不同,更不能说明玄学与儒学没有任何关联,相反,他们之间有一种剪不断理还乱的关系。下面仅从交游、放达、著述三个层面来说明。

一,交游。葛洪说:"汉室将倾,世务交游。"①这是他对汉末乱世社会状态的历史判断,进而,他认为这种交游之风过盛,导致"雅正稍远,邀逸渐笃。其去儒学,缅乎邈乎"。②葛洪的这种说法,道出汉末的士人交游,与其前儒学兴盛时的儒生纷纷离家拜师习经的风气不同。大致说来,汉末交游之风的兴盛,与求师习经关系不大,与澄清天下的志气和追慕贤哲的风范有关。先看其志气:

> 李膺风格秀整,高自标持,欲以天下风教是非为己任。后进之士有升其堂者,皆以为登龙门。③

> (陈蕃)年十五,尝闲处一室,而庭宇芜秽。父友同郡薛勤来候之,谓蕃曰:"孺子何不洒扫以待宾客?"蕃曰:"大丈夫处世,当扫除天下,安事一室乎!"勤知其有清世志,甚奇之。④

> (范滂)少厉清节,为州里所服。……滂登车揽辔,慨然有澄清天下之志。……其所举奏,莫不厌塞众议。⑤

> (岑晊)有高才,郭林宗、朱公叔等皆为友,李膺、王畅称其有干国器,虽在闾里,慨然有董正天下之志。⑥

---

① 葛洪:《抱朴子外篇校笺·正郭》,第475页。
② 葛洪:《抱朴子外篇校笺·崇教》,第172页。
③ 《后汉纪》卷二一《桓帝纪》"延熹二年"条,第408页。
④ 《后汉书》卷六六《陈蕃传》,第2159页。
⑤ 《后汉书》卷六七《党锢列传》,第2203—2204页。
⑥ 《后汉书》卷六七《党锢列传》,第2212页。

李膺、陈蕃、范滂为汉末清流抗争的领袖人物,三者都慨然赴死,与其践行公而忘私的儒家政治伦理密切相关。事实上,这种"澄清天下之志",乃是他们能自觉凝聚起来,共同反抗浊流,挽救社会危机的一种共通的内在精神。① 这样的精神在汉末不仅突出地体现在士林领袖身上,也得到一般士大夫的深度认同,故有"天下模楷李元礼,不畏强御陈仲举,天下俊秀王叔茂"的士林赞誉。②

也正因为此,这些人既成为反抗浊流的"同志",也成为"交游"之"友"。他们在危难之时彼此救助,在日常生活中温情相待,以致获"党人"之禁。征诸《后汉书》各传,可知这些人交游慕会之盛:

> (范)滂后事释,南归。始发京师,汝南、南阳士大夫迎之者数千两。同囚乡人殷陶、黄穆,亦免俱归,并卫侍于滂,应对宾客。③
>
> (周崇嗣、周忠)兄弟好宾客,雄江淮间,出入从车常百余乘。④
>
> 太尉黄琼辟(申屠蟠),不就。及琼卒,归葬江夏,四方名豪会帐下者六七千人,互相谈论,莫有及蟠者。⑤
>
> 中平四年,(陈寔)年八十四,卒于家。何进遣使吊祭,海内赴者三万余人,制衰麻者以百数。共刊石立碑,谥为文范先生。⑥

凡此之类,即是"天下士大夫皆高尚其道,而污秽朝廷"的显现。⑦ 这种交游的盛行,作为一种社会现象,实际上是一种民间力量的凝聚和展现。按照许倬云的看法,这种力量是一种由文人而组成的文化力量,汉代文人通过参与政治的方式,使得这种文化力量发挥着制衡政治力

---

① 余英时认为,这是汉末士大夫的"群体自觉",是中国古代士人"以天下为己任之传统"的显著显现,其"根本精神实上承先秦之士风,下开宋明儒者之襟袍"。参见《士与中国文化》,第294—296页。
② 《后汉书》卷六七《党锢列传》,第2186页。
③ 《后汉书》卷六七《党锢列传》,第2206页。
④ 《后汉书》卷四五《周景传》,第1539页。
⑤ 《后汉书》卷五三《申屠蟠传》,第1752页。
⑥ 《后汉书》卷六二《陈寔传》,第2067页。
⑦ 《后汉书》卷六七《党锢列传》,第2195页。

量与社会力量的作用。① 魏晋士人之所以热衷交游而疏于实际政务,大概就是过于注重这种文化和思想力量的功用,以致于他们反过来又不知不觉地把这种力量消弥到日常生活中,变为后世所诟病的清谈和放达。② 但不可否认的是,魏晋时期对名士的推崇,与汉末士林对名士风范的追慕,都基于士人之间的广泛交游。没有汉末交游风气的形成,没有交游中那种人伦品鉴和谈论砥砺的影响,魏晋时期的清谈,即是无源之水。

二,放达。放达是魏晋士人的特征之一,其实,这在汉末已开其端绪。《后汉书》之《独行列传》和《逸民列传》有颇多记载,摘其要者简述如下:

戴良字叔鸾,汝南慎阳人,"及母卒,兄伯鸾居庐啜粥,非礼不行,良独食肉饮酒,哀至乃哭,而二人俱有毁容。"③

范冉字史云,陈留外黄人。"与汉中李固、河内王奂亲善,……及奂迁汉阳太守,将行,冉乃与弟协步赍麦酒,于道侧设坛以待之。……冉曰:'子前在考城,思欲相从,以贱质自绝豪友耳。今子远适千里,会面无期,故轻行相候,以展诀别。如其相追,将有慕贵之讥矣。'便起告违,拂衣而去。奂瞻望弗及,冉长逝不顾。"④

向栩字甫兴,河内朝歌人,"恒读《老子》,状如学道。又似狂生,好被发,著绛绡头。……不好语言而喜长啸。……会张角作乱,栩上便宜,颇讥刺左右,不欲国家兴兵,但遣将于河上北向读《孝经》,贼自当消灭。"⑤

---

① 参见许倬云:《历史分光镜》,上海文艺出版社,1998年,第83—89页。
② 按照余英时的"群体自觉"的说法,则交游的盛行又是文人自觉的表征,这种自觉在价值层面表现为士人之间的相互认同,在参与政治上是相互提携,在思想和文化交流上则是对政治与历史的批判和反思。值得注意的是,由于汉末儒学世家在学术和思想上的衰落,上述所谓的文化力量在汉末是以整个清流士人群体积极参与政治为依托的,而在魏晋时期,这种力量则是以世家大族的文化素养和政治参与为依托。
③ 《后汉书》卷八三《逸民列传》,第2773页。
④ 《后汉书》卷八一《独行列传》,第2688—2689页。
⑤ 《后汉书》卷八一《独行列传》,第2693—2694页。

其中,阮籍遭母丧,情形与戴良何其相类。① 范然与张奂的关系,与嵇康之与吕安的一有相思,则千里命驾,②以及王徽之的"兴尽而返",③也有相通处。至于向栩的喜好——"长啸",则是魏晋名士的胜场,④而王羲之次子王凝之坐守静室,以五斗米道御敌,⑤与其读《孝经》御敌,可谓绝配。

三,著述。汤用彤先生曾精略地指出汉末思想、著作、清议等与魏晋玄学之间的渊源关系。⑥ 这里仅就汉末文人的著作趣向对魏晋玄士著作风格的可能影响略作申述。先看有关儒家学者的记载:

延笃少从颍川唐溪典受《左氏传》,又从马融受业,"博通经传及百家之言,能著文章,有名京师。"⑦

卢植少与郑玄俱事马融,"能通古今学,好研精而不守章句。"⑧

荀淑少有高行,"博学而不好章句,多为俗儒所非,而州里称其知人。"著《礼》、《易传》、《诗传》、《尚书正经》、《春秋条例》,又集汉事成败可为鉴戒者,谓之《汉语》。又作《公羊问》及《辩谶》,并它所论叙,题为《新书》。⑨

---

① 《世说新语·任诞》,余嘉锡:《世说新语笺疏》,上海古籍出版社,1993年,第727页。下引只称《笺疏》。
② 《世说新语·简傲》载:嵇康与吕安善,每一相思,千里命驾。《笺疏》下册,第768页。
③ 《世说新语·任诞》载:王子猷居山阴,夜大雪,眠觉,开室命酌酒,四望皎然。因起彷徨,咏左思《招隐诗》。忽忆戴安道。时戴在剡,即便夜乘小舟就之。经宿方至,造门不前而返。人问其故,王曰:"吾本乘兴而行,兴尽而返,何必见戴?"《笺疏》下册,第759页。
④ 《世说新语·言语》载:周仆射雍容好仪形。诣王公,初下车,隐数人,王公含笑看之。既坐,傲然啸咏。王公曰:"卿欲希嵇、阮邪?"答曰:"何敢近舍明公,远希嵇、阮!"《笺疏》上册,第101页。
⑤ 《晋书》卷八十《王羲之传》载:"王氏世事张氏五斗米道,凝之弥笃。孙恩之攻会稽,僚佐请为之备。凝之不从,方入靖室请祷,出语诸将佐曰:'吾已请大道,许鬼兵相助,贼自破矣。'既不设备,遂为孙所害。"第2102—2103页。
⑥ 汤先生名著《魏晋玄学论稿》中有《读〈人物志〉》、《王弼大衍义略释》、《王弼之〈周易〉〈论语〉新义》三文,分别论说《人物志》在汉魏思想转变的桥梁作用,王弼的易学与汉代易学尤其是荆州易学的关系,以及王弼对玄学理论的建构和他融和儒道的思想。文载《汤用彤全集》第四卷,河北人民出版社,2000年,第3—21页、53—61页、72—87页。
⑦ 《后汉书》卷六四《延笃传》,第2103页。
⑧ 《后汉书》卷六四《卢植传》,第2113页。
⑨ 《后汉书》卷六二《荀淑传》,第2049、2057页。

第十一章　汉末官方儒学的衰败与社会批判思潮的兴起 / 581

韩融"博学不为章句,皆究通其义,屡征聘,皆不起"。①

前文已经论及马融、郑玄为博通之人,不仅通今、古经学,也通百家言,上引诸人与他们一样,都有一个共同特征——"博学而不好章句"。这表明,汉末知识人的学术和著作趣向中,"博而通"是他们的共同追求。返观魏晋著作,就"通"而言,王弼的《周易略例》、《老子指略》和阮籍《通易论》、《通老论》、《达庄论》等,都是舍章句训诂而阐发大意的著作。另一方面,东汉比较重要的思想著作,几乎都是以"论"为名的,如《白虎通德论》、王充《论衡》、桓谭《新论》、王符《潜夫论》、崔寔《政论》等。考诸史书中所记汉末儒者名士著作,其中有一点值得重视,那就是他们多有"论",如郑玄《六艺论》、朱穆《崇厚论》《绝交论》、陈纪《肉刑论》、蔡邕《明堂论》、延笃《仁孝论》。到了建安时期和三国早期,"论"作更多,如孔融《圣人优劣论》《汝颍优劣论》、王粲《爵论》《儒吏论》《务本论》《难钟荀太平论》、应玚《文质论》,等等。但与王充等人由不同主题组成的多篇著作集不同,汉末三国的这些"论"作都是针对某一主题进行专门阐发的单篇之"论"。再稍作观照,我们知道,魏晋玄学家的著作中,也多有以"论"为名的,除了上述阮籍的著作外,尚有钟会《才性四本论》、何晏《无名论》、嵇康《声无哀乐论》《养生论》、裴頠《崇有论》,等等,它们也是就某个主题专门立论。至此可以看出,无论是经学大师,还是儒者名臣,或是文学才子,甚或清谈名士,他们都对"论"饶有兴味,而且这些"论"都是单一主题的论析之作,即对"厚"、"交"、"明堂"、"圣人"、"爵"、"本"、"太平"、"才性"、"无名"、"声"、"有"、"养生"等主题所含蕴之理进行辨析论说。也就是说,在汉晋之际,弄清某一主题是什么,弄清某个对象的"理"是什么,或者弄清它们各自关涉的理是什么,成为当时文人的普遍追求。那么,"论"又是什么样的文体,让这些不同身份和知识背景的文人如此普遍地运用呢?

---

① 《后汉纪》卷二五《灵帝纪》,第489页。

按照刘勰《文心雕龙·论说》的说法，"论也者，弥纶群言，而研精一理者也。"也就是说，"论"是在综合他人之说的基础上，进而深入研究某种"理"的方式。刘勰认为：

> 是以庄周《齐物》，以论为名；不韦《春秋》，六论昭列。至石渠论艺，白虎通讲，述圣通经，论家之正体也。及班彪《王命》，严尤《三将》，敷述昭情，善入史体。魏之初霸，术兼名法。傅嘏、王粲，校练名理。迄至正始，务欲[无务]守文，何晏之徒，始盛玄论。于是聃周当路，与尼父争途矣。详观兰石之《才性》，仲宣之《去伐》，叔夜之《辨声》，太初之《本无》，辅嗣之《两例》，平叔之二论，并师心独见，锋颖精密，盖论之英也。①

也就是说，如《庄子·齐物论》那样的析理篇章，以"论"为名，才是较为妥帖的。而石渠阁和白虎观会议上根据经典而相互论难，是作论之人应该遵循的正道。自汉末魏初刑名法术之学复兴后，如何辩名析理成为傅嘏、王粲的胜场，到王弼、何晏那里，他们更是舍弃以往那种拘泥于经典的论说（守文），转而专门论析"玄理"。如此，道家与儒家双峰并立，难分轩轾。而王粲、夏侯玄、王弼、何晏、嵇康等人之"论"，都阐发出各人对相应主题的独特见解（"师心独见"），并且论证严密。这些"论"是"论"这一文体中的英华之作。

以上刘勰对"论"体的分析，准确地说明了汉魏思想家在"博通"之后，他们开始对"理"有浓厚兴味，并因此寻求各自对"理"的理解的表达方式，其结果是他们都不约而同地采取了"论"体。换个角度来看，即玄学家们着力阐发的"玄理"，虽然"理"之对象不同，但对"理"的兴味及其相应的辨析和表述，都与汉末士人的诸多转向密切相关。也就是说，魏晋玄士以"论"析玄理，而汉末士人则用"论"说儒义，但魏晋人

---

① 《文心雕龙·论说篇》，杨明照等：《文心雕龙校注》，中华书局，2000年，第246页。杨氏以为"务欲"疑有脱文，当作"无务"。引文已据校注径改，下同。

那些玄理的"新酒",是装在汉末人那些"论"的"旧瓶子"里。所应说明的是,刘勰注重的是作为文体形式的"论"的形成和发展,而历史的真实情况是,作为文体之"论"的正式形成和运用,必在文人对"论"以及"论难"这些理解和表达方式的运用纯熟之后。

至于汉末士风对魏晋玄风的其他影响还有很多,如对清谈的影响,除了上文已经论及的"三君"、"八达"等称谓与玄士中的"七贤"之类称谓有相通处外,在此再举一例,《世说新语·德行》载,"周子居(乘)常云:'吾时月不见黄叔度,则鄙吝之心已复生矣。'"[①]黄宪字叔度,比荀爽的父亲荀淑年少,是郭泰、荀淑都很钦慕的人物。再看《世说新语·文学》所载,"殷仲堪云:'三日不读《道德经》,便觉舌本间强。'"二者的评论语式颇为相似,但周乘之语是人伦品鉴,而殷仲堪之语是思想品味。表述上的相似性和内容的差别性,正可视为汉末士风与魏晋玄风之间既有联系又有区别的关系特征。

总的说来,汉代经学人士依据众多家法、师法对经典的丰富阐释,为马融、郑玄那样的五经通儒准备了足够的思想资源,而马、郑这种"通"的努力又为魏晋人彻底摆脱经典束缚提供了基础。进一步地,汉末魏初文人那种致力于辩说某"理"的努力,又为玄士们阐发玄理提供了足够的逻辑借鉴。同时,汉末的狂放风气和隐逸精神,一方面促发玄士们拓展自身的想象和思维,另一方面也让他们能够以高迈的精神追求在纷乱的世间进行玄理探究。不然,嵇康等人又怎会费心劳神去作《高士传》呢?唯有这几种因素综合作用,才会有何晏大会宾朋的反复论难,才会有初出茅庐的王弼让位居高位的何晏心悦诚服,自毁著作。思想和文化的辗转相续,德行和士风的逶迤流播,于此可见矣!

[①] 《后汉书》卷五三《黄宪传》以此语为陈蕃和周举之语,余嘉锡辨正《世说》以"周乘"(字子居)语为确。参见余嘉锡:《世说新语笺疏》,第3—4页。

第十二章

汉代儒学对道教和佛教的影响

汉代末期,与儒学对社会影响的减弱形成对比,佛教和道教的影响开始增强。其实汉代文化本来就带有浓重的巫术和方技色彩,不过在儒学作为官方意识形态的情况下不登大雅之堂而已。事实上无论是上层贵族还是下层民众,对于儒家所排斥的怪力乱神都颇为认同。因此一旦儒学势力衰微,潜伏于民间的传统信仰和西域传来的佛教信仰便蓬勃兴起,成为影响社会生活各个层面的巨大力量。

佛教最初传入中国的精确时间不易确定,但是我们大致可以推断在汉末佛教已经形成相当影响。在汉代佛教曾被当作黄老神仙崇拜的一个分支,如楚王刘英"更喜黄老,学为浮屠斋戒祭祀",[1]汉桓帝刘志也是"浮图、老子"并祠。[2]但随后佛、道教之间就产生分歧,以致出现了纷

---

[1] 《后汉书》卷四二《光武十王列传》,第1428页。
[2] 《后汉书·襄楷传》襄楷上桓帝的奏疏中亦称:又闻宫中立黄老浮屠之祠。

争。佛教在本土化过程中真正需要融合的,其实是儒家学说,因为毕竟儒家学说是被社会所认可的占主导地位的思想。所以在早期佛教进行本土化论证的过程中,不可避免吸收了不少儒家伦理思想的原则。

与佛教不同,道教的诸多元素在中国文化中由来已久,但是它演变为组织化宗教团体的时间恰好与佛教在中土兴起同时。道教在吸收各种民间方术的同时,也试图获得来自政治力量的支持。于是它接纳了很多儒家固有的仁义伦理等观念,同先秦道家如老庄等激烈反对仁义的立场颇为不同。这些对仁义伦常的尊重,体现在它的早期典籍之中,确立了道教信仰同官方伦理系统相协调的基本格局。

第一节 《太平经》中的儒家思想

《太平经》成书于汉末,来源较为复杂。《后汉书·襄楷传》记载:"初,顺帝时,琅邪宫崇诣阙,上其师于吉于曲阳泉水上所得神书百七十卷,皆缥白素硃介青首硃目,号《太平清领书》。其言以阴阳五行为家,而多巫觋杂语。有司奏崇所上妖妄不经,乃收臧之。后张角颇有其书焉。"[1]《太平清领书》就是《太平经》的前身,虽说是宫崇所授,但显然经过于吉修订。总体看来,《太平经》是燕齐一带方士秘密流传之道书的集合。所以《太平经》包含了诸多的思想流派,诸如黄老、神仙、儒术、方术、医术和艺术等。但它的基本目的,是建立以"道"为本体的系统性信仰。其中所包含道教之外的思想和技术,都是围绕道教的核心观念所展开的辅助性说明。在此我们特地抽取出它同儒家思想相关的部分,来分析汉朝末年儒家同道教的关联。

---

[1] 《后汉书》,第1084页。

一、"承负"观念与家族伦理

"承负"观念在《太平经》中被用来解释福祸报应的原理,在整个体系中占有重要位置。

书中对"承负"的概念解释道:"承者为前,负者为后。承者,乃谓先人本承天心而行,小小失之,不自知,用日积久,相聚为多,今后生人反无辜蒙其过谪,连传被其灾,故前为承,后为负也。负者,流灾亦不由一人之治,比连不平,前后更相负,故名之为负。负者,乃先人负于后生者也;病更相承负也,言灾害未当能善绝也,绝者复起。"所谓"承"指前代的作为,而"负"是前代作为对后代的影响。前代作为积聚众多,便会对后代产生影响。

《解承负诀》中更详细地解释道:"凡人之行,或有力行善,反常得恶,或有力行恶,反得善,因自言为贤者非也。力行善反得恶者,是承负先人之过,流灾前后积,来害此人也。其行恶反得善者,是先人深有积畜大功,来流及此人也。能行大功万万倍之,先人虽有余殃,不能及此人也。因复过去,流其后世,成承五祖。一小周十世,而一反初。或有小行善不能厌,囹圄其先人流恶承负之灾,中世灭绝无后,诚冤哉。承负者,天有三部,帝王三万岁相流,臣承负三千岁,民三百岁。皆承负相及,一伏一起,随人政衰盛不绝。"①

在佛教因果轮回观念传入之前,中土所采用的祸福报应理论当首推天人感应学说,但董仲舒之后天人感应说集中于帝王而与平民无涉;后来汉末王充等曾经持有福祸报应偶然论,但显然偶然论无法支持稳定的社会信念。于是《太平经》借鉴了《易传》当中"积善之家必有余庆,积不善之家必有余殃"的传统信念,并将其系统化为"承负"观念以解释福祸报应的现象。承负的基本原理是"父债子还",先人的功德或者罪业能影响到后代的祸福:"力行善反得恶者,是承负先人之过,

---

① 王明:《太平经合校》卷一八至三四《解承负诀》,中华书局,1960年,第22页。

流灾前后积,来害此人也。其行恶反得善者,是先人深有积畜大功,来流及此人也。"但是后代个人的努力也可以反过来冲销前辈的影响:"能行大功万万倍之,先人虽有余殃,不能及此人也。"

需要注意的是,《太平经》提出的承负关联并不局限于亲族血缘关系之中。承负关系可能发生在天人之间、前后时代之间等。如《五事解承负法》中讲到:"天地生凡物,无德而伤之,天下云乱,家贫不足,老弱饥寒,县官无收,仓库更空。此过乃本在地伤物,而人反承负之。"①自然失调的后果,由人来承担,是天人之间的承负。再者,"今一师说,教十弟子,其师说邪不实,十弟子复行各为十人说,已百人伪说矣;百人复行各为十人说,已千人邪说矣;千人各教十人,万人邪说矣;万人四面俱言,天下邪说。又言者大众,多传相征,不可反也,因以为常说。此本由一人失说实,乃反都使此凡人失说实核,以乱天正文,因而移风易俗,天下以为大病,而不能相禁止,其后者剧,此即承负之厄也,非后人之过明矣。"②前代邪说被后世所接受而受害,其因在前代而果报在当今,这是后世承担了前代的承负。

但是承负说最常见的应用领域依然是家族。经中以父子相承来解说承负关系:"比若父母失至道德,有过于邻里,后生其子孙反为邻里所害,是即明承负之责也。"③诸如先天疾病的成因与前辈过患有关:"胞胎及未成人而死者,谓之无辜承负先人之过。多头疾者,天气不悦也。多足疾者,地气不悦也。多五内疾者,是五行气战也。多病四肢者,四时气不和也。多病聋盲者,三光失度也。多病寒热者,阴阳气忿争也。多病愦乱者,万物失所也。多病鬼物者,天地神灵怒也。多病温而死者,太阳气杀也。多病寒死者,太阴气害也。多病卒死者,刑气太急也。多病气胀或少气者,八节乖错也。"④夭折者是承受先人之过

---

① 《太平经合校》卷三七,第58页。
② 《太平经合校》卷三七,第58页。
③ 《太平经合校》卷三七《试文书大信法》,第54页。
④ 《太平经合校》卷一八至三四《解承负诀》,第23页。

错,而其他疾病位置与天人五行感应说相对应。而作为家族血统延续之环节的个体成员,自然具有担当后世承负果报的责任:"为人先生祖父母,不容易也,当为后生者计,可毋使子孙有承负之厄。"①

《太平经》本身的承负说相当复杂而且不够清晰,但是它对后世的影响却简明扼要,集中于业报在家族中的传递。即便是后来中土文化接受了佛教因果观念,《太平经》所提出的承负观念也没有消失,而是同佛教因果观共同构成社会伦常的基础。民间劝善书中对于因果最通行的解释是"近报在身,远报子孙",其中就结合了佛教的因果观念和《太平经》中的承负学说。而承负学说之所以能被广为接受,就在于它能够同儒家为主导的家族伦理相吻合。

二、《太平经》中的孝道思想

《太平经》虽然试图创建一种组织化的宗教,但是却没有试图像佛教那样完全脱离社会和家族关联。其中最为明显的特征之一,就是《太平经》中将孝道作为评判道德的最重要标准。这种注重孝道的思想风格,既吸收了汉代通行的伦理规则,又是对儒家思想的融合与借鉴。与此同时,《太平经》还对孝道也注入了新的宗教性内涵,使得孝道观念成为贯通传统伦常与新兴宗教的桥梁。

先秦儒学已经将孝道作为重要内容,在《论语》中有经典性解说:"其为人也孝悌而好犯上者,鲜矣。不好犯上而好作乱者,未之有也。君子务本,本立而道生。孝悌也者,其为仁之本与?"虽说孝悌俱为仁之本,但显然侧重的是孝,可以说孝道是儒家构建以家族为本位的伦理体系的基础。后来在传统五经之外加入《孝经》,更表明了以孝为本观念的确立。《孝经》讲述道:"夫孝,德之本也,教之所由生也。复坐,吾语汝。身体发肤,受之父母,不敢毁伤,孝之始也。立身行道,扬名于后世,以显父母,孝之终也。夫孝,始于事亲,中于事君,终于立身。"

---

① 《太平经合校》卷四〇《乐生得天心法》,第80页。

孝道逐渐发展成为修身、齐家、治天下的共同基础。汉武帝时期接受董仲舒的建议，于元光元年（前134）下诏郡国每年察举孝廉各一名，使得孝廉成为察举制度中最为重要的科目。汉顺帝时期将孝廉的地方举荐与中央会试结合起来，使得以孝进仕成为成熟的官吏选拔制度。汉代注重以孝廉举荐，其根据在于"君子之事亲孝，故忠可移于君"，① 因此传统上形成"求忠臣于孝子之门"的观念。

首先，《太平经》将施行孝道放到了非常显要的位置："天地最以不孝不顺为怨，不复赦之也。"②"学问何者为急？故陈列二事，分明士意失得之象。自开辟以来，行有二急，其余欲知之亦可，不知之亦可。天地与圣明所务，当推行而大得者，寿孝为急。寿者，乃与天地同优也。孝者，与天地同力也。故寿者长生，与天同精。孝者，下承顺其上，与地同声。此二事者，得天地之意，凶害自去。深思此意，太平之理也，长寿之要也。"③经中指出，最为紧要的两种事务为寿与孝。寿者与天地同德，而孝与天地同功。寿象征着天之品性，而孝则继承了地的品性。如能得此两事，则凶害自去。

其次，《太平经》还指出了孝道所蕴含的心性内涵："慈孝者，思从内出，思以藏发，不学能得之，自然之术。行与天心同，意与地和。上有益帝王，下为民间昌率，能致和气，为人为先法。其行如丹青，故使第一。"④经中此处提出了孝慈"思从内出，思以藏发，不学能得之，自然之术"，显然借鉴了思孟学派良知良能的观念，认为孝道并非完全来自外在社会的规范，其根本有内在本然心性的源头。同时《太平经》也将孝道融汇于老庄，以自然来解说本然良知。慈孝之重要，不仅在于家族之内，而是上合天心、下同地意、中益帝王民众，而同致四时之和气。借助汉代天人感应模式，《太平经》将孝之心性、社会、自然和宗教层面

---

① 《孝经·广扬名章》。
② 《太平经合校》卷四五《起土出书诀》，第115页。
③ 《太平经合校》卷七三至八五《阙题》，第310页。
④ 《太平经合校》卷七三至八五《阙题》，第301页。

予以贯通。

同时,《太平经》采纳了汉代社会以孝致禄的基本观念:

> 孝善之人,人亦不侵之也;侵孝善人,天为治之。剧于目前,是为可知。欲知善之为善也,知孝之为孝也,苦不能相效也。是出自然。天与善籍,善孝自相得传,相胜举,亦何有极心。善孝之人,人自从崇之,亦不犯克人。流闻八远,州郡县长吏有空缺相补。豫知善孝之家,县中荐举;长吏以人情欲闻其孝善,遣吏劳来。又有用心者,以身往来候之,知闻行意荐之。岁岁被荣,高德佩带,子孙相承,名为传孝之家,无恶人也。不但自孝于家,并及内外。为吏皆孝于君,益其忠诚,常在高职,孝于朝廷。郡县出奇伪之物,自以家财市之,取善不烦于民,无所役。郡县皆慈孝,五谷为丰熟,无中夭之民。天为其调和风雨,使时节。是天上孝善之人,使不逢灾害,人民师化,皆食养有顺之心,天不逆意也。是善尤善,孝忠尤孝,遂成之,使天下不孝之人相效,为设孝意。①

施行孝道者,能得到县中荐举,从而由"州郡县长吏有空缺相补"进入仕途。因为行孝者"不但自孝于家,并及内外。为吏皆孝于君,益其忠诚,常在高职,孝于朝廷"。孝者入仕的原因在于他能够孝于朝廷君主,孝成为忠的前提,孝子成为忠臣廉吏的候补。但《太平经》认为孝子入仕不仅有社会层面的原因,还有来自天人之间的感应。孝子当政,则"天为其调和风雨,使时节。是天上孝善之人,使不逢灾害,人民师化,皆食养,有顺之心,天不逆意也"。由无形之天对孝的感应,《太平经》逐渐过渡为人格天神对孝道的直接奖励:

> 天生人民,少能善孝者。身为之,独寿考,复得尊官,皆行孝所致。不但祐言,故出此书,以示生民。其欲法则者,天复令寿可传,子孙相保。书出必当行孝,度世孝者,其次复望官爵。天下之

---

① 《太平经合校》卷一一四《某诀》,第592—593页。

事,孝为上第一,人所不及。积功累行,前后相承,无有所失。名复生之人,得承父母之恩,复见孝顺之文。天定其录籍,使在不死之中,是孝之家也。亦复得增度,上天行天上之事,复书忠孝诸所敬,为天领职,荣宠日见。天上名之为孝善神人,皆为神所敬。有求美之食先上,遗其孝行,如是无有双人。其寿无极,精光日增。上见无极之天,下见无极之地,傍行见无极之境。复知未然之事,诸神皆随其教令,不逆其意,共荐举白。太上之君见其孝行无辈,著其亲近内外,神益敬重之。故言天所爱者,诸神敬之;天所憎者,诸神危之。是为可知,余者各自用意,自择其便,从其所宜。书辞小息,且念其后,得善复出,不令遗脱。①

虽然认同汉代由孝致禄的观念,但是《太平经》认为孝行所得福报并非来自人世的安排,而是上天的赐予。这样世俗制度意义上的察举对孝廉的推崇,就上升为宗教层面神明对孝道的嘉许。那么孝道得到的也就不仅仅是世俗意义上的尊官厚爵,同时还包括了寿考、为神所敬重甚至其寿无尽的宗教性回报。

借助神仙信仰系统,《太平经》试图将孝道修改为超越世俗伦理层次的宗教信念。经中借助弟子的口气发问:"然上善孝子之为行也,常守道不敢为父母致忧,居常善养,旦夕存其亲,从已生之后、有可知以来,未尝有重过罪名也,此为上孝子也?"其中列举了传统儒学的孝道举措,请教可否谓之上孝。天师认为,这不过"谓为中善之人也,不中上孝也"。那么所谓的"上孝"有哪些内容呢?

上善第一孝子者,念其父母且老去也,独居闲处念思之,常疾下也,于何得不死之术,向可与亲往居之,贱财贵道活而已。思弦歌哀曲,以乐其亲,风化其意,使入道也,乐得终古与其居,而不知老也,常为求索殊方,周流远所也。至诚乃感天,力尽乃已也。其

---

① 《太平经合校》卷一一四《某诀》,第593—594页。

衣食财自足,不复为后世置珍宝也。反悉愁苦父母,使其守之。家中先死者,魂神尚不乐愁苦也。食而不求吉福,但言努力自爱于地下,可毋自苦念主者也。是名为太古上皇最善孝子之行。①

《太平经》所谓最高明的孝道,能够意识到父母无可避免地衰老了,于是寻求不死之术。以财货为贱而以大道为贵,能使父母入道。四方求道,衣食自足即可而不必为后世积蓄。显然这种孝道已经超出了儒家慎终追远的现世伦理,而具备了宗教对永恒性生命的关注。由此可见,虽然《太平经》以孝为上德,但它并没有局限于儒家孝道的现实关怀,而是将孝道拓展到对祖先魂灵的关照,从而使得孝道超出了世俗伦理而进入到宗教关怀范畴。

第二节 《理惑论》中的儒佛关系

南朝梁释僧佑所编《弘明集》中开篇所收录的《理惑论》,是本土士人对佛教最早的论述之一,因作者为东汉末年牟子(牟融),因此又称《牟子理惑论》。一度曾有人怀疑该文乃是后人伪托,②汤用彤先生于《汉魏两晋南北朝佛教史》中对《理惑论》进行了多方证实,现学界多从汤说推定《理惑论》为汉魏之际的作品。

牟子虽然倾心佛教,但于儒学、老庄和神仙之术多所涉猎,因此能以本土思想来解说外来的佛教义理。对于汉末盛行的儒学、老庄和神仙三派,牟子排斥神仙之说,推举老庄所论而不违周孔言教。他对于

---

① 《太平经合校》卷四七《上善臣子弟子为君父师得仙方诀》,第134—135页。
② 梁启超《牟子理惑论辨伪》,否定牟子真有其人,认为此书是后世伪造,内容文字都不佳,"为晋六朝乡曲人不善属文者所作。"吕澂在《中国佛学源流略讲》中亦认为"应该属于伪书"。"作者决非汉末时人",因"当时佛家的学说不会有书内记载的情况",推定为"约当晋宋之间"所出。

本土思想的态度,大致吻合于后世佛教同本土思想的基本立场:摒弃仙学、依托老庄而比附儒学。佛教对于神仙和老庄的态度相对明晰,而同儒学则往往介乎冲突与调和之间。今借助《理惑论》中的论述,试分析汉末儒学同佛教的关联。

一、儒佛之间的冲突

佛教作为一种外来文化,必然在很多方面表现出同中原本土文明的差异。而在汉朝取得独尊地位的儒学,敏锐意识到佛教诸多观念同儒学传统的分歧。如果任由这种分歧蔓延,那么必定使得儒学的价值体系受到冲击,因此儒学对于佛教的诸多理念展开质疑。

其一:传统经典中未曾涉及佛教思想。"问曰:佛道至尊至大,尧舜周孔曷不修之乎,七经之中不见其辞。"有人问难牟子道:如果佛教如同你所说的那样尊贵而博大,为何儒学传统七经不见相关记载?这问难有一未曾明言的假设:所有重要的思想观念都会在传统经典中有所记载,而没有记载的则必定无足轻重。而且,"孔子以五经为道教,可拱而诵、履而行。今子说道虚无恍惚,不见其意,不指其事,何与圣人言异乎?"传统儒家经典,可以作为规范社会言论、行为和修养的依据;而佛教所说虚无恍惚,不知所指,更难以施行人事,与儒学所言大相径庭。这段指责的背后,也体现了汉代儒学的独尊立场:凡是与儒学关注不同之说,未免不知所云。

其二:沙门剃发独身有违孝道。"《孝经》言:身体发肤,受之父母,不敢毁伤。曾子临没:启予手,启予足。今沙门剃头,何其违圣人之语,不合孝子之道也?"本来儒家就以孝悌为仁之本,而汉代社会更以孝为察举之关键,因此孝成为辨别道德得失之标尺。伦理标准需要规范,而《孝经》所谓"身体发肤,受之父母,不敢毁伤"就是孝道的重要规范之一。佛教僧侣仅仅剔除须发,在印度文化背景中已经是对苦行极端的纠正,但在汉地仍然与传统相违背。有违孝道的还包括佛教僧侣的独身制度,"夫福莫踰于继嗣,不孝莫过于无后。沙门弃妻子捐财货,或终身不娶,何其违福孝之行也?"捐弃私人财产和家庭出家行乞的现象,是印度宗教的惯例,但佛教传入之前却从未在汉地出现过。在传统儒学看来,一个人对家族所负有的最大责任就是传宗接代,"无后"是最大的不孝。这种通过子孙繁衍延续家族的传统,来源于上古的祖先祭祀,后起的儒家家族伦理强化了这一观念,从而使得成家传后成为社会性责任。佛教的出家独身立场,是对这种家族伦理义务的抛弃,于是以儒家为核心的家族伦理体系反过来质疑佛教出世立场的合理性。

其三:佛教重死生鬼神之说与传统不合。问难曰:"孔子云:未能事人,焉能事鬼?未知生,焉知死?此圣人之所绝也。今佛家辄说生死之事,鬼神之务,此殆非圣哲之语也。夫履道者,当虚无澹泊,归志质朴,何为乃道生死以乱志,说鬼神之余事乎?"死生鬼神之说,各民族原始宗教中都不乏其说。佛教沿袭了印度传统的六道轮回之说,而儒学则弱化了中国上古的鬼神崇拜,因此两者看来颇有差异。其实先秦墨家重鬼、庄子多论神仙,儒学不论鬼神不过其中一派。只不过汉代儒术独尊,因此不论生死鬼神成为通例,反而以佛教大谈生死鬼神为反常。

其四:夷夏之辨。佛教西来,最初被当作夷狄之说而轻视:"孔子曰:夷狄之有君,不如诸夏之亡也。孟子讥陈相更学许行之术曰:吾闻用夏变夷,未闻用夷变夏者也。吾子弱冠学尧舜周孔之道,而今舍之,更学夷狄之术,不已惑乎?"中原文明多优越于四周,因此未免以夏为尊而以夷为卑。自孔孟以来,中原文明与周围文明似乎截然划分而不两立;其实推究上古渊源,中华文明乃是由众多地域共同集结交流而形成。不过汉代已经难以了解上古实情,难免以孔孟夷夏分别之说拒斥佛教。

这四种对佛教的批评,虽源于佛教传入初期,但却一直延续于佛教在中国的整个传播过程。由此可见,它们代表了本土价值观念与佛教这种外来思想的根本性冲突。

二、牟子调和佛儒的思想

牟子对于佛教义理展开辩护,但并没有试图否定本土以儒学为主的传统思想。他在回覆诸多针对佛教的质疑时,往往是借助本土思想固有的理念和证据,来将佛教系统纳入到本土价值系统之内,而不是在本土价值体系之外独立一脉。

首先,关于本土传统中未曾出现过佛教思想的疑问,牟子采用的是实用主义立场,认为但凡能取得效验的理论体系都有存在的合理性:"书不必孔丘之言,药不必扁鹊之方。合义者从,愈病者良。君子博取众善,以辅其身。子贡云:夫子何常师之有乎?尧事尹寿,舜事务成,且学吕望,丘学老聃,亦俱不见于七经也。……五经事义或有所阙,佛不见记,何足怪疑哉。"这种对于传统经典的批判性立场,固然来自牟子本人的佛教信仰,也同汉末社会出现的批判性思潮相关。传统的儒学权威已经不复具有西汉时期至高无上的地位,而社会的动乱引发了诸多士人的多元性考察。在这种批判性思潮中,有排斥天人感应的王充一派,也有宣扬神异的佛道两家。虽然两者时有抵触,但对于传统儒学独尊地位的排斥却是一致的。后世佛教在中国文化中为自己的合理价值进行论述的方法,与牟子在《理惑论》中采用的方式类似,主要是采用效验主义的立场,以佛教发挥特定功用来论证其存在的价值。

其次,对于佛教独身剃发有违孝道的指责,牟子指出其实两者是孝道之权变,而与孝道并无根本冲突。他首先对于佛教僧侣剃发之举进行论述:"昔齐人乘舡渡江,其父堕水。其子攘臂捽头,颠倒使水从口出,而父命得苏。夫捽头颠倒,不孝莫大,然以全父之身。若拱手修孝子之常,父命绝于水矣。孔子曰:可与适道,未可与权,所谓时宜施者也。且《孝经》曰:先王有至德要道。而泰伯祝发文身,自从吴越之俗,违于身体发肤之义。然孔子称之,其可谓至德矣,仲尼不以其祝发毁之也。由是而观,苟有大德,不拘于小。沙门捐家财弃妻子,不听音视色,可谓让之至也,何违圣语不合孝乎?豫让吞炭漆身,聂政剥面自刑,伯姬蹈火,高行截容。君子以为勇而死义,不闻讥其自毁没也。沙门剔除须发,而比之于四人,不已远乎?"牟子举例道:譬如某父落水而其子颠倒其父以救其性命,颠倒其父是为不孝,但救父性命是为大孝。若忌惮颠倒父亲是为不孝而无所作为,父命早绝于水,又有何孝可言?他的基本立场是:"苟有大德,不拘于小。"僧侣出家修行是大德,而剃发是小眚,因此不必斤斤于须发而忽视前者。

至于沙门独身无后的质疑,牟子采用了同上面类似的辩护:"妻子财物世之余也,清躬无为道之妙也。老子曰:名与身孰亲,身与货孰多。又曰:观三代之遗风,览乎儒墨之道术,诵诗书,修礼节,崇仁义,视清洁,乡人传业,名誉洋溢,此中士所施行,恬惔者所不恤。故前有随珠,后有虓虎,见之走而不敢取,何也?先其命而后其利也。许由栖巢木,夷齐饿首阳,舜孔称其贤曰:求仁得仁者也。不闻讥其无后无货也。沙门修道德,以易游世之乐;反淑贤,以背妻子之欢。是不为奇,孰与为奇?是不为异,孰与为异哉?"在此他更进一步,将"妻子财物"贬低为"世之余",而沙门"清躬无为"则是妙道所在。历史上诸如许由、伯夷之辈也无后无货,仍不失为求仁得仁。佛家僧侣弃绝妻子游世之乐而出家修道,在牟子看来,正如许由、伯夷之流,同样不能以世俗伦常而非议之。

再者,牟子论证了佛教生死鬼神之说在本土文化中的证据。反驳者认为,未曾听说过佛教人死而复生的观点。牟子举例论证道:"人临死,其家上屋呼之,死已复呼。谁或曰呼其魂魄,……神还则生,不还神何之呼?"从牟子的论述看,当时社会有针对亡者的习俗:当人临死时,家人从屋顶上呼叫其名字,死亡之后依然如是。牟子认为,如果不承认死后有灵,那么为何会出现呼叫亡者名字的举措呢?于是,牟子提出形尽神不灭的主张:"魂神固不灭矣,但身自朽烂耳。身譬如五谷之根叶,魂神如五谷之种实。根叶生必当死,种实岂有终已?"虽然唯识说尚未传入,但牟子的解说暗合后世种子变现行的佛理:生命现象譬如五谷根叶,而神识如同种子,根叶有生有死而种子轮转不灭。虽众生皆有一死,但是牟子认为"有道虽死,神归福堂;为恶既死,神当其殃"。这段论述说明,牟子所接受的还局限于原始佛教类似于人天乘的观念。但是也正是因为接受佛教比较初阶的理论,所以同本土神魂观念有融合的可能。因为虽然儒家以不语"怪力乱神"为标榜,但是本土历来鬼神祭祀不绝,汉末儒学失落容忍了传统鬼神信仰的再次兴起。在此之际佛教信仰广为传播,同样并非偶然。

三、《理惑论》的影响

牟子写作《理惑论》时,为避中原战乱而身处边陲,当时未必对佛教有很大的影响。但是当我们考察《弘明集》后续篇章的时候,发现后世对佛教价值体系有力的论证,多建立在《理惑论》思考的基础之上。如慧远《沙门不敬王者论》,集中体现了在本土儒家文化压力下佛教徒对信仰的辩护。无论是慧远面对的问题,还是他解决问题的方式,都同《理惑论》相当接近。

慧远讲道:"出家则是方外之宾,迹绝于物。其为教也,达患累缘于有身,不存身以息患;知生生由于禀化,不顺化以求宗。求宗不由于顺化,则不重运通之资;息患不由于存身,则不贵厚生之益。此理之与形乖,道之与俗反者也。若斯人者,自誓始于落簪,立志形乎变服。是故凡在出家,皆遁世以求其志,变俗以达其道。变俗则服章不得与世典同礼,遁世则宜高尚其迹。夫然,故能拯溺俗于沈流,拔幽根于重劫。"①慧远的做法,首先将世间法同出世间法予以区别:他认为信仰佛

---

① 《弘明集》卷五《沙门不敬王者论》,《大藏经》(精选标点本)卷九,九洲图书出版社,1999年,第72页。

教的居士仍然需要遵循世俗伦理,而出家僧侣则未必恪守俗规。这是因为,出家修道本身逆造化而动,其目的与世俗截然不同,因此外在表现形态也相去悬隔。慧远认为,如果出家人尽同于流俗,则不能"拯溺俗于沈流,拔幽根于重劫"。《理惑论》和慧远为避免佛教剃发易服等举措有乖世法的指责,将佛教僧侣比附归类于出世隐逸之流。这样的处理方式既借助了本土传统对于隐士的尊重,又保持了佛教的固有风格,使得偏向于出世风格的佛教能得到本土儒家系统的理解和容忍。

结　语

　　汉代自西汉至东汉历经了前后约四百多年之久,在这期间,汉代儒学经过了西汉初年的复兴时期、汉武帝时的《春秋》公羊学的繁荣时期、汉元帝时的儒学官方统治地位的确立时期、哀平时的儒学变种谶纬泛滥时期、汉章帝时以白虎观经学会议为标志的儒学鼎盛时期和东汉末年的儒学衰颓时期。正如皮锡瑞所说:"(儒家)经学自汉元成至后汉为极盛时代。……由汉武开其端,元、成及光武、明、章继其后,经学所以极盛者。"[①]云云。汉代儒学确实有一个由恢复到昌盛再到极盛而衰落的历史过程。我们的这部《汉代儒学史》就是按照这一历史发展的线索,描绘了汉代儒学这一盛衰的历史全过程。那么对于大约四百年之久的汉代儒学盛衰史我们又能从中总结出或吸取些什么样的经验与教训呢?对于这一问题,有些我们已经在书中讨论到了。如汉初为什么会复兴儒家,儒学又为什么会成为汉代官方哲学而赢得"独尊"的统治地位等等,在这里我们就不再加以讨论了。至于如此极盛的汉代儒学为什么又会衰颓呢?汉代"独尊儒术",那么汉代的文化乃

---

① 皮锡瑞:《经学历史》,第101页。

至整个中国传统文化是一元文化还是多元呢？如是多元文化的话，那儒学与其他学术文化的关系又是怎样呢？汉代儒学（今文经学）把孔子神化，把原有的儒学宗教化，那么汉代儒学究竟是不是宗教呢？如尚不是宗教的话，它与一般宗教（如佛教、道教等）又有什么根本上的不同呢？所有这些问题，在这里似乎尚需要再作一些总结性的研讨。

首先，极盛的汉代儒学为什么会一时衰落的问题，这是一个较为复杂的问题，既有着汉代社会的根源，又有着汉代儒学自身缺陷的原因。有关这一问题，我们已在《引论》中有所讨论，但有些问题尚待再作一些深入研讨。关于汉代儒学由盛而衰的历史过程，《后汉书·儒林列传》是这样说的：

> 昔王莽更始之际，天下散乱，礼乐分崩，典文残落。及光武中兴，爱好儒术，未及下车，而先访儒雅，采求阙文，补缀漏逸。……建武五年，乃修起太学，稽式古典，笾豆干戚之容，备之于列，服方领习矩步者，委它乎其中。中元元年，初建三雍。明帝即位，亲行其礼，天子始冠通天，衣日月，备法物之驾，盛清道之仪，坐明堂而朝群后，登灵台以望云物，袒割辟雍之上，尊养三老五更，飨射礼毕，帝正坐自讲，诸儒执经问难于前，冠带缙绅之人，圜桥门而观听者盖亿万计。其后复为功臣子孙、四姓末属别立校舍，搜选高门以受其业，自期门羽林之士，悉令通《孝经》章句，匈奴亦遣子入学。济济乎，洋洋乎，盛于永平矣。建初中，大会诸儒于白虎观，考详同异，连月乃罢。肃宗亲临称制，如石渠故事，顾命史臣，著为通义。又诏高才生受古文《尚书》、《毛诗》、《穀梁》、《左氏春秋》，虽不立学官，然皆擢高第为讲郎，给事近署，所以网罗遗逸，博存众家。孝和亦数幸东观，览阅书林。及邓后称制，学者颇懈。时樊准、徐防并陈敦学之宜，又言儒职多非其人，于是制诏公卿妙简其选，三署郎能通经术者，皆得察举。自安帝览政，薄于艺文，博士倚席不讲，朋徒相视怠散，学舍颓敝，鞠为园蔬，牧儿荛竖，至

于薪刈其下。顺帝感翟酺之言,乃更修黉宇,凡所造构二百四十房,千八百五十室。试明经下第补弟子,增甲乙之科员各十人,除郡国耆儒皆补郎、舍人。本初元年,梁太后诏曰:"大将军下至六百石,悉遣子就学,每岁辄于飨射月一飨会之,以此为常。"自是游学增盛,至三万余生。然章句渐疏,而多以浮华相尚,儒者之风盖衰矣。①

这一大段的历史记述,说明西汉末年王莽更始之时,曾有一个短时间的"天下散乱,礼乐分崩,典文残落"的时期,之后光武中兴,儒学又得以复兴,"先是四方学士多怀协图书,遁逃林薮。自是莫不抱负坟策,云会京师",恢复了昔日的盛况,明帝即位更是"亲行其礼。……飨射礼毕,帝正坐自讲,诸儒执经问难于前,冠带缙绅之人,圜桥门而观听者盖亿万计",其盛况达至空前,所以说"济济乎,洋洋乎",儒学"盛于永平矣"。接着汉章帝又"大会诸儒于白虎观,考详同异,连月乃罢"。"肃宗亲临称制,如石渠故事"。这就是历史上有名的白虎观经学会议,并钦定《白虎通义》,可说儒学进入了鼎盛时期。可见,汉代儒学的兴盛是与朝廷的大力支持和提倡分不开的。所以皮锡瑞说"由汉武开其端,元、成及光武、明帝继其后",儒家经学所以极盛者也。反之,儒学之衰落亦与朝廷之腐败密切相联系。按照《后汉书》的说法,和帝之后"及邓后称制,学者颇懈","自安帝览政,薄于艺文,博士倚席不讲,朋徒相视怠散,学舍颓敝"云云,儒学失去了过去的盛况,而开始凋敝,虽说顺帝又更修了学舍,"自是游学增盛,至三万余生,然章句渐疏,而多以浮华相尚,儒者之风盖衰矣。"可见,自安、顺开始汉代儒学就走上了衰败之路。"逮桓、灵之间,主荒政缪,国命委于阉寺,士子羞与为伍。"②自此汉代儒学更是一蹶不振。其根本的原因就在于朝廷的腐败,他们不再重视儒学,不再用儒家思想来治理国家,不再重用儒

---

① 《后汉书》卷七九上《儒林列传》,第 2545—2547 页。
② 《后汉书》卷六七《党锢列传》,第 2185 页。

生,反而排挤、打击、杀戮正直的儒士,闹出了"党锢"之祸。

东汉王朝,自和帝起就陷入了外戚、宦官集团的专权和互相纷争之中,他们相互争权夺利,勾心斗角,朝政日趋荒芜。和帝十岁即位,窦太后临朝,重用外戚窦宪等人,致使得窦氏奴客横行京师,无恶不作。和帝被困于宫中,就利用宦官郑众的禁军,一举消灭了窦氏势力,自此宦官又参与政事,把持朝政。安帝时,大权掌握在邓太后及其兄弟邓骘手中,待邓太后死后,安帝与宦官李闰、江京等人合谋,又消灭了邓氏势力。之后,宦官孙程等人,拥立十一岁的顺帝即位,大权完全落入宦官集团的手中,顺帝则扶植梁皇后之父梁商及其子梁冀以与宦官抗衡。顺帝死后,梁太后与梁冀前后把持冲、盾、桓三帝朝政,尤其是梁冀拜为大将军,曾专权近二十年之久,朝政十分腐败。梁太后死后,桓帝即与宦官单超等人合谋消灭了梁氏势力,宦官独揽了朝廷大权,利用自己手中的权力夺人田地房舍,杀人夺货,无恶不作,权势熏天。可见,东汉王朝末期陷入了宦官、外戚的明争暗斗之中。

东汉朝自和帝开始外戚与宦官两大集团势力就互相纷争,交替执掌朝廷大权,互相杀伐,朝政日趋腐败。他们只知道夺权争利,尔虞我诈,沽名钓誉,勾心斗角,社会风气由此大坏。他们道德败坏,儒家的仁义教化本是为了"修身齐家治国平天下",却成为他们手中沽名钓誉、争权夺利的工具。在这种污浊的社会风气之下,不少士子儒生已失去了以往对儒家思想的真诚信念,而堕入虚伪、欺骗、浮夸的泥潭之中。正如《后汉书·儒林列传》所说:"(顺帝之后)自是游学增盛,……然章句渐疏,而多以浮华相尚,儒者之风盖衰矣。"在这种社会风气下,儒风自然日衰,儒学走上了一条"浮华相尚"之路。东汉中、后期,在外戚、宦官的腐败统治之下,所谓的朝廷察举制度已完全成为骗人的工具,正如《后汉书·宦者曹节传》所说:"州郡牧守承顺风旨,辟召选举,释贤取愚。"桓帝之后察举更为腐败,犹如《抱朴子·审举》所记,当时人说:"举秀才,不知书;察孝廉,父别居;寒素清白浊如泥,高第良将怯如鸡。"这种虚伪骗人的腐败察举制度,只能引导和鼓励士子儒生们走上自欺欺人的"浮华"之路。

对于这种污浊的社会风尚,王符在其《潜夫论》中可说是揭露得淋漓尽致。他说:"凡今之人,言方行圆,口正行邪。行与言谬,口与心违。"① 又说:"群僚举士者,或以顽鲁应茂才,以桀逆应至孝,以贪饕应廉吏,以狡猾应方正,以谀谄应直言,以轻薄应敦厚,以空虚应有道,以嚚暗应明经,以残酷应宽博,以怯弱应武猛,以愚顽应治剧,名实不相副,求贤不相称。富者称其材力,贵者阻其势要,以钱多为贤,以刚强为上。凡在位所以多非其人,而官听所以数乱荒也。"② 所有这些虚伪、欺诈、骗人的东西充斥社会,充斥朝廷,污染了整个社会风气,儒家名教完全变成了虚假的东西,儒学也就不可能不堕坏。至于一些较为正直的士子儒生,则遭到了排斥、打击、杀戮之祸。当时发生的"党锢"事件就充分地说明了这一点。《后汉书·党锢列传》说:

> 逮桓灵之间,主荒政缪,国命委于阉寺,士子羞与为伍,故匹夫抗愤,处士横议,遂乃激扬名声,互相题拂,品覈公卿,裁量执政,婞直之风,于斯行矣。……若范滂、张俭之徒,清心忌恶,终陷党议,不其然乎?初桓帝为蠡吾侯,受学于甘陵周福,及即帝位,擢福为尚书。时同郡河南尹房植有名当朝,乡人为之谣曰:"天下规矩房伯武,因师获印周仲进。"二家宾客,互相讥揣,遂各树朋徒,渐成尤隙。由是甘陵有南北部,党人之议,自此始矣。后汝南太守宗资任功曹范滂,南阳太守成瑨亦委功曹岑晊,二郡又为谣曰:"汝南太守范孟博,南阳宗资主画诺。南阳太守岑公孝,弘农成瑨但坐啸。"因此流言转入太学,诸生三万余人,郭林宗、贾伟节为其冠,并与李膺、陈蕃、王畅更相褒重。学中语曰:"天下模楷李元礼,不畏强御陈仲举,天下俊秀王叔茂。"又渤海公孙进阶、扶风

---

① 王符:《潜夫论·交际》,见《潜夫论笺校正》,第355页。
② 王符:《潜夫论·考绩》,见《潜夫论笺校正》,第68页。

魏齐卿，并危言深论，不隐豪强，自公卿以下，莫不畏其贬议，屣履到门。时河内张成善说风角，推占当赦，遂教子杀人。李膺为河南尹，督促收捕，既而逢宥获免，膺愈怀愤疾，竟案杀之。初，成以方伎交通宦官，帝亦颇谇其占。成弟子牢修因上书诬告膺等养太学游士，交结诸郡生徒，更相驱驰，共为部党，诽讪朝廷，疑乱风俗。于是天子震怒，班下郡国，逮捕党人，布告天下，使同忿疾，遂收执膺等。其辞所连及陈寔之徒二百余人，或有逃遁不获，皆悬金购募，使者四出，相望于道。明年，尚书霍谞、城门校尉窦武并表为请，帝意稍解，乃皆赦归田里，禁锢终身。而党人之名，犹书王府。自是正直废放，邪枉炽结。①

这就是有名的"党锢"事件。其发生的缘由就是一批较正直的士人儒士，反对朝政的黑暗，宦官的专权，他们"品覈公卿，裁量执政"，讥讽朝政，乃至不隐豪强，秉公办案等等，从而激怒了朝廷，酿成了"党锢"之祸，自此使得东汉末年的社会陷入"正直废放，邪枉炽盛"的黑暗时代。士子儒生集团本是继承与发扬儒学思想载体，他们维系着儒家思想传承与发展的学脉（学统）。而这一集团，尤其是他们中的一些正直之士，遭到了如此惨烈的"党锢"之祸的打击，自此整个儒学也就不可能不走上衰落了。

综上所述，可见东汉盛极一时的儒学的衰颓，除了我们一般所说的儒家经学章句的繁琐②和儒学神学化的粗鄙之外，更重要的原因还在于当时社会黑暗、朝政腐败、社会风尚的堕落所造成的儒学的浮华，儒者之风日替和正直士子儒生受到排挤、打击（"党锢"之祸）。在这里又一次印证了历史的辩证法——盛极则衰，物极必反的法则。

---

① 《后汉书》卷六七《党锢列传》，第2185—2187页。
② 《后汉书·艺文志》："博学者又不思多闻阙疑之义，而务碎义逃难，便辞巧说，破坏形体，说五字之文，至于二三万言。"《文心雕龙·论说》："若秦延君之注《尧典》十余万言，朱普之解《尚书》三十万言。所以通人恶烦，羞学章句。"

其二，汉代董钟舒提出"罢黜百家，独尊儒术"的主张，并得到朝廷的支持，定儒学为官方统治学术，那么汉代的文化究竟是否是儒家一元的呢？还是同时也存在着其他的学术与思想，仍然是多元文化呢？如果是多元文化，那么儒学与其他学术文化的关系又是怎样呢？对于这些问题的回答是很清楚的。汉代的文化仍然是多元的，虽然朝廷确立了儒学为官方统治学术，但同时也承认其他学术与思想的存在。西汉初年，儒学开始复兴，但并未赢得统治地位，朝廷一度采用了黄老之学以治理国家，同时法家的势力亦不小，不少法家人物前后在朝廷中握有大权，如晁错、桑弘羊等人。在汉昭帝时召开的盐铁会议上，围绕着盐铁的官营、均输平准等政策展开了儒（贤良文学之士）法（桑弘羊）两家的大辩论，当时法家在朝廷中仍然握有着实际的权力。至汉宣帝时，"孝宣之治。信赏必罚，综核名实，政事文学法理之士咸精其业。"①所以宣帝总结汉代统治的经验说："汉家自有制度，本以霸王道杂之，奈何纯任德教，用周政乎？"②可见直至汉宣帝时朝政仍然是以"霸王道杂之"，即既采用法家的霸道，又采用儒家德政的王道，并不是纯任儒术的。自元、成帝开始，儒家在朝廷中正式确定了官方统治的地位之后，宣扬天人感应、阴阳突异的儒家今文经学思想，成为了办理朝政的指导思想，经学之士则成为朝廷官吏的基本组成成分。

即便是在儒学赢得这种统治地位，成为官方指导学术的情况下，可以说汉代的文化也不是儒家一元的。当时在社会上，至少还流行着这样一些思想：一是道家思想，一是神仙方术后来发展成道教的思想。此外还有从古印度传来的佛教思想等等。道家（黄老学）虽说失去了官方的支持，但在社会上，在一些知识分子中，仍有着相当的势力，仍在发展着。其代表人物有严君平等人。《汉书》卷七二记载说："其后谷口有郑子真，蜀有严君平，皆修身自保，非其服弗服，非其食弗

---

① 《汉书》卷八《元帝纪》，第275页。
② 《汉书》卷九《元帝纪》，第277页。

食。……君平卜筮于成都市,……得百钱足自养,则闭肆下帘而授《老子》。博览亡不通,依老子、严(庄)周之指著书十万余言。扬雄少时从游学,以而仕京师显名,数为朝廷在位贤者称君平德。"①其时严君平在蜀传授《老子》,并依老子、庄周之旨,著有《道德旨归》十万余言,宣扬道家思想。扬雄少时从其学,亦深受道家思想的影响。据《汉书·扬雄传》说,扬雄"口吃不能剧谈,默而好深湛之思,清静亡为,少嗜欲,不汲汲于富贵,不戚戚于贫贱",②具有道家风范,他的著作《太玄》一书,则是《易》、《老》融会的产物。正如他自己所说:"观大易之损益兮,览老氏之倚伏。省忧喜之共门兮,察吉凶之同域。"③很明显,扬雄的思想确是深受着老子道家思想的影响。之后,在东汉时期,大思想家王充更是承继了黄老道家之学,发挥了道家的自然无为思想,抨击了官方儒学的天人感应神学目的论思想。为此,王充十分崇尚黄老之学,他说:"贤之纯者,黄老是也。黄者,黄帝也。老者,老子也。黄老之操,身中恬澹,其治无为,正身恭己,而阴阳自和,无心于为而物自化,无意于生而物自成。"④由此可见,王充的确是推尊黄老之学的,他把老子的无为而治的思想,当做自己理想的治国之道。

至于神仙方术思想,在历史上则可追溯到战国中期,其时已有神仙方术之士,宣扬神仙学说,据《史记》记载,齐威王、齐宣王、燕昭王都曾相信过神仙方士,派人入海寻找仙人与仙药。《史记·封禅书》说:"自威、宣、燕昭使人入海求蓬莱、方丈、瀛洲。此三神山者,其传在渤海中,去人不远。患且至,则海风引而去。盖尝有至者,诸仙人及不死之药皆在焉。"这种神仙方术思想,至秦、汉时期更为盛行,不仅秦始皇相信,就是汉武帝也深信之。汉代的神仙学更是与黄老之学相结合起来,他们首先把黄帝神仙化,宣扬黄帝最后是登天成仙的。据史书记

---

① 《汉书》卷七二《王贡两龚鲍传》序,第3056页。
② 《汉书》卷八七《上扬雄传》,第3514页。
③ 扬雄:《太玄赋》,《太玄校释》,北京师范大学出版社,1989年,第386页。
④ 《论衡校释》卷十八《自然篇》,第180页。

载,汉武帝元鼎四年(前113),齐方士公孙卿对武帝说,黄帝是得宝鼎而"仙登于天"的。又说:"黄帝采首山铜,铸鼎于荆山下,鼎成,有龙垂胡髯下迎黄帝,黄帝上骑龙,与群臣后宫七十余人俱登天。"①可见,西汉时黄帝已被神仙化。之后,东汉时神仙家又把老子加以神仙化。《后汉书》卷四二《楚王英传》说:"英少时好游侠,交通宾客,晚节更喜黄老,学为浮屠斋戒祭祀。"又说"楚王诵黄老之微言,尚浮屠之仁祠,絜斋三月,与神为誓"。这即是说,明帝时的楚王刘英已在自己的宫中设斋祭祀黄帝、老子和浮屠(佛),视黄帝、老子与佛一样加以膜拜了。至桓帝时,桓帝更在宫中"设华盖以祀浮图、老子,斯将所谓'听于神'乎!"②桓帝并派使臣至陈国苦县祠老子。由此可见,在东汉社会上,我国历史上出现了两种前所未有的思想,即两种新的宗教思想:一是从古印度传来的佛教,一是我国土地上自生的黄老道教。前者佛教,据史书记载大概在西汉末年汉哀帝元寿元年(前2)左右开始传入中土。此事记录在鱼豢《魏略·西戎传》中,《三国志》裴注引之,其传文说:"昔汉哀帝元寿元年,博士弟子景卢,受大丹氏王使伊存口授浮屠经。"如这一记载确实的话,古印度的佛经在西汉末年(前2)即已开始进入中土,但未曾听说当时已有人信佛,按照一般说法,东汉明帝时中国人才开始有信佛教的。据《后汉书》卷八八《西域传》说:"世传明帝梦见金人,长大,顶有光明。以问群臣,或曰:'西方有神,名曰佛,其形长丈六尺而黄金色。'帝于是遣使天竺问佛道法,遂于中国图画形像焉。楚王英始信其教,中国因此颇有奉其道者。后桓帝好神,数祀浮图、老子,百姓稍有奉者。后遂转盛。"这里所说的明帝梦见金人,并遣使天竺问佛道法等等,自然是一种传说("世传"),但说明明帝时佛教确已传入中国,楚王刘英则始信其教,并得到明帝的赞许。之后,桓帝又在宫中"祠浮图、老子",桓帝是佛道两教一起提倡的,于是在朝廷的倡导

---

① 《资治通鉴》卷二十《汉纪十二》,中华书局,1956年,第664页。
② 《后汉书》卷七《桓帝纪》,第320页。

下,"百姓稍有奉者,后遂转盛"。这说明朝庭并不排斥外来的思想——古印度的佛教,而是把它与本土的黄老道教一样加以祭祀膜拜。至于黄老道教当时不仅在上层社会中得到了发展,更是在下层民间社会中得到了流行,创建出了两大道教组织:一是太平道,一是五斗米道。这两大民间道教组织都推尊老子,信仰老子思想,成为我国早期道教的代表。以张角为领袖的太平道发动了历史上著名的黄巾大起义,最后被统治阶级镇压下去了。而以张陵为代表的五斗米道在汉中得到了发展,之后又发展至长江中下游,成为了影响巨大的全国性的宗教。

综上所述,我们可以看到,汉代的文化是十分丰富多彩的,虽说儒学被定为官方的学术,成为统治的意识形态,但汉代的文化决不是儒学一元的,而是多元的。尤其是东汉时代,在我国土地上自己成长起来的道教和从古印度传来的佛教,皆在这一时期得到了传播和发展,逐步地形成了以儒、佛、道三教并存共生的中华民族传统文化格局的初型。自此这一文化格局一直影响着中华民族文化的发展,直至今天。可见汉代的多元文化在构建而后的以儒、佛、道三教为代表的中华民族传统文化上确是具有着十分重要的地位和意义的。自此,中华民族的文化史,就是一部主要以儒、佛、道三教文化互相融合,互相吸取,又互相纷争的历史,它们共同推进着中华民族文化的发展。

其三,汉代官方儒学(今文经学)把孔子神化,把儒学宗教化,那么汉代的儒学是否已经成为了一种宗教呢?还是尚没有成为宗教呢?如果并没有成为宗教,那么其原因又是如何呢?对于这些问题,我们必须作一认真的研讨,才能得以解答。汉代的官方儒学,以董仲舒为代表的今文经学,确实与先秦的原始儒学,尤其是与以荀子为代表的儒学有着很大的不同。这主要表现在天道观上,荀子发挥了孔子的无神论思想倾向,又吸取了道家的天道自然之说,提出了"天行有常,不为尧存,不为桀亡"的自然之天的学说,否定了天有意志的天神说;而董仲舒则一反荀子的无天神思想,大力倡导天有意志,能谴告人君,能赏善罚恶的天神说,说"天者,百神之大君也",高唱起了尊天神学说,很明显是在把儒学思想神学化、宗教化。之后,在谶纬的思想中,更提出了天帝学说,有所谓"中宫大帝"、"天皇大帝"等等,进一步把天神化。他们还把孔子神化,说孔子是"奉天命为王,为汉制法",纬书中更把孔子说成是天上的黑帝所生,是天帝的儿子,等等,不一而足。所有这些都充分地说明汉代的官方儒学,具有浓重的神学性、宗教性。那么汉代的官方儒学是否就是宗教呢?对于这一问题我们不能作简单的回答。就汉代官方儒学宣扬超自然、超人间的神的力量而言,它确实已经具有了宗教的思想特性,即信仰和敬畏超自然力,超人间力量的存在(神的存在)。然而它又缺乏宗教的另一基本特征,即把世界两重化,相信在现实世界此岸之外,还存在着彼岸世界,存在着人的现世之外的未来世世界。正由于宗教具有着这一基本特征,所以它才能起到慰藉人们心灵的作用,成为安顿人们心灵的精神家园。这也是宗教给予人们的最后的终极的关怀,即人死之后可以升天,进入天堂、佛国,过着极乐世界的生活。这也是宗教本质作用之所在,如果一个宗教不能起到这一作用,那么也就不能称之为宗教。然而,不论是董仲舒的天人感应神学目的论也好,还是谶纬神学亦罢,它们都缺少这一宗教的基本思想特征,所以汉代的官方儒学就这点而言,又不能称之为宗教。可见,儒学与宗教两者之间是存在着根本差别的。儒学的基本特征是重视现实的世界,专注于现实的人生,其目的是为了治理好现实的社会,讲的是"正心、诚意、齐家、治国、平天下",以治平现实的天下为己任,所以儒家并不讲来世,不讲人死后之世界,不讲天堂地狱。就此就决定了儒学不能成为宗教。汉代儒学虽讲天神,讲天人感应,其目的又是与一般宗教不一样的,它讲尊天神完全是为了证明现实社会的"三纲五常"的合理性、永恒性,以维护现实社会的秩序,所谓"王道之三纲,可求于天",就充分地说明了这一点。所以它并不追求来世,不讲人死后的世界。这是与一般宗教有着根本上的差别的。我国的道家学派的思想本来也只是重视现实的社会、现实人生,并不讲人死后的世界,并不是宗教。然而自汉代开始,神仙方士们把老子神化,并把老子的道家思想与神仙学相结合,用老子的宇宙本原—道的学说,从理论上论证超自然、超人间的神仙的存在,论证在理实世界之外有一个逍遥自在、快乐至极的神仙世界的存在,从而把道家思想演变成为道教这一我国土地上自生的宗教。但汉代的儒家仍然坚持的是儒家思想的基本传统,即"修身、齐家、治国、平天下"的传统,他们不追求现实世界之外的来世的生活,这就决定了儒学不能成为宗教。如果儒家放弃了这一传统,也就不成其为儒家了。至于汉代儒家把孔子神化,把儒学神学化,也遭到了来自儒家内部和外部两方面的抵制和批评:从儒家经学内部说,神化儒学的今文经学受到了古文经学的质疑与抵制,以及儒家扬雄、桓谭等人的批评;从儒家外部说,则有深受道家自然主义思想影响的王充等人的抨击。道家自然主义思潮逐步兴起,最后以魏晋玄学的盛行,取代了神学化的汉代的儒家,成为了思想学术界的时代思潮,宣告了汉代儒家神学在历史上的终结。

后 记

《两汉卷》是汤一介先生主编的《中国儒学史》的一部分。这一写作任务多年前就交给了我,要我来完成。说老实话,我对两汉儒学史并没有多少研究,而两汉儒学史的内容又十分丰富和复杂,很多问题都缺乏研究。而我已年过古稀,要我完成这一任务确实是一项十分艰巨的工作。这样我只得邀请两位较年轻的同事,一位是苏州大学的聂保平博士,一位是中国社会科学院世界宗教研究所的聂清博士,与我共同来完成这一撰写任务。由于聂保平博士以往接触两汉的思想资料较多,所以他担当了主要的写作任务,完成了第四、五、六、七、八、十、十一章共七章的工作,聂清博士则负责前三章和第九、十二章的写作,我自己只写了《引论》和《结语》,最后做了统稿的工作。在写作过程中,我们三人经常互相讨论,对一些问题作了反复的研讨。但由于我们水平有限,对一些问题的看法尚缺乏深入的研究,书中如有不妥和错误之处,望时贤们批评指正。

许抗生

2008 年 12 月 25 日